마케팅 아이디어 창출을 위한

소비자행동의 이해 제2판

김문태

도서출판
청람

서 | 문
Preface

살아가다 보면 우리는 문득 인간은 아주 복잡한 존재라는 것을 느끼게 되곤 한다. TV프로그램인 '동물농장'이나 '세상에 나쁜 개는 없다' 등을 보면 문제가 있던 개가 전문가의 교육으로 상당히 빨리 그리고 많이 바뀌는 것을 보고 필자는 신기해 한 적이 많이 있다. 그러나 사람은 어떠한가? 간단히 간식으로 바뀔 수 있는 존재가 아니라는 것을 우리는 너무나도 잘 알고 있다. 동물과 다르게 인간은 정말 이해하기 힘들며 동기부여시키기도 힘든 존재이다.

경영학과 마케팅은 결국 인간에 대한 학문이다. 회사에서 인력을 충원할 때 해당 지원자가 회사에 도움이 될 수 있는가? 아니면 회사 돈을 횡령해서 도망갈 사람이 아닌가를 미리 알기 위해 나름 철저한 검증 과정을 거치곤 한다. 회사생활에서도 상사나 부하의 생각을 알고 대응하는 것은 직장생활에서도 매우 중요한 일이다. 많은 직장인들이 업무보다 사람과의 갈등이 사람을 더 힘들게 한다고 주장하고 이에 많은 사람들이 공감을 한다. 마케팅 측면에서도 제품을 판매할 대상인 인간 소비자들은 중요한 분석 대상이다. 그들은 어떤 것을 좋아하고 싫어하는지 표현하지 않지만 마케터의 입장에서는 진정으로 그들이 원하는 것은 무엇인지 알아야 그들에 대한 설득이 가능하기에 어려움을 느낄 수밖에 없다.

이러한 점에서 경영을 공부하는데 있어 인간의 심리나 행동에 대한 학습은 매우 필수 불가결하다고 할 수 있다. 실제 미국의 경영대학에는 심리학이나 행동경제학 전문가들이 교수로 포진해 있는 것을 볼 수 있다. 어떤 경영대학원에서는 경영자의 멘탈 학습을 위한 명상이 매우 중요한 교과목 중의 하나로 포진되어 있다고 한다.

이러한 맥락에서 본서는 학제적인 접근에서 뇌 관련 책 및 심리학 책, 논문 등을 기반으로 소비자행동의 새로운 연구 분야를 정리하여 추가하였다. 소비자행동을 강의하기 위해 그리고 취미로 저자는 과거부터 인문학에 대해 관심을 가지고 많은 책을 읽으려 노력해 왔다. 과학적으로 검증된 많은 심리학, 행동경제학, 신경과학, 진화생물학 등의 이론들은 상당히 재미있고 마케팅에 활용될 필요성이 크다고 느끼고 있다. 이러한 분야의 학문들이 소비자를 설명하는데 이용될 필요가 있다는 전문가들의 주장도 많이 있고 실제 활용되고 있는 것이 사실이기에 과거에 비해 더 많이 융합하려고 노력하였다.

또한 본서는 딱딱한 이론서를 탈피하기 위해 상당히 다양한 예를 통해 이해를 도우려 하였다. 평소에 마케팅이 어떻게 적용되고 있는지 관찰하는 것은 마케팅을 공부하는 학생들에게 매우 중요한 과업이라고 생각된다. 우리의 학습유형 중 상당부분은 다른 사람을 모방하는 것이고 기본적으로 충분한 기본에 대한 학습과 모방에서 새로운 창조가 탄생할 수 있다는 점에서 기업의 마케팅 사례를 공부하는 것은 필수적이라고 생각된다.

마지막으로 본서에서는 실전에 활용될 수 있는 매우 정교한 문제를 만들어 제시하였다. 누군가 실전에 적용할 수 없는 지식은 죽은 지식이라는 것을 강조했던 것을 기억한다. 저자는 충분히 이에 대해 공감하며 이론을 외우고 개념을 익히는 학습을 넘어서서 이 책이 기존 이론을 응용하여 마케팅 아이디어 및 전략을 제시할 수 있는 학생들이 마케팅 아이디어를 창출할 수 있는 능력을 갖추는데 도움이 되기를 기원한다.

나름 이러한 노력에도 불구하고 시간이 지남에 따라 바뀐 부분 그리고 저자의 실수로 불완전한 부분이나 잘못된 부분도 있으리라 생각된다. 이런 점은 앞으로 지속적인 개정을 통해 보완하여 보다 개선된 책이 될 수 있도록 하겠다. 본 서적을 출판하기 위해 많은 가르침을 주신 은사님들과 많은 아이디어를 제공해주신 동료교수님들에게 감사드리고 이러한 책의 기반을 구축하기 위한 이론과 아이디어를 꾸준히 구축해 오신 다른 저자분들 및 마케팅, 다양한 학문 분야의 학자들에게 감사드린다. 또한 이 책을 출판하는데 도움을 주신 도서출판 청람의 이수영 사장님께 감사드리고 너무나 꼼꼼하게 저자의 부족한 한글실력을 보완해주신 편집부에 계신 분들께도 무한한 감사의 말씀을 드리고 싶다.

2021년 저자

차 | 례
Contents

CHAPTER 1

소비자행동분석의 기초

CHAPTER 2

소비자 트렌드

CHAPTER 3

소비자 의사결정과정의 개관

CHAPTER 6

소비자 태도

CHAPTER 7 소비자 태도변화

CHAPTER 8 소비자 학습 및 기억

CHAPTER 9 소비자 개성과 라이프스타일

CHAPTER 10 문화의 영향

CHAPTER 11 준거집단 및 가족의 영향

CHAPTER 12

소비자 구전 및 혁신의 확산

1
CHAPTER

소비자 행동분석의 기초

Understanding of Consumer Behavior

1. 소비, 소비자, 소비자행동분석
2. 소비자행동분석에 있어 오류
3. 소비자 욕구의 유형
4. 뇌과학을 활용한 소비자행동분석

01장 / 소비자행동분석의 기초

"만약 우리가 무언가를 구입할 때만 매장에 간다면, 그리고 오직 필요로 하는 것만을 그곳에서 구입한다면 경제는 곧 무너지고 말 것이다." –파고 언더힐(Paco Underhill)의 〈쇼핑의 과학〉 중에서–

"고객과 시장에 대해 기업이 알고 있다고 생각하는 것은 틀리기 쉽다. 고객에게 묻고, 관찰하고, 그들의 행동을 이해하려고 노력하는 것만이 고객이 어떤 사람인지 알려줄 것이다"
–피터 드러커(Peter Drucker)–

"나에게 필요한 것은 500개의 TV채널이 아니다. 내가 보고 싶은 프로그램을 방송하는 채널이다."
–MIT 미디어 랩의 니콜라스 네그로폰데(Nicholas Negroponte) 교수–

1. 소비, 소비자, 소비자행동분석

본절에서는 소비(消費) 및 소비자(消費者)의 정의를 내리고 소비자들의 다양한 역할에 대해서 살펴보며 소비자행동분석(消費者行動分析)이라는 학문의 성격에 대해서 논의한다.

1.1 소비의 역할

오늘날에는 과거보다 더 풍요로운 쇼핑을 할 수 있게 되었을 뿐 아니라 쇼핑을 회피하는 것이 오히려 힘들다는 것을 느낄 정도가 되어가고 있다. 백화점이나 마트, 아울렛 등을 가지 않는다 해도 일주일 내내 24시간 계속되는 인터넷쇼핑이나 TV에서 반영되는 홈쇼핑마저 피할 수는 없기 때문이다. 게다가 스마트폰에서 늘 울리는 쇼핑관련 앱들의 세일소식도

벗어나기 힘들다.[1)]

이러한 현상을 반영하듯, 〈소비의 미래〉[2)]를 쓴 독일 경제학자 다비트 보스하르트(David Bosshart)는 데카르트가 남긴 말인 "나는 생각한다, 고로 존재한다"라는 말을 인용하여 "나는 소비한다, 고로 존재한다"라고 했다. 이 말이 과장된 것이 아닌 것이, 이 책에서 자세하게 공부하게 될 소비(consumption)는 대다수의 독자들의 생활에서 매우 중요하며 우리의 삶을 이어가는 필수적인 수단이라고 볼 수 있다. 실제로 사람은 태어나서 죽는 그 순간까지 소비를 한다. 소비를 빼고서는 우리 생활을 설명하기란 불가능해보이며 우리의 일상은 매일 소비의 연속이라고 볼 수 있다. 맛있는 것을 먹고 싶어서 그리고 남들에게 멋있어 보이기 위해서 때로는 그저 스트레스를 풀기 위해서 소비를 한다.[3)]

사람들은 행복을 원하며 대다수의 현대인이 생각하는 행복은 좋은 상품과 서비스를 소비하면서 생활하는 것이라고 볼 수 있다. 실제, [Consumer Insight 1-1]의 해외 갑부나 연예인들처럼 일부 소비자층은 일반인이 상상할 수 없는 페라리나 포르쉐 같은 멋진 자동차에 아름다운 경치의 바닷가가 훤히 내려다보이는 어마어마한 정원을 가진 궁궐 같은 집, 그리고 루이비통이나 샤넬과 같은 명품 핸드백에 고품격 유럽여행을 소비하면서 즐거움을 느끼고 남들과 다르다고 느끼며 행복해마지 않는다.

사진과 같은 다양한 상품들은 소비자들에게 삶의 행복을 주기도 한다.

CONSUMER INSIGHT 1-1 차원이 다른 소비를 보여주는 스타

지름신에도 등급이 있다. 걸프스트림 자가용 제트기에서 수퍼카 람보르기니는 기본, 수백억원 대 저택이 부족해서 태평양의 무인도까지 사들이는 게 할리우드 톱스타의 쇼핑목록이다. 최신 휴대폰이나 디지털 카메라 구입에 며칠을 끙끙 고민하는 팬들의 지름신과 차원을 달리하는 별천지 세상은 무엇일까?

현대사회의 상위 20%가 VIP(Very Important Person)라면 할리우드 톱스타들은 상위 1~5%의 최상위층, 이른바 VVIP(Very Very Important Person)의 라이프스타일을 가지고 있다. 월스트리트의 내노라 하는 백만장자들보다 많은 돈을 벌어들이는 이들의 소유욕에는 끝이 없고 상상을 불허한다.

오프라 윈프리는 2006년 방 10개와 가죽으로 꾸민 전용 비행기를 4천만 달러에 구입하였고 같은 금액으로 남아공 요하네스버그에 여학교도 설립했다.

또 자신의 회사, 하포 프로덕션 직원 야유회 비용으로 한 번에 무려 4백만 달러를 지불한 사실은 지금까지 미국 사회에 회자되고 있다. 오프라는 1,065명의 회사 관계자에게 하와이 주말여행을 선물하고 아메리칸 에어라인의 점보제트기 5대를 빌려 모든 인원들을 시카고에서 호놀룰루까지 휴가 보내줬다.

세계적인 톱스타는 주고 받는 선물의 레벨도 다른가보다. 팝스타 비욘세가 29세 생일을 맞아 친구 레이디 가가로부터 다이아몬드가 100개 박힌 채찍을 선물 받는가 하면 남편 제이 지에게는 섬 하나를 통째로 선물 받았다. 미국 연예관련 언론 미디어테이크아웃에 따르면 과거 비욘세는 제이 지에게 생일 축하 선물로 한화로 240억 원 상당의 플로리다 주의 한 섬을 받았다고 보도했다.[4]

오프라 윈프리의 5,200만 달러 저택

비욘세 커플의 240억의 섬
(사진출처: https://hub.zum.com/srtmagazine/13540)

이런 갑부 스타들이 할리우드나 뉴욕에 식상할 때 찾는 곳은 바로 영국 런던. 영국 출신 배우 주드 로와 시에나 밀러 같은 스타들뿐만 아니라 영국 스타들과 결혼한 마돈나 등은 이 곳에서 남다른 씀씀이로 유명하다.

이같은 런던의 특급 주민이 되기 위해 디자이너 스텔라 메카트니는 750만 달러의 3층짜리 타운하우스를 구입했고 가수 스팅은 엘리자베스 여왕 시대에 지은 방 14개가 있는 '궁전'에 살고 있다. 마돈나 역시 1,700만 달러 가치의 집을 샀고 제니퍼 로페즈나 존 트라볼타와 같이 런던에 거주지가 없는 할리우드 스타들은 런던의 '맛'을 보기 위해 세계적인 호텔 '더 도체스터'에 하루 숙박비 2만 3,000달러를 기꺼이 지불한다.

현재 세계에서 가장 돈을 많이 버는 스포츠 스타라고 하면 단연 플로이드 메이웨더를 꼽을 수 있다. 쇼핑광인 메이웨더가 가장 좋아하는 쇼핑목록 1호는 다름 아닌 '슈퍼카'다. 현재 그가 보유하고 있는 슈퍼카들은 이름만 들어도 입이 떡 벌어질 정도로 호화롭다. 페라리 458 스파이더 2대, 페라리 599GTB 피오라노, 부가티 베이론 2대, 부가티 베이론 그랜드 스포트, 포르셰 911 터보S, 람보르기니 아벤타도르, 롤스로이스 팬텀, 벤틀리 뮬산 등 가치만 해도 총 555만 파운드(약 97억 원)에 달한다.

메이웨더의 500억 원짜리 전용 제트기와 슈퍼카들[5]

한국인들에게 부자하면 첫 번째로 상기되는 사람은 만수르가 아닐까 한다. 셰히크 만수르는 아랍에미리트 대통령인 할리파 빈 자이드 알나하얀의 동생으로, 재산을 추정하기도 어려운 만수르 가문 보유 재산만 5,600억 파운드, 우리 돈으로 약 1,000조 원에 달하는 것으로 알려졌다. 스포츠를 좋아하는 만수르는 프리미어 리그 '맨체스터 시티' 구단을 2008년 7,170억 원을 들여 인수하였다.[6] 그 이후 만년 중위권 구단이던 맨체스터 시티는 완연한 빅 클럽으로 탈바꿈했다. 2조 원의 돈다발로 '초호화 군단'을 꾸려 프리미어리그 정상에만 네 차례 올랐다. 지난 시즌에는 리그 우승컵과 함께 FA컵, 카라바오컵(리그컵)을 모두 차지해 잉글랜드 최초로 3관왕에 등극했다.[7]

만수르의 맨시티[8]

한편 이러한 기사내용들과 별개로 빌 게이츠는 동네 햄버거 가게에서 3달러 40센트의 비교적 저렴한 햄버거를 먹기 위해 줄을 선 모습이 찍혀 누리꾼들이 매우 놀랍다는 반응을 보이기도 했다.

3천 원짜리 동네 햄버거 먹으러 줄을 선 '재산 100조' 빌 게이츠[9]

1.2 소비자와 소비자의 역할

1) 소비자 및 고객의 정의

소비자행동에 대한 공부를 하기 전에 우리는 먼저 소비자(consumer)와 고객(customer)의 차이점을 명확하게 이해할 필요가 있다. 먼저, 소비자(消費者)는 경제 안에서 만들어진 재화와 용역을 사용하는 개인이나 가구를 일컫는다. 영어 낱말 컨슈머(consumer)라고 그대로 발음하는 경우도 있다. 그 다음 고객(顧客)이란 이러한 경제에서 창출된 재화와 용역을 구매하는 개인이나 가구를 일컫는다. 보통 기업의 상품이나 서비스를 구매했거나 구매하려는 의지를 가진 손님을 일컫는다.[10] 사진처럼 다양한 인종, 연령, 주거지역, 취미 등등으로 인해 엄청나게 다양한 특성의 소비자들이 존재하기에 이들을 쉽게 이해하는 것은 상당히 어려운 과업이 되어가고 있다.

다양한 인종, 연령, 주거지역, 취미 등등으로 인해 엄청나게 다양한 특성으로 소비자가 존재하기에 이들을 쉽게 이해하는 것은 상당히 어려운 과업이 되어가고 있다.

2) 소비자의 역할

마케팅을 공부하는데 있어 소비자에 대한 이해는 매우 중요하다고 볼 수 있는데 [그림 1-1]에서 볼 수 있듯이 소비자는 단순히 소비만 하는 것이 아니며 소비의 필요성을 제기하는 역할, 의사결정에 영향력을 행사하는 역할, 구매를 결정하는 역할, 구매자금을 제공하는 역할, 제품을 구매하는 역할 그리고 제품을 사용하는 역할 등 다양한 역할을 수행할 수 있다. 음료수를 구매하는 경우 이 모든 역할을 1인이 다 할 수 있지만 자동차를 구매하는 경우 의사결정에 영향력을 행사하는 사람과 구매자금을 제공하는 사람, 그리고 실제 소비하는 사람이 다 다를 수도 있다. 사진의 광고에서 알 수 있듯이 화장품을 쓰는 사람과 화장품을 사는 사람은 다를 수도 있다는 것이다.

광고내용을 보면 화장품을 쓰는 사람과 구매자는 다르다는 것을 알 수 있다.

그림 1-1 | 소비자의 다양한 역할

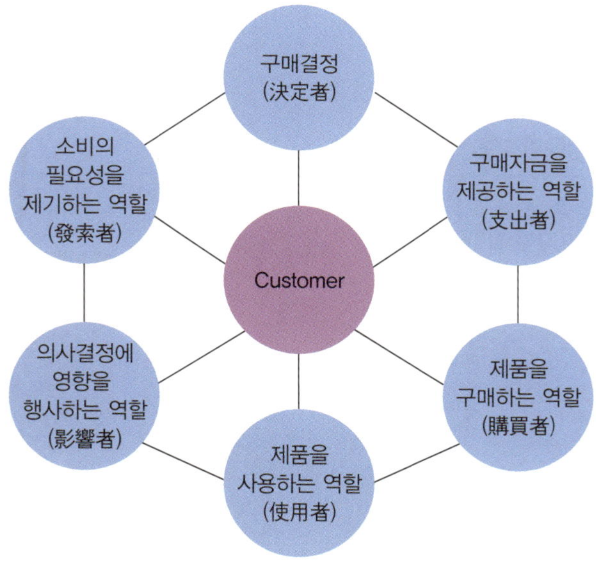

결국 마케터는 제품을 소비하는 역할만이 소비자를 특징지울 수 있는 역할이 아니라는 것을 기본적으로 주지할 필요가 있다. 마케터는 이러한 소비자의 다양한 측면을 이해하여 브랜드 선택에 영향을 미치고, 구매자금을 제공하는 소비자 또한 설득시켜야 할 필요성이 있다.

1.3 소비자행동분석의 역할

1) 소비자행동의 정의

소비자행동(consumer behavior)이란 '소비자가 소비와 관련된 항목들에 돈, 시간, 노력 등의 자원을 어떻게 배분할지를 결정하는 것에 관한 것'으로, '소비자에게 의미 있는 대상물의 교환을 용이하게 하며 완성시키는 행위'라고 할 수 있다. 그리고 이에 대해 공부하는 학문인 소비자행동론은 '개인, 집단, 또는 조직과 그들의 욕구를 만족시키는 상품, 서비스, 경험 또는 아이디어를 선택하고, 확신하고, 사용하며 처분하는 과정과 이러한 과정이 소비자와 사회에 미치는 영향에 대해 공부하는 분야'라고 볼 수 있다. [그림 1-2]에서와 같이 소비자행동분석의 세부항목들을 보면 기본적으로 구매에 있어 외부적 영향요소(문화, 하위문화, 인구통계, 사회계층, 준거집단, 가족, 기업의 마케팅활동)와 내부적 영향요소(지각, 학습, 기억, 동기, 개성, 감정, 태도), 의사결정과정에서 특정 브랜드에 대한 지각, 광고에 대한 반응, 태도변화, 특정 제품에 대한 경험체득, 구매 후의 행동 등 다양한 부분으로 나뉘어 있음을 알 수 있다.

그림 1-2 | 소비자행동의 개관[11)]

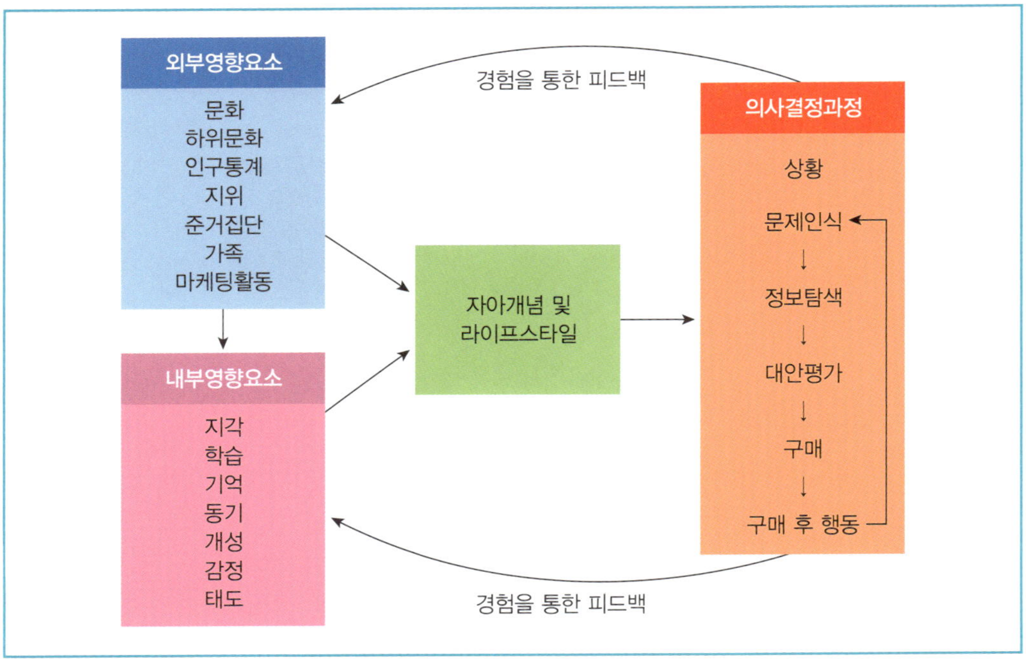

그림 1-3 | 소비자행동분석을 공부하기 위한 학문영역[16]

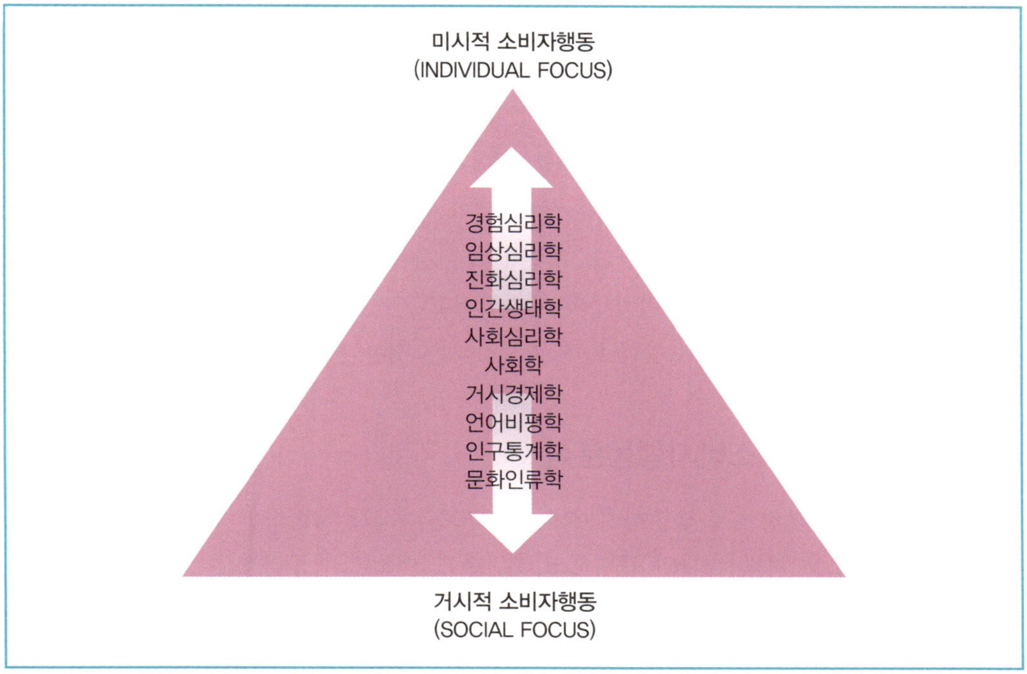

이러한 소비자행동의 관점은 전통적인 정의, 즉 '구매자와 구매과정의 선행 및 결과 변수' 등 만에 초점을 두었던 과거의 전통적 정의보다 더욱 넓은 관점이라고 볼 수 있으며[12] 실제 [그림 1-3]에서 볼 수 있듯이 단순히 심리학 분야뿐만 아니라 언어학, 사회학, 신경과학, 진화생물학 등 다양한 학문 분야를 포괄하는 영역이라고 볼 수 있다.[13]

2) 소비자행동 연구에서 학제간 접근

보통 학제간 연구(學際間硏究, Interdisciplinarity)라고 할 때는 어떤 대상을 연구할 때 서로 다른 여러 학문 분야에 걸쳐 제휴하여 참여하는 연구를 의미한다.[14] 아직까지 다양한 관점이 있지만 소비자행동 분야를 제대로 공부하기 위해서는 신경과학, 사회학, 생물학 등을 포함한 다양한 학문 분야에 대한 이해가 매우 중요하다고 볼 수 있다. 이러한 주장을 뒷바침하는 학자로 사드(Saad Gad) 교수는 마케팅의 많은 측면이 생물학과 진화론을 배제하고 연구해왔기에 소비자행동에 대해 완전하게 이해하지 못하고 있다고 주장한다.[15] 실제, 경영자들은 소비자의 경험을 몇 개의 영역에 나누어 담아 이해할 수 있다고 생각하는 경향이 있다. 즉, 소비자의 경험을 마음, 뇌, 신체, 주변 환경의 영향으로 구분하여 각 영역별로 접근해도 소비자를 충분히 이해할 수 있다고 보기에 각 영역 간 상호관련성에 주목하지 못하는 경우가 많다.

그러나 소비자들은 대학이나 기업체의 조직처럼 각 영역이 단절된 채 살아가지 않는다. 그보다는 오히려 마음, 뇌, 신체, 외부환경이 유동적이고 역동적인 방식으로 상호작용함으로써 소비자의 경험을 구성한다. 소비자를 제대로 이해하기 위해서는 소비자의 네 가지 '영역'에서 이루어지는 일에 각각 초점을 맞출 것이 아니라 오히려 네 가지 영역 간 상호작용에 초점을 맞추어야 할 필요가 있다. 예컨대 소비자가 구매를 결정하기까지의 심리과정에 대하여 조사할 경우, 그런 심리과정의 문화적이고 신경학적 기원을 이해하는 것이 풍부하고 실천가능한 통찰력을 확보하기 위해 중요하다는 것이다.

3) 마케팅전략에서 소비자행동분석

경쟁적인 마케팅환경에서 생존하기 위해 마케팅관리자가 직면하고 있는 중요한 과업은 ① 시장에서 새로운 기회를 확인 규명하고, ② 현재 시장에 제공된 기존 브랜드의 강점과 약점을 평가하고, ③ 소비자들이 구매하도록 영향을 미칠 수 있는 마케팅전략을 수립하는 것이다.

이를 위한 소비자행동의 분석은 기업의 마케팅활동에 있어 가장 중요한 과정 중의 하나라고 볼 수 있는데, 첫째 소비자행동에 대한 좀 더 광범위한 정보를 원하는 기업과 비영리 조직들에게 성공적인 의사결정을 내릴 수 있도록 도와줄 수 있으며, 둘째 특정한 제품을 한정된 소비자에게 판매하려고 하는 기업들에게 현재의 특정 소비자에 대한 보다 구체적인 정보를 제공함으로써 보다 정확한 의사결정을 내릴 수 있도록 도와줄 수 있다.

소비자행동에 있어 기본적 철학이란 기업이 다음의 사항을 행하여야 함을 강조한다.

- 소비자의 욕구를 제대로 정의한다.
- 이러한 욕구를 가진 소비자 세분시장(market segment)을 확인 · 규명하여 표적화(targeting)한다.
- 이러한 욕구를 충족하기 위해서 신제품을 포지셔닝(positioning)하거나, 기존제품을 다시 출시하는 재포지셔닝(repositioning)한다.
- 좀 더 미시적인 4P 수준의 마케팅전략을 수립한다.
- 그러한 마케팅은 어떠한 방법으로든 오도적이거나 사기적이 되어서는 안 된다는 것을 확실히 한다.

이러한 과업을 수행하기 위해서는 소비자행동에 영향을 미치는 결정요인, 즉 욕구, 지각, 태도 및 구매의도에 대한 정보가 필요하다. 결국, 마케팅관리자는 시장을 정의하고 세분화하기 위해서, 세분화를 통해 표적세분시장의 욕구를 결정하기 위해서, 고객의 욕구, 태도 및 지각에 근거하여 전략을 수립하기 위해서, 마케팅전략을 평가하기 위해서, 미래의 소비자행동을 평가하기 위해서 소비자에 대한 정보가 필요하다.[17]

2. 소비자행동분석에 있어 오류

최근의 많은 학자들과 서적들은 소비자행동분석에 있어 다음에서 제시되는 것 등과 같은 오류들을 강조하고 있다. 소비자행동에 대한 공부를 하기 전에 우리는 기존에 잘못 인식되어 왔던 부분에 대해 명확히 집고 넘어갈 필요가 있다.

2.1 오류 1: 고객은 의식적으로 결정을 내린다

무의식은 우리가 짐작하는 것보다 훨씬 의사결정에서 큰 부분을 차지한다. 일반사람들이 내리는 모든 결정의 70~80% 정도가 무의식적으로 내려지며 나머지 30~20% 역시 결코 우리가 생각하는 것만큼 의식적이지 않다.[18] [그림 1-4]의 왼편에서 볼 수 있듯이 실제 우리가 의식하는 것은 빙산의 일각에 불과하며 잘 모르고 있는 것조차 모르는 것의 비율이 엄청날 수 있다. 심지어 제럴드 잘트먼(Gerald Zaltman) 교수는 인간의 인식활동 중 무의식이 차지하는 비율이 95%나 된다고 이야기하고 있다.

심리학을 경제학에 응용하는 데 선구적인 역할을 하고 있는 카네기멜론대학의 조지 로웬스타인(George Lowenstein)은 의식의 역할을 지나치게 과장해서는 안 된다고 하면서 '의식은 실제로 행동을 안내하거나 통제하기보다는 행동이 이미 이루어진 뒤에 이를 이해하는 역할을 주로 한다'는 점을 강조했다. 또한, 데이비드 아커(David Aaker) 교수는 '인간이 무엇을 구매할 때는 논리적으로 결정하지 않는다. 감정이 먼저 결정하고 나중에 그 결정을 논리로 정당화한다'라고 주장하였으며, 필립 코틀러(Philip Kotler) 교수는 인간의 구매동기에는 무의식적 요소가 가장 큰 영향을 미치기에 소비자는 대개 자신이 무엇을 원하는지 알지 못한다는 점을 지적하면서 마케팅을 할 때 무의식적 요소를 찾아내 스토리로 만들어 전달함으로써 소비자의 심층에 깔려 있는 구매동기에 호소해야 한다고 강조한다.[19] 결국 의식적 차원에서 획득한 정보가 문제가 된 행동을 설명하는 데 어느 정도 적절성을 가질 수도 있겠지만, 매우 불완전할 수 있다는 점도 동시에 인식할 필요가 있다.

이러한 점에서 [그림 1-4]의 오른편에서 볼 수 있듯이 마케팅관리자들은 소비자와의 무의식적 차원에서 의사소통을 고려해야 한다.[20] 이 부분은 제5장 소비자 지각과 정보처리에서 자세히 공부할 것이다.

그림 1-4 | 무의식의 비중 및 무의식 차원의 상호작용[21]

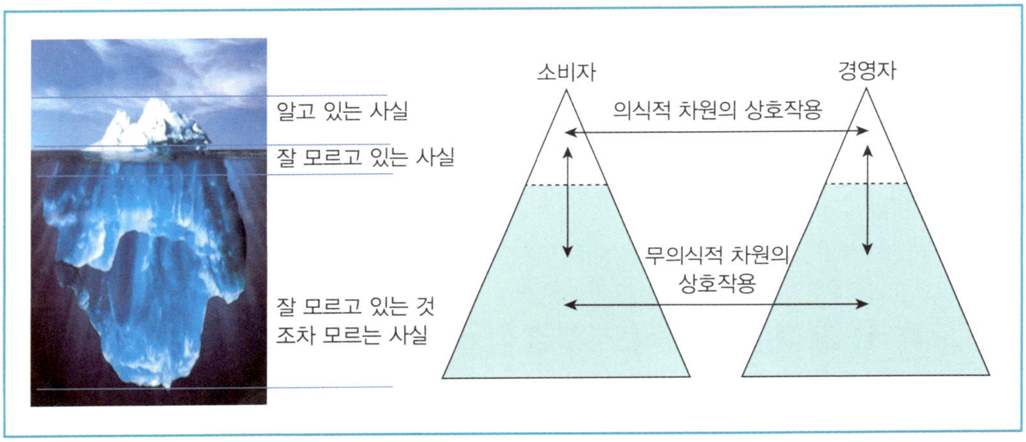

2.2 오류 2: 고객은 합리적으로 사고하고 결정을 내린다

이성은 감정의 대립물이라는 플라톤식 오해가 오늘날까지 우리의 사고를 지배하고 있다. 특히, 19세기와 20세기에 이성성에 대한 이론을 갈고닦은 경제학자들은 사람들이 매우 이성적일 뿐만 아니라 시장 행동에 관계된 정보에 해박하다고 간주했다.[22]

아직도 많은 경영자들은 소비자들이 제품을 구매할 때 의식적이고 논리적인 심사숙고의 과정에서 어떤 상품 속성에 대한 개인적 가치평가와 그 속성을 통해 획득할 수 있는 가치의 현실화 가능성에 대해 면밀한 검토과정을 거친 뒤 논리적인 결론을 도출한다고 생각하는 오류를 범한다. 예컨대 그들은 소비자들이 특정 자동차를 구매할 경우 그 자동차가 지닌 속성별 가치를 평가한 뒤에 그 구매 여부를 결정한다고 여긴다. 즉 출 · 퇴근과 같은 특정한 편의를 위해 필요한 옵션을 정확히 집어내서 각 옵션의 장 · 단점을 평가하고 각 옵션당 만족도 대비 비용을 계산하는 등 매우 합리적인 절차를 통해 논리적인 결정을 한다는 것이다.[23)]

최근의 광고는 소비자가 고관여의 자동차를 살 때도 감성이 작용한다는 점을 반영하고 있다.

'비 오는 날, 시동을 끄고 30초간 늦게 내려볼 것'
'태양 아래서만 진가를 발휘하던 선루프의 전혀 다른 매력을 발휘할 테니'
'쏘나타는 원래 그렇게 타는 겁니다'[24)]

그러나 [Consumer Insight 1-2]에서 볼 수 있듯이 최근 많은 행동경제학자들은 소비자들을 불완전한 의사결정자로 보는 동시에 시장은 영리한 결정과 영리하지 않은 결정, 이성적 선택과 비이성적 선택 모두에 반응하며 진화한다고 주장한다.[25)]

이러한 사실은 마케팅에 매우 중요한 시사점을 던져준다. 지금까지 기업은 '소비자는 합리적인 선택과 구매를 한다'라고 가정하고 그것을 전제로 마케팅과 의사결정을 해왔다. 고객이 관리적 사고에 따라 행동한다고 여겨온 기업은 의식적 사고, 즉 관리적 사고에 영향을 주기 위해 상당한 마케팅 비용을 투자했다. 그러나 가전제품을 비롯해 일반 소비재, 금융서비스, 산업재 등에 이르기까지 대부분의 상품이나 서비스를 선택하는 고객의 행동은 실제로는 이성적 사고에 전적으로 따른 것이 아니라는 것이다.[26)]

우리는 상당비율의 소비자들은 이성적 구매를 하지 않으며 이성적인 소비자일지라도 비이성적 구매를 하는 경우가 많다는 것을 쉽게 관찰할 수 있다. 그리고 흔히 돈이 넉넉치 않은 상황에서도 지름신이 강림하여 비싼 제품을 사며 가난한 사람이 부자보다 더 좋은 제품을 사기도 하는 것을 목격하기도 한다.

– 이러한 구매성향을 우화한 인터넷 짤들 –

CONSUMER INSIGHT 1-2 이성과 감성의 상호작용

서점에 가면 좌뇌와 우뇌를 나눠서 설명하며 뇌의 양분론을 적극 펼치는 책이 꽤 많다. 그러나 최근에는 우뇌와 좌뇌를 이분법적으로 나누어서 설명하는 것은 지나친 단순화라는 결론이 내려지고 있다. 예를 들어 이런 방식으로 구분하면 언어재능이 있는 사람은 예술적인 재능이 없다는 뜻인데 연구결과는 그 반대였다. 더욱이 많은 연구들은 뇌의 양반구가 조화로운 방식으로 상호작용한다는 점을 강조하고 있다.[27]

인간의 의사결정에 이성과 감정이 동시에 상호작용한다는 것을 잘 보여주는 유명한 사례가 있다. 바로 피네아스 게이지(Phineas Gage)의 사례이다. 1848년 미국 버몬트에서 철도 공사를 하던 게이지는 바로 옆에서 폭발물이 터지는 바람에 심각한 뇌손상을 입었다. 이 사건으로 그는 합리적 추론을 담당하는 뇌 부분은 멀쩡했으나 감정을 조절하는 부분은 치유할 수 없을 정도로 손상되었다. 예전에 게이지를 알던 사람들은 분별력 있고 믿을 만했던 친구가 우둔하고 사소한 결정도 못 내리는 자신감 없는 사람으로 변한 것을 알고 매우 놀랐다고 한다. 뇌손상에 관한 최근의 연구에 따르면, 감정이나 이성을 관장하는 어느 신경구조 하나라도 손상을 받으면 정상적인 생활을 할 수 없을 만큼 의사결정을 올바로 할 수 없게 된다고 한다.

어린이의 간접흡연 위험을 경고하는 광고

이러한 연구 성과에도 불구하고 많은 경영자들이 소비자들의 감정을 파고들기를 꺼린다. 특정 감정이 문제된다는 사실을 확인한 뒤에도 상식적이거나 피상적인 수준에서 그 의미를 파악할 뿐, 그 감정을 '해부'하여 심층적으로 이해하지는 못하고 있다. 감정을 해부한다는 것은 그 감정을 구성하는 요소가 무엇이고 상황마다 어떻게 의미가 달라지는지를 규명하는 것을 뜻한다. 예컨대 세계적인 브랜드를 가진 어느 기업에서 '기쁨'이라는 기본적인 감정이 갖는 의미를 심층적으로 조사해본 결과, 열다섯 가지 이상의 요소가 관련되어 있다는 점을 발견하였다. 이러한 통찰을 기반으로 그 기업은 자사의 브랜드 스토리를 보다 강력하게 재구축할 수 있었다.

코카콜라, 유니레버(Unilever), 홀마크(Hallmark), 신젠타(Syngenta), 뱅크오브아메리카(Bank of America), 글락소(Glaxo), 아메리칸 센추리(American Century), 제너럴 모터스 등과 같은 선도기업들은 특정 감정이 갖는 미묘한 뉘앙스와 그 효과를 이해하기 위해 그 감정에 대한 심층적인 조사를 실시하였다. 그러나 감정을 피상적으로 이해하는 기업들은 감정의 모든 영역에서 긍정적인 감정에만 초점을 맞추는 긍정적 감정편한(positive-emotion bias)의 실수를 범할 가능성이 높다('공포'는 그들이 예외적으로 관심을 갖는 부정적인 감정이다). 예컨대 세제나 옷, 음식이나 기타 여러 가지 서비스를 구매할 때 기쁨이라는 긍정적 감정도 중요한 역할을 하지만 이에 못지않게 강력한 부정적 감정의 하나인 혐오감을 피하려는 것도 중요한 역할을 한다는 점도 잊어서는 안 된다.[28]

2.3 오류 3: 마케팅에서 성별은 별로 중요하지 않다

실제로 뇌 과학자들은 남성과 여성의 뇌가 극도로 다른 방식으로 돌아간다는 사실을 증명해냈다.[29] 실제 남녀탐구생활이라는 프로그램에서는 남녀가 백화점에 가서 보이는 행동의 차이를 재미있게 보여줬는데 남녀 간에 소비행동이 달라진다는 것은 그리 놀라운 일이 아니다.

과거 남녀 간의 차이점(특히 쇼핑에서 차이점)을 재미있게 풀어내 관심을 끈 tvN의 〈롤러코스터〉 중 남녀탐구생활: 책으로도 출판되어 있다.

진화심리학에 따르면 대체로 남성은 사회적 지위를 나타내는 수단으로 고급차를 구매하는 경향이 있고 여성은 하이힐, 화장품, 화려한 의류 등을 통해 자신을 미화하려는 경향이 있다. 남성의 테스테스테론 수치는 과시적 소비를 할 때 크게 상승하고 여성의 생리주기 관련 호르몬의 변동은 자신을 광고하려는 욕구를 자극하기도 한다.[30] 남녀 간의 소비행동 차이에 대해서는 '10장 문화의 영향' 부분에서 좀 더 자세하게 공부하게 된다.

2.4 오류 4: 소비자들의 기억은 경험을 정확히 반영한다

경영자들은 소비자들의 뇌가 기억이라는 '사진'을 찍는 카메라와 같다고 생각해서, 소비자들의 기억이 사진처럼 소비자의 경험을 있는 그대로 정확하게 묘사한다고 믿는다. 경영자들은 또한 소비자들의 기억이 시간이 지나도 변하지 않는다고 믿기 때문에, 오늘 떠올린 쇼핑경험이 일주일 전이나 몇 달 후에도 똑같이 기억될 것이라고 생각한다. 그러나 인간의 기억은 예상보다 훨씬 창조적이고 유연해서 우리가 인식하지 못하는 사이에도 끊임없이 변한다. 일례로 유럽의 어느 대형 소매업체는 소비자들의 소비경험에 대한 기억이 설문순서에 따라 차이가 나고, 심지어는 설문지 색깔에 따라 달라진다는 사실을 발견하였다. 즉, 기억을 인출하는 과정에서 어떤 자극이 가해지느냐에 따라 기억의 내용 자체가 달라진다.[31)]

2.5 통찰력 있는 소비자의 분석

이러한 이론들을 종합적으로 고려할 때 경영자들이 반드시 숙지해야 하는 몇 가지 중요한 교훈을 얻을 수 있다. 우선, 소비자의 의사결정이나 구매행동이 의식적 차원보다는 무의식적 차원에서 이루어지는 사고와 감정에 의해 결정된다는 점이다.

그림 1-5 | 통찰력 있는 소비자분석[33)]

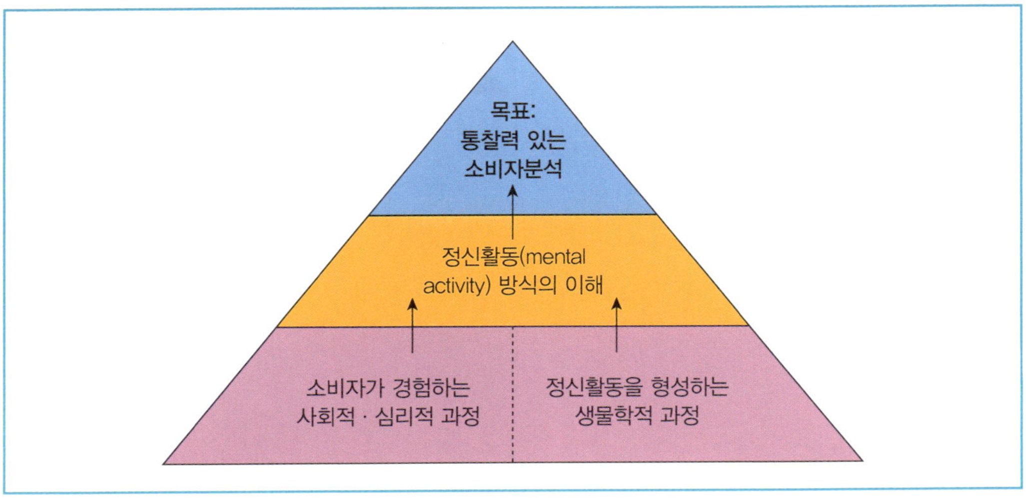

마케터들이 진정으로 통찰력 있는 소비자분석을 원한다면 [그림 1-5]와 같이 이를 구성하는 두 가지 차원을 먼저 통과해야 한다는 점을 인식해야 한다. 즉 소비자의 정신활동이 사회적 과정과 생물학적 과정 간 상호작용에 기반하여 형성된다는 점을 이해하여야 할 것이다.[32)]

3. 소비자 욕구의 유형

사진의 BC카드 광고(Beyond Card편)를 보면 "사람이 태어나 욕구도 태어나~하고 싶은 것 끝없이 생겨나고 가고 싶은 곳…"이라는 문구가 나온다. 이 문구에서 느낄 수 있듯이 욕구는 소비를 이끄는 가장 중요한 동력이라고 볼 수 있다. 일반 소비자의 욕구가 없이는 소비도 없으며 지금의 경제성장도 이루어질 수 없었을 것이다. 실제, 욕구는 단순하게 정의될 수 있는 것이 아니며 사람마다 다양한 형태로 나타날 수 있기에 정확하게 고객의 욕구를 분석하는 것이 소비자행동분석에서 가장 중요한 일이라고 볼 수 있다. 이 절에서는 소비와 관련된 다양한 욕구를 여러 가지 기준에 의해 분류해보고 그에 따른 마케팅 대응에 대해 논의한다.

"사람이 태어나 욕구도 태어나~하고 싶은 것 끝없이 생겨나고 가고 싶은 곳…" 소비자의 욕구를 BC로 해결하라는 광고 'BC카드 CF 36탄. BEYOND CARD BCcard편

3.1 매슬로우의 욕구 5단계설

[그림 1-6]에서 볼 수 있듯이 매슬로우(Maslow)에 따르면 인간의 욕구는 하위단계에서 시작되며 하위단계가 충족되면 상위단계로 이전된다. 생리적 욕구인 식욕, 성욕, 갈증 등이 가장 강한 욕구로서 생리적 욕구가 발생되면 다른 모든 욕구는 뒤로 밀려난다. 이러한 생리적 욕구를 해결하기 위한 제품으로는 의약품, 음식, 물 등이 있다.

기본적으로 생리적 욕구가 충족되면 안전성, 의지, 보호, 공포 및 불안으로부터의 안정을 원하게 된다. 보험이나 경비시스템 그리고 은퇴상품 같은 것들은 이러한 욕구에 소구하는 제품이라고 볼 수 있다.

그림 1-6 | 매슬로우의 5단계 욕구[35)]

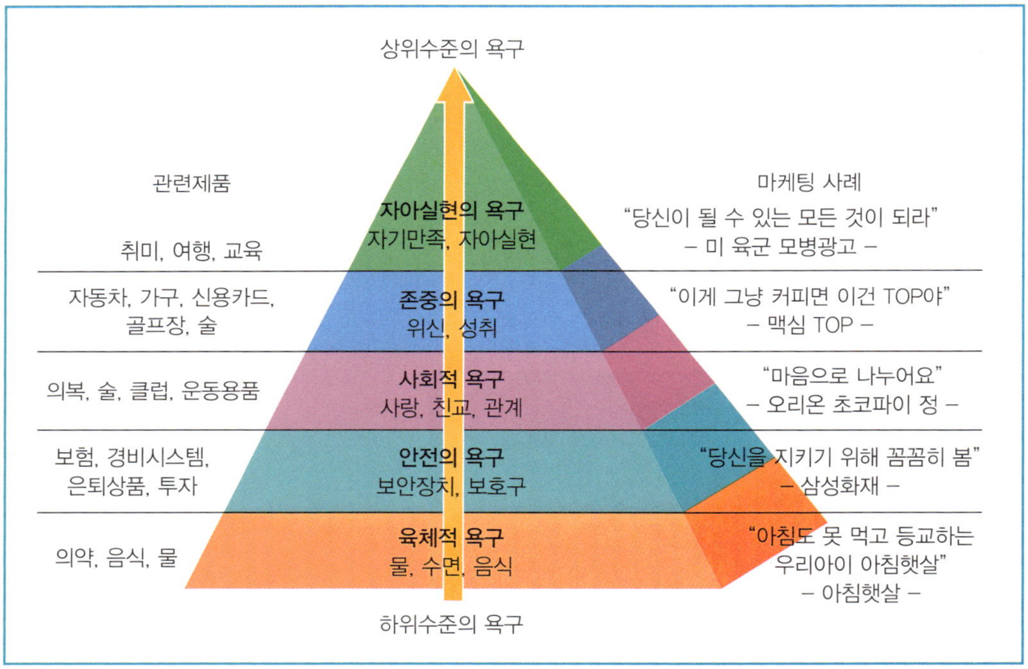

매슬로우 욕구 5단계는 분포되는 모양이 소득수준이나 사람들의 성숙도, 국가나 지역에 따라 달라진다. 개발도상국가의 경우는 욕구 5단계 분포 피라미드 형태를 이루어 생리, 안전욕구 단계에 있는 사람들이 가장 많다. 소득수준은 구매욕구의 변화에 영향을 미친다. 소득이 낮을수록 기능적 욕구만을 위해 소비를 하고, 소득이 높아질수록 상징적 욕구를 위

해 소비한다. 고소득 구가의 경우에는 각 가정에 내구 소비재가 풍부하고 자가용이 있으며 보험상품을 구매하고 해외여행도 한다. 아이들은 높은 수준의 교육을 받고 다른 문화에 대한 지식을 가지고 있다. 궁핍에서 벗어나려는 투쟁은 사라지고 물질적 필요 이외의 이유로 구매를 한다. 결국, 이러한 욕구분류의 시사점은 해당 소비자의 현재 욕구단계를 파악하여 그 상위의 욕구를 실현시키는 제품을 제공함으로써 제품구매를 실현시킬 수 있다는 것이다. 즉 아직 끼니도 제대로 해결하지 못하는 사람에게 자동차를 판매할 수는 없을 것이다.

3.2 소비자가 제품에서 추구하는 욕구에 따른 분류

〈드림 소사이어티(Dream Society)〉의 저자 롤프 옌센(Rolf Jensen)은 "가난과 배고픔이 사라진 세계에서 소비자들은 재미와 스릴, 사랑과 윤리적 자부심 같은 정서적 만족을 원하고 있다"고 말한다. 소비자들은 언제부터인지 상품과 서비스의 가격이나 기능보다 그것을 넘어선 무언가를 원하고 있다. 전자제품 하나를 사도 디자인을 먼저 보고, 레스토랑에 가도 음악과 분위기가 좋은 곳을 선호하는 추세는 이제 일반적인 현상이다.[36]

실제, 소비자는 단순히 특정 문제를 해결하기 위해 구매하는 것이 아닌 인정받기 위해서 아무생각 없이 즐겁기 위해서도 제품을 구입한다. 소비자들이 제품으로부터 어떤 종류의 효익을 추구하는지에 따라 실용적(기능적) 욕구와 상징적(사회적) 욕구 그리고 경험적(쾌락적) 욕구로 나누어 볼 수 있다.[37]

첫째, 실용적 욕구/기능적 욕구(functional/utilitarian needs)라 함은 제품으로부터 기능적인 편익을 추구하고자 하는 욕구를 말하는데 소비자의 심리적 욕구 및 안전의 욕구 등과 같은 기본적인 동기들과 관련되고 있으며, 문제를 해결하거나 회피하고자 하는 욕구와도 관련이 있다.[38] 이를 충족시켜주는 제품의 예는 비듬샴푸, 탈취제, 사무용품, 공구 등이 있다.

둘째, 자기표현의 상징적 욕구/사회적 욕구(symbolic/social needs)는 그 재화나 서비스의 소비를 통해 얻을 수 있는 보다 부가적(비본질적)인 욕구가 되며 일반적으로 비제품 관련 속성들, 즉 사용자 이미지와 관련되어 있다. 따라서 소비자들은 브랜드가 자신들의 자아상과 어떤 식으로 연결되는 문제 때문에 브랜드의 명성, 유일성 그리고 유행성에 가치를 부여할 수 있다.[39] 상징적 욕구를 충족시키는 제품에는 명품의류, 대형세단, 고급 레스토랑 등이 있다.

마지막으로, 경험적 욕구/쾌락적 욕구(experiential/hedonic needs)는 그 제품이나 서비스를 사용하면 어떤 느낌이 드는가 하는 문제와 관련이 있고 사용 이미지와 같은 비제품 관련 속성들뿐만 아니라 제품 관련 속성과도 일치 할 수 있다. 이러한 이점은 감각적인 즐거움(시각, 미각, 청각, 후각, 느낌), 다양성 그리고 인지된 지극을 통하여 경험적 욕구를 충족시킨다. 이러한 경험적 욕구를 충족시키는 대표적인 제품에는 영화, 콘서트, 여행패키지 등이 있다.[40]

일반적으로 많은 제품들은 이러한 세 가지 욕구를 동시에 충족시키기도 하지만 아래 자동차 사진과 같이 특정한 욕구만족을 집중적으로 추구하는 제품들로 나누어지기도 한다.

절대적인 것은 아니지만 실용적, 경험적, 상징적 욕구를 충족하는 대표적인 차가 있다.

결국, 마케팅관리자는 소비자의 제품에 대한 욕구를 파악하여 특정 제품의 효익을 특별히 만족시키는 데 집중함으로써 마케팅에 성공할 수 있다. 예를 들어, 과거에 비해 저가항공사들은 실용적인 효익에 초점을 맞춤으로써 크게 성장하였고, 최근의 많은 커피숍은 과거보다 경험적 효익의 비중을 높여서 소비자에게 어필하고 있으며 현대자동차는 과거 자동차 브랜드들보다 제네시스 같은 고급 자동차 라인을 탄생시켜 상징적 효익의 비중을 높여 세계시장에 도전하고 있다.

우리가 예상치 못하는 제품의 효익 집중 또한 눈여겨 볼만하다. '루이비통 정육점'으로 불리는 빅터처칠은 남다른 인테리어와 서비스로 정육점업계에서 상징적 효익을 추구하는 특이한 마케팅으로 유명하다.[41]

기존업계에서 추구하지 않던 고급화 전략으로 정육점을 명품반열에 올린 빅터처칠[42]
(www.victorchurchill.com)

3.3 욕구의 원천분석

뇌과학 연구분야의 학자인 한스-게오로크 호이젤의 신경마케팅 관련 서적인 〈Brain View〉라는 서적에서 뇌 속에 있는 동기 및 감정시스템의 구조를 조망하여 소비자의 욕구

그림 1-7 | 삶을 지배하는 뇌 속 Big 3[43]

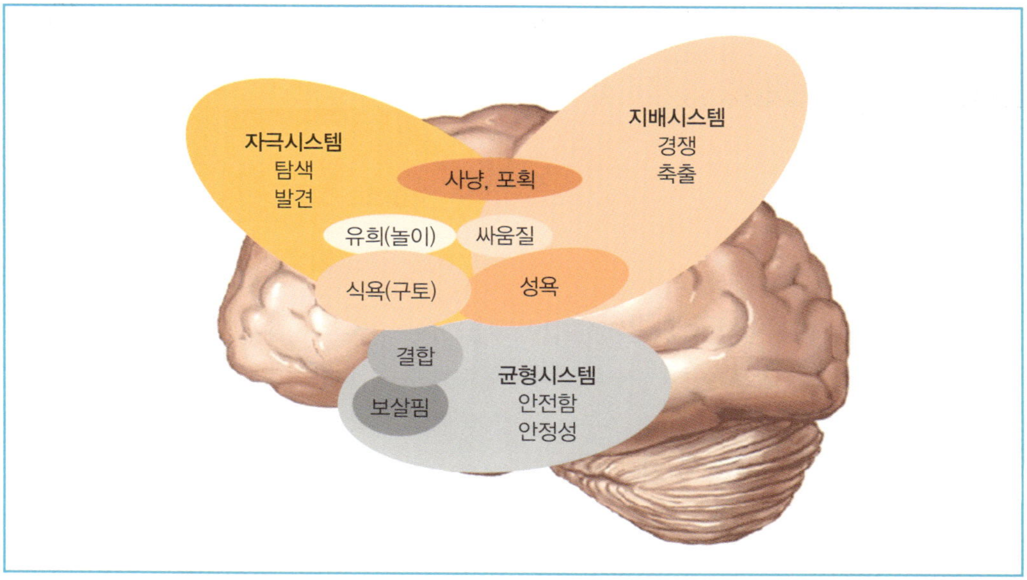

를 설명하기 위한 근거를 제시하였다. 모든 동기 및 감정시스템의 중심부에는 음식, 수면, 호흡 같은 생리적인 생명유지욕구가 자리잡고 있으며 이러한 욕구는 변화가 불가능한 것으로 우리의 생명을 규정하고 있다고 하였다. 생명유지욕구 외에도 삶 전체를 규정하는 세 가지 거대한 동기 및 감정시스템을 균형시스템, 지배시스템, 자극시스템이라 하여 Big 3로 지칭하였다.

첫째, 균형시스템(안전함에 대한 욕구)은 뇌 속에서 가장 막강한 힘을 가진 세력으로 이는 고객의 마음을 움직여 안전함과 고요함을 추구하도록 만들고, 모든 위험과 불확실성을 회피하도록 하며, 조화를 추구하도록 유도한다.

모든 종류의 보험, 노후대비를 위한 금융상품, 의약품, 병원진료, 안전벨트, 에어백, 품질 및 내구성 검증, 품질보증, 경보장치, 아늑함과 안정감을 느낄 수 있는 내집마련, 오래전부터 익히 알고 있으며 세월이 지나도 거의 변함이 없는 전통 제품에 대한 선호 등을 예로 들 수 있다.

노후에 대한 불안함을 해소하라는 삼성증권 광고

둘째는 자극시스템(새로운 것, 짜릿함을 향한 욕구)이다. 생물체는 계속해서 새로운 생활환경에 처하게 되고 새로운 영양을 섭취하는 과정에서 새로운 능력과 기술을 습득한다. 그 덕분에 끊임없이 변화하는 환경에서 살아남을 가능성이 높아진다. 자극시스템의 영향력은 현대생활에서 조금도 줄어들지 않았다. 새로운 유행과 기술혁신, 잠들 줄 모르는 호기심과 새롭고 흥미진진한 체험을 추구하는 것은 모두 자극시스템 덕분이다. [Consumer Insight 1-3]에서 볼 수 있듯이 최근에는 과거보다 경제적 수준의 향상으로 현재의 즐거움을 추구하는 사람들의 비중도 높아지고 있다.

CONSUMER INSIGHT 1-3 한 번 사는 인생 즐겁게 YOLO

한 번 사는 인생, 후회 없이 살자는 명목하에 YOLO족이 탄생했다. YOLO족은 'YOU ONLY LIVE ONE'의 앞 글자를 따서 YOLO라는 이름으로 해석된다. 우리 말로는 욜로족이라 칭하며, 한 번뿐인 자신의 인생에 자신을 위하여 살아가는 삶을 의미한다.

사진출처: https://www.gettyimagesbank.com

YOLO족의 취미란 불확실한 미래를 위해 저축 및 투자를 하는 대신에 자신의 삶의 가치를 위한 투자를 하는 사람들을 의미한다. 즉, 내 집을 마련하고, 나의 자기 계발에 비용을 아끼지 않는 사람들이다.

욜로(YOLO)족은 미래의 가치를 위해 현재를 희생하지 않고 향유하고 싶은 문화나 소비를 꼭 해야만 하는 소비층으로 결혼, 주택구입 등이 어려워져 현재의 나와 한 번뿐인 내 인생의 즐거움을 위해 적극적으로 투자한다. 건강보다 맛있는 음식을 찾아다니고, 독신을 주장하는 사람들이 많으며, 평생 벌어도 주택을 구입하기 어려워 월세를 살면서도 외제 승용차를 타고 다니는 사람도 있으며, 휴가철에는 1년 동안 모은 돈으로 친구들과 해외여행을 다닌다.[44]

우리나라에서 YOLO족을 바라보는 데에는 긍정적인 시각과 부정적인 시각이 동시에 있다. 긍정적인 시각에 있어서는 자신의 행복과 만족을 위해서는 부담 없이 소비를 해 그것을 만족시킨다는 의견이 있지만, 부정적인 시각에서는 현재의 삶의 만족을 위해서는 분명 미래의 삶의 불만족이 있을 것이라는 의견이다.[45]

여러분들은 어떤 삶을 추구하시는가요?

〈캣츠〉와 같은 뮤지컬 그리고 연극, 영화, 여행, 모든 유형의 엔터테인먼트 콘텐츠, 음악, 다른 사람들과 다르게 보이도록 만들어주고 이목을 끄는 데 도움이 되는 상품, 레저산업, 혁신상품(예: 독특한 디자인), 체험구매 등이 이에 해당한다고 볼 수 있다. 최근에는 이러한 즐거움을 주는 산업의 성장이 무엇보다 눈에 띄게 증가했다고 볼 수 있다.

〈캣츠(Cats)〉는 T. S. 엘리엇의 시, '지혜로운 고양이가 되기 위한 지침서'를 기반으로, 앤드류 로이드 웨버가 작곡을 하고, 1981년 영국 런던 웨스트 엔드에서 초연을 했고, 1982년 브로드웨이에 진출한 뮤지컬이다.[46]

마지막은 지배시스템(권력, 우월하고 싶은 욕구)으로 이 욕구가 충족되면 사람들은 자부심과 승리감, 우월감을 체험하나 충족되지 못하면 노여움, 분노, 내적 불안감 등의 반응이 나타난다. 값비싼 시계나 향수 혹은 유행 패션 등 지위를 상징하는 모든 종류의 제품, 고가의 클럽멤버십, VIP 이벤트, 각종 기계공구, 품질이 뛰어난 와인 등 우월한 전문가적 지식을 상징하는 제품, 운동기구 등 체력과 민첩함을 향상시키는데 도움이 되는 제품과 서비스, 효율성과 능률을 향상시켜주는 제품이나 서비스가 대표적이다.[47]

4. 뇌과학을 활용한 소비자행동분석

앞에서 논의되었듯이 소비자들은 마음, 뇌, 신체, 외부환경이 유동적이고 역동적인 방식으로 상호작용함으로써 그들의 경험을 구성한다. 소비자를 제대로 이해하기 위해서 최근에는 소비자의 뇌를 분석함으로써 마케팅 의사결정에 활용하는 신경마케팅이 중요한 연구분야가 되고 있다. 본절에서는 신경마케팅이 소비자분석에서 어떠한 역할을 하고 있는지에 대해 논의한다.[48]

인간의 많은 행동들이 뇌를 분석함으로써 이해되듯이 소비자의 구매행동 또한 뇌에 그 답이 있다는 데 신경과학자들은 동의하고 있다.
(사진출처: https://www.gettyimagesbank.com)

4.1 신경마케팅

신경마케팅(neuro marketing)은 "인간의 뇌 속에서 구매의사결정이 이루어지는 과정을 연구하고 그러한 결정에 영향을 미칠 수 있는 방법을 연구하는 것"이다. 즉 이는 간단히 말해서 뇌연구에서 비롯된 다양한 인식을 마케팅에 활용하는 것을 말한다.[49] 협의의 의미로 신경마케팅은 뇌 연구에 사용되는 기구들을 마케팅조사 목적으로 도입하는 것을 말한다.[50]

신경마케팅은 인지적 또는 의식적 참여를 요구하지 않고 마음을 직접 탐색할 수 있는 최첨단 방법을 제공하는데 최근 매우 유망한 분야로 인식되고 있으며 전 세계적으로 상업적 광고 메시지 및 선호할 수 있는 제품 설계를 크게 개선할 수 있는 잠재력을 가지고 있다고 평가되고 있다.[51]

거의 20년 전부터 소비학자들은 구매행동에 촉진을 비롯한 많은 마케팅활동들의 영향을 측정하는데 뇌 움직임을 이용할 것을 추천해 왔다.[52] 과거 이러한 관점은 그 당시에 매우 논쟁의 여지가 있었는데 뇌전도로부터 데이터를 해석하는 데는 한계와 어려움이 있다고 판단되었던 것이다. 그러나 최근 들어서는 신경과학 및 인지과학의 발전으로 소비자들이 정보를 처리하는 과정을 더욱 정확하게 파악하는 것이 가능해짐에 따라[53] 신경과학 방법론들이 소비자행동을 연구하고 마케팅전략을 수립하는데 더욱 적극적으로 이용되고 있다.[54] 실제, 최근까지 신경마케팅은 소비자들이 다양한 제품과 광고를 평가할 때 뇌의 활

동들을 측정함으로써 소비자들의 선호와 감정적 반응에 대한 방대한 데이터를 축적해나가고 있다.[55]

인공지능 시대에 소비자행동은 과연 과거보다 훨씬 쉽게 예측될 수 있을 것인가?, 기존의 이론중심적인 마케팅 학문과 광고학 등이 과연 지금의 입지를 계속 유지할 수 있을 것인가? 현재의 관점들이 미래에도 존속될 것이라고 안심하기에는 뇌과학 및 컴퓨터공학을 비롯한 기술의 발전은 이미 우리의 상상을 넘어서고 있다.[56]

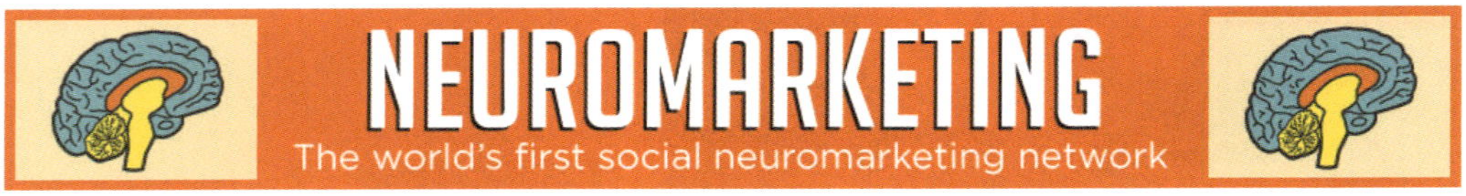

신경마케팅에 관련된 웹사이트가 속속 등장하고 있다.[57]

실제, 신경마케팅을 마케팅의 도구로 활용하여 기업들은 더욱 설득력 있는 세일즈 프리젠테이션을 할 수 있으며, 판매주기를 단축할 수 있고, 더 많은 거래를 성사하고, 매출 및 수익을 증대하며, 넓게는 타인에 대한 영향력을 높일 수도 있다. 뿐만 아니라, 지속적으로 잠재고객을 끌어들일 수 있는 마케팅 자료나, 웹사이트의 메시지를 만드는 방법도 배울 수 있다.[58]

최근 글로벌 기업인 P&G, 코카콜라, 유니레버, 네슬레, 나이키, 루이비통(LVMH) 등은 마케팅에 뇌과학을 적극적으로 활용하고 있으며 포춘(Fortune)지는 '뇌과학 활용 마케팅'을 10대 기술 트렌드로 선정하기도 하였다.

4.2 신경마케팅을 활용한 마케팅

뇌과학을 통해 막대한 마케팅 비용을 투입하기 전에 제품이나 광고, 브랜드 등이 소비자의 의식에 어떤 영향을 미치는지 정량적으로 측정하는 것이 가능해진다. 소비자에게 제품이나 광고, 브랜드를 보거나 듣게 한 후 사진과 같이 fMRI(functional Magnetic Resonance Imaging) 등의 뇌분석 기술을 이용해 뇌세포가 활성화되는 모습을 측정하여 소비자 심리나 행동을 분석할 수 있으며 다음과 같은 마케팅 의사결정에 활용가능하다.[59]

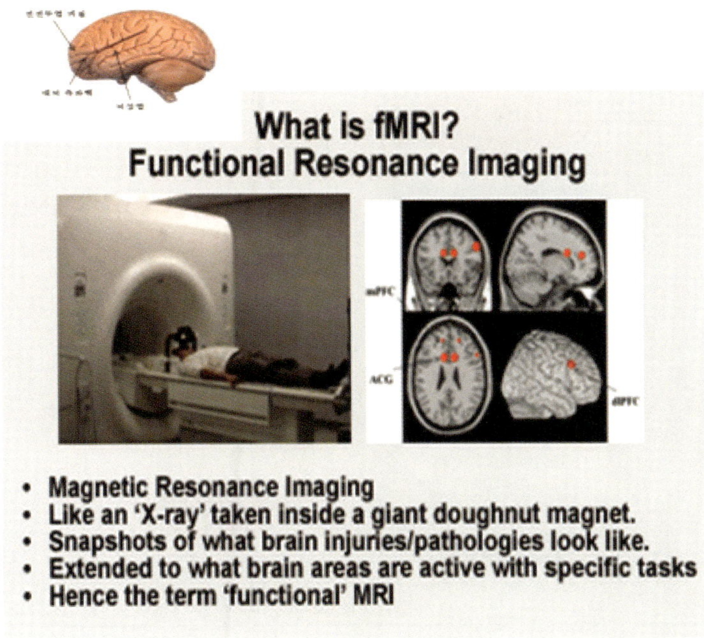

fMRI를 통해 쾌락의 중추(대뇌측좌핵), 고통의 중추(뇌섬엽) 및 판단의 중추(전전두엽 피질) 등을 주로 관찰하여 소비자 심리를 분석한다.[60]

1) 마케팅조사 분야

기존 마케팅조사 기법의 보완책으로 뇌과학 활용 마케팅에 주목하고 있는데 기존 설문조사와 포커스그룹 인터뷰가 소비자들의 심리를 파악하는 데 한계가 있다는 논란이 있다. 실제, 주위를 의식하여 의도적으로 본인의 생각과 다르게 응답하거나 소비자 자신도 자신이 무엇을 원하는지 정확하게 모르는 경우가 발생하는 것이 사실이다. 그러나 신경마케팅을 활용하면 소비자 선호나 의도에 대한 감춰진 정보(hidden information)를 발견하는 것이 가능해진다.[61] 신경마케팅을 기반으로 뇌의 반응을 과학적인 방법으로 관찰하면 응답자의 본심과 순간적인 감정을 비교적 정확하게 알 수 있다는 것이다.[62]

2) 제품개발

제품에 대한 소비자의 뇌반응을 측정하여 제품의 명칭이나 디자인, 성능에 반영할 수 있는데 제품에 대한 소비자의 '무의식'을 직접 측정할 수 있어 더욱 정교하게 소구점을 설정하는 것이 가능하다. [그림 1-8]에서 볼 수 있듯이 fMRI는 제품개발 사이클의 두 군데에서 활용될 수 있다. 첫 번째는 설계과정의 한 부분으로 그리고 제품출시 후 광고 등의 여러 마케팅활동에 대한 시사점을 제공하고 그것을 평가하기 위한 것이다.

그림 1-8 | 제품개발 사이클[63]

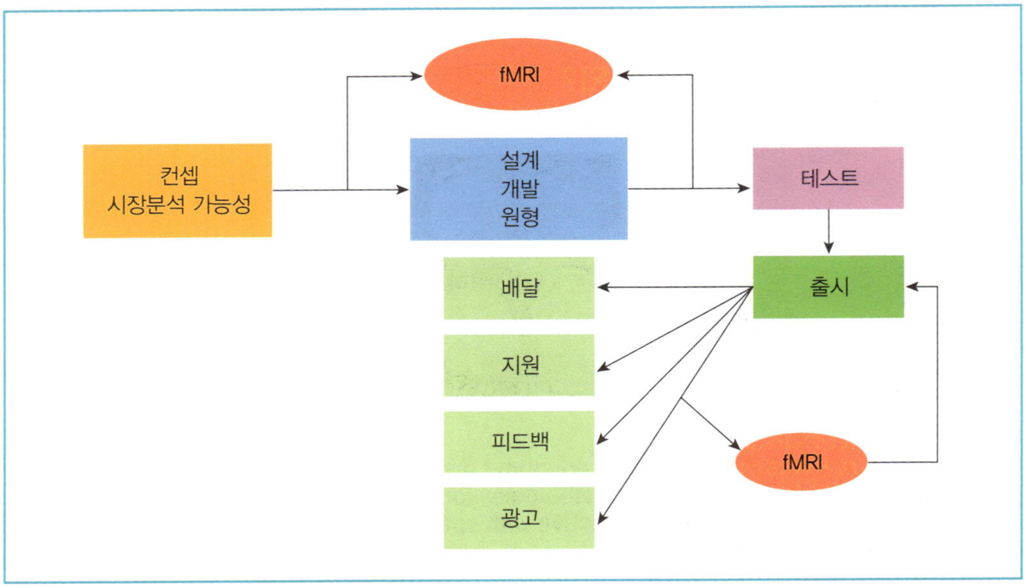

이에 대한 사례로 기아차는 과거 새로 개발한 중대형 승용차의 이름을 찾아내기 위해 국내외 200여 명의 소비자를 대상으로 fMRI를 활용한 결과 K7이 세련되고 혁신적이며 고급스런 이미지를 떠올리는 것으로 분석하여 확정하게 되었으며, 혼다는 오토바이의 전면부가 '화난 얼굴'의 이미지일 경우 피실험자의 뇌세포가 가장 빠르고 강렬하게 활성화된다는 사실을 바탕으로 모델 ASV-3를 설계하여 교통사고 발생을 최소화할 수 있었다고 한다.[64]

또한, 제품이 개발된 이후에도 소비자의 뇌반응 측정을 통해 제품의 성공가능성을 타진할 수 있으며, 사후적으로 제품의 성공요인도 분석가능하다. P&G는 페브리지 출시 전 이미 소비자들의 뇌반응 결과를 통해 성공을 확신[65]하였고, 유니레버는 소비자의 뇌반응 분석을 통해 자사의 초콜릿 아이스크림이 초콜릿이나 요구르트보다 본능적 만족감을 더 주는 것으로 파악하였다.[66]

Campbell's사는 40명에게 소형 카메라와 센서를 몸에 붙이고 슈퍼마켓에서 쇼핑하도록 하고 그들의 눈동자 움직임, 심장 박동수, 호흡 변화, 피부 습도 등을 측정하고 몸동작을 세밀하게 관찰했다. 그 분석결과에 따라 아래 사진과 같이 캔의 라벨을 바꾸어 성공하였다.[67]

K7 자동차

혼다 ASV-3

3) 광고전략

광고는 이성보다는 소비자의 감성을 자극한다는 측면에서 뇌의 즉각적인 반응을 관찰하는 것이 더욱 유효할 수 있다. 광고를 본 느낌을 정확하게 표현하는 것이 쉽지 않으며, 무의식적으로 광고에서 받은 느낌은 설문조사를 통하여 쉽게 드러나지 않는다는 한계가 존재한다. 특히 TV 동영상 광고 중 특정한 시점의 장면이 소비자에게 어떤 영향을 주는지에 대한 분석은 설문조사나 인터뷰로는 측정하기 어려운 부분이 있다.[68] 그러나 뇌과학을 활용하면 광고시안 선정, 광고의 위치나 크기, 빈도 결정, 광고효과 분석 등 광고의 다양한 영역에서 효율성을 제고할 수 있다.

실례로 과거에 광고대행사 Arnold Worldwide는 fMRI를 이용하여 25~34세의 남성 위스키 음용자의 다양한 이미지에 대한 감정적 힘을 측정하였다. 이 이미지들에는 봄방학 동안 대학생들이 칵테일을 마시는 모습, 20대들이 캠프파이어를 하면서 술을 마시는 모습, 노년남성이 호화스러운 바에서 술을 마시는 장면들이 포함되었으며 이 연구의 결과를 바탕으로 2007년 잭 다니엘 광고 캠페인을 제작하였다.[69]

그림 1-9 | 광고에 뇌과학 활용분야

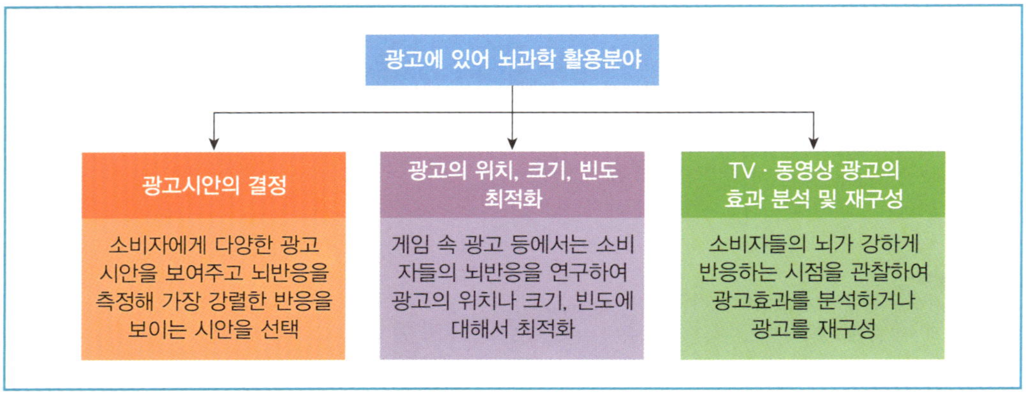

4) 브랜드전략

제품구매 결정 시 제품 자체가 아닌 제품의 브랜드가 소비자의 뇌에 어떤 반응을 주는지 분석하여 브랜드전략에 반영할 수 있다. 특정 브랜드를 보거나 특정 브랜드와 유사한 이미지를 봤을 때의 뇌반응, 익숙한 브랜드의 제품과 익숙하지 않은 브랜드의 제품에 대해 반응하는 뇌 활성화의 차이 등을 측정할 수 있다. 실례로 펩시콜라는 블라인드 테스트에서 코카콜라보다 선호도가 높았지만, 실제 제품 선택 시 코카콜라 브랜드를 본 소비자들은 쾌락중추가 활성화되면서 코카콜라를 선택[70]하였다.

5) 가격전략

뇌연구는 가격의 전시 방법과 가격 커뮤니케이션 방법에 대한 유용한 통찰력을 제공할 수 있다. 가격을 표시하는 기본적인 방법인 $16.70는 확실히 뇌의 고통중추를 자극할 수 있다. 그러나 '$' 표시 없이 단순히 숫자를 가지고 가격을 '16.70'으로 표기하는 경우 뇌의 반응은 다소 약해지는 경향이 있다고 한다. 뇌는 숫자 자체를 곧바로 가격으로 인식하지 않는다는 것인데 고통을 느끼는 부분이 활성화되는 정도는 정수, 예를 들면 17과 같은 숫자를 볼 때 더욱 약해진다.[71]

CONSUMER INSIGHT 1-4 뇌과학을 활용한 마케팅 사례 보충

■ 뇌과학, 충동구매의 비밀을 밝혀내다

스탠포드, MIT, 카네기멜론대학의 연구팀은 26명의 실험 참가자들을 대상으로 제품의 구매 여부를 결정하는 뇌의 매커니즘을 연구한 결과, 제품을 샀을 때의 '쾌락'과 이에 따르는 지출의 '고통'을 비교하고 판단하여 구매 여부를 결정하는 것으로 밝혀졌다.

사진출처: https://www.gettyimagesbank.com

제품만 보여주는 경우 쾌락중추인 '대뇌 측좌핵'이 활성화되었으며, 제품 가격만을 보여준 경우 고통중추인 '뇌섬엽', 마지막으로 제품과 가격이 함께 있는 사진을 보여주면 판단 · 사고를 관장하는 '전전두엽 피질'이 활성화되었다.

또한, 반복적인 자극이 쾌락중추의 활동을 자극한다는 사실을 발견하고, 같은 이미지를 반복해서 보여주는 홈쇼핑 광고 등은 충동구매로 이어질 가능성을 높일 수 있다는 것을 증명하였다.

■ 쾌락중추를 자극하는 스포츠카 이미지

다임러크라이슬러사가 평균 나이 31세의 남성들에게 22가지의 스포츠카, 22가지의 일반 승용차, 22가지의 소형차 사진을 보여주며 젊은 남성들의 뇌반응을 분석한 결과 일반 승용차보다 스포츠카에 쾌락중추가 더욱 활성화된다는 사실이 발견되었다. 이 쾌락중추는 과거에 술이나, 마약, 섹스에 의해 활성화된다고 보고되었다. 이러한 스포츠카, 명품가방, 브랜드 의류, 명품시계 등에 대한 뇌 활성화 수준이 가장 높고, 상대적으로 연필, 세제, 화장지 등에 대한 뇌 활성화 수준은 낮은 것으로 보고되고 있다.[72]

■ 뇌과학을 통해 밝혀진 담배회사의 브랜드 파워

fMRI 분석을 통해 단지 '말을 탄 카우보이'나 '사막의 낙타' 이미지만 봐도 담배를 피우고 싶다는 욕구가 생긴다는 것을 발견하였다. 말보로 담배는 '말을 탄 카우보이'(말보로맨)를 활용하여 말보로 브랜드를 구축해왔으며, 카멜 담배는 '사막의 낙타'를 오랜 기간 활용하였다.

흡연자 뇌에 대한 fMRI 측정 결과 말보로나 카멜 로고가 없는 단순한 '말을 탄 카우

보이'나 '사막의 낙타' 이미지를 보는 경우에도 쾌락중추가 활성화되었는데 오히려 뇌는 로고가 없는 이미지에 더욱 강하게 반응한다는 것을 증명하였다.[73]

■ 뇌가 명품을 알아본다

미국 국립보건원의 뉴로마케팅 연구팀에 따르면 우리 뇌에는 장인정신이 빚어낸 명품의 가치를 탐색하는 뇌 영역이 존재한다. 연구대상자들이 BMW, 포르쉐, 벤츠 등의 고급세단의 로고와 뷰익이나 마쓰다처럼 싸고 실용적인 세단으로 알려진 자동차 회사 로고를 보여주면서 가장 큰 차이를 보이는 뇌 영역은 배측 전전두엽(dorsolateral prefrontal cortex)이었다. 우리보다 오랜 자본주의 역사를 가진 서양인들에게 기업로고는 '제품에 대한 신뢰'와 '오랜 장인정신에 대한 경외감'을 연상시키는 모양이다.[74]

사진출처: https://www.gettyimagesbank.com

또한 고려대학교 심리학과 소비자광고 실험실에서 해외명품과 국내 대중품에 대한 fMRI 반응 연구에서는 해외 명품은 앞으로 갖고 싶다는 욕망을 일으키는 제품이고 국내 대중품은 갖고 싶다는 욕망은 없으나 친근하고 기억 속에 들어 있으며 좋았던 감정이든 싫었던 감정이든 감정을 회상할 수 있는 브랜드라는 것이 나타났다.[75]

연 • 습 • 문 • 제

01. 노트북을 구매한다고 할 때 20대 대학생 소비자와 30대 직장인 소비자를 각각 인터뷰하여 해당 소비자 및 주변인의 구매과정에서 역할을 명시하고 이런 소비자가 해당 노트북의 주된 표적시장이라는 가정하에 마케팅전략상의 시사점을 적어도 3가지 이상 이야기해보세요.

02. 모션베드가 침대시장 점유율 확대를 위한 마케팅전략을 수립한다고 가정할 때 필요한 소비자 분석에는 어떤 것들이 있는지 그리고 그러한 분석이 어떤 마케팅전략 수립에 필요한 것인지 설명해보세요.

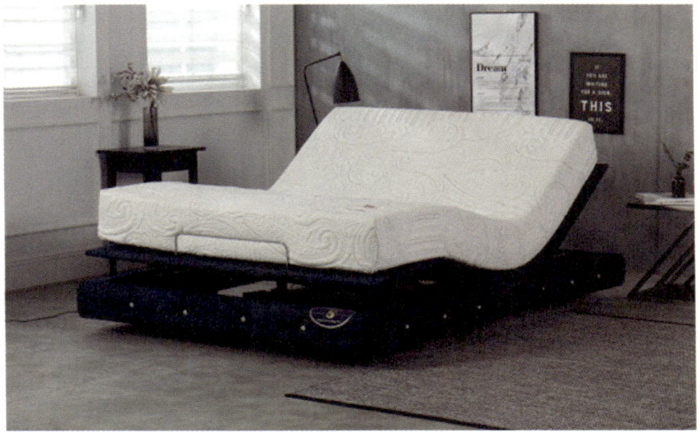

모션베드

03. 자기분석적 방법에 의해 본인이 의식적으로 구매의사결정하고 있는 제품과 무의식적으로 구매의사결정하고 있는 제품을 3가지씩 적고(물론 정확하진 않지만), 의식적으로 구매결정하는 상황과 무의식적으로 구매결정하는 상황 또한 예를 들어보세요.

04. 매슬로우의 욕구 5단계설을 기준으로 10대 학생, 20대 학생, 30대, 40대, 60대 직장인 남녀를 인터뷰하여 그들이 머물러 있는 욕구수준을 파악하고 각각에게 필요한 제품에 대해서 제시해보세요.

05. 실용적, 쾌락적, 상징적 효익 3가지의 적절한 배합(기존과 다른 조합)에 의해 아래 제품들이 새로운 개념을 창출할 수 있는 아이디어를 내세요.
예) 한 유통업체가 경험적 가치를 증대시키는 방향으로 전략실행

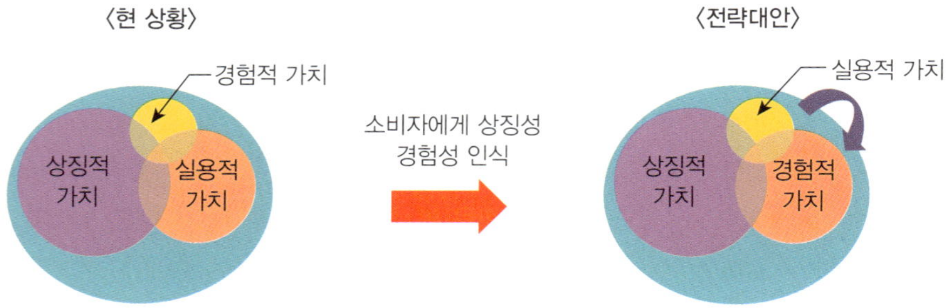

소비자의 실용적 가치가 경험적 가치를 지배하는 상황에서의 의사결정

소비자의 경험적 가치가 실용적 가치를 지배하는 상황에서의 의사결정

a. 항공서비스

b. 커피숍

c. 호프집

d. 의류

e. PC방

06. 기존의 이론 중심적인 마케팅 학문과 광고학 등이 과연 지금의 입지를 계속 유지할 수 있을 것인가에 대한 해답으로 과거 마케팅 분야의 이론들이 새로운 신경마케팅에 의해 재정립될 수밖에 없는 사례를 찾아보고 앞으로 소비자분석이 어떻게 진화할 것인지 예측해보세요.

참 • 고 • 문 • 헌

1) 파코 언더힐 지음, 신현승 옮김(2000), 쇼핑의 과학 Why We Buy: The Science of Shopping, 세종서적, 28–29에서 수정하여 작성
2) 다비트 보스하르트(David Bosshart) 지음, 박종대 옮김(2001), 소비의 미래, 생각의 나무
3) 김영한(2010), 넛지마케팅, 한국경제신문, 29–30에서 수정하여 작성
4) http://www.newslink.media.daum.net
5) '돈자랑 끝판왕' 메이웨더 초호화 사생활, 2억 5천짜리 포르셰가 차고에서 '가장 싼 거', https://ilyo.co.kr/?ac=article_view&entry_id=132932
6) 사진출처: www.lilomag.com
7) https://www.chosun.com/site/data/html_dir/2020/02/17
8) https://www.chosun.com/site/data/html_dir/2020/02/17
9) https://www.insight.co.kr/news/205374
10) 위키백과: http://ko.wikipedia.org
11) Hawkins, D. I., and D. L. Mothersbauch(2010), *Consumer Behavior, Building Marketing Strategy*, Eleventh edition, 27의 내용을 수정하여 작성
12) Hawkins, D. I., and D. L. Mothersbauch(2010), *Ibid*., 6.
13) Solomon, M. R.(2010), Consumer Behavior, Buying, Having, and Being, Eighth Edition, Pearson Education, 62–63에서 참고하여 작성
14) https://ko.wikipedia.org/wiki/
15) 생물학 및 진화론과 마케팅에 대한 연관성에 대해서는 개드 사드 지음, 김태훈 옮김(2012), 소비본능, 더난출판 참고할 것
16) Solomon, M. R.(2010), *op. cit*., 64에서 인용
17) Asseal, H.(1995), *Consumer Behavior*, International Tompson Publishing, 4–6의 내용을 기본으로 하여 수정하여 작성
18) 피터 우벨 지음, 김태훈 옮김(2009), 욕망의 경제학, 김영사, 87.
19) 사토지에 지음, 송은애 옮김(2017), 인간을 탐구하는 수업, 다산북스, 37에서 재인용
20) 제럴드 잘트먼(Gerald Zaltman) 지음, 노규형 옮김(2004), *HOW CUSTOMERS THINK*, 21세기북스, 42–43에서 참고하여 작성
21) 정성희(2009), 무의식마케팅, 시니어커뮤니케이션, 23(좌)/제럴드 잘트먼(Gerald Zaltman) 지음, 노규형 옮김(2004), *HOW CUSTOMERS THINK*, 21세기북스, 77(우).
22) 한스–게오로크 호이젤 지음, 배진아 옮김(2009), 뇌, 욕망의 비밀을 풀다, 흐름출판, 15–17 중에서 필요한 부분을 참고하여 구성
23) 제럴드 잘트먼(Gerald Zaltman) 지음, 노규형 옮김(2004), 전게서, 43.

24) http://www.wikitree.co.kr/opm/opm_news_huyndaicar
25) 정성희(2009), 무의식마케팅, 시니어커뮤니케이션, 23.
26) 닐 마틴(Neale Martin) 지음, 홍성태 · 박지혜 옮김(2009), 해빗: 소비의 95%를 지배하는 행동 심리, 위즈덤하우스, 26–27.
27) 주디스 호스트먼 지음, 이문영 옮김(2010), 나의 뇌가 보내는 하루, 쌤앤파커스의 내용을 토대로 수정하여 작성
28) 제럴드 잘트먼(Gerald Zaltman) 지음, 노규형 옮김(2004), 전게서, 44–45/Dunn, L. & Hoegg, J.(2014), The impact of fear on emotional brand attachment, *Journal of Consumer Research*, 41(1), 152–168.
29) 한스–게오로크 호이젤 지음, 배진아 옮김(2009), 전게서, 16.
30) 개드 사드 지음, 김태훈 옮김(2012), 전게서, 115의 내용을 인용하여 작성
31) 한스–게오로크 호이젤 지음, 배진아 옮김(2009), 상게서, 18.
32) 제럴드 잘트먼(Gerald Zaltman) 지음, 노규형 옮김(2004), 전게서, 62.
33) 제럴드 잘트먼(Gerald Zaltman) 지음, 노규형 옮김(2004), 상게서, 62.
34) 김영한 지음(2010), 상게서, 49–50에서 인용하여 작성
35) Solomon, M. R.(2010), *op. cit.*, 162의 기본 골격을 바탕으로 내용을 수정하여 인용
36) 롤프 옌센 지음, 서정환 옮김(2005), 드림 소사이어티, 리드리드, 3.
37) Keller, K. L.(1998), *Strategic Brand Management*, Prentice–Hall, 100.
38) Maslow, A. H.(1970), *Motivation and Personality*, New York: Haper & Row/Fennell, G.(1978), Consumers' Perceptions of the Product—Use Situation: A conceptual framework for identifying consumer wants and formulating positioning options, *Journal of Marketing*, 42(2), 38–47/Rossiter, J. R. and L. Percy(1987), *Advertising and Promotion Management*, New York: McGraw–Hill 등에서 참고하여 작성
39) Solomon, M. R.(1983), The role of products as social stimuli: A symbolic interactionism perspective, *Journal of Consumer Research*, 10(3), 319–329.
40) 한스–게오르크 호이젤 지음, 배진아 옮김(2009), 전게서, 35.
41) 이동철(2014), 한덩이 고기도 루이비통처럼 팔아라, 오우아, 19에서 인용
42) 이동철(2014), 상게서, 20의 내용에서 인용
43) 한스–게오르크 호이젤 지음, 배진아 옮김(2009), 전게서, 35.
44) 생애설계 관점에서 본 욜로족(YOLO)과 파이어족(FIRE), 조세일보(http://www.joseilbo.com/news/htmls/2020/08/20200806403578.html)
45) 자신의 삶을 우선시 하는 YOLO족, 나의 행복이 우선이다 'YOLO족'(http://www.iconsumer.or.kr/news/articleView.html?idxno=10779)
46) 위키백과
47) 한스–게오르크 호이젤 지음, 배진아 옮김(2009), 상게서, 35–50에서 요약하여 구성

48) http://www.greenbookblog.org/wp-content/uploads/2013/12/Neuromarketing.jp
49) 한스-게오로크 호이젤 지음, 배진아 옮김(2009), 전게서, 18.
50) Garcia, J. R., & Saad, G.(2008), Evolutionary neuromarketing: Darwinizing the neuroimaging paradigm for consumer behavior, *Journal of Consumer Behaviour: An International Research Review*, 7(4-5), 397-414.
51) Morin, C.(2011), Neuromarketing: the new science of consumer behavior, Society, 48(2), 131-135.
52) Young, C.(2002), Brain waves, picture sorts®, and branding moments, *Journal of Advertising Research*, 42(4), 42-53.
53) Gordon, W.(2002), The darkroom of the mind—What does neuropsychology now tell us about brands?, *Journal of Consumer Behaviour: An International Research Review*, 1(3), 280-292.
54) Shiv, B., Bechara, A., Levin, I., Alba, J. W., Bettman, J. R., Dube, L., & McGraw, A. P.(2005), "Decision neuroscience," *Marketing Letters*, 16(3), 375-386.
55) Suomala, J., Palokangas, L., Leminen, S., Westerlund, M., Heinonen, J., & Numminen, J.(2012), Neuromarketing: Understanding customers' subconscious responses to marketing.
56) 유승철(2009), "뉴로마케팅 시대의 숨은 설득가들," Cheil Communication, November, 57.
57) http://neuromarketing.ning.com
58) Renvoise, P., and C. Morin(2007), Neuromarketing: Understand the 'buy buttons' in your customer's brain, Tomas Nelson, Inc., 2.
59) Haq, A.(2007), "This is Brain on Advertising," Businessweek. 10월 8일자/Vogelstein, F.(2005), "10 Tech Trends to Watch in 2005, Fortune," 151(1)/한일영(2010), 뇌과학과 경영의 만남-뇌과학 활용 마케팅-, 삼성경제연구소, 3-4에서 재인용
60) http://www.sutherlandsurvey.com/한일영(2010), 뇌과학과 경영의 만남, 삼성경제연구소 SERI 경영노트, 3-10에서 재인용
61) Ariely, D., & Berns, G. S.(2010), Neuromarketing: the hope and hype of neuroimaging in business, *Nature reviews neuroscience*, 11(4), 284-292.
62) https://zoo6873.tistory.com/197
63) Ariely, D., and G. S. Berns(2010), *op. cit.*, 286.
64) 카와구치 모리노스케 지음, 김상태 옮김(2007), 일본을 말한다, 서울: 비즈니스맵
65) Veronica, B.(2009), Brief Histroy of Neuromarketing, 2009 The International Conference on Economics and Administration, November 14-15, Bucharest: Romania.
66) Haq, A.(2007.10.8), *This Is Your Brain on Advertising*, Businessweek.

67) jpyun56.wordpress.com
68) BurKitt, L.(2009.11.16), Neuromarketing: Companies Use Neurosciecne for Consumer Insight, Forbes/한일영(2010), 위의 자료, 7에서 재인용
69) Sutherland, M.(2007), Neuromarketing: What's it all about?, From a talk of the same name delivered to the inaugural Australian Neuromarketing Symposium at Swinburne University (Melbourne), 3.
70) Wells, M.(2003.9.1), In Search of the Buy Button(Forbes./http://www.forbes.com/forbes/2003/0901/062.html)
71) 헤르만 지몬 지음, 서종민 옮김(2017), 프라이싱 가격이 모든 것이다, 쌤앤파커스, 111에서 참고하여 작성
72) 조현준(2013), 왜 팔리는가: 뇌과학이 들려주는 소비자행동의 3가지 비밀, 아템포, 199에서 참고하여 작성
73) Sutherland, M.(2007), *op. cit*, 3/Wells, M.(2003.9.1), In Search of the Buy Button, Forbes/Eaves, E.(2007.1.5), This Is Your Brain on Shopping. Forbes/Martin, L.(2008.12.1), You may love the logo, but it's a dying breed. Advertising Age/한일영(2010), 뇌과학과 경영의 만남, 삼성경제연구소 SERI 경영노트, 3-9에서 많은 부분 재인용
74) 정재승 · 진중권(2011), 크로스, 웅진지식하우스, 178에서 참고하여 작성
75) 이영돈(2006), 마음, 예담, 190-191의 내용을 간단히 요약

2
CHAPTER

Understanding of Consumer Behavior

소비자 트렌드

02장 / 소비자 트렌드

"잉여사회에서 소비자는 왕 이상이다. 소비자들은 모든 독재자들의 어머니이다."

–요나스 리더스트럴러, 첼 노오스트롬의 〈Funky Business〉 중에서–

"수동적인 소비자의 시대는 갔다. 요구하는 정보가 충분히 만족스럽게 제공되지 않는다면 소비자는 망설이지 않고 다른 곳을 찾을 것이다. 경쟁적인 상품정보가 인터넷에서 클릭 한 번으로 제공되는 상황에서 소비자가 변화하는 데 드는 비용은 거의 제로에 가깝다."

–리처드 올리버(Richard Oliver)–

1. 소비 트렌드의 변화

1.1 트렌드의 정의 및 트렌드 파악의 중요성

트렌드(trend)의 사전적 의미는 '어떤 것이 움직이려고 하는 대략적 방향'이며 경제학적으로는 장기적인 변동 경향의 움직임을 말한다. 보통 6개월에서 1년 정도의 단기간 동안 나타났다 사라지는 것을 '패드(fad)'라고 하는데 트렌드는 5~10년 정도 지속되는 것을 의미한다.[1)]

많은 마케팅실무자들 및 학자들은 트렌드를 감지하고 미리 준비하는 것이 기업의 생존에 직결된다고 주장하고 있다는 점에서[2)] 본절에서는 과거의 소비자에 대해 현재의 소비자는 어떻게 다른가 하는 점에 중점을 두고 공부해보며 새로이 등장한 소비 트렌드에 대해 자세히 알아볼 것이다.

현대의 기업환경에서는 시대적 트렌드나 경쟁사 신제품 또는 대체제품의 갑작스러운 등장에 대처하지 못해 파산하거나, 회사의 운명을 걸고 수년에 걸쳐 거금을 투자해 신제품

개발에 매진하는 기업들이 매우 흔하게 발생한다. 여기서 중요한 부분은 마케터의 직관이라는 것이 과거에 성공했던 상품의 경험에서 비롯되는 감이 아니라, 시대적 트렌드가 반영된 미래시장을 정확히 볼 줄 아는 안목을 말한다. 과거의 성공경험에 대한 맹신은 대단히 위험할 수 있다. 현재의 소비자욕구는 그때의 소비자욕구가 아니고 현재의 경쟁자는 그때의 경쟁자가 아닐 수 있다.[3)]

1980년대 파격적인 소형 제품을 선보이며 세계를 놀라게 했던 소니, 그러나 지금은 가전 비중이 줄고 있는 소니는 향후 게임과 영화 등 콘텐츠 분야를 중심으로 기업의 체질을 바꾸는 데 주력하고 있다. 최근 불어난 가전분야 손실이 여전히 소니의 발목을 잡고 있는데 과거 소니보다 후발주자였던 삼성전자의 3분의 1수준까지 추락했다.

2019년 말 반도체 사업을 대만기업에 매각해 충격을 줬던 일본의 또 다른 가전 대기업 파나소닉은 지금은 주택사업에 집중하고 있다. 미국 테슬라에 배터리를 공급하는 등 주택사업과 자동차부품 사업이 이제 파나소닉의 주력이 되었다. 샤프는 대만 기업에 넘어갔고, 잇달아 사업을 매각한 도시바는 사실상 해체 수준을 밟고 있다. 이러한 일본 가전기업의 실패의 원인은 완벽주의에 매몰된 일본 가전회사들이 소비자욕구와 시대 변화를 놓쳤다는 진단이 지배적이다.

장인정신을 앞세워 '잘 만든 제품'에 집중하다 보니 '잘 팔릴 제품'을 놓쳤다는 분석도 나온다. 일본은 국내 내수시장이 큰 것으로 인해 혁신이 늦어버린, '이노베이션의 딜레마'의 예라고 할 수 있다. 전문가들은 현재 세계 기술을 선도하는 우리기업들도 변화와 미래 투자에 뒤쳐진다면 일본기업들처럼 금세 뒤쳐질 수 있다는 점을 반면교사 삼아야 한다고 조언하기도 한다.[4)]

최근 기업을 둘러싼 외부 마케팅 환경은 보다 복잡해질 뿐만 아니라 점점 동태적으로 변해가고 있다. 오늘날의 시장은 기업들과 소비자들이 과거에 비해 더 많은 정보에 접근가능하고, 기업간 경쟁이 치열하며, 고객들에게 더 많은 권한을 부여하

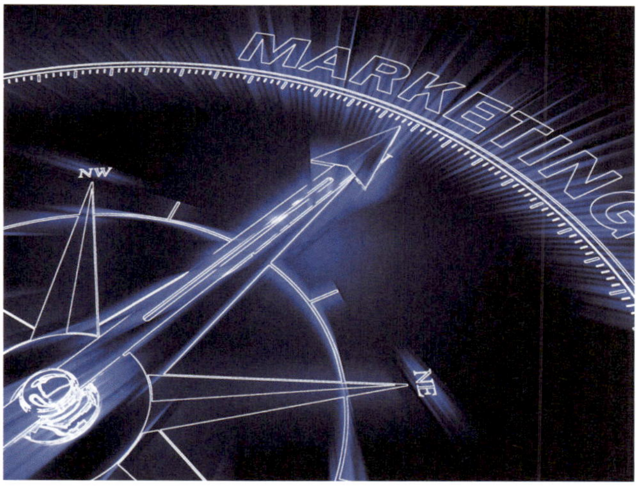

트렌드 파악은 마케팅관리자의 필수적 임무이다.
(사진출처: https://www.gettyimagesbank.com)

고 있다. 이러한 변화들은 기업들로 하여금 새로운 도전과 기회에 직면하게 하고 마케팅 환경을 크게 변화시키고 있다. 이러한 부분을 기업들은 인정하고 시장의 역동적인 특성, 변화를 일으키는 주요 요인, 새로운 마케팅 현실에 따라 성장하며 비즈니스상의 우위를 달성해야 할 필요성이 어느 때보다 높아지고 있다.[5]

1.2 가치의 공동창조

최근 들어 소비자들은 신제품 개발의 가치 있는 원천으로 고려되고 있으며 마케팅관리자들은 신제품 디자인의 개발 및 아이디어와 컨셉 테스트에 이르기까지 소비자들을 두루 참여시키고 있다. 이렇게 함으로써 그들은 소비자의 욕구를 더욱 잘 만족시키는 신제품과 서비스를 개발할 수 있으며 신제품 생산의 높은 실패율을 낮출 수도 있는 것이다.[6]

이러한 현상은 '크라우드 소싱(crowd sourcing)'이라는 단어로도 표현되고 있는데 대중 또는 군중이라는 뜻의 'Crowd'와 외부자원활용, 즉 'Outsourcing'의 합성어로 기업의 생산, 서비스 및 문제해결과정 등에 특정 커뮤니티 또는 불특정 다수의 대중들을 참여토록 하여 효율성을 높이고자 하는 방법이다.[7] 이는 소비자가 더 이상 고립된 개인이 아니라 서로 연결된 개인이고 더 이상 정보를 모르면서 결정을 내리는 피동적 대상이 아니라 다양한 정보에 입각해 결정을 내리는 주도적 주체이며, 더 이상 수동적이 아니라 능동적으로 기업에 유용한 피드백을 제공하는 행위자라는 것을 의미한다.[8]

이에 대한 기업활용 사례로 P&G는 외부와의 개발 연계전략으로 톡톡히 재미를 보고 있다. P&G는 전 세계의 기업과들과 공급업체들로 구성된 자사의 네트워크를 활용해 '참신하고 혁신적인 제품 아이디어'를 얻는다. 이 회사는 이러한 방법을 통해서만 신제품의 채용 비율을 35%까지 늘렸고, R&D 생산성은 60%까지 끌어올렸다. 사진에서 볼 수 있는 올레이 화장품(Olay Regenerist), 스위퍼 먼지털이(Swiffer Dusters), 크레스트 전동칫솔(Crest SpinBrush) 같은 인기제품들이 이러한 방법을 통해 창출된 제품들이다.

덴마크의 장난감 기업 레고는 2007년 론칭한 '레고 아이디어스(LEGO Ideas)' 플랫폼을 통해 아이디어를 수집하고, 이용자 투표와 심사를 거쳐 상용화하였다. 채택된 아이디어 제안자에게는 매출액의 1%를 리워드로 제공하였는데 최근 판매를 개시한, 접어서 펼치면 블록으로 만들어지는 팝업북(pop-up book)도 1만 명의 채택을 받아 상품화했다.[9]

올레이 화장품(Olay Regenerist), 스위퍼 먼지털이(Swiffer Dusters), 크레스트 전동칫솔(Crest SpinBrush)

레고 홈페이지 고객 아이디어 제출자들(https://ideas.lego.com/projects/create)

1.3 진화하는 시장

[그림 2-1]에서 볼 수 있듯이 최근에는 가치가 경험으로 바뀜에 따라 시장은 고객 간 및 고객 커뮤니티들과 기업 간의 대화 및 상호작용의 장이 되고 있다. 특히, 인터넷과 같은 정보기술의 등장으로 소비자가 좀 더 많은 정보를 가지게 되고 협상력이 높아짐에 때라 자동차회사로부터 성형외과에까지 많은 기업들이 소비자와의 협상에서 우위를 점하기 어렵게 되었다.[10]

그림 2-1 | 전통적 시장의 개념 vs 새로운 시장의 개념[11]

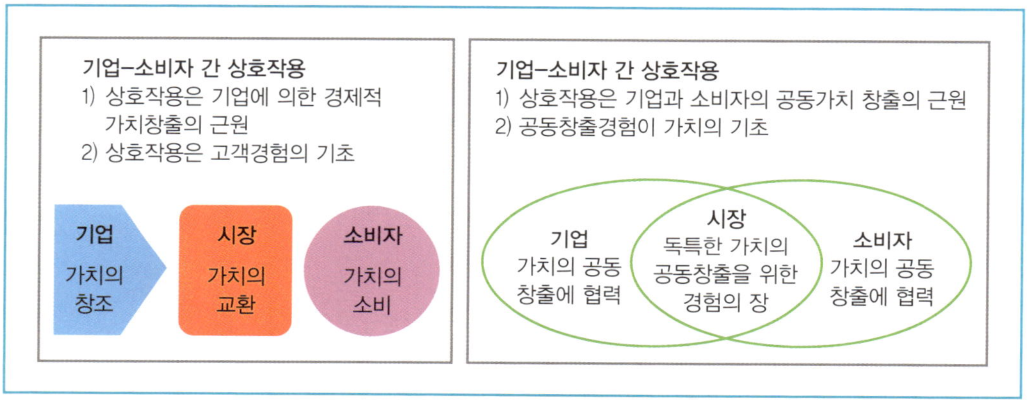

이러한 현상에 더욱 더 나아가 최근 필립 코틀러(Kotler) 교수는 그의 새로운 책 〈마켓 3.0〉에서 더욱 더 진화된 시장을 제시하고 있다. 그는 새로이 등장한 3.0 시장이 소비자를 단순한 상품구매대상이 아니라 완전한 인간으로 믿으며 그들의 드러난 욕구뿐만 아니라 감춰진 욕구까지 만족시켜줄 것을 요구하기에 기업은 그들의 감성을 충족시키는 시장을 넘어서 영혼을 감동시키는 마케팅을 실행해야 한다고 주장한다. 3.0 시장을 만족시키기 위해 기업들은 가치를 통해 차별화시키며 결과적으로 높은 수준에서 소비자를 만족시킬 수 있다는 것이다.[12]

최근에는 마켓 4.0 시대를 설명하면서 소셜미디어가 계속 확장됨에 따라 고객 상호작용의 유형과 형태도 확장되어 인터넷이 그 어느 때보다 쉽고 강력해지는 상황에서 고객에게 다가가 고객관계를 발전시키기 위한 더 많은 디지털 접근방식으로의 전환을 강조한다.[13] 수평적 · 포용적 · 사회적 힘이 수직적 · 배타적 · 개별적 힘을 이기는 세상에서 고객의 커뮤니티는 이전 어느 때보다 강력한 힘을 가지게 되었다. 이제 소비자들은 더 크게 목소리를 내고 있으며 대기업이나 대형 브랜드를 두려워 하지 않는다. 이렇게 성장하는 디지털 경제에서는 단순히 고객과 상호작용하기 위해 기업들은 더 유연하고 빠른 기술 변화에 적응하여야 하며 이러한 기술을 마케팅에 잘 녹여서 시장에 접근해야 하는 것이 필수적이다.[14)]

1.4 소비자와 직접소통

최근에는 인터넷과 같은 신매체의 등장으로 기업이 소비자와 중간매개체 없이 직접소통(direct communication)하는 것의 효과와 중요성이 널리 인정받고 있다. 기업들은 소비자에게 그들이 기대하는 것을 구체적으로 파악하고 제품에 대한 소문을 창출하기 위해 다양한 의사소통 수단을 통해 고객과의 직접적인 대화에 나서고 있다.[15)] 인터넷이 직접소통이 효과를 발휘하는 핵심분야는 소비자를 대상으로 하는 제품 관련 '마케팅'과 일반 대중을 대상으로 기업의 이미지를 관리하는 '홍보'로 크게 나눌 수 있다.

마케팅 측면에서는 TV와 같은 대중매체로 전하기 어려운 구체적인 제품정보를 제공함으로써 구매 고려 단계에서 소비자의 신뢰를 증가시키는 한편, 인터넷을 상시적으로 모니터링하여 제품과 관련된 소비자의 불만을 조기에 발견, 대응하는 것이 중요하다. 또한 제품 관련 인터넷 구전을 확산시키기 위하여 사용후기, 제품평가 등에 호의적인 제품평이 실릴 수 있도록 노력하며 충성도가 높은 커뮤니티 회원을 적극 활용할 수 있다.

홍보 측면에서는 부정적 이슈 발생시 문제의식에 대한 진정성을 담은 동영상 등을 통하여 신속한 입장을 표명할 수 있다. 소비자와의 친밀성을 강화하기 위해서는 상업적 의도가 배제된 '소통의 장'을 마련하고 고객이 제공하는 콘텐츠가 다른 고객을 만족시키고, 나아가 새로운 고객을 유치하는 단계까지 활용되는 것이 궁극적인 지향점이다.[16)]

대부분의 기업은 고객지원 사이트를 통해 고객의 다양한 궁금증을 해결하고 해당 제품의 가치를 높이는 활동을 하고 있다(사진은 SK Telecom의 Tworld).[17]

CONSUMER INSIGHT 2-1 인터넷을 통한 제품가치의 증대: 골프존

골프존은 전문가들이 말하는 최고로 정확한 골프 시뮬레이터는 아님에도 고객이 느끼는 가치를 증대시키기 위한 상당히 우수한 마케팅을 수행해 왔다고 볼 수 있다.

골친들과 함께하는 골프존 앱

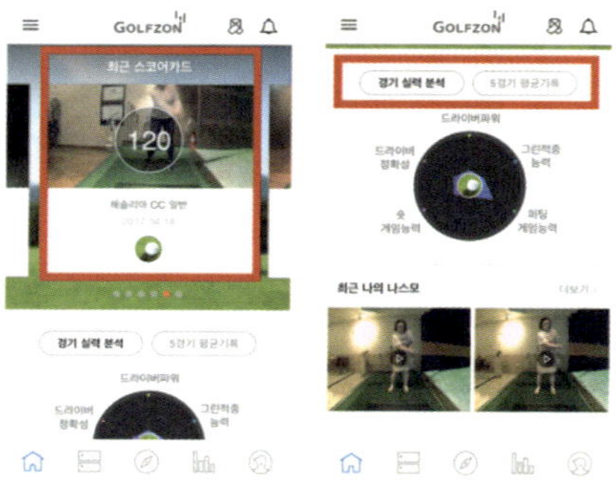

골프존 매장에서 라운드 후, 나의 스코어카드뿐만 아니라 다양한 데이터를 확인할 수 있다. 홀별 야디지북, 나스모, 라운드 통계 데이터 등을 확인할 수 있다.

골프존 앱에서는 전국 골퍼들의 이야기를 실시간으로 확인할 수 있다. 다른 골퍼들의 이야기에 공감하고, 나만의 골프 이야기를 골친들과 나눌 수 있다.
이러한 기술들을 활용하여 고객가치를 증대시킨 부분은 다른 기업들도 벤치마킹해볼 수 있는 것이라고 생각된다.[18], [19]

무엇보다도 골프존은 라이브서비스를 제공하여 경쟁자보다 훨씬 앞서갈 수 있었다. 인터넷 골프존 사이트에 회원가입하면 개별 회원들이 매장에서 라운딩을 할 때 로그인하여 본인만의 아이디(별명)를 설정하고 일반 라운드 이용 고객들에게 풍선 이벤트, 홀인원 이벤트, 나스모(나의 스윙모션) 등 다양한 재미를 연중 제공하며 나의 스윙모션을 통해 프로에게 무료로 스윙교정도 받을 수 있는 서비스를 제공한다. 또한 자신의 실력등급을 표시하는 새가 떠서 많은 스크린 골퍼들에게는 매, 독수리 등급으로 가기 위한 도전감도 자극하는 것이 사실이다.
그리고 전국 1,200여 사이트를 연결하는 스크린 골프대회인 GLT(골프존 라이브 토너먼트)를 매월 개최한다. 또한 실시간으로 전국 랭킹과 개인별 스코어 관리 기능을 제공한다. 자신의 스크린 골프 수준을 한눈에 볼 수 있는 것도 눈길을 끈다. 이러한 점들은 무엇보다도 경쟁자보다 훨씬 제품의 가치를 높이는 데 기여한 것임에 틀림이 없는 듯하다.[20]

1.5 높아진 공동체 지향성

원래 인간은 사회적 종이며 다른 사람과들과의 연결을 중요하게 생각한다. 사회성은 인간 종의 결정적인 속성으로서 부분적으로 심리의 진화를 형성했다. 인간의 사회성이 지닌 힘은 종족마케팅(tribal marketing), 군중마케팅(herd marketing)과 같은 용어를 만들어내기도 했는데 전자는 브랜드에 대한 열정을 갖고 공통의 열정의 통해 서로 연결되고자 하는 사람들의 종족을 형성하는 마케팅이고, 후자는 서로 따라 하려는 본능을 활용하는 마케팅이라고 정의된다.[21]

최근의 소비자들은 과거보다 더 공동체지향적(community-oriented)이다. 구매과정에서 만약 그들이 속았다거나 불만족스럽게 느꼈다면 그들은 즉각 온라인 브랜드 커뮤니티나 온라인 쇼핑몰 사용후기 등을 이용해 다른 잠재고객들에게 그들의 불만을 알릴 수 있다. 또한 그들이 원하는 제품을 판매해달라고 같이 모여 기업에게 요구할 수 있으며 기업들이 좀 더 좋은 조건으로 제품을 공급해주길 힘을 합쳐 관철시키기도 한다.

최근에는 무엇보다도 기업의 사회적 책임에 대한 의무 또한 대중들의 큰 관심사가 되고 있다. 과거 필립 코틀러는 "마케팅은 생산한 것을 처분하는 교묘한 방안을 찾아내는 것이 아니다. 마케팅은 고객을 위한 진정한 가치를 창출하는 것이며 고객이 더 나아지게 돕는 방법이다"라는 것을 강조하였다.[22] 최근에는 이러한 도와야 할 대상이 기업 '내부'의 인간과 '외부'의 인간에서 더 나아가 일반 대중(public)까지 광범위해질 필요가 있으며, 이때 경영의 초점은 기업문화에 맞춰지고 있다.

그리고 대중들이 좋아하고 옹호해주기 위한 기준으로 기업은 기업경영을 수행하는데 있어서 법과 규정의 준수는 물론 규범적 판단, 윤리적 의사결정으로 종업원, 경영자, 고객, 주주, 투자자, 소비자, 정부, 시민사회 등 모든 이해관계자에 대하여 기업의 사회적 · 도덕적 책임을 다하는 경영을 할 필요가 있다.[23] 즉, 기업이 경제적 · 법적 책임 수행은 물론 도덕적 책임의 수행까지도 다함으로써 이해관계자들에게 신뢰를 얻을 수 있도록 노력할 필요가 있다는 것이다.[24] 그렇지 못함으로써 대중들의 여론이 나빠지고 집단적인 행동으로 인해 매출이 하락하고 주가가 폭락하는 사례는 너무나도 흔히 목격되고 있다.

일본제품 불매운동은 많은 일본 브랜드의 한국 철수 및 매장 철수라는 결과를 낳고 있다.

불매운동으로 매출하락을 보인 뉴스기사[25]

특히, 인터넷이 보편화되고서는 기업의 문제점에 대한 폭로를 주저하지 않는 교육받은 신세대들이 그 주축이 되고 있다. 인터넷 소비자들은 단 하나의 물건을 구매하고자 하는 경우에도 네이버 지식검색 또는 쇼핑몰 사용후기 게시판을 사전에 열람해보고 관련된 정보를 획득하려는 열의를 갖고 있다. 즉 온라인 소비자들은 전통적인 소비자들보다 적극적이고 소비자들 간의 커뮤니케이션이 훨씬 쉽기 때문에 그릇된 정보나 엉터리 물건의 거래는 결코 오래 가지 못한다.

최근에는 유튜브에서 언박싱이라는 것이 유행인데 언박싱(unboxing)이란 말 그대로 '상자를 연다'는 뜻으로 제품의 개봉 과정을 보여주는 동영상 자체를 의미하기도 한다. 보통 영상 앞부분에는 새로 나온 전자제품을 먼저 사용한 얼리 어답터(early adopter)들이 복잡한 내용물과 조작 방법을 설명한다. 새 제품을 쉽게 이해하고자 하는 이들이 이 영상을 찾게 되면서 주로 20~30대 사이에 널리 퍼지게 됐다. 상자에 담겨 있는 제품의 포장을 풀어헤치고 제품을 쓰면서 느낀 경험을 공유하는 과정이 많은 이의 공감을 얻고 있는 것이다.

언박싱은 세련되지는 않지만 꾸밈없는 정보를 제 눈높이에 맞게 골라 볼 수 있기 때문에 결정하기에 훨씬 도움이 많이 된다고 한다.
언박싱에서 파생된 '하울' 도 젊은 세대의 결정을 좌우하는 수단으로 떠올랐다. 하울이란 '수레로 나르다'라는 뜻의 영어 단어(haul)에서 유래했다. '화장품 하울', '패션 하울' 등으로 표현되는 하울은 하나의 카테고리로 묶을 수 있는 여러 제품을 한꺼번에 언박싱하는 영상물로 일종의 확장형 언박싱이라고 할 수 있다.[26]
(사진출처: https://www.gettyimagesbank.com)

1.6 급속도로 변화하는 유행 소비집단: '○○족'

1990년대 이전에는 특별한 유행을 일으켜 소비자들 사이에서 형성된 소위 '○○종족'이라고 하는 특정 집단은 몇 년에 한 번 정도, 많아야 1년에 한 번 정도 출현하고는 하였다. 그러나 최근에는 특정 트렌트를 보여주는 동질적인 특성을 가진 이러한 '○○종족'이라는 집단의 출현은 한해에도 여러 번 출현한다. 동시대의 사람들을 뜻하는 세대와 같은 부류의 사람들을 뜻하는 종족(tribe)은 소비자 모니터닝의 또 다른 방법으로 등장한 것이다. 또한 현대사회에서 사회적 집단에 속한다는 것은 단순히 사회적 신분 및 지위의 문제가 아니라, 일정 부분 자아 정체성에 대한 특정한 유형의 관계를 나타내는 것에 주목해야 한다.

[Consumer Insight 2-2]에서 볼 수 있듯이 어떠한 성향을 가진 사람들을 일컫는 메트로섹슈얼, 위버섹슈얼과 같은 용어뿐만 아니라 오늘날 너무나 익숙하게 들을 수 있는 코쿤족,[27] 로하스족,[28] 보보스족,[29] 루비족, 노무족[30] 등 우리 주위의 수많은 종족들은 그들만의 삶과 문화적 활동을 개성 있게 만들어가고, 때로는 그들만의 삶과 커뮤니티를 통해 공유하는 공동체라고 정의할 수 있는데[31] 이러한 집단들은 제품의 표적시장으로 중요한 가치를 지니게 된다.

여기서 우리는 소비자행동을 공부하는 입장에서 새로운 유형의 소비자 집단이 탄생하게 되는 현상을 발견하고 인식하는 것도 중요하지만 새로운 소비자 집단의 탄생 배경과 이유를 분명하게 분석하고 정확하게 해석하는 일을 간과해서는 안될 것이다.[32]

CONSUMER INSIGHT 2-2 메트로섹슈얼의 시대는 가고 위버섹슈얼의 시대 도래

기본적인 개념정의부터 하자면 다음과 같이 구분될 수 있다. 메트로섹슈얼(Metrosexual)은 패션이나 헤어스타일을 가꾸는 것에 관심을 가지며, 내면의 여성성을 긍정적으로 즐기는 현대 남성을 뜻하며 메트로섹슈얼리즘(metro-sexualism)은 도시(metropolitan)에 살고 있는 남성들이 패션, 미용, 인테리어, 요리 등 여성적 라이프스타일에 관심을 기울이는 현상을 의미한다. 메트로섹슈얼은 남성과 여성의 역할 경계가 점차 모호해지는 변화된 사회상을 반영하고 있으며, 외모지상주의 문화에 자유롭지 못한 현 세태와 웰빙 트렌드와도 연관성이 있는 것으로 해석할 수 있다.

위버섹슈얼의 위버는 더 높은, 더 나은 이란 뜻의 독일어 + 섹시함 = 남성적인 섹시함을 말하는 것이다. 메트로섹슈얼의 부정성을 남성적 장점으로 보완한 새로운 개념이라고 할 수 있다. 메트로섹슈얼이 유아적 남성적 욕망의 표출이었던 데 비해 위버섹슈얼은 새롭게 수양해야 할 남성 트랜드로 제시된다. 세계적인 트렌드 연구가 마리안 살즈만은 자신의 저서인 <남성의 미래(The Future of Men)>에서 새로운 남성성을 정의하기 위한 단어로 위버섹슈얼을 사용하며 한마디로 '분을 바르는 그러나 인류를 위해서 터프하게 바르는 남자'라고 했다. 살즈만은 메트로섹슈얼과 위버섹슈얼의 차이점에 대해 '둘 다 매력적이지만'이라는 전제하에 '둘 다 열정적이나, 메트로섹슈얼은 자기 자신에 대해 열정적이고 위버섹슈얼은 대의와 원칙에 대해 열정적이다' 혹은 '위버섹슈얼은 자기 헤어스타일 가꾸는 것보다는 내면을 가꾸는 데 시간을 보낸다'라는 식으로 설명한다. 한마디로 '멋있어 보이는 동시에 속도 꽉 찬 이상적인 남성'이다.[33]

세계적인 록밴드 'U2'의 보컬이자 사회운동가인 보노(본명 폴 데이비드 휴슨)[34]

샐즈먼은 그룹 U2의 보노를 '위버섹슈얼'을 체현한 최고의 인물로 꼽으면서 "그는 글로벌한 시각을 갖고 있으며, 사회적 문제에 대해서도 의식을 갖고 있고 자신감과 함께 자비심을 가지고 있다"고 분석했다. 각국 정상과 만나서는 정치를 논할 수 있고, 예술가들과는 문화를 논할 수 있고 또 여성들과는 감성을 이야기하고, 그런가 하면 선술집에서 젊은이들과 축구이야기도 할 줄 아는 보노야말로 가장 이상적인 '위버섹슈얼'이라는 설명이다.

그는 또 미국 배우 조지 클루니와 이완 맥그리거, 빌 클린턴 전 미국 대통령, 아널드 슈워제네거 미 캘리포니아 주지사, 영화 007시리즈 주인공 피어스 브로스넌, 마돈나의 남편 가이 릿치, 부동산 갑부 도널드 트럼프 등을 그 사례로 거론했다.
이에 대해 일개 광고. 홍보회사 직원들이 '장삿속으로 내놓은 유행어'라며 폄하하는 시각과 함께 '메트로섹슈얼'을 제시했던 이들이 또다시 시대 흐름을 꿰뚫는 분석을 내놓았다는 찬사도 나오고 있다.[35]

1.7 스톡(stock)이 아닌 플로(flow)의 소비

경제학에 '스톡(stock)'과 '플로(flow)'라는 개념이 있는데 예를 들어 어떤 사람의 재산이 얼마냐 할 때는 어떤 측정시점을 기준으로 하기 때문에 스톡이며, 어떤 사람의 1년 소득이 얼마냐고 할 때는 어떤 기간에 대해 말하는 것이기 때문에 플로(flow)이다. 즉 스톡은 정지된 개념이고 플로는 흐르는 개념이다.[36] 결국, 소비자는 상품 자체에 만족하는 것이 아니라 상품을 즐기고 소비하는 데서 느끼는 감정에 의해 해당상품의 만족을 결정하게 된다.

조셉 파인 2세(Joseph Pine Ⅱ)와 제임스 길모어(Gilmore)는 하버드 비즈니스 리뷰(Harvard Business Review)에서 'Welcome to Experience Economy'라는 논문에서 경제적 가치의 진보 단계를 범용품(commodity), 상품(goods), 서비스(services), 체험(experience)의 4단계로 구분하여 현재 체험경제의 중요성을 강조하였으며,[37] 체험마케팅의 선구자인 번 슈미트(Bernd Schmitt) 교수는 이러한 체험마케팅(experiential marketing)을 "기업이 물건을 팔 때 상품 판매에만 그치지 않고 독특한 서비스나 이벤트 등을 통해 상품과 브랜드 이미지를 꾸준히 심어줌으로써 소비자를 충성고객으로 만드는 21세기형 마케팅전략"이라고 설명하였다. 기존에는 '이 상품은 이래서 뛰어나다'는 식의 특징과 편익(feature & benefit) 마케팅전략이 주류를 이루었다. 즉, 과거에는 제품의 기능상 특징에 초점을 맞추어 고객을 합리적인 의사결정자로 간주하여 분석적이고 계량적이며 언어중심적인 마케팅 수단과 도구를 사용해온 것이다. 하지만 기술의 발달로 이제 고객들은 상품의 품질은 당연한 것으로 받아들이기 때문에 이러한 전략은 더 이상 통하지 않게 되었다. 또한 이제는 분석적이고 계량적인 것 대신에 보고 느끼고 생각하는 체험마케팅, 감성마케팅이 중요해지고 있는 것이다.[38]

1.8 큐레이터 소비

영어의 큐레이터(curator)는 특히 박물관이나 도서관 따위의 관리장 · 관장 · 감독 · 주사 · 관리인 혹은 지배인을 의미한다. 오늘날 현대인은 너무도 많은 정보와 자료의 홍수 속에서 방황하는 모습을 보이며 상당히 많은 브랜드들 중에서 선택해야 하는 어려움에 직면하고 있는데 하룻밤을 지내고 나면 새로운 상품과 서비스가 쏟아져 나오고 이에 따른 정보와 자료가 넘친다. 거리와 도로는 물론이고 전철이나 버스 안에는 온갖 광고로 가득차고 마트에서 저마다 최상의 상품임을 강조하며 갖가지 방법으로 소비자를 유혹해 그들의 취사선택을 유도한다. 이러한 상황에서 잘 알려진 개인이나 단체에서 소비자의 선택을 용이하게 해주는 큐레이터 소비가 일반적이게 되었다.

'특정 매체나 사회의 저명인사나 인물이 추천하거나 또는 집단 · 단체 등에서 소개한 책 · 레스토랑 혹은 음식이나 패션 등을 소비하는 것'을 일컬어 '큐레이터 소비(curated consumption)'라고 하는데 특히 이러한 소비형태는 패션, 음식, 여행, 문화정보 등 라이프 스타일과 관련이 깊은 상품에서 두드러진다.[39]

이러한 큐레이터 소비가 작동하는 배경 중의 하나는 인간의 모방심리이다. 인간의 거울 뉴런은 유년 시절 타인으로부터 언어와 관습을 학습하는 데 도움을 주지만, 사회적 인간으로 살아가는 데에도 중요한 역할을 한다. 거울처럼 반영되는 신경을 통해 타인과의 교감을 이룰 수 있기 때문이다. TV 속 광고에서 주로 아름다운 모습을 뽐내는 연예인이 등장하는 것도 이 때문이다. 우리는 거울 뉴런의 작용을 통해 연예인의 모습을 모방하고픈 욕망에 휩싸이며, 제품에 대한 구매욕구가 더 강렬해지는 것을 느낄 수 있는 것이다.[40]

우리가 오늘날 쉽게 접하고 있는 큐레이터의 유형으로, 첫째 오피니언 리더(opinion leader)를 들 수 있다. 이는 일반적으로는 특정 지역, 집단을 대표하는 실제적이고 이론적인 지도자다. 이 부분에 대해서는 '11장 준거집단 및 가족의 영향' 부분에서 자세히 학습한다.

둘째, 연예인이나 탤런트 · CF모델이 있다. 그들이 입고 다니는 의상 · 액세서리, 나아가 그들이 선택하고 즐겨 찾는 미용실 · 상점이나 공간이라면 무난할 것이라는 기대감 속에 일반 소비자는 큰 갈등 없이 따라서 구매하고 행동한다. 특히, 큰 성공을 거둔 드라마는 자연스럽게 돈벌이 사업으로 연결된다. 특히 주인공이 입은 의상, 액세서리, 집안 구조 등은 숱한 화제에 오른다. 이후엔 제품에 대한 입소문이 나돌고, 주인공의 손길을 탓던 브랜드가 잘 팔리는 현상이 나타난다. '누구누구 스타일' 자체에 열광하는 것이다.

유명 여자 연예인이 착용하여 화제가 된 의상은 크게 인기를 끌기도 한다(사진은 2014년 드라마 〈별에서 온 그대〉의 천송이 야상).[41]

셋째, 대중매체를 꼽을 수 있다. TV · 라디오 · 영화 · 신문 · 잡지 등이 소개한 음식점이나 콘서트 · 공연 · 영화 등은 일반 소비자에게 즉시 선택을 위한 결정적인 기준이 된다.[42]

패션제품은 아니지만 음식점 또한 이런 유형의 소비가 가능하다. 〈나혼자 산다〉에서 소곱창 먹방을 보인 후 해당 가게가 문전성시를 이루는 결과를 보였다.[43]

1.8 여성 소비자가 소비의 중심으로 등장

사회학자인 페이스 팝콘은 그의 저서 〈클릭! 이브속으로〉에서 이브(Eve)와 혁명(revolution)의 합성어인 '이볼루션(EVEolution)'이라는 용어를 통해 미래사회에서는 여성을 아는 자만이 마케팅에서 성공을 거둘 것이라고 하였다. 여성 소비자가 마케팅에 주류로 떠

오르고 있다는 데 모두 동의하고 있다.[44]

2006년 Financial Times에서 여성이 상거래를 주도하는 '위미노믹스'(women과 Economics를 합성한 신조어) 시대가 도래할 것이라고 예견한 이후 우리나라에서도 위미노믹스 시대가 본격적으로 열리고 있다. 학교에서는 '알파걸'(학업과 운동, 리더십 등 모든 면에서 남자에게 뒤지지 않는 엘리트 소녀), 직장에 들어가면 '골드미스'(탄탄한 직장과 경제력을 바탕으로 독신생활을 즐기며 자기계발에 돈을 아끼지 않는 싱글여성), 결혼 후 나이가 들면 '루비족'(RUBY: Refresh, Uncommon, Beautiful, Young의 머리글자를 따서 만든, 소비성향이 높은 40~50대 여성) 등이 갈수록 늘어나는데 따른 결과이다.[45]

이제 소비의 핵심이 여성이라는 것은 누구나 동의한다. 남자들이 직접 구매하고 결정하는 제품이 몇 가지나 되는가?
(사진출처: https://www.gettyimagesbank.com)

특히 오늘날의 여성 소비자는 1950년대의 '가정주부 소비자'와는 전혀 다르다. 현재 미국 여성의 대부분은 경제활동에 참여하고 있다. 16~61세 여성의 60%는 풀타임 혹은 파트타임 직업을 갖고 있으며, 경제활동의 최고 정점에 있는 25~54세 사이 여성의 76%가 일을 하고 있다. 일하는 여성의 수가 늘어났을 뿐 아니라 여성의 소득 역시 역사상 최고수준을 기록하고 있다.[46]

불황 속에서도 30~40대 여성소비자는 상대적으로 안정적인 소비성향을 보인다는 점도 간과할 수 없다. 그 이유는 여성의 주요 소비품목이 화장품, 의류, 식품 등 생활필수품이기 때문이다. 이는 불황기 주류에 편중되는 등 남성 소비자의 소비가 급감할 수밖에 없는 점과 대비된다. 경기침체기에도 여성의 명품 소비는 꾸준히 지속된다는 점에서 여성 소비의 안정성을 확인할 수 있다.[47] 또한, 여성은 새로운 상품에 대해 더 신뢰하고 남성보다 알려지지 않은 브랜드를 더 많이 살 가능성이 높다는 연구결과도 있다.[48]

자본주의 사회에서 공급은 수요를 좇기 마련이다. 여성들이 시장의 큰 지분을 차지하고 있다는 것은, 그들의 기호에 맞는 문화상품이 주로 출시되고 홍보의 최전선에 선다는 것을 의미한다. 시장의 90% 이상을 여성이 차지하고 있는 뮤지컬의 경우 홍보와 마케팅은 철저히 20~30대 여성을 대상으로 행해진다. 음반 및 콘서트 시장에서도 가수 섭외부터 마케팅 과정은 철저하게 여성팬들을 중심으로 기획된다. 성비에 대한 타깃이 모호한 기존의 록 페스티벌과 달리, 여성 취향의 뮤지션들이 주로 무대에 서고 진행도 여성 관객 중심으로 이루어지는 그랜드민트 페스티벌은 시작한 지 3년 만에 전석 매진이라는 성과를 낳았다. 기존의 음악 페스티벌들이 상상할 수 없었던 성공사례다. 여성들이 주로 듣는 심야 라디오 프로그램의 DJ는 여성들이 선호하는 인물이 맡는 게 당연해진지 오래다.

또한 여성은 미래지향적인 가치나 신념체계를 실제 소비에 더 적극적으로 반영하는 주체이기도 하다. 여성이 가족, 지구환경, 공동체평화, 인권, 공감과 배려, 공정무역 등 다양한 테마의 실질적인 주체로 부상하고 있다는 점을 주목해야 한다. 유기농식품, 친환경세제 등은 이미 소비시장에서 상당히 의미 있는 비중을 형성하고 있다.[49]

CONSUMER INSIGHT 2-3 여성마케팅의 흐름: 여성 소비자 분홍색과 인형만 좋아한다고 생각하면 오산[50]

미국에서 실시된 여성 소비자 조사에 의하면 자동차, 금융기업 중 '여성을 제대로 이해한다'고 인정받은 비율은 각각 26%, 16%에 그쳤다. 심지어 여성의 91%는 '광고제작자들마저 여성을 잘 모르는 것 같다'고 말했다.

빅포허(Bic for Her) 필기구 세트

2012년 프랑스 문구회사 빅(Bic)은 분홍, 보라 등 파스텔 색상의 여성용 볼펜 세트 '빅포허(Bic for Her)'를 출시하며 '우아한 디자인, 여성의 작은 손에 꼭 맞는 다이아몬드형 손잡이'를 강조하는 마케팅을 벌였다. 그러나 인터넷 판매가 시작되자 순식간에 수백 개의 비난 글이 올라왔다. '그동안 남성용 볼펜으로 글쓰기가 너무나 힘들었는데 이제라도 편하게 쓸 수 있게 해줘 고맙다'며 비꼬는 식이었다. 분홍색 스마트워치, 분홍색 태블릿 PC 등 기업들은 '핑크마케팅'의 유혹에서 벗어나지 못하고 있지만, 일시적 흥행에 그치거나 조롱거리로 전락한 경우가 대부분이다.

여성의 최대 관심사는 외모 가꾸기'라는 선입견도 버릴 때가 됐다. 2017년 구글 트렌드 연구팀이 직장인 여성들의 유튜브 시청 패턴을 분석한 결과 비즈니스 관련 콘텐트를 보는 시간이 전년 대비 두 배 이상 늘었고 패션, 미용 등 뷰티 콘텐츠보다 다방면의 해결책을 알려주는 '하우투(how-to)' 동영상을 더 자주 보는 것으로 나타났다. 학습 대상도 육아, 요리가 아닌 창업, 사회적 교류, 주택개조 같은 분야가 많았다. 네 아이를 키우는 이혼녀가 유튜브 튜토리얼을 보며 손수 벽을 쌓고 지붕을 덮어 집을 지은 스토리는 CNN 등을 통해 알려지며 화제가 되기도 했다.

최근에는 양성 평등을 주제로 한 페미니즘 광고, 펨버타이징(femvertising)을 활용하는 기업들도 많아졌다. 하지만 유행에 편승해 섣부르게 행동하면 진정성을 의심받기 쉽다.

아우디의 펨버타이징(femvertising) 광고

아우디는 2017년 수퍼볼 시즌에 남녀평등 임금 운동을 지지하는 취지로 '딸(Daughter)'이란 제목의 광고를 내보냈다. 비탈길을 내려가는 자동차 경주에서 남자 아이들과 거침없이 경쟁하는 어린 딸을 바라보는 아버지가 여성이 남성과 동등하게 가치를 인정받지 못하는 현실을 어떻게 설명할 수 있을지를 생각하는 내용이다.

여성 캐릭터를 활용한 Jane Walker

한편 세계 최대 주류업체 디아지오(Diageo)는 2018년 3월 위스키 조니 워커(Johnnie Walker)의 여성 버전 '제인 워커(Jane Walker)'를 선보인다는 계획을 발표했다. 유명한 로고인 걸어가는 신사(Striding Man)를 숙녀로 대체하고 병당 1달러를 여성단체에 기부한다는 계획이다. 남성을 주 타깃으로 하는 주류업체의 이벤트성 마케팅으로 치부될 수 있지만, 누구도 트집잡지 않고 호평하는 분위기다.

조니 워커는 1999년부터 멈추지 않는 도전정신을 응원하는 '킵 워킹(Keep Walking)' 캠페인을 펼쳐왔다. 미국 · 대만 · 한국 등 50여 개 국가에서 꿈을 이루기 위해 도전하는 이들을 지원하는 펀드도 조성했다. 평등사회로의 변화를 촉구하는 시점에 등장한 제인 워커는 더 나은 세상을 향한 또 다른 한걸음으로 해석된다.

2. 새로운 소비자 집단

본절에서는 앞에서 논의된 최근의 소비 트렌드를 바탕으로 그에 대한 내용적인 보충과 더불어 새로운 소비자 집단으로 탄생하게 된 다음 내용들과 같은 소비자 신조어에 대해 그 의미와 마케팅상의 시사점을 중심으로 학습하게 된다.

2.1 프로슈머

미래학자 앨빈 토플러가 자신의 책, 〈제3의 물결〉에서 예언한 프로슈머(Prosumer, Producer와 Consumer의 합성어)라는 개념은 스스로가 생산자이자 소비자가 된다는 개념으로 네트워크 시대에 이는 이미 현실로 완성되어 가고 있다. 가상사회에서 고객은 더 이상 피동적이지 않다. 스스로 생산에 참여하고 가치를 생성한다. 실제로 프로슈머들은 기업의 생산에 직·간접적으로 관여해왔으나 이제는 프로슈머들이 직접 나서서 제품구상, 디자인, 제작까지 해내는 'DIY형 프로슈머(Cresumer)'로 변하고 있다. 크리슈머는 시장에 나와 있는 제품을 사는 것에 만족하지 않고 다양한 경로로 기업의 제품개발에서부터 디자인, 판매까지 적극적으로 개입하는 소비층이다.

이제는 일반인(?)이 제공하는 콘텐츠는 대세가 되고 있다.[51]
(사진출처: https://www.gettyimagesbank.com)

이와는 또 다른 방식으로 고객들은 가치를 창조한다. 실제 수많은 사이트에서 콘텐츠의 생산은 공급자의 몫일 뿐 아니라 고객의 몫이기도 하다. 최근에 유행이 되고 있는 유튜브 콘텐츠에 많은 유저들이 그들의 동영상을 업로드하기도 하고 페이스북이나 인스타그램에서는 그들이 찾은 재미있는 동영상, 사진이나 그들의 일상을 담은 콘텐츠를 공유하기도 한다.

2.2 스마트슈머

불황 속에서도 기꺼이 지갑을 여는 스마트슈머(Smartsumer)들이 신소비 계층으로 부상하고 있다. 이들은 단순히 절약하거나 저가의 대체용품에 만족하지 않는다. 쓸 것은 쓰되 이를 통한 문화생활, 건강, 인테리어 등 부수적 효과까지 누리려는 일명 '똑똑한 소비자'들로 불린다.

특히, 전 세계적으로 불황을 경험하고 있는 소비자들은 가격 대비 '가치'를 꼼꼼히 따져 보는 '가치소비'의 경향을 보이고 있다.[52] 이러한 가치소비는 하나의 모습으로 정형화되기 어려우며 시장에서는 잘 이해될 수 없는 모순된 가치소비행위도 적지 않게 발견된다. 그 하나의 예로 현재의 소비자들은 제품선택 단계에서는 철저하게 감성 중심으로 제품을 고르며 제아무리 재질이 좋고 기능이 뛰어나도 명품 브랜드가 아니면 눈길을 주지 않는다. 반면, 대상 제품을 선택한 후에는 지극히 이성적 · 합리적으로 접근한다. 내가 선택한 명품 브랜드를 찾아 이곳저곳을 헤매며, 인터넷, 중고 명품샵을 마다하지 않는다.[53]

스마트한 소비자의 스마트한 소비를 보여주는 광고

또한, 이들은 인터넷을 통하여 제품을 구매하기 이전에 충분한 제품정보와 가격대를 파악하고 구매에 나서기 시작하여 그 결과 고객보다 높은 정보력을 바탕으로 판매하던 시장도 이제는 고객이 주도권을 쥔 형태로 바뀌어가고 있는 모습이다.

스마트 소비자들은 단순히 정보를 수집하고 비교하는데 머물지 않고, 적극적으로 자신의 경험과 정보를 다른 소비자들과 공유하려는 모습을 보이고 있다. 앞에서 논의되었듯이 인터넷 구전을 통해 기업의 변화가 유도되고 있다. 이들은 또한, 특정 제품 카테고리에 대한 전문지식을 바탕으로 브랜드에 대해서는 날카로운 비판 안목을 가지고 있다. 이와 같은 스마트 마니아들은 스마트 소비자들에 대한 오피니언 리더의 역할을 하고 있다.

스마트 소비자들은 까다로운 고객인 동시에 아이디어 창구의 역할도 하는 야누스적 존재이다. 스마트 소비자들은 일반 소비자에 비해 자신의 불만과 불평 사항을 적극적으로 기업에게 표현함으로써, 신제품 개발 아이디어를 제공하는 역할도 하고 있다.[54)]

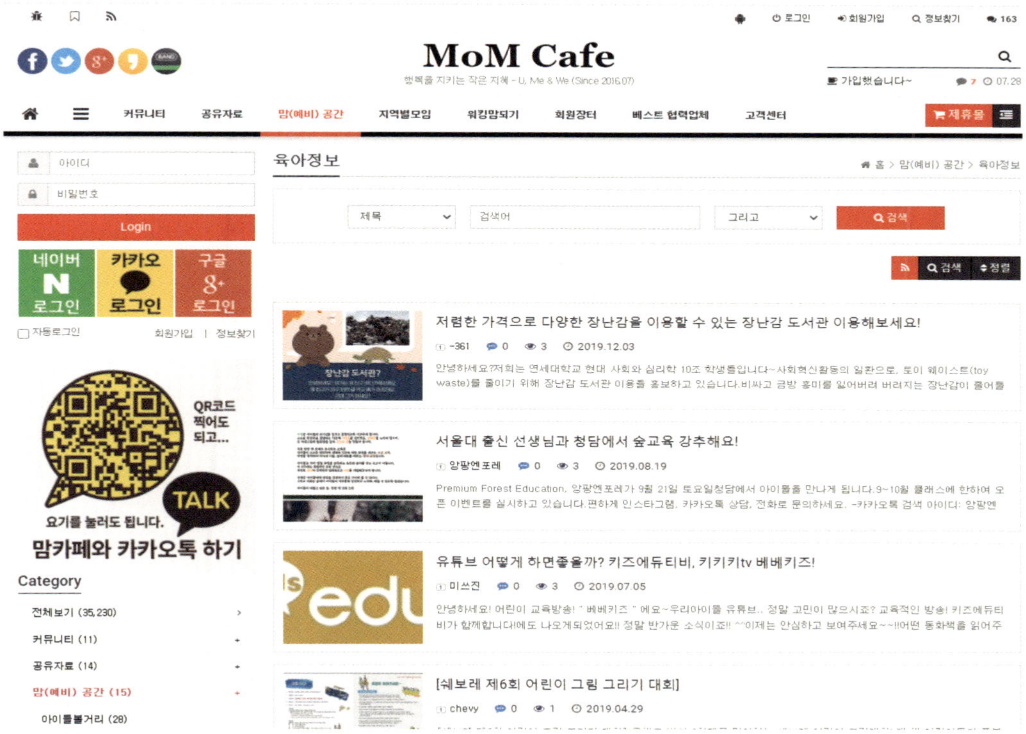

스마트한 소비정보를 제공하는 다양한 카페들[55)]

2.3 트랜슈머

이동하면서 물건이나 서비스를 구매하는 사람을 트랜슈머(Transumer)라고 부른다. 원래 트랜슈머는 다국적 디자인 컨설팅 업체인 피치(Fitch)사가 처음으로 정의한 용어로 공항의 대기시간을 쪼개 면세점 등에서 쇼핑하는 사람을 일컫는 말이었다. 이는 '이동하는'이라는 뜻이 담긴 'trans', 소비자의 'sumer'를 합성하는 용어로 당초 여객기, 기차, 자동차를 이동수단으로 활용하는 소비자들에게 적용되었으나 최근에는 개인이 스마트폰과 같은 이동 커뮤니케이션 수단을 적극적으로 이용함으로써 넓은 범위에 적용될 수 있다.

트랜슈머가 탄생하게 된 가장 큰 배경은 시간을 알차게 사용하려는 소비자들의 욕구 덕택으로, 예를 들어 버스를 기다리는 5분 동안 뉴스보기, 지하철에서 30분간의 쇼핑, 2시간 기차를 타는 동안 영화감상 등 그냥 흘려보내기 쉬운 이런 시간을 즉흥적이지만 효과적으로 사용하는 데 관심이 많은 이들이 트랜슈머의 자질을 가지고 있다.[56]

그림 2-2 | 소비자의 디지털화[57]

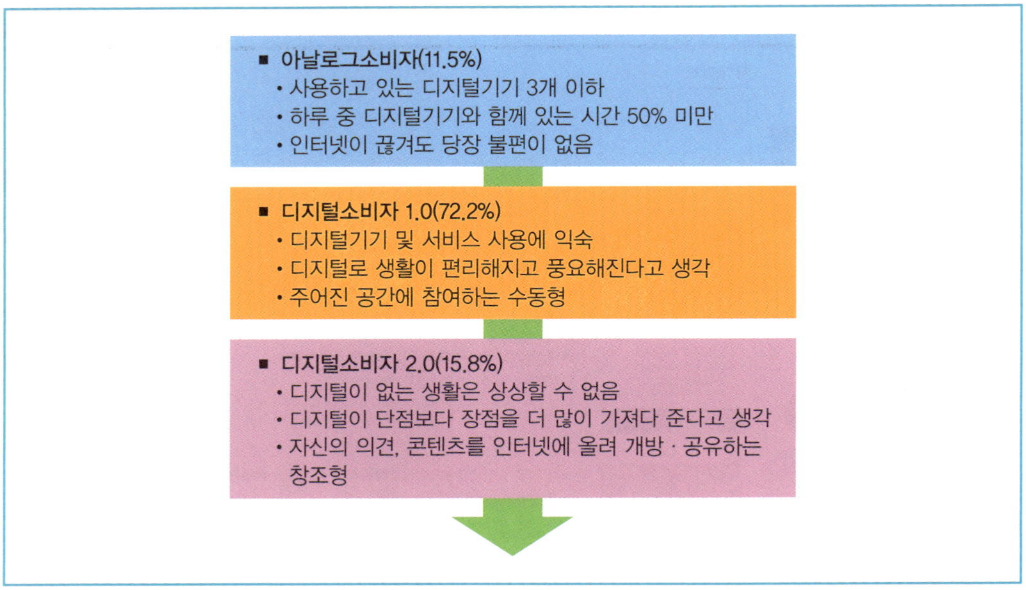

특히, 스마트폰의 빠른 확산은 이러한 소비자의 빠른 확산을 더욱 가능하게 하고 있다. 모빌리티로 인해 소비자들은 홈쇼핑 채널에 들어가기 위해서 TV리모컨을 켜지 않아도 되며, 친구와 카카오톡으로 커뮤니케이션하거나 페이스북에 댓글을 남기기 위해 컴퓨터를 부팅할 필요도 없다. 스마트폰 보급의 확대는 새로운 기종의 핸드폰이 출시되는 이상의 것을 의미한다. 또한 이로 인해 통화, 메신저, 웹서핑, 쇼핑, 사진, 음악, 게임, 영화감상, 문서작성 등 다양한 기능의 소화가 가능하기 때문이다. 이로써 소비의 이용 형태가 예전과 다른 패턴을 보이고 있다.

커뮤니케이션 방식에서도 크로스(Cross) 커뮤니케이션이 증가할 것이다. 즉, 모바일에서 습득된 고객정보의 효율적 활용 여부가 기업 경쟁력을 가늠하는 중요 요인으로 자리잡을 전망이다. 과거 PC통신을 주도하던 기업들이 웹 기반에 적응하지 못하면서 도태된 것처럼, 웹 기반에 익숙한 기업들이 모바일 플랫폼으로의 변화에 효과적으로 대응하지 못하면

도태될 수 있다는 것이다. 이를 위해서는 소비자들이 모바일에서는 웹과 어떻게 다른 행태를 보일 것인가를 포착하는 것이 매우 중요하다. 새로운 플랫폼의 변화로 인해 소비자 라이프스타일이 어떻게 변화할 것인가에 대해 본격적인 연구가 필요한 시점이다.[58]

CONSUMER INSIGHT 2-4 포노사피엔스

스마트폰의 등장으로 시공간의 제약 없이 소통하고 정보전달이 빨라져 정보 격차가 해소되는 등 편리한 생활을 하게 되면서 스마트폰이 없이 생활하는 것이 힘들어지는 사람을 '포노사피엔스'라고 영국의 경제전문지 이코노미스트는 지칭하고 있다.[59]

포노사피엔스 기사 (사진출처: https://www.gettyimagesbank.com)

스마트폰에 익숙한 포노사피엔스는 스마트폰을 벗어나 PC 등 다른 매체를 사용하는 것을 꺼린다. 광고업체 마케톨로지에 따르면 소비자가 결제를 위해 모바일에서 PC로 이동하는 사이 폐기율(구매 직전 단계에서 결제를 포기하는 비율)이 유의미하게 높아진다. 이들에겐 '한눈에, 한 손에' 들어오는 간편한 스마트폰의 UI(User Interface · 화면구성)와 UX(User Experience · 소비자경험)가 디지털 경험의 기준이다. 이 때문에 상대적으로 복잡한 PC 화면이 구매에 대한 집중력을 떨어뜨린다는 것이다.

자신을 포노사피엔스라고 밝힌 학생 김미래(가명 · 24) 씨는 "유튜브 영상을 시청할 때를 제외하곤 스마트폰 화면을 가로로 돌리는 일이 거의 없다"며 "아이폰으로 유튜브 프리미엄을 결제하면 PC보다 3,600원이 더 비싸지만, PC가 이젠 불편해서 그냥 스마트폰으로 결제한다"고 말했다.

편리성을 중시하는 포노사피엔스를 겨냥한 모바일 기반 기업은 국내에서 발 빠르게 성장하고 있다. 스마트폰을 통한 간편송금으로 주목받았던 송금 애플리케이션(앱) 토스는 대출 등 금융서비스를 망라하는 증권회사로 도약했다. 스마트폰 앱으로 전 국민의 식생활을 바꾼 배달의 민족은 대기업에 견줄 수 있는 큰 규모의 회사가 됐다. 한국인터넷기업협회 관계자는 "현재 한국 상당수의 기업이 모바일서비스 제공에 방점을 두고 있는데 일부는 아예 PC 서비스를 제공하지 않고 앱만 운영한다"고 말했다. 그는 "구글이 앱마켓 수수료 30% 인상을 발표했을 때 기업의 반발이 거셌던 이유 역시 이 때문이다"라고 말했다.

모바일 최적화와 더불어 포노사피엔스의 능동적인 참여까지 끌어낸 기업들 역시 좋은 성적을 거두고 있다. 예컨대 이용자가 직접 스마트폰 카메라를 활용해 세로 화면에 맞는 콘텐츠를 생산하고 공유할 수 있도록 한 틱톡의 2020년 1분기 매출은 2019년 1분기보다 130% 증가한 400억 위안(약 6조 8,000억 원)에 달했다.

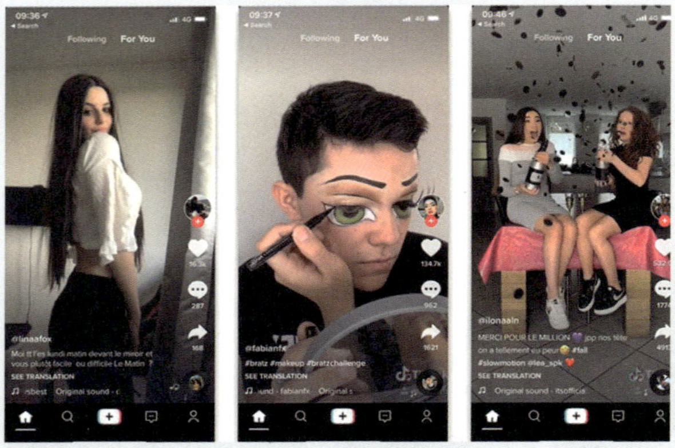

틱톡은 근본적으로 10대 사용자의 친화적인 플랫폼이다. 타깃을 10대로 설정하면서 모바일 환경을 가장 우선시 했고 그들이 좋아할 만한 중독성 강한 콘텐츠를 주로 권장했다.
또 유튜버와 인스타그래머는 콘텐츠 제작을 위해 편집과 이미지 제작 툴을 사용하는 것과 달리 즉석에서 손쉽게 가공되지 않은 콘텐츠 개시를 유도했다는 것도 특징이다.[60]

한국 역시 콘텐츠 산업에서 빠른 모바일 전환에 성공해 세계 시장에서 좋은 성적을 거두고 있다. 세계 최초로 모바일 화면에 최적화된 스크롤 형식의 만화를 내놓은 한국 웹툰 업계는 최초로 2019년 글로벌 거래액 1조 원의 선을 넘었다. 게임 업계 역시 PC 게임을 신속하게 모바일로 전환한 결과 좋은 실적을 거둘 수 있었다.[61]

이렇듯 디지털 플랫폼(Digital Platform: 스마트폰, 앱스토어 등을 활용해 새로운 아이디어를 실현하고 경제활동에 나설 수 있는 디지털 공간)을 통해 포노사피엔스 고객들을 공략해야 하는 기업의 경우 실시간 고객대응 능력을 높여야 더 많은 고객을 지속적으로 확보할 수 있을 것으로 사료된다. 따라서 기업의 입장에서는 디지털에 익숙한 소비자를 더 잘 이해하고 포노사피엔스들이 원하는 기능을 잘 구축할 수 있는 능력이 있어야만 성공의 대열에 올라설 수 있을 것이라 평가된다.[62]

2.4 스포슈머

스포슈머는 '스포츠(Sports) + 소비자(Consumer)'의 합성어다. 하지만 이를 단순히 직역하여 '스포츠 소비자'라고 일컫기에는 그 의미가 완전하지 않다. 스포슈머는 '스포츠의 관전과 참여, 두 기준변수 중의 어느 하나 이상에 지속적 관심과 에너지를 쏟는 소비자'를 지칭하며, 굳이 축약하자면 고관여 스포츠 소비자라고 말할 수 있다.

우리나라의 스포슈머는 스포트환경 및 매체환경의 변화와 더불어 성장해 왔다. 1982년 프로야구 출범으로부터 시작된 인기 구기종목의 프로화, 아시아라는 우물을 벗어나 세계 최고의 스포츠 경기력, 스포츠와 소비자가 만나는 미디어 접점의 다변화, 길거리 응원 문화 등과 같이 파급력 높은 사회·문화적 트렌드의 생성과 지속, 그리고 주말 여가시간 확대 및 건강한 삶의 추구로부터 자연스럽게 태동된 레저문화와 웰빙바람 확산 등의 요인이 스포슈머의 증가를 가속화시켰다고 볼 수 있다.

스포슈머들은 ① 사회적 관계를 중시하고 많은 사람들과 폭넓은 대인관계를 유지하고 있으며, ② 자기 주관이 비교적 확실하고 개성 있는 삶을 추구하며, ③ 새로운 유행이나 패션, 신제품에 민감한 편이고, ④ 정보욕구가 강하고 구매결정들을 위한 정보탐색 빈도가 낮으며, ⑤ 스포츠뿐만 아니라 정치, 경제, 사회, 문화, 재테크 등 다양한 영역에 대해 비스포슈머들보다 관심이 높은 편이며, ⑥ 매사에 재미와 즐거움을 추구하는 성향이 강하다.

'스포츠의 마케팅' 영역 가운데 스포츠용품 판매, 스포츠 시설 및 서비스 이용, 스포츠 강습은 활동파 스포슈머를 대상으로, 그리고 '스포츠를 이용한 마케팅' 중 스포츠 후원과 (스포츠) 스타 마케팅, 스포츠 콘텐츠 제공 기능이 포함된 상품 판매는 관전파 스포슈머를 대상으로 하는 것이 마케팅의 효율을 높이리라 예측할 수 있다. 중도파는 관전파와 활동파의 속성을 동시에 지니므로 어느 측이든 공동 타깃으로서의 설정이 가능하다.[63]

연 • 습 • 문 • 제

01. [Consumer Insight 2-1]의 사례를 활용하여 공동체지향적인 소비자의 특성을 활용하여(크라우드 소싱 및 소비자 참여 등) 다음과 같은 제품들에 대한 소비자 가치를 증대시키기 위한 마케팅 아이디어를 창출하여 보세요.

a. 개인 자동차정비소
b. 성형외과
c. PC방

02. [Consumer Insight 2-2]의 메트로섹슈얼 및 위버섹슈얼 현상을 읽어보고 다음과 같은 고민을 해보세요.

a. 남성전용 피부샵의 마케팅 방안
b. 여성용 제품의 남성시장 공략 가능 제품 예 및 마케팅 방안

03. 체험마케팅을 다음과 같은 일반 물리적 제품에 도입하여 소비자 가치를 높일 수 있는 방안을 모색해보세요.

a. 한맥(https://www.ob.co.kr/)

b. 천하장사

c. 프로스펙스 매장

04. 여성 소비자에 대한 부분을 읽고 시장세분화를 다각도로 수립해보고 세분시장별 몇 소비자들에 대한 인터뷰를 통하여 마케팅 시사점을 제시하고 추가로 다음과 같은 문제에 답하세요.

a. 나이키의 루비족(Ruby)에 대한 마케팅 아이디어

b. 여성가발(하이모 레이디: http://himolady.co.kr)의 시장확대방안

c. 단백질 보충제 매일유업 셀렉스(https://www.maeil.com/brand)의 여성시장 공략전략

05. 브랜드 SNS 소비자 참여방안을 논의하세요.

a. 대학교 SNS 활용 아이디어

b. 디닥넥 페이스북(https://www.facebook.com/didocneck) 좋아요 확대방안

06. 한 대형유통업체는 모바일 상거래를 확산시키기 위해 전국에 확산되어 있는 기존의 편의점을 물류소기지로 활용하여 집이 아닌 이동 중(예를 들어 식당에서 식사 중)인 소비자에게 배달을 계획하고 있다. 이러한 계획에 다음과 같은 질문에 답해보세요.

a. 이동 중 구매하기에 적합한 제품
b. 이동 중 구매가 필요한 상황
c. 이동 중 소비의 확산가능성

07. 상대적으로 외국에 비해 인기도가 떨어지는 스포츠를 하나 정하여 어떻게 관객 증대 및 관련 스포츠 굿즈의 매출 증대를 꾀할 수 있을지 마케팅 아이디어를 제안해보세요.

참·고·문·헌

1) 김영호(2005), 톡톡튀는 마케팅, 새로운제안, 25에서 참고하여 작성
2) 홍성준(2005), 차별화의 법칙, 새로운제안, 243/Supriadi, A., Setiawan, M., & Rahayu, M.(2020, June), The Conceptual Model of the Influence of External Marketing Environment and Market Orientation on Marketing Performance with the Mediation of Product Innovation, In 23rd Asian Forum of Business Education(AFBE 2019), 222-225, Atlantis Press 등에서 참고하여 작성
3) 조서환 · 추성엽(2005), 대한민국 일등상품 마케팅전략, 위즈덤하우스, 79-80에서 참고
4) '메이드 인 재팬'의 몰락…일본 기업 눈물의 변신(2020.9.30), 채널A 뉴스에서 인용
5) Mandal, P. C.(2020), Marketing Realities in the New Environment: Challenges and Opportunities, *International Journal of Business Strategy and Automation(IJBSA)*, 1(3), 44-51.
6) Füller, J.(2010), Refining virtual co-creation from a consumer perspective, *California Management Review*, 52(2), 98-122.
7) 유재훈(2010), "대중의 지혜를 내것으로 크라우드 소싱에 성공하려면," LG Business Insight, 4. 21에서 인용하여 작성
8) 필립 코틀러 지음, 안진환 옮김(2010), 마켓 3.0, 타임비즈, 33.
9) 이형석(2018.11.27), '크라우드 소싱' 모델 도입해 대박 낸 레고, 시사저널(https://www.sisajournal.com/)
10) Prahalad, C. K., & Ramaswamy, V.(2004), Co-creation experiences: The next practice in value creation, *Journal of Interactive Marketing*, 18(3), 5-14.
11) Prahalad, C. K., and V. Ramaswamy(2004), *ibid*, 5-14.
12) 필립 코틀러 지음, 안진환 옮김(2010), 전게서, 22-23.
13) Kartajaya, H., Kotler, P. & Hooi, D. H.(2019), Marketing 4.0: moving from traditional to digital, *World Scientific Book Chapters*, 99-123.
14) Dash, G., Kiefer, K., & Paul, J.(2021), Marketing-to-Millennials: Marketing 4.0, customer satisfaction and purchase intention, *Journal of Business Research*, 122, 608-620/필립 코틀러, 하마원 카타자야, 이완 세타이완 공저, 이진원 옮김(2017), 마켓, 4.0, 더퀘스트, 30 등에서 참고하여 작성
15) Prahalad, C. K., & Ramaswamy, V.(2000), Co-opting customer competence, *Harvard Business Review*, 78(1), 79-90.
16) 신형원(2009.9.10), "소비자와의 직접소통과 인터넷," SERI 경영노트
17) http://www.tworld.co.kr

18) 디지털타임즈(2009.5.15)
19) https://story.golfzon.com/
20) 디지털타임즈(2009.5.15)/etnews.co.kr(2009.7.10)/한국경제매거진(2008.10.30)
21) 개드 사드 지음, 김태훈 옮김(2012), 소비본능, 더난출판, 178.
22) 필립 코틀러 지음, 홍수원 옮김(2003), 마케팅 A to Z, 세종서적, 14에서 참고하여 작성
23) Du, S., Bhattacharya, C. B. & Sen, S.(2010), Maximizing business returns to corporate social responsibility(CSR): The role of CSR communication, *International Journal of Management Reviews*, 12(1), 8-19.
24) 국민권익위원회, 기업윤리가 무엇이며, 왜 중요하고, 그 영향력은 어떠할까요?(http://blog.daum.net/loveacrc/9031)
25) https://neojay.tistory.com/301
26) 토요기획 끌림, [결정비용] 새 제품 먼저 사용·설명해주는 '언박싱'을 아시나요(https://www.hankookilbo.com/2018.3.31)
27) 외부 세상으로부터 도피하여 자신만의 안전한 공간에 머물려는 칩거증후군의 사람들을 일컫는 용어. '누에고치'라는 말에서 유래한 용어로, '나홀로족'이라고도 한다. 코쿤족은 집이나 차, 가상현실(사이버공간) 등 자신만의 세계에서 모든 것을 해결한다. 사회적 의미의 '코쿤'은 미국의 마케팅 전문가 페이스 팝콘이 '불확실한 사회에서 단절되어 보호받고 싶은 욕망을 해소하는 공간'이라는 뜻으로 사용하였다. 그러나 한국의 코쿤은 '불확실한 사회를 살아가는 데 필요한 에너지를 재충전하는 공간'이라는 의미가 짙다.
28) 로하스란 'Lifestyles Of Health and Sustainability'의 머리글자를 조합해 만든 합성어다. 자신과 가족의 신체적이고 정신적인 건강은 물론, 환경, 사회정의 및 지속가능한 소비에 높은 가치를 두고 생활하는 사람들의 라이프스타일을 말한다. 이러한 웰빙이 개인의 건강과 삶의 질만 너무 추구하는 것이 아니냐는 의문이 든다는 점에서 로하스라는 새로운 라이프스타일이 부상하고 있다.
29) 보보스족의 의미는 부르주아(bourgeois)의 물질적 실리와 보헤미안(bohemian)의 정신적 풍요를 동시에 누리는 미국의 새로운 상류계급을 가리키는 용어로, 부르주아와 보헤미안의 합성어이다. 혹자는 줄여서 이를 '보보' 라고 부르기도 한다. 미국의 저널리스트 데이비드 브룩스(David Brooks)가 저서 〈보보스 인 파라다이스 BOBOS in Paradise〉에서 처음 제시한 신조어로, 히피·여피족 등에 이어 디지털 시대의 새로운 엘리트로 부상한 계층을 말한다. 이들은 경제적으로 많은 소득을 올리면서도 과거의 여피들처럼 자신을 드러내기 위해 사치를 부리지 않고, 오히려 1960년대의 히피나 보헤미안처럼 자유로운 정신을 유지하면서 예술적 고상함을 향유하는 데 힘쓴다.
30) 노무족이란 더 이상 아저씨가 아니라 'No More Uncle'이라는 의미로 나이와 상관없는 자유로운 사고와 생활을 추구하는 40~50대를 말한다. 그들의 특징은 ① 자신의 외모에 관심을 갖는다. ② 다방면에서 자기계발에 힘쓴다. ③ 다른 세대와의 융합에 적극적이다. ④ 패션에 있어서는 찢어진 청바지도 입을 줄 알고 머리도 과감하게 기를 줄 안다. ⑤ 가족과의 시간을

중요하게 여기는 자상한 가장이다. 한마디로 잘 입고 잘 놀고 거기에 경제적 능력까지 겸비한 40~50대 가장을 말한다.

31) 조동성 · 서일윤(2005), Brand Management 중 트렌드, 종족, 고객브랜딩, 산업정책연구원, 514-515.

32) 이시훈 · 성열홍 · 손영화(2008), 미디어 소비자 광고의 변화, 한경사, 27-28.

33) LG경제연구원(2006), 2010 대한민국 트렌드/최성아(2004), metrosexual의 등장과 남성 마케팅 붐, 21세기북스/조수현(2005), 포스트모던 시대에서 메트로섹슈얼과 콘트라섹슈얼 경향에 대한 연구, 강남대학교 석사학위논문/박달지(2007), 메트로섹슈얼 현상에 의한 토탈 브랜드에 관한 연구, 홍익대학교 석사학위논문/이혜진(2007), 지역별 남자 대학생들의 헤어스타일 동향, 중앙대학교 석사학위논문 등을 참고하여 구성

34) 文대통령, 록밴드 'U2' 보컬 보노 만난다(https://www.donga.com/news/Politics/article/all/20191207/)

35) 메트로섹슈얼' 시대는 가고 '위버섹슈얼' 시대 도래, 한겨레신문(http://www.hani.co.kr/arti/international/europe/)

36) 유병률(2008), 딜리셔스 샌드위치, 웅진윙스, 62-63에서 참고하여 작성

37) 조셉 파인 2세와 제임스 길모어(J. Pine, Ⅱ and J. H. Gilmore) 지음, 신현승 옮김(2001), 고객체험의 경제학, 세종서적 중에서 요약하여 작성

38) Schmitt, B.(1999), Experiential marketing, Journal of Marketing Management, 15(1-3), 53-67/번 슈미트 지음, 박성연 · 윤성준 · 홍성태 옮김(2002), 체험마케팅, 세종서적/Schmitt, B.(1999), Experiential marketing: A new framework for design and communications, Design Management Journal (Former Series), 10(2), 10-16 등을 참고하여 작성

39) LG경제연구원(2005), 전게서, 43.

40) 재미있는 소비심리의 비밀, 따라쟁이 친구, 왜 그럴까? https://www.kca.go.kr/webzine/

41) http://mrmrsfurs.co.kr/

42) 나경수(2008), 전자신문 4월 15일자에서

43) 이 정도면 상 줘야 … '곱창 열풍' 일으킨 마마무 화사, '나혼자 산다' 재출격(https://www.donga.com/news/Entertainment/article)

44) 김영한(2010), 넛지마케팅, 한국경제신문, 10에서 수정하여 작성

45) 김영한(2010), 전게서, 33.

46) 마이클 J. 실버스타인 외 지음, 보스턴컨설팅그룹 옮김(2005), 소비의 새물결 트레이딩 업, 세종서적, 35.

47) 이연수(2009), "막강한 소비파워를 자랑하는 3040여심 사로잡기," DAHONG COMMUNICATIONS, 49에서 참고하여 작성

48) Karpinska-Krakowiak, M.(2021), Women are more likely to buy unknown brands than men: The effects of gender and known versus unknown brands on purchase

intentions, Journal of Retailing and Consumer Services, 58, 102273.

49) LGERT의 미래생각(6), 전게서, 34.

50) 중앙일보 [비즈프리즘] '위미노믹스'의 시대, 여성 소비자를 사로잡으려면…(https://news.joins.com/article/22471181)

51) 사진출처: http://funy.kr/?p=51863

52) 이민훈(2009), "경제위기 이후의 신소비 트렌드," 삼성경제연구소 CEO Information, 제723호, 18-20.

53) 김상일(2005), 가치 소비자들이 몰려온다, LG주간경제, 21-22.

54) 한국경제신문(2010.3.22) A18 패션업계 新소비층 '스마트族' 잡아라/조선일보(2009.11.18) [New Trend] '스마트족(族)' 잡는 똑똑한 마케팅 뜬다(http://businessnews.chosun.com)/스포츠월드(10.3.25)/IT+패션 스마트족을 잡아라(http://sportsworldi.segye.com/네이버 백과사전(http://100.naver.com/100.nhn?docid=794196)

55) http://mom.udns.kr/

56) LG경제연구원(2005), 위의 책, 61-62.

57) 제일기획 CEO Information.

58) 김중태(2009), 모바일 혁명이 만드는 비즈니스 미래지도, 한스미디어, 22-23에서 수정하여 작성/박정현(2010), "2010년 소비자트렌드," LG경제연구원, 2월 2일자/Daum 디스플레이 광고 공식블로그 마케팅트렌드(2010.2.2)/김태현(2010.3.23), 디지털타임스 IT정보화 IDC에서 참고하여 작성

59) 최재붕(2019), 포노사피엔스, 쌤앤파커스, 25에서 참고하여 작성

60) https://www.doorcreative.com/magazine19/1020

61) 스마트폰과 물아일체, 새로운 소비 권력된 신인류 '포노사피엔스', 조선비즈(https://biz.chosun.com/site/data/html_dir/2020/11/26/)

62) [차호중의 재테크 칼럼] 포노사피엔스 등장과 시대적 변화, 국제신문(2020.2.27)에서 참고

63) 김난도(2008), 트렌드 코리아 2009, 미래의창/제일기획(브랜드마케팅연구소, 2006), 소비자 트렌드 리포트/코리아애드타임즈, 월간애드컴(편집부, 2006.7)

3
CHAPTER

Understanding of Consumer Behavior

소비자 의사결정과정의 개관

1. 소비자 의사결정과정의 개요
2. 문제인식
3. 정보탐색
4. 대안평가
5. 구매 및 구매 후 행동

03장 소비자 의사결정과정의 개관

"사람과 사람 사이에는 상대방이 무슨 행동을 하며, 또 무슨 생각을 하는지를 인식해야만 제대로 된 교류가 이루어진다. 우리는 보통 이러한 인식을 기반으로 상대의 마음을 헤아리고 행동을 해석하며 또 그에 맞춰 우리의 행동을 수정한다." –주디스 호스트먼(Judith Horstman)–

"새로운 소비자는 시간의 부족과 여러 브랜드에 대한 신뢰부족을 의사결정에 적극 개입시킨다."
–데이비드 루이스(David Lewis)와 대런 브리저(Darren Bridger)–

1. 소비자 의사결정과정의 개요

실제, 소비자 의사결정(consumer decision making)이라는 용어는 한 소비자가 신중하게 여러 종류의 제품 속성을 평가하고 최소한의 비용으로 인식된 욕구를 만족시키는 제품을 신중하게 선택하는 모습을 그려보게 한다. 그렇지만 상당수의 많은 소비자 의사결정은 이러한 모습을 보이지 않는다는 것이 학자들의 공통된 견해이다. 이 절에서는 전체를 포함하는 복잡한 의사결정을 바탕으로 다양한 의사결정과정에 대해 공부해보도록 하자.

1.1 의사결정의 성격

소비자는 실제 많은 의사결정을 복잡한 방식으로 하지만 또한 많은 다른 의사결정에서 인지적 과정을 개입시키지 않기도 한다. 즉 의사결정의 초점이 브랜드의 속성이나 가격 같은 기준이 아니라 단순한 느낌이나 감정에 있기도 한 것이다.[1]

이와 같은 맥락에서 아직도 많은 마케팅관리자들은 소비자들이 제품을 구매할 때 의식적이고 논리적인 심사숙고의 과정을 거쳐서 결정을 내린다고 생각한다. 즉, 소비자들은 어떤 상품 속성에 대한 개인적 가치평가와 그 속성을 통해 획득할 수 있는 가치의 현실화가능성에 대해 면밀한 검토 과정을 거친 뒤 논리적인 결론을 도출한다고 생각하는 것이다. 예컨대 소비자들이 특정 자동차를 구매할 경우 그 자동차가 지닌 속성(예를 들면, 성능, 디자인, 연비, 안전성 등)별 가치를 평가한 뒤에 그 구매 여부를 결정한다고 여긴다.

실제, 소비자들의 구매결정이 이와 같은 합리적 사고과정을 수반하는 경우가 없진 않지만, 1장에서 논의되었듯이 그러한 합리적 사고과정으로 소비자 구매의사결정의 모든 측면을 설명할 수는 없다.[2] [그림 3-1]에서 볼 수 있듯이 자극(욕구)과 행동(구매) 사이에는 블랙박스가 존재하며 특정한 옷을 구매한 이유는 옷감이 좋아서도, 가격이 낮아서도 아닌 그냥 끌려서 구매하였다는, 겉으로 보기에 비합리적으로 보이는 그러한 과정이 존재하며, 어떤 경우 소비자 자신도 자기 자신의 구매행동을 설명할 수 없는 경우가 있다. 초기에 소비자의 합리적 의사결정을 지지했던 학자들도 이제는 그런 종류의 의사결정을 오히려 예외로 치부하고 있다. 연구결과에 따르면, 구매결정 과정은 습관이나 기타 무의식적 동인에서 비롯되며 소비자들의 사회적이고 물리적인 환경에 의해 크게 영향을 받는 거의 자동화된 과정(automatic process)이라고 한다.[3]

그림 3-1 | 소비자 의사결정과정 검증의 어려움

1.2 복잡한 구매의사결정과정

구매의사과정은 구매행위가 일어나기까지 소비자가 취하는 모든 단계를 포괄하게 된다. 구매의사결정과정은 학자에 따라서 수용과정, 문제해결과정이라고도 일컬어지며 어떤 학자들은 이를 학습(Learn)-지각(Feel)-실행(Do) 과정, 또는 주의(Attention)-관심(Interest)-욕구(Desire)-실행(Action)의 영어 머리글자를 따서 AIDA 과정이라고도 부른다.

이러한 단계와 별도로 구매의사과정이라는 주제에 관해 좀 더 기본적인 입장에서 단계를 구분하며 [그림 3-2]의 구매과정의 5단계 모델과 같을 수 있다. 이 모델에서는 소비자가 다섯 단계, 즉 문제인식, 정보탐색, 대안평가, 구매, 구매 후 행동을 거치는 것을 볼 수 있으며 이러한 의사결정에 영향을 미치는 요인으로 소비자 외부적 요인, 소비자 내부적 요인, 상황적 요인, 그리고 정보 등이 있다.

그림 3-2 | 소비자 의사결정과정(복잡한 의사결정모델)

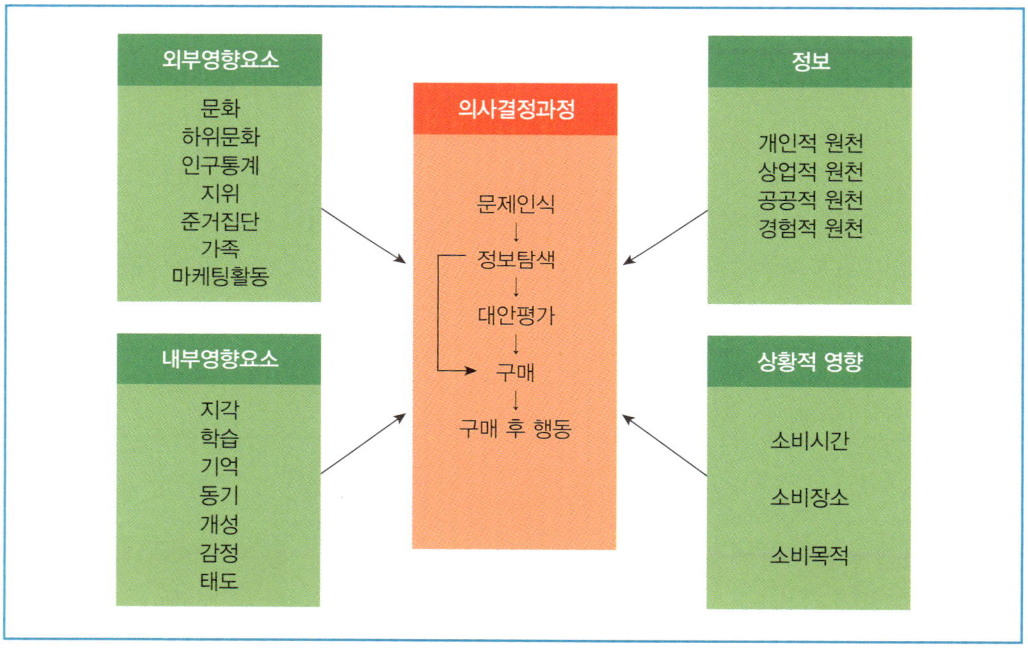

이 모델은 소비자들이 제품을 구입할 때의 다섯 단계, 모두를 거친다는 것을 시사하지만 앞에서 논의되었듯이 이 모델이 모든 경우에 전부 적용되지 않는다. 사진에서와 같이 저관여 제품인 콜라의 구매에 있어서 소비자들은 정보탐색 중 외부탐색이나 대안평가와 같은 단계는 그냥 뛰어넘기도 하고, 구매 후 행동도 특별히 없게 될 수도 있다. 또한 구매과정에서 문제인식과 정보탐색은 아주 오래전에 하고 대안평가 및 구매는 최근에 하는, 즉 몇 년에 걸쳐 완성되는 의사결정도 존재한다.[4] 그러나 모든 구매상황 및 과정에 대한 이해를 위해서는 이 모델과 같이 모든 과정을 포함하는 의사결정과정을 전체적으로 살펴볼 필

요가 있다고 생각되며[5] 이러한 의사결정에 대한 학습 또한 소비자 선택에 대한 통찰력을 제공할 수 있다고 볼 수 있다.[6]

콜라를 구매하는 의사결정과 자동차를 구매하는 의사결정은 분명히 다르다.

이러한 구매과정에 대한 이해는 그 자체가 고객에게 다가갈 수 있는 하나의 통로가 된다는 점에서 매우 중요하다고 할 수 있으며 구매의사결정과정분석은 소비자가 어떤 과정을 통해 제품이나 서비스를 구매하는지를 살펴보는 분석도구라고 볼 수 있다. 이것을 이용하면 복잡한 구매과정을 종합적 · 분석적으로 이해할 수 있기에 [Consumer Insight 3-1]에서 볼 수 있듯이 소비자의 구체적 욕구와 구매에 영향을 미치는 요인을 파악해 마케팅전략에서의 시사점을 발견하는 것이 가능하다.

CONSUMER INSIGHT 3-1 화장품 구매과정분석(예: 여성의 욕망까지 밝힌다)[7]

새내기 여대생을 대상으로 특정 화장품 회사가 마케팅 판촉전략을 수립하려는 경우 여대생의 화장품 구매과정을 분석해보자.

먼저, 여대생들은 화장품 구매를 통해 어른이 되었다는 뿌듯함과 설렘을 경험하고자 한다. 따라서 립스틱이나 매니큐어 등 색조가 섞인 화장품을 써보고 싶어 한다. 다만 첫 화장이니 만큼 너무 진한 색깔은 기피한다(구매동기).

이들은 또 주변 친구들이 선망하는 화장품을 갖고 싶어 한다. 친구와의 수다나 인터넷 등을 통해 자기 또래가 선호하는 화장품을 알아보며 정보를 획득한다(정보획득).

입학 이후에는 고등학교 때에 비해 자유시간이 넘쳐난다. 여대생들은 친구나 가족과 함께 화장품매장을 찾아가 이것저것 테스트해보는 것을 즐긴다(채널선택).

다양한 화장품 중에서 소비자들이 어떻게 브랜드를 결정하는가 하는 것은 중요한 결정사항이다.[8]
(사진출처: https://www.gettyimagesbank.com)

이들은 화장품을 사본 경험이 별로 없다. 매장 판매원이 추천해주는 제품을 살 가능성이 높다(평가).
한편 최종구매결정에 있어서는 가격은 문제가 안될 수도 있다. 첫 화장품은 새내기 여대생의 자존심이며 엄마나 언니의 선물인 경우가 많다(구매결정).

그림 3-3 | 구매의사결정과정분석 예[9]

구매동기 (Origination)	이제 대학생이 됐으니 화장을 하고 싶어. 색조화장이 좋지만 너무 짙은 색깔은 좀 피하고 싶다.
사전정보수립 (Information Gathering)	친구들은 **을 좋아하고 인터넷과 잡지에서는 @@가 인기있던데…
점포선택 (Channel Choice)	친구와 함께 이것저것 테스트할 수 있는 매장이 좋아.
채널 내 정보획득 (In-Channel Information Gain)	흠, 이 색은 나와 안 맞는 것 같고… 저것도 발라볼까?
평가(Evaluation)	역시 이 제품이 연예인이 추천한 만큼 좋은 것 같아. 점원도 추천하잖아?
구매결정 (Purchase Decision)	너무 싼건 좀 그래. 화장품은 자존심이야. 언니한테 물어보자. 사줄지도 몰라.
사용(Use)	이 색깔, 정말 마음에 드는데… 피부트러블이 있을까 걱정이네.
구매 후 평가 (Post-Purchase Evaluation)	튀지 않으면서도 좋은 제품. 역시 사길 잘했어. 다른 친구들도 좋다고 하네. 계속 이 브랜드를 구매해야지.

시사점(Implication)

주요 활용 포인트

1. 튀지 않는 색조 제품을
2. 여대생이 주로 보는 인터넷 및 잡지광고를 통해 알리고
3. 넓은 공간을 가진 대학 근처 유통채널에 집중한다.

구매에 영향을 주는 사람

1. 언니, 엄마
2. 친구

2. 문제인식

의사결정은 문제인식에서부터 시작되는데 본절에서는 문제인식의 본질 및 문제인식의 동인에 대해서 자세히 공부하게 되며 다음 절들에서 각각의 의사결정단계에 대해 공부하게 될 것이다.

2.1 문제인식 본질

문제인식은 소비자 의사결정과정의 첫 단계로 구매자는 자신의 실제 상태(actual state)와 바람직한 상태(desired state)의 차이를 느끼게 됨으로써 문제 또는 욕구를 인식하게 된다.[10] 먼저 실제 상태는 개인이 현 시점에 그의 느낌이나 상황을 인지한 상태이며 바람직한 상태는 개인이 현 시점에 느끼기를 원하거나 바라는 상태를 의미하는 것이다. 예를 들어, 한 주의 일을 끝낸 한 직장인이 혼자 집에서 TV나 봐야 하는 실제 상태에 직면해 있을 때 친구들과 시원한 호프 한잔 마시고 있는 상황을 바람직한 상태로 볼 수 있다. [그림 3-4]에서 볼 수 있듯이 소비자가 원하는 바람직한 상태와 실제 상태의 불일치는 문제인식과 정보탐색과정으로 빨리 이동하게 만드는 가장 기본적인 원동력이라고 볼 수 있다.[11]

그림 3-4 | 문제인식의 메커니즘[12]

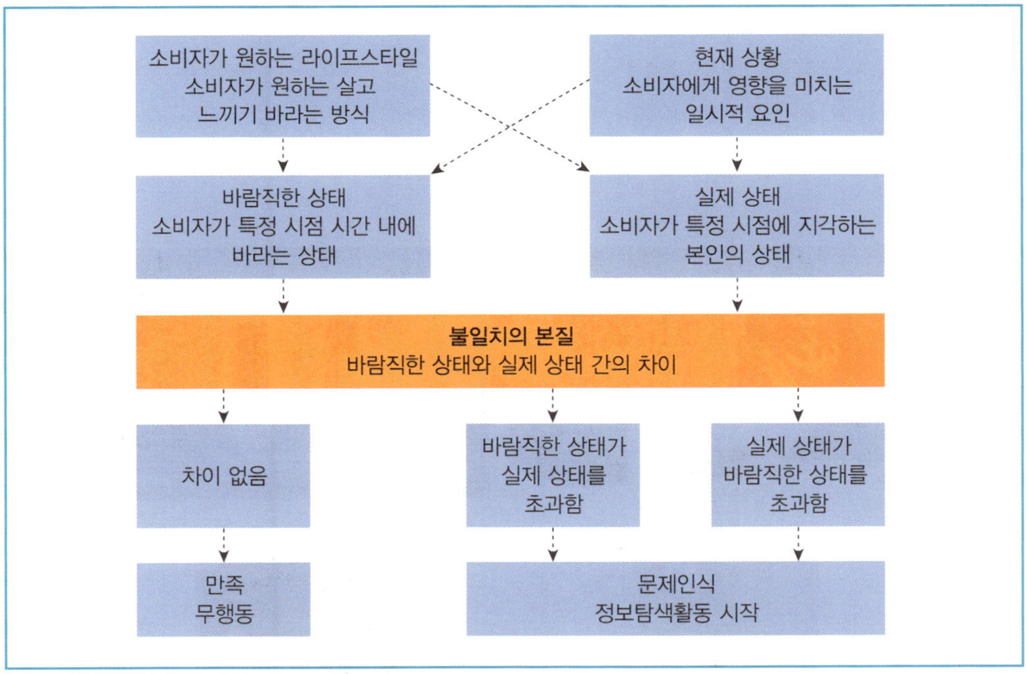

특정한 문제를 해결하려고 하는 소비자의 욕구의 수준은 다음과 같은 두 가지 요인, 즉, ① 바람직한 상태와 실제 상태의 불일치 강도, ② 문제의 상대적 중요성 등에 의해 결정된다. 예를 들어 편하게 출근하고 싶어하는 직장인의 현실이 매일 1시간 반씩 3번이나 마을버스,

지하철, 버스로 갈아타고 출근하여 기진맥진한지 오래라면 이를 해결해줄 제품에 대한 문제인식을 강하게 할 수 있다. 한편으로 불일치가 크지만 문제의 상대적 중요성이 낮음으로 다음 단계인 정보탐색 단계로 빨리 이동하지 않는 경우도 있을 수 있다. 한 소비자는 신형 제네시스 자동차를 몰고 싶지만 현실은 15년 된 구형 쏘나타를 몰고 있다. 이 상황에서 불일치는 매우 커보이나 현실적으로 이러한 불일치의 상대적 중요성은 전세를 탈피하여 아파트를 구입하는 것, 아들 영어교육을 시키는 것, 매달 노부모님의 생활비를 지원해드리는 것 등 보다 훨씬 중요한 일이 아닐 수 있다. 물론 소비자에 따라 그리고 상황에 따라 이 중요성은 다를 수도 있다.

소비자 문제는 활성화(active)된 것일 수도 있고 비활성화(inactive)된 것일 수도 있다. 활성화된 문제는 소비자가 특정 시점에서 인식하고 있었거나 인식하게 된 문제라고 볼 수 있으며 활성화 안된 문제는 소비자가 인식하지 못한 문제라고 볼 수 있다. 상대적으로 냉장고, TV, 세탁기 등의 전자제품에 비해 사진에서 확인할 수 있는 요리기기, 와인셀러, 농약세정기, 맥주제조기 등은 상대적으로 문제가 비활성화된 대표적인 제품이라고 할 수 있다. 이러한 두 가지 상황에 있어 마케팅전략은 다를 수 있다. 문제가 활성화된 경우 해당 제품분야에서 최고의 해결책이라는 것을 강조하고 활성화되지 않은 경우에는 먼저 소비자가 문제를 가지고 있다는 것을 확신시켜주는 마케팅전략이 필요하다.[13)]

다른 가정용 전자제품에 비해 다음과 같은 제품들은 문제인식을 시키는 것이 중요한 과제가 된다.

2.2 문제인식의 동인

1) 동기

지금까지 감정과 동기라는 개념은 항상 함께 사용되었다. 뇌학자들은 감정을 강조하는 경향이 있고, 심리학자들은 동기를 강조하는 경향이 있기 때문이다. 그렇지만 실제로 이 두 가지 개념은 서로 근접한 개념이다.[14] 뇌학자들은 감정의 배후에 어떤 목표가 있다는 사실을 알아차리게 되었다. 실제 목표는 동기를 가지게 하는 중요한 요소이기도 하다. 또한 심리학자들은 동기가 느낌과 밀접하게 결부되어 있으며 따라서 동기로 인해 표정변화가 생긴다는 사실을 인식하였다.[15]

소비자의 구매동기는 생각하는 만큼 그렇게 간단하게 이해할 수 있는 것이 아니며, 그 이유는 다음의 3가지로 정리될 수 있다. 첫째, 한 제품을 구입하는 동기는 매우 다양할 수 있다. [그림 3-5]에서 볼 수 있듯이 소비자들은 커피를 구매하는 이유는 능률향상을 위한 각성효과를 이용하기 위해, 개인적인 라이프스타일을 표현하는 도구로 활용하기 위해 등 다양할 수 있다.

그림 3-5 | 커피가 지닌 다동기성[16]

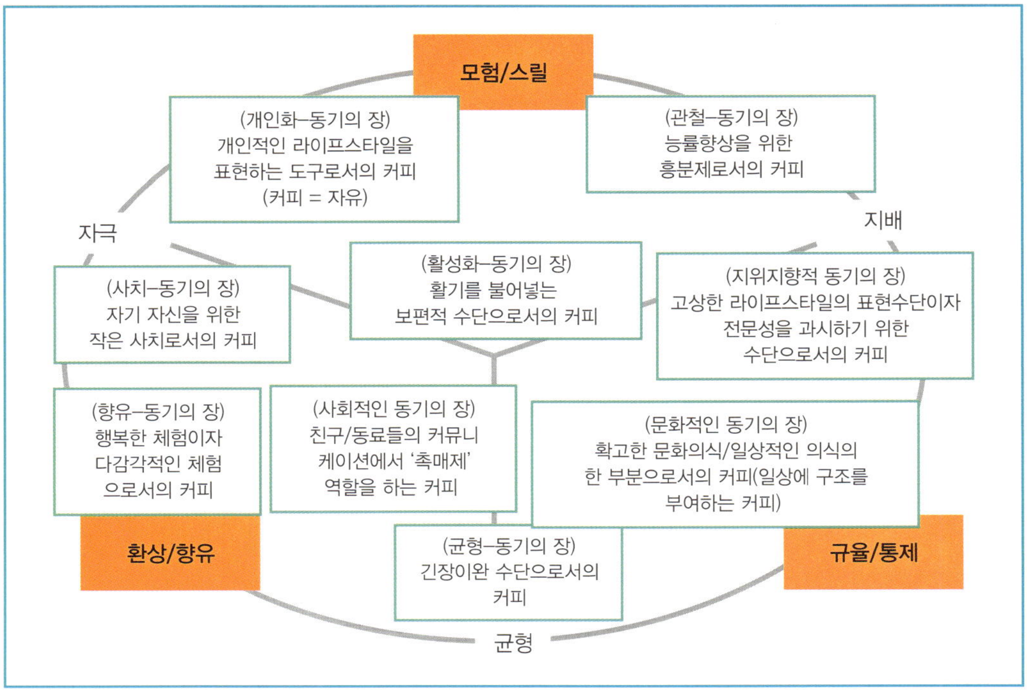

둘째, 동기는 소비자 자신에 의해 인지가 가능한 것도 있지만, 그렇기 않은 것도 있다. [그림 3-6]에서 볼 수 있듯이 40만 원 상당의 폴로랄프로렌 퍼플라벨의 여름 티셔츠를 구매하려는 이유가 스타일리시하고 품질이 좋으며 내가 속한 준거집단의 사람들이 많이 입는다는 명시적 동기도 있지만 나를 세련되고 트렌디하게 보이게 만들고 부유하게 보이게 만들거라는 잠재적 동기가 작용한 것일 수도 있다. 소비자 자신이 의식하지 못한 상태에서 어떤 행동을 무의식적으로 유발시키는 숨은 동기는 소비자 자신도 분명하게 식별하기 힘들며 이와 같은 사실도 동기에 대한 조사를 어렵게 만드는 이유 중의 하나이다.

셋째, 소비자들은 한 제품을 구입할 경우 흔히 복수의 동기를 가지고 선택하는 경우가 많다. 예를 들어 스타벅스 커피숍은 친구와 즐거운 한때를 보내기 위한 적합한 장소인 동시에 나의 자아를 표현하기 위한 브랜드가 될 수 있으며 레이벤 보잉 선글라스는 자외선으로부터 눈을 보호하는 동시에 라이프스타일을 표현하는 동기를 동시에 가지고 구입할 수 있는 것이다. 소비자의 행동은 단일의 동기에 의해서 유발되는 것보다는 여러 동기가 복합적으로 작용하여 유발되는 경우가 보편적이다.

그림 3-6 | 명시된 동기와 잠재적 동기[17]

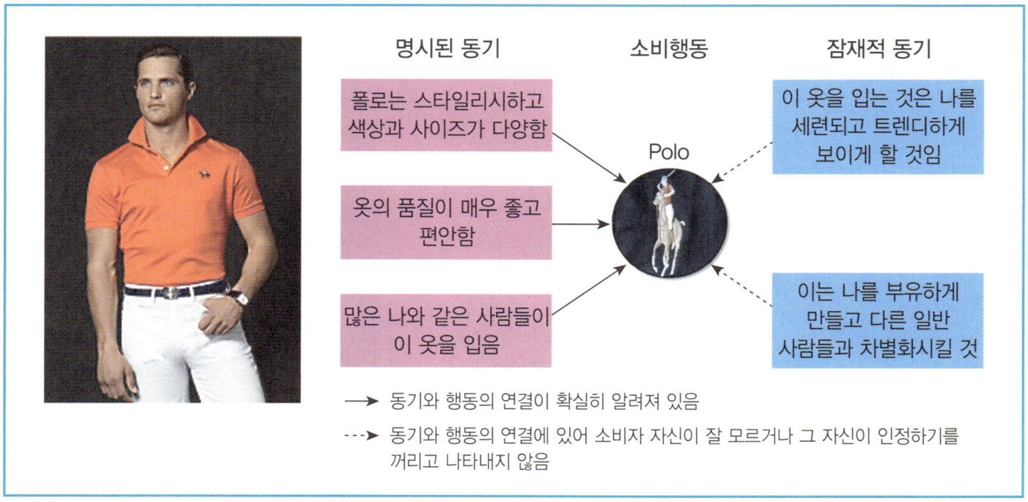

CONSUMER INSIGHT 3-2 제품구매의 다동기성

■ 코로나로 화장지 대란

미국 '화장지 대란'의 끝이 보이지 않는다. 세계 최대 경제대국이 한 해의 절반 이상을 화장지 부족현상에 시달리고 있는 것이다. 한때 아마존(Amazon)에서 판매 중인 16개들이 바운티(Bounty) 두루마리 화장지 1팩의 가격은 40유로(약 56,000원)다. 이달 초 한 판매자가 아마존에 '매진 임박'이라며 한 팩당 45달러에 내놓은 것과 비교하면 그나마 가격이 내렸다. 미국 가정에서 가장 보편적으로 사용하는 이 제품은 코로나 사태 전 15달러에 팔렸었다.[18)]

호주 슈퍼마켓에 화장지를 사려는 사람들이 줄을 잇고 있다.
(https://www.bbc.com/korean)

그러면 미국인을 비롯한 몇몇 서방 국가들의 소비자들은 왜 화장지를 사재기하는 것일까? 다수의 의견은 밖을 나가지 못하는 상황에서 꼭 필요한 제품이기에 구매한다는 의견이 우세하다. 이에 밖에 나가지 않더라도 기본적으로 해결해야 하는 생리적 현상을 처리하기 위한 것이라는 것이다.

■ 미국인들, '투자' 목적으로 총기류 구매

미국이 총기류 규제를 강화할 것으로 예상되고 있는 가운데 미국인들의 총 사재기 열풍이 불고 있다고 월스트리트저널(WSJ)이 보도했다. 연방수사국(FBI)에 따르면, 지난 1분기 총기류 구입을 위한 신원조회 요청 건수는 전년 동기 대비 27% 증가했다.

상당히 복잡한 문제로 총기규제가 어려운 미국: 한국에서 이를 일반소비자를 위한 상품으로 보기엔 너무 낯선 것 같다.

수요가 증가하면서 일부 총기 제조업체들은 공장을 24시간 풀가동하고 있다. 가격도 상승세다. 유럽에서 생산한 러시아제 AK-47 소총은 지난해 9월 350달러에 살 수 있었지만, 연말에는 700달러로 두 배 뛰었다. 총에 대한 수요가 증가한 원인은 명확하지 않다. 일각에서는 오바마 행정부가 공격용 총기류 판매를 규제하기 전에 미리 구입해두는 것으로 보고 있다. 또 경제위기로 인해 범죄가 증가하는 것을 대비한 구입이라는 해석도 있다. 그러나 일부 시민들은 투자 목적으로 총을 구입하고 있다고 신문은 전했다. 공격용 총기류 규제법이 시행되면 희소성으로 인해 가격이 치솟을 것이라는 기대감이 총기 구매로 이어지고 있다는 설명이다.[19]

2) 동기의 유발

개인이 가진 특정 요구들은 대부분 시간에 많이 지배받는데, 시간상으로 특정 시점에 어떠한 특정 욕구의 유발은 개인의 생리적 상황, 감정적 · 인지적 과정에서 발생한 내적 자극에 의해 일어나거나 기업의 마케팅활동이나 본인이 속한 환경과 같은 외적 자극에 의해 유발된다고 볼 수 있다.

내적 자극의 경우 인간의 정상적인 욕구, 즉 목마름, 배고픔, 성욕 등으로 이들은 식역수준(threshold)까지 상승하게 되면 동인(drive)이 된다. 욕구는 외적 자극에 의해서도 일어날 수 있다. 예로, A라는 사람은 빵집을 지나치다가 맛있는 빵 냄새를 맡고, 혹은 먹음직한 빵을 보고 배고픈 충동을 느낄 수 있으며. 멋진 스포츠카가 거리를 달리는 것을 보고 스포츠카를 구매하고 싶은 충동을 느낄 수 있다. 유명 디자이너가 만든 옷이나 향수 등과 같은 신분 상품은 소비자들의 욕망을 불러일으키며 이들 상품은 사랑, 집단수용 등과 같은 정서적 욕구를 충족시킨다. 이를 지지하는 이론으로 수십 개의 제품군에서 수백 개의 브랜드를 대상으로 한 연구는 고객들의 제품에 대한 감정이 제품구매의 중요한 동기가 되며 이러한 감정의 측정은 브랜드 인지도와 고객 만족도를 포함한 다른 어떤 지표보다 고객의 미래가치를 더 잘 반영할 수 있으며 기업의 성장과 수익성의 중요한 새로운 원천이 될 수 있다는 것을 강조하고 있다.[20]

또한 한 제품을 구입하는 것이 다른 제품구입의 동기가 될 수 있다. 이러한 행동을 디드로효과(Diderot effect)[21]라고 하는데, 디드로효과는 새로운 것을 사게 되면 추가구매가 일어나 소비의 연쇄작용이 생겨나는 것을 말한다. 자동차를 사면 보험을 구입하여야 하고 새로운 집을 장만했기에 이전 가구들은 다 버리고 새로운 가구를 들이는 경우도 흔하다.[22]

우리들 대부분은 우리가 정말 필요로 하는 것보다 더 많이 산다. 비록 이것이 모든 사람들에게 해당되는 것은 아니지만, 많은 사람들은 그들의 소득수준이 추천하는 것보다 더 많은 돈을 소비한다. 이러한 현상이 발생하는 이유는 여러 가지가 있지만, 그 중 가장 흥미로운 것은 디드로효과라고 알려져 있다.[23]
(사진출처: https://www.gettyimagesbank.com)

기업의 광고 및 판촉 등의 마케팅활동 또한 소비자의 욕구를 촉발시킬 수 있다. 사진에서 볼 수 있듯이 CJ 헛개수 브랜드는 '그 다음날 물로는 풀 수 없는 갈증이 있다'라는 광고로 해당 제품을 숙취해소에 더 효율적인 습관이라는 것을 강조하여 구매동기를 유발시키고 있으며 세일 등과 같은 판촉으로 구매의사가 전혀 없던 소비자들이 구매동기가 생기는 경우도 우리는 흔히 목격할 수 있다.

헛개수의 구매를 유도하는 광고 'CJ 컨디션 헛개수 광고'

세일은 중요한 구매동기 중의 하나가 되기도 한다.

결국, 마케팅관리자는 소비자들이 제품에서 추구하고자 하는 효익이 무엇인지를 간파하여 그에 적절한 제품정보를 그들에게 전달하여 문제인식을 시킬 수 있어야 한다. 결국, 실용적 욕구충족을 목표로 한 제품에 대해서는 구체적 · 기능적 속성 정보전달에 주력해야 하는 반면 상징적 및 쾌락적 욕구충족에 있어서는 전체적 브랜드 이미지의 구축과 전달에 힘써야 할 것이다. 물론, 모든 제품에 대한 욕구가 실용과 감성의 이분법으로 구분되는 것은 아니다. 자동차 같은 제품은 실용적이고 감성적인 특성을 공유하고 있으며 많은 제품들이 두 가지 특성을 공유하고 있는 것이다. 따라서 마케팅관리자들의 전략 선택도 이분법보다는 정도나 비중의 문제로 다루어야 할 것이다.

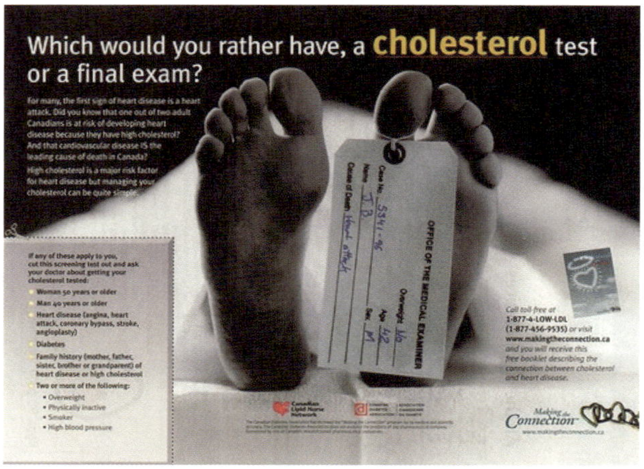

소비자에게 일종의 공포를 줌으로써 문제인식을 하게 할 수도 있다.

3. 정보탐색

3.1 정보탐색의 본질

소비자가 살이 너무 쪄서 주위 사람들로부터 이야기를 듣고 본인 스스로도 이에 공감하는 상황을 가정해보자. 이 문제를 인식하고 나서 소비자는 어떤 행동을 할 것인가? 소비자는 뱃살문제를 해결하기 위해 새로운 제품을 탐색할 수도(뱃살을 빼기 위해 집 주위의 헬스클럽을 방문함, 다이어트 약을 복용) 아니면 구매와 상관없는 다른 행동으로 해결할 수도(집 앞 초등학교 공터에서 매일 아침마다 조깅을 함, 식사량을 줄임) 있다.

소비를 통해 해당문제를 해결하려는 소비자들은 더 많은 정보를 탐색하는 경향이 있게 되는데, 크게 다음과 같은 두 가지 욕구발상 수준으로 구분할 수 있다. 첫째, 좀 더 약한 정보탐색상태를 '높아진 주의'라고 한다. 한 소비자가 컴퓨터가 오래되어 업그레이드하지 않고 새로 구매하기로 한 상황에서 이 소비자는 컴퓨터에 대한 정보에 수용적이 될 수 있는데 이 소비자는 과거보다 컴퓨터 광고를 주의 깊게 보거나 컴퓨터에 대해 이야기하는 인터넷 글들을 유심히 읽어볼 수 있다.

둘째, A는 능동적으로 정보탐색을 하게 될 수도 있는데, 이러한 경우에는 기사를 읽고, 친구에게 전화를 하고, 컴퓨터에 대해 알기 위해 인터넷에서 관련 정보를 검색하는 등의 다른 탐색활동을 한다. 그가 얼마나 많은 정보를 탐색할 것인가 하는 것은 그의 문제인식

최근 인터넷은 소비자가 과거에는 불가능했던 더욱 넓고 깊은 정보에 접근하는 것을 실현시키며 가능하게 함으로써 기업들로 하여금 이에 대응하지 않을 수 없게 만들고 있다.[24]

의 강도(얼마나 필요한가?), 그가 최초에 가지고 있던 정보량, 추가적으로 정보를 탐색할 수 있는 용이성, 추가적 정보에 그가 부여하는 가치 및 추가 탐색으로부터의 만족도 등에 달려 있다고 볼 수 있다.

이상의 내용을 다시 정리해보면 소비자가 정보를 탐색하는 과정은 먼저 기억 속에 내재되어 있는 정보를 회상하는 것으로부터 시작되며 이를 내적 탐색(internal search)이라 한다. 저관여의 상황에서는 주로 내적 탐색에 의하여 의사결정을 내리게 되지만, 소비자의 관여도가 높아질수록 보다 많은 정보를 외부에서 찾기 위하여 외적 탐색(external search)을 하게 된다.[25] 예를 들어 음료나 과자와 같이 저관여 제품의 경우에는 소비자는 내적 탐색에 의한 정보에 의거하여 쉽게 브랜드 결정을 한다. 그러나 승용차와 같이 고관여 제품인 경우에는 여러 대안에 대한 광고나 브로우셔(brochure) 등을 참고하거나 택시기사의 자문을 구하고 네이버지식검색에 내공을 걸어 질문을 하는 등 적극적인 외적 탐색을 하게 된다.[26] 관여도에 대한 부분은 '4장 관여도 및 의사결정' 부분에서 자세히 공부하도록 한다.

3.2 정보추구의 유형

일반적으로 소비자 의사결정은 다음과 같은 정보를 필요로 한다.[27]

- 문제의 해결을 위한 적절한 평가기준
- 다양한 해결책의 존재(해결책으로 제시되는 제품)
- 각 평가기준에 대한 각 대체 해결책의 수준과 특성

그림 3-7 | 의사결정에 있어 정보탐색

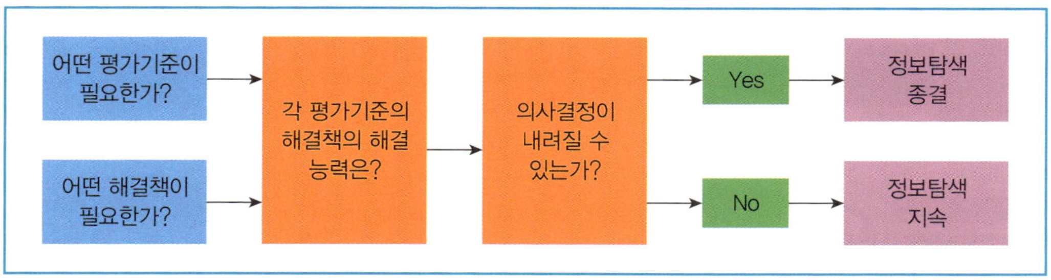

1) 평가기준

한 소비자가 노트북 컴퓨터를 구매하려고 한다고 가정해보자. 최근에 이 소비자는 컴퓨터를 구매한 경험이 없다. 이 소비자의 첫 번째 생각은 '내가 컴퓨터에서 원하는 속성은 무엇인가'일 것이다. 그 다음 소비자는 그의 필요를 충족시키기 위한 속성 및 특성을 결정하기 위한 내부탐색에 몰입하게 될 수 있다. 이 소비자가 컴퓨터에 대한 경험이 별로 없다면 좋은 컴퓨터가 무엇인지에 대해 학습하기 위해 친구나 판매원에게 물어보고, 인터넷에서 검색하고, PC 관련 사용후기 등을 볼 수 있다. 이렇듯 내부탐색 및 외부탐색의 목적은 적절한 평가기준(appropriate evaluative criteria)의 결정이다.

2) 적절한 해결책(대안으로 제시되는 제품)

적절한 평가기준을 탐색하는 동안 소비자는 아마도 적절한 대안, 즉 브랜드들과 점포들의 결정을 하게 될 것이다. 아마도 소비자는 정보수집을 통해서, 소비자는 경쟁하는 브랜드와 그 특성에 대해서 학습한다. [그림 3-9]에서는 소비자가 구매대상을 좁혀가는 과정을 보여주고 있는데 가령, A가 노트북을 구매하고자 한다고 할 때 삼성 갤럭시북, LG

그림 3-8 | 다양한 제품의 인지군과 환기군의 비율비교[28)]

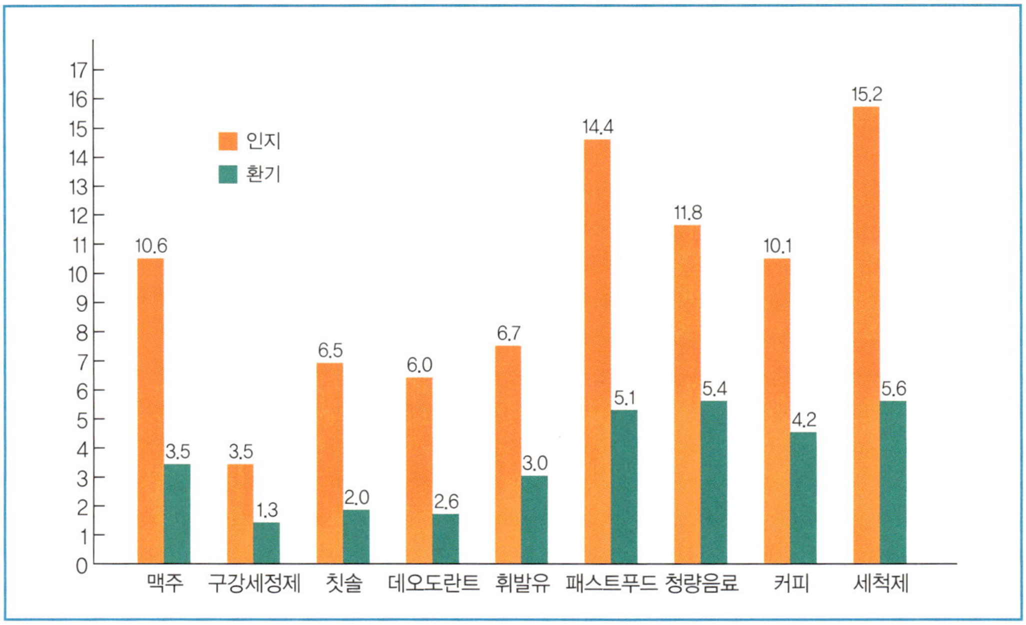

gram, 애플 맥북, HP Compaq 등 네 개만이 기억되었다면 이를 환기군(evoked set)이라고 하며 의도적인 정보탐색이든 우연히 보게 되었든 정보탐색과정에서 알게 된 Lenovo, 도시바, TG 에버라텍 등을 합쳐서 인식군(awareness set)이라 한다. [그림 3-8]에서 볼 수 있듯이 인식군와 환기군의 상대적 비율은 제품마다 다양할 수 있다.

이렇게, 알고 있는 컴퓨터 브랜드 중에서 몇 개만이 A의 구매기준과 일치하게 되는데(예를 들어 애프터서비스의 불편함으로 외국브랜드 컴퓨터는 고려군에서 제외) 이러한 브랜드는 고려군(consideration set)을 구성하고[29] A는 이들 브랜드에 대한 더 많은 정보를 수집함으로써, 몇 개의 브랜드만을 강력한 선택대상으로 좁힐 수 있는데 이를 선택군(choice set)이라고 할 수 있다. 그리고 나서 A는 이들 브랜드 중 최적인 것을 선택한다.[30]

일반적으로 환기군이나 선택군은 상황에 따라 달라질 수 있다는 것을 알아야 한다. 주중 바쁜 아침식사를 위해서 출근하는 독신의 직장인에게 있어 환기군은 김밥, 맥도날드 맥모닝세트, 샌드위치, 배이글과 커피 등일 수 있지만 금요일 저녁 과음에 이어 출근하지 않은 여유로운 토요일 아침은 정식, 복국, 해장국에서 선택할 수 있다.[31]

[그림 3-9]에서는 기업이 자사의 브랜드가 잠재고객의 인식군, 고려군, 선택군으로 들어갈 수 있도록 전략화해야 한다는 사실을 분명히 제시한다. 기업은 역시 당사의 경쟁적인 소구방법을 계획하기 위해서 소비자의 선택군에 속한 다른 브랜드를 확인, 규명해야 한다.

그림 3-9 | 소비자의 구매의사결정에 관련된 일련의 집합[32]

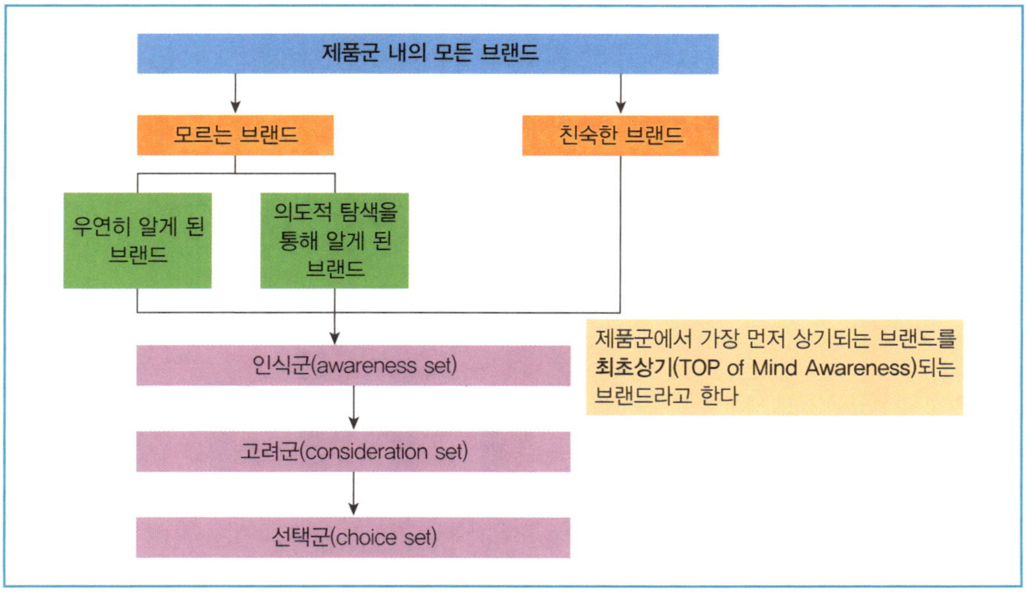

이에 추가하여 마케팅관리자는 소비자의 정보원천을 신중하게 파악해야 하며, 또한 정보원천의 상대적 중요성을 파악해야 한다. 소비자들이 그들의 브랜드를 처음에 어떻게 들었는지, 그들은 그 후 어떤 정보를 받았는지, 그리고 여러 상이한 정보원천에 그들이 두고 있는 상대적 중요성은 어느 정도인지를 질문해야 하는데 이에 대한 응답정보는 표적시장에 대해 효과적으로 커뮤니케이션을 준비하기 위해 중요하다.

3.3 정보과다의 시대

하룻밤 자고 일어나면 새롭게 등장하는 브랜드 홍수는 소비자에게 혼란을 제공해주고 있다. 실제 사진에서 볼 수 있듯이 국내에서 유통되는 화장품의 수만 해도 소비자가 다 기억하지 못할 정도로 많은 것이 사실이다. 게다가 브랜드마다 개성이 차별화되지 못하고 모두 엇비슷한 상황에서는 기업이 고민해서 내놓은 브랜드가 소비자들을 골치 아프게 만드는 것이다.

실제, 사회학 교수 베리 슈왈츠(Barry Schwartz)는 이러한 과도한 선택권이 소비자의 구매결정을 미루게 하고, 선택에 대한 기대를 높이며 잘못된 선택에 더 많이 자책하게 만드는 경향이 있다고 이야기하고 있으며,[33] 하버드대학의 문영미 교수 또한 최근 저서 〈Different〉라는 책에서 과거에 비해 세포증식을 한 것처럼 한 카테고리의 많은 브랜드들이 소비자 선택을 어렵게 만들고 브랜드 간 차별화 필요성을 높이고 있다고 주장하고 있다.[34]

앞에서 논의되었듯이 이러한 복잡성뿐만 아니라 인간의 유전적 특성이 정보탐색의 간소화의 원인이 될 수도 있다. 단숨에 결론까지 도약하는 뇌의 영역을 적응 무의식(adaptive unconscious) 영역이라고 하는데 최근 심리학에서는 이 같은 의사결정방식에 대한 연구를 중요한 분야로 여긴다.

어느 날 도로변을 건너다 달려오는 트럭을 피하려고 할 때 당신은 모든 선택지를 두루 검토할 시간이 있을까? 물론 없을 것이다. 인간이 오랫동안 종족을 보존할 수 있었던 것은 극소량의 정보를 토대로 매우 민첩하게 판단할 수 있는 별도의 의사결정 장치를 발달시킨 덕분이다.[35] 결국, 많은 소비자들은 구매의사결정과정에서 객관적이고 합리적인 정보탐색을 통해 최적의 제품을 찾아내는 행동을 하지 않을 수도 있다는 점을 마케팅관리자들은 인식할 필요가 있다.

한 쇼핑몰에서 국내화장품으로 검색했을 때 표시된 화장품 브랜드 (2020년 9월 현재)

3.4 정보의 원천

마케팅관리자의 주요 관심사 중의 하나는 소비자가 의존하는 중요한 정보원천이고 다른 하나는 이러한 정보원천 각각이 계속적인 구매의사결정에 미치는 상대적 영향력이다. 소비자의 정보원천은 다음과 같은 5개의 유형으로 크게 구분할 수 있고 [그림 3-10]과 같이 인적 원천인지, 통제가능한 원천인지의 구분에 따라서도 4가지 유형으로 구분할 수 있다.

- 기억(memory): 과거 검색했던 기억, 개인적 경험, 저관여 학습

그림 3-10 | 정보원천의 분류

	인적 원천	비인적 원천
통제가능 원천	• 판매원 • 전화마케팅 (전화정보라인) • 전시회	• 광고 • 점포 내 전시 • 판매촉진
통제 불가능 원천	• 친구와 가족으로부터의 조언 • 전문가의 조언 • 소비에 의한 경험	• 사설 및 뉴스 소재 • 소비자 정보지와 같은 중립적 원천

- 개인적 원천(personal sources): 가족, 친구, 이웃, 친지
- 상업적 원천(commercial sources): 광고, 판매원, 중개상, 포장, 진열
- 공공적 원천(public sources): 대중매체, 소비자가 중요시하는 단체
- 경험적 원천(experimental sources): 시험작동, 제품이용[36]

최근에는 특히 온라인을 통한 정보탐색이 보편화되고 있기에 마케팅관리자들은 온라인 홈페이지, 커뮤니티, 배너광고, 이메일 등의 다양한 수단을 통해 제품 알리기에 최선을 다하고 있다.[37]

이들 정보원천의 상대적인 양과 영향력은 제품범주와 구매자의 특성에 따라 다르다. 일반적으로 소비자는 마케팅관리자가 지배하는 원천인 상업적 원천으로부터 제품에 대해 대부분의 정보를 받지만 특정 제품에 있어서 가장 효율적인 정보는 개인적 원천이 될 수도 있다. 예를 들어 사진에서 볼 수 있듯이 자동차 회사의 인터넷 홈페이지는 무엇보다 중요한 정보원천이 될 수 있으나 구매결정에 주요 영향요소는 주위 친구나 가족들의 구전이 될 수도 있으며,[38] 외과의사들은 보통 상업적인 원천을 통해서 새로운 약을 알게 되지만 정보의 평가는 다른 의사들에게 의존할 수 있다. 이렇듯 정보원천의 각 유형은 구매의사결정에 영향을 미치는데 있어서 서로 다른 기능을 수행할 수도 있는데, 일반적으로 상업정보는 일반적인 정보전달적 기능을 하는 반면에, 개인적 원천은 정당화 또는 평가기능을 수행한다

인터넷 사이트는 자동차 구매에 좋은 정보원천이 될 수 있다. 사진에서 볼 수 있듯이 인터넷 사이트에서 여러 가지 정보를 얻을 수 있다. 사진은 기아자동차 블로그[39]

고 볼 수 있다. 소비자 정보처리부분에 대해서는 '5장 소비자지각 및 정보처리'에서 자세히 공부하도록 한다.

CONSUMER INSIGHT 3-3 소비자의 채널이용 실태[40]

DMC미디어가 인터넷과 스마트폰 이용자를 대상으로 제품/서비스 구매 및 이용 전 정보 획득 채널(1+2+3순위 기준)에 대해 조사한 결과, 모바일 쇼핑몰을 통한 정보 획득이 35.4%로 가장 많고, 다음으로 포털사이트 커뮤니티(28.5%), 오프라인 매장/대리점(28.4%), 광고(26.0%), 유선 인터넷 쇼핑몰(25.8%) 등의 순으로 높게 나타났다.

그림 3-11 | 상품정보 획득 채널 비중

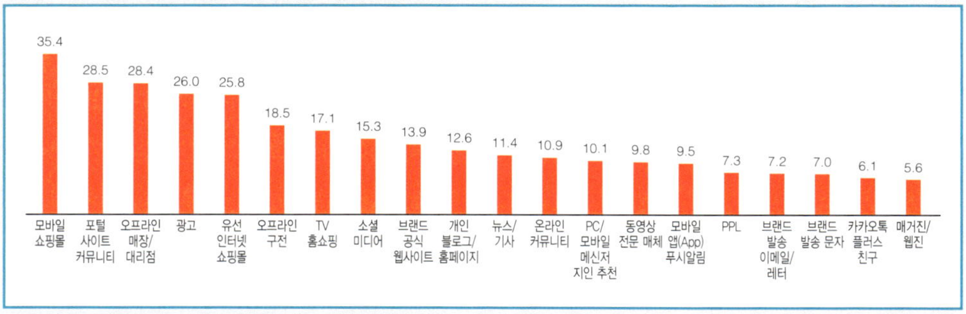

DMC미디어가 제품/브랜드 정보 획득 단계에서 광고를 통해 정보를 얻은 소비자를 대상으로 해당 광고를 접촉한 매체에 대해 조사한 결과, 모바일 인터넷(66.8%)이 가장 높은 응답률을 기록해 수년 전부터 광고 시장 전반을 이끄는 핵심 동력원으로서 모바일 광고의 위상을 반영하고 있다. 그 다음으로는 TV(51.7%), 유선 인터넷(37.1%), 디지털 옥외 광고(15.2%), 옥외 광고(14.2%) 등의 순이라고 볼 수 있다.

그림 3-12 | 상품정보 획득 채널 비중

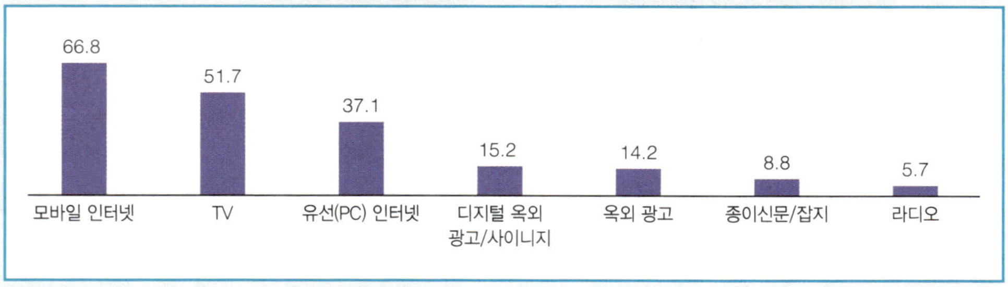

DMC미디어가 인터넷과 스마트폰 이용자를 대상으로 제품/서비스 구매 결정에 중요한 영향력을 끼치는 채널(1+2+3순위 기준)에 대해 조사한 결과, 모바일 쇼핑몰(33.7%)이 가장 높은 응답률을 기록했으며, 뒤이어 포털사이트 커뮤니티(29.4%), 오프라인 매장/대리점(26.0%), 유선 인터넷 쇼핑몰(24.9%), 오프라인 구전(20.3%) 등의 순으로 주요 채널이 분류되었다.

그림 3-13 | 구매결정의 영향 채널

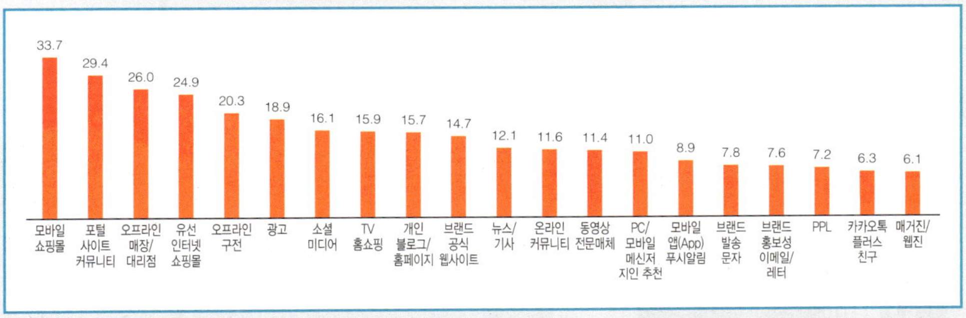

4. 대안평가

4.1 대안평가기준

소비자들은 소매상에 진열된 많은 제품들 중 어떠한 것을 어떻게 선택하는가? 그리고 얼마나 많은, 그리고 어떠한 제품의 속성을 구매 시 대안평가기준으로 활용하는가? 이러한 과정에 대한 통찰력을 얻기 위한 노력은 마케터들에게 소비자 구매의사결정과정의 전체과정을 이해하고 그에 해당하는 마케팅전략을 수립하는데 매우 중요한 부분이라고 할 수 있다.[41)]

소비자는 내적 탐색과 외적 탐색을 거쳐서 수집된 정보를 바탕으로 여러 대안들을 평가한다. 대안의 평가는 평가기준과 방식의 결정으로부터 시작된다. 평가기준이란 여러 대안을 비교 · 평가하는데 사용되는 제품속성을 말하고, 평가방식이란 최종적인 선택을 위하여 여러 기준에 대한 소비자의 평가를 통합 · 처리하는 방법을 말한다.

소비자가 여러 대안을 평가하는데 사용하는 평가기준은 개인에 따라 다르고 제품에 따라 다르며 상황에 따라서 달라지기도 한다. 평가기준이 개인에 따라 다른 것은 특정 제품으로부터 얻고자 하는 효익(benefits)이나 효용(utility)이 사람마다 다르기 때문이다. 예를 들어, 어떤 학생은 자신의 전공을 선택할 때 여러 전공에 대한 평가기준으로 미래의 취직가능성과 같은 실용적인 요인을 고려하지만 어떤 학생은 본인의 적성을 가장 중요시하여 결정하며 데스크탑 컴퓨터를 살 때도 브랜드나 A/S 같은 기준을 중요하게 생각하는 소비자가 있는 반면 가격 대비 성능을 중요하게 생각하는 소비자도 있다.

절대적인 것은 아니지만 브랜드 PC를 구입하는 경우는 상대적으로 브랜드나 제품신뢰(A/S) 등을 기준으로 선택할 수 있고 조립 PC를 선택하는 경우는 가격 대비 성능의 이유로 선택할 수 있다.

평가기준이 제품에 따라 다르다는 것은 당연한 것이지만 보다 중요한 것은 평가기준의 수가 제품에 따라 크게 다르다는 것이다. 이는 제품에 따라 관여도가 다르기 때문으로, 즉 고관여 제품일수록 평가기준의 수가 증가하게 된다.

평가기준은 상황에 따라서도 달라지는데 급박한 구매상황에서는 평상시보다 훨씬 적은 수의 평가기준을 고려하거나 빠른 구매결정을 하는 평가기준을 더 중요하게 생각할 수 있다. 예를 들어 SK주식회사 휘발유를 지속적으로 구매하는 소비자도 기름이 거의 없다는 표시등이 켜진 상황에서는 가장 가까운 거리에 있는 다른 브랜드의 주유소를 이용하게 되는 경우 등이 이에 해당한다. 또한 소비자가 본인이 사용하려는 상황과 선물을 위한 상황과는 같은 제품이라도 평가기준이 달라지게 된다.

이 단계에서는 같은 종류의 상품뿐 아니라 대체품까지도 포함한다. 대학에 들어와서 부모님의 도움으로 자동차를 구입하려고 하는 학생도 가격이 비싼 것을 깨닫고 나면 대학생들은 오토바이, 전동킥보드 또는 자전거로 구매대상을 바꿀 수도 있다. 제품의 중요도에 따라 소비자들은 추가 정보나 조언을 구할 수 있다. 이를테면, 자동차를 구입하기 전에 주위의 정비사나 동네의 정비공장을 방문하기도 한다. 그런 점에서 소비자들의 시선이 닿는 곳에 구매를 유도할 수 있는 정보를 게시해 놓는 것은 성공적 마케팅의 한 열쇠이다.

4.2 평가방식

일반적으로, 소비자가 브랜드를 평가하는 방식에는 여러 가지가 있는데 크게 보완적 방식(compensatory rule)과 비보완적 방식(non-compensatory rule)으로 나눌 수 있다. 소비자는 각 브랜드에 있어서 어떤 속성의 약점을 다른 속성의 강점에 의해 보완하여 전반적인 평가를 하는데 이를 보완적 방식에 의한 평가하고 하며, 비보완적 방식은 한 평가기준에서의 약점이 다른 평가기준에서의 강점에 의해 보완되지 않는 평가방식이다. 일반적으로 소비자는 여러 가지 중요한 평가기준에 걸쳐 여러 고려브랜드들을 종합적으로 비교 · 평가하기보다는 비교적 간단한 비보완적 방식에 의해 브랜드를 평가하는 경우가 많으며 이는 고관여 제품의 구매에서도 예외는 아니다.

피쉬바인(Fishbein)의 다속성태도 모델(multiattribute model)은 태도형성을 어떤 브랜드의 속성과 이점에 대한 소비자의 신념의 함수로 설명한다. 피쉬바인의 모델을 이용하여 마케팅관리자는 소비자들이 중요한 속성에 따라 대안적 브랜드를 평가하는 방법을 결정함으로써 경쟁자 브랜드의 강, 약점과 비교하여 자사 브랜드의 강점과 약점을 전달할 수 있다.[42] 이에 대해서는 '6장 소비자 태도'에서 자세히 공부하도록 한다.

4.3 대안평가의 영향요소

소비자가 합리적인 판단에 의해 본인에게 가장 적합한 브랜드를 선택하였다고 해도 구매로 반드시 이어지지 않는 경우도 있다. 기업들은 구매과정의 대안평가 단계에서 마케팅관리자는 표적시장의 구매행동에 영향을 줄 만한 인사(人士)를 찾고 싶어한다. 예를 들어 골프업계에서는 프로 골퍼가 골프 장비 및 의류의 구매결정에 지대한 영향을 미치는 인사이다. 프로 골퍼를 동원할 수만 있다면 골퍼들에게 장비 및 의류를 파는 일은 한층 쉬워진다.

타이거 우즈의 골프업계에서의 판매 영향력은 막대하다.

유통 역시 구매과정의 대안평가 단계에서 중요한 역할을 한다. 어떤 제품을 구하기 어려우면 단지 편의 또는 니즈의 즉각적인 충족을 위해 대용품을 선택할 수도 있다. 코카콜라와 펩시의 방대한 유통망은 신규 콜라 메이커들이 좀처럼 주변기업 신세를 벗어나기 힘들게 한다. 코카콜라를 마시고 싶어도 학교 내 자판기에서 여러분은 결국 펩시를 선택하지 않을 수 없는 경우가 있을 것이다.

5. 구매 및 구매 후 행동

5.1 구매과정에 포함된 활동

소비자들은 구매대안들을 비교 · 평가한 후 특정 브랜드를 구매하기로 결정하고 실제의 구매과정으로 들어간다. 구매과정은 특정 브랜드에 대한 구매결정(purchase decision)뿐 아니라 그 브랜드를 취급하는 여러 점포들 중 한 점포의 선택 및 그 점포 내에서의 쇼핑과정이 포함된다. 소비자는 관여수준과 과거 구매경험에 따라 다양한 구매유형을 보인다. 지난번에 구매했던 브랜드를 재구매하거나 또는 새로운 브랜드로 전환할 수 있으며, 계획 없이 충동구매를 하기도 한다. 소비자는 구매과정에서 브랜드와 점포에 대한 결정을 하게 된다. 특정 브랜드를 먼저 결정한 후 어떤 점포를 먼저 방문할 것인가를 고려하기도 하고 혹은 자신이 선호하는 점포를 먼저 결정한 후 그 점포 내의 경쟁브랜드들을 비교 · 평가한 후 특정 브랜드를 결정하기도 한다.

5.2 구매 및 구매 후 평가모델

복잡한 의사결정의 최종단계는 [그림 3-14]에서 볼 수 있듯이 의도한 브랜드를 구입하고 소비하는 동안 그 브랜드를 평가하며 또한 다음에 사용하도록 이러한 정보를 저장 및 피드백하는 것을 포함한다.[43)]

1) 구매의도

소비자는 브랜드를 평가한 후, 기대에 대한 만족이 가장 높은 것을 구매할 의도를 가질 수 있지만 복잡한 의사결정상에서 구매는 즉시 이루어지지 않을 수도 있다. 즉, 자동차를 새로 구매하기로 한 고객이 신형 그랜저에 대한 구매의도를 가졌다고 해도, 기존의 쏘나타 중고차를 직접 중고차 판매상에게 판매하거나 신형 그랜저 자동차 영업사원을 통해 판매하는 것, 자동차 영업소 및 영업사원, 할부판매 및 일시불, 구매시기 등 많은 것을 결정해야 하기 때문이다.

그림 3-14 | 구매 및 구매 후 평가[44)]

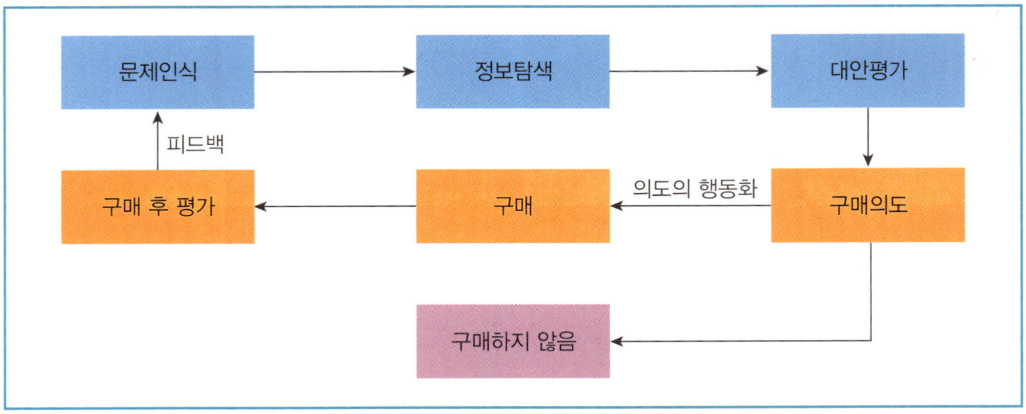

2) 비구매

[그림 3-14]의 소비자 의사결정 모델은 소비자가 구매를 지연하거나, 구매하지 않기로 결정할 수 있음을 보여준다. 새로운 신형 그랜저를 사고 싶은 생각을 가지고 있지만 기존 중고차를 수리해서 쓰면 괜찮을 것 같다는 생각도 들 수 있고 다른 소비자의 신형 그랜저에 대한 평가를 들어보고 천천히 구매해야겠다는 생각을 가질 수 있는 것이다.

3) 구매

[그림 3-14]의 구매의도와 실제구매 간의 연결을 위해 특정한 도구적 행동조치가 필요하다는 것을 보여주고 있다. 구매의도와 구매 간의 시간적 격차는 구매가 이루어지기 위해 요구되는 필요한 많은 행동 때문에 복잡한 의사결정의 경우 더욱 클 가능성이 높다.

구매하는데 필요한 도구적 행동 중에서, 점포선정 또한 중요한 의사결정 사항이다.[45] 소비자는 브랜드를 선택한 다음 점포를 선택할 수도 있고, 점포를 선택한 다음 브랜드를 선택할 수 있으며 두 가지 의사결정을 동시에 할 수도 있다.[46] 예를 들어 컴퓨터를 구매하기로 한 경우 한 소비자는 삼성센스라는 브랜드를 먼저 결정하고 이를 하이마트에서 살 것인지 삼성디지털프라자에서 살 것인지 인터넷 쇼핑몰에서 살 것인지를 결정할 수 있으며 다른 소비자는 일단 하이마트에 가서 삼성 갤럭시북, LG gram, 에플 맥북 등을 비교해보며 특정 브랜드를 최종결정할 수도 있다.

일단 하이마트에 와서 브랜드를 비교해서 골라보라고 광고하는 하이마트 광고

소비자는 점포를 선택하는데 있어 복잡한 의사결정을 거치고 다른 어떤 경우에는 점포충성도(store loyalty)를 보이는 경향이 있다. 그러나 기본적으로 소비자는 그들의 마음속에 점포에 대한 어떤 기준을 설정해 높고 점포의 특징과 이점을 비교한다. 이 결과에 따라서 점포를 선택할 수도 있고 그렇지 않을 수도 있다. 최근의 연구는 쇼핑몰과 같은 소매점포에서 소비자들이 해당 점포에서의 쇼핑경험을 긍정적으로 평가한다면 소비자들의 점포충성도를 높이는 핵심적인 요인 또는 다른 점포와의 차별화 요소가 될 수 있다고 하였다.[47] 결국, 점포의 쇼핑경험이 만족스러우면 학습결과에 의해 강화될 것이고 일정기간 동안 점포의 선택은 일상적이 될 것이다.[48]

5.3 구매 후 평가

1) 구매 후 부조화

소비자는 제품구매 이후 만족, 불만족을 느끼기에 앞서 자신의 선택이 과연 옳은 것이었는가에 대한 불안감을 갖는 경우가 있는데, 이를 구매 후 부조화(post-purchase dissonance)라 한다.[49] 우리가 어떤 제품들을 구매하고 난 후에 그와 관련된 몇몇 부정적인 정보나 생각들이 나타나서 기존의 호의적인 정보나 생각과 서로 조화되지 않을 수 있다.[50] 실제, 이러한 부조화는 소비자에게 있어 바람직한 것이 아니므로 구매 후 부조화를 느낀 소비자는 당연히 부조화를 해소 또는 감소시키려고 노력하며 그 방법들은 다음과 같을 수 있다.

- 선택한 대안의 장점을 강화시키고 단점을 약화시킨다.
- 선택하지 않은 대안의 장점을 약화시키고 단점을 강화시킨다.
- 자신의 선택안을 지지하는 정보를 탐색하고 일치하지 않는 정보를 회피한다.
- 의사결정 자체를 중요하지 않은 것으로 여긴다.[51]

좋은 평가를 받아 상을 수상하였다는 정보는 새로 구매하는 소비자에게 구매확신을 줄 수도 있지만 이미 구매한 소비자의 구매 후 부조화를 줄이는 역할도 할 수 있다(사진은 에스티로더).

2) 소비자만족/불만족

[그림 3-15]에서 볼 수 있듯이 구매 후 평가는 소비자의 구매의사결정과정에서 느낀 감

그림 3-15 | 구매 후 소비자행동

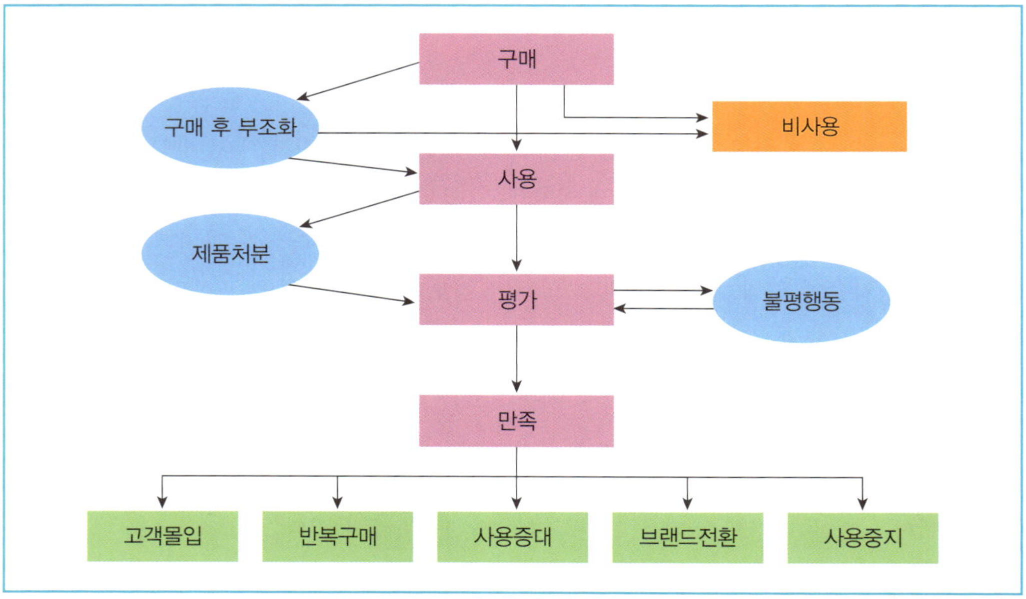

정, 구매 후 부조화(post-purchase dissonance), 제품사용, 불평행동 등과 같은 것에 의해 영향을 받을 수 있으며 제품을 구매한 점포 또한 평가결과에 영향을 미칠 것이다. 결국, 한 제품에 대한 만족은 점포에서 물건을 판매한 판매원에 대한 만족과 같은 요소에 의해서도 영향을 받을 수 있다.[52] 그러나 단순한 의사결정을 하게 되는 제품의 경우 제품에 대한 평가는 단순히 제품이상과 같은 요소에 의해 영향을 받을 가능성이 높다.[53]

일반적으로 최종소비자를 대상으로 하는 고객의 만족에 대한 여러 실증적 연구결과 불만을 판매자에게 말하는 사람은 불만족한 고객의 4% 정도이며 나머지 96%는 간단히 다른 회사로 가 버리고 대게는(91%) 결코 다시 돌아오지 않는다고 한다. [그림 3-16]은 보다 구체적인 조사결과를 보여주고 있는데 TARP(Technical Assistance Research Programs Institute)가 여러 상황에서 "얼마나 많은 불만족한 고객이 재구매를 하는가?"라는 질문에 대한 조사를 했을 때, 구매 후 전혀 불만족을 나타내지 않는 고객의 경우 9%에서, 불만족을 표시했으나 문제가 해결되지 않은 고객의 경우에 19%로, 문제가 해결된 고객의 경우에 54%, 문제가 즉석에서 해결된 고객의 경우에는 82%로 증가한 사실을 발견했다.[54] 이는 소비자의 문제가 즉시 해결됐을 때 더욱 만족할 수 있음을 보여주는 연구결과이다.

그림 3-16 | 여러 상황에서 불만족한 고객의 재구매 의사[55]

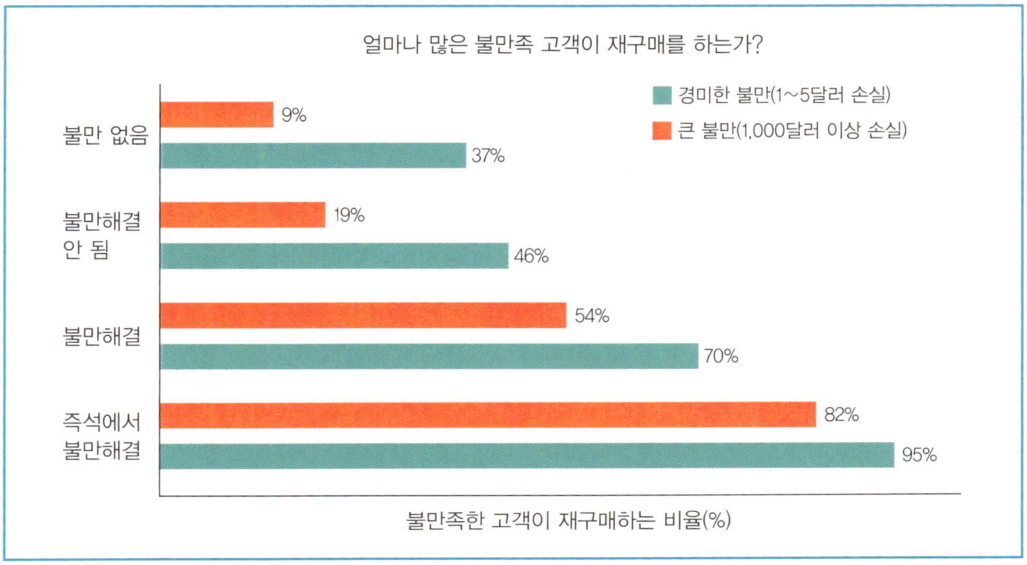

3) 기대불일치이론

소비자가 구매 후 만족하느냐는 소비자의 기대치(expectancy)에 대비된 제공물의 성과(performance)에 따라서 결정된다고 할 수 있다. 일반적으로 만족(satisfaction)이란 '사람들의 기대치와 관련하여 그 제품에 대해 그가 지각하고 있는 성과(결과)를 비교하여 나타나는 그 사람이 느끼는 즐거움이나 실망감'이라 할 수 있다. 그러므로 만족수준이란 지각하고 있는 성능과 기대치 간 차이의 함수이다. 만약 성과가 기대수준에 미치지 못한다면 고객은 불만족하게 되며, 상대적으로 기대에 일치하게 되면 고객은 만족하게 될 것이다. 만약 성과가 기대수준을 초과하게 되면 고객은 극도로 만족하고 기뻐하며 즐거워하게 될 것이다.

그림 3-17 | 고객만족의 기대불일치 모델

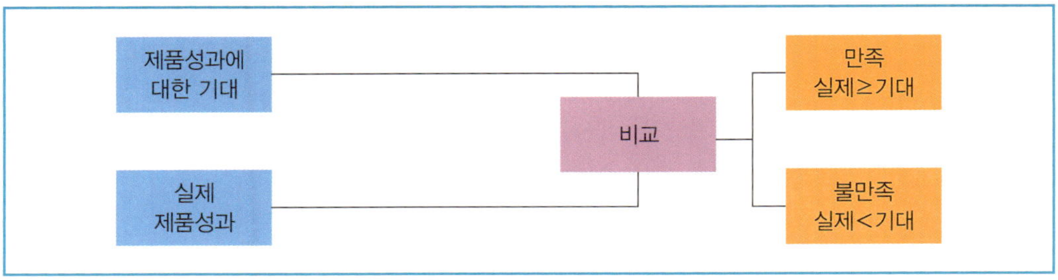

그렇다면 소비자는 어떻게 그들의 기대치를 형성하는가? 기대치는 소비자의 과거 구매 경험, 친지나 가까운 이들로부터의 충고, 마케팅 기업과 경쟁기업이 제공하는 정보와 약속 사항 등에 의해서 영향을 받는다. 기업이 자사 및 자사 브랜드의 기대수준을 너무 낮게 설정하면 구매한 사람들을 만족시킬 수는 있지만 진정한 구매자의 위치로 끌어들이지는 못하게 된다.

그러나 반대로 기업이 기대치를 너무 높이면 소비자가 실망할 가능성은 그만큼 커진다고 할 수 있다. 예를 들어 과거 인기 있었던 영화에 대한 높은 만족은 속편에 대한 기대치를 높여서 만족의 가능성이 낮아지는 부분도 존재할 수 있다.

오늘날 마케팅과 관련된 가장 흔한 문구 중 하나는 성공하는 기업은 고객의 기대를 지속적으로 초월한다는 것이다. 고객의 기대에 부응하는 것은 단지 고객을 만족(satisfaction)시킬 뿐이다. 그러나 고객의 기대를 추월하는 것은 고객을 감동(delight)시킨다는 의미이다. 상품 공급자에게서 감동을 맛본 고객은 평생고객이 될 가능성이 높아진다.

그러나 여기서 문제점은 한 번 기대가 초과 충족된 고객은 다음에는 더 높은 기대를 품게 된다는 것이다. 더 높아진 기대를 초월하는 일은 전보다 더 어렵고 비용도 더 많이 든다. 궁극적으로 기업은 가장 최근에 고객기대에 맞추려는 노력을 해야 한다.[56]

서비스 분야에 대한 한 조사에서는 경영자의 95% 이상이 그들의 서비스가 고객의 기대를 초과하여 제공되고 있다고 믿지만 이는 사실과 매우 다르다는 사실을 제시하면서 고객의 기대에 충족하는 부분은 역시 고객관점에서 이루어져야 함을 강조하고 있다.[57] 우리는 흔히 자사의 브랜드에 대해 매우 자신 있는 경영자를 쉽게 만날 수 있으며 고객이 충분히 맛있어 한다고 생각하는 음식점 주인을 쉽게 접할 수 있다. 그들은 브랜드나 음식점이 경쟁력이 없는 이유를 다른 곳에서 늘 찾는 경향이 있다.

CONSUMER INSIGHT 3-4 기대를 초과한다는 것: 오프라 윈프리 쇼 사례[58]

오프라 윈프리 쇼에서는 어느날 '자동차를 필요로 하는 전국의 국민들을 대상으로 왜 꼭 필요한지의 사연'을 미리 받아 몇 명만을 선발해서 자동차를 증정하는 일종의 서프라이즈 파티를 준비했다. 결국, 방청객 276명 전원에게 3,000만 원대의 고급 자동차를 선물로 증정하는 '깜짝쇼'를 연출함으로써 너무 감동스러운 장면을 이끌어냈다.

이 깜찍발랄한 이벤트는 2004년 9월에 거행되었다. 윈프리는 이날 토크쇼의 시그널 뮤직과 함께 "엄청납니다. 제 심장이 쿵꽝거립니다. 여러분들의 소원을 이뤄줄 수백만 달러의 선물이 기다리고 있습니다"라고 외치며 무대에 올라섰다. 그는 곧 이어 방청객 중 열한 명의 이름을 일일이 부르며 무대로 불러 올렸다. "여러분 모두 새차를 바라셨죠? 네. 축하합니다!" 라고 외치고 나서 이들에게 GM의 약 3,200만 원 상당의 폰티악 G6 승용차를 건냈다. 윈프리는 이어 나머지 방청객 265명에게 작은 상자를 나누어주고 "그 중 하나에는 마지막으로 드리는 열두 번째 자동차 열쇠가 들어 있습니다"라고 말했다. 그런 후 오프라의 신호에 따라 방청객들이 상자를 열자 모든 상자안에서 새 자동차 열쇠가 반짝이고 있었다. 방청객들이 어떻게 감동하지 않을 수 있겠는가?

오프라 윈프리는 방청객 276명 전원에게, 3,000만 원대의 고급 자동차를 선물로 증정하는 '깜짝쇼'를 연출함으로써 너무 감동스러운 장면을 이끌어냈다.

4) 소비자 불평행동

앞에서 논의되었듯이 제품을 구입한 후 소비자는 어떤 수준의 만족과 불만족을 경험한다. 마케팅관리자의 직무는 그 제품이 판매되었을 때 끝나는 것이 아니라, 구매 후에도 계속된다. 마케팅관리자는 구매 후 만족, 구매 후 행동조치, 구매 후 제품사용 및 처리를 조사해야 하는데 불만족이 생긴 경우 소비자는 [그림 3-18]과 같은 행동들을 취할 수 있으며 이는 상당히 기업에 불리하게 작용할 수밖에 없다. 그러므로 마케팅관리자는 소비자의 구매 후 불만족을 극소화시킬 수 있는 조치를 취할 수 있는데, 즉 구매자에 대한 구매 후 커뮤니케이션은 앞에서 이야기되었던 구매 후 부조화를 감소시키는 것 뿐만 아니라 제품 반환과 주문취소를 감소시킬 수 있다.

예를 들어 컴퓨터 기업들은 좋은 컴퓨터를 선택한 것을 축하한다는 편지를 컴퓨터를 새로 구입한 소비자에게 보낼 수 있으며 그들은 만족해하는 소비자들을 광고에 등장시킬 수 있다. 기업들은 소비자의 개선 제안을 유도하고, 이용가능한 서비스 장소를 제시할 수 있으며, 이해하기 쉬운 취급설명서를 발행할 수도 있다.

어떤 기업들은 고객불평을 기록함으로써 고객만족을 파악할 수 있다고 생각하는데, 여기서 명심할 사항은 불만족한 고객들 중 95%는 불평을 토로하지 않으며, 이들 중 대다수

그림 3-18 | 불평행동의 유형

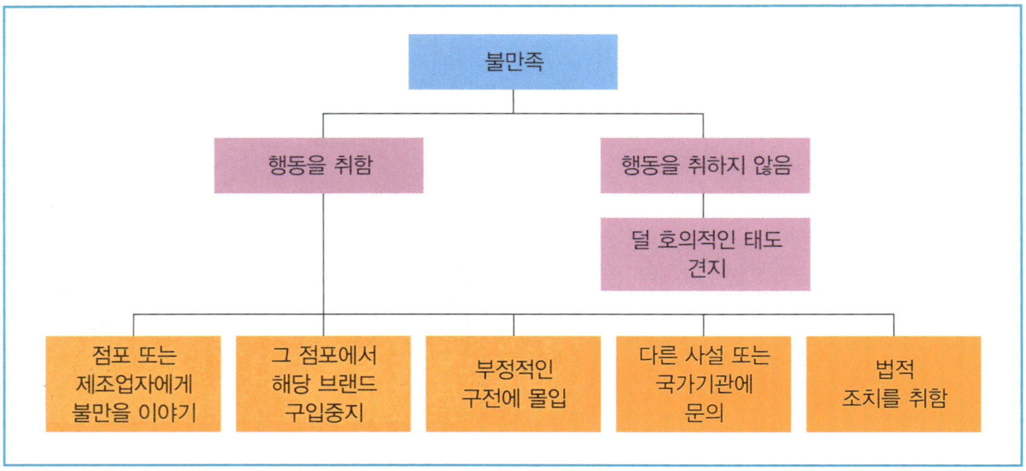

가 단지 구매를 중지할 뿐이라는 것이다. 따라서, 기업이 할 수 있는 최선의 방법은 어쨌든 고객들이 쉽게 불만을 토로하도록 해야 하는데, 제안 서식, 기업의 수신자부담 전화번호 및 인터넷 홈페이지 등이 이러한 목적에 이용될 수 있을 것이다. 예를 들어 3M사는 고객들이 제안, 요청 및 불평을 토로해 줄 것을 희망하고 있는데, 이는 제품개선 아이디어 중 2/3 이상이 이러한 고객의 불평에 귀를 기울임으로써 생성되기 때문이다.

그러나 그러한 고객의 불평을 경청하는 것만으로는 충분하지 않다. 중요한 것은 기업이 그 불평에 대해 신속하고도 구체적으로 대응해야 한다는 것이다. 예를 들어 IBM사는 판매원 각자에게 잃어버린 고객에 대한 보고서를 쓰도록 하고, 다시 만족을 줄 수 있도록 모든 조치를 취하도록 하고 있다. 앞에서 논의되었듯이 불만을 제기한 소비자들 중 54~70%는 그들의 불만이 해결된다면 그 기업과 다시 거래를 할 것이나 그 불만이 신속하게 해결될 것이라고 느끼는 경우에는 95%까지 육박하게 될 것이라는 점에서 고객불만의 빠른 대응은 매우 중요하다고 볼 수 있다.

최근에는 온라인 평가가 고객행동에 미치는 영향력이 커지면서 부정적 온라인 구전(eWOM)에 대한 관리가 매우 중요해지고 있다.[59] 온라인 브랜드 커뮤니티의 맥락에서의 복구는 고객의 불만과 회사의 복구 노력이 수천 또는 심지어 수백만 명의 다른 고객들에게 보여진다는 점에서 기존의 불만 관리와는 조금 다른 측면이 있다. 이러한 점에서 ① 불평하는 고객에 대한 관계 형평성을 적절하게 복원해야 하며, ② 부정적인 메시지가 온라인 브랜드 커뮤니티의 다른 고객에게 전파되는 것을 방지해야 한다.[60] 이러한 측면에서

[Consumer Insight 3-5]는 온라인으로 소비자의 불만을 관리하는 방법에 대한 설명을 담고 있다.

CONSUMER INSIGHT 3-5 소비자 불만이 번지지 않게 막는 방법

최근에는 6천5백만 개 이상의 기업이 온라인 브랜드 커뮤니티를 활용하여 고객과 연결하고 온라인 평판, 브랜드 후원 및 고객 지출 증가와 같은 알려진 마케팅 수행의 이점을 달성한다.[61] 그러나 이러한 온라인 커뮤니티는 소비자들의 부정적 구전의 확산과 부정적 영향을 초래하기도 한다.[62]

2008년 유나이티드항공 수하물 담당자들이 캐나다 인디 뮤지션 데이브 캐럴의 3,500달러짜리 기타를 파손한 사건이 일어났다. 이후 보상금을 청구하는데 몇 달을 허비한 캐럴은 이 경험을 담은 뮤직비디오를 만들어 유튜브에 올렸다. '유나이티드는 기타를 부순다(United Breaks Guitars)'라는 제목의 이 뮤직비디오는 하루 만에 15만 건의 조회수를 기록했고 결국 항공사가 문제해결에 나설 수밖에 없었다. 하지만 항공사의 평판은 이미 손상됐다. 사흘 만에 150만 명이 비디오를 시청했고, 그중 많은 사람이 '좋아요'를 누르고 공유하며 자신들의 불만도 토로하기 시작했다. 유나이티드항공의 주가는 폭락했다.[63]

유튜브 콘텐츠로 제작된 '유나이티드는 기타를 부순다(United Breaks Guitars)'

데니스 헤어하우젠(Dennis Herhausen) 교수 등은 이러한 부정적 영향을 최소화하는 방법에 대한 연구결과를 제시하고 있다.[64] 이전의 연구결과에 따르면 불만의 전염성은 주로 불만을 제기하는 사람의 감정, 그리고 불만을 제기하는 사람과 이를 받아들이는 사람의 관계에 크게 좌우된다. 이런 작업 결과, 연구진은 불만을 크게 키울 가능성이 있는 게시물을 찾아내 예방하고, 그럼에도 불만이 확산될 경우 피해를 최소화하는 몇 가지 권고안을 만들었다.

■ 입소문 날 위험이 있는 게시물 식별하기

연구진은 다음과 같은 몇 가지 패턴을 확인했다. 첫째, 극한 감정, 특히 분노, 두려움, 불안, 혐오 등 강렬한 흥분을 일으키는 감정이 담긴 게시물은 다른 게시물보다 더 널리 유포되는 경향이 있었다. 둘째, 게시물 작성자와 커뮤니티 사이의 강한 유대감이 언어적 유사성과 마찬가지로 확산을 유발했다. 셋째, 이 두 요인이 극도의 흥분을 일으키며 확산 효과를 증폭시켰다.

■ 불이 붙지 않도록 예방하기

기업은 부정적인 게시물에 신속하게 대응해야 한다. 그 고객을 무시하면 다른 사람들이 가세해서 불만을 지지할 확률이 높아진다. 이 연구에서 대부분의 게시물(70%)은 기업으로부터 적어도 하나의 대응을 끌어냈다. 기업의 대응은 크게 다섯 가지로 분류됐다. 즉, 대화를 비공개 채널로 옮기자고 제안하거나(61%), 사과하거나(53%), 설명하거나(8%), 공감을 표하거나(6%), 보상을 제시했다(3%). 어떤 전술이 가장 잘 먹혔을까? 사과를 하거나 대화를 비공개 채널로 옮기자는 제안이 빠르게 의사소통되는 경우는 대체로 확산성을 낮췄다. 불만고객에게 보상을 제시하는 방법은 의외로 정반대의 결과를 낳아 연구진을 놀라게 했다. 보통은 공감을 일찍 표하는 것이 설명하는 것보다 더 효과적이었다. 하지만 중요한 예외가 있었다. 특이할 정도로 격한 감정이 실린 게시물이었다. 고객이 극도로 화가 나 있다면 공감을 나타내는 반응이 고객의 흥분을 부채질할 수 있다.

■ 부정적인 게시물이 이미 퍼졌을 때 피해 최소화하기

물론 모든 불만을 억제할 수 있는 건 아니다. 이런 경우 기업은 전략을 조정해야 한다. 일단 불만이 온라인 커뮤니티의 다른 사람들을 자극하고 나면, 기업이 사과하거나 대화 채널을 변경하자고 제안하는 건 효과적이지 않을 뿐더러, 오히려 사람들의 화를 돋우는 경향이 있다. 불만을 품은 고객의 복수욕구는 시간이 갈수록 커질 수 있으며, 논쟁을 지켜보는 커뮤니티 회원들은 상황이 어떻게 돌아가는지 알 수 없어지는 데 분개할 수 있다고 연구진은 말한다. 반대로, 뒤늦게 보상을 제안하는 방법은 확산성을 억제할 수 있다. 단, 이때의 보상은 반드시 설명과 함께 이루어져야 한다. 그렇지 않으면 암묵적으로 유죄를 인정하는 것으로 보일 위험이 있다.

온라인상의 불만에 두루 적용할 수 있는 방법은 없다. 하지만 기업은 민첩하고 적절한 대처로 상당한 성과를 거둘 수 있다. 연구진은 효과적인 대응 전략이 부정적인 게시물의 확산을 11%까지 줄일 수 있다고 추산한다. 이는 불만에 대한 '좋아요'와 공유수를 수백 또는 수천까지 줄이고, 회사의 평판과 재산에 대한 지속적인 피해도 줄일 수 있다.[65]

연 • 습 • 문 • 제

01. [그림 3-3]을 바탕으로 다음과 같은 제품의 표적 소비자를 인터뷰하여 다음 그림을 채우고 시사점을 제시하세요.

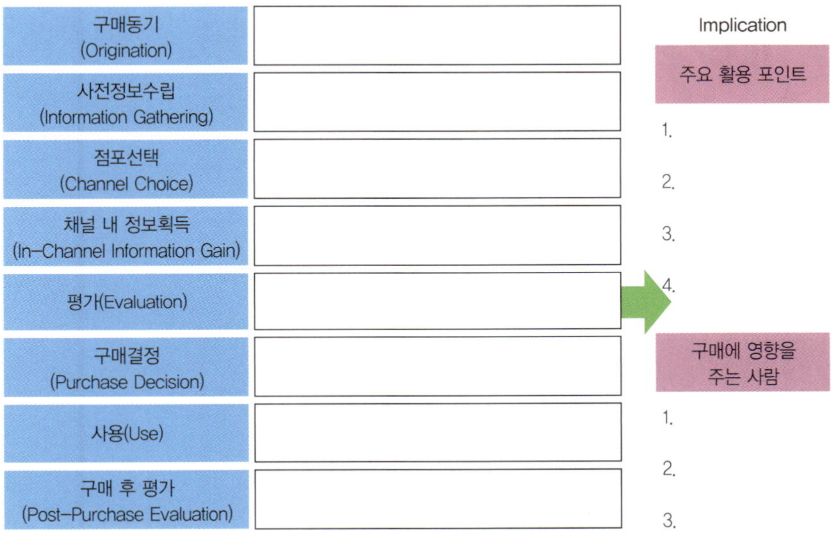

a. 25~35세 직장인 여성의 화장품 구매

b. 20대 중후반 직장인 남성의 자동차 구매

02. 세 명의 동료학생을 인터뷰하여 최근에 그들이 했던 구매시 문제인식에 대해 정리해보세요. 각각의 문제들은 다음과 같은 것이 명시되어야 한다.

a. 문제의 상대적 중요성

b. 문제가 어떻게 발생했는지

c. 무엇이 문제의 원인이었는지

d. 문제를 해결하기 위해 어떤 행동을 취했는지

03. 다음 제품에 대한 동기가 많이 활성화되지 않은 시장에 대한 마케팅 수요를 확대시키기 위한 간단한 아이디어를 제시하세요.

a. 한번애 4가지 요리를 동시에 할 수 있는 조리기구(인터넷 검색)

b. LG전자 탈모치료기(인터넷 검색)

c. 클리비오 살균 세척기(인터넷 검색)

04. [그림 3-5]의 커피가 지닌 다동기성을 바탕으로 다음 제품에 대한 다동기성을 생각해보고 마케팅 시사점에 대해 논의하세요(그림을 바탕으로 하되 필요한 것은 수정해서 해도 무방함).

a. 썬글라스 b. 안경 c. 청바지 d. 시계

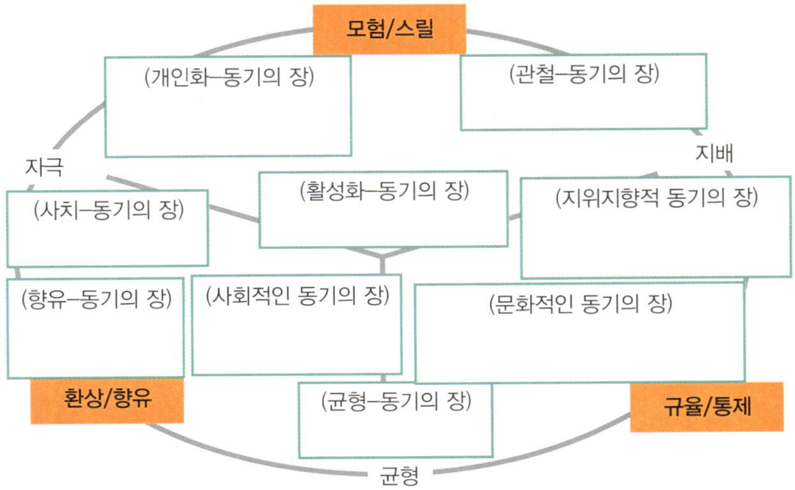

05. [그림 3-6]을 바탕으로 다음 브랜드의 주 표적시장을 인터뷰하여 다음 브랜드들을 구매하는 명시적 동기 및 잠재적 동기를 이야기해보세요.

a. 레고(다른 블록장난감에 대한)

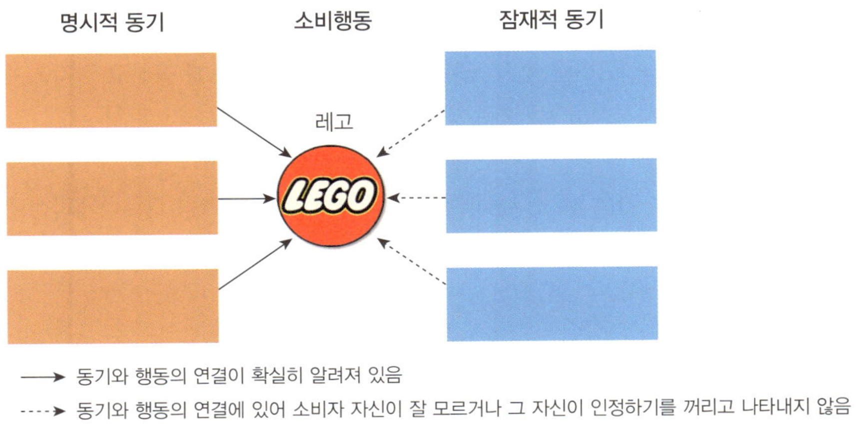

b. 루이비통 지갑(다른 일반 지갑에 대한)

c. 아이폰(다른 스마트폰에 대한)

06. 20대 대학생들을 인터뷰하여(또는 자기분석적 방법으로) 스마트폰을 구매한다고 가정하여 일반적으로 환기군, 인식군, 고려군, 선택군에 속하는 각각의 브랜드를 정하고 각각에 속하지 못하는 브랜드의 마케팅 시사점을 제시해보세요.

07. [Consumer Insight 3-3]을 읽고 다음과 같은 제품들에 대한 마케팅 커뮤니케이션 전략을 수립한다고 가정할 때 어떠한 커뮤니케이션 원천들을 활용할 것이며 어떠한 원천에 더 많은 예산을 써야 할지 정리하세요.

a. 제네시스 자동차
b. 풀무원 프로바이오틱스
c. 성형외과
d. 지역대학교

e. 헬스클럽

08. A는 사진에서 볼 수 있듯이 Jeep을 좋아서 구매했지만 기존에 타던 중형 세단보다 승차감이 좋지 않아 어느 정도 불편함이 생겼다. 이러한 불편함이 매우 크게 작용한다면 환불을 요구하거나 중고차 시장에 팔아버릴 수도 있지만 자동차 구매에서 환불이란 생각도 할 수 없으며 중고차 시장에 팔 경우 가격 기대보다 매우 낮게 책정되어 있어 엄청난 손해를 감수해야 하기에 행동을 철회할 수 없는 상황이다. 이런 경우 본문의 부조화 감소 방법을 바탕으로 A가 어떻게 구매 후 부조화를 감소시킬 수 있을지, 그리고 이를 바탕으로 Jeep의 부조화 감소전략을 제시하세요.

09. [Consumer Insight 3-4]를 읽고 소비자 불평관리 중요성 글을 읽고 고객 스스로 불평이 생겼을 때 자신의 불평을 기업에게 자발적으로 말해주도록 유도하는 마케팅 아이디어를 내어보세요.

참 • 고 • 문 • 헌

1) Shiv, B., & Huber, J.(2000), The impact of anticipating satisfaction on consumer choice, *Journal of Consumer Research*, 27(2), 202–216/Pham, M. T., Cohen, J. B., Pracejus, J. W., & Hughes, G. D.(2001), Affect monitoring and the primacy of feelings in judgment, *Journal of Consumer Research*, 28(2), 167–188.

2) Cohen, J. D., McClure, S. M., & Yu, A. J.(2007), Should I stay or should I go? How the human brain manages the trade-off between exploitation and exploration, *Philosophical Transactions of the Royal Society B: Biological Sciences*, 362(1481), 933–942.

3) 김문태(2019), 마케팅 액츄얼리, 도서출판 청람, 125–126.

4) Greenleaf, E. A., & Lehmann, D. R.(1995), Reasons for substantial delay in consumer decision making, *Journal of Consumer Research*, 22(2), 186–199.

5) Assael, H.(2010), *Consumer Behavior*, Houghton Mifflin, 31.

6) Bartels, D. M. & Johnson, E. J.(2015), *Connecting cognition and consumer choice*, *Cognition*, 135, 47–51.

7) 김기환(2008), 구매과정분석, 여성의 욕망까지 밝힌다, Dong-A Business Review, 28.

8) 사진출처: www.gmarketstory.co.kr

9) 김기환(2008), 앞의 글, 28.

10) Sirgy, M. J.(1987), A social cognition model of consumer problem recognition, *Journal of the Academy of Marketing Science*, 15(4), 53–61.

11) Hawkins, D. I., and Mothersbaugh, D. L.(2010), *Consumer Behavior: Building Marketing Strategy*, McGraw-Hill, Eleventh Edition, 501.

12) Hawkins, D. I., and Mothersbaugh, D. L.(2010), *ibid*., 501.

13) Hawkins, D. I., and Mothersbaugh, D. L.(2010), *ibid*., 502–503.

14) 한스-게오로크 호이젤 지음, 배진아 옮김(2009), 뇌, 욕망의 비밀을 풀다, 비즈니스북스, 33.

15) Wassum, K. M., and P. E. M. Phillips(2015), "Probing the Neurochemical Correlates of Motivation and Decision Making," *ACS Chem. Neurosci*, 6(1), 11–13.

16) 한스-게오로크 호이젤 지음, 배진아 옮김(2009), 전게서, 72.

17) Hawkins, D. I. and Mothersbaugh, D. L.(2010), *op. cit*., 368 내용을 바탕으로 수정하여 작성하였고 사진 및 가격에 대한 정보는 www.ralphlauren.co.kr에서 참고

18) https://biz.chosun.com/site/data/html_dir/2020/09/14/2020091401834.html/https://www.dailytrend.co.kr/ 등에서 참고하여 작성

19) 이데일리(2009.4.16)
20) Magids, S., Zorfas, A., & Leemon, D.(2015), The new science of customer emotions, *Harvard Business Review*, 76, 66–74.
21) 디드로효과(Diderot effect)는 문화적으로 연결이 강하다고 여겨지는 소비재에 관한 사회현상을 일컫는 말이다. 백과전서파의 대표적 인물인 프랑스의 학자 드니 디드로의 저술에 가장 먼저 나타났으며 이후 소비 패턴을 연구하는 인류학자 그랜트 맥크래켄의 1988년 연구 '문화와 소비'에서 소개되었다.
디드로효과는 '디드로 통일성' 혹은 '제품간 연결성'이라고 불리는 물체 간의 상호작용의 결과가 소비자에게 느껴지는 사회현상이다. 디드로 통일성은 어떤 하나가 다른 하나와 문화적 연결성을 가지고 묶음으로써 어울리는 경향이다. 예를 들어 어떤 복장, 가구, 자동차 등등에서 나타난다. 맥크래켄은 소비자가 이러한 연결성을 통해 자신의 주변환경을 구축해나가는 방향으로 사회적 활동, 특히 소비활동을 하는 것으로 보았다. 위키백과에서 참고.
22) 제임스 클리어 지음, 이한이 옮김(2019), 아주 작은 습관의 힘, 비즈니스북스, 105에서 참고하여 작성
23) https://selfask.com/diderot-effect-the-constant-need-to-buy-more/
24) Rose, S., & Samouel, P.(2015), An Exploration of the Role of Motivation in the Information Search Stage of e-Shopping, In Marketing, *Technology and Customer Commitment in the New Economy*, 195–195. Springer, Cham.
25) Beatty, S. E., & Smith, S. M.(1987), External search effort: An investigation across several product categories, *Journal of Consumer Research*, 14(1), 83–95.
26) Bettman, J. R., Luce, M. F., & Payne, J. W.(1998), Constructive consumer choice processes, *Journal of Consumer Research*, 25(3),187–217.
27) Lawson, R.(1997), Consumer decision making within a goal-driven framework, *Psychology & Marketing*, 14(5), 427–449.
28) Roberts, J.(1989), A grounded model of consideration set size and composition, *ACR North American Advances*.
29) Posavac, S. S., Sanbonmatsu, D. M., & Ho, E. A.(2002), The effects of the selective consideration of alternatives on consumer choice and attitude-decision consistency, *Journal of Consumer Psychology*, 12(3), 203–213/Erdem, T., & Swait, J.(2004), Brand credibility, brand consideration, and choice, *Journal of Consumer Research*, 31(1), 191–198/Paulssen, M., & Bagozzi, R. P.(2005), A self-regulatory model of consideration set formation, *Psychology & Marketing*, 22(10), 785–812.
30) Punj, G. & Brookes, R.(2001), Decision constraints and consideration-set formation in consumer durables, *Psychology & Marketing*, 18(8), 843–863.
31) Desai, K. K. & Hoyer, W. D.(2000), Descriptive characteristics of memory-based consideration sets: influence of usage occasion frequency and usage location

familiarity, *Journal of Consumer Research*, 27(3), 309-323.

32) Peter, J. P., and J. C. Olson(1994), *Understanding Consumer Behavior*, 162.

33) Trout, J.(2008), *Differentiate or Die*, John Wiley & Sons, Inc., 42-43.

34) 문영미 지음, 박세연 옮김(2011), 디퍼런트, 살림 Biz, 24에서 참고하여 작성

35) 말콤 글래드웰 지음, 이무열 옮김(2005), 블링크, 21세기북스, 35에서 요약하여 정리

36) Mooy, S. C., & Robben, H. S.(1998), How consumers learn from and about products: The impact of direct experience, *ACR North American Advances*.

37) Klein, L. R., & Ford, G. T.(2003), Consumer search for information in the digital age: An empirical study of prepurchase search for automobiles, *Journal of Interactive Marketing*, 17(3), 29-49.

38) 조나 버거 지음, 정윤미 옮김(2013), 컨테이저스 전략적 입소문, 문학동네, 23-24에서 참고하여 작성

39) https://play.kia.com/learn/goodTipNoteList.do

40) 2019 소비자의 구매의사결정 과정별 이용채널 및 행동패턴의 이해, 2019 DMC 업종별 소비자 통합 보고서, DMC REPORT/https://www.digieco.co.kr/

41) Dieckmann, A., Dippold, K., & Dietrich, H.(2009), Compensatory versus noncompensatory models for predicting consumer preferences.

42) Fishbein, M.(1963), An investigation of the relationships between beliefs about an object and the attitude toward that object, *Human Relations*, 16(3), 233-239/Guire, K.(1969), Issues in marketing's use of multi-attribute models, *Journal of Marketing*, 6, 50-70/Fishbein, M and I. Ajzen(1975), *Belief*, Attitude, Intention and Behavior: An Introduction to Theory and Research, Reading, Addison-Wesley.

43) Assael, H.(2010), *Consumer Behavior*, Houghton Mifflin, 43.

44) Assael, H.(2010), *ibid*., 43.

45) Assael, H.(2010), *ibid*., 44.

46) Brand, R. R., & Cronin, J. J.(1997), Consumer-specific determinants of the size of retail choice sets: an empirical comparison of physical good and service providers, *Journal of Services Marketing*.

47) Kim, J. W., Lee, F., & Suh, Y. G.(2015), Satisfaction and loyalty from shopping mall experience and brand personality, *Services Marketing Quarterly*, 36(1), 62-76.

48) Monroe, K. B., & Guiltinan, J. P.(1975), A path-analytic exploration of retail patronage influences, *Journal of Consumer Research*, 2(1), 19-28.

49) Sweeney, J. C., Hausknecht, D., & Soutar, G. N.(2000), Cognitive dissonance after purchase: A multidimensional scale, *Psychology & Marketing*, 17(5), 369-385.

50) Ranjbarian, B., Safari, A., Karbalaei, R., & Jamshidi, M.(2014), An analysis of the consumer's spiritual intelligence on its post-purchase cognitive dissonance and

satisfaction: Consumers of home appliances in Naein City as a case study. Adv. Environ. Biol, 8(17), 984–990/Metin, I., & Camgoz, S. M.(2011), The advances in the history of cognitive dissonance theory, *International Journal of Humanities and Social Science*, 1(6), 131–136.

51) Cummings, W. H., and V. Venkatesan(1975), "Cognitive Dissonance and Consumer Behavior: A Review of the Evidence," in Mary Jane Schlinger, ed., *Advances in Consumer Research*, 2(Ann Arbor: Association for Consumer Research), 21–31.

52) Goff, B. G., Boles, J. S., Bellenger, D. N., & Stojack, C.(1997), The influence of salesperson selling behaviors on customer satisfaction with products, *Journal of retailing*, 73(2), 171–183.

53) Mattila, A. S.(2003), The impact of cognitive inertia on postconsumption evaluation processes, *Journal of the Academy of Marketing Science*, 31(3), 287–299.

54) 서비스경영연구회 옮김(2000), 서비스수익모델, 서울: 삼성경제연구소, 303에서 재인용

55) U.S. Office of Consumer Affairs, Consumer Complaint Handling in America: An Update Study, Par II(Washing, D.C.: Technical Assistance Research Programs Institite, 1986.4.1), 50/서비스경영연구회 옮김(2000), 서비스수익모델, 서울: 삼성경제연구소, 304에서 재인용

56) 필립 코틀러 지음, 김정구 옮김(1999), 미래형 마케팅, 세종서적

57) Freeburn, C.(2007), Keep the Customer Satisfied: Posted by Community Team in Sales & Marketing on Sep 20. /https://smallbusinessonlinecommunity.bankofamerica.com/에서 참고하여 인용

58) 선데이저널(sundayjournalusa.com/2004/09/14)

59) Ma, L., Sun, B., & Kekre, S.(2015), The Squeaky Wheel Gets the Grease—An empirical analysis of customer voice and firm intervention on Twitter, *Marketing Science*, 34(5), 627–645.

60) Herhausen, D., Ludwig, S., Grewal, D., Wulf, J., & Schoegel, M.(2019), Detecting, preventing, and mitigating online firestorms in brand communities, *Journal of Marketing*, 83(3), 1–21.

61) Baker, A. M., Donthu, N., & Kumar, V.(2016), Investigating how word–of–mouth conversations about brands influence purchase and retransmission intentions, *Journal of Marketing Research*, 53(2), 225–239.

62) Pfeffer, J., Zorbach, T., & Carley, K. M.(2014), Understanding online firestorms: Negative word–of–mouth dynamics in social media networks, *Journal of Marketing Communications*, 20(1–2), 117–128.

63) 손용수 옮김, 조영주 편집, 소비자 불만이 번지지 않게 막는 방법 外(https://www.hbrkorea.com/article/view/atype/ma/category_id/3_1/article_no/1537)

64) Herhausen, D., Ludwig, S., Grewal, D., Wulf, J., & Schoegel, M.(2019), *op. cit.*, 1–21.
65) 손용수 옮김, 조영주 편집, 소비자 불만이 번지지 않게 막는 방법 外(https://www.hbrkorea.com/article/view/atype/ma/category_id/3_1/article_no/1537)

4
CHAPTER

Understanding of Consumer Behavior

관여도와 상황에 따른 의사결정

1. 관여도의 본질
2. 저관여 의사결정
3. 소비자 구매에 있어 상황적 영향

04장 / 관여도와 상황에 따른 의사결정

"위대한 브랜드가 되려면 소비자들로부터 이성을 뛰어넘는 충성도를 끌어내야 한다. 그래야만 수백만 개의 비슷비슷한 브랜드들과 차별화될 수 있다."

–케빈 로버츠(Kevin Roberts)의 〈Lovemarks〉 중에서–

"쇼핑을 하면 세상이 아름다워져요. 환한 불이 켜지죠. 하지만 곧 꺼져요. … 그래서 또 쇼핑을 해요."

–영화 〈쇼퍼홀릭〉 중 주인공 레베카의 대사–

1. 관여도의 본질

관여도(involvement)란 '특정 상황에 있어 자극에 의하여 유발되어 지각된 개인적인 중요성이나 관심도의 수준'을 말한다. 이 관여도의 개념은 약 20년이 넘는 동안 소비자 의사결정과정과 행동에서 중요한 영향요소로 평가되어 왔다. 예를 들어 소비자의 지각된 위험(perceived risk), 정보탐색(information search),[1] 브랜드 몰입(brand commitment), 브랜드 충성도(brand loyalty), 브랜드 유사성(brand similarity), 브랜드 리더십(opinion leadership), 브랜드 전환(brand switching), 광고(advertising), 혁신의 확산과정(diffusion process) 그리고 세분화(segmentation) 등에 있어 관여도가 미치는 영향을 매우 높다고 할 수 있을 것이다.[2] 본 절에서는 관여도의 본질 및 측정방법 등에 대해 자세히 논의한다.

1.1 관여도의 본질

한 제품에 대한 관여도는 소비자에 따라 매우 다양하다고 볼 수 있다. 어떤 사람들은 청바지가 자신의 자아 및 사회적 위신과 관련이 높은 제품이라고 보기에 이에 매우 높은 관여가 되어가 있을 수 있으며 섹시하게 보일 수 있다고 생각하는 사진과 같은 게스(Guess) 청바지를 선택을 할 수 있다. 하지만 다른 사람들은 청바지는 단지 편하게 입는 캐주얼로의 역할만 한다는 생각을 가지기에 높이 관여되지 않을 수도 있으며 마트에서 저렴한 브랜드를 구매할 수도 있다.

1990년경 게스 청바지는 24인치 이상의 사이즈는 만들지 않았다. 그 이유는 게스 청바지를 입고 있는 것만으로도 허리가 24인치 미만이라는 상징성을 주기 위해서였다. 바로 이 점 때문에 게스는 여성들 사이에서 가장 유명한 청바지가 됐다.

이렇듯, 게스 청바지를 구매하는 상황과 같이 관여도가 높을 때 소비자는 제품의 사용에 의한 효익을 극대화하고 위험을 극소화할 의도를 가지고 행동한다. 일반적으로 소비자들은 다음과 같은 상황에서 브랜드에 더욱 관여될 가능성이 있다.

- **소비자에게 중요함**: 위 게스(Guess) 청바지 사례에서 논의되었듯이 소비자들은 해당 브랜드가 ① 소비자의 자아이미지(self image)와 관련되거나 ② 상징적 가치(symbolic value)가 있거나(예를 들어 성인들에게 BMW를 소유하는 것은 성공을 상징하고 고등학생들에게 있어 나이키 에어를 구입하는 것은 선수와 같은 솜씨를 갖는다는 것을 의미한다), ③ 가격이 비싸거나, 마지막으로 ④ 소비자에게 중요한 기능적 역할을 하는 것, 즉 자동차와 같이 안전하게 이동하는 것, 마이크로 오븐과 같이 빨리 요리해주는 것을 수행하는 제품 등이 예이다.

벤츠는 국내에서 높은 상징적 가치를 주는 제품으로 여겨져 왔다.

- **감정적 포인트를 가지고 있음**: 소비자는 기능적인 효익만을 추구하여 제품을 구입하는 것이 아니라 감정적 반응을 불러일으키는 제품을 구입하기도 한다. 예를 들어 사진에서 볼 수 있듯이 할리데이비슨 오토바이의 소유자들은 다른 소유자들과 매우 감정적으로 친밀함을 느낀다. 이러한 감정적 유대는 단순히 할리데이비슨의 성능 이상으로 소비자에게 중요할 수도 있다.

할리데이비슨 프로모션[3)]

- **소비자의 지속적인 관심**: 패션지향적인 소비자는 패션에 지속적으로 관심을 가지고 차에 관심이 많은 사람은 차를 구입하지 않더라도 신형차가 나오면 그 특장점에 대해 관심을 가지고 보기도 한다. 이런 제품들은 제품특성상 소비자가 구매하지 않더라도 지속적인 관심을 가질 수 있는 것들이다.
- **상당한 위험을 수반함**: 이러한 위험의 예로는 집을 잘못 구입해서 야기되는 재무적 위험(구매 후 집값의 하락), PC를 잘못 구입에서 야기되는 기술적 위험, 옷을 잘못

구입해서 야기되는 사회적 위험, 차나 약 등을 잘못 사서 야기되는 신체적 위험 등이 있다.

- 집단의 규범과 일치함: 이들은 소위 말하는 자랑스러운 집단의 소속임을 뜻하는 배지 가치(badge value)를 가지는 제품이다.[4]

CONSUMER INSIGHT 4-1 관여도의 측정

관여도를 측정하는 것은 많은 마케팅 시사점을 제공해준다. 예를 들면 특정 TV쇼에 관여도가 높은 시청자는 그 쇼 동안 광고에 더 긍정적으로 반응할 것이고 그 광고는 그 소비자의 구매의도에 더욱 큰 영향을 미칠 수 있다.[5] [표 4-1]은 연구자들이 관여도를 측정하려고 할 때 가장 보편적으로 이용되는 측정도구이다. 프랑스 연구자들은 제품 관여도를 측정하기 위해 척도를 개선하였는데 소비자들이 관여도를 가지는 것은 제품에 수반된 위험과 자아관련 등을 추가하여 [표 4-2]와 같은 제품들에 대한 관여도 점수를 산출하였다.[6]

| 표 4-1 | 관여도 측정(R항목은 역코딩)[7]

나에게 이 대상은								
1. 중요하다	3	2	1	0	−1	−2	−3	중요하지 않다
2. 지루하다	3	2	1	0	−1	−2	−3	재미있다(R)
3. 관련있다	3	2	1	0	−1	−2	−3	관련없다
4. 흥미롭다	3	2	1	0	−1	−2	−3	흥미없다
5. 아무 의미없다	3	2	1	0	−1	−2	−3	매우 의미있다(R)
6. 주의를 끈다	3	2	1	0	−1	−2	−3	주의를 끌지못한다
7. 환상적이다	3	2	1	0	−1	−2	−3	환상적이지 않다
8. 가치없다	3	2	1	0	−1	−2	−3	가치있다(R)
9. 관계있다	3	2	1	0	−1	−2	−3	관계없다
10. 필요없다	3	2	1	0	−1	−2	−3	필요하다(R)

| 표 4-2 | 프랑스 소비재에 대한 관여도지수[8]

구분	부정적 결과의 중요성	잘못된 구매의 가능성	쾌락적 가치	상징적 가치
의복	121	112	147	181
브라	117	115	106	130

세탁기	118	109	106	111
TV	112	100	122	95
진공청소기	110	112	70	78
다리미	103	95	72	76
샴페인	109	120	125	125
식용류	89	97	65	92
요거트	86	83	06	78
초콜릿	80	89	123	75
샴푸	96	103	90	81
치솔	95	95	94	105
비누	82	90	114	118
세제	79	82	56	63

1.2 관여의 유형

소비자행동 연구자들은 제품에 관련된 두 가지 유형의 관여, 즉 상황적 관여와 지속적 관여를 확인하였다. 상황적 관여(situational involvement)란 특별한 상황에 발생하며 순간적인 반면에, 지속적 관여(enduring involvement)는 계속적이며 보다 오래 지속되는 것이다.[9]

일반적으로 상황적 관여는 구매결정이 필요한 경우에 일어나는 것으로 가격, 시간의 부족함, 소비의 시간적 경과, 제품의 복잡성 등이 상황적 관여에 영향을 미친다고 볼 수 있다.[10] 이에 반해 지속적 관여도란 제품이나 활동에 대한 개인적 관련성을 의미하는 것으로, 이것은 수단-목적사슬(means-end chain)에서 제품이나 활동의 속성이나 특성을 중요성과 가치 및 목적으로 연결시킨다. [그림 4-1]에서 볼 수 있듯이 의자에 관여도가 높은 소비자는 얼티밋 싱크(등판을 뒤로 젖히는 어느 각도에서도 의자가 몸에 꼭 맞는 형상을 유지할 수 있도록 한 기술)와 요추지지대(허리의 S라인을 지켜주어 오랜 시간 작업가능) 등의 기술이 '인생을 바꾼다는(성공)' 최종가치까지 연결될 수 있다는 내용의 마케팅 커뮤니케이션 전략을 활용하고 있다.

시디즈의 광고인 '의자가 인생을 바꾼다'는 광고 캠페인 시리즈를 계속해서 보다 보면,

그림 4-1 | 관여도의 수단-목적사슬

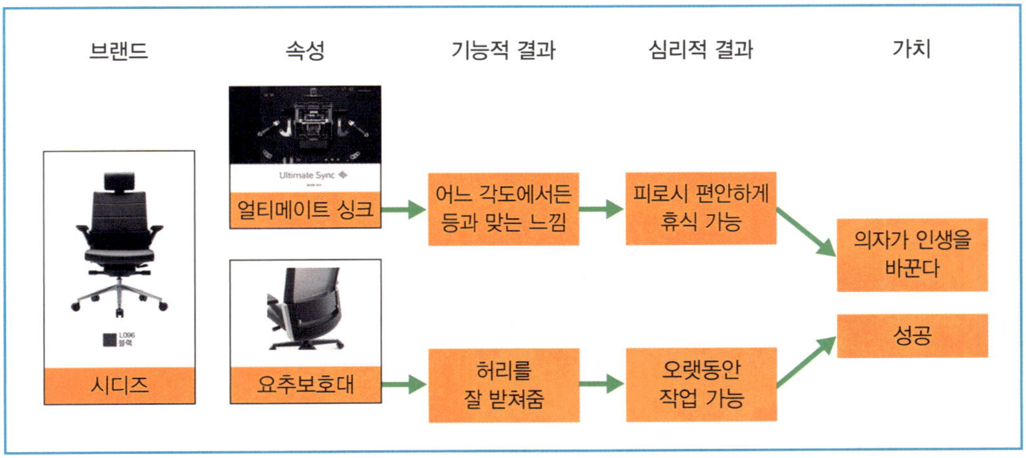

자신이 하루 중 생각보다 많은 시간을 의자에서 보내고 있음을 깨닫게 되고 의자가 정말 삶을 결정지을 만큼 중요한 것 같은 느낌을 갖게 할 수도 있다. 이러한 주장에 소비자가 공감한다면 예전엔 그냥 아무 의자나 저렴한 것을 골랐다면, 광고를 보고난 후에는 왠지 다소 비싸더라도 허리 건강에 좋은 괜찮은 의자를 사야 할 것만 같은 생각이 들게 될 수 있는 것이다.[11]

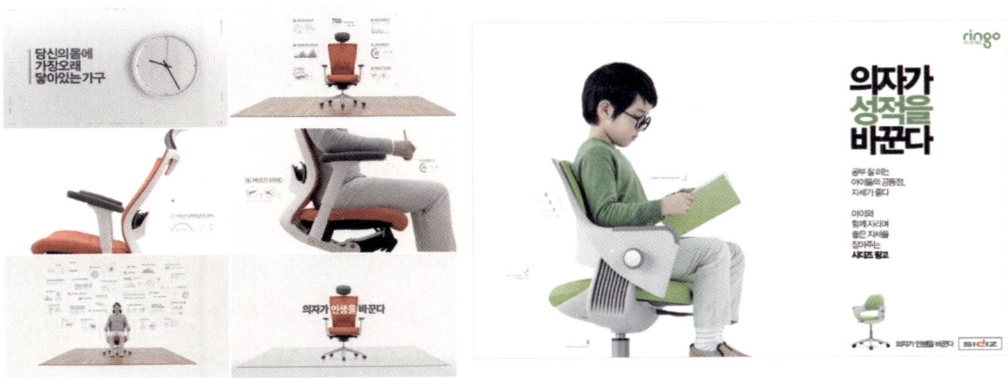

'의자가 인생을 바꾼다' 시디즈 캠페인 및 비슷한 전략을 쓰고 있는 시디즈 이린이용 의자

그러나 한 제품과 브랜드에 대한 지속적 관여도의 수준은 고정적이지 않으며, 시간의 흐름에 따라 또 상황에 따라 제품사용의 중요성에 대한 소비자의 인식과 평가가 변할 수 있

다. 예를 들어 평소에 초콜릿에 대해 관여도가 낮던 소비자라도 발렌타인데이에 선물을 하기 위해 초콜릿을 구매하는 경우는 다른 의사결정을 할 수 있다. 초콜릿의 맛이나 모양뿐만 아니라 포장 등도 중요한 구매기준으로 활용될 수 있다.

발렌타인데이 선물로써 초콜릿은 평소에 먹는 초콜릿과 다른 구매행동을 유발할 수 있다.
(사진출처: https://www.gettyimagesbank.com)

1.3 관여도에 따른 소비자행동의 4가지 유형

일반적으로 관여도와 의사결정의 기준에 의하여 [그림 4-1]에서 볼 수 있는 바와 같이 소비자의 의사결정을 네 가지의 의사결정, 즉 복잡한 의사결정, 브랜드 충성도, 타성, 제한된 의사결정 등으로 구분하여 볼 수 있다.[12]

1) 복잡한 의사결정

복잡한 의사결정(Complex decision making)의 경우, 소비자들은 세밀하고 포괄적인 방식으로 브랜드를 평가한다. 즉, 어떤 다른 유형의 의사결정 상황보다도 더욱 많은 정보를 탐색하고, 더 많은 브랜드를 평가한다. 많이 논의된 바와 같이 그러한 과정은 소비자가 특정 제품에 고관여되어 있는 경우에 더욱 가능성이 있다. 복잡한 의사결정은 다음과 같은 제품일 경우에 더욱 가능성이 있다.

- 고가격 제품
- 성능위험과 관련되는 제품(의약품, 자동차)
- 복잡한 제품(스마트폰, 컴퓨터)

그림 4-2 | 소비자 의사결정의 4가지 유형[13]

	고관여	저관여
의사결정	의사결정과정: 복잡한 의사결정 모형: 신념 → 평가 → 행동 이론: 인지적 학습	의사결정과정: 제한된 의사결정 모형: 신념 → 행동 → 평가 이론: 수동적 학습
습관	의사결정과정: 브랜드충성도 모형: 신념 → 평가 → 행동 이론: 도구적 조건화	의사결정과정: 타성 모형: 신념 → 행동 → 평가 이론: 고전적 조건화

- 특별품(스포츠 시설, 가구류)
- 어떤 사람의 자아와 관련된 제품(의류, 화장품)

이 유형은 전통적으로 인정되는 견해로서 소비자가 행동하기 전에 생각한다는 가정을 한다. 소비자가 적극적으로 정보를 탐색하고 평가기준을 이용해 여러 브랜드들을 평가한다. 인지적 학습이론이 이 유형을 잘 설명할 수 있다. 즉, 구매결정을 하기 위해서는 브랜드에 대한 태도가 형성되고 대안브랜드들의 자세한 평가가 있어야 한다. 즉 소비자는 신념 → 평가 → 행동의 전통적 계층에 따라 행동한다.

2) 브랜드 충성도

브랜드 충성도(brand loyalty)란 시간이 지남에 따라 그 브랜드를 지속적으로 구입함으로써, 특정 브랜드에 대한 우호적인 태도를 갖게 되는 것으로 다시 말하면 반복적인 만족의 결과로 특정 브랜드를 계속 구매하는 것이다. 마케팅 저서에 제시되어 있는 브랜드 충성도에 대한 정의는 행동적 접근방법과 인지적 접근방법에 의해 구분된다. 전자는 도구적 조건화 방법으로서, 시간이 지남에 따라 하나의 브랜드를 지속적으로 구입하는 것을 브랜드 충성심을 나타내는 표식으로 간주하는 것이다. 예컨대 델몬트 오렌지주스를 연속해서 10번 구매하는 것은 그 소비자가 다음에도 다시 그 동일한 브랜드를 구매할 가능성이 높다는 것을 의미한다. [그림 4-3]에서 볼 수 있듯이 커피, 오렌지주스, 비누, 맥주 등과 같이 자주 구입하는 품목에 대해 소비 패턴을 분석한 결과, 연구대상이 된 가족들 중 23~71%가 그 제품에 따라서, 동일한 브랜드에 충성적이었음을 발견하였다.[14]

그림 4-3 | 특정 제품군에서 한 브랜드에 충성적인 사용자의 비율[15]

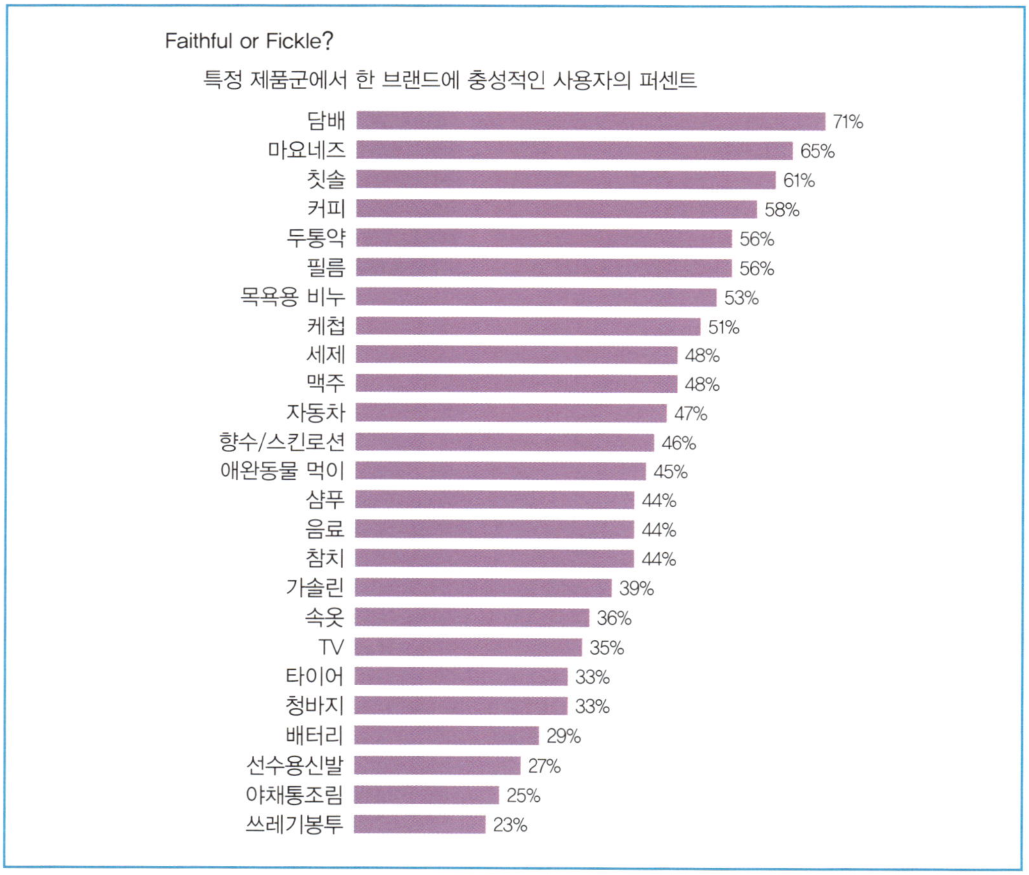

충성도가 태도와 행동을 모두 포함하는 경우, 브랜드 충성심을 측정하는 데 있어 행동적 접근방법만 이용하는 한계점이 극복될 수 있다. 결국, 진정으로 충성적이 되기 위해서, 소비자는 그 브랜드에 대해 반복적으로 구입할 뿐만 아니라, 그 브랜드에 대해 우호적인 태도 및 신뢰를 가져야 한다.[16] 사치앤사치(Saarchi & Saarchi)의 로버츠(Roberts) 회장은

진정한 충성도의 브랜드를 러브마크(Lovemark)라고 명명하여 기존의 다른 브랜드들과 구별 짓고 있는데 이는 브랜드에 대한 사랑(Love)과 존경(respect)이 둘 다 높은 경우에 해당하는 표현이며, 진정한 브랜드 충성도를 의미하는 것이라고 볼 수 있다.[17]

이러한 관점에서, 린드스트롬(Lindstrom)은 한 브랜드가 소비자들에게 확실히 각인되려면 육체적이든 정신적이든 중독의 차원으로 넘어가야 한다고 주장하고 있다. 소비자의 의지력과 상관없이 중요한 진실은 갈망(carving)을 촉발하는 단서 앞에서 우리는 모두 한없이 작은 존재가 될 수 있으며 세계적으로 성공을 거둔 식품, 음료, 화장품 브랜드들은 모두 비밀병기인 갈망이라는 요소를 가지고 있다고 설명한다.[18]

소비자는 좋아하는 브랜드를 실제 이용할 수 없거나, 특정 브랜드가 장기간 가격할인을 하거나 또는 소비자가 의사결정을 최소화하기를 원하기 때문에, 소비자들은 동일한 브랜드를 계속 구입할 수도 있다. 이러한 조건을 가짜 충성도(spurious loyalty)라고 정의하였는데, 그 이유는 이러한 조건들이 몰입(commitment)을 반영하지 않기 때문이다.[19] [Consumer Insight 4-2]에서 설명되듯이 과거에 비해 최근에는 많은 경쟁 브랜드의 출시에 따른 소비자의 기대심리가 높아지게 됨에 따라 충성도가 많이 약해졌다는데 동의하는 의견이 일반적이다.

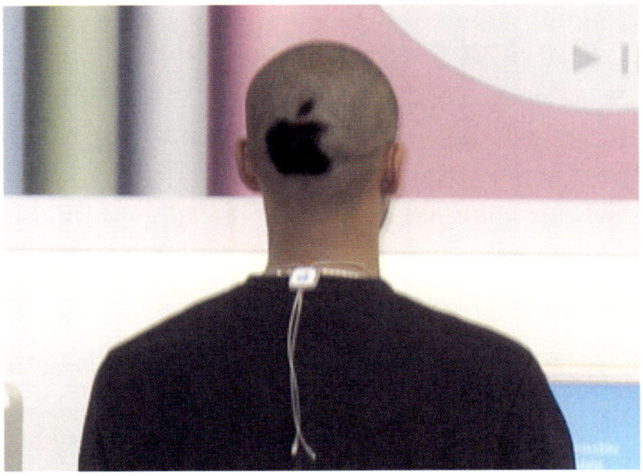

진정한 충성도는 해당 브랜드에 대한 **몰입과 사랑**을 필요로 한다.
영국 BBC방송은 〈슈퍼 브랜드의 비밀〉이라는 다큐멘터리를 찍으면서 한 애플 마니아의 두뇌를 자기공명영상(fMRI) 장치로 촬영했다. 촬영 초기에는 남들과 별다른 차이가 없었지만 애플 제품을 보여주자 측두엽 활동은 활발해지고 두정엽 활동은 약해졌다. 신앙심이 아주 깊은 사람들이 영적 체험을 할 때 뇌에 나타나는 것과 유사한 반응이었다.[20], [21]

CONSUMER INSIGHT 4-2 브랜드 충성도는 죽었는가?[22)]

오늘날과 같은 세상에서 경쟁환경은 변하였다. 대부분의 상황에서, 더 이상 두 개만의 브랜드가 식료품 진열대에서 정면 승부를 벌이는 것이 아니라 더 많은 경쟁 브랜드들이 소비자들의 마음과 마음을 사로잡기 위해 경쟁하고 있다. 고객의 거래방법은 점점 더 디지털화되고 있으며, 추적, 비교, 분석 및 개인화할 수 있다. 그 결과 브랜드 충성도의 효과가 잘 나타날 수 없는 새로운 경쟁 지형이 형성된 것이다.

전문가들의 지금의 시장상황이 브랜드 충성도가 죽지 않았다면 거의 죽기 전 마지막 단계에 있을 수도 있다고 지적한다. 오늘날, 불과 23%의 사람들만이 브랜드와 관계를 맺고 있다고 답했는데 이 비율은 수년간 지속적으로 하락하고 있는 추세를 보이고 있다.

제품구매와 연결된 너무나 많은 옵션들이 소비자의 손끝에 달려 있기 때문에, 단일 브랜드를 고수하는 것은 아마도 많은 소비자들에게 낡은 관념처럼 보일 것이다. 결국, 더 좋은 리뷰의 제품이나 더 낮은 가격으로 책정된 제품을 유통업자로부터 살 수 있다면, 그걸 마다할 이유가 없는 것이다.

일부 사람들은 그들이 사랑했던 믿을 수 있는 브랜드를 반복해서 구입하는 시대는 열망할 수 있지만, 브랜드 충성도에 대한 의존도가 감소하면 소비자들에게 다음과 같은 다른 잠재적인 이득이 생길 수 있다.

① 이는 경쟁을 다시 재정의한다. 특장한 브랜드는 더 이상 시장의 선두주자로서의 위치에 고착되지 않으며, 새롭고 곧 출시될 경쟁업체들도 소비자의 마음과 마음을 놓고 경쟁할 수 있게 되었다. 이것은 궁극적으로 더 나은 제품과 더 많은 제품개선을 위한 도전을 의미하며, 오래된 강력한 브랜드에 대한 맹목적인 충성도를 감소시킨다.

② 이것은 브랜드들 관리자들이 소비자의 소리를 듣도록 동기를 부여한다. 이제 브랜드는 빅데이터의 힘을 사용하여 소비자의 선호도를 모니터링하고 그에 따라 대응할 수 있다. 또한, 소셜미디어의 등장으로 소비자의 목소리가 들리고 브랜드들이 이러한 우려에 직접 대응할 수 있게 되었다.

③ 건전한 제품 제조를 요구한다. 어떤 경우 감성적인 친화력을 얻는 것보다 제품의 질이 더 중요하다. 결과적으로, 규격 미달의 제품들은 진열대에서 오래가지 못할 것이다.

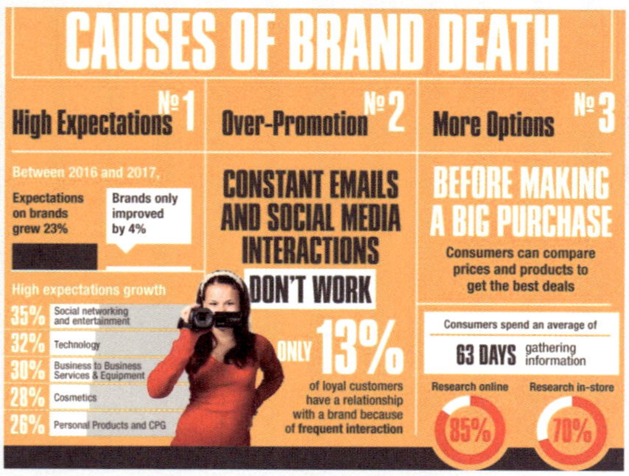

이 시대에는 소비자의 높은 기대, 과한 촉진, 그리고 많은 대체안들이 소비자의 브랜드 충성도를 낮추고 있다.[23)]

3) 타성

관여도가 낮고 습관에 의한 구매가 타성(inertia)에 의한 구매이다. 이런 경우 신념은 수동적으로 형성되고 정보처리 과정 없이 의사결정이 이루어지게 되며, 구매 후에야 브랜드가 평가된다. 타성은 의사결정을 피하기 위해 동일한 브랜드를 반복 구매하는 것이므로 몇 번 구매를 한 뒤에는 브랜드에 대한 평가도 하지 않게 된다. 구매한 브랜드가 최소수준의 만족을 주면 그것은 재구매된다. 실제로 고객의 충성도는 없지만 반복적인 구매가 마치 고객 충성도처럼 보이기 때문에 타성의 과정을 앞에서 논의되었듯이 가짜 충성도(spurious loyalty)라고도 한다. 아침에 일어나면 별 생각 없이 세수라든가 양치질 같이 평소에 하던 일을 하듯이 별 생각이 없이 이루어지게 되는데 앞에서도 논의되었듯이 뇌는 이러한 방식을 좋아한다.[24]

타성을 가장 잘 나타내는 학습이론은 고전적 조건화(8장 소비자학습 부분 참고)이다. 즉 소비자가 그 제품에 관여되어 있지 않을 경우 자극과 반응 간의 연결은 반복적인 광고를 통하여 보다 용이하게 수립될 수 있는데, 그 이유는 소비자가 수동적인 상태에 있기 때문이다. 예를 들어 소비자는 광고를 통해 알게 된 브랜드를 매장에서 우연히 발견하고 구입하기로 결정할 수도 있다.

타성의 경우는 충성도처럼 강한 소비자의 태도에 근거한 것이 아니므로 쉽사리 브랜드 전환(brand switching)이 일어날 수 있다. 예를 들어 경쟁브랜드가 가격할인을 했다거나 원하는 브랜드가 품절된 경우 소비자는 다른 브랜드로 전환할 가능성이 높다. 반면 충성스러운 고객의 경우는 약간의 가격인하 때문에 세일하는 브랜드로 전환하지 않으며 품절된 브랜드를 사기 위해 며칠 기다리거나 다른 상점으로 찾아간다.

4) 제한적 의사결정

저관여 상황에서도 약간의 의사결정이 필요할 수 있다. 새로운 제품이 출하되었을 때, 기존제품이 변화된 경우 또는 다양성을 원하는 욕구가 있는 경우 소비자는 타성에 의한 구매에서 제한적 의사결정(limited decision making)으로 전환할 수 있다. 예로 한 소비자가 머리에 비듬이 생겨서 고심하던 중 그동안 타성에 의해 구매해오던 저관여 제품인 샴푸 중 다른 브랜드가 새로운 속성(비듬제거)을 첨가하고 있고 그것이 집중적으로 광고에서 부각된다면 타성에 의해 샴푸를 구매하던 소비자는 제한적 의사결정으로 해당 브랜드의 샴푸로 전환할 가능성이 있는 것이다.

제한적 의사결정과정에서 인지적 과정이 있지만 인지적이라기보다는 수동적 학습이 일어난다. 왜냐하면 적극적인 정보의 탐색이나 브랜드 평가가 일어나지 않기 때문이다. 소비자가 새로운 제품에 대한 정보에 수동적으로 접하며 상점에서 그 브랜드를 볼 때 마음 한 구석에 있던 그 브랜드가 기억나며 패키지를 살피며 시험 삼아 구매하게 된다.

제한된 의사결정의 한 가지 유형으로 다양성 추구(variety seeking)라는 것이 있다. 소비자는 많은 저관여 제품에 대하여 때로 평범하기 때문에, 때로는 싫증나기 때문에 다양한 브랜드를 시험 구매하게 된다. 한 연구에 의하면 저관여 제품(예를 들어 치약이나 감자칩)을 다른 브랜드로 전환한 소비자들의 대부분이 이전의 브랜드에 만족하면서도 다른 브랜드로 전환하였다는 것을 발견하였는데, 즉 소비자들은 그 제품에 대한 불만족 때문에 브랜드를 교체하는 것이 아니라 단순히 새로운 것을 사용해보기 위해 브랜드를 교체한다는 것이다.[25] [그림 4-4]는 3장에서 논의되었던 의사결정 유형별 5단계의 구매의사결정과정을 바탕으로 일상적 의사결정, 제한적 의사결정, 복잡한 의사결정 등의 차이를 설명해주고 있다.

그림 4-4 | 의사결정 유형별 소비자 구매의사결정과정의 차이[26]

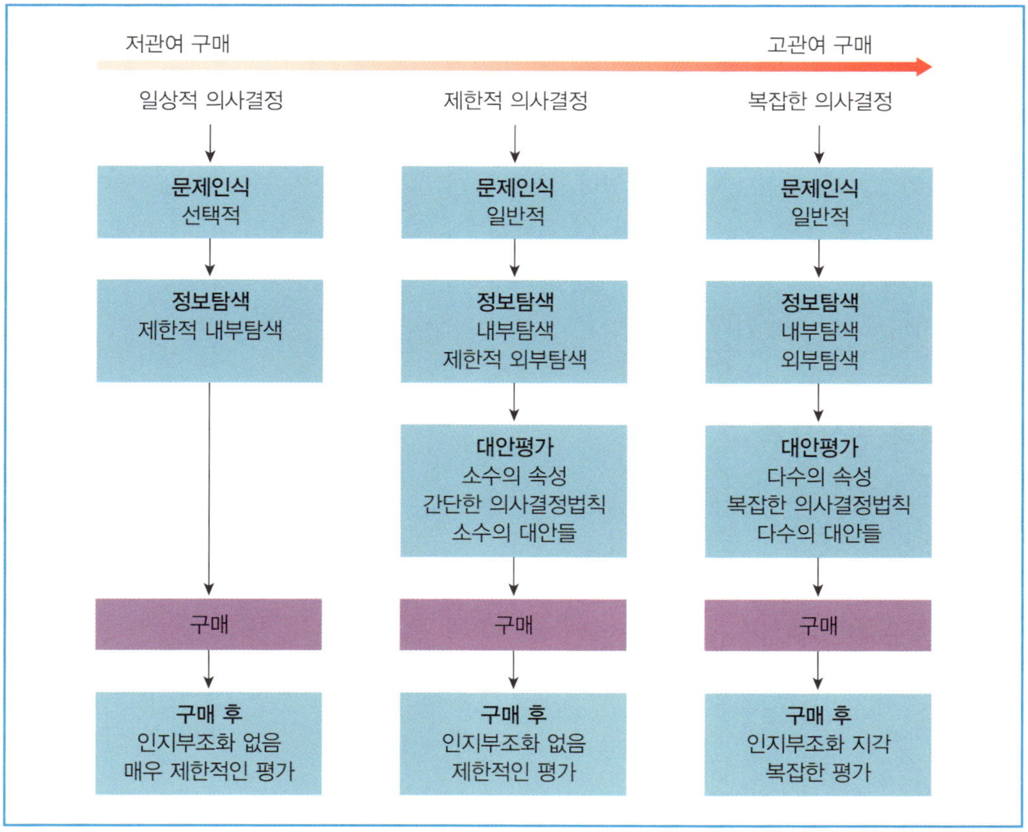

1.4 비계획적 구매행동

제한적 의사결정과 타성 모두는 일반적으로 비계획적 구매(unplaned purchase)의 결과로 이루어진 것으로, 비계획적 구매란 소비자가 점포에 가기 전에 계획을 세우지 않고 구매하는 것이다.[27] 무계획적 구매에 대해서는 두 가지 기본적인 이유가 있다. 첫째, 점포 밖에서 대체품을 탐색하는데 관련되는 시간과 노력이 그러한 고통에 대해 가치가 없기에 소비자는 거의 타성에 의해 구매한다. 둘째, 소비자들은 다양성과 새로움을 추구하고, 따라서 충동적으로 제한적 의사결정에 의해 구입한다.

쇼핑도 술, 담배, 마약, 도박 등과 마찬가지로 중독상태에 이를 수 있는데 심리학자들은 중독이 유전성향과 환경요인의 조합으로 발생한다는 주장에 동의한다. 미국정신의약연보(Annals of General Psychiatry)는 쇼핑중독을 '충동적이고 병리적 소비', 다시 말해서 '저항하기 어렵고, 돌발적이며 지각이 없는 상태로 종종 경험되는 구매에 대한 집착이나 충동'이라고 정의하고 있다. 그리고 이를 엄밀히 중독이라고 인정하기 위해서는 '쇼핑행동이 명백한 문제를 일으키고, 사회적 활동을 방해하며, 잦은 경제적 곤란으로 이어져야 한다'고 말한다.[28]

쇼핑중독인 레베카는 말랑한 버터가 따뜻한 토스트 위에서 녹아내리는 행복을 느낀다. 세상이 다 아름답다. 그녀에게 쇼핑이란 지긋지긋한 현실의 달콤한 도피처다. –영화 〈쇼퍼홀릭〉 중에서–

대뇌 번연계에서 분비되는 도파민은 기분을 좋게 만들고 쾌감을 불러일으키는 신경전달물질로서 다시 정상수치로 떨어지는 순간 우리는 도파민을 자극했던 특정 행동을 반복하게 되는데 이러한 행동은 술, 흡연, 운동, 도박뿐만 아니라 쇼핑도 될 수 있기에 쇼핑 중독자들은 이전과 같은 감정 상승을 경험하기 위해서 점점 더 많은 행동과 물건이 필요하게 될 수 있다는 것이다.

실제 현대를 사는 우리들은 우리 선조들이 살아온 세상보다 훨씬 매력적이고 자극적인 것이 난무하는 세상을 살고 있다. 백화점에는 옷을 팔기 위해 아름다운 마네킹을 전시하고 SNS는 짧은 시간 안에 집이나 직장에서 받아본적 없는 '좋아요'를 주고 칭찬해준다. 온라인 포르노그래피는 현실세계에서는 묘사하기 어려운 불가능한 장면들을 한데 이어 붙인다. 화려한 조명과 화장기술, 포토샵 편집 기술은 인형 같은 모델들을 만들어낸다.[29]

전시, 진열대의 위치, 포장 및 가격과 같은 점포 내 자극의 영향은 계획적 구매의사결정보다는 무계획 구매일 때보다 중요하다. 경제학자인 호킨스 스턴(Hawkins Stern)은 '암시충동구매'라고 불리우는 현상에 대해 설명했는데 소비자들은 종종 그 물건을 원해서가 아니라 그 물건들이 어떻게 자기 앞에 놓여 있느냐에 따라 물건을 산다는 것이다.[30] 예로서 소비자는 의류를 구매할 계획이 없었으나 백화점 세일기간에 할인의 폭이 매우 커서 또는 사진과 같이 아름답고 독특하게 진열된 패션상품의 디자인이 너무 멋있어 순간적인 구매충동에 따라 구입할 수 있는 것이다.

이러한 점 때문에, 이윤이 더 많이 남는 고가의 브랜드 물건들이 매장의 진열대에서 손

멋진 진열(display)은 소비자의 충동구매를 자극할 수 있는 중요한 요소이다.
(사진출처: https://www.gettyimagesbank.com)

이 닿기 쉬운 위치에 놓이고 저가의 물건은 손이 닿기 어려운 위치에 놓인다.[31] 상품이나 서비스는 더 확실히 많이 접할수록 이들에 대한 이용경향은 높아진다. 사람들은 술집에 특정한 브랜드의 맥주밖에 없어서 그것을 마시고 거리의 모든 코너마다 스타벅스가 있어서 그곳을 방문한다.[32]

그러나 비계획적 구매가 반드시 충동구매라고는 볼 수 없는데 비계획적 구매는 충동구매(impulse buying)를 포함하는 개념으로, 이는 '강력하고 영속되는 충동에 근거한 행동에 따라 또는 변덕스런 생각에 따라 구입하는 경향'으로 정의된다.[33] 그러므로 분명히 다른 유형의 비계획적 구매가 존재한다고 볼 수 있다. 슈퍼마켓 진열대에서 그 제품을 봄으로써, 소비자는 집에 커피믹스가 다 떨어졌다는 사실을 상기할 수 있다. 이것은 그 소비자 변덕스러운 마음으로 구입하지 않았고 또는 강력한 충동에 따른 것이 아님으로 충동적 구매가 아니라 무계획적 구매인 것이다.

이러한 무계획적 구매는 구체적으로 다음의 4가지 유형으로 나누어 살펴볼 수 있다.[34]

- 순수충동구매(pure impulse buying): 이는 가장 명백히 구별할 수 있는 것으로, 정상적인 구매패턴에서 벗어난 행동으로 진기한 것이나 새로운 것 등을 구매하는 것을 말한다.
- 상기충동구매(reminder impulse buying): 쇼핑고객이 구매현장에서 어떤 품목을 보고 집에 있는 재고가 고갈되었다거나 얼마 없다는 것을 회상하였을 때 또는 품목에 대한 광고나 여타 정보 및 예전의 구매를 상기할 때 일어난다. 여기서 중요한 요소는 해당제품에 대한 지식의 소유 여부이며 해당제품의 존재를 알고 있을 때 일어나는 갑작스러운 구매를 상기충동구매라 한다.
- 제시충동구매(suggestion impulse buying): 사전지식이 전혀 없는 어떤 제품을 보게 된 쇼핑객이 그 제품에 대한 필요성을 지각하게 될 경우 일어나게 되는 것으로 구매시점에서 제품의 질, 기능 등이 평가된다. 제시충동구매는 쇼핑객이 구매대상 제품에 대한 사전지식이 없다는 점에서 상기충동구매와는 구별되고, 순수충동구매가 다분히 감정적인 소구에 의하여 구입되는데 비하여 제시충동에 의한 구매는 충분히 합리적이고 이성적인 구매가 될 수 있다는 점에서 구별된다.
- 계획적 충동구매(planned impulse buying): 특매, 경품제공, 쿠폰판매 등을 실시하고 있는 상점에 가려는 계획이 있기는 하지만 구체적으로 어떤 제품을 구매할 것인가는 결정(계획)하지 않고 쇼핑에 나서는 경우에 발생한다.[35]

CONSUMER INSIGHT 4-3 비계획적 구매를 유도하는 상술이 숨어 있는 매장의 비밀

지난해 세계 26개국 283개 매장에서 23억 파운드(약 4조 1,172억 원)의 이윤을 기록한 스웨덴 이케아(IKEA)의 영업비밀이 드러났다고 영국 데일리 메일이 24일 보도했다.

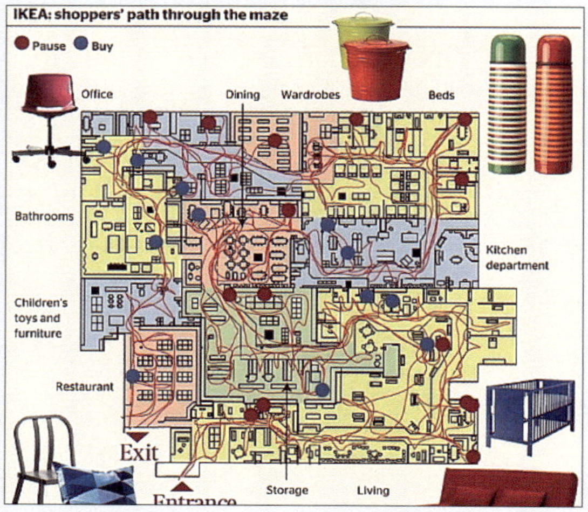

이케아 매장 도면

유니버시티 칼리지 런던의 버추얼 리얼리티 센터 앨런 펜 소장은 이케아가 매장 내 고객들의 동선을 복잡하게 디자인해 고객들이 출구를 찾기 어렵게 만들었다고 밝혔다. 이에 따라 고객들은 매장 안을 돌아다니는 시간이 길어질 수밖에 없고 당초 예정에 없던 충동구매를 하게 돼 지출액이 늘어날 수밖에 없다는 것이다.

이케아를 찾는 고객들로부터 출구를 찾기 어렵다는 불만은 여러 차례 제기됐었지만 연구를 통해 이 같은 주장이 확인된 것은 처음이다. 실제로 이케아 매장 내의 상품 배치를 따라가다 보면 고객들은 출구 쪽으로 가기보다는 매장 안을 빙빙 돌며 전시된 상품들을 둘러볼 수밖에 없다.

펜 교수는 그러나 이러한 전략은 이케아뿐만 아니라 많은 소매점들이 채택하는 속임수라고 말했다. 대도시 인근에 위치한 대형 소매점들이 손님들을 오랫동안 매장 안에 붙잡아두기 위해 대부분 이러한 전략을 채택하고 있다는 것이다.[36]

사실 이러한 상술은 거의 모든 상점에 적용되고 있다. 햄버거 하나로 세계를 제패한 기업 맥도날드. 맥도날드의 성공도 성공이지만 교묘한 응대에 기초한다. 아시아지역 맥도날드 카운터는 대부분 72cm, 이는 고객이 호주머니에서 가장 쉽고 편안하게 돈을 꺼내는 높이다. 햄버거의 두께도 과학적이어서 입크기가 미국보다 작은 동양의 경우 햄버거 두께는 17cm, 이 두께는 입에 넣었을 때 가장 맛있게 느껴진다고 한다.

서비스의 과학화는 곳곳에 스며들어 종업원은 주문을 받은 후 "콜라는 어떠세요?"라고 묻는다. 종업원의 밝은 얼굴에 내심 만족을 느끼는 손님은 생각할 겨를도 없이 OK한다.[37]

우리가 종종 방문하는 백화점은 모든 상술이 총동원된 곳이다. 고객을 오랫동안 붙잡아두기 위해 창문과 시계를 없애고 조명장치와 시각장치를 통해 상품을 더욱 그럴듯하게 포장한다. 그리고 남편을 따라오지 못하게 하기 위해 여성매장 부근에 TV와 휴게실까지. 아주 세심한(?) 배려이다.

사실 백화점의 과학적 설계는 카지노에서 시작된 것이다. 카지노는 철저히 밀폐된 환경을 만들어야 한다. 그리고 카지노에 흐르는 공기는 항상 일정한 온도와 산소 농도를 유지해야 하며 고객이 습도가 높아졌다는 느낌을 갖게 되면 폭풍우가 몰아칠 것이란 암시가 뇌와 육체에 전달되어 빨리 집에 가야겠다는 생각을 하기에 이런 것을 미연에 방지해야 함은 당연한 것이다. 카지노에서 또 하나의 규칙은 가능한 빨간색을 많이 사용해야 한다는 것이다. 빨간색은 사람들의 정서를 자극적이고 감정적으로 만들어주는 색이기 때문이다.

2. 저관여 의사결정

[표 4-3]에서 볼 수 있듯이 우리가 매일 구매하는 여러 다양한 제품들의 구매에 있어서 소비자들의 관여수준이 낮다는 것은 놀라운 일이 아니다. 본절에서는 의사결정의 많은 부분을 차지하고 있는 저관여 의사결정의 특징 및 마케팅 시사점에 대해 논의한다.

2.1 저관여 의사결정의 중요성

저관여 구매(low involvement purchase)란 '소비자들이 특정 제품을 그들의 신념체계에서 중요하다고 생각하지 않으며 또한 그 제품에 대해 강하게 일관성을 부여하여 구매하지 않는 것'이다.

표 4-3 제품 및 사건들의 상대적인 중요성[38)]

제품 및 사건	평가점수
징병	6.71
베트남전쟁	6.28
세계평화	6.17
자동차	4.52
집	4.17
맥주	3.00
커피	2.61
동호회회원	2.38
치약	1.95
자건거	1.39
미용화장지	1.19

마케팅 기업들은 관여된 소비자들이 기업의 광고에 주의를 기울이고, 기업의 제품을 신중하게 평가하며 또한 브랜드 충성적이 될 가능성이 보다 크기 때문에 소비자들이 기업의 제품에 관여된다고 생각하고자 한다. 소비자 관여가 없는 경우, 마케팅 기업들은 그들의 브랜드를 차별화하고 또한 소비자의 욕구에 광고소구를 맞춤으로써 소비자 관여를 조성하려고 시도하고 있다.

만일 저관여 구매가 보편적인 현상이라면, 왜 마케팅관리자들은 고관여 의사결정에 관심을 기울이는가? 여기에 대해서는 두 가지의 해답이 있을 수 있다.

첫째로, 소비자가 브랜드를 평가할 때 인지적 과정이 존재한다고 가정하면 마케팅관리자들은 소비자에 영향을 미치기가 쉬워진다. 즉, 이러한 경우 소비자의 브랜드 태도를 변화시키기 위해 브랜드의 효익을 표적시장에 직접적으로 소구할 수 있다. 이때 광고전략을 이용함으로써 소비자의 브랜드 인지도를 높이고 곧이어 브랜드에 대한 관심을 높여 결과적으로 브랜드 충성도를 유도하도록 할 수 있다.

둘째로, 신념, 평가 및 행동의 계층, 즉 소비자가 해당 제품에 대한 신념을 형성하고 평가한 뒤 구매한다고 보는 견해인 소비자 행동이론이 한 분야의 연구로 통합된 이후 지배적이었기 때문이다. 고관여 의사결정은 소비자가 행동하기 전에 생각한다는 사실을 전제로 하는 효과의 계층을 가정하고 있는데 지금은 이러한 상황이 오히려 빈도수가 낮은 의사결정 유형으로 인식되고 있다.

2.2 저관여의 의사결정에 대한 이론

마케팅 분야서는 저관여 선택을 설명하는 대표적인 이론이 있는데 이는 크루그만의 수동적 학습이론(passive learning theory), 쉐리프의 사회판단이론(Social Judgement Theory) 그리고 페티와 카치포의 정교화가능성 모델(elaboration likelihood model) 등이며 다음에서는 이를 차례로 설명하고 있다.

1) 크루그만의 수동적 학습이론[39]

저관여도의 소비자행동에 관한 연구는 TV를 저관여 매체로서 보는 관점에 그 기초를 두고 있다. 크루그만(Krugman)은 TV가 높은 수준의 브랜드 회상(brand recall)을 가능하게 하면서도 브랜드에 대한 태도를 변화시키지 못하는 이유에 관심을 두었으며, TV는 수동적 학습을 야기시키는 저관여의 매체라고 가설화하였다. 이러한 저관여 환경하에서 시청자는 그 메시지를 그들의 욕구, 브랜드 신념 및 과거경험과 연결시키지 않는다. 이 이론에서 텔레비전이 저관여 매체인 이유는 다음과 같이 설명된다. 첫째, 시청자는 비활동적(수동적)인데 반해, 텔레비전 광고는 활동적이다. 둘째, 시청자가 시청의 속도를 통제할 수 없으며 생각하고 연상할 기회가 없다.[40]

실제로 미국의 한 조사기관에서 이루어진 연구조사에 따르면 매일 5,000여 건의 광고방송 메시지 가운데 소비자가 아무런 암시를 받지 않고 기억할 수 있는 것은 2~3%에 불과하며 방송광고에 전혀 관심을 두지 않는다고 말하는 사람도 지속적으로 증가하는 추세라는 것을 보여주고 있다.[41]

반면에 인쇄매체(신문, 잡지)의 경우에는 독자가 활동적인데 반하여 광고가 비활동적이며, 독자가 노출의 속도를 통제할 수 있고 광고에 대하여 생각할 기회가 많으므로 관여도가 높다고 할 수 있다. 즉, 관여도가 낮은 상황에서는 텔레비전이, 관여도가 높은 상황에서는 인쇄광고가 효과적인 매체인 것이다.

결국 수동적 학습이론에 따르면 소비자가 수동적이며 관심이 없는 경우는 브랜드 평가가 일어나지 않을 것이므로 제품의 혜택을 전달하려는 정보지향적 광고보다는 비정보지향적 광고에 의한 방법을 찾아야 한다. 따라서 관여도가 높은 소비자에 대한 광고는 명확하고 정보제공적인 메시지를 강조해야 하며, 관여도가 낮은 소비자에 대한 광고는 최근에 화제가 되었던 '비락식혜의 의리광고' 컨셉과 같이 브랜드에 긍정적인 연상을 형성시키기 위한 모델, 재미, 스타일, 배경에 의존해야 한다.

2014년 김보성의 비락식혜 광고가 방송된 뒤 매출은 크게 증가했다. 슈퍼나 대형마트보다 편의점을 중심으로 매출이 증가한 것. GS25에 따르면 광고가 시작된 7일부터 12일까지 비락식혜 매출은 2주 전 같은 기간과 비교해 55.8% 증가했다.
세븐일레븐에서는 비락식혜 매출이 48.3% 증가했다. 같은 기간 다른 브랜드 식혜음료 매출이 3.2% 증가한 데 비하면 15배 이상의 차이를 보였다.[42]

2) 쉐리프의 사회판단이론

저관여 소비자에 대한 두 번째 이론은 사회판단이론으로서, 쟁점에 대한 개인적 관여에 따라 그 범위가 설정된다. 즉, 수용영역(개인이 수용하는 범위), 거부영역(개인이 거부하는 범위), 그리고 중립영역(개인이 중립적인 범위)으로 개인적 관여의 개념이 기능화되는 것이다.

이슈에 대해 명확한 의견을 가진 고관여 개인은 매우 적은 입장만을 수용하고 많은 수의 입장을 거부할 것이다(좁은 수용영역과 넓은 거부영역). 이와 반대로 저관여된 개인은 더 많은 입장을 수용하거나(넓은 수용영역), 이슈에 대해 의견을 갖지 않을 것이다. 고관여된 개인은 자기의견과 일치하는 수용영역 내에 있는 메시지를 실제보다 더 긍정적으로 해석하는데 이러한 반응을 동화효과(assimilation effect)라고 한다. 이에 반해서 개인이 동의하지 않는(거부영역에 있는) 메시지는 실제보다 더 부정적으로 해석되어 지는데 이러한 반응은 대조효과(contrast effect)를 나타낸다. 그러므로 고관여된 개인은 자신의 선입관과 편견에 의거하여 메시지를 선택적으로 지각할 가능성이 크며, 저관여된 개인은 메시지를 왜곡하거나 동화 또는 대조효과를 보일 가능성이 작다고 하겠다.

결국 소비자는 고관여 상황에서는 많은 속성이 사용되나 평가되는 브랜드의 수는 적으며, 저관여 상황일 때는 적은 속성을 사용하여 많은 브랜드를 평가하게 된다. 예를 들면 자동차를 구매하는 고관여 소비자는 매우 빠르게 그의 선택을 몇 개의 브랜드로 줄이며, 각 브랜드의 평가를 위하여 많은 속성을 이용하게 된다.

3) 정교화가능성 모델

정교화가능성 모델은 페티와 카치오포(Petty and Cacioppo)에 의해 제시된 이래 기존연구들이 제시한 여러 가지 커뮤니케이션 요소들이 어떤 상황에서 태도변화에 상대적으로 큰 영향력을 갖는지를 설명해 줄 수 있는 이론으로서 주목을 받아왔다.[43]

정교화가능성 모델에서는 태도의 형성 또는 변화 과정은 설득적 메시지를 처리하기 위하여 소비자가 기울이는 노력(elaboration)의 정도에 의하여 결정된다고 보았다. 여기서 정교화란 소비자가 광고에서 제시된 제품의 정보를 처리하려는 노력을 말한다. 즉, 소비자가 광고내용에 대하여 생각하고, 메시지에 담겨진 주장을 평가하거나, 어떤 주장에 대해서는 동의하고 다른 주장에 대해서는 거부하거나, 어떤 메시지에 대해서는 정서적 반응을 보이는 것을 말한다.

소비자가 광고에서 제시된 제품을 처리하려는 노력정도(elaboration likelihood)는 그 소비자의 광고메시지를 처리하기 위한 동기(motivation), 기회(opportunity), 능력(ability)에 의해 영향을 받는다. 광고메시지가 소비자의 욕구 및 당면목표와 높이 관련될수록, 소비자는 그 광고메시지를 처리하려는 동기가 높아진다. 정보처리의 기회는 소비자의 감각기관이 제시된 메시지를 효과적으로 처리할 수 있도록 광고가 제시되는가를 의미한다. 만약 광고메시지가 너무 빠른 속도로 제시되거나 메시지를 전달하는 속도가 너무 낮거나 소비자의 주의가 분산되어 있다면, 정보처리의 기회는 낮아질 것이다. 한편 정보처리 능력이란 정보처리자가 광고메시지의 주장에 친숙하고 이를 쉽게 이용할 수 있는지의 여부를 말한다. 어떤 소비자들은 광고메시지를 처리하려는 동기는 높지만 이를 처리하려는 능력을 갖지 못할 수가 있다.[44]

그림 4-5 | 정교화가능성 모델의 구조

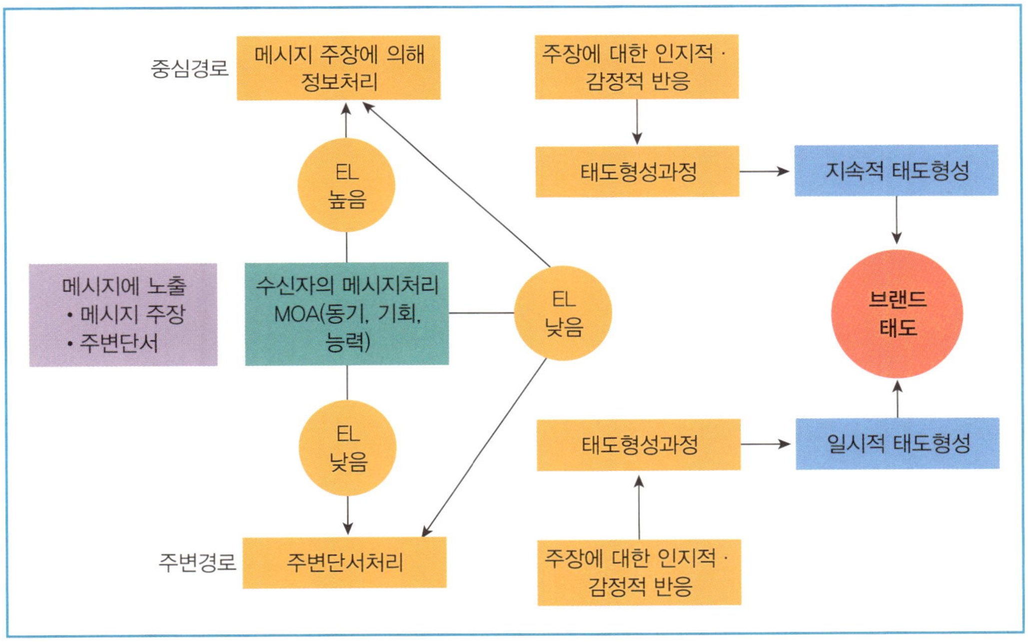

정교화가능성 모델에 따르면 태도변화에는 두 개의 기본적 경로가 있는데, 하나는 중심경로(central route)라고 하여 제시된 논점에 대한 사고의 결과로서 설득이 되는 경우이고, 다른 하나는 주변경로(peripheral route)라고 하여 제시된 논점과 별 상관이 없는 요소들, 예를 들어 메시지를 전달하는 사람이 얼마나 매력 있는가, 제시되는 메시지가 얼마나 재미있는가에 따라 설득 또는 태도변화가 일어나는 경우이다. [그림 4-6]에서 볼 수 있듯이 중심경로를 통하는 경우 소비자는 제품, 메시지, 의사결정에 고관여되어 있는 경우로 주변경로

그림 4-6 | 중심경로와 주변경로를 통한 의사결정의 차이[45]

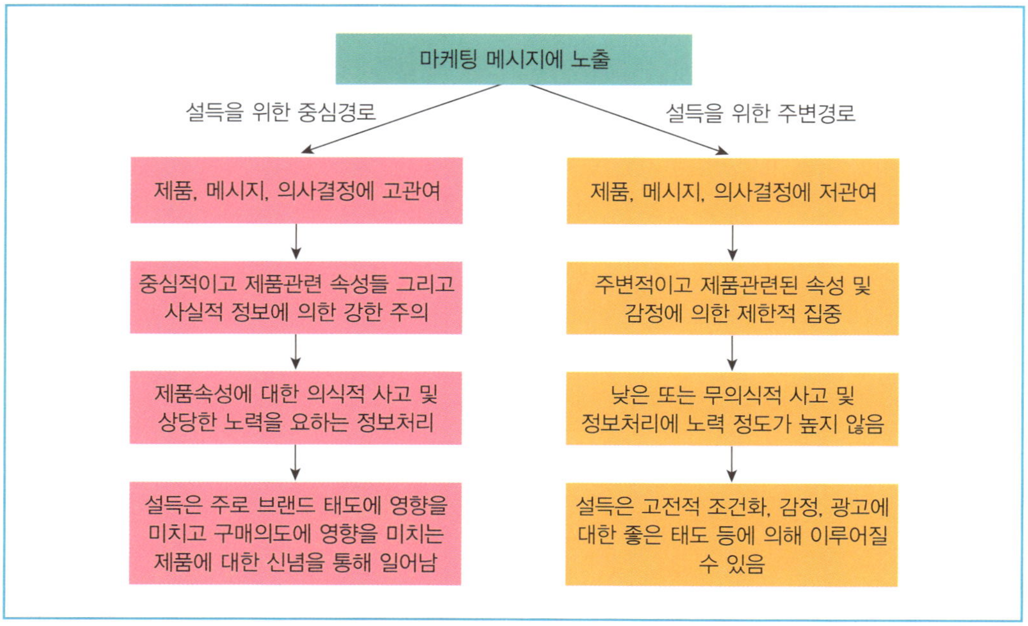

를 통하는 경우는 그 반대의 상황이라고 볼 수 있다.

정교화가능성 모델은 소비자의 반응을 효과적으로 유도하기 위한 광고전략의 수립에 응용될 수 있다. 첫째, 표적청중의 관여수준이 높을 경우에는, 광고메시지에 담겨진 주장을 강하게 제시함으로써 소비자가 광고메시지에 대하여 반박하기 어렵게 만들 필요가 있다. 또한 경쟁브랜드에 비하여 차별적인 제품특성을 강조하는 광고메시지가 효과적이다. 매체유형으로는 고관여 매체인 인쇄매체나 인터넷 등이 더 효과적일 수 있다.

둘째, 생필품과 같이 저관여 제품의 광고에 노출된 소비자는 광고에서 제시된 메시지를 적극적으로 처리하려는 동기부여가 낮기 때문에, 자세한 메시지 주장을 제시하는 광고보다는 주변단서를 이용하는 광고가 더욱 효과적이다. 정교화가능성 모델의 한 실증연구에 의하면 유명인 광고모델의 광고효과는 소비자의 관여수준에 따라 달라지는 것으로 나타났다.[46] 소비자의 관여수준이 낮은 경우에는 유명인 광고모델의 이용이 호의적인 브랜드 태도 형성에 상당한 영향을 미쳤다.

셋째, 소비자들이 광고메시지를 처리하기 위한 동기부여, 기회, 능력을 높일 수 있는 광고를 개발해야 한다. 소비자들이 광고메시지를 처리할 동기부여가 되어 있고, 이를 처리할 능력이 있으며, 그렇게 할 기회를 가질 때, 마케터는 최선의 광고효과(즉 호의적인 브랜드 태도와 브랜드 선택행동)를 기대할 수 있다.

2.3 저관여결정의 전략적 이슈

저관여 의사결정을 다루는 몇 가지의 전략적 이슈들은 ① 마케팅관리자가 소비자들로 하여금 저관여 제품에 대해 더욱 관여되게 해야 하는가? 그렇다면 왜 그런가? ② 저관여된 상황에서 마케팅관리자는 타성적인 구매패턴으로부터 다양성 추구 행동으로 소비자를 변화시키도록 해야 하는가? 등이라고 볼 수 있다. 앞으로는 이 부분들에 대해 사례와 함께 자세하게 설명하고자 한다.

1) 소비자를 저관여로부터 고관여로 전환

관여는 몰입을 의미하기 때문에 고관여 소비자는 경쟁적 행동에 직면하여 그 브랜드에 대한 충성도를 유지할 가능성이 크다. 이때 소비자로 하여금 그 제품에 관여되도록 하기 위한 전략은 다음과 같다.[47]

(1) 제품과 관여되는 문제를 연결시킨다

이는 일종의 사회판단이론을 이용한 전략으로 경쟁적 브랜드에 대한 거부의 영역을 넓히기 위하여 광고된 브랜드와 관여되는 문제를 연결시키는 것이다.[48] 예를 들어, 롯데 자일리톨은 저관여제품인 껌에 충치예방 속성을 도입하여 관여적 문제인 충치예방과 연결했으며, 또한 사진에서 볼 수 있는 닥터유 및 마켓오와 같은 과자 브랜드는 건강속성과 연결시킴으로 과자를 상대적인 고관여 제품으로 인식시키고 있다.

또한, 에비앙은 유럽에서 가장 비싸게 팔리는 생수 중의 하나로 에비앙의 생수제품은 물이 아니라 약이라고 광고한다. 그래서 배 아픈 사람이 있으면 하루에 에비앙 5병을 마시라고 권할 정도이다.

'닥터유 프로젝트'는 과자도 먹으면 건강한 식품이 될 수 있다는 공식을 성립할 수 있게 만든 신개념 제품임을 강조하고 있다.
한국인의 영양소를 분석해 식품 첨가물, 지방, 나트륨 등의 나쁜 성분은 빼고 칼슘, 철분, 식이섬유, 비타민 등의 좋은 것은 더해 한국인의 불균형적인 영양소에 균형을 잡아줘 몸에 유익한 과자라는 것을 강조하고 있다.

에비앙은 프랑스 의학학회에서 건강에 좋다고 인정했다는 것과 여러 성분함양에 대한 언급을 통해 건강이라는 문제, 그리고 노화방지라는 문제와 연결시키고 있다.[49]

(2) 제품을 관여되는 상황과 연결시킨다

이것은 저관여 제품을 광고를 통하여 관여상황과 연결시키는 전략으로써, 제품을 소비자가 하는 활동과 관련시키는 방법이다. 이른 아침의 커피 광고, 복잡한 출퇴근 시간에 라디오를 통한 자동차 광고, 심야 텔레비전 쇼에서의 수면제 광고 등을 예로 들 수 있는데, 제품에 대한 관여는 그 상황과의 관련성 때문에 증가할 것이다.

(3) 제품과 관여된 광고를 연결시킨다

세 번째 전략은 제품과 어떤 연관이 생기도록 광고에 대한 관여를 창출하는 것이다. 관여도를 발생시키는 광고에는 두 가지 형태가 있다. 첫째, 자아방어적 광고는 소비자가 바람직하지 않은 결과에 대해 자신을 방어하는데 도움을 준다. 예를 들어 사진에서 볼 수 있듯이 페브리즈 광고는 오랫동안 페브리즈 이용자는 옷이나 집안의 냄새를 제거하여 깔끔하다는 점을 강조하고 있다.

페리오 광고는 입냄새 때문에 부끄러울 수 있는 상황을 없애주는 제품이라는 것을 강조한다.

둘째, 가치표현적 광고는 소비자의 중심적 가치관과 신념을 표현한다(예로 Pepsi 애용자는 스스로를 젊다고 생각한다).

마지막으로 광고를 통해 저관여적 제품에 상징적인 가치를 주입하는 것이다. 예를 들어 하겐다즈 광고는 '당신의 친구와 하겐다즈 아이스크림을 먹는 것은 이제 사회적으로 인정받는 것이라는 것'을 강조하였다.

일반적으로 하겐다즈는 상징적 가치, 사회적 가치 등을 강조하는 편이다.

예로든 광고들이 상대적으로 저관여 제품의 범주를 다루고 있는 것들이지만, 광고 그 자체의 관여도는 높다는 것을 주목할 수 있다. 즉, 제품이 본질적으로 저관여라고 해서 그 광고가 반드시 저관여인 것은 아니다.

(4) 제품효익의 중요성을 변화시킨다

직접적으로 그 제품효익에 부여한 중요성을 변화시키는 것은 어려운 전략일 수도 있다

(7장의 태도변화전략 부분에서 자세히 논의). 상대적으로 항공사의 이용에 있어 가격을 중요하게 생각하는 소비자들에게 광고 등의 노력을 통해 안전과 서비스 품질 등의 측면을 더욱 중요하게 생각하게 만들 수도 있으며, 그리고 자동차 제품군에서는 자동차 연비를 가장 중요하게 생각하는 소비자에게 안전성을 더욱 중요하게 부각시키고 그에 대해 뛰어난 자동차라는 것을 강조하는 방법 등이 있을 수 있다.

볼보는 안전의 중요성을 부각시키는 광고를 오랜기간 동안 집행해 왔다.

(5) 그 제품에 대한 중요한 특성을 도입한다

어떤 제품에 대해 이전에는 중요하다고 생각하지 않았거나 또는 이전에는 존재하지 않던 속성을 추가할 수 있다.[50] 예를 들면 휘발유에 엔진성능에 좋은 첨가제의 추가, 청량음료에 비타민C의 첨가, 사진과 같이 자동차의 자율주행 기능 추가 등이 이에 해당한다.

4차 산업혁명 기술인 자율주행과 같은 기능은 자동차를 더욱 고관여화시킬 수 있는 특성이다.[51]
(사진출처: https://www.gettyimagesbank.com)

위의 다섯 가지 전략은 마케팅관리자가 제품의 관여수준을 높이는데 도움이 되지만, 관여는 상대적인 것이라고 볼 수 있다. 이는 결국, 치약이나 아이스크림의 관여수준을 더 높게 하는 것이 소비자들로 하여금 브랜드를 평가할 때 복잡한 의사결정에 몰두할 가능성이 있다는 것을 의미하는 것은 아니다. 그것은 단지 마케팅관리자의 광고와 브랜드전략 등을 통해 소비자 의사결정시 인지적 행동이 가능해 질 수 있다는 것을 의미한다.

2) 타성으로부터 다양성 추구로의 변환

저관여 상황에서 또 다른 문제는 소비자로 하여금 다양성을 추구하여 브랜드를 전환하도록 할 것이냐, 아니면 친밀감으로 인해 동일브랜드를 계속 고수하도록 타성을 유도할 것이냐 하는 문제이다.

외국의 유통 매대에서 많은 자리를 차지하고 있는 신라면

이런 문제에 대한 조치로 그 브랜드가 시장선도자(market leader)인 경우에는 타성을 유도해야 하며, 만일 잘 알려지지 않은 브랜드라면 다양성 추구를 장려해야 한다. 즉 저관여된 상황에서는 시장선도자 브랜드는 친밀감 때문에 구매되므로 마케팅관리자는 광고를 이용하여 이를 상기시켜야 하며, 또한 소비자에게 브랜드를 보이기 위해 상점 내에서 많은 매장의 선반면적을 차지하도록 해야 한다.

반면에 덜 친숙한 브랜드는 특별가격, 저가격, 쿠폰 및 무료견본을 이용하여 그 제품을 사용해보게 함으로써 다양성을 추구하도록 시도하여야 하는데, 그 목적은 소비자로 하여금 브랜드의 전환을 유도하여 폭넓은 경험을 얻도록 하는 데 있다. 즉, 사회판단이론에 따르면 저관여 조건하에서 소비자는 폭넓은 수용영역을 가지고 있어서 다양한 브랜드를 사용해보려 한다.

2.4 관여도에 따른 광고전략(FCB의 Grid)

FCB 모델은 미국의 유명광고 대행사인 풋콘 앤 벨딩(Foote, Cone & Belding)의 리처드 본(Richard Vaughn)이 광고에 관련된 주요 이론들을 토대로, 소비자행동분석과 상품과의 관련성을 하나의 모델로 만든 것이다. 이 모델은 효과의 계층 모델에 그 이론적 바탕을 두고 있다. 이 전략적 모델은 여러 제품을 높은 관여도와 낮은 관여도의 측면과, 이성적 특성과 감성적 특성의 측면으로 구분지어 광고의 방향과 전략을 수립하는데 도움을 주고 있다. [그림 4-7]을 보면 각 분면별 제품 예가 나타나 있는데 다음에서는 이러한 분면별 특징 및 광고전략에 대해 자세히 논의하기로 한다.

그림 4-7 | FCB 모델의 각 분면별 제품 예[52]

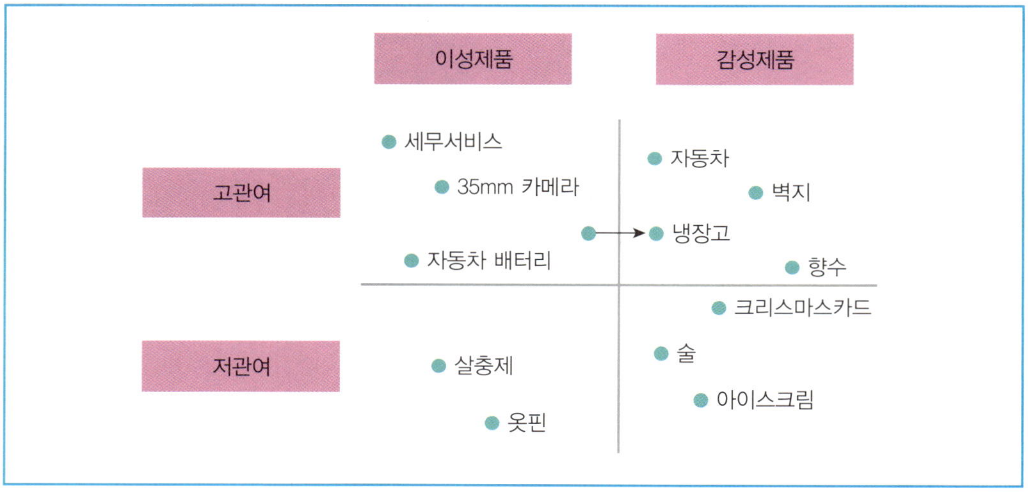

1) 높은 관여도와 이성적 제품: 정보제공적 광고전략의 적용

1분면에 위치한 제품은 기능적이며 많은 정보를 필요로 하는 제품이며, 신제품인 경우에도 이러한 전략이 주요할 수 있다. 소비자는 이성적 존재로 인식되며, 이성적 판단이나 경제적 측면을 고려하여 제품을 구매하기 쉽다. 이 기준에 속한 제품은 고가인 경우가 많으며, 이럴 경우 소비자는 학습-느낌-행위의 단계를 거치게 되며 광고전략은 정보중심과 이성적 어필의 광고가 큰 영향력을 미칠 수 있다. 1분면의 제품을 선호하는 소비자는 사고중심형 소비자(thinker)로 분류될 수 있다.

2) 높은 관여도와 감성적 제품: 감성적 광고전략의 적용

2분면의 제품은 이성적이기보다는 감성적인 제품으로 분류된다. 소비자의 높은 관여도가 있긴 하지만 제품의 감성적 측면이 정보나 태도보다 더 중요하다. 이 경우에 광고는 소비자의 자아존중 심리를 충족시키거나 자아나 자아 이미지를 강화하는 심리적 · 감정적 동기를 유발시키려고 노력하게 된다. 소비자는 느낌-학습-행위의 절차를 거치기 쉽다. 사진에서 볼 수 있듯이 루이비통와 같은 대부분의 명품과 여성용품과 스포츠용품이 이 기준에 속할 수 있는데, 광고전략은 감성적 어필을 위주로 하되 소비자의 인지적 욕구도 조금은 해소할 수 있는 전략이 보충되어야 할 것이다.

감성적 광고전략을 사용하고 있는 명품 패션, 명품 브랜드들

3) 낮은 관여도와 이성적 제품: 습관형성형 광고전략의 적용

3분면에 있는 제품은 이성적이긴 하지만 단가가 낮기 때문에 소비자의 낮은 관여도를 유발하는 제품으로 분류될 수 있다. 하지만 인체에 민감한 제품이 대부분이기 때문에 이성적인 제품으로 분류될 수 있다. 소비자가 이 제품을 사기 위해 심각하게 고민하지는 않지만, 광고에서 논리적 정보를 통해 그들을 설득하는 것이 주요 전략이 될 수 있다. 소비자가

1분면에 있는 제품을 구매하는 데 있어 고려하는 과정이 짧기에 편리성 위주의 구매습관이 형성될 수 있다. 제품의 정보적인 면에 있어서, 광고를 통해 경쟁제품과의 차이점을 알려 주는 것만으로도 소비자에겐 충분할 수 있다. 소비자의 브랜드 충성도가 습관에 의해 형성되었기에 소비자는 이 카테고리에 있는 상품을 구매할 때 자기 나름대로 선택기준을 갖고 있을 수 있기 때문이다. 해당되는 광고전략으로는 습관형성 광고전략과 함께 구매시점에 있는 소비자를 어떻게 유인 · 설득할 수 있느냐가 관건이 될 수 있다.

자아만족 광고의 대표광고인 맥주 광고
항상 맥주를 마시고 "캬~" 하는 톤(tone)의 광고가 단골이죠. –사진은 하이트 맥주–

4) 낮은 관여도와 감성적 제품: 자아만족유발 광고전략이 적용

4분면에 있는 제품은 기호품이 주종을 이루며 개인적 취향을 만족시키는 제품으로 구성되어 있다. 광고를 통해 소비자에게 신속하고 대리적인 만족감을 전달할 필요가 있으며, 그러한 대리만족을 통해 실질적으로 경험을 하고 싶은 충동을 유발시킬 필요가 있다. 예를 들면, 광고에서 더운 여름날 시원한 청량음료를 들이키는 모델의 모습을 볼 때, 소비자는 대리만족을 느끼게 되며, 자기도 그 음료를 사서 마시고 싶은 충동을 느낄 수 있는 것이다. 이 경우에 소비자는 행위–느낌–학습의 과정을 거치게 되며, 구매한 후에야 제품에 대한 좋은 감정을 가지기 쉽다. 또한 제품 간의 질적 차이가 없기 때문에 소비자의 브랜드 전환현상이 심화될 수 있다. 이 경우의 광고전략으로는 유머 소구에 근거한 전략을 사용하며 소비자가 제품 구입시 브랜드와 해당광고를 쉽게 회상할 수 있도록 해주는 것이 주요 전략이 될 수 있을 것이다.

그림 4-8 | FCB 분면별 광고전략의 요약[53]

	이성	감성
고관여	**1분면: 정보적(생각하는 소비자)** • 행동모델: 학습–느낌–행위: 경제학적 이론 • 제품: TV 등 가전제품, 컴퓨터, 집, 가구, 자동차 그리고 신제품 • 조사: 메시지 상기율테스트, 진단적 · 분석적 조사기법 • 매체: 많은 정보, 재확인 가능한 고관여 매체활용 • 크리에이티브: 구체적이고 입증가능한 광고, 긴 카피, 정보제공적 광고	**2분면: 감성적(느끼는 소비자)** • 행동모델: 느낌–학습–행위: 심리학적 이론 • 제품: 보석, 화장품, 패션 등 여성용품, 모터사이클, 소형 승용차 등 • 조사: 상기율보다는 태도변화, 충동적 측면을 테스트 • 매체: 큰 지면, 이미지 전달매체, 드라마틱한 인쇄광고, 이미지 • 크리에이티브: 제작물의 직접적 충격력이 중요, 감성적 광고
저관여	**3분면: 습관형성(행동하는 소비자)** • 행동모델: 행위–학습–느낌: 자극반응이론 • 제품: 음식, 세제, 비누, 샴푸, 치약 등 생활필수품, 의약품 • 조사: 판매, 매출액의 추이는 곧 광고 효과를 나타냄 • 매체: 작은 사이즈로 빈도를 증대 • 크리에이티브: 습관형성적 광고, 제품 상기도 제고	**4분면: 자아만족(반응형 소비자)** • 행동모델: 행위–느낌–학습: 사회적 이론 • 제품: 스낵, 담배, 껌 등 기호품, 맥주, 청량음료 • 조사: 판매조사 • 매체: TV, POS 활용 • 크리에이티브: 자아만족적 광고, 일관성 유지, 주의 환기

3. 소비자 구매에 있어 상황적 영향

소비자행동을 이해하기 위해서 소비자가 반응하게 될 제품과 광고 등과 같은 일차적 자극뿐만 아니라 반응이 일어나게 될 상황에 대한 이해도 필요하다.[54] 상황적 영향(situational influences)은 특이한 시기와 장소의 상황에서 일어나는 순간적인 조건이나 분위기로 볼 수 있다.[55] 이는 제품 또는 소비자와는 별개로 일어날 수 있는데, 즉 선물을 사야 하거나 급하게 구매결정해야 하는 경우는 평소에 구매하던 제품이 아닌 다른 제품을 구입할 수도 있는 것이다. 이 절에서는 다양한 상황에 따른 시장세분화 및 포지셔닝 시사점을 공부한다.

3.1 상황적 영향의 본질

많은 마케팅관련 연구들은 소비자가 상황에 따라 매우 다르게 반응하고 행동한다는 것을 제시하였다. 앞에서도 몇 번 논의되었듯이 [그림 4-9]와 같이 광고나 점포 내 진열 등과 같은 마케팅활동 때문에 소비자가 제품에 대한 관심을 가지게 되고 구매를 결정할 수도 있으며 회식장소를 다른 사람들과 같이 결정해야 하는 사회적 상황 때문에 평소 좋아하는 식당과는 다른 식당을 선택할 수 있다. 이 그림은 상황, 마케팅, 그리고 소비자 개개인의 상호작용을 도식화해서 보여주고 있다.

그림 4-9 | 상황과 마케팅활동 그리고 개인적 특성 간의 상호작용[56]

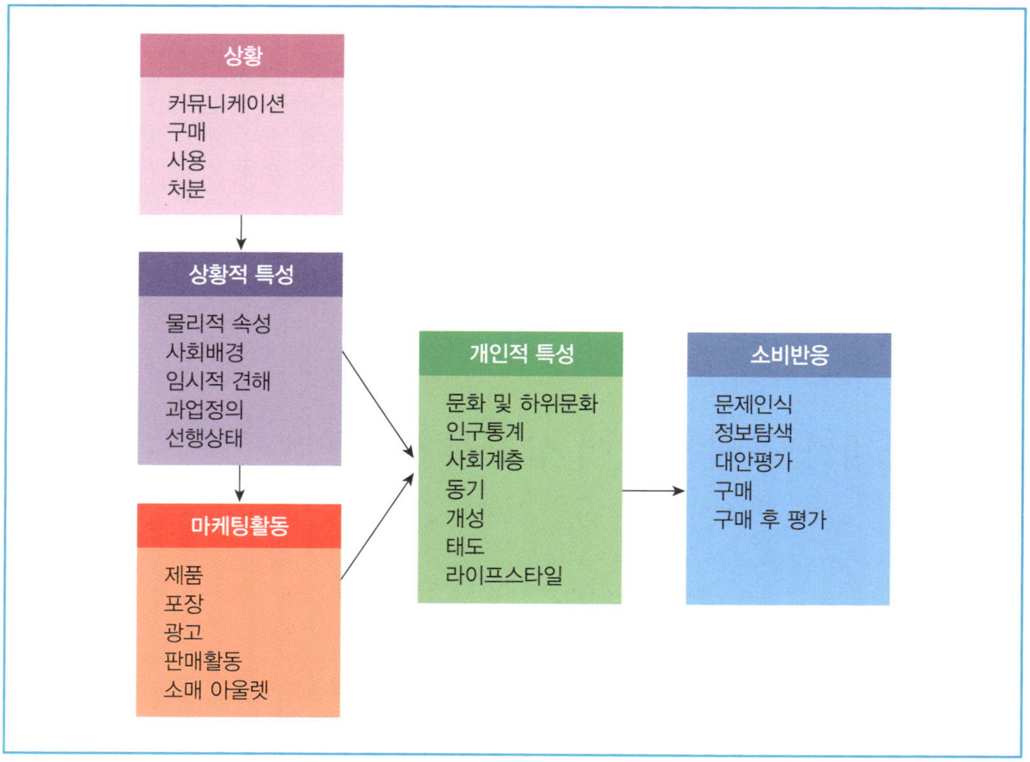

3.2 상황의 유형

3가지 유형의 상황, 즉 소비 상황, 구매 상황 및 커뮤니케이션 상황이 마케팅 기업과 관련된다.[57]

1) 소비 상황

실제, 어떤 소비자는 특별한 상황에서 특별한 브랜드의 향수나 옷을, 그리고 매일 사용하는 데는 또 다른 브랜드를 사용할 수 있다. 또한 소비자는 손님을 대접하기 위해서 원두커피를, 그러나 회사에 출근해서 마실 때에는 즉석커피를 사용할 수 있다. 이러한 각각의 소비 상황은 브랜드 선택에 영향을 미치기에 마케팅관리자들은 제품범주와 관련되는 소비 상황을 확인 · 규명해야 한다.[58]

물론 여러 가지 상황들에 관계없이 한 가지 브랜드만을 고집하는 소비자도 있겠지만 상당수의 많은 소비자들은 다른 소비 상황에서 다른 브랜드를 선택한다. 어느 정도 소비자들의 패턴을 읽어낼 수 있다면 상황에 맞는 브랜드로 포지셔닝하기 좋을 것이다. 그리고 마케팅관리자는 새로운 상황을 창출하여 그 상황에 맞는 첫 번째 브랜드로 포지셔닝할 수도 있을 것이다.

본인이 마시는 술과 선물용 술은 다를 수 있다.[59]

2) 구매 상황

구매 상황도 역시 마케팅전략에 영향을 미칠 수 있다. 어린 자녀들을 데리고 온 주부는 혼자 쇼핑할 때와 달리 그들의 제품 선호에 영향을 받아 구매를 결정할 가능성이 높다. 여러 구매 상황 중에서 점포 내 구매 상황 및 선물을 주는 상황 등은 구매 상황에 기초를 둔 마케팅전략에 영향을 미치는데 특히 중요하다.

첫째, 구매 상황의 중요성은 점포 내 환경의 결과로서 소비자행동에 대해 가격변경, 전시 및 판매원의 영향이 미치는 효과를 제시하여 온 여러 연구에서 제시되고 있다.[60]

점포 내 촉진의 중요성은 판매촉진에 대한 지출이 광고에 대해 지출하는 것보다 더 빠르게 증가하고 있다는 사실로서 더욱더 잘 나타나고 있다. 1988년, 판매촉진에 지출되는 총비용이 처음으로 광고에 대한 비용을 초과하였으며, 또한 판매촉진의 총비용은 빠른 증가율로 계속 증가하고 있다.[61]

점포 내 촉진은 소비자의 구매를 다르게 이끌 수 있다.

둘째, 구매관련 상황은 소비자들이 선물용으로 또는 자신을 위해 제품을 구입하느냐이다. 선물을 구입하는 것은 그들 자신을 위해 제품을 구입하는 경우보다도 소비자가 더욱 관여할 가능성이 있다. 결과적으로, 소비자들은 그들 자신이 사용하기 위해 제품을 선정할 때보다도 선물용으로 제품을 선정하는데 더 많은 시간을 사용하곤 하며, 소비자들은 브랜드를 평가할 때 상이한 기준을 사용할 것이며 또한 자신을 위해 구입하는 경우보다도 상이한 브랜드를 선택할 가능성이 있다.

3) 커뮤니케이션 상황

커뮤니케이션 상황은 소비자들이 정보에 노출되는 분위기(상황)로 소비자가 정보를 받아들이는 상황도 그들의 구매에 영향을 미친다. 소비자가 집단 내 있는가 혼자 있는가, 좋은 기분인가 또는 나쁜 기분인가, 바쁜 상황인가 그렇지 않은 상황인가는 마케팅 커뮤니케이션을 보고 듣는 정도에 영향을 미친다. 즐거운 또는 슬픈 TV 프로그램에 광고를 노출시켜야하는가? 조용한 또는 활발한 TV 프로그램에 노출시켜야 하는가 등은 마케팅관리자들이 커뮤니케이션 상황에 관련하여 결정할 요소이다.[62] 커뮤니케이션 상황은 인적 접촉(친구와 이웃 간의 구전 커뮤니케이션 또는 판매원으로부터의 정보) 또는 비인적 접촉(광고, 점포내 전시)이 있다. 커뮤니케이션 상황은 소비자들이 그 정보를 주의, 이해 및 보존하느냐를 결정할 수 있다.

3.3 마케팅전략 수립에 상황적 변수 사용

사용상황은 직접적으로 마케팅전략에 영향을 미치는데, 그 이유는 사용상황이 ① 시장을 세분화하는데, ② 신제품을 개발하는데, ③ 제품을 포지셔닝시키는데, ④ 브랜드를 광고하는데, ⑤ 브랜드를 유통하는 방식에 영향을 미치기 때문이다.

시장세분화는 자주 소비자의 사용상황에 의존한다. 예를 들어 시계시장은 정장용, 캐주얼용, 등산용, 방수용 및 기타 용도에 맞는 다양한 시계가 개발됨으로써 소비시장이 확장될 수 있었다. 사용상황 포지셔닝 또한 중요한 마케팅 도구이다. 롯데는 신제품을 출시하면서 기존의 껌과는 다른 새로운 범주를 만들었는데 그것이 바로 '자기 전에 씹는 껌'이라는 카피로 '핀란드에서는 자기 전에 자일리톨 컴을 씹습니다'라는 캠페인이었다. 기존의 무설탕 껌이 비록 설탕은 적게 함유되어있다 하더라도 여전히 치아건강에는 안 좋을 것이라는 인식에 도전한 것이다.

환경이나 상황은 인간의 행동을 형성하는 보이지 않는 손이다. 우리 모두가 성격이 다르긴 해도 특정한 행동들은 특정한 환경하에서 반복적으로 일어나곤 한다. [그림 4-10]은 병원에서 상황을 변화시킴으로써 소비자의 행동을 변화시킬 수 있는 것을 설명하고 있다. 우측과 같이 변경함으로써 3개월 동안 병원의 탄산음료 판매는 11.4% 감소하였고 생수 판매는 25.8% 증가했다. 사람들은 종종 그것이어서가 아니라 그게 어디에 있느냐에 따라 그 물건을 선택하고는 한다.[63]

그림 4-10 | 상황변화에 따른 소비자 태도변화[64]

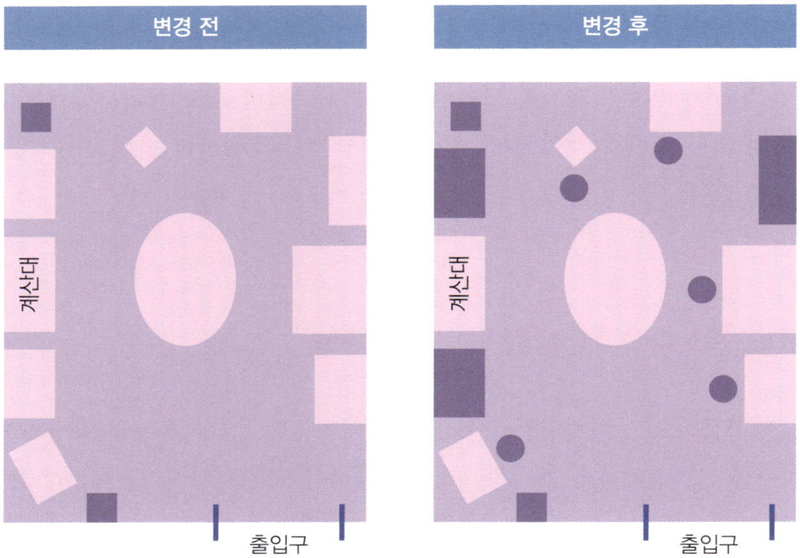

왼쪽 그림은 환경을 변화시키기 전의 식당 모습이고, 오른쪽은 변화시킨 후의 모습이다. 진하게 칠한 부분이 생수가 비치된 위치다. 생수를 더 많이 가져다놓자 사람들은 더 이상의 동기부여 없이도 자연스럽게 행동이 바뀌었다.

연 • 습 • 문 • 제

01. [표 4-1]의 측정도구를 이용하여 30명의 소비자를 대상으로 설문조사를 하여 다음과 같은 제품군의 관여도를 측정하여 비교해보세요.

a. 집 b. 자동차 c. 음료수 d. 맥주

02. [그림 4-1]의 관여도의 수단목적 사슬을 참고하여 다음과 같은 브랜드의 수단목적 사슬을 완성하고 광고 아이디어를 간단하게 제시해보세요.

a. 닥터포 헤어(https://www.drforhair.co.kr/)

b. LG gram 노트북

LG gram

03. 본인의 생각에서 자신이 가장 브랜드 충성도가 높은 브랜드를 선택하여 자기분석적 방법으로 그 이유를 설명해보세요.

04. 3명 정도를 인터뷰하여 충동구매에 의해 구매한 제품들과 그 원인을 찾아내고 충동구매가 반복구매에 긍정적 영향을 미치는지에 대해 논의해보세요.

05. 정교화가능성 모델 측면에서 다음 광고들의 효과성을 평가해보세요.

a. 손흥민 볼보 vs 신라면

b. 박보검 에이스 침대 vs 코카콜라

06. 다음과 같은 제품들을 상대적으로 더욱 더 고관여화시킬 수 있는 마케팅 아이디어를 제시하세요.

a. CJ 맥스봉

b. 머거본 꿀땅콩

c. 국순당 생막걸리

07. [그림 4-9]를 본인의 기준을 활용하여 또는 술을 마시지 않는다면 인터뷰를 통하여 맥주를 마시는 상황을 나누고

a. 자기 전에 혼자 마시는 상황 및 운동경기를 TV로 보면서 마시는 상황의 세분시장으로 가치를 평가해보고 가능하다면 이에 맞는 제품 및 광고 아이디어를 제시하고
b. 닭가슴살 브랜드가 시장 확대를 위해 닭가슴살을 먹는 상황을 분류하여 새로 더욱 공략해야 할 시장을 이야기해보세요.

참 · 고 · 문 · 헌

1) Chaudhuri, A.(2000), A macro analysis of the relationship of product involvement and information search: the role of risk, *Journal of marketing theory and practice*, 8(1), 1–15.

2) Michaelidou, N., & Dibb, S.(2008), Consumer involvement: a new perspective, *The Marketing Review*, 8(1), 83–99.

3) http://www.harley-davidson.com

4) Laurent, G., & Kapferer, J. N.(1985), Measuring consumer involvement profiles, *Journal of Marketing Research*, 22(1), 41–53/Asseal, H.(2008), *Consumer Behavior: A Strategic Approach, Holighton Mifflin*, 90–91의 내용을 참고하여 수정하여 정리

5) Clancy, K. J.(1992), CPMs must bow to involvement measurement, *Advertising Age*(January 20, 1992), 20.

6) Laurent, G., & Kapferer, J. N.(1985), Measuring consumer involvement profiles, *Journal of Marketing Research*, 22(1), 41–53.

7) Zaichkowsky, J. L.(1994), The personal involvement inventory: Reduction, revision, and application to advertising, *Journal of Advertising*, 23(4), 59–70.

8) Laurent, G., and J–N. Kapferer(1985), *op. cit.*, 45.

9) Houston, M. J.(1978), Conceptual and methodological perspectives on involvement, *Research Frontiers in Marketing: Dialogues and Directions*.

10) Beatty, S. B., & Smith, S. M.(1983), Involvement, search and satisfaction: A path analytic model, In Proceedings of the AMA Winter Educators' Conference: Research Methods and Causal Modelling in Marketing, *American Marketing Association*, 44–47.

11) https://ewhabrandcommunication.wordpress.com/2017/04/19/의 내용에서 참고하여 작성

12) Asseal, H.(2008), *op. cit.*, 100–102.

13) Asseal, H.(2008), *ibid.*, 100.

14) Brown, G. H.(1953), Brand Loyalty–fact of fiction, Trademark Rep., 43, 251/Alsop, R.(1989), Brand loyalty is rarely blind loyalty, *Wall Street Journal*, 19, 1–10/Peter, J. P. and J. C. Olson(2008), *Consumer Behavior and Marketing Strategy*, McGraw–Hill, 94에서 재인용

15) Peter, J. P. and J. C. Olson(2008), *Consumer Behavior and Marketing Strategy*, McGraw–Hill, Eigth Edition, 94.

16) 더그 홀 · 제프리 스탬프 지음, 임정환 옮김(2004), 마케팅은 미친 짓이다, 한스미디어, 236–237.
17) Roberts, K.(2015), BRAND LOYALTY RELOADED, SAATCHI & SAATCHI, RED PAPER//www.saatchikevin.com
18) 마틴 린드스트롬 지음, 박세연 옮김(2013), 누가 내 지갑을 조정하는가, 웅진지식하우스, 97–98의 내용에서 참고하여 작성
19) Day, G. S.(1976), A two-dimensional concept of brand loyalty, In Mathematical models in marketing, 89–89, Springer, Berlin, Heidelberg.
20) http://www.lovemarks.com/index.php?pageID=20016&lmvideoid=241(아이폰에 대한 사랑)
21) 동아일보(2011.5.23)
22) https://www.visualcapitalist.com/concept–brand–loyalty–dead/
23) 사진출처: https://www.visualcapitalist.com/concept–brand–loyalty–dead/
24) 주디스 호스트먼 지음, 이문영 옮김(2011), 나의 두뇌가 보내는 하루, 쌤앤파커스, 44에서 참고하여 작성
25) Fomer Customers are Good Prospects, *The Wall Street Journal*(April 22, 1982), 31.
26) Hawkins, D. I., and Mothersbaugh, D. L.(2010), *Consumer Behavior: Building Marketing Strategy*, McGraw–Hill, Eleventh Edition, 497.
27) Tirmizi, M. A., Rehman, K. U., & Saif, M. I.(2009), An empirical study of consumer impulse buying behavior in local markets, *European Journal of Scientific Research*, 28(4), 522–532.
28) Pazarlis, P. et al.(2008), Compulsive Buying: A Review, *Annals of Journal Psychiatry*, 7(Supp, 1), 273.
29) 제임스 클리어 지음, 이한이 옮김(2019), 아주 작은 습관의 힘, 비즈니스북스, 145에서 참고하여 작성
30) Stern, H.(1962), The significance of impulse buying today, *Journal of Marketing*, 26(2), 59–62.
31) Moss, M.(2013), Nudged to the Produce Aisle by a Look in the Mirror, *The New York Times*, 28.
32) Burgoine, T., Forouhi, N. G., Griffin, S. J., Wareham, N. J., & Monsivais, P.(2014), Associations between exposure to takeaway food outlets, takeaway food consumption, and body weight in Cambridgeshire, UK: population based, cross sectional study, Bmj, 348, g1464.
33) Rook, D. W.(1987), "The Buying Impulse," *Journal of Consumer Research*, 24(September), 189–199.
34) Stern, H.(1962), "The Significance of Impulse Buying Today," *Journal of Marketing*,

26(April, 1962), 59-62.
35) Saul, Nebitt(1959), Today's Housewives Plan Manus as They Shop, Nebitt Associate Release(New York: New York: Nebitt Association), 2.
36) 이케아의 영업비밀…복잡한 매장 설계로 출구 못찾게 해 충동구매 유발, 뉴시스 newsis.com), 2011년 기사
37) 심리마케팅연구회(2001), 고객을 유혹하고 판매를 촉진하는 비하인드 마케팅, 거송미디어, 38-48에서 요약하여 정리
38) Hupfer, N. T., & Gardner, D. M.(1971), Differential involvement with products and issues: An exploratory study, ACR Special Volumes/Asseal, H.(1995), *Consumer Behavior and Marketing Action*, South Western, 148에서 재인용
39) Krugman, H. E.(1965), The impact of television advertising: Learning without involvement, *Public Opinion Quarterly*, 29(3), 349-356.
40) Krugman, H. E.(1966), The measurement of advertising involvement, *Public Opinion Quarterly*, 30(4), 583-596.
41) Rapp, S., and T. Collins(1990), *The Great Marketing Turnaround*, Prentice-Hall/제일기획마케팅연구소 옮김(1996), 마케팅 대전환, 연암사, 27-30.
42) TV리포트(2015.5.14)
43) Petty, R. E. and J. T. Cacioppo(1981), Attitude and Persuasion: Classic and Contemporary Approaches, Dubuque, Iowa: Wm. C. Brown.
44) MacInnis, D. J., & Jaworski, B. J.(1989), Information processing from advertisements: Toward an integrative framework, *Journal of Marketing*, 53(4), 1-23.
45) Hawkins, D. I., and Mothersbaugh, D. L.(2010), *op. cit.*, 405.
46) Petty, R. E., Cacioppo, J. T., & Schumann, D.(1983), Central and peripheral routes to advertising effectiveness: The moderating role of involvement, *Journal of Consumer Research*, 10(2), 135-146.
47) Asseal, H.(1995), *op. cit.*, 170-174.
48) Rothschild, M. L., and M. J. Houston, "The consumer involvement matrix: some primary findings," in Greenberg, B. A. and D. N. Bellenger(1977), Preceedings of the American Marketing Association Educator's Conference, Series, No.41, 95-98.
49) eviankorea.com
50) Boyd Jr, H. W., Ray, M. L., & Strong, E. C.(1972), An attitudinal framework for advertising strategy, *Journal of Marketing*, 36(2), 27-33.
51) 사진출처: https://www.econovill.com/news/articleView.html
52) Berger, D.(1986), Theory into practice: The FCB grid, *European Research*, January, 35.

53) Vaughn, R.(1980), How advertising works: A planning model, *Journal of Advertising Research*, 81.
54) Lim, K. S., & Razzaque, M. A.(1997), Brand loyalty and situational effects: An interactionist perspective, *Journal of International Consumer Marketing*, 9(4), 95–115.
55) Belk, R. W.(1975), Situational variables and consumer behavior, *Journal of Consumer Research*, 2(3), 157–164.
56) Hawkins, D. I., and Mothersbaugh, D. L.(2010), *op. cit.*, 471.
57) Hansen, F.(1972), *Consumer Choice Behavior*, New York: The Free Press.
58) Bearden, W. O., & Woodside, A. G.(1978), Consumption occasion influence on consumer brand choice, *Decision Sciences*, 9(2), 273–284.
59) 사진출처: https://meesig.com/items/502
60) Park, C. W., Iyer, E. S., & Smith, D. C.(1989), The effects of situational factors on in-store grocery shopping behavior: The role of store environment and time available for shopping, *Journal of Consumer Research*, 15(4), 422–433.
61) Sales promotion: The year in review, *Marketing & Media Decisions*(July, 1989), 124–126.
62) Lord, K. R., Burnkrant, R. E., & Unnava, H. R.(2001), The effects of program-induced mood states on memory for commercial information, *Journal of Current Issues & Research in Advertising*, 23(1), 1–15.
63) Kurt, L.(1936), Principles of Topological Psychology, New York–London.
64) 제임스 클리어 지음, 이한이 옮김(2019), 아주 작은 습관의 힘, 비즈니스북스, 114에서 참고하여 작성

5 CHAPTER

소비자 지각 및 정보처리

05장 소비자 지각 및 정보처리

"남의 잘못을 비판할 때 자기자신이 갖고 있는 관념이 틀린데도 자신은 올바르다고 생각하고 있는 경우가 많다." –禪設–

"이성과 감성의 근본적인 차이는 이성은 결론을 낳는데 반해 감성은 행동을 낳는다는 것이다." –도널드 칼네(Donald Calne)의 〈러브마크〉 중에서–

"단순한 사실에 입각하여 구매결정을 내리는 소비자는 지극히 소수에 불과하다. 그들은 감성이 없는 사람이거나 아침에 집을 떠날 때 감성을 냉장고에 두고 나왔다가 다시 저녁에 돌아와서 꺼내는 사람들일 것이다." –Satch & Satch 모기업 더블릭 그룹의 모리스 레비(Moaurice Levy) 회장–

1. 소비자 지각

경쟁적인 시장에서 생존하기 위해, 제조업자들은 지속적으로 마케팅 자극을 소비자에게 노출시켜야 한다.[1] 본절에서는 소비자의 행동을 이끄는 여러 가지 마케팅 자극을 활용한 마케팅에 대해서 공부한다.

1.1 마케팅 자극과 소비자 지각

일반적으로 자극(stimuli)이란 어떤 사람의 반응에 영향을 줄 수 있는 물리적, 시각적 또는 구두적 커뮤니케이션이라고 볼 수 있는데 소비자의 행동에 영향을 주는 가장 중요한 두 가지 자극 유형은 마케팅과 환경(사회적 및 문화적 영향)요인이다.

마케팅 자극(marketing stimuli)은 소비자에게 영향을 주기 위해서 디자인된 커뮤니케이션 또는 물리적 자극이다. 제품과 구성부문(포장, 내용물, 물질적 특성)은 1차적 자극(primary or intrinsic stimuli)이다. 그리고 소비자 행동에 영향을 미치기 위해 계획된 커뮤니케이션은 2차적 자극(secondary or extrinsic stimuli)으로서, 말, 그림 또는 상징을 통해서 또는 그 제품과 연관되는 다른 자극 등을 통해서 그 제품을 나타내는 것이다.

차를 좋아하는 사람들에게 멋진 자동차는 제품 그 자체가 자극이 된다. 사진의 라페라리는 이탈리아 페라리가 만드는 슈퍼카로 가격이 무려 약 130만 유로(18억 9,000만 원)이다.

일반적으로 미래의 소비자 행동결정에 최종적인 영향요인은 1차적 자극인 제품에 대한 경험이라고 볼 수 있다. 간혹, 제조업자들은 소비자들에게 무료견본을 제공함으로써 구매하기 전에 그러한 제품에 대한 체험을 하게 하며 제품을 품질에 대한 만족을 통해 긍정적인 이미지를 심어주려고 한다. 소비자들의 제품에 대한 시용과 긍정적인 이미지, 나아가 좋은 경험을 가지게 만드는 또 하나의 중요한 요소는 그 제품에 대한 커뮤니케이션이다.

소비자에게 2차적 자극을 커뮤니케이트하는 데 있어 중요한 필수조건은 차별화된 제품개념(product concept)을 수립하는 것이다.[2] 제품개념이란 메시지, 상징 및 심상을 통해서 정의된 소비자 집단의 욕구에 지향할 수 있는 제품효익의 덩어리라고 볼 수 있다. 실제 브랜드의 차별화를 위해서 표적 고객들에게는 중요하면서 아직까지 경쟁자들에 의해서는 제기되지 않았던 속성을 찾는 것이 매우 중요하다고 볼 수 있다. 예를 들어 젖어도 찢어지지 않는 타올 Viva, 아스파라탐과 같은 합성감미료나 방부제가 전혀 들어 있지 않은 전통방식 도가 막걸리, 거품

기네스는 캔이나 병을 흔들어 보면 일반 맥주와 달리 달그락 소리를 들을 수 있다. 이는 단순히 청각적인 재미를 위한 것이 아닌 것으로 생맥주의 신선함을 유지하기 위해 개발한 '위젯(widget)'이다. 캔을 따면 안의 압력이 갑자기 낮아져 캡슐이 품고 있던 질소가 방출되고 이로써 기네스만의 독특한 거품이 만들어진다.[3]

을 풍부하게 만드는 기네스 맥주의 위젯, 속도 편안한 먹거리면서 예쁜 퓨전떡 등과 같은 제품들이 그 예가 될 수 있다.

김영철의 〈동네한바퀴〉에 소개된 퓨전떡집: 보기 좋은 떡이 먹기도 좋다는 속담을 그대로 보여주고 있는 듯하다.

1.2 마케팅 자극의 주관적 해석

소비자가 어느 자극을 지각하고 또한 그들이 그 자극을 어떻게 해석하느냐를 결정하는 두 가지 주요한 요인은 자극의 특징과 그 자극을 지각하는 소비자의 능력이다. 이 두 가지 영향요인은 소비자의 지각을 결정하는 데 상호작용한다. 새로운 방향제를 개발하여 시장을 공략하는 기업이 있다고 할 때 만약 상당수 소비자들이 새로운 냄새와 과거의 냄새를 구분할 수 없다면 이 자극의 변화는 효과적이지 못하다고 볼 수 있다.

이렇듯 소비자 자극에 대한 해석능력 부족 및 주관성은 마케팅의 어려움을 말해주고 있다. 일반적으로 사람은 동일한 상황이나 사물에 대한 견해가 상반되는 경우가 많다. 실제 〈인간본성의 법칙(The Laws of Human Nature)〉의 저자인 로버트 그린(Robert Greene)은 모든 사람은 한쪽으로 편향된 사상가라는 것을 지적하는데 어떠한 편견도 없이 백지상태인 사람은 아무도 없지만 문제는 이러한 사실을 우리가 모른다는 것이다. 이러한 부분과 맥락을 같이하는 이론으로 확증편향이라는 것이 있다. 쾌락 원칙이 무의식에 영향을 미치고 있기 때문에 우리는 어떻게 하든 내가 믿고 있는 것을 확인시켜 줄 증거를 찾아내고 마는데 이것이 확증편향(confirmation bias)이라고 불리는 우리의 편향이다.[4]

확장편향(confirmation bias)
1960년 영국 심리학자 피터 웨이슨(Peter Wason)이 제시한 것으로 신념이나 믿음에 구멍이 뚫리는 것을 두려워해 반대되는 증거는 모조리 폄하하고 제거한다.[5]
(사진출처: https://www.gettyimagesbank.com)

최근에 보면 우리는 과거보다 다양성의 시대를 살고 있다. 사람들은 정치분야에서 자신이 지지하는 정부나 정당이 틀렸다는 정보를 잘 보지 않고 자신이 지지하는 정당이 옳다는 것, 바르다는 것을 지지하는 정보만 찾아서 계속 보는 경향이 있다. 점집에 가서도 긍정적인 이야기만 수용하는 경향이 바로 이러한 맥락으로 설명될 수 있는데 자신에게 유리하게 말하는 것만 기억하는 경향이 있는 것이다.[6]

비슷한 맥락에서 이를 프레임(frame)으로 설명하기도 한다. 프레임은 '창문이나 액자의 틀, 혹은 안경테'를 말하는 것으로 이는 뚜렷한 경계 없이 펼쳐진 대상들 중에서 특정 장면이나 특정 대상을 하나의 독립된 실체로 골라내는 기능을 한다. 동일한 장면을 대하고도 사진작가들마다 찍어낸 사진이 다른 이유는 그들이 사용한 프레임이 각기 다르기 때문이다.[7]

시간에 대한 소비자의 지각도 좋은 사례가 된다. 고객들의 시간 감각은 실제로 시간 흐름과 정확히 맞는 경우가 드물다. 따라서 실제로 기다린 시간보다 더 중요한 것은 '얼마나 기다렸다고 느꼈는가'이다. [그림 5-1]은 실제시간과 고객이 지각하는 시간과의 차이를 보여주고 있다.

그림 5-1 | 실제로 기다린 시간과 인식된 시간[8)]

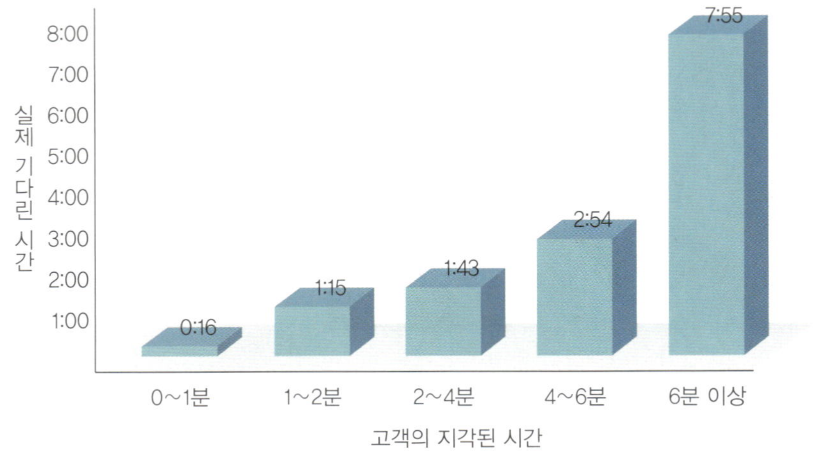

그러나 이러한 기다림의 시간에 '융통성'을 부여하는 것은 가능하다. 손님들이 지각하는 시간에 변화를 줄 수 있는 것이다. 심지어 기분 나쁜 시간을 기분 좋은 시간으로 바꿀 수도 있다. 예를 들어 사진의 고층 호텔 엘리베이터 안에 거울을 넣는다든지 오래 기다려 지겨워하는 병원에서 잡지나 만화책 등을 통해 소비자의 지각된 기다림을 줄여줄 수가 있는 것이다.[9)]

엘리베이터 안에 거울이 있는 경우는 자연스러운 시선 처리가 가능해지고 막연한 불안감을 상당 부분 해소할 수 있다. 심리학 실험에서도 엘리베이터에 거울이 있는 경우가 없는 경우보다 승객들이 상대적으로 훨씬 편안함을 느끼고 탑승시간을 짧게 인식한다고 한다.[10)]
(사진출처: https://www.gettyimagesbank.com)

위의 예와는 성격을 약간 달리하지만 소비자와 기업 간의 인식차이도 고려해야 할 중요한 요소이다. 20여 년 전 한 대기업에서 어묵라면을 개발한 적이 있다. 대체로 시제품에 대한 테스트 결과 상대적으로 소비자의 평가는 좋았다. 그러나 문제는 가격이었다. 당시 라면 중에 제일 인기 있었던 농심 신라면의 가격이 250원이었으며 이에 비교하여 소비자들은 이 어묵라면의 예상가를 평균 400원 정도로 보았으나 회사가 책정한 예상가격은 700원(요즈음 물가로 치면 약 3,000원)이었다.

기업과 소비자가 이렇게 큰 가격차이를 보이는 이유는 무엇일까? 그것은 앞에서 설명된 바와 같이 서로의 프레임이 달랐기 때문이다. 소비자들은 어묵라면을 라면으로 봤으며 회사 측에서는 어묵으로 본 것이다. 즉 소비자는 라면이라는 생각이 어묵의 원가와 관련된 세부정보를 무의식적으로 차단한 반면, 회사는 어묵이라고 생각했지 소비자가 맛도 가격도 라면처럼 생각할 수 있다는 점을 간과한 것이다.[11]

1.3 지각에 영향을 주는 가격

소비자가 겉으로 잘 파악하기 어려운 품질을 가진 제품을 볼 때 흔히 가격이 품질의 지표가 되는 경우를 우리는 쉽게 목격할 수 있다. 완전히 새로운 상품이나 소비자가 거의 사용해본 적이 없는 경우 시간이 쫓길 때 소비자는 가격을 근거로 상품을 평가하는 경향을 보인다.[12]

한 실험에서 높은 가격의 약을 받은 그룹의 환자들은 단 한 명의 예외도 없이 약효가 좋았다고 대답하였으며 반면 낮은 가격의 약을 받은 환자들은 오직 절반만 약효가 있다고 답했다.[13] 그러나 두 그룹에게 제공된 진통제는 사실 비타민C 영양제였다. 두 그룹 사이의 유일한 차이점은 환자들이 본 가격표 뿐이었다.

또 다른 연구에서는 운동선수들을 대상으로 실험한 결과, 똑같은 음료수를 89센트의 음료수로 알고 섭취했을 때보다 2.89달러짜리로 알고 섭취했을 때 더 높은 훈련성과를 보였다는 것이다. 더 놀라운 부분은 선수들의 지적 능력을 측정한 실험에서도 두 그룹은 유의한 차이를 보였다는 것이다. 가격의 차이는 실제 상당한 플라시보효과를 이끌어낼 수 있다.[14]

실제 명품들의 가격인상에 비난과는 별개로 실제 인기는 점점 높아지는 현상을 쉽게 목격할 수 있는데 이는 바로 비쌀수록 더 잘 팔리는 베블런효과(Veblen effect)다. 베블런효과의 설명에 따르면, 값비싼 귀금속류나 고급 자동차 등은 경제상황이 악화되어도 수요가 줄어들지 않는다. 같은 논리로 명품 가격인상에 따른 인기 상승을 설명하자면, 제품의 값이 오르면 오를수록 수요가 증가하고 값이 떨어지면 누구나 손쉽게 구입할 수 있다는 이유로 오히려 인기가 줄어들게 된다.[15]

위블로는 많은 사람들에게 시계 브랜드의 헤리티지를 따지는 것은 부질없다는 것을 증명한 브랜드이다. 높은 가격과 공격적인 마케팅으로 스위스 명품 시계대열에 합류하는데 성공한 위블로는 대다수가 관심을 갖지 않는 유럽 귀족들만의 축제인 요트대회나, 폴로대회 같은 자잘한 대회의 후원을 해주는 것에서부터, 포뮬러 원의 스쿠데리아 페라리나 잉글리시 프리미어 리그의 맨체스터 유나이티드의 공식 타임키퍼로서 후원을 하는 등 매우 공격적인 마케팅을 전개하였다.[16]

1.4 지각에 영향을 주는 감각

생활과 경험이 점점 더 복잡해질수록 인간이 감각의 암시를 무시한다는 것은 힘든 일이 아닐 수 없다. 실제로 집에서 갑자기 무엇인가 타는 냄새와 눈에 보이는 연기는 우리를 바짝 긴장시킬 수 있으며[17] 피부로 전해지는 차가운 바람은 무의식으로 우리의 옷깃을 여미게 한다.

이런 점에서 쇼핑이란 생활에 절대적으로 필요한 무언가를 단순히 의무적으로 구입하는 활동 이상의 의미가 있다고 규정할 수 있다. 이른바 '주워들고 나오는' 행동 이상의 의미가 있는 것이다. 예컨대 소비자가 의류를 구매하려고 할 때, 백화점에 가서 주차요원의 안내를 받아 주차하고 3층 의류매장까지 여러 입점 브랜드들을 볼 수밖에 없는 에스컬레이터를 타고 가서 근무하고 있는 많은 판매원들과 눈을 마주치고 여러 매장에 들어가 다양한 제품을 보고, 만져보고, 입어보고 비교해보며 특정 브랜드매장에서 최종 결제를 한다. 이처럼 쇼핑은 판매라는 세상의 한 부분을 경험하는 것이다.[18]

백화점의 특정 브랜드를 구입하러 간다고 해도 우리는 많은 다른 브랜드에 노출될 수밖에 없는 상황에 직면한다. 이렇듯 쇼핑은 다양한 경험으로 이루어질 수밖에 없는 것이고 소비자는 이러한 소비자의 경험을 잘 설계할 필요가 있다.
(사진출처: https://www.gettyimages-bank.com)

이때 우리는 물건 선택의 기준으로서 우리의 감각(시각, 촉각, 후각, 미각, 청각)을 이용한다. 이러한 감각은 의식적으로 일어나기도 하고, 무식의식적으로 일어나기도 한다. 우리 신체의 수용체들은 혈액 내의 염분량이 많거나 갈증이 날 때 물을 마셔야 할 필요성을 무의식적으로 느낀다. 이러한 감각기관이 아니면 우리는 사물을 경험하고 느끼기 어렵다. 특히 완전한 만족감은 아니더라도 큰 기쁨을 제공해주는 물건을 고객들이 직접 보거나, 만지거나, 냄새 맡거나, 맛보고 나서 모든 충동구매(대부분의 계획된 구매도 마찬가지이지만)가 이루어진다는 점에서 이것은 매우 중요하다고 볼 수 있다.[19] [그림 5-2]는 지각과정에 대한 다섯 가지 감각유형의 영향을 보여주고 있다.

그림 5-2 | 지각과정에 대한 개관[20]

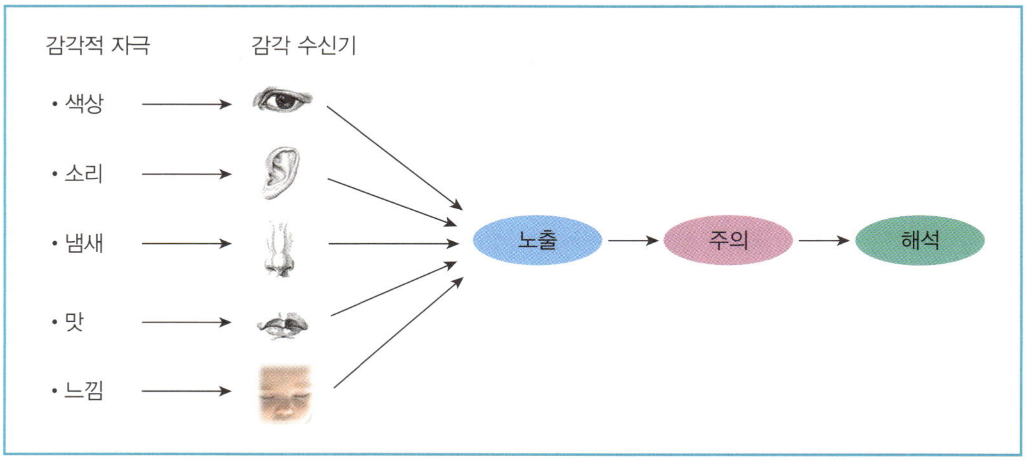

1) 시각/색상

인간의 감각기 중에 가장 강력한 것은 시각이다. 인간의 신체는 약 1,100만 개의 감각 수용체를 가지고 있다.[21] 이 중에서 어림잡아 1,000만 개 정도가 시각적인 자극을 포착한다. 일부 전문가들은 뇌를 이루는 세포의 절반이 시각에 이용되고 있다고 추정하기도 한다.[22] 다른 감각보다 시각에 의존하고 있다면 당연히 우리는 시각적 단서들이 행동의 가장 촉매제가 될 수 있다. 우리가 보는 것에 변화가 일어나면 우리가 하는 것에 변화가 일어날 수 있는 것이다. 이러한 점에서 마케팅관리자들은 제품의 디자인, 색상 등이 매우 중요한 감각마케팅 수단이 될 수 있다는 점을 알아야 한다. [Consumer Insight 5-1]은 디자인의 중요성에 대한 사례를 제시하고 있다.

CONSUMER INSIGHT 5-1 디자인의 중요성

런던에 있는 센트럴세인트마틴 미술 디자인 대학의 감각디자인연구소 소장인 제프 크룩은 사람들이 간직하는 정보의 83퍼센트는 시각을 통해 얻는다고 주장하면서 이러한 측면에서 디자인이 제품 결정에 중요한 역할을 차지할 수 있다고 하였다.[23]

휴고보스의 군복 콜렉션[24]

제1차 세계대전 당시 군복은 전투를 잘 수행할 수 있도록 하는 것이 최고의 디자인이라는 인식하에 오로지 실용성에만 집중했다. 실제로 전쟁수행에 가장 적합하다는 평가를 받았던 연합군측의 러시아 군복은 최악의 디자인으로 평가받았다. 히틀러는 멋진 군복 디자인으로, 게르만 민족의 우월성을 사기의 근간으로 했던 당시 독일군의 그릇된 자존심을 높이는 데 더욱 기여할 수 있었다고 하는데, 특히 전쟁 초기 독일군 연승의 비결이 심리적 사기를 높였던 군복에서 왔다는 전문가들의 분석이 있다.[25]

이러한 점에서 제품을 제대로 디자인하는 것은 매우 중요하다고 볼 수 있는데, 허시는 키세스 초콜릿을 깃털 모양으로 싸여진 포장으로 만들어 문화적인 아이콘이 되었고 주류산업에서는 핀란디아 보드가, 깔루아, 봄베이진, 조니워커, 헤네시 XO 코냑 등은 모두 병모양들이 자기 브랜드가 되고 있다.

통계에 의하면 병 디자인이 향수 구매를 결정하는데 40%의 비중을 차지한다고 한다. 샤넬 No5로 유명한 코코 샤넬은 그녀가 실험했던 향수병들을 "향기가 있는 대담, 매혹, 유혹의 실체"라고 믿고 있다. 코코 샤넬은 향수병을 좋아했고 그것을 전시하기까지 했다.

디자인이 중요한 다른 산업은 자동차다. 자동차 모델들은 자기만의 특징을 가진다. 딱정벌레 모양의 폭스바겐 비틀, 군대가 연상되는 큰 장갑차 모양의 허머, 그리고 문이 밖으로 열리는 것이 아니라 위로 열리는 희귀한 자동차이기에 자신만의 특별한 틈새시장을 개척하였으며 이러한 독특한 개성이 그 차의 트레이드마크가 된 람보르기니 등이 디자인이 차별화된 자동차의 대표적인 사례이다.[26]

람보르기니는 문이 밖으로 열리는 것이 아니라 위로 열리는 희귀한 자동차이기에 자신만의 특별한 틈새시장을 개척하였다.

코코 샤넬은 "병들은 향기가 있는 대담, 매혹, 유혹의 실체"라고 하였다.

테크 기업의 가장 큰 경쟁력은 당연히도 '기술적 우위'를 차지하는데 있겠으나 기술의 발전속도는 어느 정도의 임계점이 존재하기에 고객경험을 차별화하는 것이 기업의 중요한 경쟁력으로 여겨지고 있다. 특히 단순히 모바일의 개념을 넘어서 다른 사물들과 연결된 환경에서 사는 오늘날에는 고객의 생활 속에 밀접하게 녹아드는 경험을 설계하는 디자이너가 중요한 역할을 담당하게 된다.[27]

가구전문 기업인 한샘은 자사 온라인 쇼핑몰인 한샘몰 고객 455명을 대상으로 설문조사를 한 결과 가구 구매 시 디자인, 기능, 소재, 가격 등 총 7개 요소 가운데 '디자인(39%)'이 가장 많은 영향을 끼치는 것으로 조사되었다고 제시하였다. '기능(20%)'과 '재질(15%)'은 뒤를 이었고, '가격(11%)'은 7개 요소 중 5번째 고려 항목에 그쳤다.[28]

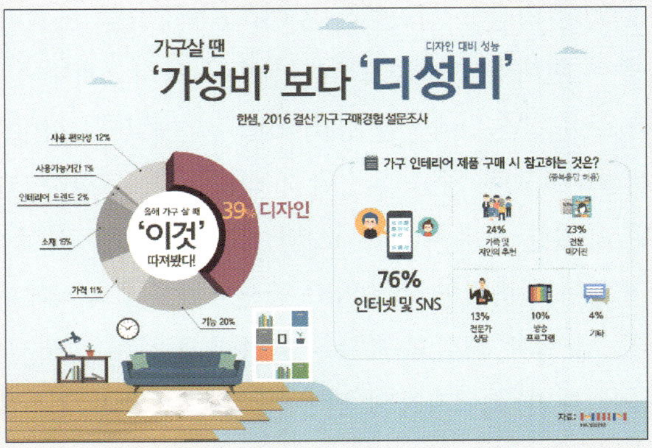

소비자들이 가구를 살 때 가격 대비 성능을 따지는 '가성비'보다 디자인 대비 성능인 '디성비'를 중시한다는 조사결과가 나왔다.[29]

이렇듯 개성 있는 모양은 여러 마케팅 채널에서 브랜드를 구축하는 데 가장 견고한 기반이 될 수 있다.

사람은 모양으로 인식하고 기억해내므로 독특한 모양의 허쉬 키세스 초콜릿과 비틀 자동차가 수십년 동안 장수하게 되는 것이다.[30)]

폭스바겐 뉴비틀

허쉬 키세스 초콜릿

그리고 최근 소비자의 의사결정에 있어 색상의 역할이 커지고 있다. [그림 5-3]에서 요약되어 있듯이 제품의 브랜드명, 특징, 기능, 가격, 효익 등을 알리는 주요한 기능을 수행할 수 있기에 새로운 브랜드를 창출하거나 기존 브랜드를 차별화하고자 할 때 색으로 브랜드에 대한 인상을 심어주는 것이 최근 중요한 마케팅전략의 한 방법이라고 볼 수 있다. 예를 들어 현대카드는 카드의 색상으로 표적고객이나 서비스 등을 차별화하고 있으며, 우리나라 주유소들은 색상을 강조하여 다른 회사의 서비스와 다름을 커뮤니케이션하고 있다.

색상(color)은 중요한 감각적 의미를 갖고 있다. 한 연구는 상이한 3가지의 색상으로 포장된 동일한 볼펜식(roll on)의 데오도란트를 시험하였다. 응답자들은 첫 번째 색상으로 된 제품은 신속하게 건조되고 냄새제거에 효과적이며, 두 번째 색상의 제품은 강한 향기가 나며, 세 번째 색상의 제품은 짜증나게 하며 냄새제거 효과가 없다고 응답하였다. 동일한 제품에 대한 소비자들의 반응의 차이는 단지 포장의 색상의 차이에 의해서 기인된 것이다.[31)]

그림 5-3 | 색상의 영향

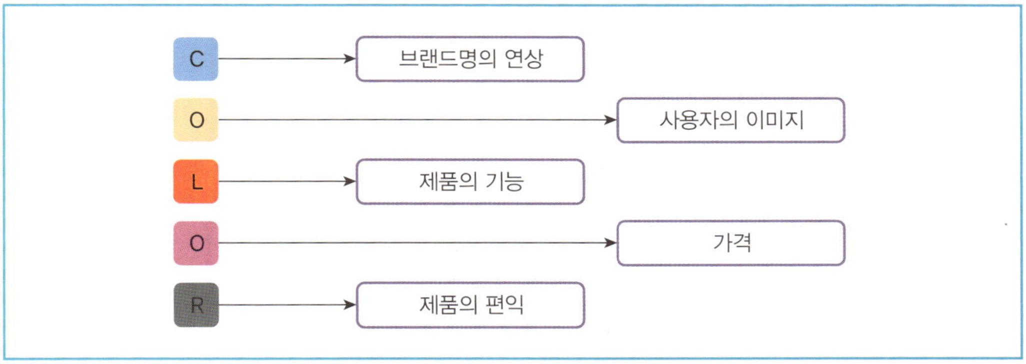

현대카드의 블랙카드는 비즈니스맨의 로망이다. 블랙카드는 명사나 대기업 중역 등 우리나라 상위 1퍼센트 미만의 사람들만 소유할 수 있다. 심사를 통해서 어렵게 가입이 되면 리무진을 탄 미녀가 럭셔리하게 포장된 카드를 전달하는 의식을 거친다. 블랙카드의 유혹은 거기서 끝나지 않는다. 회원들은 소수에게만 참가가 허용되는 루이뷔통 파티 등에 초대받고, 플라시도 도밍고나 빌리 조엘 들의 슈퍼 콘서트에도 초대된다. 이런 일련의 VIP 마케팅은 매우 유혹적으로 보이는데 마치 유럽의 상류문화를 재현하는 것 같다.[32]

실제, 색상은 우리의 감정에 직접적으로 영향을 미칠 수 있다. 연구자들은 어떤 색상(예를 들어 붉은색)은 주의를 환기시키고 식욕을 자극하며 어떤 색상(예를 들어 청색)은 좀 더 편안한 느낌을 창출한다고 말한다.[33] 과학자들은 빨간색을 보는 장파장 세포인 로우(ρ) 세포, 노란색 계열을 보는 중파장 세포인 감마(γ)세포, 파란색 계열을 보는 단파장 세포인 베타(β) 세포의 분포비율이 정상인의 경우는 40 : 20 : 1인 것으로 이야기한다. 그래서 빨간색 계열이 눈에 가장 잘 띄는 것이다.

결국, 빨간색 옷을 입고 나가면 아무리 평범한 스타일이라고 해도 시선을 끌기 쉽다. 따라서 온라인에서 많은 이성의 관심을 받고 싶은 여성이라면 빨간색 옷차림의 사진을 올리는 것이 도움이 될 것이다. 이러한 결과는 마케터나 패션 디자이너들에게 활용될 소지가 높아 보인다. 전단지나 매장의 '구매시점 광고' 등에서 여성을 대상으로 할 경우 빨간색을 사용한 광고문구로 어필하는 것이 효과적일 수 있다.

파즈다 교수는 빨간색은 남성에게 자기가 좋은 짝이라는 신호를 보내는 것으로 인식하는 경향이 있다고 이야기하며, 사랑과 열정을 상징하며 본능적이라는 인식이 많다고 했다.[34] (사진출처: https://www.gettyimagesbank.com)

한편으로 파란색과 초록색은 마음을 평온하게 해주는 색이며, 신경과 근육의 긴장을 완화시켜주는 색이라고 한다. 푸른 잔디와 하늘을 바라보았을 때 우리는 편안한 느낌을 받을 수 있는 것이 그 때문이다. 하지만 이러한 색들은 입과는 거리가 먼데 인체에서 파란색이라고는 시퍼런 멍이나 정맥과 같이 불쾌함을 떠올리기 때문에 파란색 음식을 꺼리는 것은 당연한 현상이다.[35]

컬러로 확실히 차별화되는 기업 및 브랜드

이러한 점에도 불구하고, 마케팅관리자들은 색상에 대한 지각은 나라에 따라 상이하다는 점에 주의할 필요가 있다. 중국과 일본의 소비자들은 자주색을 고가제품으로 생각하며 또한 회색을 그다지 비싸지 않은 제품으로 생각한다. 이 경우는 미국 소비자들에게는 정반대로 자주색은 싼 제품으로, 회색을 비싼 제품으로 연상되고 있다. 그래서 중국제품은 과거 미국에서 잘 팔리지 않았던 것이다. 중국제품 가운데 미국인이 선호하는 색이 별로 없었기 때문이다.[36]

홍등

천안문

SK와 통신합작행사

빨간 속옷만을 판매하는 상점37, 조상에 의하면 중국인들이 과거 붉은색 속옷을 즐겼다면 이제는 점차 부드러운 색상을 선호하는 분위기라고 한다.[38]

중국인이 붉은색을 좋아하는 역사는 너무 오래된 것이어서 구체적인 원인은 세월의 흐름에 따라서 자세히 알 수 없게 되었지만 붉은색에 대해서 중국인들은 장대함, 축하, 행운, 대길, 이로움, 사람에게 좋은 운을 가져다 주는 것으로 느낀다고 한다.

2) 후각/냄새

냄새(smell)는 특히 화장품과 식품에 대해 중요할 수 있으며 상당수의 소매점에서 고객이 오래 머무르고 매출을 높이는데 중요한 영향을 미치는 것으로 알려져 있다. 길을 걷다가 가판에서 조리하고 있는 먹음직스러운 어묵냄새에 가판으로 들어가기도 하고 백화점 지하 매장에서 맡게 되는 갓 구운 빵의 향기는 발길을 붙잡기에 충분하다.

향기가 소비자 인식 및 구매에 영향을 미친다는 연구결과도 많다. 한 연구에는 두 가지의 상이한 향기를 똑같은 화장지에 첨가하였다. 소비자들은 한 화장지를 우아하며 비싼 것으로 지각하고, 또 다른 화장지를 부엌에서 사용하는 제품으로 지각하였다.[39] 또한 연구자들은 한 피자가게에서 라벤더향과 레몬향을 분사한 후 실험기간 동안 그들은 고객들이 식당에서 보낸 시간, 그리고 한 사람당 나온 계산서의 평균액수를 측정했다. 그 결과 레몬향을 분사한 경우 테이블에서의 평균시간과 음식에 더 많은 금액을 지불하였다는 것을 알아냈다.

레스토랑과 같이 그 자체가 후각적 면에서 충분한 자극이 되는 장소라 할지라도 여기서 풍겨 나오는 특정한 냄새는 소비자의 행동에 영향을 미칠 수 있다. 후각적 배경은 어떤 특정한 심리상태로 사람들을 유도하며, 이 특정한 심리상태가 사람들의 행동에 영향을 미치는 것이다.[40]

그림 5-4 | 특정 향기에 따른 소비변화[41]

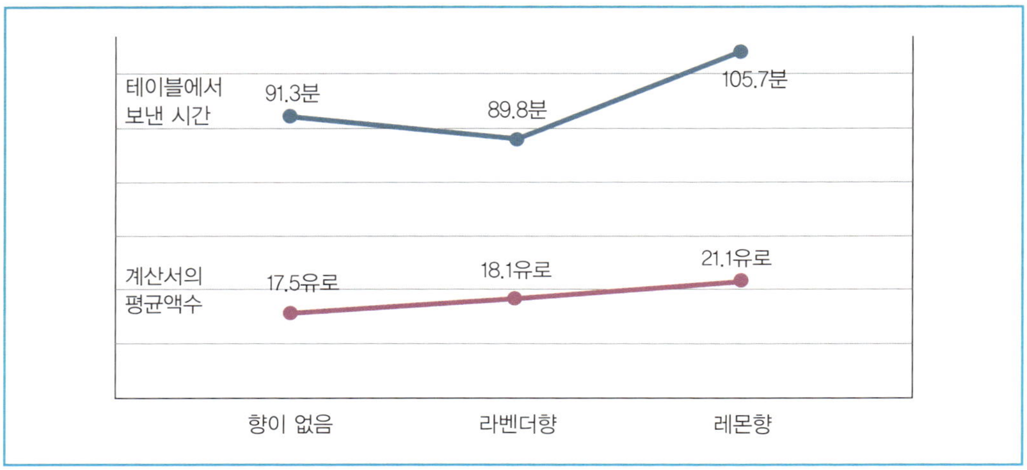

3) 미각/맛

맛(taste)은 소비자의 브랜드 지각을 조건화하는 또 다른 감각적 요인이다. 앞에서 논의한 향과 맛은 서로 밀접하게 연관된다. 여러 연구에서 종종 음식이 후각테스트를 통과하면 맛도 대개 통과한다는 것을 제시하고 있는데, 실례로 브랜드 센스 리서치팀의 조사에서 소비자들은 맥도날드의 냄새가 싫지 않으면 음식을 좋아하고 냄새가 싫으면 맛도 싫어하는 결과를 보였다. 시각에 의한 정보도 맛에 영향을 미칠 수 있다는 것은 P&G사가 프링글스(Pringles)라는 감자칩을 처음 출시하였을 때의 사례에서 알 수 있다. P&G사가 주요하게 집중한 사항은 내용물이 깨지지 않도록 하기 위해서 쉽게 열리는 긴 통으로 된 새로운 포장이었다. 포장은 테니스공 깡통같이 보였을 뿐만 아니라, 칩은 테니스공과 같은 맛이라고 소비자들은 생각하였다.

이러한 포장이 처음 도입된 과거에는 소비자들이 테니스공 통과 연관시키는 것이 당연한 것일 수도 있다. 지금도 테니스공 맛으로 느껴질까?

맛은 기억에서 사라지기 쉬운 지각이 될 수 있다. 한 맥주맛에 대한 연구결과 소비자들에게 브랜드가 붙어 있지 않은 3가지의 맥주 브랜드에 대해 질문하였을 때, 3가지 브랜드 모두를 비슷하다고 평가하였다. 그리고 대부분의 소비자들은 그들이 통상 사용하는 맥주를 확인할 수 없음을 밝혔다.[42] 비슷한 예로 [그림 5-5]는 맥주맛 테스트 결과를 보여주고 있다. 브랜드를 가지고 맛을 보았을 때는 흑맥주인 기네스를 제외하고 모두 비슷한 맛으로 평가를 받고 있다. 그러나 브랜드를 알고 마실 때는 각 브랜드의 맛이 매우 다른 것으로 나타났다. 그러나 라벨을 보여주었을 때 소비자들은 그들이 통상 구매하던 브랜드에 대해 강한 선호성을 가지고 있었다.[43]

그림 5-5 | 브랜드를 알 때와 모를 때의 브랜드별 맥주맛 차이 비교[44]

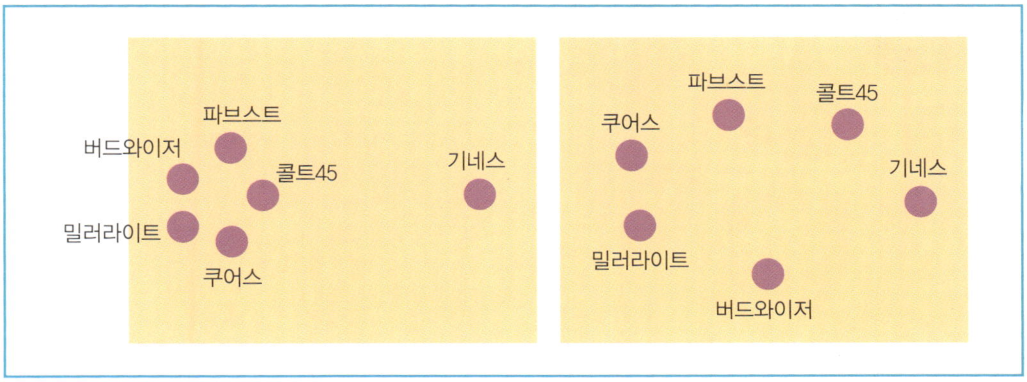

또, 비슷한 예로 2004년 미국 베일러 의과대학 연구팀의 코카콜라와 펩시콜라 애용자 67명을 대상으로 한 실험이 있다. 눈을 가린 상태에서 하나를 선택하라고 한 시음테스트에는 펩시콜라를 선호했다. 그러나 시음하기 전에 각 회사의 로고를 보여주었을 때는 네 명 중 세 명이 코카콜라를 선호했다. 연구자들은 테스트를 할 때 뇌 활동을 스캐닝했는데 코카콜라 브랜드는 기억 또는 자아상과 관련된 뇌의 부분에서 왕성한 활동이 일어나는 것을 알게 되었다. 반면 펩시콜라는 '좋은 기분을 느끼는 뇌'의 부분에 아무런 반응을 일으키지

못하는 것으로 발견되었다.

우리가 일반적으로 맛을 판정할 때는 맛 봉우리와 침샘의 반응뿐만 아니라 시각, 기억 및 상상에도 반응하는 현상, 즉 감각전이(sensation transference)가 일어나게 된다. 이것이 마케팅에서 품질보다 지각된 품질(perceived quality)을 더 중요하게 여기는 이유이다.[45]

즉, 맛은 소비자의 마음속에 있는 그 브랜드의 이미지와 혼란스럽게 연관되어 있다. 브랜드의 확인이 없이, 소비자의 맛에 대한 경험은 완전히 상이하다. 이러한 사실은 코카콜라(Coca-Cola)사가 자사의 주력브랜드의 형식을 바꾸려고 시도한 것으로 설명될 수 있다. 눈을 가리고 맛을 시험한 결과는 뉴코크(New Coke)가 원래의 브랜드보다 우수하다는 것을 보여주었다. 그리하여 새로운 제품으로 바꾸려고 하였을 때 소비자의 저항이 너무 거세기 때문에 당사는 원래의 브랜드를 코카콜라 클래식(Coca Cola Classic)으로 하여 다시 출시하지 않을 수 없었다.

1950년 5월 9일 탄생한 칠성사이다는 60년 동안 160억 병이 팔렸다. 어떤 경쟁브랜드도 칠성사이다의 아성을 넘지 못했다. 왜? 다른 사이다는 사이다맛이 아니니까. 칠성사이다 맛과 브랜드 파워에 길들여진 소비자는 이 맛이 정답이라고 생각한다.

4) 청각/소리

소리(sound)는 또 다른 중요한 감각적 자극이다. 음악마케팅은 1920년대 호텔의 로비나 사무실 등에서 조용하면서도 쾌적한 환경을 만들기 위해 배경음악을 사용하면서 시작되었다고 한다. 이러한 것들이 상업적으로 활용되면서 광고주들은 효과적으로 제품을 커뮤니케이션하기 위해 자주 운율적 반복을 통해 음악을 사용하며, 또는 브랜드에 대한 긍정적인 연관성을 조성하기 위해서 감성적인 배경음악을 사용한다.

우루사(간 때문이야~)

갤럭시 Z플립(범내려온다~)

오로나민씨(머리부터 발끝까지~)

하이마트(농번기랩)

광고음악이 브랜드 인지도 및 매출에 큰 영향을 미친 광고

실제, 인간이 음악을 가장 빈번하게 사용한 대표적인 상황은 종교의식이나 축제였는데, 그 이유는 음악이 인간의 마음에 호소하는 강력한 기능이 있기 때문에 학습이나 작업과 같은 지적 활동뿐만 아니라 심리적 원인으로 일어나는 질병을 치료하는 데도 활발히 활용되었기 때문이다.[46]

음악의 효과에 대한 몇 가지 연구를 통해 우리는 좀 더 구체적인 음악의 효과를 알 수 있다. 한 연구에서는 소비자들에게 여러 개의 펜 중에서 선택하도록 요청하였는데, 그 중 하나에는 배경음악이 있는 것으로 광고된 것이었다. 소비자들은 그들이 그 배경음악을 좋아한다면, 그 펜을 선택할 가능성이 매우 높았다.[47]

배경음악의 스타일에 따라서 그리고 소비자의 특성에 따라서 다른 매출이 이루어질 수도 있다. [그림 5-6]에서 볼 수 있듯이 음악의 종류에 따라 남녀의 구매행동은 서로 반대의 결과를 보여주었다. 예를 들어 여성들은 느린 템포의 음악이 나오고 있을 때 더 고급스럽고 좋아 보인다고 생각하고 있었다.

그림 5-6 | 남녀 및 음악템포에 따른 구매액 차이

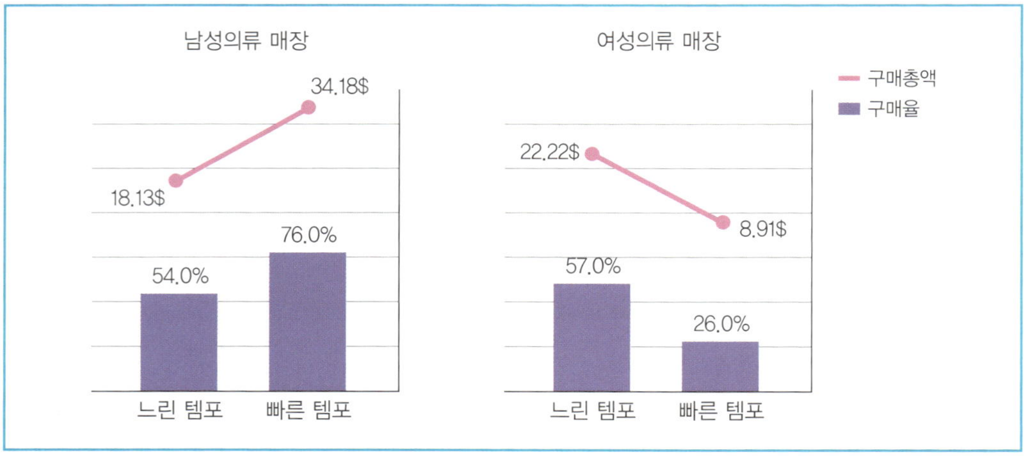

반응에 대한 남녀의 차이에도 불구하고, 음악이 나오는 것이 나오지 않을 때보다 판매에 더 긍정적 영향을 주었다. 음악이 있을 때의 판매율이 54%였던 반면, 음악이 없는 조건에서는 단지 47%였다.[48]

빅토리아 시크릿 매장에서는 클래식 음악을 연주경쟁사와 차별화, 명품처럼 보이도록 만든다.[49]

특정 음악까지 아니라 자동차의 차별화된 시동소리, 병뚜껑 딸 때 들리는 소리, 게임기나 슬롯머신의 소리 등과 같은 제품 사용시의 소리도 중요한 차별화 요소가 될 수 있다. 특정 브랜드의 마니아들은 일반인들이 거의 인식하지 못하는 미묘한 차이와 특징을 식별해낸다. 의식적이든 무의식적이든 자신이 좋아하는 탄산음료 뚜껑을 돌리는 소리는 두뇌의 무의식적 갈망 중추를 미묘한 방식으로 활성화한다. 그리고 흥미롭게도 탄산음료 기술자들이 친숙한 그 소리를 살짝만 바꾸어도 마니아들은 갈망을 느끼지 못한다. 그만큼 소리는 미묘한 요소이다.[50]

라스베이거스의 벨라지오호텔과 카지노에서도 소리의 힘을 직접 경험했다. 슬롯머신의 버저 소리와 이긴 경우 받침대 쟁반으로 동전이 쏟아지는 소리를 제거하고 영업하는 동안 놀랍게도 호텔은 슬롯머신의 수입이 눈에 띄게 감소하는 것을 경험해야만 했다. '윙윙' 하는 소리나 '짤랑짤랑'하는 소리를 내지 않는 슬롯머신은 기계가 아닌 것처럼 느껴졌고 카지노 시 흥분된 감정을 전달해 주지 못했던 것이다.[51]

슬롯머신에 소리가 없다는 것은 온라인 게임에 소리가 없는 것과 다를 바 없는 것 같다.[52] (사진출처: https://www.gettyimagesbank.com)

5) 촉각/느낌

일반적으로 다른 감각보다 과학자들의 연구가 부족한 감각이지만 어떤 제품에 대한 느낌(feeling)도 역시 소비자의 지각에 영향을 미치는 중요한 부분이다. 그것이 럭셔리한 마사지에서 비롯되었든 추운 겨울바람이든 우리 피부를 건드리면 우리는 자극받고 이완될 수도 있다.[53]

촉각 또한 마케팅에서 중요한 차별화 요소가 될 수 있다. 와인 병의 코르크 마개는 스크류 캡으로 되어 있는 경우보다 와인을 더 맛있게 느끼는 요소가 될 수 있으며 소비자들의 49%는 자동차에 앉아서 손으로 느끼는 촉감이 구매를 결정할 때 중요한 역할을 한다고 대답한다. 월마트의 자회사인 영국의 아스다 슈퍼마켓 체인은 화장실 휴지 브랜드들의 포장을 제거하여 구매자들이 직접 질감을 느끼고 비교하게 함으로써 생필품 판매가 급증하는 효과를 가져왔다.[54]

아직도 많은 소비자들은 소주처럼 스크류 캡으로 되어 있는 와인을 고급스럽지 못한 와인으로 생각한다.

표 5-1 제품군별 촉각의 중요성[55]

촉감 카테고리(%)	홈 엔터테인먼트	스포츠 웨어	패스트 푸드	소프트 드링크	자동차	전화	아이스 크림	비누
어느 정도/ 매우 중요한	11.6	82.2	10.4	15.1	49.1	43.9	21.7	61.5

노르웨이의 스트레스리스(stressless) 쇼파는 사람의 체형을 그대로 감싸는 기술을 통해 긍정적인 촉감을 느끼게 한다는 것을 강조한다.

부드러움은 상당수 종이제품에 있어 바람직한 속성으로 생각되며 소비자들은 자주 섬유, 의복, 카페트 또는 가구 등의 제품에 있어 느낌을 사용하여 품질을 평가한다. 가죽의 질감도 천연 그대로의 감촉을 느낄 수 있도록 관리하는데 제품 구석구석에서 최적 촉감을 유발할 수 있는 포인트를 찾아낸다면 감정자극 차별화를 실현할 수 있다.

촉각의 중요성을 보여주는 조금 다른 유형의 사례로, 연구자들은 터치(touch)는 판매에 영향을 미칠 수 있다는 결과를 제시하기도 했다. 소비자들을 터치한 판매원이 레스토랑에서 더 많이 팁을 받은 결과와 슈퍼마켓 판매대에서 고객을 터치함으로써 새로운 스낵 제품에 대한 시용률을 더욱 높일 수 있었던 것 등이 그 예이다.[56]

6) 총체적 판매제안

브랜딩 분야의 대가인 마틴 린드스트롬(Martin Lindstrom)은 그의 저서 〈오감 브랜딩(Brand Sense: How to Build Powerful Brands Through Tough, Taste, Smell, Sight and Sound)〉에서 브랜드의 미래 세대를 총체적 판매제안(holistic selling proposition: HSP)이 주도하게 될 것이라고 하였다.

미래 세대의 브랜딩 기법인 총체적 판매제안은 브랜드의 메시지, 모양, 상징, 의식, 전통을 모두 활용하는 총체적인 브랜드 관리방법인데 그는 책에서 지난 100여 년간 광고는 시각적 만족만을 최고로 생각해왔기에 우리가 광고를 만들 때 시각적인 부분만을 점점 더 세련되게 발전시켜 왔고 다른 감각기관을 동시에 공략하지 못해 효과적인 마케팅을 수행해오지 못하였다고 주장하였다. 예를 들어 자동차를 어필하는 자동차회사는 디자인의 유려함에 더하여 독특한 차안의 냄새, 부드러운 촉감의 핸들과 시트, 독특한 시동소리 등을 동시에 공략함으로써 더욱 차별화된 마케팅을 수행할 수 있다는 것으로 후각, 촉각, 청각을 동시에 브랜드의 메시지를 전달하고 특정한 이미지를 입히기 위한 수단으로 활용한다면 소비자에게 제대로 각인될 수 있다고 주장하는 것이다.[57]

시각적으로 아름답고, 좋은 냄새, 굽는 소리는 소비자의 식욕을 더욱 돋운다.
(사진출처: https://www.gettyimagesbank.com)

CONSUMER INSIGHT 5-2 체험마케팅

조셉 파인 2세(Joseph Pine Ⅱ)와 제임스 길모어(James H. Gilmore)는 하버드 비즈니스 리뷰(Harvard Business Review)에서 〈체험 경제학을 환영하며(Welcome to Experience Economy)〉라는 논문에서 경제적 가치의 진보 단계를 범용품(commodity), 공산품(goods), 서비스(services), 체험(experience)의 4단계로 구분했다.[58]

그림 5-7 | 제품개념의 변화[59]

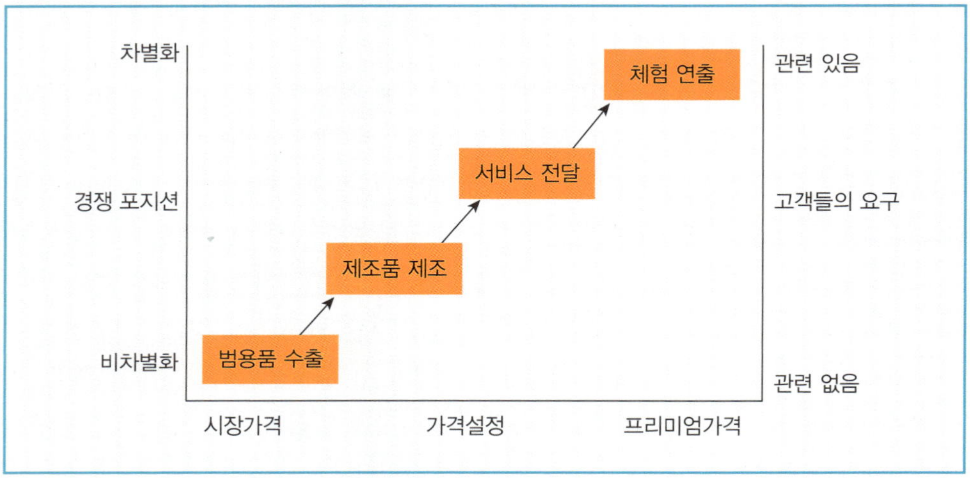

커피를 예로 들어 설명해보면 원두는 범용품이라고 할 수 있다. 원두가 가공되어 냉동건조커피인 맥심이나 초이스라는 브랜드를 달고 판매되는 경우 이는 제조품의 수준이라고 할 수 있다. 학교 앞의 커피숍에서 서비스가 가미된 커피를 3,500원에 마실 때 전체 가치에서 서비스의 가치부분이 훨씬 더 클 수 있으며 스타벅스에서 스터디를 할 수 있는 장소를 제공받으며 6,000원이 넘는 커피를 마실 경우는 상당부분 해당제품에 체험이 포함되었기 때문이다. 공산품과 서비스가 다른 것처럼, 체험도 서비스와는 다른 특징을 가지고 있으며 경제적 판매의 4분의 1을 차지한다. 다만, 체험은 항상 우리 주변에 머물러 있으면서도 지금까지는 인정받지 못했지만 최근 들어서는 제품과 서비스를 차별화하는 수단으로 각광받고 있다.

슈미트(Schmitt) 교수는 이러한 체험마케팅을 "기업이 물건을 팔 때 상품판매에만 그치지 않고 독특한 서비스나 이벤트 등을 통해 상품과 브랜드 이미지를 꾸준히 심어줌으로써 소비자를 충성고객으로 만드는 21세기형 마케팅전략"이라고 설명하였다. 기존에는 '이 상품은 이래서 뛰어나다'는 식의 특징과 효익(feature & benefit) 마케팅전략이 주류를 이루었다. 제품의 기능상 특징에 초점을 맞추어 고객을 합리적인 의사결정자로 간주, 분석적이고 계량적이며 언어중심적인 마케팅수단과 도구를 사용해온 것이다. 하지만 기술의 발달로 이제 고객들은 상품의 품질은 당연한 것으로 받아들이기 때문에 이러한 전략은 더 이상 통하지 않게 되었다. 또한 이제는 분석적이고 계량적인 것 대신에 보고 느끼고 생각하는 체험마케팅, 감성마케팅이 중요해지고 있는 것이다.

그림 5-8 | 전통적 브랜드와 체험경제하의 브랜드[60]

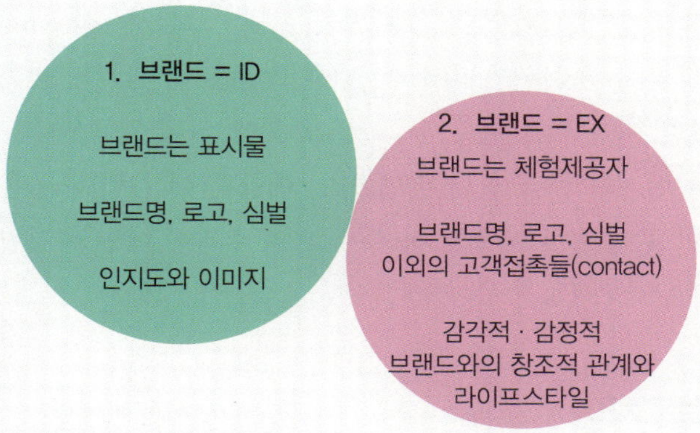

슈미트 교수는 체험마케팅의 틀을 구성하는 고객체험의 5가지 유형을 다음과 같이 설명하고 있다. 첫째, 감각(sense)으로 감각마케팅은 시각, 청각, 촉각, 미각, 후각 등 오감을 자극하여 고객들에게 감각적 체험을 창조할 목적으로 오감에 호소한다. 둘째, 감성(feel)으로 감성마케팅은 브랜드와 관련된 다소 긍정적인 감정에서부터(저관여의 비내구적인 식료품 브랜드 혹은 서비스, 산업용 제품) 즐거움과 자부심 같은 강한 감정에 이르기까지 감성적 체험(소비 내구재, 기술 또는 사회마케팅 캠페인)을 창출하기 위해 사람들의 느낌과 감정에 소구한다. 셋째, 인지(think)로 인지마케팅은 고객들에게 창조적 인지력과 문제해결적 체험을 만들어주려는 목적으로 지성에 호소하는 것이다. 넷째, 행동(act)으로 행동마케팅은 고객의 육체적인 체험과 라이프스타일, 상호작용에 영향을 끼치는 것을 목표로 한다. 마지막으로 관계(relate)로 관계적 마케팅은 감각 마케팅과 감성, 인지, 행동마케팅 등 다른 4가지 차원들을 모두 포함하고 있는 것으로 관계캠페인은 자기발전을 위한 개인적 욕망(예를 들어, 사람들이 되고 싶어하는 미래의 이상적 자아)에 소구하며, 다른 사람들에게도 긍정적으로 인식되고 싶은 욕구에 소구한다.[61]

1.4 지각에 영향을 미치는 소비자 특성: 자극의 차별화

1) 식역수준

지각에 대한 마케팅 자극의 효과와 관련되는 기본적인 문제 중 하나는 소비자들이 자극 내의 차이를 차별화할 수 있느냐이다. 소비자들은 맛, 느낌, 가격, 포장의 형태에서 브랜드 간의 차이를 지각할 수 있는가? 빛 소리, 냄새 또는 기타 자극의 변화를 파악할 수 있는 소비자의 능력은 소비자의 식역수준(threshold level)에 의해 결정된다. 즉, 어떤 소비자들은 다른 사람들보다 이러한 자극에 더 예민하다. 예를 들어 시력이 좋은 사람은 그렇지 않은 사람보다 훨씬 먼 곳에 있는 제품을 볼 수 있으며 후각이 예민한 사람은 한 소매점의 라벤더향을 잘 구분해 낼 수 있다.

2) 주지할 수 있는 차이

소비자의 식역수준을 결정하는 데 있어 기본적인 원리는 차별적인 식역이 두 개의 자극을 비교하는 데 존재한다는 것이다. 일반적으로 차별적 식역은 주지할 수 있는 차이(just noticable difference: j. n. d)를 의미한다. 예를 들어, 새로운 소주가 기존 브랜드보다 1도 낮다면 어떤 소비자들은 그 차이를 주지할 수 없을지라도 3~4도 낮은 도수는 확연히 그 차이를 주지할 수도 있다. 마케팅 기업들은 간혹 주지할 수 없는 마케팅 자극에 변화를 주려고 한다. 내용물을 줄이거나 가격을 약간 인상하거나 라벨을 바꾸는데 있어 소비자들이 지각할 수 없는 영역에서 변화를 준다.

자세히 살펴보지 않으면 사실 별로 크게 바뀐게 없는 것 같다. 2010년 도리토즈는 조용히 사이즈 팩을 200g에서 180g으로 줄였다.[62]

3) 식역이하의 지각

소비자 지각에 관한 주요한 논쟁 중의 하나는 소비자가 절대적 식역이하에서 마케팅 자극을 실제로 지각할 수 있느냐이다. 식역이하의 지각(subliminal perception)이란 의식수준의 이하에서 자극을 지각하는 것을 의미한다. 지각이 이루어지는 식역수준을 역(식역, limen)이라고 한다. 따라서, 절대적 식역수준 이하에서의 지각은 식역이하이다. 소비자들이 최소한의 지각수준 이하에서 메시지를 지각할 수 있다는 것은 모순적인 것처럼 보이지만, 1950년대 실시된 실험은 주의와 이해가 없이도 실제로 노출이 일어날 수 있음을 제시하였다. 즉 소비자는 그 메시지를 보지 않았으나, 그들은 그것을 표시하였다.

비케리(Vicary)는 1957년 두 개의 메시지, 즉 'Eat popcorn' 그리고 'Drink Coca-Cola'를 1초에 1/3000(절대적 식역이하)로 매 5초마다 간격을 두고 극장에서 보여주는 단 한 번의 시험을 시행하였다.[63] 식역이하의 광고가 없었던 기간에 비교하여 극장에서 팝콘의 판매가 58% 증가하였고, Coca-Cola의 판매가 18% 증가하였다고 주장하였는데 이러한 비케리의 주장은 큰 반향을 일으켰으나 이는 결국 파산을 향해 치닫고 있는 자신의 광고회사를 살리기 위한 거짓말이었던 것으로 판명났다.

그 이후로도 식역이하의 광고에 대한 논쟁은 피상적인 것으로 입증되었는데, 그 이유는 그것이 소비자의 행동에 영향을 주었다는 증거가 없었기 때문이었다. 미국의 연방 커뮤니케이션 위원회(Federal Communication Commission)가 식역이하의 광고에 대한 시사점에 즉시 관심을 갖기는 하였지만, 식역이하의 광고가 수신자의 반응에 영향을 준다는 어떤 결론도 확인되지 않았다.[64] 그러나 [Consumer Insight 5-3]에서 볼 수 있듯이 기업들은 그 이후에도 식역이하의 메시지를 전달해오고 있고 최근의 뇌연구는 어느 정도 이의 영향을 인정하고 있다.[65]

CONSUMER INSIGHT 5-3 식역이하(서브리미널)의 메시지[66]

미국에는 서브리미널 광고가 범람하고 있다. 예를 들면 담배를 물고 당구를 치는 남성의 성기를 상징하는 의인 당나귀를 모델로 한 카멜의 광고탑 광고, 섹시한 쇼걸이 요염한 모습으로 유혹하는 라스베이거스의 관광 프로모션, 술잔에 여러 가지 심벌을 삽입한 조니워커의 인쇄 광고뿐만 아니라, 섹시한 여성의 가슴과 다리만 비추는 햄버거 체인점의 광고나, 미인들에게 둘러싸인 남성을 묘사한 맥주 광고 등 서브리미널 메시지를 삽입한 광고는 어디서든지 볼 수 있다.

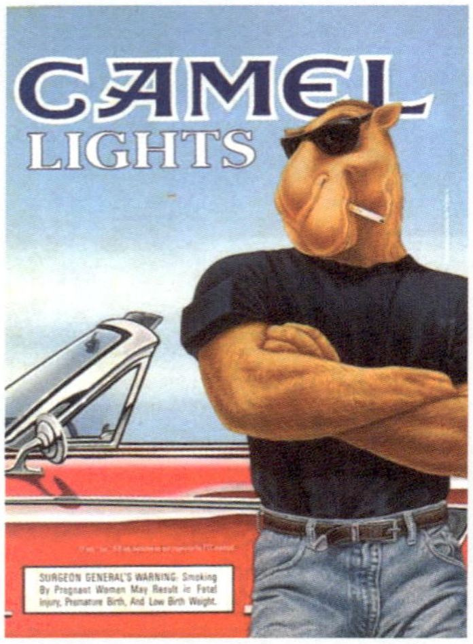

남성의 성기를 상징하는 의인 당나귀를 모델로 한 카멜의 광고

물론 우리 주위에서도 이와 유사한 서브리미널 광고가 만연되고 있다는 사실 역시 부정할 수 없을 것이다. 이러한 서브리미널 전략은 대중의 불안 심리를 자극한다는 이유로 미국 등에서는 서브리미널 광고를 규제하고 있으나, 사실 실효를 거두지 못하고 있다.

즉, 본래 의식적으로 지각할 수 없는 심벌이나 소리가 삽입된 서브리미널 광고를 지각하는 것은 거의 불가능하며, 이를 지적하더라도 오히려 소비자의 잠재의식이 투영된 환상이라고 무안만 당할 것이다. 만약 특정 기업이 서브리미널 광고로 제소당하는 경우에는 사회적으로 기업 이미지가 실추되어 경제적으로 막대한 손실을 피할 수 없을 것이다. 따라서 설령 서브리미널 광고를 하고 있더라도 이를 전면적으로 부정할 것이다.

요즘 같은 세상에 진부한 카피나 자기만족적인 장면 연출로는 소비자를 유혹할 수 없다. 즉, 어떤 부가가치의 메시지가 없으면 더 이상 광고로 소비자의 마음을 사로잡을 수가 없다. 따라서 음식물과 섹스 등 생리적인 충동에 호소하는 이중적인 의미 부여의 삽입은 이제 광고의 필수조건이 되었다. 광고에 성적인 심벌을 삽입하면 소비자의 지각에 어떤 인센티브를 줄 수 있다는 것이다. 즉, 성적 충동은 강한 동기부여력을 갖고 있다고 하겠다. 특히 식사는 인간의 성과 밀접한 관계가 있다. 음식물을 입에 넣는다는 행위는 식욕이라는 생존을 위한 생리적인 욕구 외에 성적인 암시를 내포하고 있다.

성과 관련된 것을 상징하는 광고와 포장문양(무엇을 의미하시는지 아시겠죠): 식역이하의 메시지는 우리 생활에서 꾸준히 제시되어 왔다.

음식물과 마찬가지로 화장품 역시 성과 깊은 관련이 있다. 특히 샤넬의 립스틱 광고는 샤넬을 이용하는 여성의 신분이나 성격과 더불어 립스틱이 갖는 요염한 성적 매력이 멋들어지고 심플하게 표현되어 있다. 즉, 짙은 다홍빛 입술은 촉촉한 여성의 성기를 방불케 하며, 립스틱의 모양이나 색, 포지션은 남성 성기의 심벌이다. 이 광고에는 저질스런 문자의 삽입이나 에어브러시의 나체도 그려져 있지 않지만, 오럴 섹스를 교묘하게 표현하고 있다.
또한 맥도날드의 햄버거 광고에도 성적 암시가 내포되어 있다. 두 개의 햄버거는 여성의 젖가슴이나 엉덩이를 암시하고 있는 것은 아닐까? 이들 광고는 우리네 인쇄 광고에서도 흔히 볼 수 있는 것들이다.
이러한 '섹스 어필 광고'는 현대 광고의 키워드이다. 따라서 수많은 성적인 광고가 다양한 형태로 전개되고 있는 것이다. 이러한 성적인 심벌들은 사회적으로 금기시되고 있는 사고나 감정에 소구하여 잠재적 소비자의 본능을 부추긴다. 소비자 역시 성적인 욕구를 상품이나 서비스의 소비로써 충족시키는 것이다.

4) 적응(순응)수준

적응수준(adaption level)이란 소비자가 더 이상 자주 반복되는 자극을 주지할 수 없는 수준이다. 에어컨 방, 냄새가 가득찬 부엌, 또는 시끄러운 파티장에 있는 사람은 일정시간 후에는 이러한 자극을 주지하지 않는다.

광고주는 해당 광고가 주의를 끌고 또한 차별성을 인식할 수 있도록 해야 한다는 것을 잘 알고 있기에, 일반적으로 광고 캠페인의 목적은 주의를 끌 수 있는 특성을 도입함으로써 적응수준을 낮추려고 노력한다. 새로움, 멋진 모델, 유머, 좋은 배경음악 등은 소비자의 주의를 끌고 또한 소비자의 적응수준을 줄일 수 있는 자극 효과이다. 그러나 적응수준을 줄이는 가장 효과적인 방법은 그 메시지가 소비자들이 바라는 효익을 확실히 전달하는 것이다.

일반적인 광고는 이제 소비자들이 쉽게 주목하지 않는다.
디지털 기술을 활용한 혁신적 디스플레이(삼성)[67]

1.5 지각적 선택

자극의 본질과 자극 지각에 영향을 주는 요인을 설명하였으므로, 이제 우리는 지각의 과정을 설명해야 한다. 지각의 첫 번째 구성요소인 선택(selection)은 소비자들이 마케팅 자극에 노출되고 또한 이러한 자극에 주의해야 하는 것이 요구된다. 소비자들은 그들의 욕구와 태도에 근거하여 마케팅 자극을 고르고 선택한다는 것이다. 즉, 자동차 구매자는 자동차 광고에 보다 주의하게 될 것이고, 패션 의식적인 소비자는 의류 및 패션 광고에 더 주의하게 되며, 카스맥주에 충성적인 소비자는 카스 광고에 더 주의한다.

1) 노출

노출(exposure)은 소비자의 감각(시각, 청각, 후각, 촉각)이 자극에 의해서 작동할 때에 야기된다. 자극에 대한 노출은 일어날 수도 또는 그렇지 않을 수도 있다. 자극에 대한 소비자의 관심과 자극에 대한 소비자의 관여는 소비자들이 자극에 부여하는 주의의 수준에서 일어난다.

소비자들은 그들이 노출된 자극을 고르고 선택한다. 새로운 자동차를 찾기 위해 시장에 있는 소비자는 자동차 광고를 탐색할 가능성이 매우 크다. 신형 휴대폰을 구매하고자 하는 소비자는 여러 브랜드에 대한 친구들 또는 직장 동료들의 경험에 대해 친구와 친지들에게 물어볼 가능성이 크다.

소비자들은 역시 중요치 않고 또한 관심이 되지 않는 자극에 대한 노출을 회피할 가능성이 있다. 광고에 대한 회피는 TV는 물론이고 신문, 잡지, 전단지, 심지어 인터넷에 이르기까지 전 세계적인 현상이다. 실제 한 연구에서는 바쁜 라이프스타일을 가지고, 사회적 지위가 높고, 남성과 젊은 소비자들에게서 광고 회피(ad avoidance) 현상이 더욱 뚜렷하다고 말하고 있다.[68] 특히 리모컨기술의 발달로 광고를 회피하는 것이 더욱 용이해졌는데 비디오, DVD, VOD 등을 보면서 광고가 나올 때 빨리 앞으로 감는 것을

리모컨은 광고를 쉽게 회피하도록 해준다.
영화 '〈클릭(Click, 2006)〉의 한 장면

지핑(zipping)이라고 하고 TV를 시청할 때 광고가 나오면 다른 채널로 돌리는 것을 재핑(zapping)이라고 한다.[69]

이러한 현상에도 불구하고 소비자는 종종 구매하려는 욕구를 가지고 있고, 재미있으며 정보가 유익하다는 등의 이유로 해당 광고에 자발적으로 노출되기도 한다.[70] 이러한 경우를 자발적 노출(voluntary exposure)이라고 한다. 예를 들어 인터넷상의 배너나 팝업창 등은 일반적으로 소비자가 클릭하지 않으면 기억되지 못하겠지만 위의 이유 등으로 클릭하여 해당 정보를 보거나 해당 홈페이지로 이동하였다면 자발적인 노출이 된다.[71]

2) 주의

주의(attention)는 특별한 자극에 대해 소비자의 인지적 능력이 순간적으로 집중하는 것이다. 즉, 소비자들이 TV광고를 주시할 때 진열대에 있는 신제품 또는 전시장에 있는 새로운 자동차를 주시할 때 주의가 일어난다.

광고주들은 소비자의 주의를 획득하기 위해서 앞에서 설명한 여러 가지의 구조적 요인, 예를 들어 더 큰 크기의 광고, 그 페이지의 상단 반에 광고를 게재하여 위치화한다든지 그리고 사진의 오레오 광고와 같이 시선을 끄는 파격적인 기법을 이용할 수 있다.

오레오는 우유에 찍어먹어야 더 맛있다는 메시지를 전달하는 퍼포먼스. 엘리베이터가 올라갔다 내려오면서 오레오가 우유에 빠지도록 해놓음[72]

이러한 요인들은 점포 내 자극에서도 응용된다. 예를 들어 한 연구는 슈퍼마켓의 상단 진열대에 있는 브랜드들은 하단 진열대에 있는 브랜드보다 35% 이상 주의를 받았으며 또한 2~4번째 진열대에 있는 브랜드에 대한 특별한 포장으로 34%까지 주의를 증가시켰다는 사실을 밝혔다.[73]

주의에 대해 중요한 원칙이란 소비자의 적응수준이 크면 클수록 주의가 일어날 수 있는 가능성은 더 작아진다. 즉, 앞에서 논의되었듯이 상당수 소비자들이 반복적인 TV광고에 적응됨으로써 TV광고를 무시한다.

적응의 반대는 대조(contrast)로서, 소비자가 습관적으로 생활했던 일상적인 조건으로부터의 변화이다. 사진의 독일과 일본의 대조사진에서 볼 수 있듯이 광고주들은 그들의 캠페인을 다양하게 함으로써, 또는 주의를 일으키는 자극을 사용하거나 새로운 자극을 도입하여 대조를 성취하려고 한다.

대조에 의한 광고
왼쪽의 사진은 브란트 총리가 "Warsaw Ghetto Uprising(바르샤바 게토 항쟁)" 기념관에서 무릎 꿇고 있는 사진. 이 한 장의 사진으로, 독일이 과거의 잘못에 대해 반성하고 있다는 메시지가 전 세계에 전해진다. 이후 독일의 지도자들은 계속하여 과거사에 대해 사죄하고 있다.
반면 일본은?[74]

3) 선택적 지각

소비자들은 각자가 그들의 욕구, 태도, 경험 및 개인적 특성들을 결합하는 데 있어 독특하기 때문에 선택적으로 마케팅 자극을 지각한다. 선택적 지각(selective perception)이란 두 명의 소비자가 동일한 광고물, 포장 또는 제품을 매우 상이하게 지각할 수 있다는 것을 의미한다.

사진에서 볼 수 있듯이 '장님 코끼리 더듬기'라는 말이 있다. 어떤 장님은 코끼리 다리를 만지고 길고 두꺼운 게 코끼리라고 하고, 어떤 장님은 코를 만지고 길지만 얇은 게 코끼리라고 하고, 또 다른 장님은 귀를 만지고 넓적하고 얇은 게 코끼리라고 한다. 지금 나의 선택적 지각만을 정답이라고 생각하는 순간, 다른 모든 것은 오답이 될 수도 있다.[75] 소비자와

장님 코끼리 더듬기 사진[76]

마케팅관리자 간의 지각이 다를 수 있고 소비자들 간에도 제품에 대한 지각이 다를 수 있기에 항상 마케터는 소비자의 지각 그리고 특정 소비자의 지각에 대해 관찰할 필요가 있다.

예를 들어 어떤 소비자는 천연 비타민이 더욱 몸에 좋을 거라고 생각할지도 모르지만 다른 소비자는 화학 비타민과 별 차이 없다고 생각할 수도 있다. 또한 앞의 맥주맛 예에서 살펴보았듯이, 소비자들이 브랜드를 보았을 때만 맥주 브랜드들 간에 따라 맛의 차이를 지각한 것 또한 그 예가 될 수 있다.

1.6 지각적 조직화

지각적 조직(perceptual organization)이란 소비자들이 정보를 보다 잘 이해하고, 그것에 따라 행동하기 위해서 여러 원천에서 온 정보를 하나의 전체적인 의미있는 것으로 집단화하는 것을 의미한다.

조직의 기본적인 원리는 통합화(integration)인데 통합화란 소비자들이 여러 가지 자극을 하나의 조직화된 전체로 지각하는 것을 의미한다. 이러한 원리들은 게슈탈트 심리학(Gestalt psychology)에서 유래된 것으로(Gestalt는 전체적인 구성 형태 또는 전체적 유형을 독일어로 번역한 것임), 게슈탈트 심리학의 원리들은 하나의 통합된 전체로서 광고 메시지를 해석하기 위한 틀을 제공하기 때문에, 그 원리들은 직접적으로 마케팅전략에 응용된다. 제품, 가격, 촉진, 유통 등은 마케팅 계획에 있어 개별적인 요소가 아니다. 이러한 요소들은 결합되어 인식되며, 또한 하나의 전반적인 브랜드 이미지를 생성한다. 지각적 통합화의 가장 기본적인 원리는 종결, 집단화 및 전후관계(배경)의 원리이다.

1) 종결

종결(closure)은 자극이 불완전할 때 빠진 요소를 채우려는 지각자의 경험에 관한 것이다. 즉, 소비자들은 완전한 모습을 형성하려는 바램을 가지고 있으며 또한 자신의 입장에서 메시지를 완전하게 함으로써 어떤 만족감을 갖게 된다. 이러한 원리는 소비자들이 스스로 모호한 광고를 적절하게 결론 내릴 때에 작동된다. 한 연구는 불완전한 광고는 메시지에 대한 주의를 증대시키고 또한 메시지를 상기하게 한다는 사실을 보여주었다. 그들은 소비자 집단에게 완전한 상업광고를, 그리고 또 다른 집단에게는 끝부분이 없는 상업광고를 제시하였다. 결과는 불완전한 상업광고가 완전한 형태보다 34%더 많은 상기를 유발하였다.

2) 집단화

소비자들은 개별적인 단위로서보다는 하나의 덩어리로 다양한 정보를 지각할 가능성이 크다. 즉 소비자들은 여러 가지 정보의 조각들을 조직화된 전체로 통합한다. 덩어리화(chunking) 또는 정보집단화(grouping information)를 통해서 소비자들은 여러 가지 다양한 속성을 사용함으로써 한 브랜드를 다른 브랜드에 대해 평가할 수 있다. 게슈탈트 심리학으로부터 유래된 집단화의 원리는 근접성, 유사성 및 계속성으로서, [그림 5-9]에 제시되어 있다.

- 근접성(proximity)에 따라 자극을 집단화하는 경향이란 하나의 목적물이 그 목적물에 가까이 있기 때문에 또 다른 목적물과 연관된다는 것을 의미한다. 12개 원들이 수직적으로 근접하기 때문에 그림의 12개 원들은 3개의 원이 4줄로 되어 있다기보다는 4개의 원이 3줄로 보여질 수 있다. 대부분의 광고는 그 제품과 가까이에 있는 긍정적인 상징과 심상으로 그 제품을 연관지움으로써 근접성의 원리를 이용한다. 예를 들어, 나이키의 농구화 광고는 농구공과 마이클 조단의 모습에 근접하여 농구화를 위치화시키고 있다.
- 유사성(similarity)에 따라 또한 소비자들은 제품을 집단화한다. 그림의 8개의 사각형과 4개의 원은 유사성 때문에 3개의 세트, 즉 4개의 사각형으로 된 2개 세트와 4개의 원으로 된 1개의 세트로 집단화된다.
- 연속성(continuity)을 획득하기 위해서 소비자들은 비연속적(끊어진)인 윤곽으로서보다는 방해받지 않은 형태로 자극을 집단화한다. 그림의 세 번째의 점들은 점들의 윤곽으로서보다는 오른쪽으로 표출하려는 화살로서 보여질 가능성이 크다. 예컨대, 할인점에서 면도기를 찾고 있는 남자가 화장지를 파는 선반 옆에 칫솔과 치약선반을 발견했다면 그 옆에 대충 면도기를 찾을 수 있을 것이라고 예측하게 할 수 있을 것이다.

그림 5-9 | 지각적 통합화

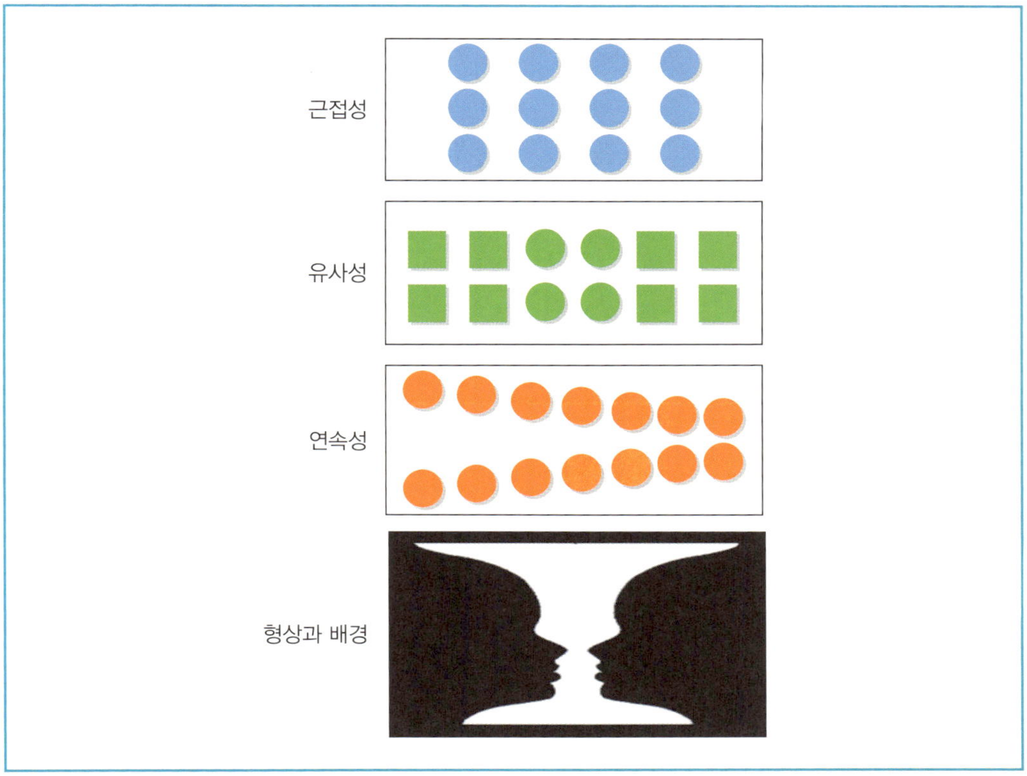

3) 전후관계(배경)

소비자들은 보여지는 것에서 전후관계(context)에 따라 하나의 목적물을 지각하는 경향이 있다. [그림 5-9]에서 마지막 그림을 보면 두 사람이 얼굴을 맞대고 있는 것과 술잔의 모습을 모두 관찰할 수 있다. 한 광고물의 배경은 제품의 지각에 영향을 준다. 예를 들어 소비자들은 두 개의 상이한 매체에 있는 하나의 광고물을 매우 상이하게 지각할 수 있다. 푸치스(Fuchs)의 연구에 의하면, 동일한 광고물을 고품위 잡지(Harper's, New Yorker)에, 그리고 저질 잡지(True, Detective)에 배치하였다. 쉽게 예측할 수 있듯이, 소비자들은 저질 잡지에 있는 동일한 광고보다는 고품위 잡지에 있는 광고를 더 높게 평가하였는데, 이는 소비자들은 매체의 전후관계(배경)가 광고에 대한 지각에 직접적으로 영향을 준다는 사실을 보여주었다.[77]

2. 소비자 정보처리

2.1 소비자 정보획득

소비자들은 정보를 처리하기 전에 정보를 획득해야 한다. [그림 5-10]은 정보획득을 유도하는 3가지 상이한 과정을 보여준다.

그림 5-10 | 소비자의 정보처리과정[78]

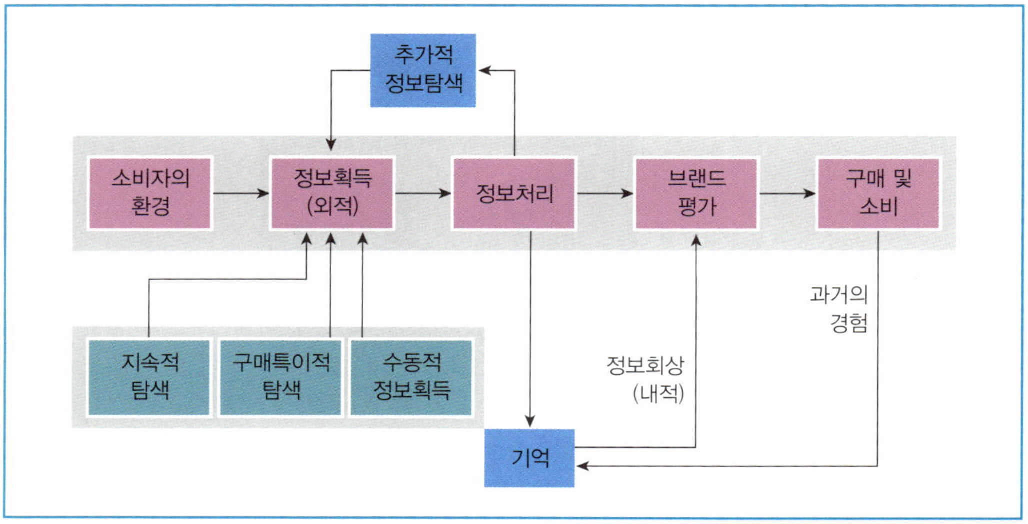

첫째, 컴퓨터에 대한 정보를 지속적으로 탐색하는 것은 그 제품에 대해 지속적으로 관여하는 소비자의 특징과 관련된 것이다. 예를 들어 자동차 잡지를 정기 구독하는 자동차 마니아들은 여러 가지 다양한 자동차의 선택기준들을 알고 있다.

둘째, 구매에 대해 특별하게 탐색하는 것은 구매의사결정을 할 때만 정보를 수집하는 소비자로, 상황적 관여에 있는 소비자의 특징에 관련된 것이다(예를 들어, 자동차 대리점을 방문하거나 또는 자동차에 대해 친구에게 물어보는 것).

세 번째 과정은 수동적인 정보획득과 관련되는 것이다. 예를 들어, 한 회사원은 〈미생〉이라는 드라마에서 우연히 맥심 카누를 보게 되었다. 이러한 경우, 그 주부는 정보를 탐색하는 것이 아니라 지나치면서 정보를 주시한 것이 된다. 그러한 수동적인 정보획득은 비관여적 소비자에게 일반적인 정보획득 유형이 된다.

정보를 획득하고 난 후, 소비자들은 그 정보를 처리한다. 정보를 처리하는 과정에서, 소비자들은 더 많은 정보가 대안적인 브랜드를 평가하기 위해서 필요하며 또는 제품 특성을 결정하기 위해서 필요하다고 생각할 수 있다.[79]

3장에서 논의되었듯이 [그림 5-10]은 기억으로부터 정보를 다시 생각하는 것은 내적인 정보획득으로 간주된다는 것을 보여주는데, 그 이유는 그 정보원천이 소비자이기 때문이다. 이와는 대조적으로 광고, 판매원, 친구와 친척들로부터의 정보는 외적인 획득과정을 통해서 획득되는데, 그 이유는 이러한 정보가 소비자의 환경으로부터 나온 정보의 원천이기 때문이다.[80] 그러나 브랜드에 대한 상기가 거의 없는 경우에만 이러한 것이 사실이 될 수 있다.[81] 예를 들어, 그 주부는 그녀가 자동차에 대한 과거의 경험에 대해 거의 회상하지 못한다면 자동차에 대한 외적인 정보원천에 의존하는 경향이 있을 것이다. 만약 그녀의 과거경험이 기억할 수 있으며 또한 설득적이라면 그 후 이러한 경험은 광고, 판매원, 심지어는 친구와 친척들의 영향보다 더 중요시 될 것이다.

2.2 정보탐색의 결정요인

[그림 5-10]에 있는 정보획득의 주요 구성요소는 외적인 정보에 대한 추가적인 원천을 탐색하는 것이다. 다음과 같은 여러 가지 요인이 소비자로 하여금 보다 많은 정보를 획득하도록 고무한다.

1) 고관여적 소비자

4장에서 자세히 논의된 바와 같이, 관여의 수준이 높을수록 획득되는 정보의 양은 많다. 즉 정보탐색은 소비자의 자아 이미지가 그 제품과 연결되어 있다면, 그 제품이 감정적인 소구 또는 상징적 가치를 가지고 있다면, 또는 소비자가 그 제품에 대해 계속적으로 관심을 갖는다면 정보탐색의 양 및 시간은 더욱 더 크다.

2) 지각된 위험이 큼

구매에 있어 지각적 위험이 클수록 정보탐색의 양은 더 크다. 한 연구는 위험수준이 높은 경우 소비자들은 소비자 정보지와 같은 중립적 원천에서 그리고 친구와 이웃과 같은 개인적인 원천에서 더 많은 정보를 탐색한다는 것을 발견하였다.[82] 지각적 위험은 물리적인 상품에 비해서 특히 서비스의 경우에 크며 그에 따라 정보탐색이 증가할 수 있다. 그러한 이유는 서비스 평가가 어려운 경향이 있으며 또한 서비스에 대한 더 많은 정보를 수집하는 것이 위험을 줄이는 데 있어 중요한 수단이 되기 때문이다.[83]

3) 제품지식과 제품경험이 거의 없음

TV나 가정용 컴퓨터의 구매에 대한 연구에서 이러한 제품에 대해 지식이 거의 없는 소비자들은 정보를 탐색할 가능성이 크다는 것을 발견하였다.[84] 이와는 대조적으로, 제품에 대한 과거의 경험은 정보탐색을 줄이게 하는데, 그 이유는 경험이 있는 소비자보다 효율적으로 정보를 탐색하는 방법을 학습하였기 때문이라는 사실을 발견하였다.[85] 그러나 과거의 학습이 부정적이라면 과거의 경험은 정보탐색을 증가시키게 된다.[86]

그림 5-11 | 탐색량과 제품지식 간의 관계[87]

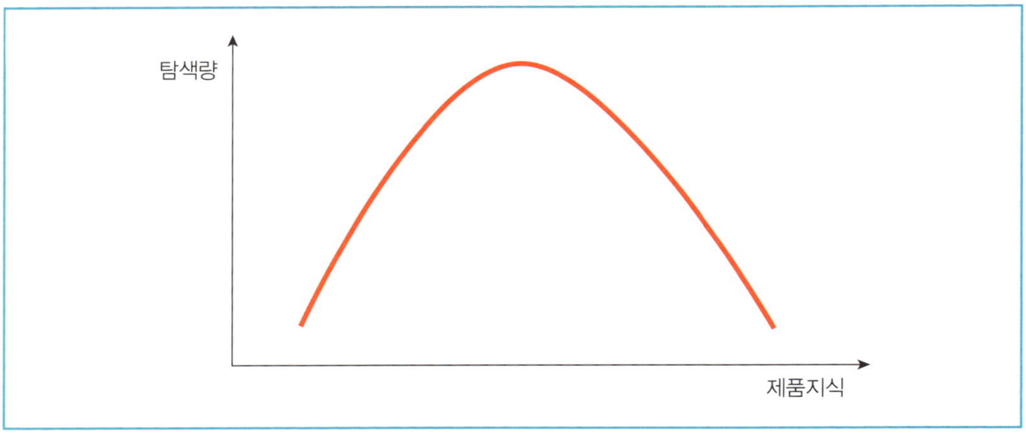

4) 시간압박이 거의 없음

의사결정을 하는데 시간적 압박은 정보탐색을 저해한다. 만약 소비자들이 충분한 시간을 이용할 수 있다면 그들의 정보탐색은 증가할 수 있다.[88] 이것은 아마도 저관여 제품보다는 고관여 제품에 더 부합하는 것일 것이다.

5) 고가격

가격이 고가일수록 정보탐색은 많아진다. 이것은 여성용 의류, 가전제품 및 자동차 등에 적용된다는 것이 밝혀졌다.[89] 즉, 고가격은 정보탐색의 경제적 이점이 더 크다는 것을 의미하므로 소비자들은 정보탐색에 더 많은 노력을 기울일 가능성이 크다.

6) 제품차이가 큼

브랜드 간의 차이가 큰 경우 정보탐색은 더 많아질 수 있다. 한 연구는 브랜드 간에 더 많은 차이를 인식하였던 가구 및 가전제품 구매자들은 더 많은 점포를 방문한다는 것을 발견하였다.[90]

7) 탐색에 소요되는 비용

정보담색에 관련되는 금전적 비용과 비금전적 비용이 있다. 정보탐색은 자주 여러 소매점을 다니는 데 소요되는 금전적 비용과 연관된다. 비금전적 비용은 다니며 쇼핑하며 또한 광고는 보는데 그리고 친구에게 조언을 요청하는 등과 관련되는 시간과 육체적 · 정신적 피로도를 말한다. 소비자들은 여가나 사업상의 일과 같은 여러 가지 일들에 대하여 탐색하는데 소요되는 시간을 견주어보아야 한다. 한 경제학자는 소비자들은 아마도 한계상태에서 수행할 것이라고 제시하였다. 즉, 소비자들은 추가정보를 수집함으로써 얻는 증분이익이 그러한 정보를 수집하는 데 소요되는 증분비용을 초과하지 않는 한 계속해서 정보를 수집할 것이라고 제시하였다.[91] 소비자들이 의식적으로 한계상태에서 정보탐색을 하지는 않지만 그들은 마음속으로 비용, 이익 원리에 따라 정보원천을 선택한다.

2.3 정보탐색의 양

혹시 여러분들은 최근에 저축이나 대출 등을 목적으로 거래할 은행을 선택해본 적이 있는가? 한 은행에서 취급하는 예금의 종류만 해도 대여섯 가지가 넘고 예금금리, 현금인출기 사용수수료, 최저예금액 미달 과태료 등도 살펴야 한다. 모든 소비자가 이처럼 복잡한 금리와 수수료 체계를 잘 따져 가장 유리한 조건의 은행을 고를 수는 없다.[92]

구매제품 내의 선택 복잡성뿐만이 문제가 아니라 경쟁 브랜드들도 넘쳐나고 있다. 과거에는 지금보다 훨씬 대안이 간단했다. 1950년대에 미국에서 자동차를 구매할 때에는 GM, 포드, 크라이슬러, 아메리칸 모터스 중 하나의 모델만 고르면 됐었다. 오늘날에는 이 브랜드 이외에도 현대, 기아, 아큐라, 애스터 마틴, 아우디, 벤틀리, BMW, 혼다, 인피니티, 이스즈, 재규어, 지프, 랜드로버, 렉서스, 마세라티, 마쯔다, 벤츠, 미쯔비스, 닛산, 포르쉐, 롤스로이스, 샤브, 새턴, 스바루, 스즈키, 폭스바겐, 볼보에 이르기까지 수많은 선택대안이 존재한다.[93]

오늘날의 많은 브랜드들은 소비자 정보처리 과정을 복잡하게 만드는 중요한 요인이다.

1970~80년대 만해도 슈퍼마켓에서 3개 이상의 맥주 브랜드를 팔지 않았으나 현재는 할인점에서 100여 개의 맥주 브랜드를 구비하고 있으며 [표 5-2]에서 볼 수 있듯이 진통제, TV 종류, 맥도날드의 메뉴 등등의 많은 제품군에서 브랜드의 경쟁이 심화된 상황이 현실이다.

| 표 5-2 | 경쟁의 폭발[94]

품목	1970년대 초반	1990년대 후반
자동차모델	140	260
KFC 메뉴	7	14
자동차 스타일	645	1,212
프리토레이칩 다양성	10	78
SUV 스타일	8	38
시리얼	160	340
PC 모델	0	400
소프트웨어 타이틀	0	250,000
음료 브랜드	20	87
생수 브랜드	16	50

우유 종류	4	19
콜게이트 치약	2	17
잡지	339	790
구강세정제	15	66
신간서적	40,530	77,446
치실	12	64
지역대학	886	1,742
처방약	6,132	7,563
놀이공원	362	1,174
진통제	17	141
TV 스크린 사이즈 종류	5	15
리바이스 청바지 스타일	41	70
휴스턴 TV 채널	5	185
런닝화 스타일	5	285
라디오 방송국	7,038	12,458
맥도날드 품목	13	43
콘텍트렌즈 유형	1	36

위에서 제기된 대안의 폭발과 이런 저런 이유 등으로 인해 정보를 탐색하려는 소비자의 임무에도 불구하고 가장 고가의 제품을 제외하고 거의 모든 제품에 대한 정보탐색의 양은 매우 제한적이다는 것이 연구자들이 일반적으로 제시하는 결론이다.[95] 대개의 경우 소비자들은 추가적인 정보에 대한 탐색을 시간과 금전적인 면에서 가치가 없다고 생각한다. 실제 소비 심리학자들에 따르면 이러한 방대한 선택의 폭이 오히려 소비자들을 힘들게 한다고 한다. 캐롤 무그(Carol Moog) 박사는 "너무 많은 선택권은 어린아이뿐만 아니라 성

선택을 힘들어하는 소비자, 심슨가족의 한 장면[96]

인마저 무기력하게 만든다. 그들은 의사결정 능력을 잃고 과잉정보로부터 도망치고 싶어한다" 라고 지적한다. 또한 결정을 많이 하면 인간은 최종 결정을 대충 하거나 아예 결정 자체를 포기해버린다고 주장하는 학자도 있다.[97]

소비자의 정보탐색이 제한적이라는 본질은 한 실험에서 제시되었다.[98] 그 실험에서 연구자들은 35개 제품특징을 기준으로 16개 브랜드에 대한 매트릭스, 즉 모두 560개의 정보로 된 아침식사용 시리얼에 대한 것을 소비자에게 제시하였다. 평균적으로, 소비자들은 의사결정을 하기 전에 이용할 수 있는 정보 중 2% 미만 또는 11개의 정보를 선택하였다.

또 다른 연구는 소비자가 방문하는 소매점포의 수에 집중적으로 조사하였는데[99] 장난감과 소형 가전제품의 구매자 중 대부분은 단지 하나의 점포만을 방문했다. 냉장고와 가구의 구매자들은 3개 또는 그 이상의 점포를 방문할 가능성이 높다. 그러나, 자동차와 주요 가전제품의 구매자들 중 과반수는 단지 하나의 전시장을 방문하였다. 이런 제품들에 대한 소비자들의 쇼핑횟수는 관련되는 위험이 있음에도 기대한 것처럼 그렇게 많지 않았다.

결국, 소비자에게 주어진 풍부한 선택대안들이 기업의 이익에 도움이 되는 것은 아니다. 또 한 예로 잼실험[100]이라고 불리우는 이 실험에서 한 마트 입구 근처에 잼 시식코너를 마련하고 응답자들이 ① 잼을 24종류 진열한 경우, ② 잼을 6종류 진열한 경우 등에 어떤 반응을 보이는지를 테스트했다. 24종류를 진열했을 경우 쇼핑객의 60%가 시식코너에 들렀지만 6종류일 때는 소비자의 40% 밖에 들르지 않았다. 그러나 구매는 다른 결과를 보여주는데 24종류일 때는 들른 60% 중 3%만이 구매하였고(전체의 약 2%) 6종류일 때는 들른 40% 중 30%가 구매하였다(전체의 약 12%).[101]

이러한 결과들은 앞에서 주장했듯이 인간은 선택대안이 많으면 선택하기를 포기한다는 것을 증명하고 있다. 그러면 왜 선택을 포기하는 것일까? 인간의 정보처리 능력에는 한계가 있기 때문이다.

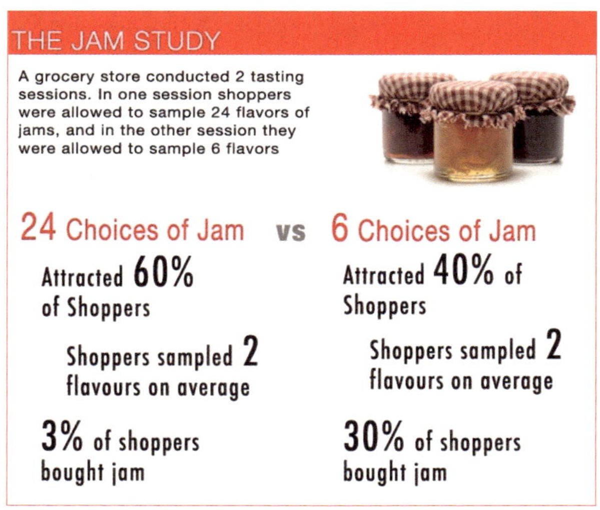

잼실험의 결과[102]

이러한 시사점에 따라 많은 기업들은 이러한 부분을 마케팅에 활용하고 있다. 2장에서 논의되었던 P&G는 샴푸 종류를 26종류에서 15종류로 줄여서 매출을

10%나 상승시켰으며 맥킨지 앤드 컴퍼니는 고객에게 선택지를 제시할 때 반드시 3가지로 간추려서 제시하도록 컨설턴트에게 교육한다.[103]

연 · 습 · 문 · 제

01. 자기분석적 방법으로 1차적 자극(제품)에 노출된 것만으로 구매의도가 생긴 제품의 예를 들어 그 이유가 무엇 때문이었는지 설명해보세요.

02. 최근의 제품현황을 파악하여 다음과 같은 제품에 차별화를 이룰 수 있는 마케팅 아이디어를 제시해보세요.

a. 생닭
b. 라면
c. 간식용 소시지(맥스봉, 천하장사)

03. 다음의 사물, 사건, 사람에 대한 견해차이가 생기는 사례를 찾아서 왜 그러한 차이가 발생하는지 그 변수들을 찾아서 설명해보세요.

a. 기업(예: 삼성)
b. 제품(예: 아이팟)
c. 국가(예: 일본)

04. 인터뷰 또는 자기분석적 방법으로 다음 매장을 방문하는 경우 소비자가 느끼는 경험의 프로세스를 그림으로 그려서 다음 매장이 어떤 차별화 요소를 가지고 있는지 그리고 비슷한 카테고리에서 경쟁하는 후발 브랜드 매장들이 어떤 것을 통해 차별화할 수 있는지를 설명해보세요.

a. 커피전문점(스타벅스)
b. 빵집(파리바게뜨)
c. 할인점(이마트)

05. 다음과 같은 매장 및 브랜드가 색에 의해 차별화한다고 할 때 어떤 색으로 어떻게 차별화할 수 있을지 마케팅 아이디어를 제시해보세요.

a. 롯데, 신세계백화점과 경쟁하는 신생 백화점
b. 사이다 시장에 진출하는 신규 브랜드

06. 칠성사이다의 예와 같이 익숙한 맛이나 브랜드 파워에 의해 제품의 맛에 대한 품질이 결정된 사례를 들고 이유를 설명해보세요. 그리고 그러한 마케팅을 활용할 수 있는 브랜드를 들어 마케팅 아이디어를 제시해보세요.

07. 유튜브에서 하이마트 광고, 오로나민C 광고, 갤럭시 Z플립, 우루사, 각각의 광고음악의 효과를

a. 브랜드 인지도
b. 브랜드 이미지
c. 구매
등의 커뮤니케이션 목표와 관련하여 본인의 의견을 설명해보세요.

08. 총체적 판매제안의 이론을 보고 기존의 방법과는 차별화된 다양한 감각기관을 동시에 공략할 수 있는 아이디어를 제시하세요.

a. 현대자동차 판매대리점 매장
b. 헬스클럽
c. 고급 레스토랑
d. 화장품 전문매장

09. [Consumer Insight 5-3]의 사례를 읽고 식역이하 광고의 효과에 대한 본인의 의견을 설명하고 특정 브랜드를 한 개만 선택하여 식역이하 광고아이디어를 제시하세요.

10. 다음과 같은 제품범주에서 소비자 정보탐색과정을 인터뷰 또는 자기분석적 방법을 활용하여 설명해보세요.

a. 휴대폰 요금제 및 옵션 선택
b. 자동차 브랜드 선택 및 옵션 선택
c. 국산막걸리 브랜드 선택
d. 화이트닝 브랜드 선택

참・고・문・헌

1) Assael, H.(2010), *Consumer Behavior*, Houghton Mifflin, 148의 내용을 참고하여 작성
2) 필립 코틀러 지음, 홍수원 옮김(2003), 필립 코틀러의 마케팅 A to Z, 세종연구원, 99에서 참고하여 작성
3) 이동철(2014), 한덩이 고기도 루이비통처럼 팔아라, 오우아, 38에서 참고하여 작성(사진출처: www.guinness.com)
4) 로보트 그린 지음, 이지연 옮김(2018), 인간본성의 법칙, 위즈덤하우스, 55에서 참고하여 작성
5) 사진출처: YTN: https://www.ytn.co.kr
6) 로보트 그린 지음, 이지연 옮김(2018), 전게서, 56-61에서 참고하여 작성
7) 최인철(2007), 나를 바꾸는 심리학의 지혜 프레임, 21세기북스, 10-11에서 참고하여 작성
8) 파코 언더힐 지음, 신현승 옮김(2000), 쇼핑의 과학 Why We Buy: The Science of Shopping, 세종서적, 250에서 참고하여 작성
9) 파코 언더힐 지음, 신현승 옮김(2000), 상게서, 250.
10) 뉴스와이어(2006.7.6)(사진출처: https://postshare.co.kr/archives/282714)
11) 정성희(2010), 무의식마케팅, 시니어커뮤니케이션, 28-29의 내용을 요약하여 정리
12) 헤르만 지몬 지음, 서종민 옮김(2017), 프라이싱 가격이 모든 것이다, 쌤앤파커스, 77에서 참고하여 작성
13) Ariely, D., & Jones, S.(2008), *Predictably Irrational*, New York, NY: Harper Audio.
14) Shiv, B., Carmon, Z., & Ariely, D.(2005), Placebo effects of marketing actions: Consumers may get what they pay for, *Journal of Marketing Research*, 42(4), 383-393.
15) 시사저널e - 온라인 저널리즘의 미래(http://www.sisajournal-e.com)
16) https://namu.wiki/w/Hublot/(사진출처: https://www.mk.co.kr/news/culture/view/2014/01/33230/)
17) 케빈 로버츠 지음, 양준희 옮김(2005), 러브마크, 서돌, 108의 내용 참고하여 수정하여 작성
18) 사진출처: bikblog.egloos.com/3247402
19) 파코 언더힐 지음, 신현승 옮김(2000), 전게서, 207-208.
20) Solomon, M. R.(2010), *Consumer Behavior: Buying, Having, and Being*, Eigth Edition, Perason, 79.
21) Sheth, B. R., Sharma, J., Rao, S. C., & Sur, M.(1996), Orientation maps of subjective contours in visual cortex, Science, 274(5295), 2110-2115.
22) Meadows, D. H.(2008), Thinking in systems: A primer, Chelsea Green Publishing.

23) 마틴 린드스트롬 지음, 최원식 옮김(2006), 오감 브랜딩, 랜덤하우스 중앙, 138에서 인용하여 작성
24) 사진출처: http://clien.net/cs2/bbs/board.php?bo_table=park&wr_id=33732989.
25) 이동철(2014), 전게서, 43-44의 내용에서 수정하여 작성
26) 마틴 린드스트롬 지음, 최원식 옮김(2006), 전게서, 143-144에서 수정하여 작성
27) 실리콘밸리는 왜 디자인에 주목하는가?(https://webuildproduct.com)
28) 가구 살 때, 디자인 따지고 온라인에서 정보 얻는다(https://www.dnews.co.kr/m_home/20161214)
29) 위의 글
30) 마틴 린드스트롬 지음, 최원식 옮김(2006), 전게서, 144.
31) "Design Research: Beauty or Beast," *Advertising Age*(March 9, 1981), 43.
32) 황인선(2010), 컬처파워, 팜파스, 69에서 인용
33) Bellizzi, J. A., & Hite, R. E.(1992), Environmental color, consumer feelings, and purchase likelihood, *Psychology & Marketing*, 9(5), 347-363.
34) 김형자(2012.3.29), 위의 글(사진출처: ko-kr.facebook.com)
35) 김형자(2012.3.29), 빨간색 옷 입은 여자에게 남자들은 하나같이 예뻐, 시사저널(sisapress.com)에서 수정하여 인용
36) Jacobs, L., Keown, C., Worthley, R., & Ghymn, K. I.(1991), Cross cultural colour comparisons: global marketers beware!. *International marketing review*, 21-30; 특히 컬러마케팅에 대한 자세한 내용을 살펴보시려면 다음 책을 읽어보세요: 미미 쿠퍼, 엘린 매튜 지음, 안진환 옮김(2002), Color Smart, 오늘의 책, 181-184.
37) http://blog.naver.com/limmokun
38) https://www.yna.co.kr/view/AKR20190109100000797
39) Copulsky, W. and K. Marton(1977), Sensory Cues, *Product Marketing*, January, 31-34.
40) Gu guen, N., & Petr, C.(2006), Odors and consumer behavior in a restaurant, *International Journal of Hospitality Management*, 25(2), 335-339/니콜라 게겐 지음, 고경란 옮김(2010), 소비자는 무엇으로 사는가?, 지형, 182-184에서 재인용
41) 상게서
42) Allison, R. I., & Uhl, K. P.(1964), Influence of beer brand identification on taste perception, *Journal of Marketing Research*, 1(3), 36-39.
43) Keller, K. L.(1998), *Strategic Brand Management*, Prentice-Hall, 45-46.
44) Keller, K. L.(1998), *ibid*., 47.
45) 정성희(2010), 전게서, 34-35.
46) 니콜라 게겐 지음, 고경란 옮김(2010), 전게서, 172.
47) Gorn, G. J.(1982), The effects of music in advertising on choice behavior: A

classical conditioning approach, *Journal of Marketing*, 46(1), 94–101.

48) Yalch, R. and E. Spangenberg(1993), Using Store Music for Retail Zone: A Field Experiment, *Advances in Consumer Research*, 20, 632–636.

49) 사진출처: http://puwa.tistory.com/273

50) 마틴 린드스트롬 지음, 박세연 옮김(2013), 누가 내 지갑을 조종하는가?, 웅진지식하우스, 101.

51) 마틴 린드스트롬 지음, 최원식 옮김(2006), 전게서, 124에서 수정하여 작성

52) https://www.bacarasite.info/

53) Solomon, M. R.(2010), *op. cit.*, 87.

54) 마틴 린드스트롬 지음, 최원식 옮김(2006), 전게서, 144–145에서 수정하여 작성

55) 마틴 린드스트롬 지음, 최원식 옮김(2006), 상게서, 146.

56) Hornik, J.(1992), Tactile stimulation and consumer response, *Journal of Consumer Research*, 19(3), 449–458/여준상(2010), 감성적 자극으로 소비자를 설득하라, DAEHONG COMMUNICATIONS, 64–65에서 참고하여 작성

57) 마틴 린드스트롬 지음, 최원식 옮김(2006), 전게서, 책 전반에서 참고

58) 더 자세한 것은 신현승 옮김(2001), 고객체험의 경제학, 세종서적/Pine, J. Ⅱ and J. H. Gilmore(1999), *The Experience Economy* 참고

59) 상게서, 47.

60) 박성연 · 윤성준 · 홍성태 옮김(2002), 체험마케팅, 세종서적/Schmitt, B. H.(1999), Experiential Marketing, How to Get Customer to Sense, Feel, Think, Act and Relate to Your Company and Brands, 61에서 참고하여 작성

61) 상게서

62) Andy Kollmorgen(2015), 'Three chips short a full pack', Choice, viewed in 06 May 2017/https://lt298.wordpress.com/2017/05/07/doritos-and-just-noticeable-difference/

63) Brean, H.(1958), What Hidden Sell Is All About, Life(March, 31), 104–114.

64) "Subliminal Ad Okay If It Sells: FCC Peers into Subliminal Picture on TV," *Advertising Age*, 1957.

65) 이영돈(2006), 마음, 예담, 186에서 참고하여 작성

66) 장경환, 잠재의식광고, LGad 사보, 1997년 3월호

67) https://www.insight.co.kr/news/284832

68) "Ad Avoidance Highest among Key Target Groups, Says Study," *Businessline*, October 21, 2004, 1.

69) Hawkins, D. I., and Mothersbaugh, D. L.(2010), Consumer Behavior: Building Marketing Strategy, McGraw-Hill, Eleventh Edition, 280에서 참고하여 작성

70) Liljenwall, R.(2004), Global trends in point-of-purchase advertising, *Point of*

Purchase Advertising International, Washington, DC.

71) Singh, M., Balasubramanian, S. K., & Chakraborty, G.(2000), A comparative analysis of three communication formats: Advertising, informercial, and direct experience, *Journal of Advertising*, 29(4), 59–75.

72) 더 자세한 내용은 이재석(2010), 광고천재 이재석, 학고재 참고

73) Packaging Research Probes Stopping Power, Label Reading, and Consumer Attitudes Among the Targeted Audience, *Marketing News*(July 22, 1983), 8.

74) http://forthenextgeneration.com/project/MakingPeacewithHistory.html

75) http://bookdramang.com/104에서 참고하여 작성

76) http://cfile23.uf.tistory.com/image/1551E9344FF022DC0F6A03

77) Fuchs, D. A.(1964), Two source effects in magazine advertising, *Journal of Marketing Research*, 1(3), 59–62.

78) Asseal, H.(1995), Consumer Behavior, *International Tompson Publishing*, 227.

79) Asseal, H.(1995), *ibid.*, 226–227의 내용을 수정하여 작성

80) Biehal, G., & Chakravarti, D.(1983), Information accessibility as a moderator of consumer choice, *Journal of Consumer Research*, 10(1), 1–14/Costley, C. L., & Brucks, M.(1992), Selective recall and information use in consumer preferences, *Journal of Consumer Research*, 18(4), 464–474.

81) Alba, J. W., H. Marmorstein, and A. Chattopadhyay(1992), "Transitions in Preference Over Time; The Effects of Memory on Message Persuasiveness," *Journal of Marketing Research*, 29(November), 406–416.

82) Locander, W. B., & Hermann, P. W.(1979), The effect of self-confidence and anxiety on information seeking in consumer risk reduction, 268–274.

83) Murray, K. B.(1991), "A Test of Services Marketing Theory: Consumer Information Acquisition Activities," *Journal of Marketing*, 55(January), 10–25.

84) Beatty, S. E., & Smith, S. M.(1987), External search effort: An investigation across several product categories, *Journal of Consumer Research*, 14(1), 83–95.

85) Srinivasan, N., & Ratchford, B. T.(1991), An empirical test of a model of external search for automobiles, *Journal of Consumer Research*, 18(2), 233–242.

86) Bennett, P. D., & Mandell, R. M.(1969), Prepurchase information seeking behavior of new car purchasers—The learning hypothesis, *Journal of Marketing Research*, 6(4), 430–433.

87) Solomon, M. R.(1992), *Consumer Behavior*, Third Edition, 230.

88) Beatty, S. E. and S. M. Smith(1987), *op. cit.*

89) Dommermuth, W. P. and E. W. Cundiff(1967), "Shopping Goods, Shopping Centers, and Selling Strategies," *Journal of Marketing*, 31(October), 32–36/

Newman, J. W. and R. Staelin(1972), "Prepurchase Information Seeking for New Cars and Major Household Appliances," *Journal of Marketing Research*, 9(August), 249-257.

90) Dommermuth, W. P., & Cundiff, E. W.(1967), Shopping goods, shopping centers, and selling strategies, *Journal of Marketing*, 31(4), 32-36.

91) Stigler, G. J.(1961), The economics of information, *Journal of Political Economy*, 69(3), 213-225.

92) 피터 우벨 지음, 김태훈 옮김(2009), 욕망의 경제학, 김영사, 87에서 수정하여 작성

93) Trout, J.(2010), *Repositioning*, McGraw-Hill, 23.

94) Trout, J.(2010), *Ibid.*, 29.

95) Beales, H., Mazis, M. B., Salop, S. C., & Staelin, R.(1981), Consumer search and public policy, *Journal of Consumer Research*, 8(1), 11-22.

96) https://lnsinsight.wordpress.com/2013/12/24/선택의-역설/

97) Tierney, J.(2011), Do you suffer from decision fatigue, The New York Times.

98) Jacoby, J., Chestnut, R. W., Weigl, K. C., & Fisher, W.(1976), Pre-purchase information acquisition: Description of a process methodology, research paradigm, and pilot investigation, ACR North American Advances.

99) Loudon, D. L., and J. D. Bitta(1979), *Consumer Behavior*, New York: McGraw-Hill, 463.

100) Iyengar, S. S., & Lepper, M. R.(2000), When choice is demotivating: Can one desire too much of a good thing?, *Journal of Personality and Social Psychology*, 79(6), 995.

101) https://lnsinsight.wordpress.com/2013/12/24/

102) https://lnsinsight.wordpress.com/2013/12/24/

103) Iyengar, S.(2011), Saylor.org BUS208: TED's "The Art of Choosing."

6
CHAPTER

Understanding of Consumer Behavior

소비자 태도

1. 소비자 태도의 본질
2. 태도의 형성
3. 태도와 행동
4. 확장된 피쉬바인 모델
5. 마케팅 전략수립에 있어 태도의 역할

06장 / 소비자 태도

"인간은 세상의 모든 생물 가운데 가장 감정적인 동물이다."

-리처드 래저러스의 〈감성과 이성〉 중에서-

"제품이나 서비스에는 감정적 요소와 이성적 요소가 깃들어 있다. 이 같은 두 가지 양상에 마음을 열어 놓으면 사명감을 가지고, 좀 더 힘들이지 않고도 감정적인 유형의 고객과 이성적인 유형의 고객 모두에게 보다 많은 제품을 판매할 수 있다."

-더그 홀과 제프리 스탬프-

1. 소비자 태도의 본질

1.1 태도의 정의

태도(attitude)라는 라틴어의 'aptus'(적합성 또는 알맞음을 일컫는 말)에서 기원한 것으로[1] 일반적으로 사람이나 대상 또는 논점들에 대한 지속적이고 일반적인 평가로 볼 수 있다. 근세기에 알포트(Alport)는 태도를 '장기적인 관점에서 우호적 또는 비우호적으로 어떤 대상에 대해 반응하는 학습된 선유경향(learned predisposition)'이라고 정의하였었다.[2]

브랜드 태도(brand attitude)는 소비자들이 장기기억에 저장한 어떤 브랜드의 연상들에 기초를 둔 것이다. 지금은 이러한 연상이 많이 없겠지만 과거 한국통신이라는 이름에서 바뀐 KT의 관공서 이미지는 어떤 소비자들로 하여금 다른 통신 제공기업을 선택하도록 할 수 있다. 그러나 또 다른 소비자들은 이러한 이미지를 통신품질에 대한 신뢰성, 안전성과 연결시킬 수도 있다. 이러한 소비자들에게는 이 속성이 그들의 KT에 대해 가지고 있는 신념을 조성하므로, 이러한 속성들은 KT의 긍정적인 평가를 유도하며 또한 다양한 통신 제공

기업으로서 KT를 선택하도록 유도할 가능성이 있다. 결과적으로, 브랜드 신념(KT는 신뢰성 있는 통신서비스를 제공한다)은 브랜드 평가(나는 KT를 좋아한다)를 유도하며, 따라서 행동(나는 통신서비스를 받기 위해 KT를 이용하려고 계획한다)을 의도하도록 한다.

소비자들은 크게 두 가지 과정을 거쳐서 태도를 형성하게 된다. 하나는 무의식적 · 자동적으로 제품이나 브랜드를 무작정 좋아하게 되는 경우이고, 다른 하나는 의식적으로 제품에 대한 정보를 처리하여서 형성하게 되는 경우이다. 전자를 흔히 감정적 학습(affective learning), 후자를 인지적 학습(cognitive learning)으로 부르기도 하는데, 감정적 학습에 대해서는 최근 많은 연구가 이루어지고 있으나 전통적으로 소비자 행동에서 태도에 대한 연구는 인지적 학습을 중심으로 발달되어 왔다.

1.2 감정적 학습에 의한 태도형성

이 장에서 주로 다룰 부분은 인지적 학습을 중심으로 한 태도형성이지만 [그림 6-1]에서 볼 수 있듯이 최근의 많은 연구들은 소비자의 감정이 태도형성에 더욱 중요한 역할을 하는 것을 밝히고 있다.[3)]

2002년 노벨 경제학상을 받은 대니얼 카너먼(Daniel Kahneman)은 인간의 행동이 이성에 지배받기보다는 감정에 의해 더 많은 영향을 받는다고 가정했다. 그래서 인간을 합리적인 존재로 보는 기존의 고전경제학 이론에 정면으로 도전했다. 불확실한 조건에서의 판단과 의사결정에 대한 실험연구를 통해 인간은 합리적으로 결정하는 존재가 아니라 감정에 쉽게 흔들리며 주먹구구식으로 판단을 한다는 결론 도출을 통해 노벨 경제학상을 수상했다.[4)] 물론 합리적 의사결정이 존재하지 않는다는 것은 아니지만 이 부분이 의사결정에서 예외적인 부분이 될 수도 있다는 것이다.

실제로 마케팅관리자들은 단순히 인지적이고 사고적인 구성요소에만 관심을 가져왔던 데 반해 최근 감정적이고 감성적인 구성요소들의 태도에 대한 영향에 더 많은 관심을 가지고 있다. 그 결과로써, 마케팅관리자

아이폰은 실용적 효익뿐 아니라 정서적 효익을 강조하기도 한다.

들은 최근 실용적(utilitarian) 및 기능적(functional) 효익에 의한 태도와 쾌락적(hedonic) 및 감성적인(emotional) 효익에 의한 태도들을 확실하게 구별할 수 있다.[5]

이에 대한 예로 한 연구는 스마트폰과 같은 이동 인터넷 기기들을 수용하는 데 있어 유용성과 같은 실용적인 효익에 의해서 뿐만 아니라 재미와 같은 쾌락적 요소에 의해서도 영향을 받는다는 것을 제시하였다.[6]

또 다른 연구는 어떤 경우 헌혈을 하는 데 있어 공포나 즐거움과 같은 감정적인 요인들이 실용적인 신념보다 더 중요한 이유가 되었다는 것을 제시하였다.[7] [그림 6-1]에서 볼 수 있듯이 최근 소비자 행동 분야의 연구에서는 인지적 반응보다 감정적 반응이 소비나 구매행동을 더 잘 유도하는 것으로 나타나고 있는 것이다.[8]

그림 6-1 | 브랜드-소비자 관계에 관한 감성 vs 이성 요소의 영향[9]

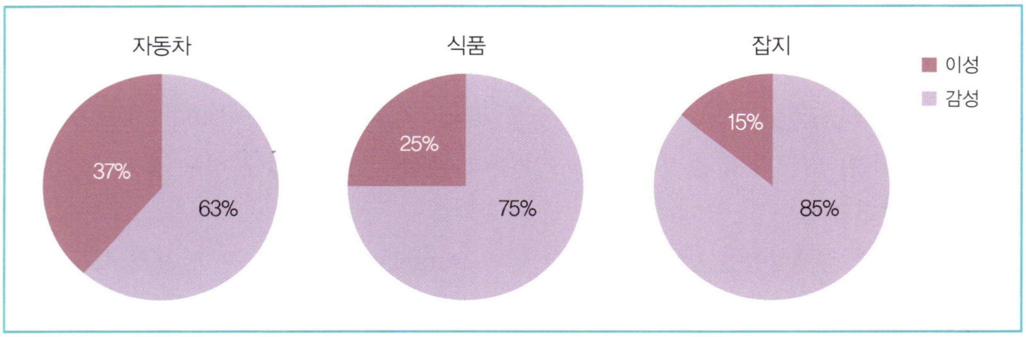

일반적으로 광고에 대한 긍정적인 감정은 궁극적으로 제품에 대한 태도형성에 도움을 줄 수 있는데 광고에 대한 좋은 감정은 결국 광고가 주장하는 인지적 과정의 총량을 조절한다고 볼 수 있다는 것이다. 인지적 과정의 총량을 조절한다고 함은 감정적 반응의 결과가 우호적이라면 그와 반대되는 속성주장에 대한 인지적 반응의 양을 적게 하여 전체적으로 브랜드에 대한 우호적인 태도를 형성할 수 있게 하는 것이다.

감정적으로 광고에 대한 좋은 반응을 가지고 있는 경우 굳이 속성주장에 대한 인지적 반응의 양(특히 반대되는)을 줄이게 됨으로써 감정적 우호성을 유지하는 것이다. [그림 6-2]에서 볼 수 있듯이 섹시함을 강조하는 캘빈클라인 청바지 광고를 오랫동안 보고 본인과의 연결성을 찾는다면 청바지의 질이나 원산지 등은 평가기준이 되지 못할 수 있다. 또 한 예로 대선에서 후보자가 잘 생겼다든지, 느낌이 좋다든지 하는 좋은 감정은 후보자의 공약 등에 대한 평가를 줄이는 경향이 있다고 볼 수 있다.

그림 6-2 | 캘빈클라인 진에 대한 감정적 반응의 효과과정[10]

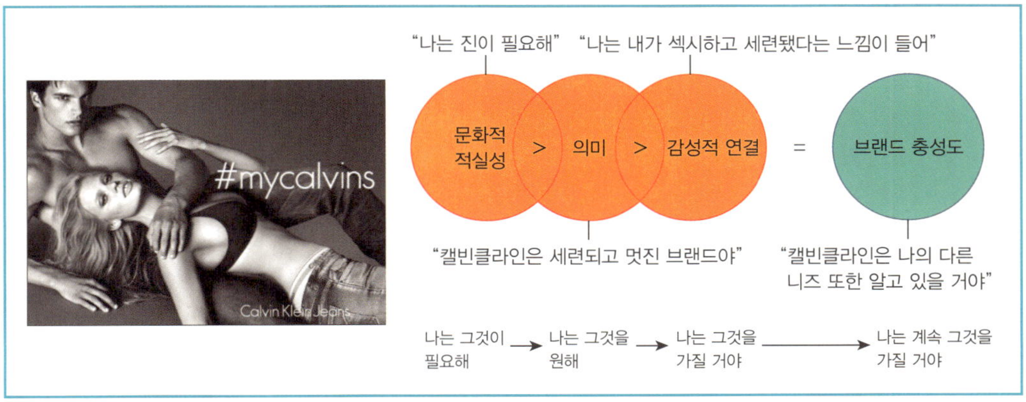

소비자들이 왜 스타벅스 커피를 비싼 가격에 이용하고, 버버리 옷을 입고, 몽블랑 만년필로 서명하고, 루이비통 핸드백에 열광하며, 에비앙 생수를 마시며, 샤넬 향수를 쓰는가? 이러한 제품을 구매하게 된 소비자의 이성적 부분을 이해하기는 오히려 쉽지 않다.

몽블랑은 독일의 명품 만년필, 시계, 가죽제품, 보석 브랜드이다. 이름이 몽블랑 산에서 따온 것이라 프랑스나 스위스 브랜드라 생각하는 사람도 많지만, 독일 브랜드다. 다만 현재는 스위스를 기반으로 한 리치몬트 그룹 소속으로 되어 있다. 디지털 시대에 이러한 펜을 실용적 목적으로 사용하는 사람은 거의 없을 듯하다.[11]

실제, 오늘날의 뛰어난 브랜드 컨셉 구축은 과거의 상품과 서비스 품질만으로는 한계가 있다. 상품과 서비스만으로는 새로운 고객을 끌어들이거나 기존의 고객을 유지하기조차 힘겨운 상황에서 브랜드에 심은 감성은 앞으로 소비자들의 궁극적인 선택과 그들이 지불하게 될 가격을 결정할 수 있다. 이는 소비자의 감성적 욕구와 열망을 이해하는 것이 어느 때보다도 성공을 위한 핵심요소임을 의미한다.

CONSUMER INSIGHT 6-1 감성적 자극에 의한 태도 형성: 술 광고

■ **소주 광고에서 아름다운 여성모델 기용**

소주 광고의 가장 기본적인 공식은 최고의 인기를 누리고 있는 여자 연예인을 모델로 기용하는 것. 이는 소주라는 제품 특성상 남성 소비자 비중이 70%를 넘고, 소주를 자주 찾는 남성층이 여성모델을 선호하기 때문이다. 소주 판매에서 가장 주축이 되는 소비자는 20~30대 남성층. 인기 있는 여성 모델이 소주 광고모델을 하면 이들의 호응을 얻을 수 있다. 이와 함께 깨끗하고 순한 이미지를 강조하고자 하는 업체들의 요구도 강하다. 과거 독한 술로 여겨지던 소주가 최근 알코올도수를 낮춰서다. 이 같은 이유로 웬만하면 소주 광고는 여성 모델을 기용하고 있다.[12]

참소주(나라)

참이슬(아이유)

처음처럼(수지)

■ **맥주달력이 야한 이유**

① 술을 마시는 주당의 대부분은 남자다. 고객 중 남성 비중이 높은 현실에서 술 브랜드를 제대로 각인시킬 수 있는 방법은 역시 미인을 노출시키는 것이다. 여성을 노출시키면 남성들은 좋아하는 경우가 99%이고 여성들은 그냥 무관심하거나 아름답다고 여기는 경우가 많다. 그래서 성인을 대상으로 한 술집에서는 노출 수위가 조금 높아도 반발이 그렇게 크지 않다.

② 술은 광고가 매우 제한돼 있는 상품이다. 알코올도수가 낮은 맥주의 경우에도 밤 10시 이후에나 TV방송 광고가 허용돼 있고, 소주 등 독주는 지면 광고와 인터넷 동영상 광고(19세 이상만 볼 수 있다)만 허용돼 있다. 따라서 그동안 대량의 직접 광고 마케팅 수단은 포스터와 달력이 거의 유일했다. 그러나보니 포스터나 달력을 좀 자극적으로 만들 수밖에 없다.[13]

1.3 태도의 3가지 구성요소

브랜드 신념, 평가 및 의도적 행동(행동의도) 간의 연결관계는 본장의 주요 핵심이 된다. 즉, 브랜드 신념, 브랜드 평가 및 구매의도는 태도의 세 가지 구성요소를 정의한다. 브랜드 신념은 태도의 인지적(cognitive 사고: thinking) 구성요소이며, 브랜드 평가는 감정적(affective, 느낌: feeling) 구성요소이며, 구매의도는 행위적(behavioral, 행동: action) 구성요소이다. 이 세 가지 구성요소 간의 연결관계는 효과의 고관여 계층을 설명하는 것으로서, 브랜드 신념이 브랜드 평가에 영향을 주며, 브랜드 평가는 구매의도에 영향을 준다.

그림 6-3 | 태도의 구성요소[14]

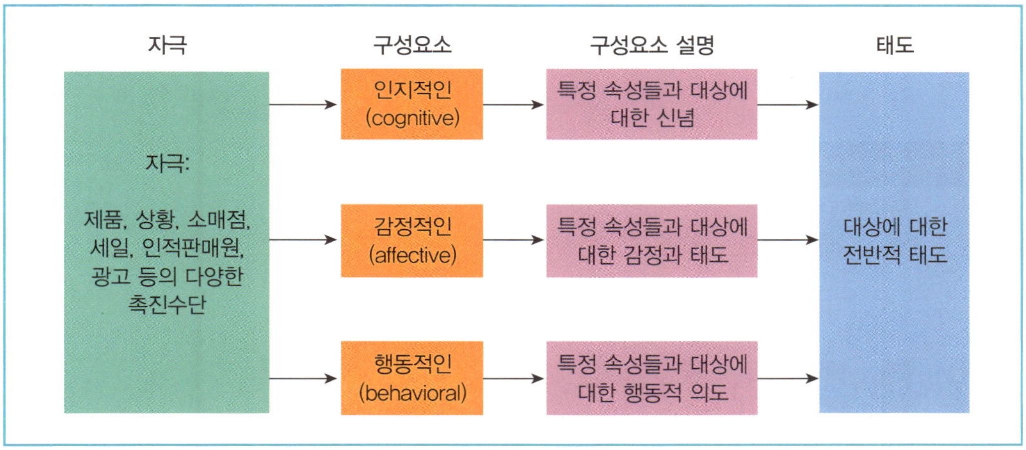

이 세 가지 태도 구성요소가 마케팅전략에 있어 중심적인 역할을 수행하므로, 이들 각각을 완전하게 이해하는 것이 도움이 될 것이다.

1) 신념

브랜드에 대한 소비자의 신념(belief)은 소비자들이 그 브랜드에 해당한다고 생각하는 특징이다. 소비자의 기억용량은 제한되어 있기 때문에 한 번에 활성화되어 있는 의식적으로 검토되는 신념은 단지 몇 개에 불과하다. 이렇게 검토되는 신념을 일컬어 부각적 신념이라고 하며, 어떤 대상에 대한 이들 부각적 신념들(특정 시점, 특정 여건에서 활성화되는 신념)이 측정대상에 대한 개인의 태도를 형성하거나 결정짓는다.

어떤 신념들이 특정 시점에서 부각적 신념으로 등장할 것인가 하는 것에는 여러 가지 요인들이 영향을 미친다. 즉, 특정 시점에 돋보이는 자극(예를 들어 구매시점 전시, 광고, 포장정보), 소비자의 무드/감정상태, 그 시점에 활성화된 소비자의 가치/목표 등이 이러한 요소들이다.

2) 전반적인 브랜드 평가

두 번째 태도 구성요소인 감정적 또는 느낌 구성요소는 그 브랜드에 대한 소비자의 전반적인 평가를 나타낸다. 어떤 브랜드에 대한 신념은 다차원적인데, 그 이유는 신념은 소비자들이 지각하는 브랜드의 속성들을 나타내기 때문이다. 그러나 감정적 구성요소는 1차원적이다. 즉 어떤 브랜드에 대한 소비자의 전반적인 평가는 '나쁜 것'부터 '좋은 것'까지 또는 '좋아하지 않음'으로부터 '최고로 좋아함'으로 브랜드를 평가함으로써 측정될 수 있다.

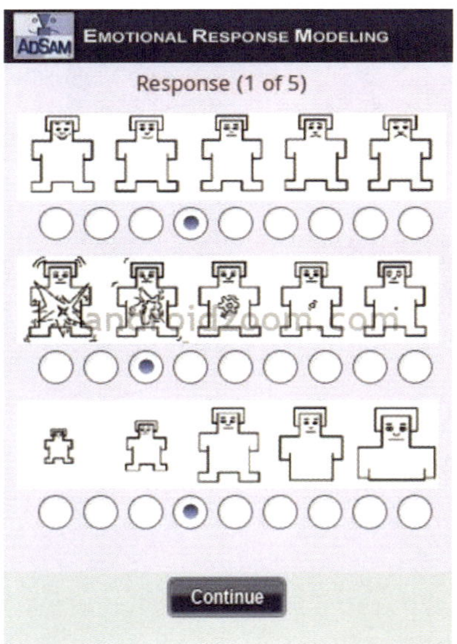

마케팅관리자들은 때때로 소비자의 감정을 측정하기 위해 그림을 이용하기도 한다(adSAM)
제일 위줄(즐거움)
중간(놀람)
마지막줄(지배력)
참고문헌을 보면 모바일 프로그램도 있다.[15]

3) 구매의도

세 번째 태도 구성요소인 행위적 차원은 어떤 대상을 향해 행동하는 소비자의 경향이다. 그리고 행위적 차원은 일반적으로 구매의도의 관점에서 측정된다. 구매의도를 측정하는 것은 특히 마케팅전략을 수립하는 데 중요하다.

마케팅관리자들은 구매행동에 영향을 줄 가능성이 가장 큰 것을 결정하기 위해 마케팅 믹스 요소, 즉 대안적인 제품개념, 광고, 포장 또는 브랜드명을 자주 시험한다. 이런 대안적인 것을 시험하는 경우 시험의 대상이 되는 마케팅 자극을 제외한 모든 다른 요인들을 일정하게 유지하는 인위적으로 통제된 분위기하에서 시행된다. 대안적인 광고를 보거나 또는 여러 가지 제품을 시용하는 소비자들에게 이러한 마케팅 자극을 경험하도록 한 후, 그들의 구매의도를 측정할 수 있다. 실제적인 구매행동이 행해지지 않는 상태에서, 경영자들은 마케팅 믹스 구성요소들의 효과성을 결정하기 위해서 가장 밀접한 대용물인 구매의도를 사용한다.

4) 세 가지 구성요소의 전략적 시사점

마케팅 기업은 긍정적인 브랜드 태도를 고무하고 또한 소비자가 구매의도를 할 수 있는 기회를 증가시킬 수 있도록 소비자의 신념에 영향을 주어야 하는데 대부분의 마케팅전략은 신념에 영향을 주기 위해 제품특성과 이점을 광고할 수 있다.[16] 사진에서 볼 수 있듯이 과거로부터 에이스침대는 숙면을 취할 수 있는 침대이며 이는 좋은 생활로 연결될 수 있다는 이점을 지속적으로 광고하고 있다.

에이스침대는 숙면을 취할 수 있는 침대이며 이는 좋은 생활로 연결될 수 있다는 이점을 지속적으로 광고하고 있다.

마케팅 기업은 역시 필수적으로 신념에 영향을 주지 않고 브랜드 평가에 직접적으로 소구할 수 있다.[17] 브랜드 평가에 영향을 주려고 시도하기 위해서는 그 브랜드에 대한 긍정적인 느낌과 감정을 일으킬 수 있는 상징과 심상을 사용해야 한다. 제품에 대한 속성평가 없이도 단순히 모델에 대한 긍정적 이미지 등을 이용하여 제품에 대한 좋은 태도를 심어줄 수도 있을 것이다.

최근에는 사진의 4가지 광고와 같이 정보제공적 광고보다도 감정, 느낌지향적인 광고의 사용이 증가하고 있다. 이는 마케팅 기업들이 제품의 특성과 효익에 기초하여 독특한 주장을 할 수 없을 때 기업들은 소비자들에게 다가갈 수 있는 좋은 방법으로 평가받고 있다. 실제, 소비자들은 많은 제품범주에서 경쟁제품이 선두제품을 기술적으로 따라잡는 표준화가 더욱더 확대되고 있는 상황에서 기업들은 태도의 감정적 구성요소에 직접적으로 소구하는 것이 증가되고 있다. 이렇듯 대체로 많은 연구들은 광고에 대한 태도가 브랜드에 대한 태도에 영향을 미친다는 것을 시사하고 있다.[18]

김태원(모델)을 여자로 착각, 핫초코 미테를 가지고 같이 슬로프를 탔지만 결과는 국민할매 김태원(핫초코미떼)

닮은 사람으로 웃음을 자아내는 광고(핫초코미떼)[19]

버거킹 광고는 '앵커 효과' 역시 갖추고 있다. 광고에 등장하는 햄버거 세트의 가격은 4,900원으로 경쟁사에 비해 1,000원이나 비싼 가격이지만 무의식 마케팅을 통해 저항감을 줄였다. 김영철의 단호한 "사딸라" 외침이 가격에 대한 저항감을 줄인다(버거킹).[20]

과거 레쓰비 커피는 사랑을 전달하고자 하는 여자 후배와 후배의 꾀병을 알면서도 넘어가주는 남자 선배의 이야기로 광고를 전개했다(레쓰비).

마케팅 기업은 역시 신념과 브랜드 태도에 영향을 주지 않고도, 태도의 세 번째 구성요소인 구매의도에 소구하려고 한다. 즉 상당한 가격인하 또는 특별한 쿠폰을 제공함으로써 선호하지 않는 브랜드를 사용하도록 소비자들을 유인할 수가 있다. 이러한 수단에 의해 다른 브랜드를 선택한 소비자의 경우 기존 브랜드에 대한 신념과 태도가 구매와 연결되지 못

한 것으로 볼 수 있다.[21]

1.4 태도와 소비자 관여

태도에 대한 신념의 영향 그리고 행동에 대한 태도의 영향은 거의 구매에 대한 소비자의 관여도에 의해 영향을 받을 수 있다. 즉, 소비자의 관여수준이 크면 클수록 이러한 연결관계는 더 강해진다고 볼 수 있다. 4장에서 우리는 소비자들이 고관여될 때 태도는 구매의사를 이끄는 효과계층의 부분이 됨을 알 수 있었다. 즉, 소비자들은 어떤 브랜드에 대한 신념을 형성하고, 그 후 브랜드 태도를 수립하고, 그 후 그 브랜드를 구입하거나 또는 구입하지 않을 것을 결정한다.

실제 본장에서 논의되는 태도는 상대로 고관여적인 소비자의 상황이라고 볼 수 있다. 태도는 고관여 의사결정에서와 달리 저관여 의사결정에서는 중심적인 역할을 하지 않으며 소비자들은 수동적인 방법으로 브랜드에 대해 신념을 형성하기에 신념과 태도 간의 연결관계는 약하다.

실제로 한 연구는 청량음료에 관여된 소비자와 비관여된 소비자에 대한 비교 연구에서 태도는 관여적인 소비자의 경우 행동에 영향을 주었으나, 반대로 저관여적인 소비자의 경우 태도는 행동에 영향을 미치는데 뚜렷한 역할을 하지 않음을 확인하였다.[22] 또 다른 연구에서 연구자들은 광고정보를 처리하도록 소비자에게 동기를 부여하여 소비자들의 관여수준을 증가시킨 다음, 동기가 부여되지 않은 집단의 구매의도에 비교하여, 태도는 동기가 부여된 집단의 구매의도와 밀접하게 관련된다는 것을 발견하였다.[23]

2. 태도의 형성

2.1 피쉬바인(Fishbein)의 다속성태도 모델

단순한 반응은 왜 소비자가 제품에 대한 그러한 방식으로 느끼는지, 또는 마케터들이 소비자의 이러한 태도를 변화시킬 수 있는지에 대해 우리가 알고자 하는 모든 것을 항상 말해주지는 않는다. 이런 이유로 다속성태도 모델(multi-attribute attitude model)은 마케팅조사자들 사이에서 매우 유용한 태도평가 방법으로 이용되었다. 이러한 유형의 모델은 태도 대상(attitude object: A^0)에 대한 소비자의 태도(평가)가 그 대상의 여러 가지 또는 많은 속성들에 대해 소비자가 가지고 있는 신념에 달려 있다고 가정한다. 다속성 모델을 이용한다는 것은 어떤 제품이나 브랜드에 대한 태도가 이들 특정 신념을 확인해내고 그 소비자의 전체 태도 측정치를 이끌어내기 위해 그 신념들을 결합함으로써 예측될 수 있다는 것을 의미한다.

기본적 다속성모델은 다음의 3가지를 명확히 하여야 한다.[24]

- 속성(attributes): A^0의 특징이다. 대부분의 모델은 관련된 특징이 확인될 수 있다고 가정한다. 즉 연구자들은 소비자들이 A^0를 평가할 때 고려하게 되는 이들 속성을 포함할 수 있다. 예를 들어 디자인, 성능, 연비 등은 자동차의 속성이다.
- 신념(beliefs): 특성 A^0에 대한 인지이다. 신념의 측정은 브랜드가 독특한 특성을 가지고 있다고 소비자가 지각하는 정도를 평가하는 것이다. 예를 들어 자동차 구매자는 전기 자동차나 하이브리드 자동차를 유지비 부분의 경제성이 높다고 지각할 수 있다.
- 중요성 가중치(importance weights): 소비자에게 있어 속성의 상대적인 중요성을 반영한다. 비록 A^0가 다수의 속성을 가질 수는 있으나 어떤 것들은 다른 것보다 더 중요한 경향이 있다. 또한, 이러한 가중치는 소비자에 따라 다를 수 있다. 자동차구매에 있어 한 소비자는 경제성에 가장 높은 가중치를 두는 반면 다른 소비자는 주행성능에 가장 높은 가중치를 둘 수 있다.[25]

2.2 태도요소의 측정

현재 한국의 자동차 회사들이 그들에 대한 태도나 그들의 자동차에 대한 태도를 알기 위해 측정한다고 생각해보자. 우편 또는 전화 그리고 면접을 통해 소비자들을 대상으로 다음의 태도 척도 중 하나를 실시할 수가 있다.

1) 단일항목 척도(single-item scales)

자동차 회사나 특정 자동차에 대해 소비자의 태도를 평가하는 하나의 단순한 방법은 그것에 대한 소비자의 전체적인 느낌을 묻는 것이다. 이러한 포괄적인 평가는 특정 속성에 대해 많은 정보를 제공해주지 않지만, 관리자들은 소비자의 전체적인 태도에 대한 약간의 이해를 제공해준다. 이 단일항목접근에는 종종 리커트(Likert) 척도를 사용하는데, 이 척도는 태도진술문에 대한 동의 또는 느낌에 대한 반응자의 전체적인 수준을 측정한다.

당신은 그랜저에 대해 얼마나 만족하십니까?

매우 만족 – 약간 만족 – 보통 – 약간 불만족 – 매우 불만족

2) 다중항목 척도(multiple-item batteries)

태도모델은 단순한 측정치 이상의 것인데, 그것은 전체적인 태도가 종종 다중요소들에 대한 소비자의 지각으로 구성되어 있음을 알려주고 있기 때문이다. 이런 이유로 인해서 많은 태도측정 척도들은 어떤 문제에 대한 일련의 신념을 평가해서 전체점수로 이들 반응을 결합한다. 예를 들어 현대자동차 그랜저에 대한 호의적인 태도를 측정하기 위해 다음과 같은 자료를 이용할 수 있다.

1. 그랜저는 디자인이 뛰어나다.
2. 그랜저는 주행성능이 뛰어나다.
3. 그랜저는 동급자동차에 비해 연비가 뛰어나다.

매우 그렇다 – 그렇다 – 보통이다 – 그렇지 않다 – 매우 그렇지 않다

2.3 피쉬바인 모델의 구조

피쉬바인(Fishbein)의 다속성태도 모델(multiattribute attitude model)은[26] 태도형성을 어떤 브랜드의 속성과 효익에 대한 소비자의 신념의 함수로 설명한다. 피쉬바인의 모델을 이용하여 마케팅관리자는 소비자들이 중요한 속성에 따라 대안적 브랜드를 평가하는 방법을 결정함으로써 경쟁자 브랜드의 강 · 약점과 비교하여 자사 브랜드의 강점과 약점을 전달할 수 있다. 그렇게 하는 경우 마케팅관리자는 특이한 브랜드를 평가하기 위해 사용되는 속성의 어휘목록에 직접적으로 다속성 모델을 응용할 수 있다.

다음 식에서 보는 바와 같이 피쉬바인 모델에서는 어떤 대상에 대한 전반적 태도가 다음과 같은 두 가지 요인에 의해 결정된다고 본다. 하나는 대상과 연결된 부각적 신념의 강도이고, 다른 하나는 이 신념의 평가이다.

$$A^0 = \sum_{i=1}^{n} bi \times ei$$

A^0: 대상에 대한 태도(attitude toward an object)
bi: 이 대상이 속성 i를 갖는다는 신념의 강도
ei: 속성 i의 중요도 평가
n: 부각된 신념의 수

어떤 대상이 좋은 속성들과 주로 연상이 되면 사람들은 이 연상을 좋아할 것이고, 이 대상이 나쁜 속성들과 주로 연상이 되면 사람들은 이 대상을 싫어하게 될 것이다. 그러므로 광고나 실제 제품 체험 중에서 소비자들에게 좋은 속성을 자사제품과 연관시키려고 한다. 예를 들어 사진에서 볼 수 있듯이 칼로바이라는 프로틴 브랜드는 음용 및 구매접근의 편리성을 강조하고 있고, 골프존 GDR은 모바일 앱을 이용한 타석예약 서비스를 제공하고 매장에서 키오스크를 활용하여 서비스 프로세스를 매우 단순화시키고 고객의 불편함을 대폭 줄여줌으로써 해당 표적시장의 선택확률을 높이고자 한다.

프로틴 복용에 있어 편리성 그리고 구매접근성의 이점을 강조하는 제품[27]

모바일을 이용한 예약시스템 및 키오스크를 활용한 타석 배정 등 서비스 프로세스에서 고객의 편의성을 높여주어 서비스 프로세스 관리하고 있는 골프존 GDR 아카데미[28]

CONSUMER INSIGHT 6-2 소비자 선택에 중요한 기준들과 진정성(Authenticity)[29]

Advertising Age/ARC Survey: 브랜드 속성들

브랜드 속성의 중요성(Importance of brand attributes): 다양한 연령 집단에서 아래의 속성들이 브랜드 구매를 결정할 때 소비자들이 중요하게 생각하는 것들이다.

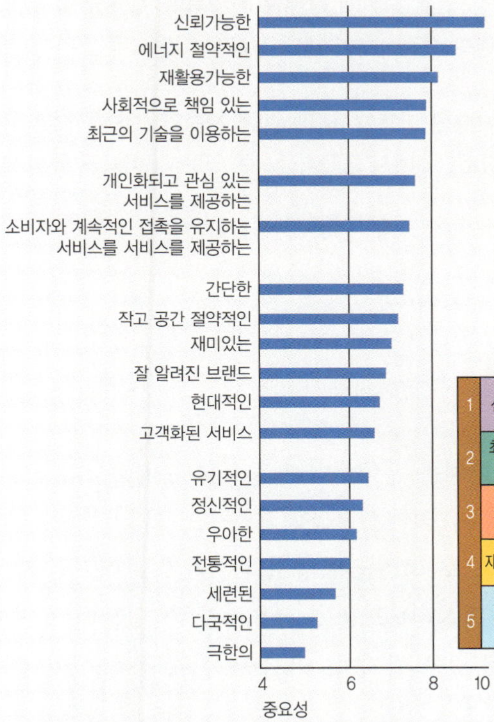

Brand vs Generics: 연령별로 브랜드와 무상표(저렴한)에 대한 평가의 차이

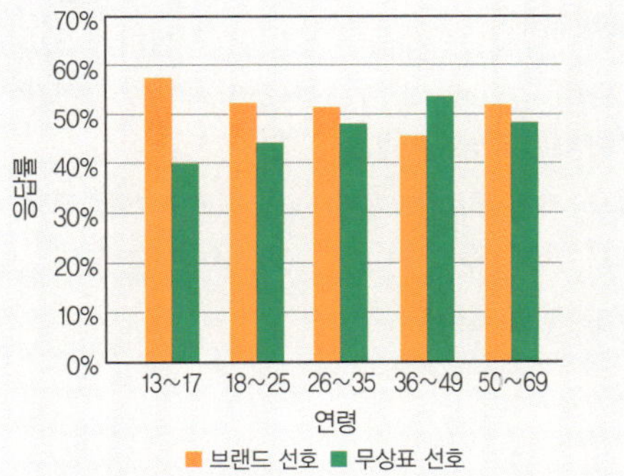

연령대별 5가지 중요한 브랜드 속성

	13~17	18~25	26~35	36~49	50~69
1	신뢰가능한	신뢰가능한	신뢰가능한	신뢰가능한	신뢰가능한
2	최근 기술을 이용하는	에너지 절약적인	에너지 절약적인	에너지 절약적인	에너지 절약적인
3	에너지 절약적인	최근 기술을 이용하는	최근 기술을 이용하는	사회적으로 책임있는	사회적으로 책임있는
4	재활용가능한	재활용가능한	재활용가능한	재활용가능한	재활용가능한
5	재미있는	개인화되고 관심있는 서비스를 제공하는	사회적으로 책임있는	간단한	간단한

위에서 가장 중요한 기준으로 등장한 신뢰가능한 속성은 최근에 논의되는 진정성과도 상당히 연관성이 높은 개념이라고 볼 수 있다. 데이비드 루이스(David Lewis)와 대런 브리저(Darren Bridger)는 〈디지털 시대의 신 소비자 혁명: The Soul of the New Consumer: Authenticity—What We Buy and Why in the new Economy〉에서 선진 세계가 결핍에서 풍요로, 풍요에서 진정성으로 전환되었다고 바라보고 있다.[30]

제임스 길모어(James H. Gilmore)와 조셉 파인 2세(Joseph Pine Ⅱ) 또한 최근 그들의 서적, 〈진정성의 힘 Authenticity: What Consumers Really Want〉에서 철학 분야의 진정성을 비즈니스에 연계하는 모험을 시도했는데 오늘날 시장에 모조품들이 넘쳐나고 소비자들을 기만하는 마케팅 커뮤니케이션들이 당연시되는 환경에서 충분히 빛을 발할 수 있는 차별화 전략이라고 논의하고 있다.[31]

이러한 진정성은 여러 의미를 내포하고 있지만 좀 더 구체적인 예를 들자면 가짜제품이 아닌 진짜제품, 공해에 물들지 않은 유기농 제품, 광고 등을 통하여 소비자에게 제품에 관한 이야기를 하는데 있어 진실성 등으로 볼 수 있다.
먹거리에 대한 고발 프로에 등장하는 많은 건강에 위해한 음식들, 짝퉁제품들, 그리고 과대포장하고 허위로 하는 광고 등 수많은 가짜가 넘쳐나고 있는 시대에 살고 있는 오늘날의 소비자들은 기업이 판매하는 제품을 얼마나 진실하게 인식하는지에 근거해 구매를 결정하는 경향이 높아지고 있으며 앞으로 더 그러할 것이기에 기업들은 진정성을 하나의 새로운 품질로 인식하고 진정성을 강화하기 위해 노력해야 할 필요가 있다.
결국, 제품 하나를 만들더라도 진정성을 갖춘 제품을 만들고 소비자에게 전달할 때에도 진정성을 가지고 전달한다면 나름 이 가짜와 불신의 사회분위기에서 승자가 될 수 있는 기반을 만들었다고 볼 수 있는 것이다.[32]

2.4 다속성태도 모델의 적용 예

예를 들어 A라는 소비자가 10여 년간 그랜저를 운행하다가 신차를 구매하고자 하는 상황에 직면했다고 가정하자. 이 소비자는 Benz E클래스, BMW 5시리즈, 아우디 A6, 제네시스 G80 등 4가지 브랜드를 준거가격을 기준으로 고려군에 넣었다. 4가지 브랜드의 자동차 모델에 대한 소비자 태도를 알기 위하여 다속성태도모델을 적용시킬 수 있는데 소비자들이 이 4가지 브랜드에 대해 4개의 부각적 신념을 가지며, 이 신념은 각각 주행성능, 디자인, 안전성, 가격, A/S 편의성이라고 하자.

피쉬바인은 어떤 대상에 대한 부각적인 면의 수는 통상 7개 내지 9개를 넘지 않는다고 주장한다.[33] 그러나 정보를 해석하고 통합하는 소비자의 능력이 제한된 것을 고려하면, 여러 대상들에 대한 부각적인 신념은 더 적은 수일 것이다. 소비자가 저관여 제품에 대해 잘 모르는 경우 그들의 태도는 아마 한두 개의 부각적 신념에 바탕을 두고 형성될 수 있다. 반면 고관여 제품의 경우 그 부각적 신념의 수는 커질 것이다.

먼저, 신념의 강도는 소비자에게 태도의 대상과 부각적 신념 간의 연관이 얼마나 높은지를 평가하게 하여 얻는다. BMW 5시리즈 자동차의 디자인에 대한 신념의 강도는 다음과 같은 질문을 통하여 얻을 수 있다. 만일 어떤 소비자가 BMW 5시리즈의 디자인이 좋지 않다고 생각하면 1이나 2에 표시를 할 것이고, 디자인이 좋다고 판단하는 소비자는 9나 10에 표시를 할 것이다.

신념(bi)

BMW 5시리즈는 디자인이

매우 좋지 않다 1 2 3 4 5 6 7 8 9 10 매우 좋다

속성의 평가는 소비자가 특정 속성을 얼마나 호의적으로 보고 있느냐를 나타낸다. 예를 들어 외산승용차를 사려는 소비자는 자동차의 성능이나 안전성을 경제성(유지비)에 비해 상대적으로 더욱 중요한 것으로 판단할 수 있다.

속성의 평가(ei)

자동차가 안전하다는 것은

별로 중요하지 않다 −3 −2 −1 0 1 2 3 매우 중요하다.

그러나 속성의 평가는 반드시 고정된 것이 아니고 시간과 장소에 따라 바뀔 수 있다. 예를 들어 소비자가 어느 속성이 가져오는 여러 결과에 대해서 알게 되면서 그 속성이 얼마나 좋은가에 대한 생각이 바뀔 수 있다. 또 상황에 따라서도 바뀔 수 있다. 예를 들어 보통 때 커피를 싫어하는 소비자가 숙제를 마치느라 밤늦게까지 자지 않고 공부하려 할 때에는 커피를 원할 수 있는 것이다.

결론적으로, A라는 소비자는 5개의 부각된 신념의 중요성 가중치를 주행성능은 e1=3, 안전성은 e2=2, 디자인은 e3=3, 가격은 e4=1, A/S 편의성은 e5=2 등으로 생각하고 있다. 소비자가 각각의 대안 자동차 브랜드에 대한 평가를 [그림 6-4]와 같이 내렸다고 가정을 해보자. 각각에 대한 태도점수를 계산해보면 A에 있어서는 Benz E클래스에 대한 태도점수가 가장 높은 것을 알 수 있다.

그림 6-4 | 다속성태도 모델의 적용 사례: 고급세단[34)]

<table>
<tr><td colspan="5">
2021 벤츠 E클래스 세단 F/L
가격 6,450 ~ 1억460만원
연비 9.1~13.2km/ℓ (3~5등급) 출시 시판
연료 가솔린,디젤 배기 1,950~2,999cc
차종 중형 외관 세단 정원 5
제원/옵션</td><td colspan="5">
2021 BMW 5시리즈 세단 F/L
가격 6,360 ~ 1억2,180만원
연비 7.9~12.4km/ℓ (3~5등급) 출시 시판
연료 가솔린,디젤 배기 1,995~4,395cc
차종 중형 외관 세단 정원 5
제원/옵션</td></tr>
<tr><td>주행성능
(e1=3)</td><td>안전성
(e2=2)</td><td>디자인
(e3=3)</td><td>가격
(e4=1)</td><td>A/S
편의성
(e5=2)</td><td>주행성능
(e1=3)</td><td>안전성
(e2=2)</td><td>디자인
(e3=3)</td><td>가격
(e4=1)</td><td>A/S
편의성
(e5=2)</td></tr>
<tr><td>b1=9</td><td>b2=9</td><td>b3=8</td><td>b4=6</td><td>b5=6</td><td>b1=8</td><td>b2=8</td><td>b3=7</td><td>b4=6</td><td>b5=7</td></tr>
<tr><td>b1×e1=
27</td><td>18</td><td>24</td><td>6</td><td>12</td><td>24</td><td>16</td><td>21</td><td>6</td><td>14</td></tr>
<tr><td colspan="5">벤츠 E클래스에 대한 태도점수
(27)+(18)+(24)+(6)+(12)=87</td><td colspan="5">BMW 5시리즈에 대한 태도점수
(24)+(16)+(21)+(6)+(14)=82</td></tr>
<tr><td colspan="5">
2021 아우디 A6 세단
가격 6,457 ~ 8,629만원
연비 11.8~15.8km/ℓ (2~3등급) 출시 시판
연료 가솔린,디젤 배기 1,968~2,967cc
차종 중형 외관 세단 정원 5
제원/옵션</td><td colspan="5">
2021 제네시스 G80
가격 5,291 ~ 6,214만원
연비 9.2~14.6km/ℓ (2~5등급) 출시 시판
연료 가솔린,디젤 배기 2,151~3,470cc
차종 대형 외관 세단 정원 5
제원/옵션</td></tr>
<tr><td>주행성능
(e1=3)</td><td>안전성
(e2=2)</td><td>디자인
(e3=3)</td><td>가격
(e4=1)</td><td>A/S
편의성
(e5=2)</td><td>주행성능
(e1=3)</td><td>안전성
(e2=2)</td><td>디자인
(e3=3)</td><td>가격
(e4=1)</td><td>A/S
편의성
(e5=2)</td></tr>
<tr><td>b1=8</td><td>b2=8</td><td>b3=8</td><td>b4=7</td><td>b5=4</td><td>b1=7</td><td>b2=6</td><td>b3=7</td><td>b4=9</td><td>b5=9</td></tr>
<tr><td>b1×e1=
24</td><td>16</td><td>24</td><td>7</td><td>8</td><td>21</td><td>12</td><td>21</td><td>9</td><td>18</td></tr>
<tr><td colspan="5">아우디 A6에 대한 태도점수
(24)+(16)+(24)+(7)+(8)=79</td><td colspan="5">제네시스 G80에 대한 태도점수
(21)+(12)+(21)+(9)+(18)=81</td></tr>
</table>

결국, 피쉬바인의 모델은 브랜드 태도의 보완적 모델(compensatory model)이다. 즉, 소비자는 다른 속성에 대한 장점에 의해서 어떤 속성에 대한 그 브랜드의 단점을 보완할 수 있다. [그림 6-5]의 결과를 보면 제네시스 G80의 주행성능이나 안전성 평가의 문제점은 가격이나 A/S편의성에 의해 보완되어 최종 태도형성에 반영되고 있다.

상대적으로 저관여 제품이라고 생각되는 음료와 같은 분야에서도 소비자에 따라 보완적 모델에 의해 태도가 형성될 수도 있다. [그림 6-6]의 사례에서 상대적으로 건강을 걱정하는 소비자는 다음과 같은 다른 기준들에 의해 7up과 다이어트 펩시에 대한 태도를 형성할 수 있다.

그림 6-5 | 다속성태도 모델의 적용사례: 음료수[35)]

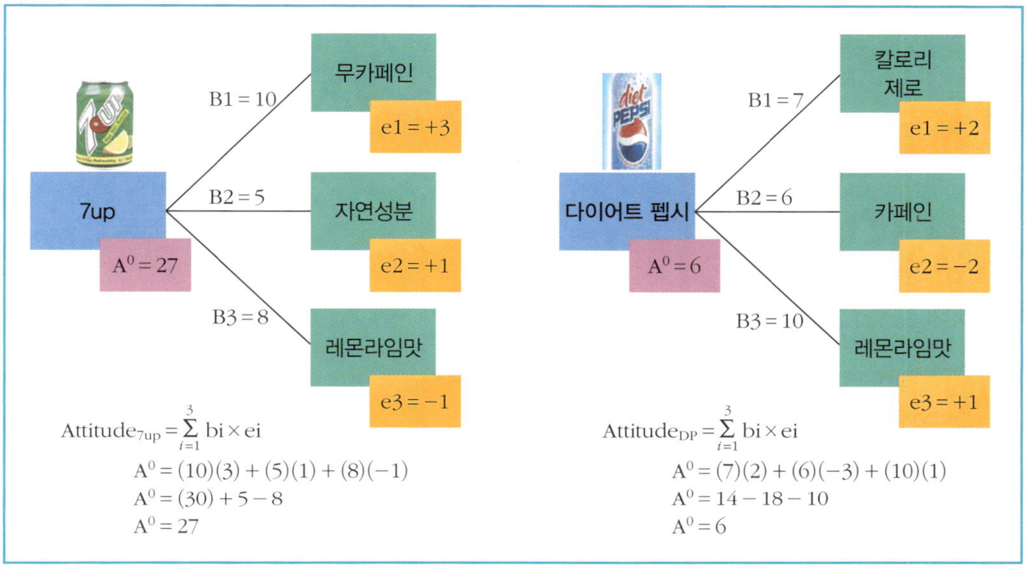

2.5 다속성 모델의 전략적 적용

다속성태도 모델을 통해서 마케팅관리자는 자사제품의 태도를 강화시키거나 변경시킬 수 있는데 이는 다음과 같은 방법들을 통해 가능하다. 만약 자신의 브랜드의 특정 속성이 경쟁브랜드보다 뛰어나다면 이 속성이 다른 속성보다 중요하다는 것을 부각시킬 필요가 있다. 예를 들어 자동차 사례에서 자체가 무거워 연비가 많이 드는 차를 생산하는 기업이라면 자동차의 구입 기준으로 안전성을 가장 중요하게 생각하도록 만드는 전략을 쓸 수 있다.

또한 경쟁자의 긍정적인 속성을 감소시키는 또는 떨어지는 속성을 부각시키는 비교광고(comparative ad)도 이용할 수 있다. 맥도날드와 빅맥의 광고전은 매우 유명한데 사진에서처럼 버거킹은 꾸준하게 맥도날드보다 사이즈가 크다든지 소고기 패티의 품질 등을 비교하면서 소비자의 태도변화를 유도하고 있다.

2019년 영국의 모든 와퍼 광고에는 '빅'맥이 있었는데 와퍼가 커서 사람들이 볼 수 없었다는 내용을 담고 있다. 즉 맥도날드 빅맥이라고 해봤자 버거킹 와퍼보다 작다는 메시지였다.

하버드대학의 문영미 교수는 최근의 저서 〈Different〉에서 경쟁기업의 장점을 보완하여 모든 것을 다 갖추는 것은 차별화가 되지 못한다고 역설하고 있다. 10년 전만 해도 볼보는 실용성과 안전성으로 그리고 아우디는 스포티함의 대명사로 알려졌으나 오늘날 자동차 시장에서 안전성 테스트에서는 아우디가 볼보를 앞서고 볼보의 TV광고는 운전의 재미를 역설하고 있다고 하면서 진정한 차별화는 원래의 강점에서 더욱 따라올 수 없는 경지를 구축하는데 있다는 마케팅 시사점을 제시했다.[36] 결국, 경쟁자보다 떨어지는 속성을 무조건 보완하는 것만이 옳은 길은 아니라는 것이다.

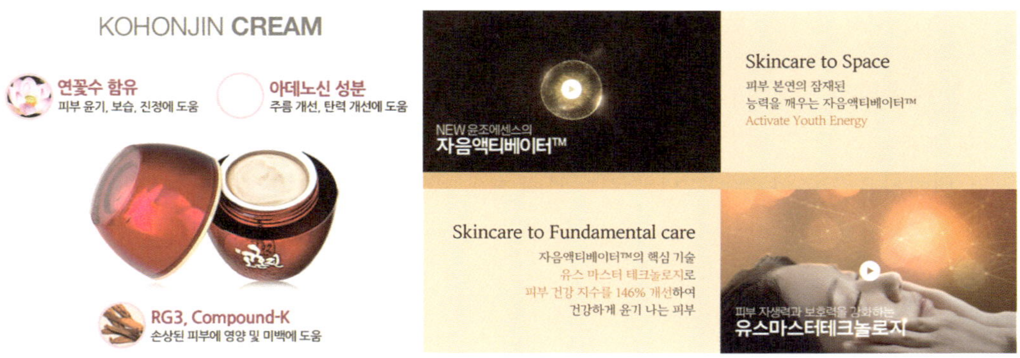

화장품 회사들은 피부관리에 탁월한 성능을 보이는 속성을 개발하여 제품에 탑재함으로써 좋은 소비자의 태도를 이끌어내고자 한다. 사진은 고혼진과 설화수 제품

마지막으로 마케팅관리자들은 그들의 제품에 새로운 속성을 추가하여 경쟁자와 차별화할 수 있는 방법을 찾을 수 있다. 화장품 기업들은 새로운 피부관리 속성을 지속적으로 발견하고 개발하여 기본 경쟁제품과 차별화된다는 것을 강조하며, 미래의 자동차인 전기자동차는 충전시간이나 한번 충전으로 갈 수 있는 거리들을 획기적으로 개선한 차를 출시함으로써 소비자의 좋은 태도를 실현시킬 수 있다.

3. 태도와 행동

태도와 행동 간의 관계에 대한 초기의 연구에서는 소비자의 어떤 브랜드에 대한 태도가 이 브랜드에 대한 행동의 좋은 지표로서 사용될 수 있다고 생각했다. 그러나 소비자의 어떤 대상에 대한 태도가 이 대상과 관련된 특정 행동의 좋은 예측치가 되지 못할 수도 있다는 점에서 본절에서는 이러한 태도와 행동 간의 불일치성의 원인을 논의해본다.

3.1 태도와 행동 간의 연결성

만약 태도모델이 전략적으로 관련이 있다면, 태도모델은 태도와 행동 간의 어느 정도의 연결관계를 보여주어야 한다. 대체로 많은 연구들은 태도가 좋으면 구매의도로 이어질 수 있다고 제시한다.[37] 전통적인 효과의 계층모델과 피쉬바인 모델은 태도를 행동의도와 연결시키고 있다. 즉 소비자가 어떤 브랜드에 대해서 많은 긍정적인 신념을 통해 더 좋은 태도를 가지고 있다면 이 브랜드를 다른 브랜드보다 더 많이 구매할 것이라고 생각하기 때문이다. 예를 들어 [그림 6-6]에서 볼 수 있듯이 피자헛에 대한 신념들로 '피자가 고급이다', '점포에 대한 근접성이 좋다', '주차시설이 좋다', '좋은 분위기를 가지고 있다'는 결국 피자헛에 대한 좋은 태도를 형성시키고 매장 방문이라는 행동으로 연결시킬 수 있으며, 이 행동에 의해 경험한 것들은 다시 신념을 형성하는 데 영향을 미칠 수 있다.

그림 6-6 | 신념, 태도, 행동의 관련성[38]

3.2 태도와 행동 간의 관계에 대한 연구

여러 연구들은 태도와 행동 간의 연관성을 확인하였는데 한 연구는 7개 제품범주의 19개 브랜드에 대한 소비자의 태도와 소비에 관련하여 수행되었다.[39] 그 연구결과, 신념의 변화, 그 브랜드의 전반적인 평가 그리고 그 브랜드의 시장점유율의 변화 간에 강한 관계가 있음을 밝혔다. 예를 들어, 경제성(신념)에 대해 어떤 브랜드의 평가등급이 4% 증가하면, 그 브랜드의 전반적인 평가등급(평가)은 2~5% 증가하고, 또한 그 브랜드의 사용자 점유율(행동)은 5% 증가하였다. 이 연구는 경제성에 대한 신념이 전반적인 브랜드 평가에 영향을 주고, 다시 브랜드 평가가 행동에 영향을 주는 것처럼 효과의 계층모델을 지지하고 있다.

카드 사용자에 대한 아메리칸 익스프레스(American Express)사의 연구는 카드의 전반적인 평가의 변화와 사용의도 간의 강한 관계를 발견하였다. 아메리칸 익스프레스 카드에 대해 이들 소비자들 간의 태도는 보다 긍정적이 되었으며, 약 60%는 그들이 카드사용을 증가하였다고 응답하였다. 태도변화가 없는 소비자들 중에 약 2% 정도가 그들이 카드사용을 증가하였다고 응답하였다. 그리고 아메리칸 익스프레스에 대해 보다 부정적인 태도를 가진 소비자들 중 3/4 이상은 그들이 카드사용을 감소하였다고 응답하였다.[40]

또 다른 연구에서, 미용화장지의 브랜드에 대한 신념과 평가는 구매의도와 관계가 있음을 발견하였다. 흥미롭게도, 그들은 그 브랜드에 대한 태도뿐만 아니라 광고에 대한 태도가 구매의 가능성에 영향을 미친다는 사실을 발견하였는데 마케팅에 있어 기본적인 원리는 좋은 광고가 나쁜 제품을 판매할 수 없다는 것이다.[41] 그들의 연구는 그와 반대도 역시 같다는 것, 즉 나쁜 광고(즉 부정적 태도를 조장하는 광고)는 사람들로 하여금 다른 좋은 제품으로 전환토록 할 수 있다는 것을 제시하였다.

그러나 이와는 반대로 한 연구에서는 학생들의 시험 중 부정행위에 대한 태도와 부정행위 간의 관계를 조사하고 이때의 태도와 행동 간에는 전혀 상관관계가 없다는 결론을 내렸으며 또 다른 연구자는 전반적으로 보아 태도가 행동과 상관이 있다기보다는 무관하다고 보는 편이 맞으며, 태도를 행동의 예측치로 사용하지 않는 것이 바람직하다고 주장하였다. 이에 대한 비슷한 사례로 [Consumer Insight 6-3]을 참고해보자.

CONSUMER INSIGHT 6-3 광고 태도가 브랜드 태도로 연결되는가?[42]

'러시앤캐시' 브랜드로 널리 알려진 대부업체 A&P 파이낸셜이 새로운 TV광고 캐릭터인 '무과장'으로 큰 호응을 얻고 있다. A&P 파이낸셜이 내세운 무과장은 소심한 직장 남성을 채소인 무로 형상화한 캐릭터로 "어떡하지"라는 말을 입에 달고 다니며 우유부단한 성격을 드러내지만 가정적이고 따뜻한 심성을 가진 이 시대 중산층 가장을 상징한다. 지난 1월 12일부터 TV광고를 통해 모습을 드러낸 무과장 시리즈는 지금까지 총 6편이 소개됐다. 머리카락이 빠지는 것을 고민하는 무과장(2회 가발편), 과장 승진 회식 비용을 걱정하는 무과장(3회 회식편), 전국노래자랑에서 활약하는 무과장(5회 노래자랑편), 시골 농사짓는 어머니를 찾아가는 무과장(6회 워낭소리편) 등이 방영됐다.

캐릭터를 활용한 러시앤캐시 광고

A&P 파이낸셜은 지난해까지 영업광고를 통해 주로 자사 서비스를 알리는 데 주력했지만 소비자들이 대부업체에 대해 기존

의 부정적인 인식을 여전히 많이 갖고 있다고 판단, 이처럼 소비자에게 다가갈 수 있는 캐릭터 광고를 선보이게 됐다.
2009년 3~4월 소비자 광고 만족도 조사 결과로도 응답자의 56.7%가 "매우 만족"이라고 대답했다. 서비스 소개를 주로 한 경쟁업체 H사와 L사의 만족도는 각각 36.6%, 44.8%에 그쳐 코믹 캐릭터 활용은 성공적이었다는 평가다. A&P 파이낸셜 측은 "코믹 캐릭터 광고가 기업의 이미지 개선에는 큰 도움이 된다"며 "내년도 기업공개를 목표로, 소비자들에게 더 친숙한 기업 이미지를 심어주는 데 주력할 것"이라고 말했다.
하지만 업체에 대한 소비자들의 인식 평가에서는 부정적이라는 답이 2008년 2월 89.2%에서 2009년 4월에도 84%로 그다지 나아지지 않았다. 여전히 대부업체에 대한 인식은 그리 좋지 않다는 얘기다. 여러분은 어떻게 생각하시나요?

3.3 구매의도와 행동 간의 관계

마케팅관리자들과 경제학자들은 미래행동을 예측하기 위해서 의도(intention)를 사용하여 왔다.[43] 즉, 마케팅관리자들은 대안적인 신제품 컨셉과 광고효과를 평가하기 위해 소비자의 구매의도를 사용하고 있다. 또한 경제학자들은 미래의 경제트렌드를 예측하기 위해 소비자의 의도를 사용한다. 만약 구매의도가 행동경향에 대한 명백한 측정방법으로 간주된다면 마케팅관리자들은 의도와 그 뒤에 이어지는 행동 간의 관계를 확인해야 한다.

잡지 구독자들에 대한 연구에서는 의도는 조사대상이 된 7개 잡지 중 6개 잡지에 대한 행동과 밀접하게 관련된다는 것을 발견하였으며[44] 컴퓨터시스템의 구매자에 대한 연구결과는 의도는 다량으로 컴퓨터를 사용하는 사람들에게 있어 의도는 행동과 밀접하게 관련된다는 것을 밝혔다. 그 연구는 많은 지식이 있으며 고관여되어 있는 소비자는 더욱 의도와 행동 간의 밀접한 연결관계를 생성한다는 것을 시사한다.[45]

또한 7개 제품범주에 대한 연구에서, 실제로 구입할 것이라고 응답한 응답자들 중 62%는 구입하였음을 발견하였다. 구입할 의도가 없다는 사람들 중에서도 28%가 그 제품을 구입하였다. 즉, 이행률(의도와 실제 행동 간의 일치)이 가장 큰 것은 커피와 오물청소기이었으며 이행률이 가장 낮은 것은 아이스크림이었는데, 아이스크림은 아이스크림 구매의 충동적 본질을 반영한 것이다.[46]

미시간대학의 서베이 리서치 센터(Survey Research Center)는 의도와 구매 간의 관계에 대해 가장 광범위한 연구결과를 제공하였다. 이 조사는 새로운 자동차를 구입하기로 계획했거나 구입할 것이라고 응답한 소비자들 중 63%는 이듬해 자동차를 구입하였으며 그러나 구입할 의도가 없는 소비자들 중 29%가 새로운 자동차를 구입하였다는 것을 결과로 제시하였는데 이는 제품을 구입할 의도가 있는 소비자들 중 대다수가 그들의 의도를 이행하였음을 보여준다.

그러나 그 이후 다시 수행된 조사에서, 소비자의 의도는 행동에 대한 믿을만한 예측치가 되지 않음을 제시하기도 하였다. 즉, 1980년대와 1990년대 초, 미국의 에너지 부족과 두 번의 심각한 불경기로 인해 의도와 행동 간의 관계가 확실치 않게 되었다. 결국, 상당히 다른 변수가 개입되어 소비자의 의도와 행동 간의 연결을 방해할 수도 있는 것이다.[47] 예를 들어, 경제적 상황이 안 좋아진 것 외에도 구입하려는 순간 더 좋은 새로운 제품이 나왔다든지 하는 이유 등 여러 가지 변수들이 작용할 수 있다는 것이다.

4. 확장된 피쉬바인 모델

앞에서 논의되었던 태도와 행동 간의 불일치를 설명하기 위해 피쉬바인은 그의 다속성 모델을 수정하였다. 본절에서는 이러한 불일치가 어떤 이유에서 발생하였는가를 설명한다.

4.1 이성적 행동이론

태도와 행동 간의 연결관계를 보다 잘 설명하기 위해서 피쉬바인은 그의 다속성모델을 수정하였는데 이를 피쉬바인의 확장된 모델(Fishbein's Extended model) 또는 이성적 행동이론(theory of reasoned action)이라고 한다. 이 모델은 보다 정확하게 행동을 예측하기 위하여, 행동의 목적물에 대한 태도 보다는 그 행동에 대한 그 사람의 태도를 결정하는 것이 보다 중요하다는 것을 제시한다.[48] 예를 들어 앞의 태도측정에서 A씨는 BMW 5시리즈에 대해 가장 좋은 태도를 보였지만 구매하는 데 있어 아내나 직장상사의 눈치라든지 할부가격이 크게 부담이 될 수도 있을 것이다. 이를 좀 더 구체적으로 설명하자면 다음과 같은 식으로 표현될 수 있다.

$$B - BI = Aact(W1) + SN(W2)$$

Aact: 어떤 특정 행동을 취하는 것에 대한 소비자의 태도(attitude toward an act)
SN: 소비자가 이 행동을 취할 때 다른 사람들이 어떻게 볼 것인가와 관련된 주관적 규범(subjective norm)
BI: 소비자가 이 행동을 취하고자 하는 의도(behaviorial intention)
B: 행동
W1, W2: 소비자의 태도(Aact)와 주관적 규범(SN)요소가 구매의도에 미치는 상대적 영향력을 표시하는 가중치

이 식에서 보는 바와 같이 이 모델은 두 가지 요인의 결합으로 되어 있는데, 한 요인은 행동에 대한 태도(Aact)이고, 다른 한 요인은 주관적 규범(SN)이다.[49]

4.2 행동에 대한 태도(Aact)

그랜저, 갤럭시노트 또는 BMW 등의 각 브랜드에 대한 태도를 측정하는 것보다, 그 브랜드들을 구입하는 데 대한 그 사람의 태도를 결정하는 것이 보다 중요할 수도 있다. 즉 그 브랜드 자체(object)가 아니라 어떤 브랜드를 구입하거나 사용하는 행동(act)에 기초하여 적절한 태도가 측정되어야 한다.[50]

금전적 부담을 가지는 소비자가 렌탈과 같은 형식으로 구매하게 하는 광고

예를 들어 소비자는 신형 그랜저에 대해 긍정적인 태도를 가지고 있지만, 이전 모델보다 상승한 가격 때문에 그랜저를 구입하는 행동에 대해서는 부정적인 태도를 가질 수 있으며 광고하는 신형 삼성 스마트 TV가 마음에 들지만 충분한 크기의 TV를 구입하는 것은 금전적 부담이 크기에 행동으로 연결되지 못할 수도 있다.

이와 비슷한 맥락에서 피쉬바인(Fishbein)

은 다음과 같이 말한다.[51]

"어떤 여자는 커다란 카페트가 '따뜻하고', '안락하고', '럭셔리하고', 또한 '우아함'이 있다고 믿는다. 이렇듯 그녀는 이러한 속성을 긍정적으로 평가하므로, '커다란 카페트'에 대해 긍정적인 태도를 가질 가능성이 크다. 그러나 만약 그녀가 개 두 마리, 고양이 한 마리, 9살 미만의 세 자녀를 데리고 있다면, 커다란 카페트를 구입하는 결과는 그녀에 대해서 어떨 것이라고 당신은 생각하는가?"

강아지에 대한 태도는 좋으나 강아지를 키우는 것에 대한 태도는 '글쎄' 할 수도 있을 것[52]
(사진출처: https://www.gettyimagesbank.com)

4.3 주관적 규범(subjective norm)

피쉬바인은 신념과 평가를 행동과 관계를 맺는 데 있어 혼합된 결과 때문에 그 모델에 대해 수정을 하였다. 그는 다른 요인도 역시 행동에 영향을 미친다고 결론을 내렸다. 가족과 동료집단의 규범이 태도를 형성하는데 중요하기 때문에, 그는 그의 모델에 사회적 영향 요인을 도입하였다. 두 가지 사회적 요인으로 규범적 신념(normative belief)과 그 규범적 신념에 순응동기(motivation to comply)를 도입하였다. 주관적 규범은 다음과 같이 측정한다.

$$SN = \sum_{i=1}^{m} NBi \times MCi$$

NBi: 규범적 신념(normative belief)으로 다른 사람이 내가 어떻게 행동해야 한다고 기대한 것으로 믿는 정도

MCi: 순응동기(motivation to comply)로 다른 사람의 기대에 순응하려는 정도

m: 나의 행동에 영향을 미치는 중요한 다른 사람들(significant other)의 수

규범적 측정을 하기 위해 내가 이 행동을 하는 것을 다른 사람들이 얼마나 원하는가 하는 정도를 측정하게 된다. 중요한 다른 사람들은 나의 행동에 영향을 미치는 사람들로 가족, 친구, 직장 동료 등이 될 수 있다. 규범적인 신념은 아래의 측정방법으로 제시될 수 있다.

규범적 신념(NBi)
나는 공무원이라서 BMW 5시리즈를 구입하는 것을 직장상사들이 긍정적으로
생각한다 1 2 3 4 5 6 7 생각하지 않는다

또 순응동기는 다른 사람의 기대에 얼마나 부합하고자 하는가를 측정한다. 공무원인 A씨가 BMW 5시리즈를 구입하는 것을 상사들이 안 좋게 볼 것이라는 것을 알면서도 소비자 스스로가 남 눈치를 안보는 성격이라면 주관적 규범은 전혀 영향을 미치지 않는 요소가 될 수 있으나 대체로 남의 눈을 신경 많이 쓰는 소비자라면 남의 눈치 때문에 내가 좋아하는 제품을 사지 못할 수도 있을 것이며 어떤 경우는 구입하고 이용하지 않는 경우도 있을 것이다.

순응동기(MCi)
나는 직장상사들의 뜻을 잘 따르는 편이다
그렇지 않다 1 2 3 4 5 6 7 그렇다

[그림 6-7]은 이때까지 설명되었던 이성적 행동이론을 요약하여 보여주고 있는데, 이 이론은 원래의 모델보다도 의도와 행동을 더 잘 예측한다. 여러 연구들의 검토결과, 어떤 브랜드를 구입하는 것에 대한 태도는 그 브랜드 자체에 대한 태도보다도 행동과 보다 상관관계가 크다고 볼 수 있다.[53] 원래의 피쉬바인 모델과 확대된 피쉬바인 모델을 사용하여 치약 구매에 대한 의도와 행동을 측정한 연구결과 역시 어떤 브랜드의 구매에 대한 태도는 그 브랜드에 대한 태도보다도 행동과 더 밀접하게 관계가 있다는 사실을 알아낼 수 있었으며[54] 미네랄 식수의 구매자에 대한 연구에서도 구매에 대한 태도를 이용하는 것이 그 다음으로 이어지는 행동을 예측하는데 더 좋은 예측치였다는 사실을 확인하였다.[55]

그림 6-7 | 피쉬바인의 확장모델[56]

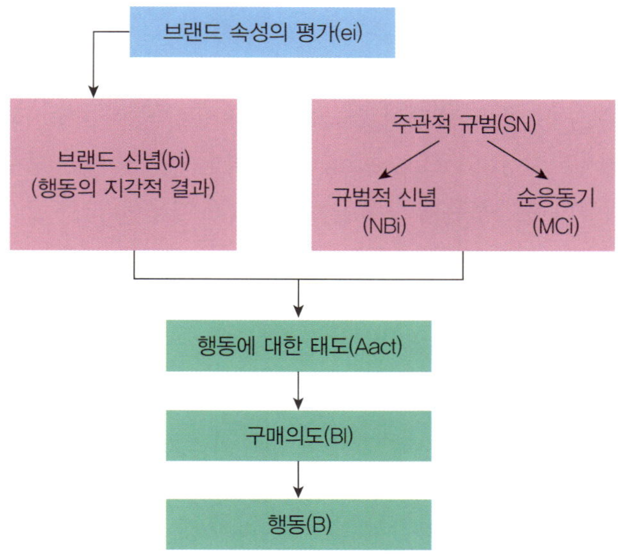

CONSUMER INSIGHT 6-4 이성적 행동이론의 범문화적 적용에 대한 한계[57]

이성적 행위이론은 주로 서구환경에서 적용되어 왔다. 이 모형의 어떤 가정들이 다른 문화의 소비자에게 반드시 적용되지는 않는다. 다음의 몇몇 문화적인 장애들은 이성적 행동이론의 보편적인 적용에 한계점을 드러낸다.

① 이 모델은 어떠한 자발적인 행동의 성과를 예측하려고 개발되었다. 그러나 여러 문화에 걸쳐서 많은 소비자행동들이 반드시 자발적인 것은 아니다.

② 주관적인 준거들의 상대적인 영향은 문화에 걸쳐서 다양할 수 있다. 예를 들어 아시아의 문화는 형식과 체면을 중요시하는 경향이 있어서, 선택에 대한 다른 사람들의 예견된 반응과 같은 주관적인 준거들이 많은 아시아 소비자들의 행동에 훨씬 큰 영향을 미칠 것은 아니다.

③ 이 모델은 행동의도를 측정하며, 따라서 소비자들이 활발하게 미리 생각하고 미래의 행동을 계획하는 것을 예상한다. 의도 개념(intention concept)은 소비자들이 직선적인 시간감각을 가지고 있다고 가정한다. 즉 그들은 과거, 현재, 미래라는 식으로 생각한다.

④ 의도를 형성하는 어떤 소비자는 자신의 행동을 통제하고 있다고 주장한다. 인도 및 동아시아의 문화에서는 사람들이 숙명론적인 경향이 있고, 자유의지의 개념을 필연적으로 믿지는 않는다. 사실상, 미국, 요르단 및 대만의 학생들을 비교한 연구에서는 운명론과 미래를 통제하는 것에 대한 생각에서 문화적인 차이가 있음을 발견하였다.

5. 마케팅 전략수립에 있어 태도의 역할

마케팅 기업은 그들의 브랜드에 대한 태도를 정의하고 측정하는데, 그 이유는 태도가 기업들로 하여금 효익세분시장(benefit segment)을 확인 · 규명하고, 신제품을 개발하고 또한 촉진전략을 수립하며 평가하는데 도움을 줄 수 있기 때문이다.

5.1 세분시장 확인 및 창출

세분시장은 소비자가 바라는 제품에 대한 효익을 기준으로 정의될 수 있다. 이러한 효익은 마케팅 기업이 소비자에게 영향을 미치기 위해 사용하는 중요한 제품속성을 확인 · 규명한다. 소비자들이 가장 중요하게 생각하는 효익을 이용해서 소비자들을 세분화하는 방법을 효익세분화(benefit segmentation)라고 하는데[58] 켈로그(Kellogg)사는 시리얼 시장을 영양을 추구하는 세분시장, 맛을 추구하는 세분시장 및 다이어트를 원하는 세분시장으로 성공적으로 세분화하였으며, 이들 세분시장들에 Common Sense, Oat Bran, All Bran 및 Special K와 같은 브랜드로 위치화시켰다.

Kellogg's의 세분시장별 다양한 제품들

자동차 시장에서 세분시장은 경제성, 주행성능 및 럭셔리함 등으로 정의될 수 있다. 독일차들은 최근 주행성능이나 안전함에 더하여 과거에는 충족시키지 못했던 연비까지 만족시킴으로써 세계시장에서 그 명성을 더 높이고 있다.

기존의 작은 시장 규모를 확대하는 전략도 가능하다. 전설적인 자동차 광고로 1960년 폭스바겐은 단 두 단어만 적힌 전면 광고를 게재함으로써 자동차업계를 뒤흔들어 놓았다. 그 두 단어가 바로 '작게 생각하라(Think small)'이다. 이는 당시로서는 혁명적인 아이디어가 아닐 수 없었다. 성공이라는 것이 온통 축적과 영역의 증대를 의미하던 시절에 관점과 야망, 규모의 축소를 요구하는 광고였으니 말이다. 단지 자동차를 굴리는 일에서조차 사람들은 '크게'만 생각했었는데 사람들의 인식을 바꾸는데 크게 한몫하였음에 틀림이 없다.[59]

네덜란드 항공이나 스위스 항공과 같은 대형 국적 항공사들은 모든 사람을 표적시장을 삼지만 국적 항공사들의 가장 중요한 가치고객은 비즈니스 여행자이다. 이지젯은 자기 돈으로 여행하지 않는 비즈니스 승객들이 아니라 자기 돈으로 여행하는 승객들을 표적시장으로 삼았다.[60] 회사 경비로 여행하는 비즈니스 승객들에게는 안락한 좌석 등은 기본이고 무료신문, 식사, 마일리지 프로그램 등 부가서비스에도 요구사항이 많다. 이들은 사전 좌석배정, 빠른 입출국 수속, 오피스 시설 등을 요구한다. 이에 반해 레저 여행자들은 위와 같은 서비스도 물론 원하지만 선택이 가능할 경우 그러한 서비스보다는 낮은 운임을 좋아한다.[61]

폭스바겐 뉴비틀 광고

5.2 신제품 개발

태도의 평가는 신제품에 대한 대안적인 포지셔닝을 평가하는데 중요한 시사점을 제공할 수 있다. 소비자의 특정 속성에 대한 중요성은 그들의 욕구를 이해하고 효익세분시장을 규명하는 데 중요한 정보원이 되며 소비가 원하는 이상적인 제품의 속성(효익)수준 또한 파악할 필요가 있다. 이러한 속성의 이상적 수준(ideal level)은 새로운 제품을 개발하거나 기존제품을 새로 구성하는 중요한 기준이 된다.

그림 6-8 | 태도평가에 의한 신제품 개발[62]

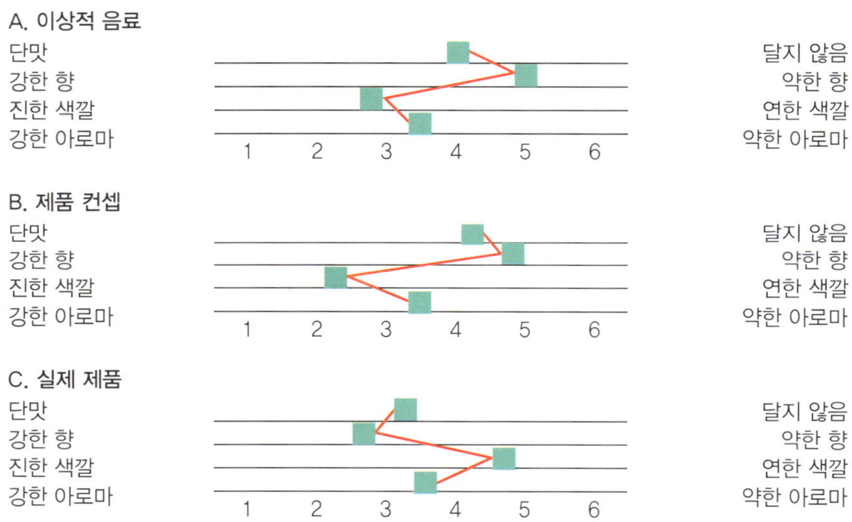

컨셉과 제품에 대한 태도

$$
\begin{aligned}
\text{컨셉} &= 25\,|\,4.17 - 4.43\,| + 25\,|\,4.63 - 4.90\,| + 25\,|\,3.16 - 2.60\,| + 25\,|\,3.64 - 3.62\,| \\
&= 25(.15) + 25(.27) + 25(.56) + 25 + 25(.02) \\
&= 25
\end{aligned}
$$

$$
\begin{aligned}
\text{제품} &= 25\,|\,4.17 - 3.25\,| + 25\,|\,4.63 - 3.17\,| + 25\,|\,3.16 - 4.64\,| + 25\,|\,3.64 - 3.68\,| \\
&= 25(.92) + 25(1.46) + 25(1.48) + 25(.04) \\
&= 97.5
\end{aligned}
$$

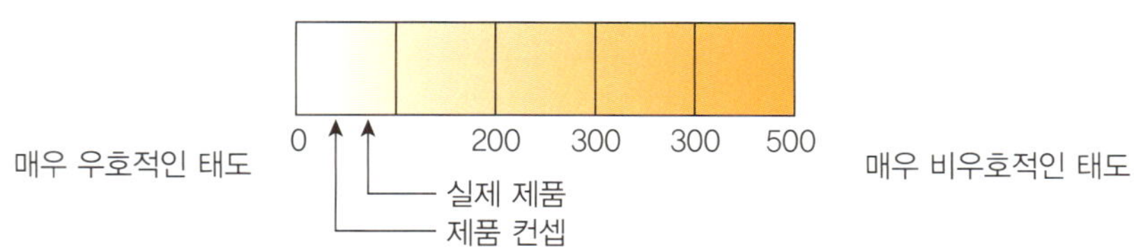

[그림 6-8]은 코카콜라가 새로운 음료를 개발하는 데 이용된 방법을 보여주고 있다.[63] 첫 번째 과정은 먼저 소비자 세분시장의 주요 음료 속성들에 대한 이상적인 수준을 정하는 것이다. 그림에서 볼 수 있듯이 음료에 있어 4가지 중요한 속성들이 선정되었고 이에 소비자들이 이상적인 수준을 정하였다.

두 번째 단계는 이상적인 수준에 가까운 제품 컨셉을 창출하는 것으로 이러한 컨셉은 설명될 수 있어야 하며, 상상해볼 수 있어야 하고 실제 시제품으로 만들어져야 한다. 그림의 B 부분에서 보여주듯이 코카콜라에 의해 개발된 제품 컨셉을 소비자들이 평가했다. 다른 것은 거의 흡사한데 단지 색깔만 약간 더 진한 것으로 나타났다.

다음 단계는 컨셉을 실제 제품화하는 것으로 코카콜라는 실제 제품화하여 소비자에게 제품을 제시하였는데 그들은 이상적인 제품 및 제품 컨셉과 다른 것을 평가하였다. 실제 제품에 대해 소비자들이 합당한 태도를 보였지만 제품 컨셉의 점수가 더 높다는 것을 알 수 있다. 결국 제품이 소비자의 이상적인 수준에 가깝게 수정될 수 있으며 이러한 것들은 맛뿐만 아니라 광고 디자인, 포장 그리고 소매 점포 등에서도 똑같이 활용될 수 있다.

소비자들이 제품의 속성에 대한 중요성이 변화하는 것을 관찰함으로써 미래 제품 개발에 대한 시사점을 얻을 수도 있다. 또한 펩시콜라는 최근 소비자의 중요한 식품구매 기준을 고려 콜라회사가 태생적으로 갖게 되는 부정적 이미지를 최소화하고 '웰빙 제품'이라는 이미지를 전달하는 데 집중하고 있다. 메이저 스낵회사로서는 최초로 2003년부터 전 스낵제품에서 트랜스지방을 제거하였으며, 2007년에는 해바라기유를 사용함으로써 포화지방 함량을 50% 이하로 낮추는 등 웰빙 스낵임을 강조하고 있다.[64]

5.3 촉진전략의 수립과 평가

태도는 촉진전략을 수립하는 데 중요하다. 만약 젊은 대학생들이 스마트폰의 바람직한 효익으로서 디자인과 무게 등을 중요하게 생각한다면 이러한 것은 마케팅 기업이 그 표적시장에 대해 우호적인 태도를 조성하기 위해 광고와 촉진내용에서 강조해야 할 효익들인 것이다.

태도는 역시 광고 메시지의 효과성을 평가하는 데 중요하다. 텔레비전의 상업광고와 인쇄광고는 자주 그 광고들이 생성하는 태도가 얼마나 어떻게 우호적으로 변화되었는가에 의해서 판단된다. 즉 브랜드 태도는 통제된 환경하에서 어떤 광고에 노출되기 전과 후에 측정된다. 마케팅 기업은 광고의 효과성을 평가하기 위해 브랜드 태도의 변화를 사용한다.

연 · 습 · 문 · 제

01. 다음의 광고들을 보고 소비자들이 인지적인 요소에 의해 태도를 형성하였는지 감정적인 요소에 의해 광고 태도를 형성하였을지 논의해보세요.

a. 버거킹 광고

b. 헤어젤 광고

02. 제품을 판매할 경우 지나치게 논리적 좌뇌 유형의 소비자도 있고 감정적인 우뇌 유형의 소비자도 만날 수 있을 것이다. 몇 사람을 인터뷰하여 소비자의 다음과 같은 제품구매에서 이성과 감성의 역할비중을 비교해보세요.

a. 자동차　　b. 음식　　c. 속옷　　d. 화장품

03. 인터뷰를 통하여 다음 사람들이 다음과 같은 상황에서 떠오르는 부각적 신념을 비교하여 설명해보세요.

a. 20대 초 남학생과 40대 초 직장인이 각각 자동차를 고려할 때 떠오르는 부각적 신념
b. 20대 초 여학생과 30대 초 여성이 맞선을 통하여 결혼 상대자를 선택할 때 부각적 신념

04. 여러분의 구매경험을 기억하셔서 그 구매경험의 마케팅과정이 소비자의 신념에 영향을 주는 것인지, 브랜드 평가에 영향을 바로 미치는지, 바로 구매의도에 영향을 미치는 것인지를 생각해보세요.

05. 자기분석적 방법 또는 설문조사를 통해 피쉬바인의 다속성 태도모델을 활용하여 다음과 같은 브랜드를 대안평가할 때 태도점수를 측정하고 구매의도와의 연결성을 검토하고 자기분석적 방법의 경우 본인의 태도가 충분한 소비자들에 대한 데이터를 근거로 나온 것이라고 가정하고

각 브랜드별 마케팅 시사점을 설명하세요.

a. SUV의 구매대안(싼타페, 쏘렌토, 지프체로키, 포드익스플로러)
b. 화장품(화이트닝 에센스를 구매한다고 가정하고 인터넷에서 가격, 성분을 검색하고 시용해 봐도 됨)

에스티로더 이븐 스킨톤 일루미네이터

랑콤 블랑 GN-화이트 에이지 파이트 인텐스 화이트닝 스팟& 라인 이레이저

SK-II 화이트닝

06. 〈블루오션전략〉의 저자들은 때때로 자사 제품을 경쟁자에서 대체품으로, 마케팅 대상을 고객에서 비고객으로 방향을 재설정할 필요성이 있다는 것을 강조하였다. 예를 들어, 옐로테일이라는 와인 브랜드는 매일 즐길 수 있는 재미있고 심플한 와인이라는 컨셉으로 한정된 시장에서 단순히 경쟁자들로부터 고객을 빼앗아 온 것이 아니라 시장 자체를 키움으로 성장할 수 있었다.[65]

그림 6-9 | 옐로테일의 전략 캠버스

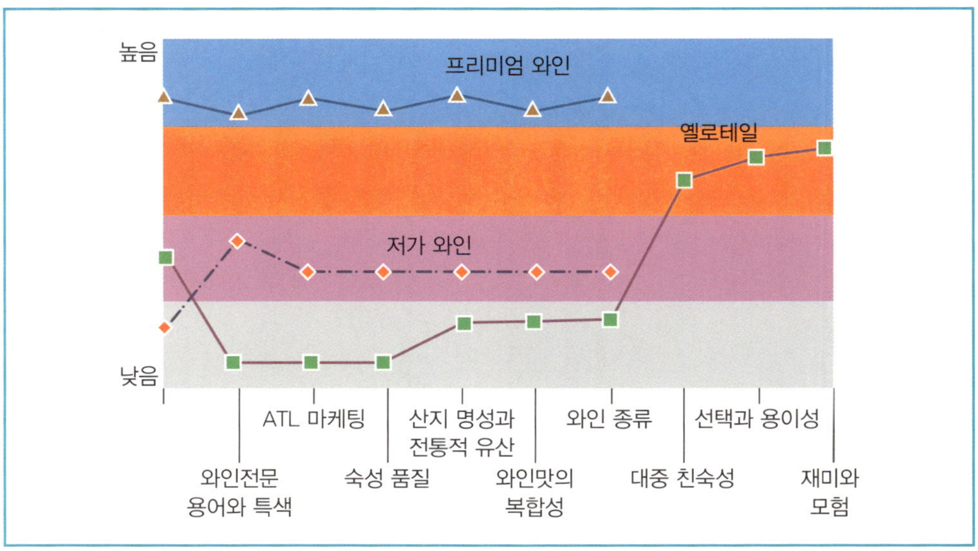

위 전략 캔버스는 ① 이미 알려진 시장 공간에서 업계 참가자들의 현상황을 파악해 일목요연하게 알려주며, ② 고객들이 기존시장의 경쟁상품으로부터 얻는 것은 무엇인지 보여줄 수 있다.

그림 6-10 | 옐로테일의 ERRC(제거-감소-증가-창조) 구성표

제거	증가
• 와인 전문용어와 특색 • 숙성연도와 품질 • ATL 마케팅	• 저가 와인 대비 가격 • 소매상 참여
감소	**창조**
• 와인맛의 복합성 • 와인의 종류 • 와인산지의 명성	• 대중 친숙성 • 선택의 용이성 • 재미와 모험

이 사례를 참고하여 다음과 같은 제품범주에서 새로운 시장의 창출전략을 제시하세요.

a. 막걸리
b. 헤어샵
c. 전자제품대리점

참 · 고 · 문 · 헌

1) http://ko.wikipedia.org/wiki/
2) Asseal, H.(1996), *Consumer Behavior and Marketing Action*, South-Western, 266-267.
3) Kotelnikov, V.(2010), 22 Laws of Marketing: The Law of Heart(Emotion), http://www.1000ventures.com/business_guide/marketing_emotional.html/Walter, H.(2010), Emotional Marketing", *Capstone Communications Group*, www.capstonecomm.com/Robinette, S., et al.(2000), *Emotion Marketing: The Hallmark Way of Winning Customers for Life*, McGraw-Hill, 1-4/댄힐 지음, 이정명 옮김(2004), 감각마케팅, 비즈니스북스/마크 고베 지음, 이상민 · 브랜드앤컴퍼니 옮김(2002), 감성디자인 감성브랜딩, 김앤김북스 등에서 감성마케팅에 대한 부분을 학습할 수 있음.
4) 이민규(2005), 끌리는 사람은 1%가 다르다, 더난출판, 29-30.
5) Voss, K. E., Spangenberg, E. R., & Grohmann, B.(2003), Measuring the hedonic and utilitarian dimensions of consumer attitude, *Journal of Marketing Research*, 40(3), 310-320/Lageat, T., Czellar, S., & Laurent, G.(2003), Engineering hedonic attributes to generate perceptions of luxury: Consumer perception of an everyday sound, *Marketing Letters*, 14(2), 97-109/Okada, E. M.(2005), Justification effects on consumer choice of hedonic and utilitarian goods, *Journal of Marketing Research*, 42(1), 43-53.
6) Bruner II, G. C., & Kumar, A.(2005). Explaining consumer acceptance of handheld Internet devices, *Journal of Marketing Research*, 58(5), 553-558.
7) Morris, J. D., Woo, C., Geason, J. A., & Kim, J.(2002), The power of affect: Predicting intention, *Journal of Advertising Research*, 42(3), 7-17.
8) 여준상(2010), 감정자극으로 소비자를 설득하라, DAEHONG COMMUNICATIONS, 62-63.
9) 캐빈 로버츠 지음, 이상민 · 최윤희 옮김(2007), 러브마크 이펙트, 서돌, 207.
10) 마크 고베 지음, 이상민 · 브랜드앤컴퍼니 옮김(2002), 감성디자인 감성브랜딩, 김앤김북스, 233.
11) https://namu.wiki/w/Montblanc
12) http://esjin.egloos.com/2354531
13) http://blog.hankyung.com/realist8
14) Hawkins, D. I., and D. L. Mothersbauch(2010), *Consumer Behavior, Building Marketing Strategy*, Eleventh Edition, 393의 내용을 수정하여 작성

15) https://market.android.com/details?id=com.adsam
16) 이에 대한 자세한 스토리를 공부하고 싶으면 유창조 · 안광호 · 김성민 지음(2009), Show, Culturegraphics를 참고하세요.
17) Najmi, M., Atefi, Y., & Mirbagheri, S.(2012), Attitude toward brand: An integrative look at mediators and moderators, *Academy of Marketing Studies Journal*, 16(1), 111.
18) Gardner, M. P.(1985), Does attitude toward the ad affect brand attitude under a brand evaluation set?, *Journal of Marketing Research*, 22(2), 192-198.
19) 소비자평가(http://www.iconsumer.or.kr)
20) http://swingboy.net/ 이야기가 물건을 판다: 기업에게 스토리텔링이 필요한 이유 중 인용
21) Asseal, H.(1996), *op. cit.*, 269-270의 내용을 수정하여 작성
22) Beatty, S. E., & Kahle, L. R.(1988), Alternative hierarchies of the attitude-behavior relationship: The impact of brand commitment and habit, *Journal of the Academy of Marketing Science*, 16(2), 1-10.
23) MacKenzie, S. B., & Spreng, R. A.(1992), How does motivation moderate the impact of central and peripheral processing on brand attitudes and intentions?, *Journal of Consumer Research*, 18(4), 519-529.
24) Solomon, M. R.(1996), *Consumer Behavior*, Third Edition, Prentice-Hall, 176에서 참고하여 수정하여 작성
25) Wnke, M., Bohner, G., & Jurkowitsch, A.(1997), There are many reasons to drive a BMW: Does imagined ease of argument generation influence attitudes?, *Journal of Consumer Research*, 24(2), 170-177.
26) Fishbein, M.(1963), An investigation of the relationships between beliefs about an object and the attitude toward that object, Human Relations, 16(3), 233-239/Guire, K.(1969), Issues in marketing's use of multi-attribute models, *Journal of Marketing*, 6, 50-70.
27) 사진출처: http://www.calobye.com
28) https://gramho.com/media/의 #GDR아카데미 Instagram Posts
29) Solomon, M. R.(2010), *op. cit.*, 359.
30) Lewis, D., and D. Bridger(2000), The Soul of the New Consumer: Authenticity-*What We Buy and Why in the New Economy*, London, Nicholas Brealey Publishing, 3.
31) 제임스 길모어 · 조셉 파인 2세 지음, 윤영호 옮김(2010), 진정성의 힘, 세종서적
32) 부산일보 [기업 속 경영이야기], http://www.busan.com/view/busan/view.php?code=20140122000059
33) Fishbein, M. and I. Ajzen(1975), *Belief, Attitude, Intention and Behavior: An*

Introduction to Theory and Research, Reading: Addison-Wesley.
34) http://auto.daum.net/에서 자동차관련 정보 참고
35) Peter, J. P., and J. C. Olsson(2010), *op. cit.*, 139.
36) 문영미(2011), 디퍼런트, 살림 Biz, 58-61.
37) Spears, N., & Singh, S. N.(2004), Measuring attitude toward the brand and purchase intentions, *Journal of Current Issues & Research in Advertising*, 26(2), 53-66.
38) Peter, J. P., and J. C. Olson(2008), *op. cit.*, 141의 그림을 바탕으로 저자가 수정하여 작성
39) Achenbaum, A. A.(1972), Advertising Doesn't Manipulate Consumer, *Journal of Advertising Research*, 12(April), 3-13.
40) Garfein, R.(1987), *Presentation to American Marketing Association Conference on Forging Change in Service Organization*, New york, April 1.
41) Mitchell, A. A., & Olson, J. C.(1981), Are product attribute beliefs the only mediator of advertising effects on brand attitude?, *Journal of Marketing Research*, 18(3), 318-332.
42) 헤럴드경제(2009.6.16)
43) 실제적으로 구매행동이 이루어지지 않은 상태에서, 경영자들은 마케팅 믹스 구성요소들의 효과성을 결정하기 위해서 가장 밀접한 대용물인 구매의도를 사용하는데, Smith(1965-자동차 광고 효과 평가에 있어 구매의도 사용), Urban(1978-구매의도를 신제품모델의 주요 투입요소로 이용), Bass, Pessemier, and Lehmance(1972-소프트 음료연구에 있어 구매의도 이용), Sewall(1978-신제품 시장 진입시 표적시장 선정을 위해 구매의도를 이용)/ Morrison, D. G.(1979), Purchase intentions and purchase behavior, *Journal of Marketing*, 43(2), 65-74에서 재인용
44) Bagozzi, R. P., Baumgartner, J., & Yi, Y.(1989), An investigation into the role of intentions as mediators of the attitude-behavior relationship, *Journal of Economic Psychology*, 10(1), 35-62.
45) McQuarrie, E. F.(1988), An alternative to purchase intentions: The role of prior behaviour in consumer expenditure on computers, *Journal of the Market Research Society*, 407-437.
46) Banks, S.(1950), The relationships between preference and purchase of brands, *Journal of Marketing*, 15(2), 145-157.
47) "Recessing Coming? Ask the Consumer," *The New York Times*(April 4, 1990), 6.
48) Ajzen, I., & Cote, N. G.(2008), Attitudes and the prediction of behavior, Attitudes and Attitude Change, 289-311.
49) Fishbein, M., & Ajzen, I.(1977), Belief, attitude, intention, and behavior: An introduction to theory and research.

50) Ajzen, I., & Fishbein, M.(1980), Understanding attitudes and predicting social behavior, Prentice-Hall Inc., Englewood Cliffs, NJ.
51) Fishbein, M.(1971, November), Some comments on the use of models in advertising research, In *Proceedings: Seminar on translating advanced advertising theories into research reality*, Amsterdam: The Netherlands: European Society of Market Research, 297-318.
52) 사진출처: http://cafe.daum.net/foryoustory/
53) Ryan, M. J., & Bonfield, E. H.(1975), The Fishbein extended model and consumer behavior, *Journal of Consumer Research*, 2(2), 118-136.
54) Wilson, D. T., Mathews, H. L., & Harvey, J. W.(1975), An empirical test of the Fishbein behavioral intention model, *Journal of Consumer Research*, 1(4), 39-48.
55) Knox, S.(1989), The application of multi-attribute modelling techniques to the mineral water market, *Quarterly Review of Marketing*(Summer), 14-20.
56) Asseal, H.(1996), *op. cit.*, 287.
57) Cote, J. A., & Tansuhaj, P. S.(1989), Culture bound assumptions in behavior intention models, ACR North American Advances/Solomon, M. R.(1996), *op. cit.*, 183에서 재인용
58) Peltier, J. W., & Schribrowsky, J. A.(1997), The use of need-based segmentation for developing segment-specific direct marketing strategies, *Journal of Direct Marketing*, 11(4), 53-62/Ahmad, R.(2003), Benefit Segmentation, *International Journal of Marketing Research*, 45, 373-388.
59) 마크 펜키니 잴린슨 지음, 안진환 · 왕수민 옮김(2008), 세상의 룰을 바꾸는 특별한 1%의 법칙, 해냄, 10-11.
60) 나르말야 쿠마르 지음, 김상욱 · 전광호 옮김(2006), CEO에서 사원까지, 마케팅에 집중하라, 김영사, 72에서 참고하여 작성
61) 나르말야 쿠마르 지음, 김상욱 · 전광호 옮김(2006), 상게서, 73에서 참고하여 작성
62) Hawkins, D. I., and Mothersbaugh, D. L.(2010), *Consumer Behavior: Building Marketing Strategy*, McGraw-Hill, Eleventh Edition, 417에서 재인용
63) Bloom, H. E.(1977), Match the concept and the product, *Journal of Advertising Research*, 25-27.
64) 이승현(2009), "만년 2등기업, 펩시의 대변신," 삼성경제연구소 SERI 경영노트, 1-9.
65) 김위찬 · 르네 마보안(2005), 블루오션 전략, 교보문고, 42-47에서 참고

7
CHAPTER

소비자 태도변화

1. 태도변화의 본질
2. 태도변화를 위한 커뮤니케이션 전략
3. 태도변화에 관련된 이론
4. 태도강화와 태도변화를 위한 전략유형

07장 / 소비자 태도변화

"고객은 여자와 마찬가지로 No를 좋아한다."

–成君憶, 〈유비처럼 경영하고 제갈량처럼 마케팅하라〉 중에서–

"우리 모두는 '나'라는 기업의 대표이다. 오늘날 비즈니스 세계에서 살아남기 위해 가장 중요한 일은 스스로 '나'라는 브랜드의 마케팅 책임자가 되는 것이다. 그러기 위해서는 무엇보다도 설득의 힘을 길러야 한다."

–톰 피터스(Tom Peters)–

"평소에 인정을 베풀면 훗날 좋은 모습으로 볼 수 있다."
(凡事留人情, 後日好相見)

–중국 고전–

1. 태도변화의 본질

소비자들이 자사기업에서 생산하는 제품을 가장 선호한다면 마케팅관리자들에게는 별로 어려움이 없을 것이다. 그러나 상당수 기업들에게 있어 현실은 그렇지 않다. 1등 기업이 아닌 이상 대다수 기업들은 경쟁기업의 제품보다 자사제품에 대하여 소비자들이 더욱 좋은 태도를 가질 수 있도록 해야 한다. 본절에서는 태도변화이론을 자세히 공부하기 전에 태도변화가 왜 중요한지 설득이론을 간단하게 학습한다.

1.1 태도변화의 중요성

마케팅관리자는 제품품질, 서비스, 가격, 포장, 촉진 등 가능한 모든 방법을 동원해서 소비자들이 자사의 제품에 대해 가지고 있는 태도를 더욱 강화하고 좋아하지 않거나 싫어하는 경우 좋아하게 변화시켜야 하는 책무를 가지고 있다.[1)]

세계 3대 컨설팅 업체 중 하나인 베인앤컴퍼니(Bain&Company)에 따르면 자사제품을 '좋다', '대박이다', '경쟁사보다 낫다'고 생각하는 직원은 80%에 달하는 반면 이러한 생각에 동의하는 고객은 고작 8%에 지나지 않는다고 한다.[2)] 이렇듯 우리의 경영환경에는 판매자와 구매자 사이의 거대한 인식의 차이(gap)가 존재하고 있고 이러한 인식에 통일성을 꾀하려고 기업들은 노력하고 있다.

태도변화는 설득(persuasion)을 통하여 일어난다. 설득은 '신념이나 태도를 원하는 방향으로 변화시키기 위한 커뮤니케이션 과정'이라고 볼 수 있는데 실제로 설득의 면면은 우리 일상 곳곳에 스며들어 있다. 특히 다른 사람과 같은 일을 진행할 때면 언제든 설득의 요소가 필요하다. 설득 기술이 널리 통용되는 직장생활에서뿐만 아니라, 광고, 판매촉진 등의 마케팅활동에서 그리고 훨씬 더 미묘한 사회적 · 개인의 삶에서도 말이다.[3)]

비영리 기관들도 청중들을 설득하기 위해 노력하고 있다. 그린피스 광고와 유니세프 광고

미중 무역갈등으로 인한 미국인들의 중국인에 대한 태도가 좋지 않은 점이 존재하는데 최근의 연구에서는 소셜미디어 뉴스 소비가 미국인들로 하여금 중국인에 대한 태도를 바꾸게 할 가능성이 높다는 것을 발견했고, 이는 소셜미디어 뉴스를 공정하고 균형 있게 인식하는 사람들 사이에서 특히 강한 것으로 나타났다는 결과를 제시하였다.[4)] 이처럼 국가에 대한 태도에 이르기까지 긍정적인 방향으로 변화시키는 과업은 매우 중요한 과업이 되고 있다.

이 장에서 주로 다루게 될 마케팅 부분의 설득은 매일 우리 생활을 깊게 파고 들어 생활의 일부분으로 인식되고 있다. 신문 등에 끼워서 배달되는 간지(inserts)를 통하여, 좋아하는 TV

드라마의 방영 전후에서 또는 잡지, 인터넷 등 다양한 매체를 통하여 우리를 설득하려고 하는 수많은 광고와 접하게 된다. 또한 사진에서 볼 수 있듯이 그린피스나 유니세프와 같은 비영리 기관들도 청중의 생각을 바꾸고자 많은 노력을 기울이고 있다.

마케터들이 이용하는 설득수단으로는 광고 이외에도 판매원, 판촉물, 심지어는 제품의 포장 등 여러 가지 커뮤니케이션 수단이 있다. 기업은 이런 여러 가지 수단 중 가장 효과적으로 소비자들을 설득할 수 있는 수단을 파악할 필요가 있다. 그러나 일반적으로 우리는 우리가 제공하려는 상품이나 서비스 혹은 요구사항을 바꿀만한 상황이 못될 때가 많다. 이때는 소비자의 지각(consumer perception)을 바꾸려고 노력하는 편이 낫다.

그러나 문제는 소비자들이 설득에 수동적이지 않으며 어떤 경우 특정한 마케팅 메시지를 회의적으로 생각하며 설득당하지 않으려 한다는 것이다.[5] 즉 많은 소비자들은 "아하 돈을 많이 받은 광고모델이 당연히 좋다고 하지…", "조금 있으면 세일할텐데 지금 구입하지 않으면 없다니…" 등과 같이 흔히 광고주의 의도를 추론하여 구매의도를 가지지 않으려 한다.[6]

1.2 넛지마케팅

최근에는 자연스러운 설득을 의미하는 용어로 넛지라는 용어를 흔히 보게 된다. 넛지란 사전적으로 '팔꿈치로 살짝 찌르다'라는 뜻이며 '어떤 일을 강요하기보다는 스스로 자연스럽게 행동을 변화하도록 하는 유연한 개입'을 말하는 것으로 2009년 출간된 행동경제학 책 〈넛지(nudge)〉에서 집중적으로 소개돼 널리 알려진 개념이다. 넛지는 비용을 많이 들이지 않고 사람들의 자유의지를 존중하면서도 디폴트(default, 초기설정)를 살짝 바꿈으로써 긍정적인 태도변화를 이끌어낼 수 있는[7] 방법을 말하는 것이다.

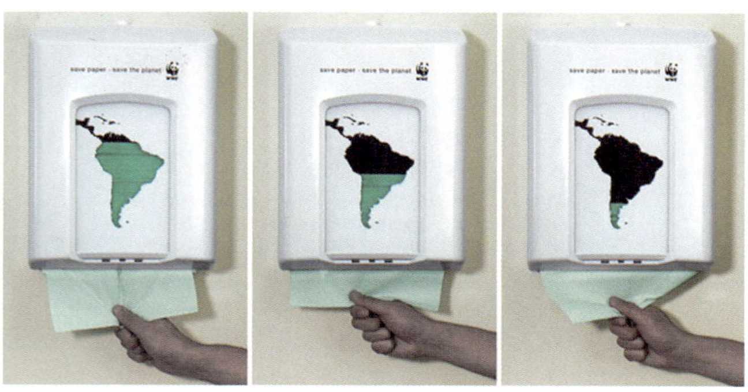

화장실 휴지를 통해 환경보호의 중요성을 은연중에 강조하는 장치[8]

이는 자유주의적 개입주의(libertarian paternalism)로 설명되기도 하는데 자유주의란 말은 사람들이 자유롭게 원하는 바를 행할 수 있으며 자신이 원하지 않으면 바람직한 대안은 버릴 수 있어야 한다는 주장이다.

한편, 개입주의란 말은 사람들이 더 오랫동안 더 건강하고 더 나은 삶을 만들기 위해 선택 설계자가 그들의 행동방식에 영향을 미치기 위해 노력하는 것이 합당하다는 주장이다. 다시 말해서, 우리는 사람들의 삶의 질을 향상시키기 위해 정부나 민간단체들이 의식적인 노력을 기울이는 것이 적절하다고 생각한다.

만일 어떤 정책이 사람들 스스로 판단하여 자신에게 이로운 선택을 내리는 데 영향을 미치려고 한다면 그 정책은 '개입주의적'인 것이다. 사회과학분야의 조사에 따르면 개인들은 상당히 형편없거나 잘못 결정을 내리는 경우가 많다. 그들이 충분히 주의를 기울였거나, 완벽한 정보를 가졌거나, 엄청난 인식 능력과 완벽한 자기 통제력을 지녔다면 내리지 않았을 결정들 말이다.[10]

네덜란드 암스테르담의 스키플 공항에 남자 소변기 중앙에 파리 그림을 그려놓았더니 변기 밖으로 튀는 소변의 양이 80%나 줄었다고 한다.[9] (사진출처: https://www.gettyimagesbank.com)

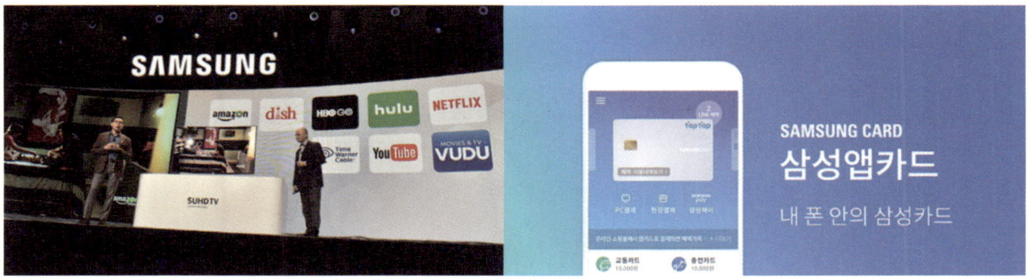

스마트TV에 기본적으로 탑재되어 있는 스트리밍 서비스와 스마트폰에 기본적으로 내장되어 있는 카드앱은 해당 서비스의 이용확대를 자연스럽게 유도하기 위한 장치이다.

스마트폰을 새로 구입하는 상황을 생각해보자. 이때 당신은 수많은 선택을 내려야 한다. 휴대폰이 최신형일수록 내려야 하는 선택도 많아진다. 액정의 배경화면, 벨소리, 음성 메시지가 수신될 때 울리는 벨소리 횟수에 이르기까지 스마트폰 제조업자는 그러한 선택항목에 대해 디폴트 옵션을 미리 지정해둔다. 조사에 따르면 그러한 디폴트 옵션이 무엇이냐에 상관없이 사람들은 변경하지 않고 그대로 사용한다고 한다. 우리가 지정한 벨소리보다 디폴트 옵션을 선택된 소리가 훨씬 귀에 거슬리는 경우에도 그러하다.

우리는 여기서 중요한 두 가지 교훈을 얻을 수 있다. 첫째는 타성의 힘을 과소평가해서는 안 된다는 것이고, 둘째는 그 힘을 이용할 수 있다는 점이다. 어떤 측정한 정책이나 방침이 보다 나은 결과를 가져온다고 생각되면, 민간의 기업이나 공공부문의 관리자들은 그것을 디폴트 옵션으로 설정함으로써 결과에 커다란 영향을 미칠 수 있다.[11]

CONSUMER INSIGHT 7-1 설득의 심리학

백화점의 양복 판매점에서 한 소비자가 정장과 스웨터가 사고 싶다고 하였을 때 만일 당신이 판매원이라면 그 사람에게 무엇을 먼저 보여주어야 할까? 그 경우 심리학자들은 고급양복을 먼저 보여주라고 한다. 고급양복을 비싼 값을 치르고 구입한 후에 느껴지는 스웨터의 가격은 대조효과(contrast principle)에 의하여 그렇게 비싸지 않게 느껴지기 때문이다.[12]

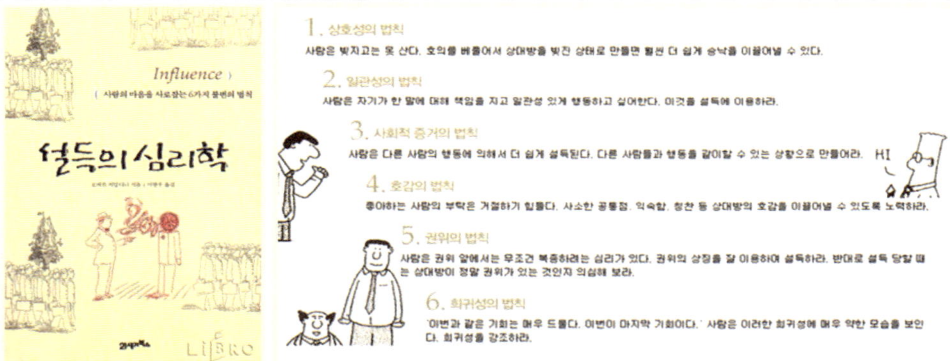

서점가의 장기 베스트셀러인 로버트 치알디니의 〈설득의 심리학〉

카드회사 등에서도 회원을 모집할 때 좀 더 많이 모집하고자 하는 클래스를 붉은 글씨 등으로 강조하는 것도 이와 무관하지는 않다.[13] 이러한 내용으로 책을 시작하면서 로버트 치알디니는 사진에서 볼 수 있듯이 6가지의 설득의 법칙을 제시하였는데 여기서는 몇 가지만 간단히 소개한다.

① 상호성의 법칙: 상대의 일관된 가치와 믿음과 행동에 초점을 맞추는 것으로 친절을 베풀었던 사람을 당신이 친절을 베풀 사람보다 다시 당신에게 친절을 베풀 가능성이 훨씬 크다. 예로 우리가 남에게 부탁을 할 때 개인적인 정성을 많이 표현할수록 그 사람이 부탁을 들어줄 확률이 높으며 한 실험결과 식사 후 서빙하는 직원이 작은 선물(초콜릿, 캔디 등)을 고객들에게 줬을 때 서빙직원의 팁에 미치는 영향이 높았다는 것 등이 증명한다.[14]

② 사회적 증거의 법칙: 이는 사람들은 가장 대중적인 행동 방침을 따르는 경향이 있기에 그 경향

이 '善'이 되기 위해서는 무엇보다도 사회적으로 바람직한 대중성을 유도하는 일이 중요하다는 것이다. 예를 들어 홈쇼핑에서는 "상당원이 기다리고 있습니다. 바로 전화해주세요." 상담원이 지금 굉장히 바쁘네요. 자동주문을 해주세요"라고 바꾼 후 매출이 훨씬 상승하였으며 맥도날드 광고는 수십억 명이 먹는다는 것을 광고하고 있다. 사람들이 종종 자신의 감각적 증거를 무시하는 정확한 이유는 무엇인가? 여기에 대한 첫 번째 원인은 답변에서 모종의 정보가 전달되기 때문이며 두 번째 답은 동료의 압력과 집단의 비난을 마주하지 않고자 하기 때문이다. 예시 실험과 같은 상황에서 다른 이들에게 동조하는 사람들은 실제로 다른 모든 사람들과 똑같은 방식으로 상황을 바라본다는 사실이 밝혀진 바 있다.[15)]

③ 호감의 법칙: 사람들에게는 자신과 비슷한 사람을 좋아하는 본능적인 성향이 있으며, 자신과 연관이 있는 것에 끌리는 경향은 인생에서 중요한 다른 결정에도 영향을 미치는 것으로 드러났다. 재판과정에서 외모나 몸매가 판결에 중요한 영향을 미쳐[16)] 실제 매력적인 피의자들의 무죄선고율이 그렇지 않은 피의자들의 그것보다 2배 이상되는 것으로 나타났다. 기업구매에 있어서도 역시 상당부분 호의적인 사람의 부탁은 거절하기 힘든 면이 있다. 흔히 세일즈 맨들은 고객과 고향이나 학교 등 자기와 비슷한 공통점을 발견함으로써 공감대를 먼저 형성하려 한다.[17)]

영화 〈시카고〉에서 남편을 죽인 혐의로 재판을 받은 록시(르네 젤위거 분)는 아름다운 외모로 배심원의 무죄판결을 이끌어낸다. 외모를 비롯한 호감은 우리 사회에서 설득에 중요한 요소로 평가되고 있다.

④ 희귀성의 법칙: 독점에 대한 욕망은 그 무엇보다 강렬하다. 지난 50년 동안 설득을 주제로 실시된 과학적 연구들은 희귀한 물건이 더 많은 가치를 지닌다는 점을 여러 번 입증했다. 우리는 홈쇼핑에서 꾸준히 한정수량이라는 것을 주장하는 것을 듣고 있으며 미국에서 부모들은 크리스마스 매진직전의 게임콘솔을 차지하기 위해 주먹다짐을 한다.[18)]

1.3 세일즈업계에서 태도변화

특히, 소비자가 자발적으로 찾지 않는 제품군에 세일즈맨을 통한 직접판매방식은 엄청난 어려움을 수반할 수도 있다. 그러나 타고난 세일즈맨은 에스키모인에도 냉장고를 팔 수 있고, 하와이 주민에게 털코트를, 아랍인들에겐 모래도 팔 수 있다고 했다.

세일즈업계에서는 거절당하는 일에 익숙해져야 한다고 노스웨스턴생명보험의 데니스 템신(Dennis Tamcsin)은 다음과 같이 말한다. "우리업계에서는 '10-3-1'이라는 비율이 있다. 세일즈맨이 열 번 전화를 걸면 그 중 설명할 기회를 얻을 수 있는 것은 세 번뿐이고 다시 운이 좋을 경우 한차례 판매에 성공한다. 따라서 우리에게 필요한 인력은 이런 식의 거절에 위축되지 않는 사람이다."

그러면 성공적인 설득을 수행할 수 있는 자질은 무엇인가? 세일즈맨이 성공할 수 있기 위해서는 첫 번째 판매대상이 자기 자신이라는 점을 분명히 인식해야 한다. 그는 자신의 마음속에 있는 구매자와 접촉해야 한다. 그리고 '나는 세일즈가 아닌 고객을 키워나간다'라는 점을 모토로 삼아야 한다.

코미디언 조지 번스(George Burns)는 성공적인 세일즈맨의 조건을 이렇게 밝혔다. "관계를 통한 판매(relationship selling)에서 가장 중요한 점은 정직과 성실성이다. 정직과 성실을 가장한다면 그 자체로써 이미 대가를 치르게 된다."[19] 즉 고객에게 인간적인 신뢰(trust)를 구축하는 것처럼 판매 성공에 중요한 것은 없는 것이다.[20]

영업부는 군대로 따지자면 전쟁터에서 싸우는 전투 병과다. 아무리 회사에서 좋은 제품을 가지고 뛰어난 마케팅을 한다고 해도 그것을 실제로 판매하는 과정이 없다면 기업은 어떠한 이윤도 남길 수 없다.[21]

1.4 태도강화 및 태도변화의 조건

1) 신념은 구매기준의 중요성보다 변화시키기 쉽다

일반적으로 마케팅 이론들은 커뮤니케이션이 기존의 브랜드 태도에 대해 모순되기보다는 일치할 때 소비자들은 쉽게 영향을 받는다고 한다. 예를 들어 소비자들에게 중요한 것으로 알려진 충치예방 기능이 신제품에서 이전보다 뛰어나졌다고 인식시키는 것보다 소비자들이 치약을 구입할 때 중요하게 생각하는 속성의 우선순위를 변경, 예를 들면 맛을 충치예방기능 보다 더 중요하게 인식시키는 것이 더 용이할 수 있다.[22] 이렇듯 소비자에게 구매에 있어 특정 제품군의 바람직한 효익은 소비자의 가치관과 밀접하게 연결되어 있기 때문에, 이는 신념보다 오래 지속되고, 깊이 뿌리 박혀 있으며 내재화되어 있다.

2) 태도는 그 제품에 대한 관여수준이 낮을 때 변화하기가 용이하다

상대적으로 저관여제품에 대한 태도는 소비자들이 그 제품에 몰입하지 않기 때문에 변화하기가 용이하다. 이러한 원리는 관여의 3가지 주요 구성요소에 대해 적용된다. 즉, 소비자 태도는 그 제품과의 자아일치성(self-congruity)이 거의 없고, 그 제품에 대한 감정적 애착이 거의 없으며 또한 그 제품과 연관되는 상징적 가치가 없는 경우에 변화하기가 용이하다. 앞에서 논의되었던 쉐리프(Sherif)의 사회적 판단이론이 이러한 견해를 지지한다. 즉, 소비자들이 어떤 제품에 대해 높은 관여수준을 가질 때, 소비자들은 그 메시지가 그들의 신념과 일치하는 경우에만 그 메시지를 받아들인다. 그러나 관여수준이 낮을 때 소비자들은 그 메시지가 그들의 이전 신념과 일치하지 않는 경우에라도 그 메시지를 받아들일 가능성이 크다.

3) 약한 태도는 강한 태도보다 변화하기가 용이하다

또한, 어떤 브랜드의 사용자들의 긍정적인 태도를 강화하는 것이 비사용자의 태도를 변화시키려고 하는 것보다 그 브랜드의 소비를 증가시키는 데 더 효과적일 수도 있다.[23] 만약 소비자의 브랜드 태도가 강하지 않다면 마케팅관리자는 그 브랜드에 대한 새로운 연관성을 용이하게 수립할 수 있다.

상대를 설득하려면 뇌과학에 대한 이해가 필요하다. 인간의 뇌는 3개이다. 가장 원시적인 파충류의 뇌(뱀의 뇌), 중간층 포유류의 뇌(토끼의 뇌), 가장 바깥층의 인간의 뇌가 그것이다. 가장 파괴적인 것이 뱀의 뇌이다. 이 뇌가 활동할 때는 비교적 이성적인 다른 뇌의 활동이 멈추기에 뱀의 뇌 상태에 있을 때는 설득이 먹히지 않는다고 한다.[24] (사진출처: https://www.gettyimagesbank.com)

4) 브랜드 평가시에 자신감이 거의 없는 소비자들에게 형성된 태도는 변화시키기가 용이하다

어떤 브랜드를 평가하는데 확신을 갖지 못하는 소비자들은 광고의 정보제공적 내용을 보다 쉽게 받아들이며, 또한 태도변화의 대상이 될 수 있다. 즉, 어떤 브랜드를 평가하는데 사용하는 기준이 혼란스러운 경우 소비자들은 의사결정을 하는데 자신감이 없게 된다. 이와 같은 경우에 소비자들은 몇 가지 중요한 속성에 대한 정보를 제공하는 브랜드를 받아들인다. 즉, 그 전략은 그 제품범주에 대한 신념을 변화시키는 것이며, 또한 태도변화를 제조업체의 브랜드명과 연관시킴으로써 태도변화에 집중하려는 것이다.

5) 태도가 모호한 정보에 바탕을 둔 경우에 그 태도는 변화하기가 용이하다

경쟁제품에 대한 모호한 주장이나 또는 평가할 수 없는 고도의 기술적 정보에 접한 소비자는 태도변화를 생성할 수 있는 정보를 명백하게 하려고 한다. 즉, 정보가 매우 모호한 경우 정보를 명백하게 함으로써 태도를 변화시킬 수 있다. 한 연구는 정보가 너무 모호한 경우 너무나 다양한 제품에 대해 일관성 있게 태도변화를 더 생성한다는 사실을 발견하였다.

2. 태도변화를 위한 커뮤니케이션 전략

히틀러와 같이 매체를 이용한 선전술에 능한 인물이 바로 나폴레옹이었다. 그는 "1천 개의 칼보다 적의를 가진 신문 3개가 더 무섭다"라고 기술한 적이 있다. 이념이 사라진 시대에 매체는 철저히 상업적 가치를 추구하고 있다. 기업들은 광고를 통해서, 심지어는 드라마의 상품협찬을 통해서 소비자를 꾸준히 설득하려고 한다.[25] 본절에서는 이러한 소비자 설득과정에 대해 심도 있게 분석해본다.

2.1 태도변화를 위한 커뮤니케이션 과정

마케팅관리자가 촉진을 통하여 소비자 태도를 강화하거나 변화시키려고 하는 경우 관리자들은 그들 제품에 대한 정보를 커뮤니케이트한다.[26] 기본적인 커뮤니케이션 모델은 [그림 7-1]과 같다. 커뮤니케이션 유형에는 원천, 메시지, 그 메시지를 전달하는 수단인 매체, 메시지에 따라 행동하는 수신자 그리고 그 원천에 대한 피드백이 필요하다.

그림 7-1 | 커뮤니케이션 과정[27]

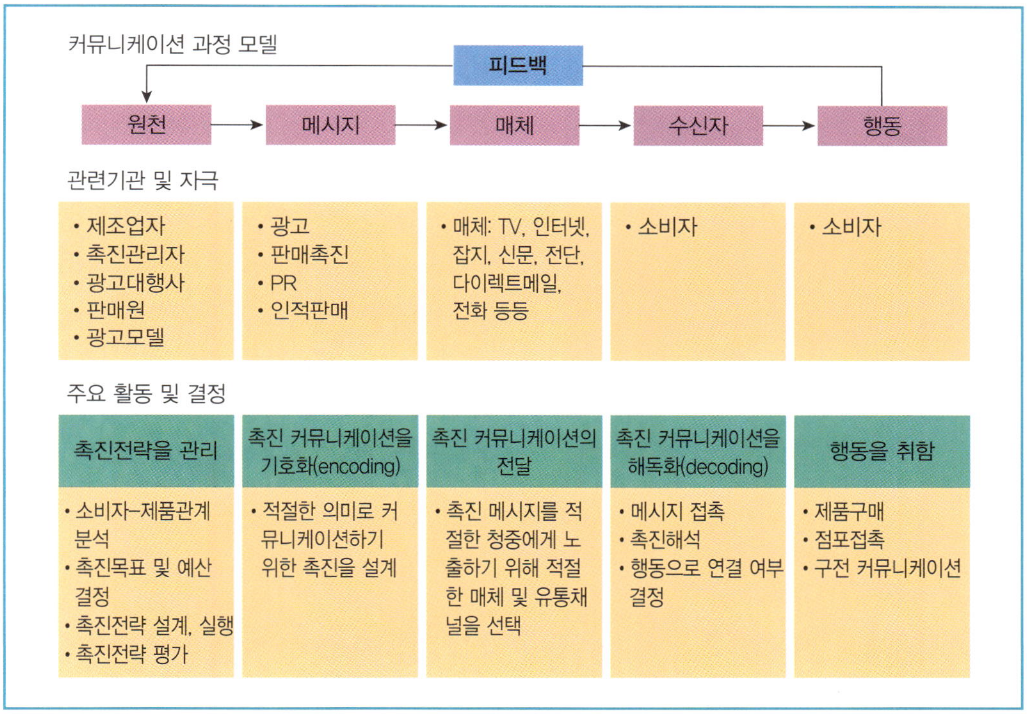

먼저, 정보원천(source)은 전문가, 유명인, 또는 호감이 가고 믿을 만한 전형적인 소비자들이기 때문에 선택될 수 있다. 예를 들어, 손흥민은 국민적인 인기로 상당수의 광고에서 정보원천의 역할을 하고 있으며 최불암, 안성기 등의 배우들은 전통적인 이미지로 제품에 대한 공신력을 높일 수 있는 정보원천의 역할을, 일반인들은 증언식 소구(testimonial appeal)를 통해 나와 같은 소비자들에게 신뢰성 있는 제품정보를 줄 수 있다.

이 커뮤니케이션 목적을 메시지로 전달하는 과정을 기호화(encoding)라고 한다. 광고대행사는 광고물로 기호화되는 메시지를 개발한다. 판매원은 고객을 위한 판매 제시물을 개발하는데 메시지를 기호화하고 이를 매체를 통하여 전달한다.

또한 해독화(decoding) 과정에서 소비자들은 메시지를 이해하고 또한 기억 속에 보존하

광고모델로 그 영향력이 높은 손흥민 선수(슈퍼콘 광고)

기 위해 메시지를 변환한다. 광고와 판매결과를 관련시키는 것이 어렵기 때문에, 조사자들은 소비자의 해독화 과정을 연구함으로써 광고의 효과성을 평가한다. 두 가지 중요한 의문사항은 고객들이 '그 메시지를 광고주가 의도한 방식대로 해석하느냐' 그리고 '그 메시지가 소비자의 태도와 행동에 긍정적으로 영향을 주느냐'이다. 대부분의 마케팅 커뮤니케이션이 소비자행동에 영향을 주도록 계획되었으므로, 구매행동은 커뮤니케이션의 효과성을 평가하는 데 있어 중요한 수단이다.

커뮤니케이션 과정의 마지막 단계는 피드백(feedback), 즉 커뮤니케이션의 효과성을 평가하는 것이다. 즉, 피드백은 행동으로부터 원천으로 되돌아가는 것으로서, [그림 7-1]에 제시되어 있다. 마케팅관리자는 판매결과를 평가함으로써 커뮤니케이션의 효과성을 평가하려고 한다.

2.2 태도변화를 위한 메시지 원천의 조건

대부분의 조건에서 메시지의 정보원천은 메시지의 수용가능성에 큰 영향을 미치는데[28] 태도변화를 최대화하기 위한 정보원의 선택은 다음과 같이 몇 가지 차원으로 나누어 볼 수 있다.

1) 모델의 신뢰성

모델의 신뢰성(celebrity credibility)은 크게 진실성(trustworthiness)과 전문성(expertise)의 두 가지로 나뉘며 광고모델의 선정시 가장 중요한 요인이 된다. 진실성이 느껴지고 특정 주제 및 제품에 전문적이라고 인식되는 사람이야말로 필요한 행동을 취하도록 확신시킬 수 있다. 과거 미국 소비자들은 마이클 조던이 어느 농구선수보다 뛰어난 운동선수이며 농구에 대해 전문적인 운동선수라고 신뢰감을 느끼고 있었으며, 또한 그가 누구보다 스포츠 운동화의 장점에 대해 잘 알고 있을 것으로 여기므로 그는 나이키의 훌륭한 광고연사가 될 수 있었다.

"나이키는 마이클 조던 등과 함께 운동화에 인격을 불어 넣었으며 전혀 새로운 범주의 제품을 만들었다."
–나이키 스포츠 마케팅전문가 필 사프–
이들의 과거 경기능력은 광고모델로서 얼마만큼 가치가 있었는지 보여준다.

그리고 오랫동안 해당광고에 출연해 왔던 모델들도 신뢰를 줄 수 있다. 과거 제일제당의 광고모델인 김혜자는 20년 동안 다시다 광고에 출현하여 다시다의 상징으로 소비자의 마음속에 자리잡혀 있으며, 안성기 역시 동서식품의 모델로 오랜 시간 활약하면서 따뜻하고 부드러운 남자의 이미지를 통해 한국의 대표적 커피회사로서 동서식품의 이미지를 부각시키는데 성공했다.[29]

CONSUMER INSIGHT 7-2 나이키의 타이거 우즈에 대한 장기적 후원

'골프황제' 타이거 우즈가 오랜 슬럼프를 딛고 그린재킷을 탈환하자 스포츠용품업체 나이키도 함께 포효했다. 미국 CNBC 방송에 따르면 나이키는 우즈가 2019년 4월 15일(현지시간) 미국 조지아주 오거스타에서 끝난 미국프로골프(PGA) 마스터스 토너먼트에서 우승하면서 거대한 무형의 이익을 챙긴 것으로 분석되고 있다.

광고 · 브랜드 컨설팅업체인 에이펙스마케팅은 나이키가 미국 CBS 방송으로 중계된 최종 라운드에서 상표 노출로 올린 이익이 약 2천254만 달러(약 255억 2천700만원)에 달할 것으로 추산했다.

타이거 우즈의 마스터스 우승장면

우즈가 이날 경기에서 착용한 셔츠 등 골프용품에는 나이키 로고가 새겨져 있어 전 세계 골프팬들이 볼 수 있었다. 그뿐만 아니라 우즈가 이날 11년 만에 메이저대회에서 우승하고 특히 14년 만에 마스터스 우승자로서 그린재킷을 입었다는 사실에서 오는 감동 때문에 브랜드 가치가 한층 올라간 것으로 나타났다.

나이키의 웹사이트에서는 이날 경기가 끝난 뒤 '타이거 우즈' 이름이 들어간 일부 남성 의류와 액세서리가 매진되는 상황이 빚어지기도 했다. 우즈의 메이저대회 우승이 확정되자 나이키는 재빨리 우즈를 주인공으로 하는 동영상을 소셜미디어에 뿌리며 홍보전에 열을 올렸다.

나이키와 우즈의 인연은 우즈가 프로선수로 데뷔하던 때인 1996년으로 돌아간다. 우즈는 당시 나이키와 4천만 달러에 5년간 용품계약을 한 이후 지금까지 여러 차례에 걸쳐 계약을 갱신해온 것으로 전해진다.

나이키는 우즈가 2009년 불륜 의혹에 휘말려 방황하다가 무기한 활동중단을 선언했을 때 그와 결별하지 않은 것으로 잘 알려져 있다. 당시 미국 통신회사 AT&T와 경영컨설팅업체 액센츄어와 같은 기업들은 우즈에 대한 후원을 중단했다.

당시 나이키의 브랜드 대표는 "우즈가 처리할 문제가 있어 지금 처리하고 있다"며 "우리는 그가 다시 골프 코스에 돌아오기를 고대한다"고 말했다. 나이키는 우즈가 2017년 마약성 진통제에 취해 자동차 운전석에서 자다가 음주운전 혐의로 입건됐을 때도 그의 손을 놓지 않았다. CNBC는 나이키의 그런 승부수가 이날 우즈의 우승과 함께 보상을 받고 있다고 해설했다.

마케팅 솔루션 업체인 메타포스의 공동창업자인 앨런 애덤스는 "나이키는 항상 우상과 같은 운동선수들과 함께해왔다"고 지적했다. 애덤스는 "소비자는 업체가 만드는 제품뿐만 아니라 지지하는 상징이 무엇인지를 알고 싶어한다"며 "최고의 브랜드가 되려면 훗날에 대한 장기적 생각이 있어야 한다"고 설명했다.[30)]

과거에도 나이키는 타이거 우즈를 나이키의 골프장비 사업 전체의 핵심축으로 삼았지만, 2016년 이후 의류와 골프화만 남기고 나머지 사업은 접은 상태이다. 이후 타이거 우즈는 테일러메이드클럽과 브리지스톤 골프공과 스폰서 계약을 체결하였지만 나이키의 노출과는 비교가 되지 않았다고 평가한다.[31)]

2) 모델의 매력성

광고모델을 고를 때 광고실무자들은 모델의 매력성(celebrity attractiveness)이라고 하는 하나의 단어로 뭉쳐서 표현될 수 있는 다른 측면도 포함된다. 매력성은 일반적으로 신체적 매력과 심리적 매력을 포함하는데, 신체적 매력은 비교적 객관적인 관찰이나 측정이 용이하지만 심리적 매력은 개념이 다양해서 그렇지 못하다.

일반적으로 우리 사회는 신체적 매력에 높은 프리미엄을 두는데 훌륭한 외모를 가진 사람이 더 똑똑하고 더욱 더 지혜롭다고 생각하는 경향이 있다.[32] 이는 일종의 후광효과(halo effect)로 볼 수 있으며 한 차원에서 높게 평가받는 사람들이 다른 차원에서도 우수하리라 가정할 때 발생한다.[33]

모델의 신체적 매력에 대한 연구들은 신체적 매력과 설득 커뮤니케이션 간에는 유의적인 관계가 있는 것, 즉 모델이 아름다울수록 소비자를 구매하도록, 그리고 어떤 행위를 하도록 설득하는데 더욱 효과적이라고 볼 수 있다는 것이 정설이다.[34] 즉 광고모델의 신체적인 매력은 직접적으로 설득 커뮤니케이션의 효과에 영향을 미치는 것이 아니고, 소비자로 하여금 정보원천을 더 좋게 평가하게 만들거나 또는 그러한 평가요인으로 작용해서 간접적으로 영향을 미칠 수 있다.[35]

화장품이나 향수 등은 화학물질을 사는 것이 아니다. 아름답고 매력스러워 질 수 있다는 기대감을 사는 것이다. 결국 화장품모델의 신체적 매력은 기본적 조건이라고 볼 수 있다.[36]

3) 모델과 표적청중 간의 적합성

모델과 표적청중 간의 적합성(celebrity/audience match-up) 또한 설득 커뮤니케이션을 위해 중요한 역할을 할 수 있다. 농구화 광고모델을 하고 있는 코비 브라이언트, 르브론 제임스 등과 같은 NBA 슈퍼스타들은 슬램덩크슛을 하고, 슛을 차단하며, 패스를 가로채고, 덩크슛을 하기를 열망하는 10대 소비자들과 아주 잘 매치된다.

그림 7-2 | 태도변화를 위한 광고모델의 조건

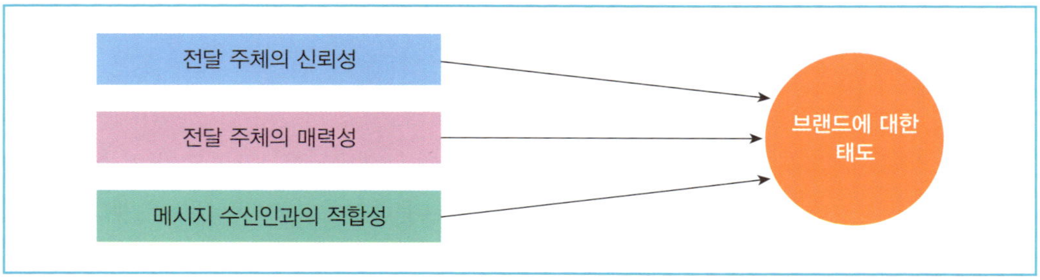

2.3 태도변화를 위한 스폰서십

스포츠 스폰서십(sport sponsorship)은 "기업이 현금이나 물품 또는 노하우나 조직적 서비스를 제공함으로써 특정한 이벤트나 운동선수 · 팀 · 연맹 · 협회 · 스포츠 행사를 지원하여 마케팅 커뮤니케이션의 여러 가지 목표를 달성할 목적으로 기획 · 조직 · 실행 · 통제하는 모든 활동"이라고 정의할 수 있다.[37] 최근 스폰서십은 마케팅활동 중에서 금액적인 규모로 가장 빠르게 성장하는 분야 중의 하나로[38] 국내에서도 삼성, 현대, LG를 비롯한 대기업들의 글로벌 마케팅이 강화되고 세계적으로 한국의 인지도가 높아짐에 따라 매우 중요한 마케팅 수단으로 활용되고 있다.[39]

이러한 스포츠 스폰서십의 역할을 커뮤니케이션 측면에서 태도변화 및 기업 이미지에 대한 태도변화 등에 대한 것을 중심으로 살펴보고자 한다.

1) 커뮤니케이션 전략으로서의 스포츠 스폰서십

스포츠 스폰서십의 커뮤니케이션 전략은 스포츠 이벤트나 선수, 팀 등을 기업 커뮤니케이션의 도구로 활용하려는 계획이다. 커뮤니케이션 전략은 제품에 대한 '인지도 제고', '제품 정보 제공' 그리고 '소비자 설득'의 3가지 목적을 갖는다. 이를 구체적으로 살펴보면 다음과 같다. 첫째는 인지도 제고이다. 스포츠 이벤트 개최를 통해서 매체에 노출된 자사의 브랜드를 소비자들의 기억속에 남게 한 후, 이것을 마음속에 깊이 간직시키기 위한 것이다.

둘째는 제품에 대한 정보제공이다. 스포츠 이벤트와 공식적으로 관련된 자사의 제품에 대한 정보를 여러 가지 촉진매체를 통해서 소비자들에게 제공하여 수요를 증대시키는 것이다.

셋째는 소비자 설득이다. 현재 소비자들이 보유하고 있는 제품에 대한 사고나 행동을 수정하거나, 혹은 현재 지니고 있는 호의적인 감정을 유지하거나 강화시키는 것이다.

스포츠 스폰서십은 단순히 기업 또는 제품만을 대중에게 알리는 단순한 수준을 넘어서 구매자들이 가치 있게 느낄 수 있도록 기업 특유의 독특한 가치를 제공하여 경쟁사들로부터 자사의 제품을 차별화시킴과 아울러 판매촉진을 강화하는 수단이 될 수 있다.[40]

CONSUMER INSIGHT 7-3 스폰서십을 통한 홍보의 효과

스포츠 스폰서십의 종류는 다양하다. 히어로즈처럼 구단 이름에 기업명을 넣는 네이밍 스폰서십, 선수들이 입는 유니폼에 기업 로고를 넣는 스폰서십, K리그 등 시즌 전체를 후원하는 스폰서십, 올스타전 등 특정 경기만 후원하는 스폰서십 등이 있다. 투자 대비 효과만 확실하다면 기업들은 후원하는 스포츠 종목을 가리지 않는다.

스폰서 금액은 천차만별이다. 유니폼에 기업 로고를 넣는 스폰서십의 경우 로고가 들어가는 위치와 크기에 따라 계약 금액이 다르다. 영국 축구 프리미어리그 첼시 유니폼 가슴팍엔 요코하마 타이어 로고가 들어가 있다. 요코하마 타이어는 이를 위해 1년에 4,000만 파운드(약 580억 원)을 쓴다. 반면 현대차는 지난 6월 첼시와 유니폼 소매 로고 스폰서십을 맺었는데 그 금액은 가슴팍 로고 스폰서십의 4분의 1인 연간 1,000만 파운드(145억 원)로 알려졌다.

팔뚝에 현대차 로고가 박힌 유니폼을 입은 첼시 FC 선수들. 왼쪽부터 다비드 루이스(David Luiz), 올리비에 지루(Oliver Giroud), 티에무에 바카요코(Tiemoue Bakayoko).

스폰서십은 잘만 되면 대박이다. 넥센타이어는 히어로즈 야구단에 2010년부터 9년간 약 600억 원의 메인 스폰서 비용을 지불한 것으로 업계는 추정한다. 이를 통해 거둔 마케팅 효과는 수천억 원이다. 업계에서는 넥센히어로즈가 한국시리즈 준우승을 차지한 2014년 한 해에만 넥센타이어가 1,000억 원 이상의 마케팅 효과를 거둔 것으로 본다. 2014년 한 해 스폰서 비용이 50억 원 수준임을 감안하면 20배 효과다.

축구도 마찬가지다. KEB하나은행은 2017년부터 4년간 총 140억 원 규모(연간 35억 원)의 프로축구 K리그 타이틀 스폰서십을 맺었다. 효과는 엄청났다. 한국프로축구연맹이 미디어분석 업체 더폴스타에 의뢰해 2017년 K리그 1 · 2부 리그 브랜드 노출 효과를 산출했는데, KEB하나은행의 노출 효과는 639억 1,473만 원이었다. 투자금액(2017년 스폰서비 35억 원) 대비 18배에 달한다. 2005년부터 10년간 영국 프리미어리그 첼시를 후원한 삼성전자는 매년 300억 원 수준을 스폰서비로 지원했는데 그 효과는 수천억 원 이상이며 삼성을 세계적 브랜드로 알리는 데 큰 역할을 했다는 평가다.

선수를 후원해 대박을 터트린 곳도 있다. KB금융은 2006년 당시에는 인지도가 높지 않았던 김연아 선수를 광고 모델로 발탁했다. 이후 김연아 선수가 세계 최정상으로 성장하자 스폰서십 효과는 수직 상승했다.[41] KB금융그룹은 국내 금융권에서 스포츠마케팅을 가장 잘하는 회사로 꼽힌다. '흙 속의 진주' 같은 가능성 있는 유망주를 발굴하고 이들을 집중 지원해 세계적 스타로 키우는 사례가 적지 않다. 스포츠 육성과 브랜드 이미지 제고, 수익 확대라는 세 마리 토끼를 모두 잡았다는 평가를 받고 있다.[42]

KB 후원선수들

2) 기업 이미지 전략과 스포츠 스폰서십

기업 이미지란 기업에 대해 사람들의 마음속에 그리고 있는 내적 태도체계의 한 측면을 나타내는 심상을 말하는 것으로, 기업 이미지의 중요성은 소비자의 구매결정의 한 요인으로 작용하는 역할을 한다는 것이다. 스폰서십을 통하여 기존의 부정적인 이미지에 대한 전환 및 새로운 이미지 구축을 어떻게 해 나갈 것인가 하는 것은 중요한 문제이다.[43]

기업 이미지는 제품 구매시의 영향, 제품 차별화 수단, 자금과 인재의 확보에 이르기까지 광범위하게 작용한다고 할 수 있다. 예를 들면 사진에서도 볼 수 있듯이 최근 '삼성의 첼시후원'은 상당한 효과를 가져왔으며 과거에도 삼성전자는 1998년 방콕 아시안게임, 2000년 시드니올림픽 등을 공식 후원하여 세계적인 브랜드의 이미지 구축에 성공하였다. 미국 여자 프로골프(LPGA) 대회에서도 여러 글로벌 브랜드들은 타이틀 스폰서(에비앙 챔피언십 등) 자격을 확보하여 브랜드 인지도 향상 및 브랜드 태도변화 등을 꾀하고 있다.[44]

또한 스폰서십은 소비자에 대한 태도를 바꾸기 위한 유용한 리포지셔닝 수단(repositioning tool)으로 사용될 수도 있다. 그리고 기업들은 그들이 의도하는 정체성과 동일화시킬 수 있는 이미지 전달 수단으로 스폰서십을 다양하게 이용하고 있다. 특히 일반인의 관심이 많은 대형 스포츠 이벤트들은 기업이나 제품의 의도를 보다 자연스럽게 이벤트와 연결하여 전달할 수 있기 때문에 시간이 지날수록 그 선호도는 높아지고 있다.[45]

우승컵을 거머쥔 첼시, 그리고 유니폼 속의 'SAMSUNG Mobile'

첼시가 맨체스터 유나이티드와 아스날, 그리고 리버풀 등의 쟁쟁한 상대를 제치고 지난 2005-2006 시즌 프리미어리그와 2006-2007 시즌 FA컵 우승컵을 거머쥐자 세계 200여 개국 30억에 가까운 사람들의 눈은 선수들과 그들의 유니폼 정면에 박힌 'SAMSUNG Mobile'에 집중되었다. 삼성전자의 스포츠마케팅이 비로소 그 빛을 발하는 순간이었다.

2007년 삼성의 자체조사 결과에 의하면 유럽지역에서의 삼성전자에 대한 이미지는 68%, 그리고 현지 판매업자들의 호감도는 무려 433%가 상승했다고 한다. 여기에 삼성전자의 주력사업인 LCD TV 판매량 역시 급증했고 휴대전화는 사상 처음으로 유럽지역의 판매고가 북미지역의 그것을 넘어설 정도였으니, 이만하면 삼성으로서는 그야말로 '대박'을 터트린 셈이다.[46]

[그림 7-3]은 기업의 이념이나 정책, 또는 마케팅 커뮤니케이션 전략을 토대로 한 메시지를 스포츠 스폰서십이란 중간매체를 통해 표적 소비자에게 여러 가지 주변요소와 함께 변형된 내용으로 전달되는 과정을 보여준다. 이에 대한 반응의 좋고 나쁨에 따른 반응현상이 다시 기업에게 전달되고 이것이 새로운 기업 이미지 전략이나 정체성 전달을 위한 구성요소의 선정에 평가기준이 되어 새로이 소비자에게 전달하려는 메시지를 작성하게 되는 순환적 과정을 보여주고 있다.

그림 7-3 | 스포츠 스폰서십을 통한 태도의 변화[47]

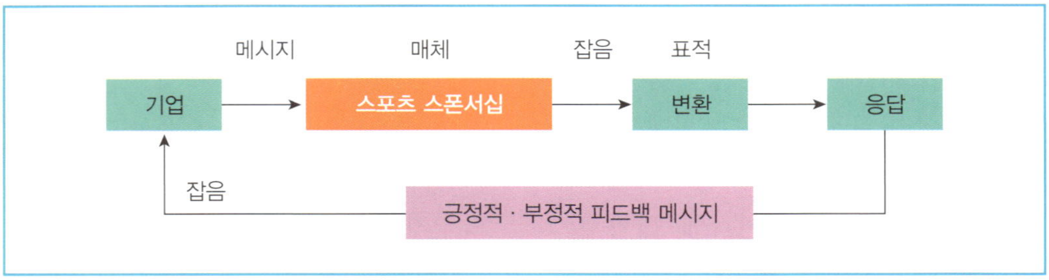

2.4 태도변화를 위한 광고소구

광고소구(advertising appeal)란 소비자의 주의를 끌기 위해 또는 제품, 서비스에 대한 소비자의 느낌에 영향을 미치기 위해 사용되는 접근법을 말하는 것으로 "사람들의 마음을 움직이고, 그들의 필요와 욕구에 대해 말하며, 그들의 관심을 불러일으키는 것"이라고 할 수 있다. 다음의 소구를 통해 소비자의 태도를 변화시킬 수 있을 것이다.

1) 공포소구

부정적 사용결과와 연결시킴으로써 태도변화를 시키려는 의도의 광고

광고주들은 소비자가 태도변화를 위해 ① 광고되는 제품을 사용하지 않을 경우에 발생할 수 있는 부정적인 결과나 ② 안전하지 못한 행동(예를 들어 음주운전)을 함으로써 야기되는 부정적인 결과 중 어느 하나를 밝혀줌으로써 공포소구에 호소하고 있다.

공포감이 소비자들의 메시지 관여도를 자극하여 메시지 주장의 수용도를 높인다는 점이 공포소구를 사용할 때의 기본적인 논리이다. 공포소구(fear appeal)는 사회적 비난이나 신체적 위험과 같은 형태를 띤다. 예를 들면 구강세척제, 방취제, 치약과 같은 제품은 숨쉴 때 냄새가 나거나, 겨드랑이에서 냄새가 나거나, 충치가 있는 경우 겪게 될 사회적 비난을 강조함으로써 광고에서 공포소구를 이용하기도 한다. 광고대행사들은 공포소구의 사용을 '사람을 위협하여 그들의 생명을 구하게 한다'라는 논리로 정당화하고 있다.

일반적으로 적절한 강도에 대해 질문할 때 연구들은 극단적으로 강하거나 아주 약한 공포소구 모두 어느 것도 효과적이지 못하다는 것을 강조한다. 어느 정도 적정한 수준의 공포가 가장 최선인 것으로 여겨진다. 만약 공포수준이 너무 약하면 충분히 주의를 끌지 못한다. 반면 공포수준이 너무 강하면 사람들은 도저히 공포수준을 제거할 수 없다고 생각하여 메시지를 피하거나 메시지의 권고를 무시하게 된다.[48]

2) 유머소구

유머소구(humor appeal)는 광고소구 유형 중 긍정적 감성소구 중의 하나로서 "표현에 우스꽝스럽거나 해학적인 요소를 삽입하여 독자의 유머감각에 호소하는 접근방법으로 광고주의 유머에 대한 시도가 있는 것과 그것을 유머러스하다고 인지한 광고"로 개념화할 수 있을 것이다.

〈정서적인 감염〉이라는 책의 저자인 심리학자 일레인 햇필드 등은 우리의 감정을 다른 사람에게 전염시킬 수 있다고 주장하였다. 우리가 미소 지으면 다른 사람은 나를 볼 것이고 그 반응을 미소로 돌려보낼 수 있다는 것이다. 결국, 이러한 맥락에서 유머는 분명 다른 사람을 행복하게 만들 수 있으며 태도변화를 이끌 수 있는 좋은 수단이 될 수 있다.[49]

아이디어가 돋보이는 유머소구 광고[50]

유머가 브랜드에 대한 태도변화에 과연 효과적인지 그리고 어떤 종류의 유머가 더 좋은 결과를 가져오는지에 대해서는 광고실무자들과 학자들 간에 논란의 여지가 남아있다. 그러나 1973년부터 지속되어온 유머광고 효과에 관한 구체적 연구결과들은 대체로 유머 효과가 브랜드 태도에 긍정적 영향을 미치는 것으로 나타났으며 특히 소비자가 광고노출 이전에 그 브랜드에 대한 태도가 좋았을 때 최대의 효과를 보인다.[51]

하지만 위에서 설명된 유머광고 효과에 관련한 법칙들은 완전하지도 절대적이지도 않다. 상품을 둘러싼 여러 가지 마케팅 요소에 의해서 얼마든지 그 법칙이 바뀔 수 있기 때문이다. 예를 들어 저관여 상품에 주로 효과적인 것으로 알려진 유머광고를 다른 고관여 상품의 광고에도 도입되고 있으며 일반적으로 유머광고의 금지 영역으로 알려져 온 건강과 화재보험에 관한 상품들도 최근 유머광고를 도입하기 시작하여 업계의 관심을 끌고 있는 중이다.

3) 비교광고

자사제품을 경쟁제품에 직접 또는 간접적으로 비교하면서 자사제품이 특정 구매고려 상황에서 더 우월하다고 주장하는 것을 비교광고라 한다. 윌키(Wilkie)와 패리스(Farris)는 비교광고(comparative advertising)를 "동일 제품이나 서비스의 둘 또는 그 이상의 브랜드를 구체적으로 명명하거나 보여줌으로써 비교하는 것이며, 한 가지 이상의 특징을 다른 경쟁상표와 비교하여 제시하는 광고형태"로 규정하고 있다. 미국연방거래위원회(FTC)는 비교광고를 "다른 브랜드를 객관적으로 측정할 수 있는 특성이나 가격 등으로 비교하고, 다른 브랜드의 이름, 일러스트레이션이나 다른 특징적 정보를 확인하는 광고"로 정의하고 있다.[52]

코카콜라를 디스하는 펩시 광고[53]

1970년대 이후 비교광고에 대한 수많은 연구가 이루어졌다. 연구결과는 아직 위 질문들에 대한 결론에 이르지 못하고 있으며, 어떤 것은 서로 모순되기도 한다. 그러나 광고 자체가 광고집행요소, 수용자 특성, 매체 특성 등 상황에 따라 변하는 매우 복잡한 현상이므로 이에 대한 결정론적인 연구결과를 기대한다는 것 자체가 무리이다. 그럼에도 불구하고 몇 가지 연구결과를 제시하면 첫째, 비교광고는 특히 경쟁제품에 비해 차별적인 우위를 가진 신제품의 경우에 더 효과적이다. 비교광고는 그렇지 않은 광고보다 해당 카테고리 내의 선두브랜드와 이에 도전하는 브랜드 사이에 유사하다는 인식을 더 높이는 것으로 관찰되었다. 둘째, 비교광고의 효과는 비교 소구내용이 더 믿을 수 있도록 꾸며졌을 때 효과적이다. 소구메시지 내용이 더 그럴듯하도록 하는 방법에는 ① 독립조사기관이 우위주장을 뒷받침하게 하거나, ② 이러한 소구를 뒷받침하는 인상적인 실험결과를 제시하거나, ③ 메시지 전달자로서 더 신뢰받는 모델을 사용하는 것들이 있다.

과거 인상적이었던 비교광고

피자헛과 비교하는 도미노피자 광고와 아반떼와 비교하는 대우 누비라 광고[54)]

3. 태도변화에 관련된 이론

마케팅관리자들이 소비자의 브랜드 태도 및 제품 태도를 빈번하게 변화시키려고 하며 또한 그렇게 하는 것이 너무나 어려운 상황하에서, 태도변화의 과정을 완전하게 이해하는 것이 꼭 필요하다. 앞장에서 연구한 태도이론들은 마케팅관리자들이 소비자들로 하여금 구매 전에 브랜드를 사용하도록 하기 위해 태도를 변화하도록 시도하는데 있어 기초를 제공한다. 이런 이론들 중 몇 가지 이론(앞에서 논의되었던 구매 후 부조화)은 소비자들로 하여금 그들이 올바른 선택을 하였음을 확신시키기 위해 구매 후에 태도를 변화시키기 위한 기초를 제공한다. 본절에서는 구매 전 태도변화이론을 중심으로 태도변화의 전략적 방법을 설명한다.

3.1 다속성 모델과 태도변화

피쉬바인(Fishbein)의 다속성 모델의 경우, 브랜드 태도의 기초가 되는 소비자 신념(bi)과 이러한 신념에 부여되는 가치(ei)는 그 브랜드의 전반적인 평가(A_o 또는 Aact)에 영향을 미치는데, 역시 전반적인 평가는 행동의도(BI)와 결국 행동(B)에 영향을 미친다.

이러한 기준에 따라 마케팅관리자는 다속성 모델에 바탕을 둔 행동에 영향을 미칠 수 있는 5가지 전략을 고려할 수 있다.

- 특정 제품속성에 부여하는 가치를 변화함(ei, 가중치의 변화)
- 신념의 변화(bi, 신념값의 변화)
- 새로운 속성의 도입
- 브랜드 태도의 변화, 즉 평가(A의 변화) 또는 그 브랜드를 구입하려고 하는 것(Aact 간의 변화)
- 행동의도의 변화(BI의 변화) 또는 행동의 변화(B의 변화)

1) 특정한 제품속성에 부여하는 가치를 변화시킴

이 전략은 소비자에게 특정 속성의 가치를 재평가하도록 확신시키는 것이 요구된다. 예를 들어, 쓴맛을 가진 초콜릿은 쓴 초콜릿이 건강에 더 좋은 제품이라는 것을 부각시키는 것이다. 롯데 드림카카오 제품은 코코아의 함량이 높은 제품이라 건강에도 좋다는 것을 부각하여 성공한 제품이다. 또한 예를 들어 앞장에서 논의되었던 자동차 사례에서 연비보다 안전성을 가장 중요한 기준으로 생각하게 광고하는 것이 또 하나의 예가 될 수 있다.

롯데 드림카카오는 코코아 함량이 높을수록 건강에 좋을 수 있다는 인식을 심어줌으로써 성공한 제품이다.

일반적으로 깊이 뿌리 박힌 사회적 및 문화적 규범에 부여된 가치는 변화하기가 가장 어려울 수 있다. 소비자들이 탄산음료의 맛에 부여하는 가치 또는 감자칩의 신선함에 부여하는 가치 등은 변화될 수 있으나 사회적 매력성, 안전 또는 지위와 관련되는 가치를 변화하도록 영향을 미치는 부분은 쉬운 일이 아닐 수 있다.

2) 특정 제품에 대한 신념을 변화시키고자 하는 전략

이 전략은 제품전략 및 광고전략을 통해 브랜드에 대한 소비자 신념을 변화시키려는 시도로 여기서 중요한 것은 변화되는 신념이 소비자의 브랜드 평가와 구매의도에 대한 우호적인 변화를 유도하도록 해야 한다는 것이다. 예를 들어 특정 자동차가 안전성의 속성에서 소비자에게 낮은 평가를 받고 있다면 자동차 충돌 테스트 결과를 통해 안정성이 높다는 것을 보여줄 수 있으며, 과거 GM대우와 같이 기업명성에 대한 높은 평가를 주지 않던 소비자들을 대상으로는 쉐보레로 자동차 브랜드명을 바꾸어 통일함으로써 기존의 한국에서 생산되던 모델들까지 미국 GM의 외제차 분위기로 바꾸어 줄 수가 있다.

한국GM이 2011년 3월부터 본격 사용하기 시작한 쉐보레(Chevrolet) 엠블렘에 대한 소비자들의 초기반응이 긍정적인 것으로 조사됐다. 최근 684명을 대상으로 쉐보레 올란도에 대한 소비자 디자인 평가를 실시한 결과, 쉐보레 엠블렘의 소비자 초기 반응은 GM대우 엠블렘보다 매우 긍정적인 평가를 받았다는 조사결과를 제시했다. 올란도에 적용한 쉐보레 엠블렘은 10점 만점에 6.30점을 받아 과거 GM대우 엠블렘(5.39점)에 비해 소비자 반응이 호의적으로 나타났다.[55] 소비자들은 쉐보레 올란도의 디자인이 경쟁력이 있으며, 쉐보레 엠블렘에 대해서도 매우 긍정적으로 평가하고 있는 것으로 나타났다.[56]

볼보자동차가 높이 30m에 달하는 대형 크레인에서 차량을 추락시키는 극단적인 테스트를 실시했다. 절벽이나 교량 등 높은 곳에서 추락한 차량이 어떻게 파손되고 특히 구조 전문가들이 인명을 구출하는데 필요한 데이터를 얻기 위해서다. 그러나 이러한 테스트에 대한 공개는 볼보가 안전에 신경을 쓴다는 이미지를 더욱 강화할 수 있을 것이다.[57]

3) 제품에 새로운 속성을 도입함

마케팅관리자는 기존 속성의 이점을 전달할 뿐만 아니라 새로운 제품속성을 도입함으로써 소비자의 태도를 변화시킬 수 있다. 예를 들어 과거 하이트 맥주는 천연암반수라는 속성을 도입하여 역전시키기 어려운 맥주시장에서 점유율 1위를 차지하였으며 스타벅스는 커피에 체험과 문화를 추가하여 소비자 가치를 높였다. 또한 화장품회사들은 기본적으로 피부에 좋은 새로운 획기적 성분을 발견하여 특허등록하고 해당 성분을 중심으로 마케팅하는 경우를 많이 볼 수 있다.

해당 제품군에서 새로 출시되는 신제품일수록 소비자가 구매고려 기준으로 택할 수 있는 기존제품이 충족시키지 못하는 새로운 기준을 만들어 도전하는 것이 좋을 수 있다.

새로운 속성을 추가하여 마케팅하고 있는 화장품

4) 브랜드 태도(평가)를 변화함

마케팅관리자들은 역시 제품속성에 대한 특별한 언급 없이 소비자의 브랜드 태도에 직접 영향을 미치려고 한다. 이런 전략은 긍정적 느낌(감정)을 제품사용과 연관시키는 것과 관련된다. 밀러라이트(Miller Lite)사는 열광적인 운동경기(또는 유사한 행복한 분위기에 있는)에 승리한 후 그 브랜드의 맥주를 마시는 남성 집단을 보여주는 캠페인을 행하였다. 만약, 소비자들이 그 제품사용과 성공의 연관성을 받아들인다면, 우호적인 브랜드 태도는 제품속성에 대한 언급 없이도 수립될 수 있다.

상당수 화장품 제조업체들도 신비스러움, 아름다움, 로맨틱함 등을 자사 브랜드와 연결시키고자 하는데 조성된 느낌이 당사의 브랜드와 타 브랜드를 차별화하는데 충분하다면 이런 유형의 광고는 브랜드 태도를 변화시킬 수 있다.

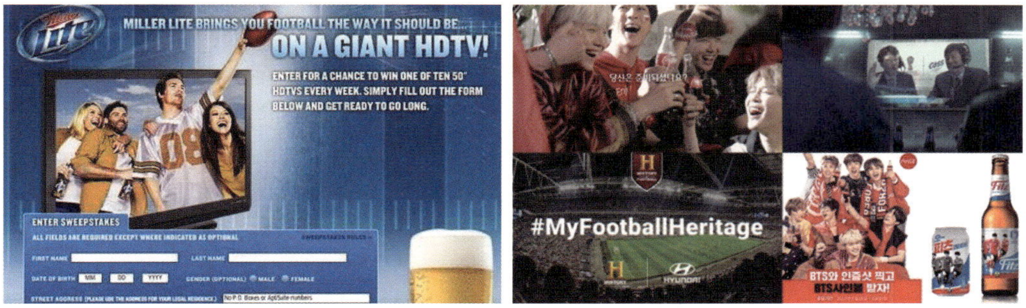

스포츠경기와 같이 흥분되고 열정적인 이벤트와 연결성을 높이는 밀러라이트, 월드컵이나 축구경기와 같은 스포츠와 제품을 연결시키는 경우를 우리는 흔히 목격할 수 있다.[58]

5) 행동의도와 행동을 변화함

마지막 전략은 소비자로 하여금 선호하지 않는 브랜드를 구입하도록 유인하는 것으로 몇 가지 유인방법(가격할인, 사은품 등의 판매촉진)으로 구매행동에 일치하도록 구매 후에 소비자의 브랜드 태도를 변화시킬 수 있다는 것이다. 일반적으로 A라는 브랜드에 좋은 태도가 형성되어 있지만 B브랜드가 할인을 제공한다든지, 사은품을 제공하는 이유로 B브랜드로 구매전환을 할 수 있다.

3.2 균형이론과 태도변화

하이더(Heider)의 균형이론(balance theory)은 사람들은 그들의 생각(신념)과 느낌(평가) 간의 균형을 유지하려고 한다는 사실을 주장한다.[59] 균형이론은 앞에서 논의되었던 인지적 일관성(cognitive consistency)의 기본적 행동원리와 일치한다. 이 원리는 소비자들은 그늘의 신념과 평가 간에 균형을 가치 있게 본다고 주장한다. 만약 어떤 소비자가 다른 소비자와 일관성이 없다면 소비자들은 그들의 인지적 구조에 균형을 창출하기 위해 그들의 태도를 변경한다. 물

칠성사이다가 BTS를 통해 광고메시지를 전달하는 과정

론 칠성사이다의 경우 기존 소비자에게 태도를 더 강화시키기 위한 목적으로 마케팅을 전개하는 목적이 더 크겠지만 균형이론을 설명하기 위해 사이다를 별로 좋아하지 않는 소비자(여기서 하나라는 여중생)들에게 칠성사이다가 유명아이돌, BTS를 광고모델로 소비자의 태도변화를 꾀하려 한다고 가정해보자.

- 하나는 BTS를 좋아한다. 균형이론 용어로 말하자면 하나는 BTS와 양(+)적인 감정관계를 갖는다.
- 어느날 BTS가 칠성사이다의 광고에 나타났다. BTS는 칠성사이다와 양(+)적인 감정관계를 갖는다.
- 하나는 청량음료를 별로 좋아하지 않는다. 그녀는 원래 청량음료를 별로 좋아하지 않으며 건강에 해롭다고 느끼기에 그것에 대해 부(−)적 감정관계를 가지고 있다.

그림 7-4 | 균형이론

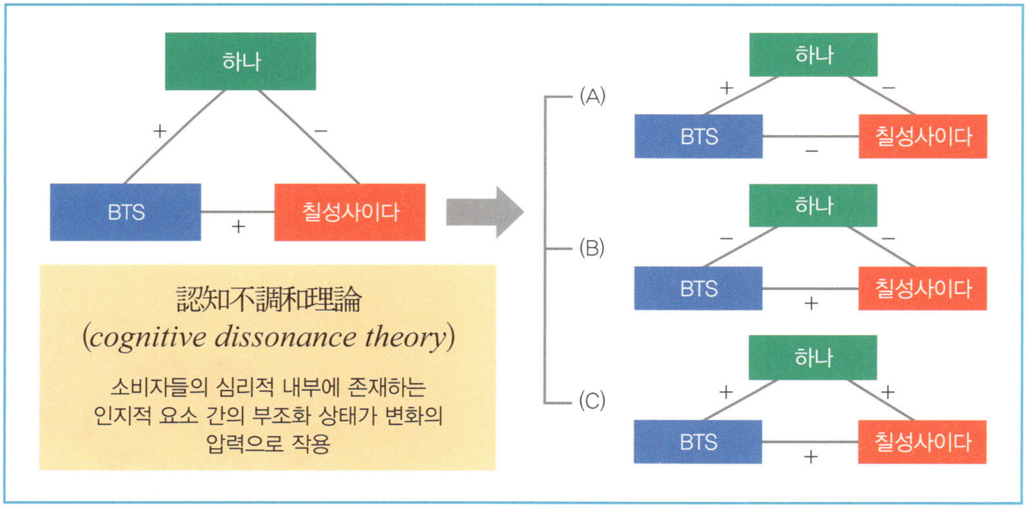

[그림 7-4]에서 볼 수 있듯이 균형이론에 따르면 하나는 불균형된 3자 관계에 직면하고 있고 그녀는 그 3자관계의 어떤 부분을 바꿈으로써 균형을 회복하려는 압력을 경험하게 될 것이다. 예를 들어 하나는 결국 BTS를 좋아하지 않을 수 있고, 다른 경우 BTS를 많이 좋아하기에 칠성사이다에 대해 긍정적 태도를 가질 수 있으며, 아니면 BTS가 광고 때문에 어쩔 수 없이 칠성사이다가 좋다고 제안하는 것으로 생각하여 BTS와 칠성사이다와의 관계를 부인하려고 할 수도 있다.

균형이론은 태도변화에 대해 직접적인 시사점을 제공하는데 태도는 신념과 평가 간의 갈등을 피하기 위해 변화할 수 있다는 것이다. 결국 마케팅관리자는 소비자의 브랜드 태도에 있어서의 변화가 긍정적이 될 것이라고 희망하여 태도의 갈등을 조장하기 위해서 균형이론을 사용할 수 있다. 그러나 과거 중저가 이미지를 가지고 있던 유통업체가 명품브랜드를 입점함으로써 이미지 상승을 노렸으나 오히려 명품브랜드의 이미지가 하락했던 것이나, 유명연예인을 이용하여 이미지 반전을 노렸던 대부업관련 회사의 경우 유명연예인의 이미지만 나빠지는 사례에서 볼 수 있듯이 [그림 7-4]의 B와 같이 해당 모델을 싫어하는 쪽으로 균형을 맞출 수도 있다는 점을 유의해야 한다.

앞에서도 잠시 논의되었듯이 이와 비슷한 사례로 다양한 비즈니스 환경에서 심리학이 교묘하게 이용되는 시대, 후광효과(halo effect)를 이용한 심리 조작술은 일상적으로 쓰이고 있다. 영업인들은 고객이 좋아하고 친한 사람, 그리고 유명한 사람과 친분이 있다는 것으로 제품구매를 설득하는 것을 볼 수 있다. 영화계를 예로 들어 보면, 어떤 영화가 아카데미상에 노미네이트된 순간, 우리는 이를 활용하는 홍보를 종종 볼 수 있다. 아직 상을 받지 않았는데도 벌써 "아카데미상 8개 부분 노미네이트!!!"라며 영화를 홍보하는 것이다.[60]

영화는 마케팅을 할 때
오스카의 후광을 종종 활용하곤 한다.

3.3 저관여 학습에 의한 태도변화

자종(Zajonc)은 "어떤 자극에 대한 단순한 반복노출은 그 자극에 대한 태도를 향상시키는 충분조건이다"라는 것을 관찰함으로써 노출효과를 정의하였다. 단순노출(mere exposure)은 주어진 자극을 개인의 지각에 접근가능한 정도로 만드는 조건을 의미하는 것이다. 자극에 대한 선호는 어떠한 연합된 인지적 활동 없이 강화되지 않은 단순한 반복노출로부터 간단히 만들어지며 친숙성이 호감으로 이끈다고 가정하였고 여러 연구들을 고찰한 끝에 동일한 결론을 내렸다.

실제 실험에서 몇 개의 철자, 단어, 모르는 얼굴 사진을 각각의 사람들에게 보여주었다. 각 요소들, 즉 철자와 단어, 사진들을 1회에서 2, 5, 10 그리고 25회까지 보여주었다. 물론 각각의 피실험자들에게 보여주는 각 요소들의 횟수는 서로 달랐다. 각 요소들에 대한 평가는 단계별로 이루어졌다. 그후 실험자는 노출횟수에 따른 판단의 평균치를 계산해보았다. 노출빈도가 높을수록 그 대상을 좋게 평가한다는 것을 알 수 있다. 모르는 사람의 얼굴이라도 보는 횟수가 많아질수록 점점 더 그 사람을 좋게 본다는 것이다.

그림 7-5 | 노출빈도에 따라 나타난 대상을 좋아하는 정도[61]

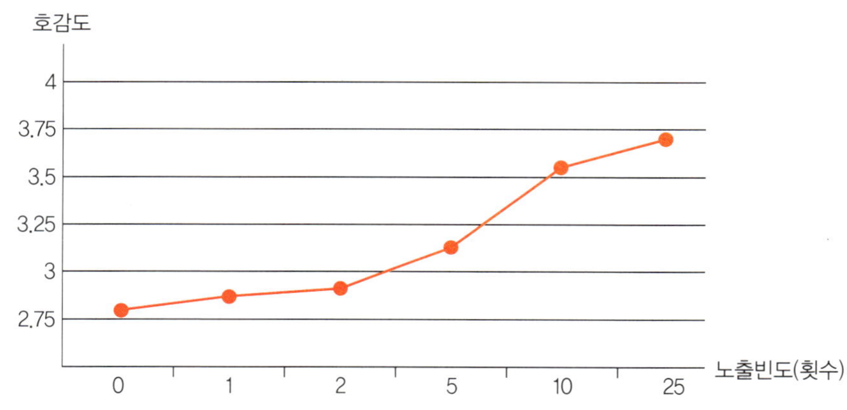

즉, 우리가 어떤 낯선 단어 혹은 낯선 사람을 자주 보게 되면 그것을 좋아하게 된다는 것이다. 반복노출이 효과를 갖게 되는 과정은 대상에 대한 친숙성이 증가하기 때문이다. 대상에 대한 반복노출에 의해 증가된 친숙성 때문에 그 자극에 대해 긍정적인 감정을 경험하는 것은 매우 일반적인 현상이다.[62] 단순반복노출이 효과를 나타내는 것은 친숙성

(familiarity)이 원인일 수도 있고, 또 다른 해석으로는 저관여 학습(low-involvement learning)이 일어났기 때문일 수도 있다.

연예계에서도 보통 한 작품에 출연하면서 연인 관계로 발전하는 연예인 커플은 이제 흔한 일이 됐다. 실제 한 연예 매니지먼트 관계자는 한 작품을 짧게는 2~3개월 길게는 5~6개월씩 찍다 보면 서로 좋은 감정이 싹트게 되는 경우가 있다고 한다.

결국, 소비자는 단순히 브랜드에 자주 노출됨으로써 그 브랜드에 대한 친숙성을 높일 수 있다. 그리고 친숙성이 증가할수록 그 브랜드에 대해 호의적인 브랜드 태도인 긍정적인 감정을 형성할 수 있으며, 이런 긍정적 감정이 그 브랜드에 대한 긍정적인 행동의 가능성을 높여준다는 것이다. 반복적인 광고노출은 그 광고의 의미적 메시지에 대한 학습, 즉 브랜드의 속성에 대한 인지적 평가와 판단이 이루어지지 않더라도, 반복노출 그 자체로 브랜드에 대한 친숙도를 높여서 더 나은 브랜드 태도를 형성할 수 있다고 보는 것이다.[63]

우리의 인간관계를 돌아보면 연락 자주 하고 자주 만나는 사람을 결국 우리는 좋아하고 있다는 것을 흔히 발견한다(흔히 먼 친척보다 이웃이 낫다는 것이 바로 이런 원리가 적용된 것). 결국, 비즈니스를 잘하려면 무엇보다 고객과 자주 접촉하고 좋은 모습을 보여주어야 한다는 것을 의미한다.
(사진출처: https://www.gettyimagesbank.com)

그러나 중성적이지 않은 자극, 즉 초기에 부정적으로 평가된 자극에 대한 노출의 증가는 그 자극에 대해 더 부정적인 평가로 이끈다는 연구결과도 있다.[64] [그림 7-5]에서 볼 수 있듯이 실제 사전 인상평가에서 보통 이상(3점 이상)의 평가를 받았던 사람은 노출횟수가 증가할수록 호감도는 비례, 이전 인상평가에서 나쁜 인상평가를 받았던 사람은 호감도 반비례하여 더 나쁜 인상평가결과를 보여주었다.

그림 7-6 | 초기평가 점수별 반복노출의 효과[65]

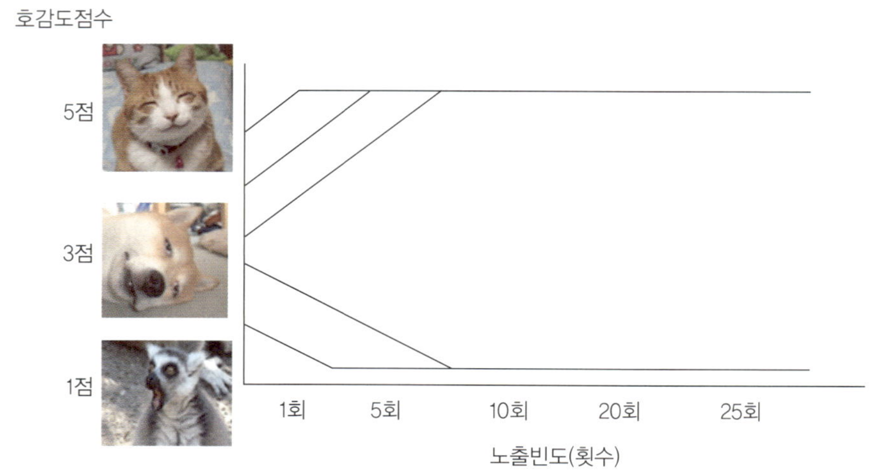

4. 태도강화와 태도변화를 위한 전략유형

태도변화에 대해 제시한 여러 가지 원리하에서, 우리는 이제 기존의 태도를 강화하거나 또는 태도를 변화시키기 위해 이용할 수 있는 여러 가지 전략유형을 제시할 수 있다. 본절에서는 태도강화 및 태도변화 전략에 대해 사례를 중심으로 공부해보도록 한다.

4.1 태도강화 전략

마케팅관리자는 새로운 또는 기존제품으로 새로운 사용자를 끌어들이거나 또는 기존 사용자에게 소구하기 위해서 강화전략(reinforcement strategies)을 사용할 수 있다. 이러한 대안적인 방법은 4가지 유형의 강화전략을 제시할 수 있다.[66]

- 어떤 브랜드의 기존사용자에 대해 긍정적인 태도를 강화함
- 그 브랜드의 긍정적인 이점을 강조함으로써 기존브랜드에 새로운 사용자를 끌어들임
- 기존사용자의 욕구를 충족시키기 위해서 신제품을 제시함

- 새로운 시장의 욕구를 충족시키기 위해 신제품을 제시함

1) 기존사용자를 강화함

기업들은 그들 제품에 대한 기존 사용자의 긍정적인 태도를 유지하기 위해 광고를 사용한다. 광고는 꼭 새로운 고객을 끌어들이기 위한 수단이 아닌 것이 이러한 방법을 통해 기업들은 그들의 기존이용자의 충성도를 더욱 높일 수 있다.

특히, 자주 반복적으로 재구매가 이루어지는 제품의 경우 광고는 제품사용자들이 계속적으로 반복구매를 유도하기 위한 목적으로 행해지는 경우도 많다. 맥도날드 광고 사진에서처럼 빅맥을 33년째 이용하고 있다는 모델의 광고 등은 기존사용자의 태도를 더욱 강화하려는 목적을 가지고 있으며 맥심 TOP커피의 경우도 원빈이라는 모델을 활용하여 지속적인 광고 캠패인을 통해 기존사용자의 당 기업에 대한 브랜드 충성도를 유지하는데 노력을 하고 있는 것이 사실이다.

빅맥(좌), 맥심 TOP(우)의 경우는 기존 사용자의 태도강화 전략에 초점을 둔 광고를 하고 있는 편이라고 할 수 있다.

2) 기존제품에 새로운 사용자를 끌어들임

경영진들은 기존제품이 다른 대안적인 제품보다 바람직한 이점을 더 좋게 전달할 수 있

다는 것을 보여줌으로써 기존제품에 새로운 사용자를 끌어들인다. 예를 들어, 오리온초코파이, 신라면, 국내의 많은 브랜드들은 외국시장에 진출하여 기존에 전혀 태도가 없던 사람들을 끌어들였다.

새로운 사용자를 반드시 해외지역 거주자나 다른 연령층으로 한정할 필요는 없다. 스마트폰을 이용한 집안 감시기를 판매하는 기업이 있다면 일반소비자 개개인에 접근하는 방법과 더불어 아파트 시공사를 통해 아파트 건축시 기본옵션으로 바로 설치하는 방법을 사용할 수도 있다.

3) 기존사용자에게 신제품을 위치화함

기업들은 어떤 제품범주를 사용하고 있는 기존사용자들의 요구를 충족시키기 위해 신제품을 도입한다. 자주 이러한 제품들은 기존 브랜드의 계열확장을 의미한다. 예를 들어, HITE맥주는 대표브랜드의 성공 이후 계속적으로 MAX와 d, 그리고 테라 등의 프리미엄 맥주를 개발하여 기존사용자들의 타사 브랜드 전환을 방어하고 있으며, 현대자동차는 제네시스 같은 브랜드를 계속적으로 개발하여 쏘나타나 그랜저를 몰던 고객들을 계속 현대자동차에 충성도를 유지할 수 있도록 노력하고 있다. 이와 유사하게, 코카콜라사가 Diet Coke를 도입한 것도 기존 소비자 중, 특히 다이어트에 관심 있는 시장욕구를 충족하고자 하는 것이다.

4) 새로운 사용자에게 신제품을 위치화함

마케팅 기업들은 새로운 시장의 욕구를 충족할 수 있는 기회를 추구하고 있다. 예를 들어 기능을 간단화한 갤럭시의 아류 모델들은 기존에 폴더폰을 쓰다가 상대적으로 저렴한 가격의 스마트폰을 구입하려는 시장, 즉 초등학교 학생 또는 노인층에 소구하여 태도를 형성하고 강화할 수 있을 것이다.

4.2 태도변화 전략

때로 소비자 태도를 변화시키려는 전략은 일반적으로 기존제품을 리포지셔닝(repositioning)하는 것이 요구된다. 즉 소비자들로 하여금 구입하도록 영향을 주기 위해 소비자들에게 커뮤니케이트되었던 일련의 속성과 이점을 변화시키는 것이 요구된다.

마케팅관리자는 그 브랜드의 이미지를 개선 · 향상하기 위해 이러한 리포지셔닝을 통한 이미지 변화를 꾀하며 또는 비사용자에게 그 브랜드로 변경하도록 영향을 주기 위해서 비사용자를 표적으로 적극적인 마케팅을 펼칠 수 있다. 그 시장 중 새로운 세분시장에 소구하려는 시도로, 기업들은 자주 비사용자들의 태도를 변화시키려고 한다. 자주 이러한 노력은 기업들이 장래의 생존을 위해 절대적으로 중요할 수 있다. 최근 통신업계 후발주자들의 광고들은 대개 자사가 타사보다 더욱 많은 가격이점을 가졌다고 광고하면서 신규사용자들을 끌어들이기 위해 전쟁을 방불케 하는 노력을 하고 있다. 사진에서 볼 수 있듯이 국내 인터넷 관련 회사들은 타사 고객들을 자사로 전환하기 위한 파격적인 현금제공, 요금할인, 사은품 등을 적극 활용하고 있다.

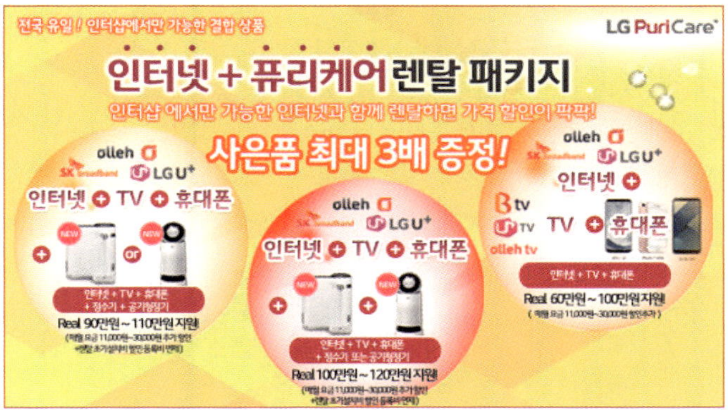

태도변화를 유도하는 다양한 마케팅 방법들

CONSUMER INSIGHT 7-4 소비자 태도변화를 위한 노력 만년 2등 기업, 펩시의 大변신[67]

■ 사업구조의 변화

'100년 콜라전쟁'에서 패배한 펩시는 당시 CEO였던 로저 엔리코 주도로 절치부심하는 각오로 'Re-Inventing Pepsi'라는 모토하에 사업구조, 마케팅, 조직문화 등에서 근본적이고 가장 주력사업인 음료부문은 웰빙 트렌드에 따라 탄산음료의 비중을 줄이고, 주스, 스포츠음료 등으로 제품군을 조정, '탄산음료가 비만의 주범'이란 인식 때문에 시장이 위축될 것이라는 예측하에 선제적으로 주스 및 스포츠음료 업체에 대한 M&A를 시작하였다.

실제로 2004년 X탄산음료 소비량은 연 5,570만톤까지 확대되었고, 전체 음료시장 중 탄산음료의 비중도 28.7%가 늘어났으나, 2005년 이후 마이너스 성장에 돌입하였다. 1998년 주스업체 트로피카나, 2001년에는 '게토레이' 브랜드를 소유한 퀘이커오츠를 인수하여 탄탄한 포트폴리오를 구축, 트로피카나와 퀘이커오츠 인수는 펩시가 '건강에 좋지 않은 음료를 만드는 기업'이라는 세간의 부

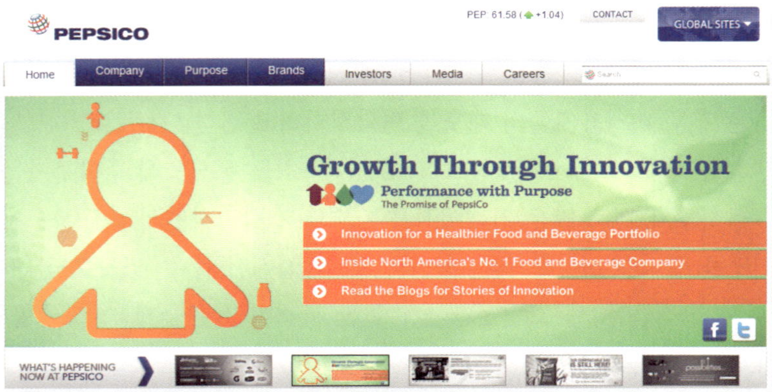

건강음식 및 음료라는 것을 홈페이지에서도 강조하고 있다.[68]

정적 인식을 완화시키는 데에도 기여하였다. 스티븐 레인문트 펩시콜라 CEO는 "건강에 대한 관심을 새로운 기회로 파악하여 종합음료, 스낵업체로 거듭날 것"이라고 말하였다.

또한, 독특하고 이국적인 크로스오버 스낵제품을 빠르게 출시하며 신시장 및 젊은층을 공략하였다. 다양한 소비자의 욕구에 맞추어 '카페인 스낵', '딸기맛 치토스' 등 연 200개 이상의 신제품을 지속적으로 출시하였다. 히스패닉 시장을 겨냥해 출시했던 스낵 '도리토스 과콰몰리'는 백인 소비자들에게도 큰 반향을 일으키며 전체시장으로 확대하였다. 현지에서 팔리는 스낵은 현지에서 조달한 원료로 만든다는 원칙을 지킴으로써 우호적인 소비층을 늘리고 있으며, 이를 신흥시장 확대의 지렛대로 활용하는 전략을 쓰고 있다. '레이' 칩의 원료인 감자의 재배방법을 전수해주고, 쌀, 보리 등 감자 이외의 농산물 판매를 대행해주는 등 현지농가의 소득증대를 돕는 방식으로 이를 실천해나가고 있다.

■ 제품 포지셔닝: 웰빙(Well-being)

콜라회사가 태생적으로 갖게 되는 부정적 이미지를 최소화하고 '웰빙 제품'이라는 긍정적 이미지를 전달하는데 집중하고 있다. 펩시는 메이저 스낵회사로서는 최초로 2003년부터 전 스낵제품에서 트랜스지방을 제거하였으며, 2007년에는 해바라기유를 사용함으로써 포화지방 함량을 50% 이하로 낮추는 등 웰빙 스낵임을 강조하였다.

'트로피카나', '오트밀' 등 FDA 기준에 적합한 제품 100여 개를 뽑아 스마트 초이스 라벨을 붙이는 '스마트 스폿' 프로그램을 2004년부터 시작하였는데 스마트 초이스 라벨과 함께 지방, 당분, 콜레스테롤 등의 함유량을 제품 포장에 직접 표기하여 소비자들에게 신뢰감을 부여하고 있다. 실제 스마트 초이스 제품비율이 2004년 36%에서 2008년 48%으로 크게 증가하였다. '다이어트 펩시', '다이어트 마운틴 듀' 등의 제품에도 스마트 초이스 라벨을 부착(탄산음료에 미칠 수 있는 디마케팅 효과를 최소화)하였다. 2008년에는 천연재료만 사용한 프리미엄 콜라 '펩시 내추럴'을 출시하였다.

연 • 습 • 문 • 제

01. [Consumer Insight 7-1]의 내용을 읽고 다음과 같은 문제에 답을 생각해보세요.

a. 의류점에서 판매확률을 높이기 위해 비싼 옷을 먼저 보여주고 저렴한 옷을 보여줘야 하는지, 저렴한 옷을 먼저 보여주고 비싼 옷을 보여줘야 하는지 선택하고 그 이유를 설명하세요.

b. 희소성의 법칙을 활용하여 ① 자동차 ② 아파트 ③ 담배 ④ 막걸리 등의 제품 군에서 마케팅 아이디어를 구상해보세요.

c. 호감의 법칙을 이용하여 ① 보험상품을 판매하는 경우 ② 기업체에 부품을 납품하려는 경우의 세일즈 아이디어를 정리해보세요.

02. 다음의 기업의 마케팅관리자 및 소비자의 관점이 되어 다음 광고들의 커뮤니케이션 과정을 다음 그림의 틀에 맞게 정리해보세요. 광고는 유튜브에서 검색해보세요.

a. 그랜저 광고

b. 박카스 광고

c. 서울우유 광고

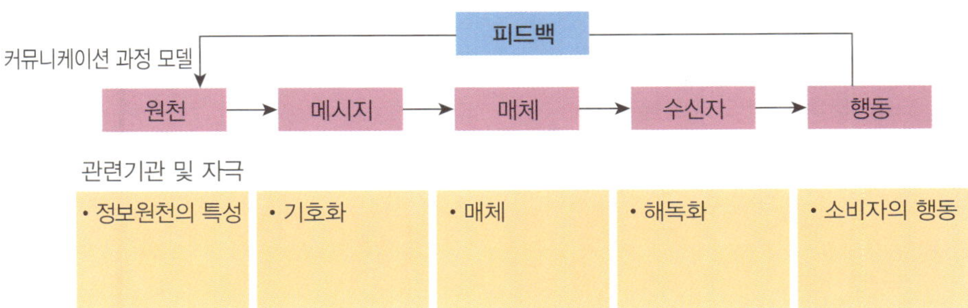

03. 다음과 같은 브랜드에 대한 비사용자(타사제품 이용자 및 해당 제품군 비이용자)들의 태도변화를 유도할 때 어떠한 마케팅 커뮤니케이션 속성을 이용해야 주요할 수 있다고 생각하는지 그 커뮤니케이션 요소와 이유를 설명해보세요.

a. 아카리아 커피

b. 제주항공

JEJUair

c. 인바디

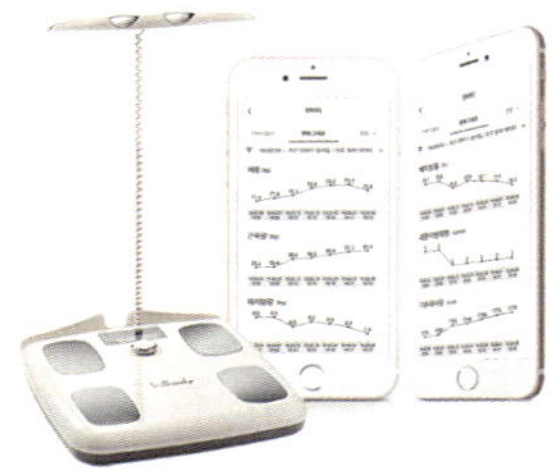

InBody

d. AIA생명

AIA생명

e. 나뚜르 아이스크림

04. 다음과 같은 것에 대한 수요를 높이기 위해 공포소구를 쓰는 것이 바람직한지, 바람직하다면 어떤 광고아이디어를 제시할 것인지 생각해보세요.

a. 성형외과에서 대학생들의 성형유도
b. 성인들을 위한 비듬샴푸
c. 건강이 안 좋은 노인들을 위한 비상상황 알림장치
d. 젊은 여성들을 위한 다이어트 제품

05. 피쉬바인의 다속성 태도모델을 활용하여 다음 제품(브랜드)의 태도강화 및 태도변화전략을 수립하세요.

a. 독자 여러분이 속한 조직(대학, 기업)에 대한 태도강화
b. 나이키 이용자들에 대한 아디다스로의 태도변화

c. TS 탈모샴푸 이용자들의 닥터포헤어로의 태도변화

06. 균형이론을 적용하였다고 가정하여 다음과 같은 광고들이 지향하는 것과 가능한 상황을 이야기하고 두 광고의 효과성을 균형이론 관점에서 비교하세요.

a. BTS 바디프렌즈

b. 아이유 참이슬

참 • 고 • 문 • 헌

1) Bohner, G., & Dickel, N.(2011), Attitudes and attitude change, *Annual Review of Psychology*, 62, 391–417.
2) 장문정(2013), 팔지마라 사게하라, 쌤앤파커스, 15에서 재인용
3) 로저 도슨 지음, 박정숙 옮김(2002), 설득의 법칙, 비즈니스북스, 23에서 수정하여 작성
4) Bi, N. C., Lu, Y., Ha, L., & Chen, P.(2021), Attitude change toward the Chinese during the US–China trade conflict: examining the roles of social media news sharing and perceived news feed performance, Online Information Review.
5) Mangleburg, T. F., & T. Bristol(1998), Socialization and Adolescents' Skepticism toward Advertising, *Journal of Advertising*(Fall), 11–21/Obermiller, C., & E. R. Spanberg(2000), On the Origin and Distinctiveness of Skepticism toward Advertising, *Marketing Letters*, November, 311–322.
6) Campbell, M. C., & Kirmani, A.(2000), Consumers' use of persuasion knowledge: The effects of accessibility and cognitive capacity on perceptions of an influence agent, *Journal of Consumer Research*, 27(1), 69–83/Hardesty, D. M., Bearden, W. O., & Carlson, J. P.(2007), Persuasion knowledge and consumer reactions to pricing tactics, *Journal of Retailing*, 83(2), 199–210.
7) 리처드 탈러 · 캐스 선스타인 지음, 안진환 옮김(2009), 넛지, 리더스북, 18–23에서 참고하여 작성
8) https://namu.wiki/w/넛지
9) https://blog.daum.net/sikdang/133에서 재인용
10) 리처드 탈러 · 캐스 선스타인 지음, 안진환 옮김(2009), 전게서, 19–20에서 인용
11) 리처드 탈러 · 캐스 선스타인 지음, 안진환 옮김(2009), 상게서, 24–25에서 인용
12) 로버트 치알디니 지음, 이현우 옮김(2002), 설득의 심리학, 21세기북스, 42.
13) 가와시마 고헤이 지음, 미디어 브레인 옮김(2009), 고객의 마음을 사로 잡는 웹심리학, Lion Books, 106–107.
14) Gueaguen, N.(2002), The Effects of a Joke on Tipping When It Is Delivered at the Same Time as the Bill 1, *Journal of Applied Social Psychology*, 32(9), 1955–1963.
15) Berns, G. S., Chappelow, J., Zink, C. F., Pagnoni, G., Martin–Skurski, M. E., & Richards, J.(2005), Neurobiological correlates of social conformity and independence during mental rotation, *Biological Psychiatry*, 58(3), 245–253.
16) Olivola, C. Y., & Todorov, A.(2010), Fooled by first impressions? Reexamining the diagnostic value of appearance–based inferences, *Journal of Experimental Social*

Psychology, 46(2), 315–324.
17) 심리마케팅연구회(2001), 고객을 유혹하고 판매를 촉진하는 비하인드 마케팅, 거송미디어, 3.
18) 로버트 치알디니 지음, 이현우 옮김(2002), 전게서/로버트 치알디니, 노아 골드 스타인 스티브 마틴 지음, 윤미나 옮김(2008), 설득의 심리학 2, 21세기북스 등에서 참고하여 작성
19) 필립 코틀러 지음, 홍수원 옮김(2003), 필립 코틀러의 마케팅 A to Z, 세종연구원, 70.
20) 더그 홀 제프리 스탬프 지음, 임정재 옮김(2004), 마케팅은 미친 짓이다, 한스미디어, 239.
21) https://namu.wiki/w/영업
22) McCullough, J., MacLachlan, D., & Moinpour, R.(1982), Impact of information on preference and perception, ACR North American Advances, 402–405/Lutz, R. J.(1975), Changing brand attitudes through modification of cognitive structure, *Journal of Consumer Research*, 1(4), 49–59.
23) Raj, S. P.(1982), The effects of advertising on high and low loyalty consumer segments, *Journal of Consumer Research*, 9(1), 77–89.
24) 더 자세한 내용은 마크 고울스톤 지음, 황혜숙 옮김(2010), 뱀의 뇌에게 말을 걸지 마라, 타임비즈 참고(사진출처: http://cafe.daum.net/apacheclub/)
25) 심리마케팅연구회(2001), 전게서, 40에서 참고하여 작성
26) MacInnis, D. J., & Jaworski, B. J.(1989), Information processing from advertisements: Toward an integrative framework, *Journal of Marketing*, 53(4), 1–23.
27) Peter, J. P., and J. C. Olson(2008), *Consumer Behavior and Marketing Strategy*, McGraw–Hill, 420에서 재인용하여 수정하여 작성
28) Ratneshwar, S., & Chaiken, S.(1991), Comprehension's role in persuasion: The case of its moderating effect on the persuasive impact of source cues, *Journal of Consumer Research*, 18(1), 52–62.
29) 이종호 · 김용호 · 김문태 · 옥정원(2009), 현대광고론, 경문사, 353–354에서 재인용
30) 타이거 우즈 부활에 나이키 대박… 광고효과 무려(/https://www.wowtv.co.kr/NewsCenter/News/Read?articleId=A201904150578)
31) 위의 글
32) 더 자세한 내용을 알고 싶으면 앤디 하버마커 지음, 광윤정 · 이현승 옮김(2012), 폭스 팩터: 무의식을 조정하는 매혹의 기술, 진성북스 참고
33) Dion, K., Berscheid, E., & Walster, E.(1972), What is beautiful is good, *Journal of Personality and Social Psychology*, 24(3), 285.
34) Baker, M. J., & Churchill Jr, G. A.(1977), The impact of physically attractive models on advertising evaluations, *Journal of Marketing Research*, 14(4), 538–555.
35) Homer, P. M.(1985), Physical Attractiveness of the Celebrity Endorser: Social.

36) 사진출처: http://pds15.egloos.com/pds/200912/24/39/a0008539_4b32d2bcd4cb0.jpg

37) 김도균(2000), 스포츠 비즈니스, 오성출판사/박세현 · 전호문 · 김용만(2001), 스포츠 마케팅, 2판, 학현사/방정배 · 송해룡 역(1998), 스포츠저널리즘과 스포츠마케팅, 커뮤니케이션북스 등에서 스포츠 마케팅 부분을 참고하여 작성

38) Meenaghan, T.(2001), Understanding sponsorship effects, Psychology & Marketing, 18(2), 95-122/Cornwell, T. B., & Maignan, I.(1998), An international review of sponsorship research, *Journal of Advertising*, 27(1), 1-21.

39) 유승철(2010), "모터스포츠 스폰서십, 브랜드에 스피드의 열정을 더하다," CHEIL WORLDWIDE, 47.

40) Gwinner, K.(1994), Event Sponsorship as Promotional Tool: "The Impact on Brand Awareness and Brand Image," The winter conference of the American Marketing Association/Meenaghan, T.(1991), "The role of sponsorship in the marketing communications mix," *International Journal of Advertising*, 10, 35-47.

41) 잘되면 투자 대비 20배, 안되면 쪽박, 스포츠 스폰서십 성적표 살펴보니(https://ccbblab.co.kr/84008/)

42) [스포츠마케팅] KB금융, 김연아 · 이상화 · 박인비…떡잎부터 키운다(https://www.donga.com/news/Economy/article/all/20140621/64508113/1)

43) Shanklin, W. L., & Kuzma, J. R.(1992), Buying that sporting image, *Marketing Management*, 1(2), 59-67.

44) Cuneen, J., & Hannan, M. J.(1993), Intermediate measures and recognition testing of sponsorship advertising at an LPGA tournament, *Sport Marketing Quarterly*, 2(1), 47-56.

45) Shuman, P. J.(1986), *The Power of Perceptual Marketing: An Analysis of Sponsorships*, New York: Burson-Marsteller.

46) http://haptic.anycall.com/19

47) Shultz, D. E., and D. G. Martin(1979), *Strategic Advertising Campaigns*(Chicago: Crain Books), 6.

48) Janis, I. L., & Feshbach, S.(1953), Effects of fear-arousing communications, The *Journal of Abnormal and Social Psychology*, 48(1), 78/Ray, M. L., & Wilkie, W. L.(1970), Fear: The potential of an appeal neglected by marketing, *Journal of Marketing*, 34(1), 54-62.

49) 말콤 글래드웰 지음, 임옥희 옮김(2004), 티핑포인트, 설득방법의 고전 정서감염시키기, 21세기북스, 93.

50) http://webdesignledger.com/inspiration/30-funny-print-ads

51) 유머광고의 효과에 대한 자세한 내용은 다음의 연구들을 참고하세요: 이화자 · 김태호, 광고의 대상과 제품관여도에 따른 유머소구 광고의 활용에 대한 연구, 광고연구, 1998년 여름(제

39호), 75-92/조창환, 유머광고 효과 둘러싼 효과분석연구 활발, 광고정보, 1998년 8월호/Weinberger, M. G., & Gulas, C. S.(1992), The impact of humor in advertising: A review, *Journal of Advertising*, 21(4), 35-59/Spotts, H. E., Weinberger, M. G., & Parsons, A. L.(1997), Assessing the use and impact of humor on advertising effectiveness: A contingency approach, *Journal of Advertising*, 26(3), 17-32/Weinberger, M. G., & Gulas, C. S.(1992), The impact of humor in advertising: A review, *Journal of Advertising*, 21(4), 35-59.

52) 이영훈, 개막! 본격 비교광고 시대-표시 · 광고법의 제정과 비교광고, 광고정보, 1999년 6월호/이재철, 개막! 본격 비교광고 시대-현장에서 바라보는 비교광고의 가능성, 광고정보 1999년 6월호/Muehling, D. D., Stem, D. E., & Raven, P.(1989), Comparative advertising: Views from advertisers, agencies, media, and policy makers, *Journal of Advertising Research*/Ash, S. B., & Wee, C. H.(1983), Comparative advertising: a review with implications for further research, ACR North American Advances, 374.

53) http://www.news2day.co.kr/article/20150729070986

54) https://1boon.kakao.com/jobsN/5b6f04d86a8e5100015618d9

55) http://chosun.mt.co.kr/news

56) 조선일보(2011.4.13)

57) 오토헤럴드(http://www.autoherald.co.kr)

58) http://a11news.com/671/miller-lite-sweepstakes/

59) Heider, F.(1958), *The Psychology of Interpersonal Relations*, New York: John Wiley.

60) 가와시마 고헤이 지음, 미디어 브레인 옮김(2009), 전게서, 19.

61) 니콜라 게겐 지음, 고경란 옮김(2006), 소비자는 무엇으로 사는가?, 지형, 70에서 재인용

62) Zajonc, R. B.(1968), Attitudinal effects of mere exposure, *Journal of Personality and Social Psychology*, 9(2p2), 1.

63) 양윤 · 성충모(2001), "영화에서의 PPL 광고효과 측정- 영화 '해가 서쪽에서 뜬다면'과 대학생을 중심으로," 광고연구, 제 53호, 135-154.

64) Bornstein, R. F.(1989), Exposure and affect: overview and meta-analysis of research, 19681987. Psychological bulletin, 106(2), 265/Grush, J. E.(1976), Attitude formation and mere exposure phenomena: A nonartifactual explanation of empirical findings, *Journal of Personality and Social Psychology*, 33(3), 281.

65) Bornstein, R. F.(1989), *ibid.*의 내용에서 작성

66) Asseal, H.(1996), *op. cit.*, 316-318에서 수정하여 작성

67) 이승현(2009), "만년 2등기업, 펩시의 대변신," 삼성경제연구소 SERI 경영노트, 1-9.

68) http://www.pepsico.com/

8

CHAPTER

Understanding of Consumer Behavior

소비자 학습 및 기억

1. 소비자 학습
2. 소비자 기억

08장 소비자 학습 및 기억

"우리 마음을 제조해 내는 뇌 속의 뉴런 네트워크는 마음먹기 따라 얼마든지 바꿀 수 있다. 가장 알기 쉬운 방법은 공부를 하는 것이다." —KBS 특별 다큐멘터리, 〈마음〉 중에서—

"사람은 스스로 결정하고 책임질 때 동기부여가 잘 되고, 최고로 몰입하며 성취감이 크기 때문에 열심히 노력한다." —에드워드 L. 데시와 리처드 플래스트, 〈마음의 작동법〉(2011) 중에서—

1. 소비자 학습

실제, 소비자들은 제품을 구입하고 소비한 경험에 따라 어떤 브랜드를 좋아하거나 싫어할 뿐만 아니라 그들이 특별한 브랜드에서 가장 좋아하는 특성을 학습한다. 그리고 나서 그들은 과거의 경험에 기초하여 미래의 행동을 조절할 수 있다. 이런 점에서 본절에서는 심리학자 및 행동학자들의 연구를 기본으로 학습의 유형에 대한 기초를 공부한다.

1.1 학습의 정의 및 유형

학습(learning)은 "과거 경험의 결과로써 이루어지는 상대적으로 장기적인 행동의 변화"로 정의[1]할 수 있으며 이는 소비 과정에서 매우 중요한 역할을 할 수 있다고 많은 학자들이 주장한다. 소비자의 마음과 행동이 다른 이유는 이미 형성된 100조가 넘는 뉴런 네트워크에 투입되는 정보가 사람마다 다르기 때문으로 그 중 가장 큰 이유는 부모로부터 유전으로 물려받은 코딩된 정보의 차이이다. 그리고 마음과 소비자의 행동은 학습을 통해서 발전된다.[2] 대부분의 소비자들은 그들의 태도, 가치, 맛, 행위, 선호도, 상징적 의미, 감정 등을 학습을 통해 획득한다. 그리고 10, 11장 등에서 자세하게 설명될 문화, 가족, 친구, 매체, 광고 등이 사람들이 추구하는 라이프스타일과 그들이 구매하는 제품에 영향을 미치는 학습된 경험을 제공한다.[3]

〈세서미스트리트〉는 역사상 어떠한 프로그램보다도 학술적 탐구대상이었다.[4]

〈뽀롱뽀롱 뽀로로〉는 아이코닉스가 기획하고 오콘, SK브로드밴드, 삼천리총회사, EBS가 공동 제작한 풀 3D 애니메이션이다. EBS 방송 당시 평균 시청률을 웃도는 5%를 기록하였고 출판 및 완구, DVD 시장에서 돌풍을 일으켰다. 그리고 전 세계 110여 개국에 수출되었다. 어린이들의 대통령(뽀통령)으로 불리고 있다.[5]

〈방귀대장 뿡뿡이〉는 EBS(당시 교육방송) 텔레비전에서 2000년 3월부터 방송한 어린이 교육용 프로그램이다. 대상은 주로 미취학아동 · 유아 등이다. 매 회마다 어린이에게 유익한 하나의 주제를 뿡뿡이와 짜잔형이 설명해 주며 참가하는 아이들과 함께 놀이로 풀어가는 형식이다.[6]

학습은 대부분 어린시절에 이루어진다. 사진에 나와 있는 만화 캐릭터 및 어린이 방송은 우리의 학습과정에 커다란 영향을 미쳐왔다. 신경학자들은 7세가 되면 대개 정신적인 고속도로를 완성한다고 한다. 그러나 감정을 통해 새로운 느낌과 영감을 갖는 과정은 그 후에도 계속된다. 감정이 강할수록 경험도 명확하게 학습된다. 베이비붐 세대의 미국인들은 케네디 대통령의 암살소식을 들었을 때 자신이 어디서 무엇을 하고 있었는지 기억할 수 있으며 현재 살아있는 대부분의 미국인들은 세계무역센터가 붕괴되는 장면을 기억할 수 있다. 그 이유는 이런 경험들이 감정적으로 아주 강렬해서 우리 뇌에 효과적으로 기억되었기 때문이다.[7]

소비자들은 그들의 소비경험에 따라 브랜드에 대한 태도를 형성하고 특정 브랜드에서 가장 좋아하는 특성을 학습하며 이에 기반하여 미래의 행동을 조절한다. 반복적으로 그 브랜드를 사용한 후, 소비자는 나이키 에어 농구화가 가장 편안하고 농구 경기시 점프를 향상시키는데 최고라고 결정한다. 그 브랜드에 계속해서 만족함으로써 소비자는 그가 새로운 농구화가 필요할 때마다 나이키 에어를 구입하게 된다. 이렇듯, 계속적인 만족은 과거의 경험을 강화하며 또한 소비자가 다음 번에도 동일한 브랜드를 구입할 가능성을 증가시킨다.

소비자심리연구자들은 인간의 학습과정을 이해하기 위해 광범위한 통제가 가능하다는 이유로 쥐, 고양이, 비둘기, 개 등과 같은 동물을 이용하여 학습에 대해 연구하였다. 한 세기에 걸친 연구로 이러한 동물에서 실험한 학습에 대한 결론이 인간에게도 똑같이 적용될 수 있다는 것이 보편적으로 받아들여지고 있는 상황이다.[8]

일반적으로 학습을 이해하는 데 있어 큰 조류는 크게 행동학파와 인지학파로 나누어진다. 만약 누군가가 당신에게 "오늘 수업에서 무엇을 배웠는가"라고 질문하면 당신은 수업시간에 듣고, 기억하고, 확실히 이해한 것을 떠올리려고 할 것이다. 그러나 정신적인 프로세스나 마음적인 부분을 제거하고 학습을 정의한다면 당신은 어떠한 것을 떠올릴 수 있을까? 당신은 바로 행동학파의 리드를 따라가는 것이 필요할 것이다.[9]

행동학파(behaviorist school)는 자극에 대한 노출의 결과로서, 한 개인의 반응에 있어 변화를 주시하는 것과 관련된다. 이는 관찰할 수 있는 행동에 대해 주로 초점을 둔 학습이론으로서 사고의 역할을 많이 제한하고 있다. 행동주의적 심리학자들은 두 가지 유형의 학습이론, 즉 고전적 조건화와 도구적 조건화를 제시하고 있다. 일반적으로 행동적 학습을 연결

그림 8-1 | 고건적 조건화 vs 도구적 조건화

적 학습(associative learning)이라고 하는데 [그림 8-1]의 예에서 볼 수 있듯이 한 어린이는 병원(자극 1)을 아픈 주사맞는 것(자극 2)과 연결시킬 수 있으며, 골프경기 내용을 훌륭하게 하는 것(행동)은 PGA 우승이라는 성과(결과)와 연결시킬 수 있다.

인지학파(cognitive school)는 학습을 문제의 해결로 인식하며 또한 학습의 결과로서 소비자의 심리적 세트(소비자의 태도와 바람직한 이점) 내의 변화에 집중한다. 이러한 관점에서 인지학파는 복잡한 의사결정의 틀 내에서 학습을 보다 세밀하게 설명한다. 다음부터 이들 학파의 이론 및 마케팅에의 적용을 자세하게 살펴보도록 한다.

그림 8-2 | 소비자 학습의 유형

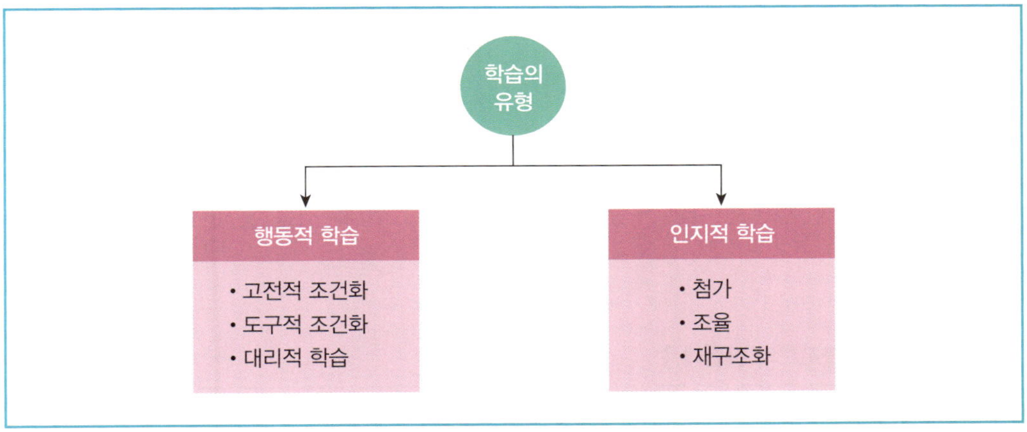

1.2 고전적 조건화

1) 파블로브의 실험

고전적 조건화이론은[10] 파블로브의 개의 실험에서 잘 나타난다. 1900년대 초 러시아 과학자였던 파블로브(Ivan Pavlov)는 개들이 먹이를 소화하는 방법에 관심이 있었다. 그의 실험에서 주기적으로 개의 입에 고기가루를 놓아 개가 침을 흘리게 하였다. 그 과정에서 그는 고기가루만이 개가 침을 흘리게 하는 자극이 아니라는 것을 발견한다. 즉, 고기가루를 담은 그릇이 시야에 들어오거나, 음식을 주기 위해 들어오는 사람을 보거나, 음식이 도착했을 때 문이 열리는 소리 등도 개가 침을 흘리는 자극이 될 수 있다는 것을 알게 된 것이다. 파블로브는 음식과 이러한 시야에 들어오는 것들과 소리 등이 개의 인식상에서 고전적

조건화(classical conditioning)라고 불리워지는 연결성이 있음을 인식하였다.[11]

파블로브는 고기를 주기 전 왜 개가 다양한 시야에 들어오는 것들과 소리 등에 반응해 침을 흘리는지를 알고 싶어 했다. 그는 개의 행동이 학습되지 않은 부분과 학습된 부분으로 나누어짐을 관찰하였다. 첫째, 고전적 조건화의 학습되지 않은 부분은 어떠한 자극이 타고난 성질에 의해 자동으로 반응을 불러일으키는 것을 말하는 것으로 신맛에 의해 침을 흘리는 것이나 추운온도에 떠는 것, 그리고 목이 감염되어 기침을 하는 것 등의 신경작용이 여기에 해당한다. 무조건자극(unconditioned stimulus: UCS)은 과거 학습과는 관련이 없는 반응을 일으키는 것으로 파블로브의 실험에서 먹이가 이에 해당된다. 무조건반응(unconditioned response: UCR) 또한 무조건자극에 의해 야기된 학습되지 않은 반응이며 파블로브 실험에서 먹이에 의해 야기된 침이 이에 해당한다.

둘째, 학습된 부분은 고전적 조건화에서 조건자극(conditioned stimulus: CS)이라고 명명되는데 이는 이전에 중립자극(neutral stimulus)으로 활용되던 것으로 중립자극이 무조건자극과 결합되어 반복적으로 제공됨으로써 나중에 조건적 자극화되는 것이다. 실험 예에서는 종이 여기에 해당한다고 볼 수 있다. 실험과정은 [그림 8-3]을 통해 보다 쉽게 이해할 수 있다.[12]

그림 8-3 | 파블로브의 실험내용

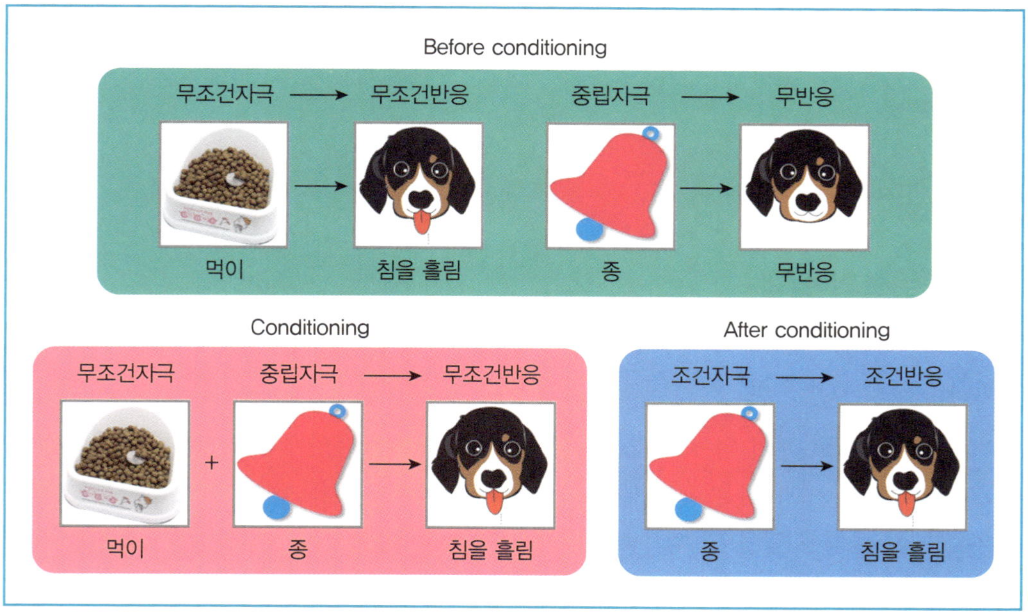

고전적 조건화(Classical conditioning)에서 조건자극은 특별한 반응을 이끌어내는 무조건자극과 짝을 이룬다. 이렇게 짝을 이룸으로써 연관성이 형성된다. 결과적으로 조건자극은 무조건자극으로서 동일한 반응을 이끌어낼 것이다.

2) 고전적 조건화의 마케팅에의 적용

오늘날 광고주들은 아직도 고전적 조건화의 원리의 중요성을 인식하고 있으며 또한 제품을 긍정적 또는 상징적 이미지와 연관시키려고 시도하고 있다. 예를 들어 음악이 계속적으로 특정한 브랜드(조건자극)와 같이 소비자에게 반복적으로 제시된다면 그 브랜드는 결과적으로 소비자들로 하여금 긍정적 감정(조건반응)을 가지게 할 수 있다는 연구결과들이 많다.[13] 또한 사진의 말보로 예에서와 같이 무조건자극의 남성적인 반응은 조건자극과 연결됨으로써 그 조건자극에 대해 단순히 긍정적 감정이라는 반응뿐만 아니라 남성적 이미지를 이끌어낼 수 있을 것이다.[14]

야성적인 남성의 말보로는 아이러니컬하게도 1924년 말보로우(Marlborough)라는 이름과 '5월처럼 부드러운 담배'라는 슬로건을 가지고 여성용 담배로 론칭되었다. 그러나 판매실적은 신통치 않았고, 1954년 플립형 케이스의 채용, 말보로라는 브랜드네임 교체와 함께 남성용 담배로 재론칭의 길을 걷는다.
개척과 자유정신, 가장 야성적인 남성의 퍼스널리티를 상징하기 위해 이때 도입된 캐릭터가 바로 카우보이인 말보로맨. 애연가들의 정서에 강하게 어필된 이 말보로맨의 차별화된 상징성은 그 자체로 훌륭한 광고 컨셉이며, 광고전략이 되었다.
말보로맨은 전 세계 사람들에게 말보로 담배를 의미하는 상징이 되었고, 세계에서 가장 잘 팔리는 담배의 핵심 아이콘일 뿐만 아니라 20세기 최고의 광고 아이콘으로도 선정되었다.

7장에서 논의되었던 태도변화를 위한 한 전략으로 고전적 조건화는 소비자의 브랜드에 대한 감정과 신념에 영향을 미쳐 브랜드에 대한 긍정적인 태도를 이끌어낼 수 있다. 특히 고전적 조건화를 통한 학습은 정보처리 노력과 인지도가 상대적으로 낮은 저관여 상황에서 더욱 보편적인 경향이 있다.[15] 마케팅부분에서 고전적 조건화를 적용할 수 있는 예들은 다음과 같다.

특정한 제품을 지속적으로 열광적인 스포츠 프로그램에 연관지어 광고하는 것은 제품에 대한 열광적이고 흥분된 느낌이라는 반응을 이끌어낼 수 있다. 7장에서 논의되었던 밀러라이트 맥주는 슈퍼볼과 같이 흥분된 스포츠 행사기간에 특히 자주 광고된다. 스포츠 행사와 그 제품을 반복적으로 짝을 이루게 함으로써, 스포츠 행사가 자아내는 흥분은 결국 밀러라이트 맥주에게로 전이된다. 이러한 연관성은 사람들로 하여금 브랜드를 구입하도록 영향을 줄 수 있다.

잘 알려지지 않은 선거 후보자가 지속적으로 그의 등장 및 광고에 애국적인 음악을 배경음악으로 활용함으로써 애국 정치인이라는 반응을 이끌어낼 수 있다.

점포에서 연주되는 크리스마스 음악이 선물을 주고받는 감정적 반응을 이끌어낼 수 있으며 결과적으로 구매를 자극할 수 있다.[16]

그림 8-4 | 파블로브 개실험 및 광고에서 고전적 조건화의 적용사례

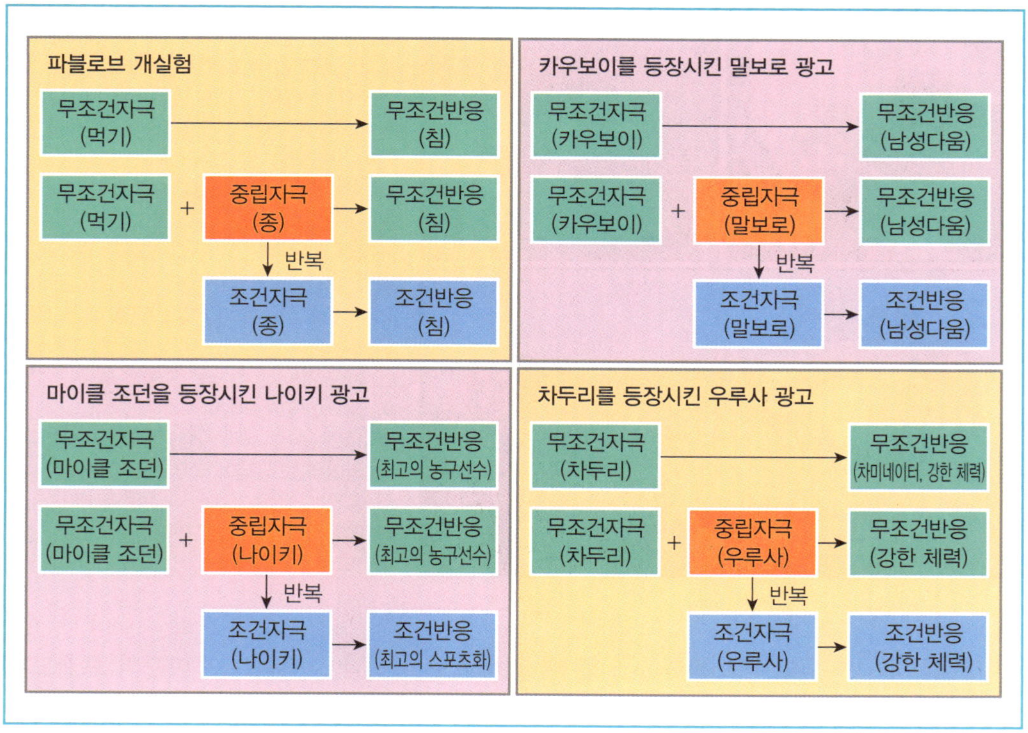

3) 고전적 조건화를 적용하기 위한 조건

고전적 조건화가 제대로 적용되기 위해서는 다음과 같은 요건을 충족해야 한다. 첫째, 무조건자극을 가릴 수 있는 어떤 다른 자극이 없어야 한다. 예를 들어 카우보이가 백마를 타고 있다면 백마에 의해 카우보이와 제품과의 연관성은 적어진다. 이것을 가리움효과(overshadowing effect)라고 한다.

둘째, 무조건자극은 다른 브랜드나 제품의 범위에 대해 과거의 연관성이 없어야 한다. 맥주회사가 그들의 표적집단에게 사나이 이미지를 전달하기 위해서 광고에 카우보이를 사용하기로 결정했다고 가정할 때, 그 캠페인은 말보로 카우보이에 의해 이미 수립된 연관성 때문에 비효율적이 될 수도 있다. 이것을 저지효과(blocking effect)라고 한다.

셋째, 조건자극은 지나치게 잘 알려져서는 안 되며 또한 독자적으로 제시되어서는 안 된다. 소비자는 대중매체에 자주 보이는 어떤 자극에 지나치게 침투되어서는 안 된다. 이를 선노출효과(preexposure effect)라고 한다. 고전적 조건화는 조건자극이 새로울 때 보다 효과적이다. 소비자들이 이미 잘 알고 있는 제품에 새로운 연관성을 수립하는 것은 쉬운 일이 아니다. 중저가 의류에 럭셔리의 이미지를 심는 것은 쉬운 일이 아닐 수 있으며 여성적 이미지를 남성적 이미지로 바꾸는 일 또한 매우 어려운 일이다.[17)]

CONSUMER INSIGHT 8-1 스타를 활용한 마케팅

■ 스타마케팅이란?

스타의 대중적 인기를 상품, 서비스, 이벤트, 사회봉사활동 등에 연계한 마케팅전략으로 볼 수 있는데 쉽게 말하면 스타가 팬들에 대해 행사하는 카리스마, 즉 상업적 잠재력을 활용하려는 전략으로 볼 수 있다. 스타마케팅의 영역은 상품 판매나 서비스는 물론 불우이웃돕기 등 사회봉사활동, 정치인의 선거, 기업의 이미지전략 등 모든 분야로 확대되고 있다.[18)]

2001년 해체된 아이돌 스타 HOT의 사례는 스타마케팅의 파워를 한눈에 알 수 있다. 중, 고, 여성, 청소년층의 절대적인 인기를 누렸던 HOT는 가수로서 음반판매라는 1차시장 이외에도 방송 프로그램, 영화, 광고, 이벤트 출연, 홍보대사, 화보집 발간, 캐릭터 상품, 전자제품, 화장품, 문구류 판매의 파생시장으로 창구 다양화에 성공하였다.

그림 8-5 | 스타마케팅의 창구[19]

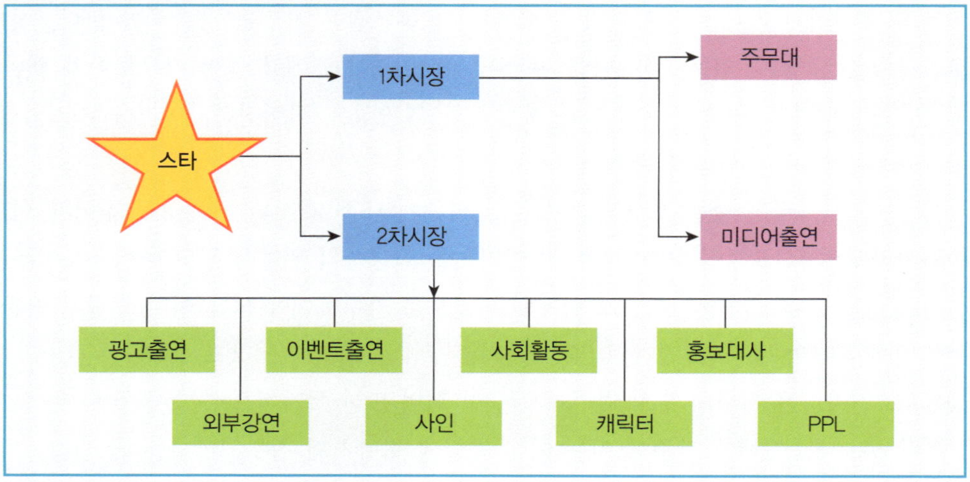

■ 스타가치의 결정기준

스타의 가치는 다음의 네 가치 측면에서 측정할 수 있다. 첫째, 스타가 자신의 영역에서 누리고 있는 인기로 이는 쉽게 전문분야에서 랭킹으로 측정될 수 있다. 전문분야인 1차시장에서 보상을 독과점하는 것은 파생시장의 보상을 결정하게 된다. 탤런트의 영화, 광고출연은 2차 파생시장이다. 둘째, 스타의 인기를 활용한 창구 숫자, 창구별 보상의 크기, 창구별 지속도의 증가 등이다. 그러나 이러한 스타의 가치는 해당 기획사 측면에서 유용가능성을 평가하는데 중요하지 다른 창구에서 마케팅 활용성을 평가하기에는 적합하지 않을 수도 있다.[20]

■ 광고모델로서 스타

모델의 진정한 효과는 주의 끌기와 같은 지각(perceptual) 수준에서만 발휘되는 것은 아니다. 물론 브랜드의 핵심 속성과 모델의 이미지 속성이 맞아떨어져야 한다는 것은 전략적 상식이다. 여기서 나아가 광고모델이 지닌 '정서 전이와 연합'의 효과를 꼽지 않을 수 없다. 별다른 의미가 없는 대상이라도 그것이 긍정적 정서를 일으키는 자극과 반복적으로 결합되면 나중에는 그 대상에 대해서도 비슷한 정서 경험을 하게 된다.

'처음처럼' 광고를 보는 소비자는 이효리에 대해 정서 반응을 하게 된다. 중요한 것은 단지 좋다거나 호감이 간다는 평가적 차원의 반응이 아니라 '특정 유형'의 정서가 발생한다는 점이다. 반복적으로 '처음처럼' 광고를 보면서 이효리에 대해 유발된 '섹시 발랄한' 정서 경험은 브랜드로 전이되면서 연합된다. 이제 소비자가 소주를 주문하는 자리에서 '처음처럼'을 떠올리면 어떤 일이 벌어질까? 연합된 정서가 자연스레 떠오를 것이다.

강한 정서 경험은 더 잘 기억될 뿐만 아니라 그것이 제품과 관련될 때 소비자의 상상을 촉발하는 부가적 힘을 가진다. 이 때문에 소비자가 브랜드에 대해 생각할 기회도 많아지는 것이다. 광고모델에게 느끼는 정서는 모델이 지닌 다양한 상징 덕분에 브랜드를 소비할 때 상상을 제공하는 효

과는 증폭된다.[21]

그러나, 7장의 태도변화이론 중 균형이론에서 배웠듯이 스타마케팅이 스타이미지의 하락이라는 결과만으로 끝나는 경우도 있다. 미국의 경우, 유명 스타들의 상당수는 이미지 전문가를 고용해 자신의 이미지에 반하는 마케팅은 철저히 사절로 일관하고 있다. 또한 브루스 윌리스, 실베스타 스탤론, 나오미 캠벨 등 스타들이 직접 출자해 세계각국에 외식사업을 전개했지만 상당수가 적자 운영으로 문을 닫고 자신들의 이미지에 긍정적이기보다는 부정적으로 작용한다고 판단해 스타의 상당수가 사업포기를 선언하고 있다.[22]

■ 중소기업의 브랜드 인지도 증대를 위한 스타 활용

△휴롬(배우 이영애) △동양매직(배우 현빈) △쿠쿠전자(배우 김수현) △쿠첸(배우 송중기) △한샘(배우 전지현) △일룸(배우 공유) 등 중소·중견기업들도 유명 연예인을 광고모델로 활용하고 있다. 중소·중견기업들의 스타마케팅이 활발한 이유는 상대적으로 약한 브랜드와 제품 이미지 때문이다.

중기업계 관계자는 "삼성이나 현대차 같은 대기업들은 회사 브랜드가 바로 모델인 셈"이라면서도 "중소·중견기업들은 기술력이 아무리 좋아도 브랜드 이미지가 약해 빠른 시간 내에 시장에서 자리잡기 위해 유명 인사들을 활용한 마케팅을 선보이는 것"이라고 말했다.[23]

일룸은 공유의 광고뿐만 아니라 '도깨비' PPL로도 많은 노출이 이루어졌다. 등장인물들이 속한 회사로 나올 뿐 아니라 제품들도 자주 등장했다. 일룸 건물이나 일룸 명함이 단독으로 잡히는 화면은 상당히 과감한 PPL로 눈길을 끌었다.[24]

1.3 도구적 조건화

1) 도구적 조건화의 실험

도구적 조건화(instrumental conditioning)는 사람들이 긍정적인 결과를 낳는 행동을 하고

스키너의 실험을 위해 개발된 스키너 박스[27]

부정적인 결과를 피하려고 학습할 때 발생한다.[25] 이 또한 역시 자극과 반응 간의 연관성의 수립이 필요하다. 그러나 소비자들이 최상의 만족을 제공하는 반응을 결정하며 자극과 반응 간의 직접적인 연결노력은 거의 필요하지 않다. 왜냐하면 이 경우 반응이 소비자들의 의식적인 통제 내에 있기 때문이다.[26]

도구적 조건화에 대해 가장 지지하는 제안자는 스키너(Skinner)이다.[29] 스키너의 실험은 새를 대상으로 행해졌는데 전기가 흐르는 상자 안에 단추를 설치하고 1번 단추를 누를 경우 모이가 나오고, 2번 단추를 누를 경우 전기가 흐르지 않게 하고, 3번 단추를 누를 경우 전기충격이 오도록 하였다. 새는 몇 번의 반복 끝에 결과가 어떻게 된다는 것을 학습하고 그 다음부터는 스스로 단추를 누르거나 혹은 절대 누르지 않는다. 여기서 단추는 자극이 되며, 누르는 행동은 반응이 된다. 1번 단추를 누르는 것을 긍정적 강화(positive reinforcement), 2번 단추를 누르는 것을 부정적 강화(negative reinforcement), 3번 단추를 누르는 것을 처벌(punishment)이라고 한다.

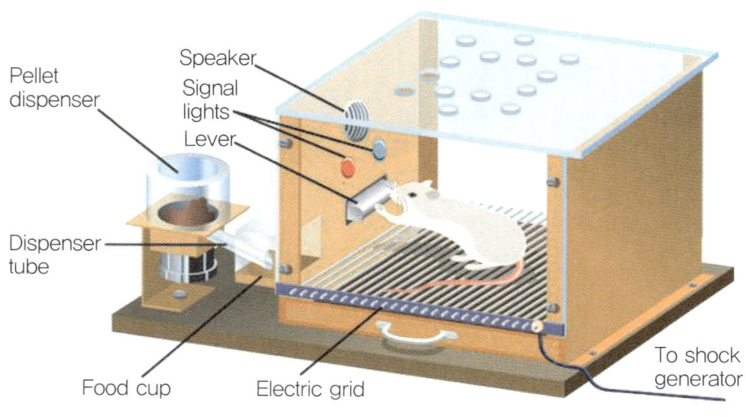

마찬가지로 쥐실험을 하는 박스[28]

2) 도구적 조건화의 마케팅에의 시사점

도구적 조건화는 소비자 구매에 있어 습관을 형성케 하는 것을 설명하는데 고전적 고건화보다 더 설명력이 높다고 할 수 있다. 여기서 소비자는 그의 구매행동을 통제할 수 있는데 제품을 사용함으로써 계속되는 강화(반복되는 만족)는 그 소비자가 동일한 브랜드를 구입할 가능성을 증가시킨다.

처음에 소비자는 의사결정과정을 거친다. 그러나 계속되는 강화로 인해 동일한 브랜드를 구입할 가능성은 소비자가 습관을 수립할 때까지 증가한다. 예로서 소비자가 맥도날드의 백맥을 먹은 후 맛에 만족을 하면 긍정적인 강화가 일어나므로 차기에도 대안평가 없이 빅맥을 구입할 가능성이 크다. 그러나 횟집에서 생선회를 먹고 식중독에 걸렸다면 처벌효과가 발생하게 되어 그 식당에 다시는 가지 않으려고 할 것이다. 이렇듯 일반적으로 특정 브랜드를 계속해서 사용하면서 사용할 때마다 만족을 얻게 되면 그 만족이 강화요인으로 작용하여 정보탐색이나 처리과정을 거치지 않고 습관적인 구매(habitual buying)를 하게 될 가능성이 점점 더 높아진다.

도구적 조건화는 촉진(promotion)활동 중 특히 판매촉진(sales promotion: SP)과 잘 부합된다. 실제 특정한 제품군에서 소비자들은 일시적인 가격할인이나 심지어 간단한 사은품 등과 같은 것에 의해 과거 이용하던 제품을 구입하지 않고 다른 제품을 쉽게 구입할 수 있다. 실제로 100가구를 대상으로 2년에 걸쳐 판촉에 따른 커피 브랜드의 매출 증가가 어떻게 이루어지는지 분석한 조사가 있다. 여기서 브랜드 전환(고객이 아니었던 고객이 판촉한 제품을 구입하는 것)이 84% 이상을, 구매 가속화(현재 고객이 보통 때보다 빨리 제품을 다시 구매하는 것)가 14%, 그리고 비축(현재 고객이 평소보다 많이 사두는 것)이 2%를 차지한다는 결과를 보여줌으로써 판촉의 매출증대에의 효율성은 충분히 증명되었다.[30)]

3) 강화스케줄

자극에 대한 반응이 있을 때마다 강화시키는 것을 전체강화(total reinforcement) 혹은 연속강화(continuous reinforcement)라고 하는데, 동물실험 결과에 의하면 전체강화 혹은 연속강화에 의해 학습이 가장 신속하게 일어나는 것으로 밝혀졌다. 연속강화의 도구로 많이 이용되는 것이 프리퀀시마케팅(frequency marketing)과 포인트마케팅(point marketing)이다. 예를 들어 전자는 피자나 커피 등의 구매 횟수에 따라 10번에 1번 무료와 같은 방식으로 제공되는 강화이며, 후자는 신용카드사의 포인트 및 항공사의 마일리지와 같이 구매한 금액과 비행한 비율에 따라 포인트를 적립시켜주는 방식이다.

이에 비하여 반응이 가끔씩 강화되는 것을 부분강화(partial reinforcement)라고 하는데 부분강화에 의한 학습이 가장 지속적인 것으로 나타났다. 부분강화는 체계적(예를 들면 세 번째 반응마다 강화시킴)일 수도 있고 무작위적일 수도 있다. 예를 들어 극장의 매 100번째 입장객에게 선물을 준다면 전자에 해당하고 매회 입장객에게 무작위로 선정하여 선물을 준다면 후자에 해당한다. 이러한 이론의 실제 적용으로 경품이나 가입인센티브를 제공하는 촉진활동과 관련된 부가가치마케팅이 최근 가장 활발하며 다양하게 진행되고 있다. 다양한 경품 이외에도 신용카드사와 금융사들의 무료 상해보험이나 생명보험 제공, 통신서비스사의 무료이용 서비스 및 초기 가입시 현금지급 등이 그 예들이다.

여기서 브랜드 차별화에 이용되는 부가가치는 중요성, 독특성, 우수성, 의사소통가능성, 독점성, 지불가능성 등의 속성을 갖춰야 한다. 지속적으로 가격이 할인되어도 기업의 제품이 독특하다는 것을 끊임없이 강조할 필요가 있다는 것이다. 즉 부가가치는 고객에게 중요하고, 자사 브랜드만의 독특한 것으로 인식되며, 다른 대체제보다 우수하게 가치를 제공하며, 고객에게 쉽게 그 부가가치를 설명할 수 있고, 가급적 경쟁사에 의해 모방이 힘들며, 고객이 그 비용을 쉽게 지불할 수 있는 것이어야 한다.[31]

CONSUMER INSIGHT 8-2 포인트마케팅

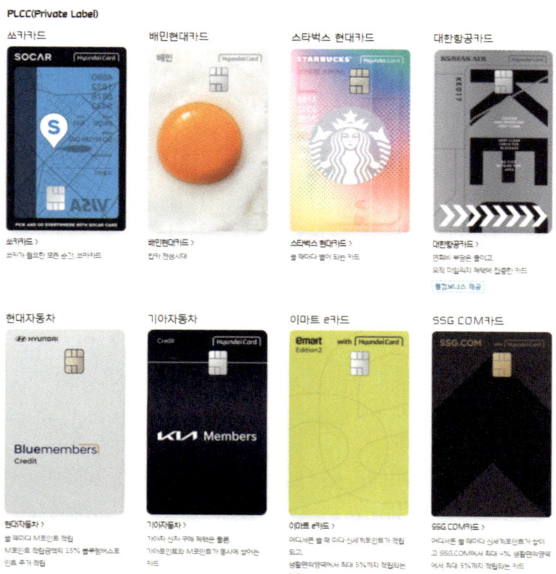

카드별 소비자가 자주 이용하는 점포에 맞춘 할인혜택 및 포인트 적립을 강조하는 현대카드, 최근 기존 틀을 깬 카드 상품과 대대적인 문화마케팅 등 현대카드만의 차별화된 마케팅전략은 현대카드의 고속성장의 원동력으로 꼽힌다.[32]

다양한 마케팅이 존재하는 가운데 포인트마케팅이 주목받고 있다. 포인트마케팅이란 소비자가 구매한 금액에 일정한 비율로 포인트를 적립하여 다시 소비자에게 돌려주는 마케팅이다. 포인트는 기업과 소비자 사이에 지속적으로 관계를 유지시켜주며 적립을 함으로써 장기간 소비자 유치에 기여한다.

포인트마케팅을 진행하고 있는 기업의 대부분은 카드사이며 최근에는 통신사, 주유소, 항공사 등 다양하게 이루어지고 있다. 소비자들의 개인취향과 기업상황에 따라 융통성 있게 운영할 수 있어서 다른 마케팅보다 수월하여 많이 사용하고 있다.

대표적으로 카드사는 적은 포인트만 적립해도 현금으로 사용할 수 있으며 사용할 수 있는 거래처도 넓다. 최근에는 유효기간 5년이 지나면 자동으로 소멸되는 포인트는 기부로도 가능할 수 있도록 변화하여 소비자들이 적립해 왔던 포인트를 다양하게 사용할 수 있고 포인트 기부는 카드사의 이미지도 좋아지는 장점도 있으며 일석이조의 마케팅을 하고 있다.

현재 소비자들이 선호하는 포인트 사용은 현금으로 교환하여 사용가능한 방법과 포인트로 상품을 구매하는 방법이다. 상품을 구매하여 포인트 적립을 많이 하도록 유도하여 해당 카드를 자주 사용하고 포인트를 적극적으로 사용하게 만들게끔 광고하고 있다.[33]

4) 소멸과 망각

소멸(extinction)은 자극과 기대되는 보상(expected reward) 간의 연결이 제거되는 것으로, 소비자가 소비하던 제품에 더 이상 만족하지 않으면 소멸이 일어난다. 소멸의 결과는 물론 동일한 브랜드를 재구매할 가능성을 크게 떨어뜨리는 것이다. 망각(forgetting)은 자극이 오랫동안 반복되지 않으면 발생하는데, 소비자가 어떤 제품을 오랫동안 사용하지 않거나 혹은 광고가 중단되면 그 제품을 망각하게 된다.

그림 8-6 | 강화, 망각, 소멸[34]

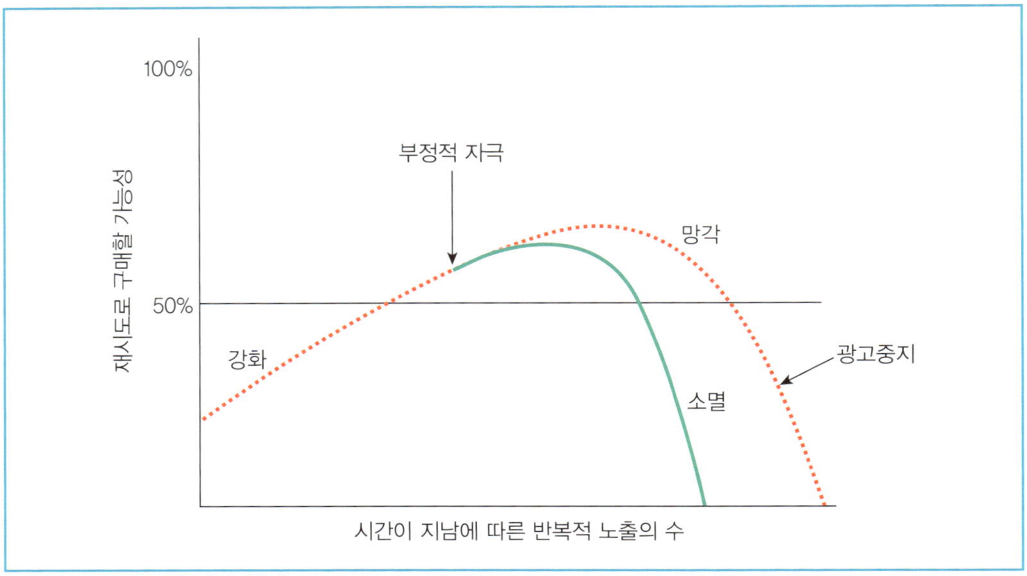

5) 쉐이핑

쉐이핑(shaping)은 어떤 반응을 가져올 가능성이 높은 자극을 제공함으로써 궁극적으로 다른 반응을 유도하는 것이다. 슈퍼마켓은 미끼 상품으로 파격적인 할인 품목에 의해 소비자를 점포 안으로 끌어들일 수 있다. 이러한 유통업체가 비영리 단체나 자원봉사 단체가 아닌 이상 여기에는 분명 그 의도가 있다.[35]

첫 번째는 신규로 출점하는 매장을 지역주민에게 알린다는 목적이 있다. 셔터를 올리기 전부터 고객이 줄지어 늘어설 수 있는 가격을 책정함으로써 매장의 존재를 쉽게 알릴 수 있다. 두 번째로 특가품의 가격에 혹해서 산 사람들의 경우 추가적인 충동구매를 기대할 수 있다. 일단 점포 안으로 들어온 소비자는 그 점포에 들어오지 않은 소비자에 비해 여러 가지 다른 제품을 구입할 가능성이 높아진다. 기타 백화점의 어린이행사, 문화행사, 전시회 등도 이러한 맥락에서 쉐이핑을 유도하는 것으로 같은 맥락에서 이해할 수 있다.

1.4 인지적 학습

인지적 학습(cognitive learning)은 학습을 자극과 반응과의 관계를 수립하는 것이라기보다는 문제해결의 과정으로서 인지한다. 소비자에 대한 인지적 학습은 자극을 지각하고, 자극을 욕구와 연관시키며, 대안적 브랜드를 평가하고 또한 그 제품이 기대를 충족시키는가 평가하는 과정이다. 즉 학습은 문제해결을 강조하므로 복잡한 의사결정의 과정과 동일하다. 일반적으로 행동주의자는 "그 주체가 무엇을 하기 위해 학습하는가?"라고 질문하는 경향이 있는 반면, 인지주의자는 "그 주체가 상황을 지각하기 위해 어떻게 학습하느냐?"라고 질문하는 경향이 있다. 인지주의자들은 동기부여, 지각된 목표, 그 상황의 전반적인 본질, 그 주체의 신념, 가치관 및 개성, 즉 간단히 말해서, 그 주체의 심리적인 영역의 전체적인 범위와 같은 요인들의 관점에서 학습상황을 조사하는데 관심이 있다. 행동주의자들과는 반대로 인지주의자는 소비자들은 자극에 간단하게 반응하지 않는 대신에, 신념에 따라 행동하고, 태도를 표현하며 또한 목표를 달성하려고 노력한다는 사실을 주장한다.[36]

결론적으로 정리해서, 인지적 이론은 소비자 학습에 관련되는 사고과정을 강조한다. 반면에 고전적 조건화와 도구적 조건화는 자극관련성에 바탕을 둔 결과를 강조한다.

1) 인지적 학습의 실험

인지적 학습이론은 1920년대 초 수행된 원숭이에 대한 콜러(Kohler)의 실험에서 제시된 것이다. 한 실험에서 콜러는 여러 개의 상자가 들어있는 우리 속에 침팬지를 넣고, 바나나를 우리 천장에 매달아 놓았다. 다리가 닿을 때까지 시도하였으나 실패한 후, 침팬지는 바나나 밑에 상자를 놓음으로써 문제를 해결하였다.

원숭이의 문제해결 모습[37]

이 실험에서 학습은 자극과 반응 간의 근접성이나 강화의 결과는 아니었다. 그것은 통찰의 결과였다. 학습에 대한 인지적 접근방법은 목표의 인식, 목표를 성취하기 위한 의도적 행동, 하나의 해결방법을 찾으려는 통찰, 그리고 목표의 성취와 같은 단계로 이루어진다.

강화는 인지적 학습 중 인식을 하게 되는 하나의 부분인데, 그 경우 계속 일어나는 학습으로 목표성취를 인식하여야 한다. 그러나 목표의 본질은 시작에서부터 이해되어져야 하며, 또한 보상이 예상되어져야 한다. 반대로 도구적 조건화에서 보상은 행위가 일어난 후에야 비로소 나타나게 된다.[38]

2) 인지적 학습의 학습유형

그런데 소비자가 정보를 처리한 결과는 세 가지 인지적 학습유형으로 구분해볼 수 있다. 첫째, 소비자의 인지적 학습은 대부분 첨가(acceration)에 속한다. 소비자는 제품과 서비스에 대한 정보처리결과, 기존의 지식구조에 새로운 지식이나 신념을 덧붙이게 된다. 예를 들어 '나이키는 의류의 기능성도 뛰어나다', '나이키 운동화는 비싸다'라는 새로운 지식을 얻게 되면 기존의 나이키 운동화와 관련된 지식구조에 이 지식을 첨가하게 된다. 이러한 유형의 인지적 학습은 아주 단순한 유형으로서 소비자 지식구조에 아주 큰 변화는 야기 시키지 않는다.

소비자가 기존 지식구조에 첨가하는 인지적 학습의 비교적 단순한 예로서 기계적인 연상관계를 확립하는 것(iconic rote learning)을 들 수 있다. 즉, 소비자들에게 어떤 욕구가 일어날 때마다 특정 상품이나 브랜드가 생각나도록 욕구와 브랜드 간의 연관 또는 연상관계를 학습시키는 것이다. 이것은 가장 단순한 학습방법이면서 가장 보편적으로 사용되는 방법 중의 하나이다.[39] 상당수의 저관여 제품들은 이러한 방법으로 소비자들을 학습시킨다. 약의 효능을 TV광고에서 제시하기 어려운 의약품들은 이러한 유형의 학습을 이용한다. 이렇게 특정 욕구와 특정 브랜드 간의 강한 연상이 이루어지지 위해서는 이 둘이 항상 한 메시지 안에서 나타나되 한 번으로 그치는 것이 아니고 여러 번 반복되어 제시되어서 소비자들이 어떤 욕구를 느끼게 되면 자동적으로 어떤 브랜드가 생각날 만큼 이 둘 간의 관계가 너

기계적 연상관계를 학습시키는 사례: 굽은 목에 디닥넥

바른자세 커블

무 강해서 따로 생각할 수 없도록 반복되어 제시될 필요가 있다.

속이 답답할 때 까스활명수

이 학습방법이 일반적으로 자주 구매되는 저가의 저관여 제품에 유효한 인지적 학습유형에 속한다면, 소비자가 중요한 제품, 고관여 제품을 구매하게 될 때에는 이와 같은 단순한 욕구와 브랜드 간의 연관성에 의한 학습방법으로는 효과가 약하다. 따라서 기업은 소비자들이 기본의 정보와 새로운 정보를 재구성하고 재결합하여 새로운 연관과 개념에 이르도록 학습시켜야 한다. 이것은 이성적 또는 합리적 학습이라고 말할 수 있으며, 소비자들의 본격적 문제 해결시에 사용된다. 예를 들어 자동차나 냉장고 등 비교적 고가의 내구재 구매시에는 복잡한 정보처리를 통한 학습과정을 거치게 될 것이다.

두 번째 유형의 인지적 학습은 조율(tuning)이라고 하며, 이 과정은 소비자가 제품에 대한 지식이 축적됨에 따라 자신이 가진 지식구조를 재검토하여 이 지식구조를 일반화시킴에 따라 일어난다. 이 과정에서는 소비자의 지식구조 중 일부가 결합되어 새로운 전반적 의미가 주어질 수 있다. 예를 들어 나이키 운동화와 관련된 여러 가지 특성들이 결합되어 '고품질'이라는 일반적인 구조로 변형될 수 있다.

세 번째 유형의 인지적 학습은 재구조화(restructuring)라고 할 수 있으며, 첨가나 조율과는 달리 소비자는 더 광범위한 인지적 노력의 결과로서 기존의 지식과는 전혀 다른 새로운 의미구조를 만들거나, 또는 기존의 지식구조를 재편하게 된다. 이 과정은 인지적 노력이 많이 필요하기 때문에 기존의 지식이 과다하여 재편하지 않을 수 없을 때에만 행해진다. 예를 들어 운동화의 모델과 스타일이 다양해짐에 따라 기존의 나이키 운동화라는 단일의 지식구조에서 탈피하여 나이키 일상화, 나이키 농구화, 나이키 조깅화라는 식으로 각각 별개의 지식구조를 형성하게 될 수 있다. 기업의 입장에서는 소비자의 기존의 지식구조에 어느 정도 변화를 줄 필요가 있는가를 파악하여 세 가지 유형의 학습을 적절히 활용하여야 할 것이다.

| 표 8-1 | 인지적 학습의 세 가지 유형[40]

인지적 학습의 유형		시간과 경험에 따른 지식구조의 변화
첨가	소비자가 나이키 신발에 대한 지식, 의미, 신념 등을 획득하기 시작. 다양한 경험을 바탕으로 나이키 신발과 새로운 의미 간의 연결이 이루어진다.	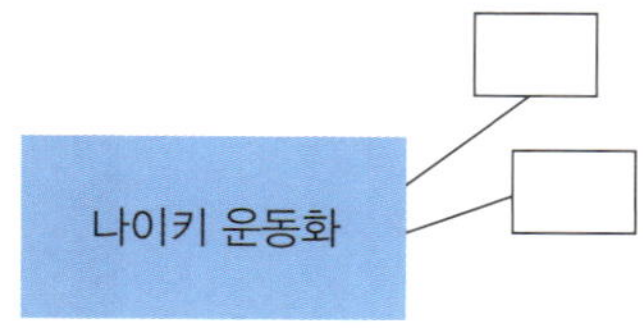
	추가적인 경험을 바탕으로 기존의 나이키 지식구조에 새로운 의미들이 추가된다.	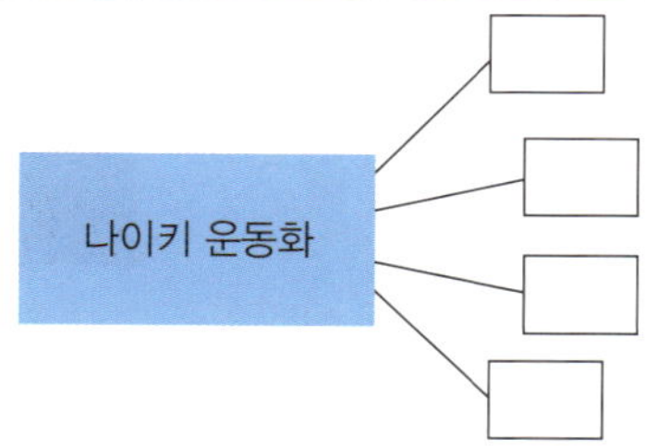
조율	제품에 대한 지식이 축적됨에 따라 자신이 가진 지식구조를 재검토하여 이 지식구조를 일반화시킴에 따라 일어난다. 가격, 디자인, 기능 등에 대한 정보를 받아들여 나이키 운동화는 고가격의 멋진 디자인으로 개념화할 수 있다.	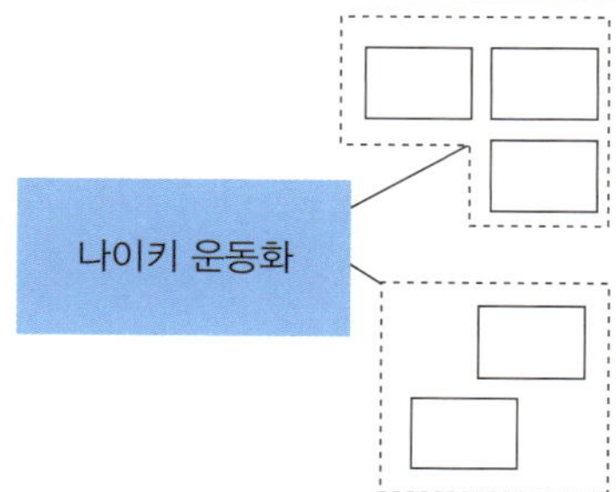
재구조화	더 많은 경험이 축적됨에 따라 소비자들은 나이키 조깅화에 대한 다양한 점을 알게 되고 모든 나이키 신발이 다 런닝을 위한 것만이 아니라는 것을 알게 된다. 결국 다양한 신발군별로 다양한 의미, 신념 등을 형성할 수 있다.	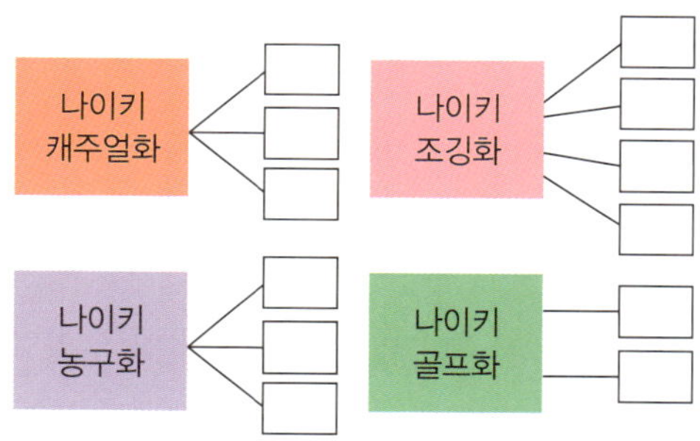

1.5 대리적 학습

인지주의 학습과 행동주의 학습이론의 양쪽측면을 통합하는 학습의 한 특별한 형태가 대리적 학습(vicarious learning)이다. 대리적 학습은 새로운 주제에 대해 토론할 때 전문가나 동료를 관찰하거나 듣고 있는 것,[41] 다른 이의 경험을 통해 배우는 것,[42] 유능한 다른 사람의 토론, 갈등, 도전, 지지 등 통해 배우는 것[43]과 스토리텔링[44]으로부터 배우는 것 등을 모두 포함하는 개념이다.

일반적으로 모델링(modeling)으로도 불리우는 대리적 학습은 개인이 타인의 행동과 그러한 행동의 결과를 관찰할 때 일어난다. 소비자들은 다른 사람의 행동을 관찰하고 그들의 행동에서 좋은 점을 발견하면 모방할 수 있다.[45] 이러한 학습은 저관여 및 고관여 모두의 상황에서 일반적인 현상이다. 새로운 정장을 구입 고관여 상황에서, 소비자들은 다른 직장 동료가 입고 다니는 스타일을 좋게 느껴서 그리고 광고에서 모델이 입고 나온 스타일이 마음에 들어 해당 제품들을 구입할 수 있다. 그러한 이미지들은 제품에 대한 학습을 높일 뿐 아니라 실제 입어보고 나서 제품을 어떻게 평가하는가에도 영향을 미칠 것이다.[46]

어른이 되어서도 패션잡지 모델이 입은 옷이 탐나거나 연예인 흉내를 내는 것도 모델링의 심리가 작동하고 있다고 볼 수 있다. 결국 패션브랜드들은 많은 연예인들에게 무료로 제품을 쓸 수 있도록 해주거나 심지어는 스폰서하면서 이러한 모델링 효과를 톡톡히 누리고 있다.

패션블로그에서 소개되는 연예인의 패션과 따라잡기를 알려주는 것은 소비자의 대리적 학습을 자극한다.[47]

모델링에 주력하는 제휴광고는 영화나 드라마 속에서 사용되는 가구와 소도구에서도 볼 수 있다. 여자배우가 만지는 휴대전화나 남자배우가 멋지게 타고 다니는 자동차의 브랜드나 모델명을 정확히 알아볼 수 있다면 상당히 높은 효과를 볼 수 있다.[48]

이러한 형태의 학습은 오늘날의 많은 광고에서 강조되고 있다. 소비자의 제품구매와 사용으로부터 긍정적인 결과를 받는 제품이 광고를 통해 촉진되고 있다. 예를 들면 세탁세제의 광고는 옷이 밝고 깨끗하게 세탁되므로 가족으로부터 칭찬을 받는 주부의 모습을 보여준다. 이와 유사하게 접시용 세제의 광고는 젊게 보이고 매끄럽게 보일 수 있다는 약속을 소비자에게 제공한다.

광고주들은 제품을 사용하고 있는 사람들에게 긍정적인 결과를 보여주거나 제품이 사용되지 않는다면 부정적인 결과를 보여줌으로써 대리학습을 촉진시킨다. 세탁세제를 사용한 결과로써 깨끗한 옷을 칭찬하고, 머리 염색제품을 사용한 후 사회적 인정을 하는 것은 긍정적인 대리학습을 자극시키려는 소구이다. 향수나 방향제를 사용하지 않음으로써 나타나는 사회적 당황은 부정적 대리학습을 자극하는 것이다.

2. 소비자 기억

2.1 기억의 특성

1장에서도 논의하였듯이 우리의 기억은 정확하지 않은 경우가 많다. 최근 심리학자들은 기억은 기록이 아니라 복원이라는 점을 강조하고 있다. 우리는 실제 기억의 조각을 다른 정보와 섞어서 이야기를 지어내고는 한다. 그리고 행복한 뇌는 우리가 실수하기 쉬운 기억과 진짜 기억의 조각들을 모아서 완벽한 기억을 만들어낸다. 이렇듯, 우리가 기억하는 사전에는 빠진 정보가 많다. 그래서 우리의 뇌는 다른 정보원에게서 정보를 끌어와 빈 부분을 채워넣는데 우리 대부분은 이 사실을 깨닫지 못한다. 그럼으로 우리는 그렇게 완벽하다고 확신하는 기억에도 핸디캡이 있다는 사실을 받아들여야 한다. 이렇듯 망각이 일어나는 또 다른 이유는 기존 기억과 새로운 기억이 서로 경쟁하기 때문이다. 중요하지 않은 정보를 제거하고 핵심만을 저장할 수 있으며 적당한 망각이 있어야 변화하는 환경에 더 잘 대처할 수 있다.[49]

2.2 기억의 유형

우리는 학습을 통해 새로운 정보를 획득하고, 기억을 통해 나중에 인출할 수 있는 형태로 새로운 정보를 저장할 수 있다. 매우 정교한 데이터베이스처럼 인간의 뇌는 데이터 단위로 기억을 저장하고 인출한다. 심리학자들은 기억을 이해하기 위해서 통상적으로 기억을 의미기억(semantic memory), 일화기억(episodic memory), 그리고 절차기억(procedural memory) 등 세 가지로 분류한다. 세 유형 모두 중요하지만 여기서는 의미기억과 일화기억에 중점을 두고 논의해보자.

의미기억은 우리 주변에서 사용하는 말이나 은유의 의미를 회상할 때 발생한다. 일례로 나이키의 로고를 보고 '나이키'를 떠올리지 않는 미국인이 얼마나 될까? 혹은 영화 〈죠스〉에 나오는 배경음악을 듣고 바다표면을 가르는 상어 지느러미를 떠올리지 않는 사람이 얼마나 될까? 의미기억은 우리에게 가장 선호하는 오렌지주스 브랜드, 자동차나 핸드백의 이름, 시간, 광고문구를 식별하게 해준다.

일화기억은 어떤 사건이 일어난 시간과 장소, 그리고 상황과 관련되어 있다. 예컨대 많은 사람들이 어릴 적에 바다에 갔다 깊은 물에서 허우적대던 것이나 대학교에 입학하여 처음 만난 첫사랑, '3년 동안 사귀었던 애인과 헤어지고 자주 부르던 이승환의 '천일동안' 가사는 10여 년이 지난 후에 생생하게 기억될 수 있다. 마케팅관리자들은 이러한 소비자의 기억을 활용하여 과거에 좋아했던 제품에 대한 향수(nostalgia)를 자극하여 복고마케팅(retro marketing)을 전개하기도 한다.[50]

과거에 대해 이야기할 때 사람들은 어릴 적 들었던 음악이나 좋아했던 TV 프로그램이 최근 유행하는 뮤지션이나 음악, TV 프로그램들보다 솔직히 훨씬 더 좋았다고 평가한다고 한다. 그리고 인생에서 느끼는 기쁨의 99%를 과거의 첫 경험으로부터 끄집어낸다고 한다. 노래나 영화는 원곡 그리고 원작이 가장 좋았고 고향의 옛집은 지금의 집보다 더 안락하고 포근하다. 물론 최초의 경험이 객관적으로 더 좋을 때가 있기는 하다. 하지만 그렇지 않다고 하더라도 모든 상황들은 지나서 볼 때 더 좋아 보인다. 그것은 우리의 두뇌가 인간으로서 또는 소비자로서 과거가 더 완벽하다고 믿도록 속이기 때문이다. 그 이유는 바로 아주 간단하고도 강력한 심리적 설득자인 향수라고 하는 요인 때문이다.[51] 이러한 복고마케팅은 [Consumer Insight 8-3]에서 볼 수 있듯이 국내에서 최근 상당히 많이 활용되는 감성마케팅 수단이며 세계시장에서 글로벌 브랜드의 일반적인 커뮤니케이션 수단으로도 많이 활용되고 있다.[52]

레트로 감성으로 마케팅하고 있는 참이슬. 특히 클래식한 액자 프레임에 '소주는 두꺼비'라는 카피와 리뉴얼된 빨간 병뚜껑 심벌을 더해 클래식의 정통성 자산을 강화하고 소비자 주목도를 높였다.[53]

절차기억은 학습을 통해 획득한 기술과 관련되어 있다. 어렸을 때 우리는 화장실 사용하는 법, 신발끈 매는 법, 자전거 타는 법 등을 배운다. 어른이 되어서는 자동차 운전하는 법, 투표하는 법, 그리고 소득세 양식을 작성하는 법 등을 배운다. 절차기억은 우리의 삶을 관리하는 데 필요한 '방법(how-to)'에 대한 지침인 작업절차를 기억하는 것이다. 소비자들에게 절차기억은 현명한 쇼핑 행위가 어떤 것인가를 설명해주는 '대본'과 같다. 그 대본에는 언제 가격을 흥정해야 하고 어디서 가장 신선한 물건을 살 수 있으며, 그리고 누구에게서 조언을 얻을 수 있는가와 같은 규칙을 포함할 수 있을 것이다.[54]

CONSUMER INSIGHT 8-3 추억을 판다: 영화, 영상 콘텐츠 분야의 '복고마케팅'

레트로마케팅은 현재를 팔기 위해 과거를 활용하는 기법이다. 성공적인 레트로마케팅은 단지 향수(nostalgia)를 파는 것 이상이며, 오래된 스타일의 제품을 새롭게 추종한다. 과거에 선보인 제품이나 서비스를 다시 유행시키는 것이기 때문에 과거로 회귀한다는 의미에서 레트로마케팅이라고 하지만 리바이벌(revival), 또는 컴백(comeback)마케팅이라고도 한다.[55]

레트로마케팅은 일시적인 유행보다는 추억과 향수라는 인간의 보편적 정서에 근간을 두기 때문에 설득력과 파급효과가 크다. 기업 입장에서는 새로운 브랜드 출시에 따른 마케팅 비용이 절감되고, 이미 충성도 높은 소비 계층이 있으니 안정적인 효과를 기대할 수 있어 선호하는 방법이기도

하다. 복고 열풍도 최근엔 더욱 발전된 형태로 나타나고 있다. '세시봉' 열풍, 영화 〈써니〉의 흥행, 티아라 '롤리폴리'의 대성공 등은 7080세대의 향수를 자극한 결과였다면, MBC 〈나는 가수다〉 등을 통해선 임재범, 김건모, 이소라, 조관우, 김조한과 같은 90세대의 우상들이 재조명됐다.

1990년대의 추억을 되살린 영화 〈댄싱퀸〉, 〈건축학개론〉 등이 연이어 흥행하는가 하면, 1990년대 스타만을 게스트로 내세운 예능 프로그램까지 등장하는 추세처럼 7080세대에서 90세대로 복고도 업그레이드되고 있다. 1990년대 캠퍼스의 정서가 짙게 깔려 있는 영화 〈건축학개론〉은 90세대를 자극하기에 충분했다.[56] 영화에 자연스럽게 흐르는 1990년대 히트곡이었던 전람회의 '기억의 습작', 015B의 '신인류의 사랑', 마로니에의 '칵테일 사랑'은 첫사랑의 추억을 자극하며 음원판매량 및 방송횟수가 급격히 증가했으며, 음반매장에서 발 빠르게 '90년대 음반 기획전'을 마련할 정도다.

2014년 방송된 〈응답하라 1994〉는 과거의 추억을 새록새록 생각나게 하여 지난 세월에 대한 향수와 90년대 후반 학창시절과 중반 대학시절을 보낸 이들이 지금 사회를 구성하고 문화를 소비하는 주축이 된 지금, 어느덧 어른이 되어 경제활동의 주축이 된 이들의 깊은 향수를 자극하는데 성공하였다. 그리고 〈응답하라 1994〉의 인기가 치솟으면서 향수를 불러일으키는 마케팅도 확대되고 있다. 이에 따라 유행에 민감한 식품 · 유통업계에서도 당시의 추억을 느낄 수 있는 제품으로 소비자를 공략하였다. 롯데제과는 대형 할인점과 편의점에서 '응답하라 1994 추억의 과자 판매전'을 열었다. 행사기간 꼬깔콘, 빼빼로 등 드라마에 등장한 제품을 비롯해 가나초콜릿, 카스타드, 마가렛트, 제크, 빠다코코낫, 크런키, 칸쵸 등 9종을 선보였다. 이들 제품에는 90년대 판매될 당시의 모습으로 포장 디자인을 재현하고, '응답하라 1994 Special Edition(스페셜 에디션)'이란 로고를 삽입했다.[57]

1994년을 배경으로, 지방 사람들의 눈물겨운 상경기와 농구대잔치, 서태지와 아이들 등의 1990~2000년대 초반의 사회적 · 문화적 상황을 드라마의 한 요소로 가미하여 제작한 연애 드라마이다.[58]

2014년 롯데 마케팅 대상은 선풍적 인기를 끈 〈응답하라 1994〉 드라마와 연계해 그 당시 유행하던 과자에 대해 복고마케팅을 펼쳐 비약적 마케팅 신장에 성공한 롯데제과가 선정됐다.

2015년 초에는 MBC 〈무한도전〉에서 특집으로 기획한 '토요일 토요일은 가수다(이하 토토가)'가 큰 호응을 얻었다. 무대도 객석도 시청자도 'Back to the 90s~!'라는 모토를 내걸고 터보, 김현정, S.E.S, 소찬휘, 김건모 등 90년대 인기가수들이 출연, 관객도 가수도 흥 폭발! 다시 한 번 우리를 90년대로 돌려놔~♪라고 하며 많은 시청자들에게 인기를 얻었다.

큰 호응을 받았던 90년대 가수들을 불러 모았던 무한도전 〈토요일토요일은 가수다〉편

레트로마케팅이 유행하는 이유는 무엇일까? 과거를 빌려 현대의 제품을 파는 레트로마케팅이 유행하는 이유를 세 가지로 짚어볼 수 있다. 첫째, 인간의 보편적인 욕구에 소구하기 때문이다. 향수 소구에서도 인간의 보편적인 욕구를 자극하지만 레트로마케팅에서와는 약간 다르다. 레트로마케팅에서는 과거를 통째로 가져오지 않고 과거의 일부를 가져와 그 이미지를 현재의 트렌드나 제품의 특성에 맞게 접목시킨다는 점에서 향수 소구와는 미묘한 차이가 있다.

둘째, 심리적 위안을 제공하기 때문이다. 우리는 지금 스마트 미디어 시대에 살고 있지만 사람들은 소통의 부재를 우리 사회의 가장 큰 문제점으로 지적한다. 현 사람들은 이러한 변화가 주는 편리함에 만족하면서도 그에 대한 심리적 저항 기제로 옛것을 그리워한다. 디지털 사회가 주는 스트레스가 과거에 대한 애정과 아날로그적 욕구를 불러일으키는 것이다.[59]

현재가 힘들고 미래가 불확실해보일수록 모든 것이 조금 더 단순했고 순진했던 과거의 시절을 그리워한다는 것이다. 과거보다 편리해졌는지는 몰라도 바쁜 일상을 살아가면서 허덕이다 보니 현재는 늘 '팍팍하기' 마련이다. 삶의 소소한 추억과 재미에 기대고 싶은 현대인의 마음이 최근의 '복고 열풍'에 작용했을 수 있다.[60]

2.3 기억의 처리과정

고관여 및 저관여의 경우 정보를 처리한다는 것은 단기기억을 통해 여과되어야 하며 장기기억 속에 저장되며 브랜드 평가의 목적을 위해 회상되어야 한다. 소비자가 정보를 지각하는 경우 소비자들은 장기기억 속에 그 정보를 저장하거나 또는 그 정보를 중요하지 않거나 바람직하지 않은 정보로 여과할 것인가를 결정하기 위해서 단기기억(short-term memory)에서 그 정보를 간단하게 평가한다. 즉, 소비자들은 그들이 이미 기억 속에 저장해 놓은 정보와 그 정보를 관련지움으로써 그 정보를 보존할 것인지 또는 여과할 것인지를 결정한다. 만약 그 정보가 중요하다면 소비자는 그 정보를 저장한다.

단기기억은 정보를 처리하는 능력이 제한되어 있다. 정보의 시간과 수량의 관점에서, 단기기억의 능력은 몇 초 내에 측정할 수 있거나(1분 미만) 또는 한꺼번에 평균 7개 정도의 정보를 측정할 수 있다. 사람들은 정보를 덩어리화함으로써 이러한 제약에 대처한다.

소비자들이 단기기억을 통해서 정보를 여과한 후, 그들은 그 정보를 장기기억에 저장하거나 또는 그것을 보존하지 않기로 선택할 수 있다. 대부분의 정보는 여러 가지 이유 때문에 보존되지 않는데, 그 이유에는 그 정보가 관련이 없거나 중요하지 않거나 해석하기 어려운 혼잡스러운 또는 소비자가 무시할 수 있을 정도로 바람직하지 않은 정보이기 때문이다.

그러나 마케팅관리자들은 소비자들이 자사 제품을 학습하고 긍정적인 혜택을 영원히 기억하게 하고자 한다. 이러한 염원과는 반대로 소비자들은 긍정적 강화가 일어나지 않는 한 곧 잊혀버리게 된다. [그림 8-7]은 광고에 대한 일반적인 망각률(forgetting rate)을 보여 주고 있다. 한 미국 잡지에 수록된 4가지 광고에 대한 재인(recognition) 및 회상(recall)이 측정

그림 8-7 | 시간에 따른 망각률: 잡지 광고

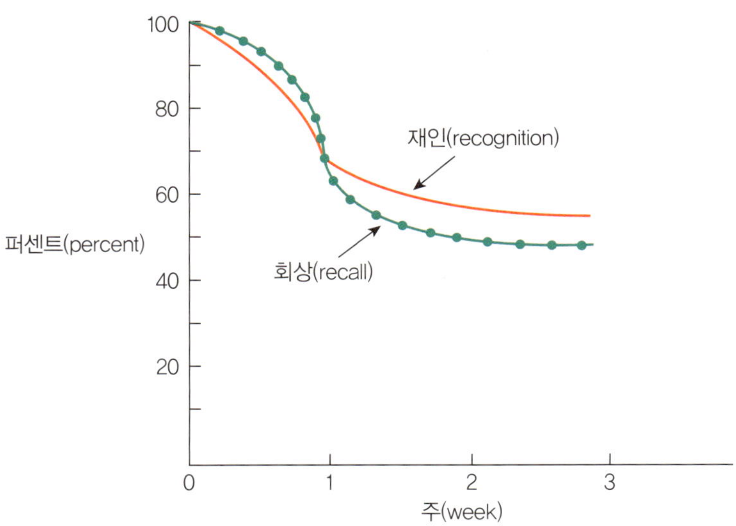

되었는데 그림에서 볼 수 있듯이 광고 회상의 가능성은 첫 5일이 지나자 상당히 감소하였고 그 이후에는 안정적인 비율을 유지하고 있다.[61]

장기기억(long-term memory) 속의 정보는 과거의 사건에 대한 일화기억(episodic memory)을 반영하는 이미지로서 저장되거나 또는 우리가 기억하는 사실과 개념을 나타내는 단어와 문장, 즉 의미기억(semantic memory)으로서 저장된다.[62] 브랜드에 대한 소비자의 기억들은 단어와 이미지의 형태로 되어 있다. 나이키라는 단어는 나이키에어와 타이거 우즈, 마이클 조던 등과 같은 다른 단어를 불러일으킨다. 그 단어는 역시 광고로부터 그리고 빨간 갈고리 모양의 로고와 "Just do it"과 같은 과거의 경험으로부터 학습한 이미지를 불러일으킨다.

전략적 관점에서, 나이키가 나이키 브랜드와 연관되는 많은 중심점을 가지고 있다는 사실은 이 브랜드가 소비자에 대해서 완전한 브랜드 이미지를 가지고 있다는 것을 의미한다. [그림 8-8]과 같이 타이거 우즈나 마이클 조던의 스포츠 능력과 같은 긍정적인 연관성이 소비자에게 제대로 기억될 수 있다면 강력한 성능과 뛰어나 디자인 이미지에 기초를 둔 나

그림 8-8 | 나이키에 대한 회상[63]

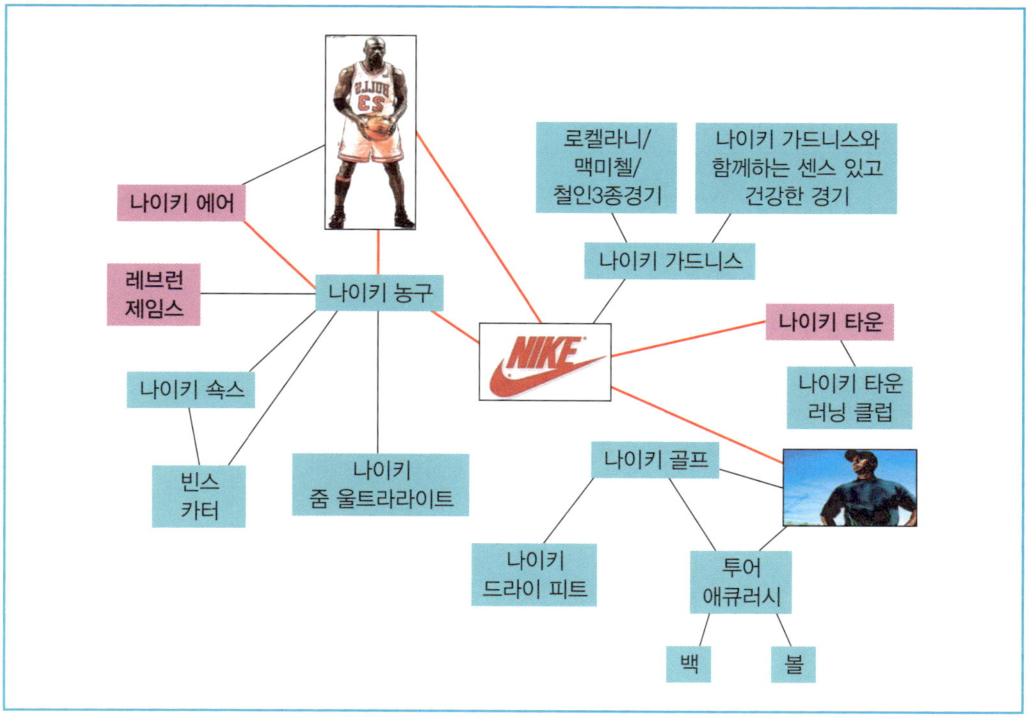

이키의 강력한 브랜드 구축이 가능하다.

소비자들이 단기기억을 통해 정보를 여과하고 또한 장기기억 속에 그 정보를 저장한 후 정보는 회상(recall)을 위해 이용된다. 장기기억으로부터 정보를 회상할 때 소비자들은 단기기억에 그 정보를 잠시 저장하며 또한 브랜드를 평가하기 위해 그 정보를 사용한다. 브랜드를 평가하는 경우 소비자들은 몇 가지 중요한 정보를 활용한다. 나이키와 그것에 관련된 중심점에 대한 윤곽을 활성화하는 것은 소비자들이 아디다스와 리복 등에 비교하여 나이키를 평가하는 방법을 결정하게 한다.

잘트먼(Gerald Zaltman) 교수는 일반적으로 [표 8-2]와 같은 요인들은 회상에 영향을 준다고 정리하고 있다.

| 표 8-2 | 회상에 영향을 주는 요인[64]

요인	혈명	소비자들의 사고
개인적 중요성	제품이나 서비스가 소비자들의 자의식과 부합한다.	"저 드레스는 나한테 딱이야!"
현재 기분과의 양립성	행복한(혹은 슬픈) 감정은 제품과 관련된 행복한(혹은 슬픈) 경험을 부호화하거나 인출하는 과정을 촉진한다.	"우리 할머니는 언제나 우리에게 네슬레 초콜릿 조각을 박아 쿠키를 만들어주셨지."
감정과의 연계성	어떤 사건이나 제품의 강렬한 감정과 연관시킨다.	"이 차는 단순히 나의 첫 차가 아니야. 아빠가 이제 내가 어른이 됐다는 걸 인정해주신 표시였다고."
행동지향성	제품이나 사건을 통해 원하는 행동을 취할 수 있다.	"그걸 먹으면 틀림없이 가슴앓이에서 금방 벗어날 거야."
기존 구성개념과의 일치성	제품이나 사건이 기존의 공유개념에도 잘 들어맞는다.	"내가 이 섬유유연제를 써서 아이들의 옷을 관리하기 때문에 아이들을 더 잘 돌볼 수 있어."
중대한 결과 초래 가능성	지시사항을 잘못 읽으면 큰 피해를 입을 수 있다.	"이 전선을 잘못 연결하면 아주 곤란해지지."
특이성	제품이나 사건이 새로운 경험을 발생시킨다.	"이 소다는 혓바닥에서 불이 나는 것 같다."
경이성	제품이나 사건이 심리적으로 안주지대나 예상수준을 크게 벗어난다.	"주방장은 그게 안 맵다고 했는데 나한테는 엄청 매워."
이야깃거리	제품이나 사건으로 다른 중요한 연상을 기억 속에 촉발한다.	"그 사건이 내가 혹사당하고 있다는 생각에서 벗어날 수 있게 해줬어."
빈번한 반복	제품이나 사건이 반복적이다.	"우리 애들은 항상 광고에서 나온 노래를 따라 부른다."

2.4 기억에 각인되는 스토리마케팅

마케팅에서 흔히 강조되는 브랜드 스토리는 소비자의 기억에 영향을 미치기 위한 중요한 요소이다. 스토리는 다음과 같은 이유로 중요한 역할을 할 수 있다. ① 기억에 남는다, ② 자료나 숫자보다 강렬한 인상을 준다, ③ 듣는 사람의 마음에 호소한다는 것이다.[65] 첫 번째의 스토리가'기억에 남는다'를 뒷받침하는 근거로 프리젠테이션 내용에 대한 기억을 측정한 실험[66]에서 발표 내용 속 스토리를 기억한 사람은 무려 63%였지만 자료를 기억한 사람은 겨우 5%였다는 결과를 제시했다. 칩 히스(Chip Health) 교수는 뇌는 놀라우리만큼 많은 돌기가 있기에 뇌 구조를 찍찍이 테이프에 비유할 수 있으며 말이나 숫자의 나열과는 달리 스토리만이 뇌에 난 돌기에 걸리기에 더 훨씬 기억에 잘 남을 수 있다는 것을 강조했다.[67]

이러한 점에서 많은 기업들은 브랜드 스토리를 만들어 해당 브랜드를 잘 기억시킬 수 있는 방안을 마련하고 있다. 국내에서도 인기가 많은 스타벅스는 멜빌의 소설 〈백경〉의 항해사 스타벅(Starbuck)을 모티브로 했으며, 로고에 나오는 세이렌은 그리스 신화에 나오는 인어를 모티브로 제작되었다. 세이렌은 아름다운 노래로 지나가는 배의 선원을 유혹하여 죽게 하는 것으로 알려졌는데, 이처럼 사람을 스타벅스에 홀리게 하여 자주 방문하도록 만들겠다는 뜻을 담고 있다.[68]

스타벅스 로고인 세이렌의 상징은 여성의 유혹이나 속임수 등을 상징한다. 영화에서도 많이 묘사되었지만 선박이 가깝게 다가오면 세이렌의 아름다운 노랫소리로 선원들을 유혹하여 바다에 뛰어드는 충동을 일으켜 죽게 만드는 잔혹한 힘을 가졌기 때문이다.[69]

1906년, 33세의 영국 이민자 출신 윌리엄 라일리(William J. Riley)는 발에 장애가 있거나 하루 종일 서서 일하는 경찰, 소방관, 우체부 등을 위해 발에 무리가 가지 않는 신발을 연구하기 시작했다. 어느 날 윌리엄은 마당에서 걸어다니는 닭이 3개의 발가락만으로도 완벽한 균형을 이루고 있는 것을 발견했다. 닭의 발에서 영감을 얻은 윌리엄은 발을 안정적으로 지지해주는 아치 서포트(Arch Support)를 개발한다. 뉴발란스 운동화 기술의 핵심이 되는 아치 서포트는 일종의 신발 깔창으로, 사람의 발바닥 중앙에 볼록 들어간 부분인 아치(Arch)를 받쳐주기 때문에 땅에 발을 디딜 때 편안하면서도 완벽하게 균형을 잡을 수 있도록 해주는 역할을 한다. '뉴발란스(New Balance)'는 '불균형한 발에 새로운 균형을 창조한다'는 개념에서 유래한 것으로, 사람들의 건강한 삶을 위해 최고의 편안함을 제공하려는 뉴발란스의 철학이 반영된 것이다.[70]

대체로 설득력 있고 일관된 브랜드 스토리를 제공하는 기업은 외부의 요인에 쉽게 흔들리지 않는데[71] 소비자의 기억 속에 긍정적이고 강력한 브랜드에 대한 연상을 남기는 노력을 통해 그들의 마케팅 성과를 올리고 있다.

연 · 습 · 문 · 제

01. 다음 광고들을 보고 [표 8-4]와 같은 그림을 그리고 고전적 조건화가 제대로 적용되고 있는지 설명해보세요.

a. 닥터쥬크르(장미희)

b. 테그호이어(브래드 피트)

c. 칼로바이 프로틴(김종국)

02. Kalin이라는 정비업체는 자동차 수리전문 업종으로 고객들과의 관계마케팅을 전개하려고 한다. 도구적 조건화부분에서 논의된 강화이론 및 여러 판매촉진도구를 바탕으로 경쟁업체들에 대해 고객의 지속적인 방문을 촉진할 수 있는 판촉 계획을 수립해보세요.

03. 다음의 브랜드가 스타마케팅을 실시하려고 한다고 가정하고 어떤 스타를 통해 그리고 어떠한 방법으로 마케팅 커뮤니케이션을 실시하면 좋을 것인지 논의해보세요.

a. BMW Mini

b. 스켈리도(scelido.co.kr)

04. 가격에 따라 선택하는 고객들을 보다 충성적인 고객으로 만들기 위해 어떤 마케팅 아이디어를 제시할 수 있는지 다음과 같은 업종에서, 특히 세일즈 프로모션(판매촉진)을 중심으로 논의하세요.

a. 순두부 전문점
b. 슈퍼마켓
c. 피부관리센터(에스테딕)

06. [그림 8-7]의 예를 참고 자기분석적 방법 또는 인터뷰를 통하여 다음 브랜드들에 대한 인지적 학습이 어떻게 이루어져 왔는지 비슷한 틀로 그림을 그리고 설명하고 해당 브랜드에 대한 마케팅 아이디어를 제시하세요.

a. 맥도날드 햄버거
b. 빈폴
c. E-Mart

07. [그림 8-10]의 나이키 사례를 참고하여 본인의 기억네트워크 속에 다음과 같은 브랜드가 어떻게 인식되고 있는지 비슷한 그림을 그리고 해당 브랜드의 호의적이고 독특하며 강력한 이미지를 구축하기 위한 마케팅 아이디어를 제시하세요.

a. 르까프(http://www.lecaf.co.kr)
b. 부산(지역마케팅을 위한)
c. 롯데백화점
d. 더페이스샵(www.thefaceshop.com)

참 · 고 · 문 · 헌

1) Mitchell, A. A.(1983), Cognitive processes initiated by exposure to advertising, *Information Processing Research in Advertising*, 13-42/Baron, R. A.(1989), *Psychology: The Essential Science*, Boston: Allyn & Bacon.

2) 이영돈(2006), 마음, 예담, 32-33.

3) Hawkins, D. I. and D. L. Mothersbauch(2010), *Consumer Behavior, Building Marketing Strategy*, Eleventh Edition, 318.

4) 위키백과

5) 위키백과

6) 좀 더 자세한 것은 http://www.seasmestrret.org에서 참고하거나 말콤 글래드웰 지음, 임옥희 옮김(2004), 티핑포인트, 21세기북스, 100 참고

7) 클로테르 라파이유 지음, 김상철 · 김정수 옮김(2007), 컬처코드 The Culture Code, 리더스북, 36-37.

8) Domjan, M.(2006), *The Principles of Learning and Behavior*, Belmont, CA: Wardsworth, 234.

9) King, L. A.(2008), *The Science of Psychology*, McGraw-Hill, 248.

10) Thorndike, E. L.(1920), *The Psychology of Learning*(New York: Teacher's College, 1913); and Watson, J. B., & Rayner, R.(1920), Conditioned emotional reactions, *Journal of Experimental Psychology*, 3(1), 1.

11) King, L. A.(2008), *op. cit.*, 251.

12) Pavlov, I.(1927), Conditioned Reflexes. An Investigation of the Physiological Activity of the Cerebral Cortex, G. V. Anrep. ed.(London: Oxord University Press).

13) Baker, W. E.(1999), "When Can Affective Conditioning and Mere Exposure Directly Influence Brand Choice?," *Journal of Advertising, Winter*, 31-46/Till, B. D. and R. L. Priluck(2000), "Stimulus Generation in Classical Conditioning," *Psychology & Marketing*, January, 55-72.

14) Till, B. D. and R. L. Priluck(2001), "Conditioning of Meaning in Advertising," *Journal of Current Issues and Research in Advertising*, Fall, 1-8.

15) Priluck, R. L. and B. D. Till(2004), "The Role of Contingency Awareness, Involvement, and Need for Cognition in Attitude Formation," *Journal of the Academy of Marketing Science*, 32(3), 329-344.

16) Hawkins, D. I. and D. L. Mothersbauch(2010), *op. cit.*, 328의 내용을 수정하여 작성

17) McSweeney, F. K. and C. Bierley(1984), "Recent Developements in Classical

Conditioning," *Journal of Consumer Research*, 11(September), 619–631.
18) 허행량(2002), 스타마케팅, 매일경제신문사, 32. 스타마케팅에 대한 자세한 내용을 공부하려면 참고하시면 좋을 듯.
19) 허행량(2002), 상게서, 30.
20) 허행량(2002), 전게서, 121–125.
21) 우석봉(2010), "광고로 전이되는 또 다른 나, Model," JUL_AUG DAE HONG COMMUNICATIONS, 52–53.
22) http://ggamnyang.com/153
23) 유행처럼 번지는 중견기업 스타마케팅…'품질 신뢰' 못쌓으면 모래성, https://www.edaily.co.kr/news/
24) '도깨비' PPL 효과에 함박웃음 짓는 기업들, 시사위크(http://www.sisaweek.com)
25) Solomon, M. R.(2010), *Consumer Behavior: Buying, Having, and Being*, Pearson, 124.
26) Motes, W. H., & Woodside, A. G.(2001), Purchase experiments of extra–ordinary and regular influence strategies using artificial and real brands, *Journal of Business Research*, 53(1), 15–35.
27) http://rationalwiki.org/wiki/Skinner_box
28) http://animals.howstuffworks.com/
29) Skinner, B. F.(1938), The Behavior of Organisms: An Experimental Analysis: New York Appleton Century Crofts 중에서
30) 더그 홀 제프리 스탬프 지음, 임정환 옮김(2004), 마케팅은 미친 짓이다, 한스미디어, 168–169에서 참고하여 작성
31) 광고정보, 1999년 4월호
32) http://www.hyundaicard.com/
33) 사용한 만큼 다시 돌려주는 포인트마케팅, 2016.3.26, 소비자평가(http://www.iconsumer.or.kr)
34) Asseal, H.(1996), *op. cit.*, 119
35) 가와시마 고헤이 지음, 미디어 브레인 옮김(2009), 고객의 마음을 사로잡는 웹 심리학, Lion Books, 192–193에서 참고하여 수정하여 작성
36) Markin, R. J. Jr(1992), *Consumer Behavior: A Cognitive Orientation*, New York: Macmillian, 239.
37) pigeon.psy.tufts.edu
38) Henry Asseal(1996), *op. cit.*, 120–122.
39) Heit, E., Briggs, J., & Bott, L.(2004), Modeling the effects of prior knowledge on learning incongruent features of category members, *Journal of Experimental Psychology: Learning, Memory, and Cognition*, 30(5), 1065.

40) Peter, J. P. and J. C. Olson(2008), *Consumer Behavior and Marketing Strategy*, McGraw-Hill, Eighth Edition, 59의 그림을 바탕으로 수정하여 구성
41) Cox, R., McKendree, J., Tobin, R., Lee, J., & Mayes, T.(1999), Vicarious learning from dialogue and discourse, *Instructional Science*, 27(6), 431-458.
42) Fox, F. F.(2003), Reducing intercultural friction through fiction: virtual cultural learning, *International Journal of Intercultural Relations*, 27(1), 99-123.
43) Topping, K. J.(2005), Trends in peer learning, *Educational Psychology*, 25(6), 631-645.
44) Ashworth, P.(2004), Understanding as the transformation of what is already known, *Teaching in higher Education*, 9(2), 147-158.
45) Motes, W. H. and A. G. Woodside(2001), "Purchase Experiments of Extra-Ordinary and Regular Influence strategies Using Artificial and Real Brands," *Journal of Business Research*, 53, 15-35/Roberts, D.(2010), "Vicarious learning: A review of the literature," *Nurse Education in Practice*, 10(1), 13-16.
46) Ballinger, T. P., Palumbo, M. G., & Wilcox, N. T.(2003), Precautionary saving and social learning across generations: an experiment, *The Economic Journal*, 113(490), 920-947.
47) 트렌디스, https://post.naver.com/viewer/postView.nhn?memberNo=42107144&volumeNo=27869263
48) 가와시마 고헤이 지음, 미디어 브레인 옮김(2009), 전게서, 219.
49) 데이비드 디살보 지음, 이은진 옮김(2012), 전게서, 66-68.
50) Holak, S. L., & Havlena, W. J.(1998), Feelings, fantasies, and memories: An examination of the emotional components of nostalgia, *Journal of Business Research*, 42(3), 217-226.
51) 마틴 린드스트롬 지음, 박세연 옮김(2013), 누가 내 지갑을 조정하는가, 웅진지식하우스, 200의 내용에서 참고하여 작성
52) Gr bosz, M., & Pointet, J. M.(2015), The "retro" trend in marketing communication strategy of global brands, *Journal of Intercultural Management*, 7(3), 119-132.
53) http://www.gooddailynews.co.kr/news/articleView.html?idxno=68306
54) 제럴드 잘트먼(Gerald Zaltman) 지음, 노규형 옮김(2004), *HOW CUSTOMERS THINK*, 21세기북스, 270-272.
55) 김병희(2014), 과거를 빌려 현재를 파는 레트로마케팅, www.cheil.com/web/magazine
56) http://www.newsw.co.kr/news/articleView.html?idxno=1779
57) 뉴스토마토(2013.12.14)
58) 파이낸셜뉴스(2014.8.25)
59) 김병희(2014), 전게서

60) [아하! 경제뉴스] '응답하라 1994' 돌풍…우린 왜 복고마케팅에 열광할까, 동아일보, 2013.12.6.
61) Hawkins, D. I. and D. L. Mothersbauch(2010), *op. cit.*, 334–335.
62) Tulving, E.(1972), Episodic and Semantic Memory, in E. Tulving and W. Donaldson, eds., *Organization of Memory*(New York: Academic Press).
63) 데이비드 아커 지음, 이상민 · 브랜드앤컴퍼니 옮김(2004), 브랜드 포트폴리오전략, 비즈니스북스, 81.
64) 제럴드 잘트먼(Gerald Zaltman) 지음, 노규형 옮김(2004), 전게서, 277.
65) Aaker, D., & Aaker, J. L.(2016), What are your signature stories?. *California Management Review*, 58(3), 49–65.
66) Heath, C., & Heath, D.(2007), Made to stick: Why some ideas survive and others die, Random House.
67) 사토지에 지음, 송은애 옮김(2017), 인간을 탐구하는 수업, 다산북스, 53에서 재인용
68) https://ppss.kr/archives/99854
69) https://www.daily.co.kr/life3131137125#lifeback
70) https://news.joins.com/article/5176552
71) Herskovitz, S., & Crystal, M.(2010), The essential brand persona: storytelling and branding, *Journal of Business Strategy*, 31(3), 21–28.

9
CHAPTER

소비자 개성과 라이프스타일

Understanding of Consumer Behavior

1. 소비자 개성
2. 라이프스타일

09장 소비자 개성과 라이프스타일

"Fashion is not about utility. An accessory is merely a piece of iconography used to express individual identity." – 〈악마는 프라다를 입는다(The Devil wears PRADA)〉 중에서–

"휴대폰은 실용적이다. 하지만 꿈을 꾸게 하지는 않는다." 휴대폰은 사용하기 편하지만 배터리가 방전될 때도 있다. 그렇지만 시계의 초침은 무선 인터넷이 끊겨도 쉬지 않고 움직인다."

–니콜라 보 샤넬 시계부문 총괄이사
(조선일보와의 인터뷰 중에서 시계의 강력한 경쟁상대로 스마트폰을 예로 들자)–

1. 소비자 개성

일반적으로 우리나라 사람들이 개성판단에 가장 흔히 이용하는 방법은 혈액형을 통한 예측방법이다. 물론 재미로 보는 사람도 많지만 대충 나누어보면 A형은 소심하고 꼼꼼하며, B형은 어딘가 엉성하고 다혈질이며, O형은 대범하고, AB형은 이상한 사람이라는 것이 일반적인 이미지다. 사실 혈액형에 대한 판단은 수십 년 전 한 일본사람에 의해 만들어진 것으로 과학적으로 아무 근거가 없지만 우리 일상에서 성격을 파악하기 위한 수단으로 활용되고 있다.[1]

본절에서는 이러한 개성에 대한 자세한 분류를 위해 객관적 · 과학적으로 검증된 소비자 개성이론들을 학습하고 시장세분화 및 마케팅전략에 대한 시사점을 주로 공부하게 된다.

1.1 개성의 개념

개성은 모든 사람에게 익숙한 말이지만 정의하기는 힘든 개념이다. 이 장에서 우리는 개성(personality)을 개개인이 세상에 적응하는데 지속적인이고 구별되는 생각, 감정, 그리고 행동의 패턴이라고 정의한다.[2] 개성을 연구하는 학자들은 사람들이 같은 상황에 다르게 반응하고 다른 응답을 할 수 있다고 한다. 당신과 당신의 한 친구가 서로 다른 영화를 좋아하고, 다른 차를 몰고 있으며, 다른 스타일의 옷을 입게 되는 것은 개성 때문일 수도 있다.

그렇다면 모든 사람이 개성을 가지고 있다고 할 수 있는가? 어떤 학자들은 개성의 개념은 유효하지 않을 수도 있다고 이야기하면서 많은 사람들이 일관적인 개성을 보이지 않는다는 점을 지적하였다. 즉 사람들은 모든 상황에서 같은 모습으로 행동하지 않으며 같은 개성을 보여주지 않을 수 있기에 개성이라는 것은 단지 사람을 범주화하는 하나의 편한 방법에 불과하다는 것이다.[3] 실제 개성은 ① 우리가 그럴 것이라고 생각하는 것이라기보다는 우리가 그랬으면 하고 바라는 것일 경우가 더 많으며, ② 서로 밀접하게 관련되어 쉽게 식별할 수 있는 특성들로 이루어진 것이 아니고, ③ 상황에 매우 의존적인 특성을 가진 것이다.[4]

영화나 드라마를 통해서 볼 수 있는 특이한 개성의 캐릭터

그러나 우리는 흔히 다른 사람들을 특정 상황에서만 관찰하게 되기에 그들은 우리에게 대체로 일관적인 개성을 가진 사람으로 보일 수 있다. 예를 들어 한 소비자는 공무원으로 근무시에는 별 강한 개성을 드러내지 않지만 일상생활에서는 친구들과 가죽자켓을 입고 할리데이비슨 모는 터프한 남성으로 보여지기도 한다. 두 가지 다른 상황에서 이 소비자에 대한 다른 사람들이 보는 개성은 분명 달라질 수 있는 것이다.

이러한 점에서 소비자의 개성은 제품 포지셔닝의 중요한 변수로서 활용될 수 있다. 자동차시장 중 한 세분시장은 보수적인 개성을 가졌기에 기본적으로 튀는 색상보다는 검정색이나 회색의 세단을 선택할 수 있다. 또 다른 세분시장은 다른 사람과 달리 튀고 패션지향적인 개성에 맞는 빨간 스포츠카를 구입할 수 있으며, 터프함을 추구하는 세분시장은 사진의 Jeep 광고에서와 같이 SUV 자동차를 구매할 수 있다.

다임러클라이슬러의 Jeep 광고와 Jeep의 한 모델: 어떤 개성인지 아시겠죠?

이렇듯 사람의 개성을 파악한다는 것 그리고 그 사람이 어떤 사람인지 알아가는 것은 성격적 특성을 한 가지씩 밝혀내는 것이 아니라 오히려 퍼즐을 푸는 것과 같다는 것을 기억해야 한다. 요컨대 퍼즐을 맞출 때에는 먼저 빨강조각들을 초록색 조각들과 구분해서 같은 색끼리 구분하는 것처럼, 성격이라는 퍼즐을 풀려고 할 때 비슷하거나 공존하는 경향이 있는 성격의 조각들을 먼저 묶을 수 있다. 기질적인 특성들을 그룹화하기 위한 방법 중 가장 많이 적용되고 견고하게 확립된 방법은 [Consumer Insight 9-1]에서 볼 수 있는 빅 파이브(Big Five), 즉 5대 성격유형이라고 불리는 분류체계이다. 마이어스 브릭스 테스트(Myers-Briggs Test: MBT)[5]처럼 잘 알려진 다른 분류체계들은 이에 비하면 심리학 이론에서 상대적으로 쓰이지 않는다. 빅파이브를 통해 자신과 주위 사람들의 성격을 한번 테스트하여 비교해보는 것도 재미있을 듯하다.[6]

CONSUMER INSIGHT 9-1 OCEAN에 의한 성격평가[7)]

5대 성격유형 분류체계에서 말하는 5가지 성격유형은 '개방성(Openness)', '성실성(Conscientiousness)', '외향성(Extroversions)', '동조성(Agreeableness)', '신경성(Neuroticism)'으로 순서대로 각 성격유형의 알파벳 첫 글자를 따면 재미있게도 OCEAN이라는 단어가 된다. 다음의 문항들에 답하여 서로를 비교해볼 수 있는 시간을 가져보자.

| 표 9-1 | 개성측정을 위한 문항[8)]

매우 그렇지 않다	그렇지 않다	약간 그렇지 않다	긍정하지도 부정하지도 않는다	약간 그렇다	그렇다	매우 그렇다
1	2	3	4	5	6	7

나의 생각에 나는

1. 외향적이며, 열정적이다.___________
2. 비판적이며, 화를 잘 낸다.___________
3. 믿을만하며, 자기관리를 잘한다.___________
4. 불안해 하며, 쉽게 우울해 한다.___________
5. 새로운 경험에 개방적이며, 복잡한 편이다.___________
6. 수줍어하며, 과묵하다.___________
7. 동정심이 많으며, 따뜻하다.___________
8. 계획성이 없으며, 부주의하다.___________
9. 침착하며, 감정적으로 안정되어 있다.___________
10. 보수적이며, 창의성이 없다.___________

[표 9-1]에 나열된 특성은 여러분에 해당될 수도 그렇지 않을 수도 있다. 해당항목을 점수로 환산해 적어보자. 각 문항의 2가지 성격적 특성 중에 하나가 다른 하나보다 더 해당사항이 많더라도 두 항목 모두 얼마만큼 자신에게 해당되는 사항인지를 평가해 점수로 환산한다. 정확한 평가를 위해서는 최대한 정직하게 대답한다.

| 표 9-2 | 5대 지표에 대한 점수산정표[9)]

개방성 = (8 − 10문항의 점수) + 5문항의 점수
성실성 = (8 − 8문항의 점수) + 3문항의 점수
외향성 = (8 − 6문항의 점수) + 1문항의 점수
동조성 = (8 − 2문항의 점수) + 7문항의 점수
신경성 = (8 − 9문항의 점수) + 4문항의 점수

[표 9-2]를 통해 점수를 계산했으면 각 성격유형별로 총 5개의 점수가 나올 것이다. 그러나 이 각각의 점수는 독립적으로는 큰 의미를 가지지 못한다. 여러분들이 어떤 사람인지 알려면 주위의 다른 사람들과도 비교할 필요가 있다.

표 9-3 5대 성격특성[10]

성격특성	수치가 높은 사람	수치가 낮은 사람
외향성	사람들과 잘 어울리며 열정적임	사람들과 어울리지 않고 조용함
신경성	스트레스를 잘 받고 걱정을 많이 함	감정적으로 안정됨
성실성	체계적이며 자발적임	충동적이며 부주의함
친화성	잘 믿고 감정이입을 잘함	비협조적이고 적대적임
개방성	창조적이고 독창적임	실용적이고 보수적임

1.2 개성관련 이론

본서에서는 소비자를 설명하기 위해 4가지의 개성이론, 즉 ① 심리분석적 이론, ② 자아개념이론, ③ 사회심리이론, ④ 특성이론을 예로 들고 있다. 다음에서는 각각에 대해 자세하게 논의하기로 한다.

1) 심리분석적 이론

프로이드(Freud)의 심리분석적 이론(psychoanalytic theory)은 어린시절의 갈등의 결과로서 개성의 무의식적인 본질을 강조한다. 이러한 갈등은 개성의 3가지 구성요소, 즉 이드(id), 자아(ego) 및 초자아(superego)로부터 유래된다.[11]

이드(id)는 배고픔, 섹스 및 자기보존과 같은 인간의 가장 기본적인 욕구와 충동을 통제한다. 행동을 유도 및 추구토록 하는 모든 선천적인 영향요인의 원천인 이드는 한 가지의 원칙, 즉 즐거움을 만끽하고, 고통을 피하도록 행동을 지도하는 원칙에 따라 작동된다.[12] 즉 이드는 객관적인 현실에서 제약이 없이 전체적으로 무의식적이다. 예를 들어, 갓 태어난 아이의 행동은 전체적으로 이드에 의해 지배된다.

자아(ego)는 개인의 자아개념으로 자아가 외부세계와 상호작용하여 성장함에 따라 객관적인 현실을 나타내는 것이다. 이드의 관리자로서, 자아는 사회적으로 용인될 수 있는 방

마트에서 장난감을 사달라고 떼쓰는 아이는 전형적으로 이드 상태에 머물러 있다고 볼 수 있다.[13)]

우리는 흔히 이드(id, 악마의 속삭임)와 초자아(superego, 천사의 속삭임) 사이에서 갈등하게 된다(사진은 〈심슨가족〉의 한 장면).

법으로 이드의 목표를 달성하려고 한다. 예를 들어, 반사회적 방법으로 공격적이 되고자 하는 기본적인 욕구를 나타내기보다, 그 사람은 강력한 스포츠카를 구입함으로써 이러한 욕구를 부분적으로 만족시킬 수 있다.

초자아(superego)는 이드에 대한 속박·통제를 하며, 이드의 충동에 대응하여 작동한다. 초자아는 이드를 관리하지 않지만, 죄의식이 발동하여 수용될 수 없는 행동을 처벌함으로써 이드를 제약한다. 초자아는 실제보다는 행동을 억압하므로, 실제보다는 이상적인 것을 나타내며 우리들로 하여금 도덕적인 방법으로 행동하도록 동기를 부여한다. 예를 들어 소유에 대한 제한을 통해서도 정서적 만족을 추구하는 집단이 존재할 수 있는데 이를 의미하는 미니멀리즘(minimalism)은 네 가지 독특하면서도 관련 있는 행동 표현, 즉 잡동사니 제거, 신중한 쇼핑, 오래 사용 및 자급자족으로 구성된다. 한 연구결과는 미니멀리즘이 우울증을 완화시키며 사람들의 행복을 증대시킨다는 주장을 한다.[14)]

CONSUMER INSIGHT 9-2 소비 미니멀리즘

최소한으로 필요한 것만 소유하고 소비하면서 생활하는 '미니멀리즘(minimalism)'이 주목받고 있다. 미니멀리즘은 사람들이 의도적으로 더 적은 소유물을 가지고 사는 점점 더 인기 있는 소비를 최소화하는 생활방식이다. 미니멀리즘 지지자들은 소비를 최소화하는 것이 오히려 행복, 삶의 만족과 의미와 같은 것을 주고 다른 사람들과의 관계를 증대시킬 수 있다는 주장을 한다.[15)]

간결함과 단순함을 추구하는 예술이나 문화적 흐름을 나타내는 '미니멀리즘'을 일상소비 영역에 적용한 개념이다. 소비 미니멀리즘을 추구하는 미니멀리스트들은 과도한 상품 소유가 참자아를 잊게 만들고 정말로 중요한 것에 집중하지 못하게 한다고 주장한다. 오늘날 소비자들은 신상품과 광고의 홍수에 세뇌돼 자아를 개발하기보다 명품가방이나 멋진 자동차를 사는 데 치중한다. 이런 소비자로서의 위상을 자신의 럭셔리한 자아라고 착각하곤 한다.

이 집은 런던에 위치한 낡은 사무공간을 주거공간으로 미니멀리즘하게 디자인한 곳이다. 일단 어둡고 답답한 벽들을 제거해 빛이 잘 들어오게 한 후 깔끔한 화이트 컬러로 천장, 내벽, 바닥을 구성했으며 화이트 가구들로 답답함도 줄였다.[16]

상품으로 포장된 가짜 자아는 유동적이다. 상품이나 브랜드의 의미와 위상이 변하면 그 자아도 바뀐다. 소비자들은 소비시장이 설정해 준 자신들의 가짜 자아를 유지하기 위해 끊임없이 시장이 제시하는 새로운 상품과 서비스를 소비한다.

많은 것을 갖고 있으면 확실히 신경 써야 할 일이 많다. 물건을 구매하고, 수납하고, 관리하고, 처분하는 일은 한편으로는 즐겁지만 다른 한편으로는 에너지가 필요한 고된 '마음 노동'이기도 하다. 특히나 우리의 두뇌용량은 한정돼 있어 당장 눈에 보이는 옷, 자동차, 집을 관리하다 보면 보이지도 않고 분명하지도 않는 가슴의 소리까지 신경 쓸 여지가 없어진다. 그렇다면 우리는 '내가 누구이고 내가 가슴으로 원하던 것이 무엇인가'라는 고민을 위해 하루에 얼마만큼의 시간을 쓰고 있는가.

미니멀리스트들은 적게 소유하고 적게 소비하자고 주장한다. 가령 '100개 이하의 물건만 가지고 살아가기' 등의 제목을 단 체험서들이 봇물을 이루고 있다. 그러나 '더 적은 것으로 꾸려가는 의미 있는 삶(Minimalism: Live a meaningful life)'이라는 주제의 저술과 강연으로 400만 명 이상의 독자를 갖고 있는 라이언(Ryan)과 조슈아(Joshua)의 소비 미니멀리즘은 조금 다르다. 그들은 단순히 물건을 적게 소유하자는 것이 아니라 우리의 삶에 정말 중요한 것을 위해 더 많은 여지를 만들어내자고 말한다. 더 많은 시간, 더 많은 열정, 더 많은 경험, 더 많은 성장, 더 많은 기여, 더 많은 행복감 등. 그들은 미니멀리즘 실행 방안의 하나로 과거를 뒤돌아보고 놓쳐버린 중요한 것들을 재인식하는 시간을 가지라고 제안한다. 이를테면 새로운 책을 사기보다 가지고 있는 책을 반복해서 다시 읽고 새로운 깨달음을 얻으라고 말한다.[17]

2) 자아개념이론

마케팅에 적용되는 또 다른 개성이론은 자아개념(self concept 또는 self image, 자아이미지)이론이다. 이는 "개인이 사회적으로 결정된 준거체제에 따라 자신에 의해 지각되는 방식"이라고 정의할 수 있다. 이 이론은 사람들이 현재의 그가 그에 대해 생각하는 것(실제적 자아)에 기초한 자아개념과 그가 되었으면 하는 그를 생각하는 개념(이상적 자아)을 가지고 있다고 주장한다. 실제적 자아가 자아(ego)와 유사하며, 또한 이상적 자아는 초자아(superego)와 유사하기 때문에, 자아개념이론은 심리분석적 이론과 어느 정도 관련성이 있다고 볼 수 있다.

자아개념이론은 일반적으로 2가지 원리, 즉 일관성을 달성하려는 욕망 그리고 자신의 자존심을 높이려는 욕망에 의해서 좌우된다. 일관성을 달성하는 것은 사람들은 실제적 자아의 개념과 일치하여 행동할 것이라는 것을 의미한다. 예를 들어 한 소비자가 자신을 실용적이며 자기통제적인 사람으로 인식할 경우 그는 보수적인 의상을 구입하고, 무난한 색상의 중형승용차를 타고 또한 집에서 조용하게 저녁을 지낸다. 그러나 이와 달리 이상에는 페라리 스포츠카를 소유하고, 몸에 타투를 하고, 디젤청바지에 선글라스를 끼고 클럽에 출입하는 자아를 꿈꾸고 있을 수도 있다.

'멀티 페르소나'는 다중적 자아라는 뜻으로, 상황에 맞게 가면을 바꿔 쓰듯 다양한 정체성을 가진 현대인을 일컫는 말이다. 본디 페르소나는 가면이라는 뜻을 가진 라틴어로 연극배우가 쓰는 탈을 의미하며, 심리학적으로는 타인에게 파악되는 자아가 사회적 지위나 가치관에 의해 타인에게 투사된 성격을 의미한다.[18]
(사진출처: https://www.gettyimagesbank.com)

최근 방송에서 마미손에 이어 유산슬과 카피추, 펭수 등이 프로그램 속에서 새로운 캐릭터를 부여하는 콘텐츠가 인기를 끌고 있으며 이 역시 디지털 시대의 멀티 페르소나를 반영하고 있는 것으로 볼 수 있다. 본래의 캐릭터가 있지만 부캐릭터로도 활동하면서 대중의 사랑을 받으며 각각의 정체성을 지키고 있는 것이며, 대중들은 이들의 진짜 모습을 찾아내려고 노력하는 것이 아니라 그들이 보여주는 캐릭터에 열광한다.

멀티 페르소나는 소비적인 측면에서도 양면적인 소비를 증가시킨다. 밥은 싼 것을 사 먹어도 커피는 고가의 프리미엄 커피를 마시며 옷은 싸구려를 사더라도 가방만큼은 명품을 사는 사람들이 늘고 있다. 이는 젊은층을 중심으로 소비에

대한 가치관이 뚜렷해지는 데 따른 현상으로 소비 형태도 달라지는 것이다.[19]

(1) 실제적 자아

실제적 자아(actual-self)의 개념에 따르면 소비자의 구매는 그가 자신에 대해 가지고 있는 이미지에 의해 영향을 받는다고 주장한다.[20] 즉, 소비자들은 그들의 자아개념과 유사한 것으로 지각하는 제품을 구입함으로써 일관성을 달성할 수 있는데 이러한 자아일치성(self-congruity)은 '소비자의 자아이미지와 제품 · 브랜드의 이미지 또는 성격 간에 일치하는 정도'를 의미한다. 이러한 자아일치성에 의하면, 제품 · 브랜드 이미지 또는 성격이 자아이미지를 활성화시켜 둘 간의 관계를 형성하게 하여 소비자의 구매에 영향을 미친다는 것을 의미하는데, 즉 자아일치성의 핵심은 소비자가 자신의 이미지와 일치하는 이미지 · 성격을 지닌 브랜드를 선호하게 된다는 것이다.[21]

과거 연구에서는 실제적 · 이상적 차원에서 자신과 유사하다고 평가하는 브랜드를 선호하는 경향이 있음을 지적한 바 있으며 또 한 연구에서는 맥주, 담배, 비누 및 치약에 대해 이러한 관련성을 연구한 결과 응답자들은 그들 자신과 유사하다고 평가한 브랜드를 선호하는 경향이 있었다는 것을 제시하였다.[22] 여러 연구들은 자동차에 대해서도 동일한 관련성이 있었는데 자동차에 대한 소유자의 지각은 자아지각과 일치하였으며 동일한 자동차를 소유한 다른 사람의 이미지와 유사하다는 것이다.[23]

파일럿들이 주로 사용한다는 시계 브라이틀링의 상징, 전투기, 파일럿, 그리고 벤틀리는 정말 찰떡 궁합이다. 어떤 개성을 가진 사람들이 구매할까요?[24]

그러나 한 연구에서는 브랜드 이미지와 자아 이미지 간의 관계성은 단순하지 않으며 복잡하다고 결론을 내렸는데, 그 이유는 소비자들이 각각의 상황에 따라 그들의 자아 이미지를 변경하기 때문이다.[25] 예를 들어, 소비자는 비즈니스적 상황에서는 어떤 자아 이미지를 갖지만, 일과 후 회식하는 상황에서는 다른 자아 이미지를 가질 수도 있다.

우리는 한 가지 자아만 가지고 있는 것은 아니다. 상황에 따라 자아를 확대해석하기도 한다.
(사진출처: https://www.gettyimagesbank.com)

(2) 이상적 자아

이상적 자아(ideal self)의 개념은 긍정적인 감정의 주요 원인이며 이러한 심리적인 각성과 흥분은 어떠한 행동변화를 이끌어내기도 한다.[26] 과거 국내의 스티커 사진기계 앞에서 더 밝은 조명 아래서 금발 등의 가발을 착용하고, 특정 부위에 포샵처리를 통해 사진을 찍던 많은 젊은 소비자들을 기억한다. 내가 셀카를 찍는데도 나의 진짜 모습이 아니라 나의 가장 왜곡된 모습을 담아내는 현실에서 우리의 셀카는 현실의 기록이 아니라 욕망의 기록이라고 말할 수 있다.[27]

관련 검색: 셀카잘나오는 곳

셀카 잘 나오는 어플	셀카 잘 나오는 디카
셀카 잘 나오는 법	셀카 잘 나오는 방법
셀카 잘 나오는 앱	셀카 잘 나오는 스마트 폰
셀카 잘 나오는 폰	셀카 이쁘게 나오는 법
셀카 잘 나오는 카메라	대출 잘 나오는 곳

구글에서 셀카 잘 나오는 법이나 잘 나오는 곳 등을 검색하면 다양한 방법들을 설명하는 웹 문서가 뜬다.

실제적 자아뿐만 아니라 이상적 자아와의 일치성에 의해 제품구매가 일어나기도 한다.[28] 마케팅의 맥락에서 자신에 대한 불만족은 특히 자존심을 높여주는 제품에 대한 구매에 영향을 준다. 예컨대 보다 세련되면서 현대적이며 또한 창의력이 풍부하고자 하는 여성은 보다 온화하며 매력적이고자 하는 여성들과 상이한 유형의 향수, 의류, 가방을 구입하고 다른 점포에서 쇼핑을 하는 경향이 있다.

한 연구는 브랜드 이미지 광고는 실제적 자아와 이상적 자아 간의 더 큰 불일치를 조장한다는 것을 발견하였다.[29] 즉, 아름다운 모델이나 사치스러운 라이프스타일을 보여주는 광고는 달성할 수 없는 이상적 세계를 조장한다. 결과적으로, 소비자들은 그들의 실제적 자아와 이상적 이미지 간을 비교하여 부적절한 감정을 갖게 된다. 실제적 자아와 이상적 자아 간의 차이가 증가하도록 행동함으로써 광고는 소비자의 자존심을 자극하여 구매를 유도하는 측면이 있는 것이다.[30] 이러한 점에서 과거 비현실적인 인형을 만들던 바비인형은 아이들이 인형으로부터 좀 더 현실적인 신체 형태를 경험하길 바라는 요즘 부모들이 그동안 바비 구매를 꺼려해 왔다는 점을 지적하며 최근에는 피부톤이나 신체 크기에 다양성을 부여한 제품을 만들고 있는데 이러한 접근법이 매출 신장에 큰 역할을 하고 있다.[31]

바비인형 제조사이자 세계적인 완구회사 마텔은 앞으로 다양한 체형을 지닌 바비를 선보이겠다고 발표했다. 배가 조금 나온 통통한 바비, 키가 큰 바비와 작은 바비인형이 오는 3월부터 판매된다. 바비인형 탄생 57년 만에 '키 크고 늘씬한 여성'의 이미지를 벗어던진 것이다. 피부색도 7종, 눈색깔도 22종, 머리스타일도 24종으로 출시됐다.[32]

20세기 멕시코 아티스트 프리다 칼로(Frida Kahlo)가 만든 인형이 올 봄 '바비의 영감을 주는 여성들(Barbie's Inspiring Women)' 시리즈 중 하나로 출시됐다.[33]

(3) 확장된 자아

소비자의 자아 이미지가 그들이 선택하는 제품에 영향을 줄뿐만 아니라, 선택한 제품도 자주 소비자의 자아 이미지에 영향을 준다.[34] 즉, 어떤 제품들은 상징적 가치(symbolic value)가 있다. 그 제품들은 우리에 대해 어떤 것을 말하며 또한 우리가 우리 자신에 대해 느끼는 방법을 말한다. 예를 들어, 우리가 어떤 명품브랜드나 외제차를 구입하는 경우, 우리는 그것이 우리의 자존심을 높여줄 것이라고 예상할 수 있다.

확장된 자아(extended self)는 우리의 보다 중요한 소유물을 우리의 자아개념과 연관시킬 수 있는데, 그 이유는 우리가 소유하는 것은 우리의 개성을 반영하기 때문이다. 다시 말하면 우리는 우리가 입고 있는 것이며, 우리는 우리가 사용하는 것이라는 것이다.[35] 디지털 세계는 이러한 자아의 확장을 더욱 용이하게 하는 기술을 갖추고 있다. 사람들은 페이스북이나 인스타그램의 프로필을 통해 그리고 다양한 활동들을 담을 사진을 통해 자신을 표현하고 있는 것이다.[36]

자아개념이론을 확대한 것을 상징적 상호작용주의(symbolic interactionism)라고 하는데, 이는 다른 사람과 관계가 자아를 형성하는데 큰 역할을 한다는 것을 의미한다. 즉, 소비자들은 그들의 자아개념을 높이는 데 있어 그들의 상징적 가치에 맞는 제품을 구입할 수 있는데, 결국 [그림 9-1]에서 볼 수 있듯이 표면적으로 나타나는 Alpha Project 시계, Audi 자동차, ibook, Sony Cyber Shot 등은 서로가 관련성을 맺고 있지는 않지만, 각 세분시장별로 특정 세분시장의 브랜드 선택에서 상당수 소비자들은 이런 개별적인 제품을 하나의 상징적인 전체로 용이하게 집단화할 수 있다.[37]

그림 9-1 | 세분시장의 선호 브랜드[38]

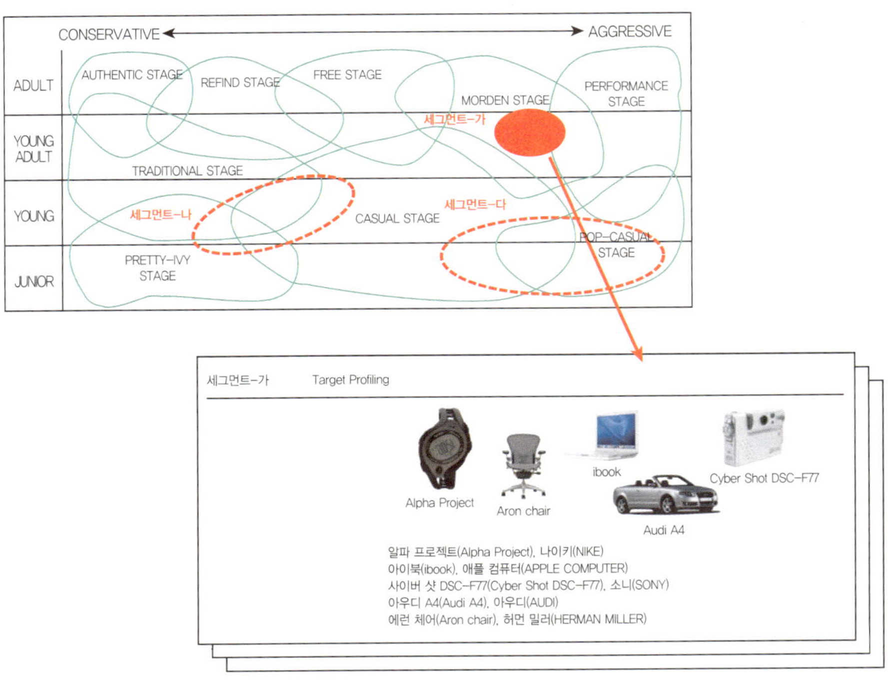

최근 들어 광고주들은 자아 이미지에 영향을 주는 데 있어 제품의 상징적 역활을 강조하고 있다. 즉, 보석, 화장품, 자동차 및 고급의류에 대한 광고는 흔히 사용자의 이미지를 커뮤니케이트한다. 물론 소유자의 사회적 지위나 물질적 풍요를 나타내는 제품의 특성을 강조하는 마케팅이 일반적이지만 최근과 같이 사회지향성이 중요한 역할을 하는 시대에는 조금 다른 상징성을 강조하기도 한다. 사진에서 볼 수 있듯이 그랜저와 같이 유기견을 키우고, 환경을 위해 용기를 가지고 다니며, 아들에게 어떤 사람이 되겠느냐 질문했을 때 착한 사람이라고 대답하는 광고 또한 충분히 해당 제품의 상징성을 표현하고 있다고 할 수 있다.

유기견을 돌보고, 환경을 위해 용기를 가지고 다니며, 착한 사람 되는 것이 성공이라고 말하고 있는 그랜저 광고. 2021 성공에 관하여 캠페인[39]

3) 사회심리이론

사회심리이론(socio-psychological theory)은 ① 생물적 본능보다는 사회적 변수가 개성을 형성하는데 있어 중요한 변수가 된다는 점, ② 무의식적 동기보다 의식적 동기가 중요하다는 점에서 심리분석이론과는 다르다고 볼 수 있다.

대표적 이론으로 호네이(Karen Horney)는 부모-자식 간의 관계에서 일어나는 기본적인 열망에 일치하기 위해 사람이 학습함으로써 개성이 수립된다고 믿었다. 그녀는 이러한 열망에 일치하려는 3가지 접근방법, 즉 순응성(Compliance, 사람들에게 향하려는 성향), 공격성(aggressiveness, 사람들에게 반대하려는 성향), 고립성(detachment, 사람들로부터 멀어지려는 성향) 등을 가정하였다.[40]

이러한 연구를 바탕으로 소비자행동을 설명하기 위해 개성에 대한 사회적 이론에 바탕을 둔 소수의 연구 중 한가지로 코헨(Cohen)은 호네이의 연구에 기초하여 순종-공격-고립 척도(compliance-aggressiveness-detachment(CAD) scale)를 개발하였다.[41] 그는 연구에서 순종형은 치약, 세면비누, 아스피린 등을 많이 사용하고, 공격형 유형은 콜로뉴 향수와 면도 후 로숀을 많이 사용하고, 또한 탈취제와 Van Hensen 셔츠를 구입하며, 고립유형은 차를 많이 마시며, 맥주는 적게 마신다는 사실을 발견하였다. 이러한 연구결과는 사회적으로 받아들여지기 위한 수단으로서 양치질 약과 세면비누의 사용을 광고하며, 콜로뉴 향수와 면도 후 로숀은 사회적 정복의 수단으로 광고하며, 또한 마시는 차는 자연적인 배경 속에서 광고해야 한다는 시사점을 제공하였다.[42]

4) 특성이론

심리학에서 특성이론(trait theory)은 인간의 개성을 연구하는 주된 접근법이다. 특성이론가들은 행동, 사고, 그리고 감정의 습관적 패턴으로 정의되는 특성의 측정항목 개발에 많은 관심을 가져왔다.[43] 이러한 관점에 따르면 특성은 시간의 흐름에서 어느 정도 변하지 않으며 개인마다 다른 성향을 보이며(어떤 사람들은 외향적이고 어떤 사람은 부끄러움을 많이 탐) 행동에 영향을 미친다는 것이다.

일반적으로 마케팅에 있어 가장 자주 사용되는 목록은 에드워드의 개인 선호 스케줄(Edwards Personal Preference Schedule: EPPS)이다. EPPS는 성취(다른 사람을 앞서고, 경쟁하기 위해, 최선을 다하기 위해), 순응(지도력을 받아들임, 의도적으로 따름) 및 질서(물건들을 정리함, 조직화함)와 같은 14개 개성항목을 측정한다.[44] 마케팅에 사용되는 다른 목록은 고든 개인 프로파일(Gordon Personal Profile)[45]로서 이것은 우월, 책임, 감정적 안정 및 사회성과 같은 특성을 측정하며, 또한 터너스톤 기질 스케줄(Thurstone Temperament Schedule)은 지배, 안정성, 충동성 및 기타 특성을 측정한다. 마케팅관리자들은 이러한 목록을 사용하는데, 그 이유는 이 목록들이 너무나 추상적이지 않고 또한 구매행동과 관련된다고 가정할 수 있는 개성 특성을 포함하기 때문이다.

여러 연구들은 시장을 세분화하는데 개성 특성을 사용하여 왔다. 흡연행동에 대한 연구[46]는 담배를 많이 피우는 흡연자들은 이성애, 공격성 및 성취감에 대해 높게 평가하였으며, 질서와 순응에 대해서는 낮게 평가하였음을 발견하였다.[47] 담배를 많이 피우는 흡연자들은 권력과 경쟁에 대해 지향적일 가능성이 크며 또한 성적인 주제와 상징에 의해 더욱 영향을 받을 수 있다. 그들은 비흡연가처럼 강제적이거나 순종적이지 않다. 권력과 경쟁을 강조하기 때문에 가장 성공적인 담배 캠페인 중 하나가 8장에서 보았던 말보로 카우보이라는 것은 놀라운 것이 아니다.

또 다른 연구[48]에서는 자동차시장을 세분화하는데 사용되었다.[49] 중형 자동차와 소형차의 소유자 간에 차이가 발견되지 않았으나, 컨버터블 자동차(convertibles) 소유자들은 보다 감성적 · 활동적 · 열정적이며 또한 충동적인 경향이 있었다. 이러한 기준에 따라 사진에서와 같은 컨버터블 자동차에 대한 광고소구는 능동적이며, 걱정이 없는 사람들에게 지향되어야 한다는 시사점을 가지게 된다.

낭만 및 로멘틱함과 연결시키는 컨버터블 자동차 광고

5) 개성변수의 한계

앞에서 논의된 여러 연구결과에도 불구하고, 대개의 경우 개성 특성과 행동 간의 연관성은 의문이 있다.[50] 소비자행동 조사자들은 구매행동을 설명하기 위해서 개성 특성을 사용하는데 단점을 간파하였다. 개성이론들은 지속적인 행동패턴을 설명하는 것을 의미한다. 그러나 심리학에서 개발된 이론들은 일반적인 상황보다는 정도를 벗어난 이상한 행동에 집중한다는데 문제가 있을 수 있으며 이러한 목적을 위해 개발된 측정방법을 일상적인 소비자행동에 적용한다는 것은 문제가 있을 수도 있다는 지적도 존재한다.

1.3 브랜드 개성

브랜드도 사람들과 비슷한 개성을 가질 수 있다는 것이 최근의 일반적인 견해이다.[51] 사람들처럼 브랜드도 '현대적이다', '구식이다', '터프하다', '자상하다' 등으로 특징지워질 수 있다. 브랜드 개성(Brand Personality)이란 그 브랜드만이 고유하게 지니고 있는 개성 또는 품격을 의미하는 것으로, 특정 브랜드와 연결되는 일련의 인간적인 특성을 말한다. 즉, 사람도 각각 개성이 있듯이 궁극적으로는 브랜드도 각각의 특징적 개성을 가질 수 있다는 논리에 기반하는 개념이다.

던킨도너츠 커피에 대해 스타벅스에 대한 이미지는 어떠한가? 분명히 여러분은 다른 특성을 떠올릴 수 있을 것이다.[52]

에이커(Aaker)에 의하면, 이와 같은 브랜드 개성에는 크게 진실한, 흥미로운, 능력 있는, 세련된, 강건한이라는 5가지의 차원이 있다고 한다. 예를 들어 유한킴벌리는 진실한, 포르쉐는 흥미로운, 애플은 능력 있는, 벤츠는 세련된, 그리고 나이키는 강건한 브랜드 개성을 가지고 있는 사례로 연결해볼 수 있다.

그림 9-2 | 브랜드 개성척도[53]

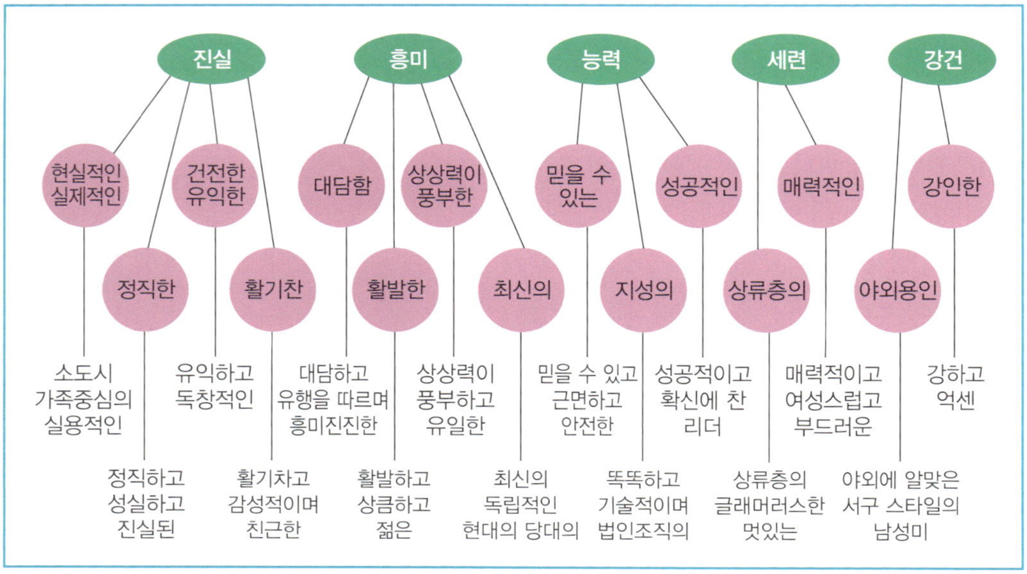

브랜드 개성은 사람들이 생각하는 그 브랜드의 본질과 기능이 무엇인가라는 것보다는 오히려 그들이 브랜드에 어떤 느낌을 갖는가를 나타내준다.[54] 브랜드 개성은 하나의 브랜드가 연상시키는 모든 요소가 결합되어 나타나는데, 이는 제품과 관련된 요소 및 제품과 관련되지 않는 요소로 구성된다. 제품과 관련된 요소로는 제품속성, 포장, 가격 등이 있으며, 제품과 관련되지 않는 요소로는 광고, 기업 이미지, 심벌, 로고, 국가 이미지(원산지), 최고경영자 등이 있는데, 이 두 가지 요소가 결합되어 하나의 브랜드 개성이 탄생하는 것이다.

메르세데츠 벤츠(Mercedes Benz)는 심벌을 통한 브랜드 개성을 나타낸다. 즉, 원안의 세 지점을 연결한 별 로고를 가진 메스세데스 벤츠의 심벌은 우수한 공학의 보증이 아니라 자동차에 대한 높은 가치와 소비자에 대한 고귀한 취향을 나타내는 것이다.

예를 들어 다이어트 코크(Diet Coke)의 '날씬한' 개성은 제품 속성과 관련된 이미지를 나타낸다. 또 로고를 통한 브랜드 개성은 코카콜라와 IBM에서 살펴볼 수 있는데, 코카콜라의 빨간색과 필기체형식 글씨는 '활기차고 역동적인' 이미지를 나타내며, IBM의 파란색 로고는 '현대적이고 진취적인' 취향을 보여준다.

원산지나 국가 이미지 역시 브랜드 개성을 나타내는 중요한 원천이다. 프랑스의 '예술 · 문화적인' 국가 이미지는 패션브랜드에 긍정적인 영향을 미친다. 반면 중국식품의 '부정직한' 이미지는 브랜드에 부정적인 영향을 미치는데, 특히 우리나라 소비자들은 아직까지 중국산 식품구입에 많은 거부감을 가지고 있다.[55]

이렇듯 마케팅 프로그램의 모든 요소가 브랜드 개성에 영향을 미칠 수 있지만, 광고에 묘사된 사용상황이나 사용자 특성에 대해 소비자들이 내리는 결론 때문에 광고가 가장 중요한 영향요소의 하나로 활용될 수 있다. 예를 들어 사진의 에너자이저의 백만돌이처럼 제품의인화를 이용하거나 관련된 캐릭터를 이용하거나, 할리데이비슨 오토바이처럼 사용자 이미지를 보여줌으로써 광고주들은 브랜드에 개성을 심을 수 있다.

'백만스물하나… 따위로 시작하는 큰 숫자를 자신 있게 외쳐대는 백만돌이는 '길고 오래가는'을 상징하며 크게 인기를 모은다.

특히 사용자의 이미지가 브랜드 개성 형성의 가장 중요한 요소이기는 하지만 사용자 이미지와 브랜드 개성이 항상 일치할 수만은 없다. 소비자 의사결정에 있어서 제품관련 속성이 보다 중요시되는 제품군(예를 들어 음식)에서는 브랜드 개성과 사용자 이미지는 보다 관련이 적을 수 있다. 물론 예외도 있을 수 있다. Perrier의 브랜드 개성은 '교양있고', '세련된' 이었으나, 실제 소비자 이미지는 '돋보이게 하는', '또는 절제된' 것이 아니라 '번지르르하고', '유행에 민감한 것'이었다.[56]

결국, 올바른 개성을 갖고 있는 브랜드는 소비자로 하여금 그 브랜드는 적절하며 '나에게 맞는 제품'이라는 느낌을 갖게 한다. 결과적으로 [Consumer Insight 9-3]과 같이 소비자들은 그 브랜드와 기꺼이 관계를 형성하거나 심지어 '우정'을 키우고자 한다.

누구의 차인지 모르지만 어떤 사람의 차인지 안다는 아우디 광고

CONSUMER INSIGHT 9-3 소비자-브랜드 관계

소비자-브랜드 관계는 소비자와 브랜드가 서로에게 동등한 파트너로서 공헌하며 상호작용한 결과로 생성된 연대를 말한다.[57] 이러한 소비자-브랜드의 관계는 '소유자-소유물'의 관계에서 발전하여 '사람-사람'의 관계 혹은 '파트너'의 관계로까지 발전하였다.[58] 과거 연구자들은 소비자와 브랜드 간의 관계를 마치 두 사람 사이의 관계를 구성하는 복잡한 인지적, 정서적, 그리고 행동적 프로세스와 같이 이해될 수 있다고 하였으며, 이를 '브랜드에 대한 소비자의 태도와 소비자에 대한 브랜드의 태도 사이의 상호작용'으로 정의하였다.

브랜드의 의인화를 보여주고 있는 광고

| 표 9-4 | 소비자–브랜드 관계 유형[59]

관계 유형	정의
중매결혼 (Arranged Marriage)	제3자에 의해 비자발적으로 맺어진 관계. 감정 강도는 낮지만 장기간 독점적 관계가 지속(전문가 또는 가족의 추천으로 사용)
편한 친구, 동료 (Casual Friend)	가끔 산발적으로 접촉하는 관계로 낮은 수준의 친근감, 기대감을 보유(일상적인 청소용품 브랜드)
편의적 결혼 (Marriage of Convenience)	계획적 선택이 아닌 환경적 영향으로 인해 장기적인 약속 관계가 유지
몰입된 파트너십 (Committed Partnership)	장기적 · 자발적 · 사회적으로 지지를 받는 애정, 사랑, 신뢰관계로 독점적 조건에 집착하는 경향(가전제품, 청소용품, 요리용품 등 통일된 브랜드 사용)
최고의 우정 (Best Friendship)	긍정적인 보상의 반복이 보장되는 자발적 관계로 진실된 자아, 정직성, 친근감을 표현. 이미지, 관심사를 공유
계획적(구분된) 우정 (Compartmentalized Friendship)	아주 특수한 상황에 한해 지속되는 관계로 친근감은 낮지만 사회 · 정서적 보상감과 의존도는 높은 편. 쉽게 시작되고 쉽게 끝나는 관계
혈족관계(Kinship)	혈연, 가족관계로 인한 비자발적 관계(어머니에게 물려받은 브랜드)
반향(Rebounds)	이전 또는 가능한 상대로부터 피하기 위해 형성된 관계
어린 시절 친구 (Childhood Friendship)	자주 접하지는 않지만 어린 시절 추억과 관련되어 감정적 밀착도가 높은 관계. 과거 자아로부터의 편안함 · 안전감을 느낌(어린 시절 친숙한 브랜드, 어머니가 썼던 화장품 브랜드)
구애, 구혼 (Courtships)	파트너십 형성 여부를 타진하기 위한 중간적 임시 관계(시범사용 기간 중 사용하는 브랜드)
의존 (Dependencies)	대체가 불가능한 대상에 대한 집착적 · 감정적 · 이기적 애착관계. 분리되면 불안감, 범죄까지 야기시킬 가능성
일시적 바람 (Flings)	감정적 보상을 위해 형성된 단기적 · 일시적 관계로 신뢰 · 상호보완적 요구는 전혀 없음(관심 없이 사용하는 샘플 브랜드)
증오, 적대감정 (Enmities)	부정적 감정 또는 다른 선택으로 인한 고통을 피하기 위해 강렬하게 연결된 관계(전 남편이 쓰던 브랜드가 아닌 새로운 브랜드)
비밀연애 (Secret Affairs)	다른 사람들에게 알려지면 위험한 감정적 · 개인적 관계(업무시간에 몰래 먹는 사탕 브랜드(Tootsie Pops))
노예, 중독 (Enslavements)	상대의 요구만으로 이루어진 비자발적 관계로 부정적인 느낌을 가지지만 환경의 영향으로 지속됨(다른 선택이 없기 때문에 사용할 수밖에 없는 브랜드)

포니어(Fournier)는 20대, 30대, 그리고 50대 나이의 여성 세 명을 3개월간의 심층적인 인터뷰를 함으로써 소비자와 브랜드 사이의 기본적인 관계를 밝혔으며, 개성기술적 분석(Idiographic analysis)과 대인간 분석(Across-person analysis)을 사용하여 특정 브랜드 수준에서 형성된 소비자-브랜드 간의 관계를 연구하였다.
개성기술적 분석을 통해서는 개인의 삶의 배경과 중요한 경험, 주변 인물들과의 관계, 그리고 현재 처한 상황과 가지고 있는 가치관, 자아개념 등을 파악하고 그것들을 둘러싼 개인의 브랜드 스토리(brand story)를 통해 개인의 소비자-브랜드 관계를 분석하였으며, 대인간 분석을 통해서는 한 개인의 브랜드 에피소드를 넘어서는 어떤 패턴의 발견을 통하여 통합적인 소비자-브랜드 관계를 파악하고자 하였다. 그리하여 이 연구에서 소비자-브랜드 관계의 유형을 [표 9-13]과 같이 15개로 분류하였다.
브랜드 관계이론이 소비자 브랜드 행동의 새로운 사고방식을 약속하고 있기는 하지만, 이 이론이 정확하게 소비자와 브랜드의 상호작용과정을 나타낼 수 있는지는 의문이 따른다. 결국 연구자의 관점에서 소비자와 브랜드 간의 관계 사고는 적용가능성을 제대로 논의하지 못하고 그냥 당연시되는 경향이 있었으며 의인화부분에 대한 논의도 불분명한 점이 있었기에 향후 많은 연구과제를 남기고 있다.[60]

2. 라이프스타일

본절에서는 중요한 세분화 변수로 활용되고 있는 라이프스타일의 개념 및 분류방법 등에 대해 학습하여 마케팅 전략수립에 대한 이해를 돕는다.

2.1 라이프스타일의 개념

라이프스타일(life style)은 "사람들이 그들의 시간을 소비하는 방법(Activity), 사람들이 그들의 환경에서 중요하다고 생각하는 것(Interest), 그리고 사람들이 그들 주위의 세상과 그들 스스로를 생각하는 것(Opinion)에 의해서 확인 · 규명되는 생활의 유형"으로 폭넓게 정의된다. 라이프스타일 변수들은 태도, 관심 및 의견들이 계량화할 수 있는 변수에 심리학적으로 지향하기 때문에 심리묘사적 특징(psychographic characteristics)으로 알려져 있다.

[표 9-5]에서 볼 수 있듯이 AIO 항목들을 활용하여 그들이 어디에 시간을 소비하는지 무엇에 관심이 있고 어떤 것이 중요한지, 그와 그를 둘러싼 세상을 어떻게 보는지를 파악함으로써 우리는 소비자를 집단화할 수 있다.

| 표 9-5 | 라이프스타일 AIO 항목[61)]

활동(Activities)	관심(Interests)	의견(Opinions)	인구통계(Demographics)
일	가족	그들	연령
취미	가정	사회이슈들	교육 정도
사회적 사건	일	정치	수입
방학	커뮤니티	비즈니스	직업
여흥	여흥	경제	가족 규모
클럽 멤버십	패션	교육	거주지
커뮤니티	음식	제품	지역
쇼핑	매체	미래	거주지역 규모
스포츠	성취할 것	문화	가족생활주기 중 단계

라이프스타일 요인은 두 가지 수준에서 마케팅관리자에게 중요한 시사점을 제공한다. 먼저 라이프스타일을 통한 시장세분화는 특별히 관련제품으로 공략해야 할 시장에 대한 이해를 돕는다. [그림 9-3]에서 볼 수 있듯이 패션을 중요하게 생각하는 소비자들을 군집화함으로써 의류시장이 첫 번째로 공략해야 할 시장에 대해 충분히 이해할 수 있다. 둘째, 남성과 여성들의 구매역할 등과 같은 라이프스타일 추세는 소비자들의 습관, 취향 및 구매행동을 변화시킨다. 마지막으로 라이프스타일은 제품효익의 하나로 적용할 수 있다. 예를 들어, 마켓오 및 닥터유 같은 과자제품은 비싼 가격에도 불구하고 건강의식적인 세분시장을 적절히 공략하고 있으며 이러한 라이프스타일 프로파일에 근거한 광고 및 촉진 도구를 개발하였다.

그림 9-3 | 라이프스타일에 의해 세분화한 예[62]

SEG 1. Fashion Follower

브랜드도 중요하고 스타일도 포기할 순 없어!

Demographic

- 여자 비중이 상대적으로 높음
- 사무/전문직 종사자, 전업주부
- 상대적으로 소득이 높으며, 의류지출 금액이 타 세분시장 대비 높음

일반적 쇼핑형태

- 쇼핑을 즐김
- 브랜드 충성도가 높고 유명 상표옷을 신뢰함
- 브랜드도 중시하지만 스타일도 함께 고려
- 일반적으로 혼자서 쇼핑하기보다 애인, 아내, 남편 등 지인과 함께 쇼핑하기를 즐김. 단품구매보다 다른 옷과 함께 구색구매를 하는 편임

2.2 변화하는 라이프스타일

2장에서도 논의되었듯이 마케팅관리자는 변화하는 소비자의 추세를 지속적으로 관찰하여 새로운 마케팅전략 수립에 반영할 필요가 있다. 최근의 한국의 사회문화적 변화는 무엇보다도 건강과 외모에 대한 관심이 증대되고 있다. 이에 따라 웰빙관련 산업이 크게 확대되고 있으며 [Consumer Insight 9-4]에서 볼 수 있듯이 남성이 화장에 관심을 가지고 좀 더 화려한 장신구를 구입하는 경향이 뚜렷하게 나타나고 있다.

웰빙에 관심이 많은 사회문화적 환경변화에 따라 대기업들의 건강기능식품 분야로의 사업진출 확대를 꾀하고 있는 현상이 눈에 띄게 많아졌다.

그리고 2장에서 논의되었듯이 여성의 경제활동 참여가 높아지고 있는데 이에 따라 사회적으로도 이

전과 다른 모습들을 곳곳에서 찾아볼 수 있다. 여성들이 쇼핑주도권을 획득하여 가고 있는 것이다. 또한, 여성들의 사회참여가 늘면서 맞벌이 부부의 소비 파워도 상당해지고 있는데 우선의 이들의 소득규모가 무시할 수 없는 수준이기 때문이다.[63] 다음에서는 몇 가지 중요한 현상에 대해 간단히 공부한다.

CONSUMER INSIGHT 9-4 남성 화장품시장의 확대

남성이 뷰티시장의 '큰손'으로 떠오르고 있다. 기초 스킨케어 제품부터 립밤 등 '색조'화장품까지 남성 관련 매출이 급증하고 있는 것. 이젠 젠더리스(남녀공용) 화장품까지 등장하면서 남성과 여성 화장품의 경계도 희미해지고 있다.

젠더리스(남녀공용) 화장품 브랜드[65]

사진에서 볼 수 있는 라카(LAKA)는 국내 최초 젠더리스 화장품 브랜드다. 립스틱, 틴트, 파운데이션 등 거의 모든 색조화장품을 성별을 따지지 않고 출시하고 있다. 2019년 7월 올리브영에서만 2018년 11월에 비해 매출이 6배 증가했으며, 남성 고객만 한해서는 7배 성장했다.[64]

남성 화장품시장의 큰손은 1980년대 이후 출생자인 밀레니얼 세대다. 그 중에서도 사회 초년생으로 여겨지는 25~34세 남성이 가장 자주 화장품을 사용하는 것으로 조사됐다. 전체 3,000명의 응답자 가운데 매일 1회 이상 화장품을 사용한다고 대답한 남성은 68.5%. 연령대별로 세분화했을 때 매일 1회 이상 화장품을 사용한다고 대답한 비율은 30~34세 남성이 76.7%로 가장 높았다. 25~29세 남성은 그 다음으로 73.2%를 기록했다.

한국 남성 화장품시장 규모
(단위: 억원)

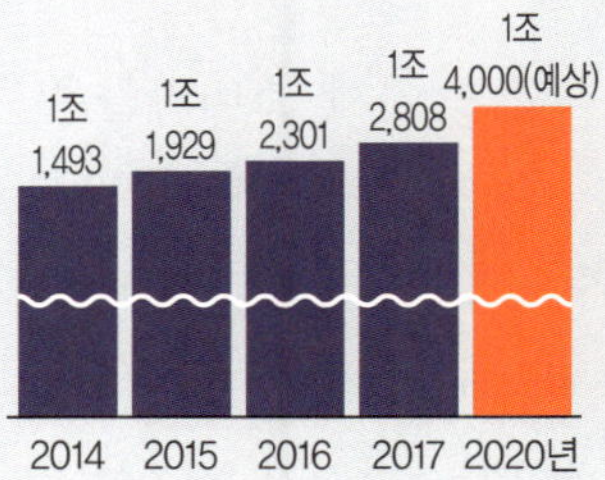

자료: 유로모니터, 각 사

한국 H&B 스토어 남성 색조화장품 매출신장률

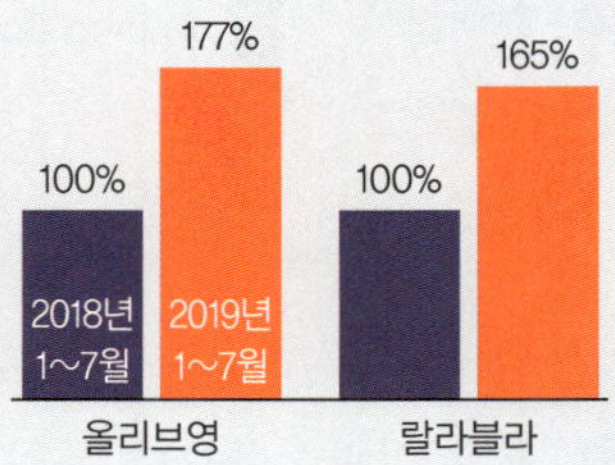

2019년 시장조사기관 유로모니터에 따르면 한국 남성 화장품 시장 규모는 2014년 1조 1,500억원에서 2017년 1조 2,800억원대까지 지속적으로 성장하고 있다. 내년에는 1조 4,000억원 돌파가 점쳐진다.[66]

주 1회 이상 사용을 기준으로 했을 때 남성이 사용하는 화장품 개수는 평균 4.23개로 조사됐다. 특히 25~34세 남성의 경우 5.5개로 가장 많았다. 화장품의 종류도 연령대별로 차이를 보였다. 주 1회 이상 사용하는 화장품을 묻는 질문에 20~39세 남성은 폼 클렌저를, 40~59세 남성은 스킨·로션을 꼽았다. 특히 25~34세 남성들은 에센스, 올인원 제품, 크림, 미스트, 마스크팩 등 다양한 스킨케어 제품을 사용한다고 대답한 비율이 타 연령대에 비해 높았다. 선크림이나 선로션을 사용한다고 대답한 비율도 39% 이상으로 가장 높았다.

외모 관리의 필요성에 대해서는 전체 응답자의 절반 정도(47%)가 외모가 나의 가치를 높여주며, 남성에게 꼭 필요한 부분으로 인식하고 있었다. 이 또한 연령대별로 조금씩 다른 응답 경향을 보였다. 25~29세가 60.1%로 외모 관리 관여도가 가장 높아 남들에게 의견을 구하거나, 주변 또래들보다 신경을 쓰는 편이라고 대답했다. 외모 관리의 필요성에 대해 가장 절실히 인지하는 연령대는 20~24세(63.4%)로 조사됐다. 특히 이들은 외모 관리가 나의 가치를 높여준다고 생각(27.3%)했으며, 여성뿐 아니라 남성도 꼭 필요한 요소(36.1%)라고 답했다.[67]

1) 트레이딩 업 현상

최근 전 세계 중산층 소비자들 사이에는 트레이딩 업(trading up)이라는 새로운 소비현상이 나타나고 있다. 트레이딩 업이란 중가제품을 주로 구입하던 중산층 이상의 소비자가 품질이나 감성적인 만족을 얻기 위해 비싼 제품에도 기꺼이 보다 높은 가격을 지불하는 소비패턴을 일컫는 표현이다. 반대로 트레이딩 다운(trading down)의 경우 중요하지 않다고 생각하는 품목에 대해서는 저렴하고 양이 많은 제품 위주로 구매하는 것을 말한다. 예를 들어 햄버거로 식사를 대신하더라도 차량은 BMW를 구매하거나 원룸에 살지만 TV는 최신 대형 스마트TV를 구매하는 현상이다.[68]

트레이딩 업과 트레이딩 다운[69]

이제 소비자들은 우리가 뉴 럭셔리라 부르는 고급 상품과 서비스를 구매하기 위해 기꺼이 고가를 지불할 뿐 아니라 적극적으로 뉴 럭셔리 상품을 찾아 나서기까지 한다. 뉴 럭셔리 상품과 서비스는 일반상품보다 품질, 품격 및 소비자가 느끼는 감정적 만족감의 수준이 훨씬 높고 가격은 고가로 책정되어 있지만 중가시장 소비자들이 구매가 가능한 범위다. 이러한 뉴 럭셔리 상품이 등장하고 중가시장 소비자가 트레이딩 업을 추구하고 그에 걸맞는 경제력을 갖추면서 '가격이 올라갈수록 판매량은 떨어진다'는 전통적인 경제학의 관념이 흔들리고 있다.

뉴 럭셔리 상품은 일반상품보다 훨씬 높은 가격에 팔리고 또 '전통적인' 럭셔리 상품과 비교했을 때 판매량도 월등히 높다. 뉴 럭셔리 상품은 우리가 익히 알고 있는 가격-수요 곡선을 탈피해 있다. 그것은 가격이 높으면서 판매량도 높은, 이제껏 보지 못한 새로운 현상을 보여주고 있다. 트레이딩 업을 지향하는 소비자는 어떤 사람들이며 어떤 상품을 구매하는가? 트레이딩 업은 다양한 상품과 서비스에서 나타나고 있는데 단 몇 달러에서 수십만 달러에 이르는 폭넓은 가격대에서 출현하고 있다. 연소득 5만 달러인 사람도 연소득 20만 달러가 넘는 사람도 모두 트레이딩 업을 한다. 일하는 독신 남녀, 부모와 자녀가 함께 사는 전통적인 형태의 가정, 싱글맘, 은퇴한 노부부 모두 트레이딩 업 흐름을 따른다.[70]

2) 감성적 욕구의 충족

자기만족의 추구라는 감성적 니즈는 많은 소비자에게 개인적으로 가장 의미 있고 또 직접적으로 와닿는 것이다. 물건을 구입해 사용함으로써 즉각적으로 기분이 좋아질 수 있는 상품이 주로 여기에 속한다. 즉 재충전, 기분전환, 스트레스 해소, 편안하게 휴식을 취하거나 자신을 돌보고, 나만의 시간을 윤택하게 하는데 도움이 되는 상품들일 것이다. 개인미용제품, 스파용품, 아이스크림, 초콜릿, 커피, 홈씨어터, 가전제품, 가구 및 침구류가 이 항목에 속한다.[71] 또한 최근 한국에서는 20~30대 젊은층을 중심으로 파티문화가 새로운 트렌드로 자리잡아 홍대앞을 중심으로 댄스, 사교모임이 많아지고 있는 부분도 이에 해당하는 트렌드라고 볼 수 있다.

표 9-6 | 소비자의 감성적 욕구충족[72]

자기만족의 추구	타인과의 교감	자아의 발견	개인 스타일의 표현
나만의 시간	이성과의 만남	모험에 나섬	나를 표현함
편리함	인간관계의 강화	새로운 것을 배움	나만의 브랜드를 구축함
재충전과 나를 위한 선물	그룹에 대한 소속감	취미 등을 즐김	나만의 브랜드를 전달함

CONSUMER INSIGHT 9-5 〈악마는 프라다를 입는다〉에서 보여지는 패션에 대한 생각[73]

달콤한 지옥에서 살아남기 위한 사회초년생의 파란만장한 이야기를 다룬 영화 〈악마는 프라다를 입는다〉는 전 세계를 강타한 베스트셀러 소설을 원작으로 한 작품이다. 로렌 와이즈버거의 동명소설 〈악마는 프라다를 입는다〉는 2003년 초판 이후 지금까지 27개 언어로 번역되어 전 세계를 강타하고 있는 베스트셀러.

영화 〈악마는 프라다를 입는다〉는 저널리스트의 꿈을 안고 뉴욕에 상경한 사회초년생이 악명 높은 패션지 편집장의 신입비서로 취직하면서 일과 사랑에서 성공하기 위해 고군분투하는 내용을 그린 코미디.

미란다 사무실
최종리허설 긴장된 분위기
옷들이 옷걸이에 걸려 있다. 미란다는 스커트가 걸려 있는 옷걸이를 훑어본다. 앤디는 메모를 한다. 한 디자이너가 거의 같아 보이는 푸른색의 벨트 두 개를 들고 미란다가 골라 주기를 기다리고 있다.

디자이너: 결정하기 어려워요. 둘이 아주 달라요.

앤디는 우습다는 듯 '쿡' 하고 소리를 낸다. 그곳에 있던 사람들이 일제히 고개를 돌려 안드레아를 쳐다보는데 하나같이 충격받은 표정들이다.

미란다: 뭐가 우습지?

고개를 숙이고 노트에 뭔가를 적고 있던 앤디는 고개를 들다가 심상치 않은 분위기에 놀라 얼굴이 굳어진다.

앤디: 아니, 아니예요. 전 그냥… 제 눈엔 아직 이딴 물건들에 익숙치 않아서….

침묵이 귀를 먹먹하게 한다. 모두 미란다가 어떻게 할지를 보기 위해 바라본다.

미란다: 이딴… 물건(stuff)?

나이젤, 이제 큰일났다는 표정으로 고개를 돌리며 눈동자를 한바퀴 굴린다.

미란다: 알았어, 넌 이게 너와는 아무 상관없는 거라 생각하는구나. 넌 네 옷장으로 가서, 예를 들자면, 그 보풀이 잔뜩 일어난 파란색 스웨터를 골랐나 본데, 왜냐하면 넌 그걸 껴입고 대단한 지성이나 갖춘 양 잘난 척을 떨면서 세상에 대고 다른 것에 관심이 있다는 것을 말해주려고 말야.

하지만 넌 그 스웨터가 단순한 블루색이 아니라는 것을 모르는구나. 그건 그냥 터기 옥색이 아냐. 군청색이 아니지. 그건 세룰리언 블루야. 또 당연히 모르겠지만 2002년에 오스카 드 라 렌타가 세룰리언 가운을 발표했었지.

독특한 라이프스타일을 보여주고 있는 주인공 미란다 편집장

중략

미란다: 그렇지만 블루색은 수 백만 달러의 재화와 무수한 일자리를 창출했어. 근데 좀 웃기지 않니? 패션업계와 상관없다는 네가 사실은 패션계 사람들이 심혈을 기울여 탄생시킨 색깔의 스웨터를 입고 있다는 게? 그것도 이 방에 있을 사람들이 네게 이런 '물건'들 사이에서 골라준 스웨터를 말이야.

2.3 라이프스타일 분류방법: VALS

1) VALS

라이프스타일을 측정하는 접근방법은 소비자의 활동, 관심 및 의견을 확인·규명하기 위해 소비자 설문조사를 시행하고, 그 후 이것에 기초하여 라이프스타일 범주를 개발하는 것이다. 1978년 Stanford Research Institude(SRI)가 개발한 Value and Lifestyle(VALS) 조사가 이러한 접근방법의 대표적인 예이다.[74] VALS는 연간 2,500명의 소비자에 대한 설문조사를 실시하여 공통적인 라이프스타일과 가치관에 근거하여 성취자, 분투자, 노력자와 같은 집단을 확인·규명하였다. 예를 들어, 활동자들은 "자존심이 높고, 변화에 대해 개방적이며, 또한 좋은 제품을 구입한다. 즉 그들은 랩탑 컴퓨터, 성인용 교육과정 또는 최신의 음향기기 시스템에 대한 좋은 표적시장이 될 것이다. 그들은 텔레비전보다는 고급잡지를 통해 최상으로 표적화될 수 있다"는 식으로 설명한다.

지금까지 많은 소비자행동 책에서도 다루어져왔듯이 VALS 시스템은 문화적 및 라이프스타일 가치관을 평가하는데 가장 널리 사용되는 방법으로 평가받고 있다. 이를 반영하듯 150개 이상의 기업들이 연간 기준으로 연구결과를 정기적으로 구입하고 있다.

2) VALS2

1988년, SRI는 VALS2라고 하는 가치관에 대한 새로운 측정방법을 도입하였다.[75] SRI가 문화적 및 라이프스타일 가치관을 측정하기 위해 사용하였던 질문사항을 수정하여, SRI는 이러한 기준에 따라 소비자를 상이한 가치 세분집단들로 정의하였다. 이는 VALS1이 외부지향적 소비자를 추가적인 집단으로 나누었음에도 불구하고 3명의 미국인 중 2명은 너무나 큰 범주인 외부지향적 소비자로 확인·규명되고 있는 문제점 그리고 미국의 베이비붐 세대에 집중하는 경향이 있으며 또한 노령 및 젊은층 소비자를 무시하였던 점 등을 개선하였다.

VALS2 시스템은 [그림 9-4]와 같이 8개 집단을 확인·규명하였다. 그 집단들은 두 개의 차원으로 나누어진다. 수직적 차원은 소비자의 자원, 즉 금전뿐만 아니라 교육수준, 자기자신 및 활력을 나타낸다. 성취자들은 많은 자원을 가지고 있지만, 노력자들은 낮은 수준의 자원을 가지고 있다. 수평적 차원은 소비자들이 세상을 보는 상이한 3가지 방법을 나타낸다. 즉, 원칙지향적 소비자(그림에서 여기서 ideals에 해당)는 세상이 어떠하며 또는 어떻게 되어야 하는가에 대한 그들의 관점에 의해 좌우되며 지위지향적 소비자(그림에서 Achievement에 해당)는 다른 사람의 의견에 의해서, 그리고 활동지향적 소비자(그림에서 Self-Esteem에 해당)는 활동, 다양성 및 위험감수에 대한 열망과 호기심으로 결정된다.

8개의 집단을 더 구체적으로 살펴보면 혁신자들(Innovators)은 많은 자원을 가지고 있는 성공적인 사람들이며 상당히 다양한 제품군에서 새로운 제품을 처음 구매해보는 역할을 한다. 그들은 새로운 아이디어와 기술에 개방적이다. 주로 BMW 자동차, Wired 잡지, 탄산수, 보상이 있는 경험 등을 좋아한다.

그림 9-4 | VALS2

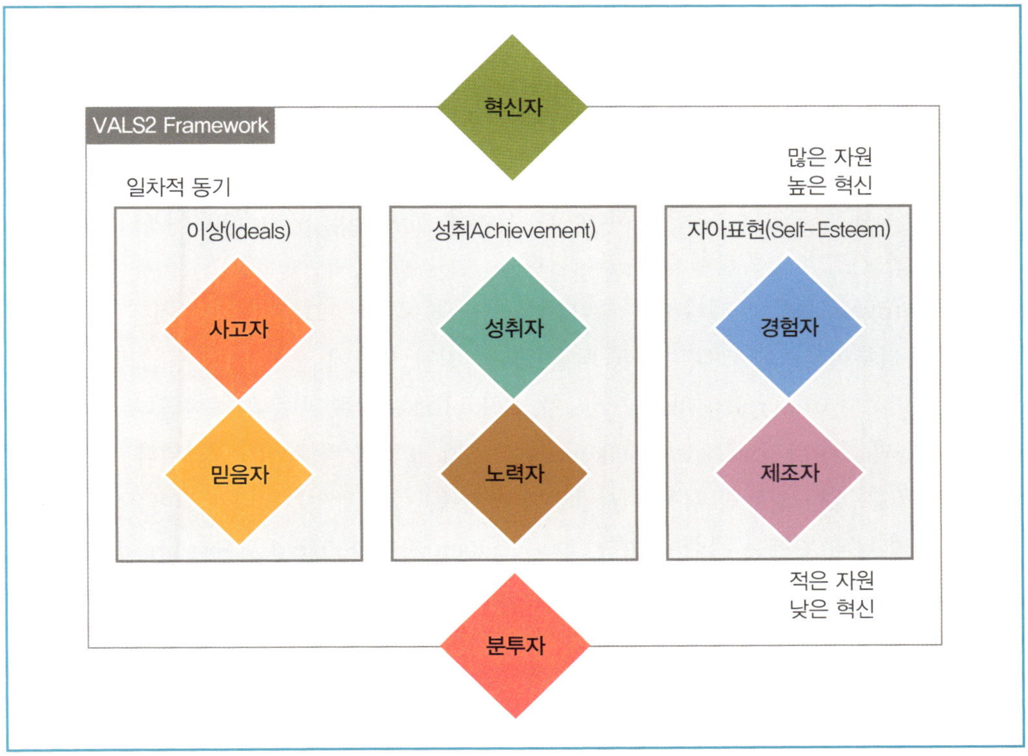

각각의 집단에 대표적인 미국 소비자 모습[76)]

사고자(Thinkers)들은 만족하고, 안락함을 누리고 있고, 잘 교육받았으며, 의사결정과정에서 정보를 더욱 추구한다. Subaru 자동차, Kiplinger's Personal Finance 잡지, 와인, 많은 토론 등을 좋아한다.

성취자(Achievers)들은 미래 직위지향적이고, 가족지향적이다. 그들은 위험에 대한 예측을 중요하게 생각하며, 보수적이고 권위를 중요하게 생각한다. Honda 자동차, Every Day with Rachael Ray 잡지, 저칼로리 국산 맥주, 일에서 인정 등을 좋아한다.

경험자(Experiencers)들은 충동적이고, 젊으며, 활력적이고 위험한 경험을 좋아한다. 그들은 다양성과 새로움을 추구하며 스포츠, 야외 레크리에이션, 그리고 사회적 활동들을 매우 좋아한다. 폭스바겐, Rolling Stone 잡지, Red Bull 음료수, 엔터테인먼트 등을 좋아한다.

믿음자(Believers)들은 사고자들과 마찬가지로 이상에 의해 동기부여되는데 그들은 보수적인 것과 이미 전통적이고 잘 구축된 코드인, 가족, 종교, 커뮤니티, 그리고 국가 등에 대한 믿음에 의해 행동한다. 그들은 Mercury 자동차, Cooking with Paula Deen 잡지, 지역 TV 뉴스, 긴밀한 가족관계 등을 좋아한다.

노력자(Strivers)들은 트렌디하고 재미있는 것을 좋아한다. 그들이 어떤 것에 대한 성취에 의해 동기부여되기에 그들은 다른 사람들의 의견과 승인에 관심이 많다. 금전은 그들의 성공을 의미하며 Chevrolet, Playboy 잡지, Coke Classic, 복권 등을 좋아한다.

경험자들과 마찬가지로 제조자(Makers)들은 자기 표현에 의해 동기부여된다. 이들은 건축기술과 같은 것을 보유한 실용적 사람들이고 가족, 실용적 업무, 신체적 여흥과 같은 것 내에서 살며 밖의 일에는 관심이 없다. Dodge Ram 자동차, Field & Stream(아웃도어 활동관련 잡지), Budweiser, NASCAR(자동차경주협회) 등을 좋아한다.

분투자(Strugglers)들은 경제적 자원이 이들 집단 중 가장 낮기에 가장 기본적인 욕구만족을 추구하며 산다. 이들은 익숙한 것에 편안함을 느끼며 안전에 주로 관심이 있다. 미국 자동차, AARP 잡지, The 700 클럽, 집에서 먹는 커피 등을 주로 이용한다.[77)]

이러한 집단의 분류는 미국시장의 세분화 기준으로 합당한 방법으로 국내시장에 같이 적용시키기는 어려울 수 있다. [Consumer Insight 9-6]은 한국 소비시장을 대상으로 한 라이프스타일 분류를 보여주고 있다.

CONSUMER INSIGHT 9-6 라이프스타일 유형별로 본 소비자 특성 – GROW[78)]

2006년 소비자연례조사(ACR)에서는 우리나라 소비자의 유형을 성이나 연령과 상관없이 가치관이나 사회관에 따라 분류하여 분석한 결과, 그린(Green)형 · 레드(Red)형 · 올리브(Olive)형 · 화이트(White)형으로 구분되었다. 기존에는 광고 타깃이나 마케팅 타깃을 성(性)과 연령 등으로 구분하였으나 이제는 라이프스타일에 따라 세분화하는 경향이 많아지고 있다. 이런 분석은 기존의 인구통계학적인 성별, 연령별 분석을 넘어 우리나라 소비자를 가치관 유형으로 분류할 수 있는 특성을 가지고 있다. ACR에서는 AIO(Activity, Interest, Opinion) 목록을 활용한 VALS(Values and Lifestyle) 연구를 바탕으로 총 257개 라이프스타일 항목을 조사하였다.

■ 그림 9-5 | 한국의 라이프스타일 유형

■ Green형

앞으로 더욱 자라날 것을 기대하는 그린형은 미래지향적 · 긍정적 사고를 보인다. 막연한 희망을 가지고 있으며, 현실과 사회에 대해 아직 잘 모르지만, 활동적인 성향을 보인다. 소비를 즐기고, 기능이 복잡한 제품에 대해 별다른 거부반응을 보이지 않는 특성이 있다. 식생활에 있어서는 음식에 대한 관심이 적은 편이며, 건강이나 영양보다는 맛있는 군것질을 즐긴다. 주거생활은 나만의 공간을 갖기를 원하며, 좀 더 좋은 집으로 이전하기를 바란다. 또한 나만의 아지트, 나만의 공간에 대한 욕구가 강한 유형이다. 정기적으로 운동을 하고 있으나 건강에 크게 신경 쓰지 않는 특성을 보이기도 한다. 일상에서 찾을 수 있는 취미를 즐기고 이를 혼자 즐기는 것을 좋아한다. 금융 및 재테크에 관해서는 관심이 적은 편이다. 기술을 인간 삶의 보조도구로 생각하며, 새로운 기술을 자연스럽게 수용하는 특색을 보이는 것이 그린형이다.

■ Red형

정열적 행동파인 레드형은 자기중심적이고 개인주의 성향이 짙다. 특히 트렌드, 패션, 개성 등을 중시한다. 충동성을 가지고 있으며, 즐거운 삶을 살고자 한다. 동시에 미래를 위한 준비를 하는 유형이다. 가족을 중시하면서도 자기중심적 웰빙을 추구하는 성향을 보인다.

라이프스타일은 패션을 중시하고 외모를 가꾸는 데 돈을 아끼지 않는 편이다. 브랜드를 중시하며, 충동구매를 즐기고, 신제품에 관심이 많고 친환경제품을 선호한다. 식생활에 있어서는 맛있는 음식을 찾아다니며, 친환경음식을 먹으려고 노력한다. 주거생활 역시 고급스럽기를 원하며, 취미와 여가활동을 현재보다 더 많이 즐길 수 있기를 원한다. 특히 영양제에 관심이 많을 정도로 건강을 염려하고 챙기는 편이다. 여가생활에 있어서는 모험과 스릴을 즐기며, 동호회 및 외부활동을 즐기는 특색을 보인다. 직장생활에 있어서는 조직을 개인보다 우선시하며, 불만이 있어도 참고 견디는 편이다. 금융이나 재테크에 관해서는 수익성 있는 투자를 선호하며, 즐기기 위해 돈을 쓸 때는 확실히 쓰는 편이다. 정보 및 새로운 기술습득에 매우 관심이 많고, 온라인 이용에 가장 적극적인 유형이다.

■ **Olive형**

가정적인 차분한 요리의 색깔을 보이는 올리브형은 보수적이고 안정성을 추구한다. 현재 삶에 만족하면서 친환경적 성향을 보인다. 올리브형은 가족을 제일 중요시 여기고, 가족 모두가 모여 자주 식사하는 편이며, 자녀의 성공을 중요시하는 가족중심적인 성향을 보인다. 패션에 있어서는 옷의 디자인보다는 활동성을 중시하는 편이다. 제품을 구입할 때는 기능이 단순한 제품을 선호한다. 동시에 제품 구입시 애프터서비스가 중요한 구매 고려요소이다. 식생활에 있어서는 인스턴트를 해롭다고 생각하며, 환경친화적인 식품을 구입하는 편이다. 주로 인테리어에 관심이 많으며, 가족의 편의와 안락을 중시한다.

■ **White형**

자신을 드러내기보다 순응하는 화이트형은 대세추종형이다. 특히 치열한 경쟁 속에 묻힌 삶에 대해 불만스런 태도를 보이며, 가치변화에 민감하게 반응한다. 반면 다른 사람의 다양성을 인정하면서 동시에 경제성의 논리에 민감한 편이다.

패션에 있어서는 유행보다는 실속이 중요하지만 옷을 잘 입어야 대접을 받는다는 외모지상주의적인 가치관을 갖고 있다. 또한 소비보다는 절약이 더 중요한 문제로 본다. 쇼핑을 할 때도 할인매장이나 세일기간을 적극 이용하는 합리적인 소비성향을 보인다. 식생활은 영양보다는 맛 위주로 먹으며 가격에 민감한 편이다. 집에 관심은 많으나 집을 구입하는 데 있어서는 현실적 어려움을 보이는 유형이다. 건강검진을 정기적으로 받는 등 건강에 관심이 많지만 운동에 소홀히 한다. 여가시간을 주위 친구, 직장동료들과 함께 보내며, 스트레스 해소를 여가의 목적으로 삼는 특색을 보인다. 직장생활에 있어서는 개인생활을 중시하며, 좋은 조건만 주어진다면 언제든지 회사를 옮길 수 있다고 생각하는 다소 열린 태도를 보인다. 금융이나 재테크에서는 돈에 대한 관심이 가장 많은 편이며 온라인 금융거래를 자주 하는 편이다. 인터넷 이용을 점차 늘리고 있으며, 필요에 의해 선별적으로 정보통신 매체를 이용하는 특색을 보이는 유형이다.

2.4 한스-게오르크 호이젤의 고객의 7가지 유형

1장에서 논의되었듯이 고객들의 욕구와 선호도는 천차만별이인데 이런 차이점이 발생하는 주된 원인은 뇌 속에 있는 동기 및 감정시스템이 개인별로 각기 다르게 혼합되어 있기 때문이라고 하였다. 거기서 언급된 독일의 한스-게오르크 호이젤(Hans-Georg Hausel) 박사는 이 신경마케팅 분야의 세계적 대가이다.

그의 이론의 핵심은 “소비자의 구매결정은 거의 언제나 뇌에서 무의식적으로, 감정적으로 내려진다”는 것이다. 따라서 마케팅이 성공하려면 소비자의 뇌 속을 들여다봐야 한다는 것이다. 그는 이 개념을 토대로 2004년 〈뇌, 욕망의 비밀을 풀다(원제: Brain View)〉라는 책을 발간하였다.[79] 그는 이 책에서 뇌연구에서 얻은 인식을 바탕으로 하여 고객을 몇 가지 기본 유형으로 분류해볼 수 있으며 지금부터 고객들의 제품에 대한 기호가 다른 이유가 무엇인지를 아주 설득력 있게 제시하고 있다.

그림 9-6 | 림빅(Limbic)의 소비자 유형분류[80]

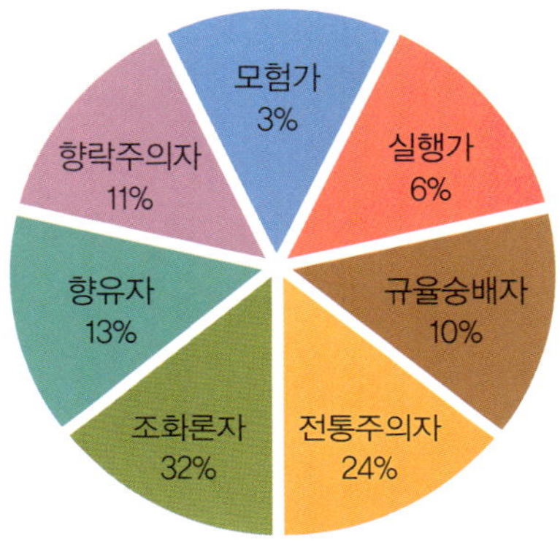

1) 전통주의자의 성향과 구매 특징

전통주의자는 모든 것을 아주 꼼꼼하게 점검하고 오랫동안 세부적인 것에 매달린다. 전통주의자는 균형시스템이 주도권을 쥐고 있기 때문에 다소 불안하고 조심스러우며, 새로운 것에 대해 개방적인 태도를 취하지 않는 경향이 있다. 일반적으로 그들이 구매결정을 내릴 때는 안정성과 신뢰감, 품질에 대한 확신이 매우 큰 비중을 차지한다. 소비 및 구매 습관 또한 비교적 변하지 않는다. 전통주의자는 전형적인 단골고객 유형으로, 오랫동안 한 상점이나 한 기업을 충실하게 찾는다. 전통주의자에게 브랜드는 무엇보다도 안정성과 신뢰성을 보장해주는 기능을 한다. 가격에 대한 태도는 기본적으로 절약정신의 영향을 받는다. 왜냐하면 많은 지출은 잠재적인 위험성을 의미하기 때문이다.

2) 조화론자의 성향과 구매 특징

조화론자 역시 균형시스템이 뇌에서 주도권을 쥐고 있다. 때문에 전통주의자가 가지고 있는 많은 특징을 조화론자도 갖고 있다. 조화론자도 전통주의자와 마찬가지로 조심스럽긴 하지만 다른 사람들에 대해서 좀 더 개방적인 태도를 보인다. 특히 아늑함과 조화로움이 넘치는 가정을 소중히 여긴다. 특히 여성 조화론자는 정원, 고향, 부엌, 애완동물과 관련된 제품에 특별한 관심을 보인다.

3) 향유자의 성향과 구매 특징

향유자들은 개방적이고 긍정적인 생활방식을 특징으로 한다. 그들은 높은 만족감을 약속하고, 환상을 자극하며, 꿈의 세계로 유혹하는 상품을 선호한다. 비록 향유자들도 우수한 품질과 천연 원료에 관심을 보이긴 하지만, 아무리 그래도 향유의 측면이 지나치게 부족해서는 안 된다. 작은 사치와 약간의 방종을 즐기는 것, 이것이 바로 향유자의 모토다. 그들은 쇼핑을 좋아하고, 짬짬이 틈을 내어 에스프레소를 음미한다. 또한 체험적인 성격의 브랜드를 선호한다. 향유자는 다른 사람들과 만나는 것을 좋아한다. 때문에 새로운 사람들을 만날 수 있는 자리나 이벤트를 즐겨 찾는다. 또한 가족과 함께하는 체험도 중요하게 생각한다.

4) 향락주의자의 성향과 구매 특징

이 유형을 가리키는 명칭인 쾌락주의자(Hedonist)는 그리스어 'Hidoni = 즐거움, 만족, 쾌락'에서 유래했다. 향락주의자는 언제나 새로운 것을 추구하고, 다른 종류의 보상을 찾아 헤맨다. 약물이나 알코올 중독을 치료하는 병동을 들여다보면 이 유형이 평균을 훨씬 웃돈다. 그들은 시끌벅적한 것, 눈에 띄는 것, 유별난 것, 개인적인 것을 중요하게 생각한다. 상품의 품질과 원산지는 별로 중요하지 않다. 그들에게 중요한 것은 새롭고 색다른 것이다. 향락주의자들은 12장 '소비자 구전 및 혁신의 확산'에서 자세하게 설명하게 될 '조기수용자(early adopter)'로 새로운 유행과 새로운 상품에 제일 먼저 관심을 기울인다. 때문에 유행에 대한 그들의 집착은 유달리 강하다. 음식 영역에서도 마찬가지다. 그들은 새롭고 이국적인 음식이나 새로운 제품에 제일 먼저 열광한다.

향락주의자들은 전형적인 충동구매자다. 그들은 즐거운 마음으로 많은 물건을 구입한다. 심지어는 꼭 필요한 물건이 아닌데도 그냥 사들인다. 상품구매 장소는 중요하지 않다. 조언을 필요로 하는 경우도 매우 드물다. 왜냐하면 극도로 긍정적인 기본 정서가 위험성에 대한 우려를 몰아내버리기 때문이다.

5) 모험가의 성향과 구매 특징

모험가의 뇌 속에도 도파민이 풍부하다. 여기에다 남성 호르몬이자 지배호르몬인 테스토스테론이 적당량 추가되어 있다. 향락주의자들이 향락 그 자체를 중요시하는 반면, 모험가들은 향락에 전투적인 요소를 살짝 가미시킨다. 이러한 유형의 사람들은 ADHD와 관련이 있다는 유전자 중에 도파민 수용체 유전자가 변이된 DRD4 도파민 수용체가 있다. 이 유전자를 보유한 사람은 위험스럽고 극단적인 행동을 앞장서서 저지른다. 이들은 상대적으로 충동, 탐구, 변덕스럽고, 성질이 급하며 사치스럽다.[81] 그들이 무엇보다도 중요하게 생각하는 것은 가시적으로 드러난 뛰어난 성능과 즐거움이다. 그들에게는 상품구매 장소도 중요하지 않으며 조언도 필요하지 않다. 반드시 알고 있어야 하는 사항은 오래 전에 인터넷을 통해서 미리 알아둔다. 그들은 건강 문제에 전혀 관심이 없는데 위험성에 대한 의식이 전혀 없기 때문에 곧잘 능력의 한계에 이를 정도로 몸을 혹사시키곤 한다. 그에 따라 산악자전거, 스노보드, 도구 없이 하는 자유 암벽 등반처럼 스릴 넘치는 스포츠 종목에 끌린다.

X게임이라고도 하는 익스트림 스포츠는 모험을 즐기는 스포츠이기 때문에 '위험스포츠' 또는 '극한스포츠'라고 하기도 하는데 과연 이런 스포츠를 즐기는 사람이 주위에 얼마나 될까요?[82] (사진출처: https://www.gettyimagesbank.com)

6) 실행가의 성향과 구매 특징

실행가들은 눈에 들어온 목표물을 완강하고 집요하게 추적한다. 이 과정에서 그들은 왼쪽 뇌에 저장되어 있는 규칙을 최대한 많이 사용하려고 시도한다. 실행가들은 영리함을 상징하거나 높은 지위를 약속해주는 구매장소와 상품을 매우 중요하게 여긴다. 실행가는 다른 사람들 앞에서 자기 자신이 가장 뛰어난 존재이자 가장 위대한 존재라는 것을 보여주려고 한다. 그들은 흔히 값비싼 와인에 열광한다. 와인이 갖고 있는 풍미 때문이 아니라 동료나 친구들과 만난 자리에서 와인을 구실 삼아 자신의 지식을 과시할 수 있는 것을 중요하게 생각한다. 대체로 그들은 주로 뛰어난 성능과 기술적인 완벽함, 지위를 보장해주는 상품을 구매한다.

7) 규율숭배자의 성향과 구매 특징

규율숭배자는 도파민 유형인 향락주의자와 정반대 위치에 있다. 향락주의자들이 낙관적인 생각에 젖어 쾌락과 기분 전환을 추구하는 반면 규율숭배자들은 염세적이고 의구심에 찬 태도로 세상을 대한다. 그들은 기분전환을 추구하지 않는다. 때문에 그들에게 즐거움이나 향락은 그저 보잘 것 없는 것에 불과하다. 규율숭배자들은 꼭 필요한 물건만 구입한다. 쓸데없는 물건은 절대로 구입하지 않고, 순수하게 기능성 위주로 구매한다. 절약은 그들의 기본 미덕이다.[83)]

2.5 라이프스타일에 의한 세분화

앞에서 논의되었듯이 라이프스타일 개념은 역할과 관심, 시간활동, 그리고 소비행위, 구매행위, 보도매체에 대한 노출패턴 등으로 정의되었고, 이를 이용해서 나온 라이프스타일 시장세분화에 의한 표적시장 확정은 그 시장 내에 있는 주요 고객그룹을 보다 더 잘 규명해주고 이해할 수 있도록 해주고 있어 실제적으로 고객중심의 분석에 대한 명확한 틀을 제시해 줄 수 있기에 제품속성 또는 효용성 평가 측면에서 유의한 차이를 산출하는 데 있어 인구통계에 의한 세분화보다 유용하다고 볼 수 있다.[84)] 라이프스타일 세분화의 장점은 특정 제품에 관심이 있는 고객을 쉽게 식별할 수 있다는 것이다. 소비자들은 기업이 자신의 욕구를 잘 이해한다고 느낄 수 있도록 상품과 고객 니즈 사이에 일치성을 더욱 느낄 수 있고 기업의 프로모션이 더 성공할 가능성이 높다.[85)]

라이프스타일 세분화를 어떻게 수행하면 되는지 참고할 수 있는 자료로 본서에서는 소비자 · 전문가 패널을 활용한 신지식 네트워크 전문 기관인 (주)트렌드모니터에서 2009년 10월 실시한 '스포츠의류시장 시장조사' 보고서를 소개하고자 한다.

이 보고서에서는 의류구매 성향에 따라 스포츠의류 소비자를 세분화하였는데 브랜드 중시 정도와 쇼핑선호 정도에 따라 스포츠의류 소비자를 'Fashion Follower', 'Planning Shopper', 'Brand & Style', 'Fashion indifference'의 총 4개 군집으로 세분화하였다.[86)]

먼저 첫 번째 집단인 Fashion Follower는 패션산업 전반에 관심이 높은 20~30대 초반의 여성들로, 나이키/아디다스 등 주요 브랜드에 대한 충성도가 높고, 월평균 의류지출 금액이 18만 원으로 타 세분시장 대비 높은 편이고 패션성이 가미된 캐포츠룩이나 아웃트로룩 등에 대한 반응이 긍정적인 집단이다.

골프채널의 골프채 광고

낚시채널의 낚시채 광고

게임채널의 게임 광고

상식적으로 생각해봐도 각 취미활동에 관련된 제품을 해당 채널에 광고하는 것은 쉽게 관심고객을 찾아가는 방법이다.

두 번째 Planning Shopper는 30대 초중반 정도의 중산층으로 스포츠의류 자체에 대한 구매빈도가 높지 않고 다른 집단에 비해 상대적으로 소득이 낮으며 가격에 민감한 편이나, 월평균 의류 지출이 14만 원으로 소득 대비 높은 편이며 디자인에 대한 고려도 높다. 스포츠활동을 위해서 스포츠의류를 구매하기보다는 스포티하고 세련된 이미지를 위한 평상복으로 착용하는 경우가 많다.

세 번째 Brand & Style 집단은 주로 20~30대 고소득층으로, 여성보다 남성의 비중이 높고, 싱글의 비중이 높으며, 사회활동의 일환으로 스포츠를 통한 사교모임을 즐긴다. 쇼핑 자체를 즐기지는 않으나 명품브랜드 등 브랜드 이미지를 중요시 여기며, 브랜드 충성도가 가장 높게 나타나는 집단이다.

마지막으로 Fashion Indifference 집단은 30대 중반 이상의 기혼 남성으로, 패션에 가장 무관심한 성향을 보이며 가격에 가장 민감하며 의류지출 금액이 가장 적은 편이다. 브랜드 및 디자인에 대한 고려도가 낮고, 등산 등 스포츠를 위한 의류의 품질 및 기능성을 중요시 여긴다.

그림 9-7 | 라이프스타일에 의한 패션시장의 시장세분화[87]

SEG 1. Fashion Follower	• 가장 규모가 큰 층 • 쇼핑을 즐기며, 브랜드와 스타일을 함께 고려 • 상대적으로 여성비중이 높음
SEG 2. Planning Shopper	• 가격에 민감한 편 • 유명 브랜드보다 패션성이 강한 보세옷을 할인점 등에서 저렴하게 구입
SEG 3. Brand & Style	• 쇼핑을 좋아하지는 않음 • 유명 브랜드 옷과 브랜드 충성도가 높은 편임 • 주로 젊은 남성층이 차지
SEG 4. Fashion Indifference	• 쇼핑 및 브랜드에 대한 관심이 매우 낮음 • 가격에 민감 • 등산과 같은 정적인 스포츠 선호 • 주로 연령이 높은 남성층 비중이 높음

연 · 습 · 문 · 제

01. 사회심리이론(공격, 순응)과 소비자의 내향 · 외향성을 각각의 축으로 하여 좀 더 다양화된 세분집단을 나누고 각각의 집단별로 어떤 제품의 주 표적시장이 될 수 있을지 생각해보세요.

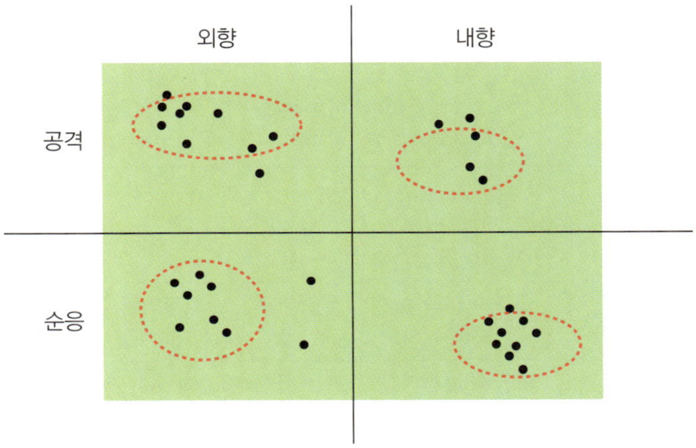

02. [그림 9-2]의 브랜드 개성 척도를 활용하여 다음 브랜드의 개성이 과연 존재하는지 간단한 인터뷰에 의해 분석해보고 각각의 브랜드 개성이 없다거나 잘못 인식되고 있다면 브랜드 개성을 심어주기 위한 마케팅 아이디어를 제시하세요.

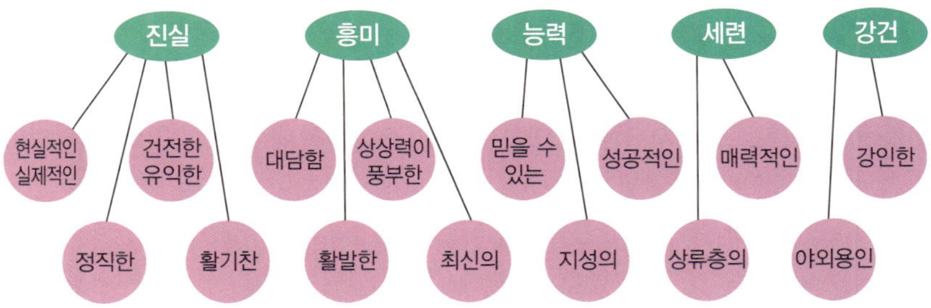

a. 프로스펙스
b. 아반떼
c. 롯데마트
d. 동원 F&B

03. [표 9-3]과 다음의 표를 참고하여 소비자-브랜드 관계에서 과연 이러한 다양한 관계유형이 존재한다고 생각하는지 그리고 어떠한 제품유형에서 특히 브랜드의 의인화전략이 유효할 수 있을 지 논의해보세요.

의인화 제품 및 의인화 방법[88]

제품	관계유형	의인화 방법
자동차	친구, 가족	"자동차에 이름을 붙인다." "엔진오일이나 부속 바꿀 때 친자식 같아서 왠지 좋은 것으로 바꿔주고 싶다." "내 자식을 꾸미듯이 내부를 이쁜 것들로 장식하고 싶다." "차에 문제가 생기면 친구가 다친 것처럼 내마음도 아프다."
핸드폰	친구, 가족	"집에 나두고 나왔을 때 가족이 없는 것처럼 허전함을 느꼈다". "음악을 듣고 어두운 밤거리를 갈 때 친구와 함께 가는 듯한 든든함을 느꼈다."
컴퓨터	선생님, 친구	"내 어려운 문제를 해결해주는 조언자이다." "선생님 같기도 하고 온라인게임을 할 때는 친구 같기도 하다."
카메라	친구	"혼자 카메라를 들고 여행을 떠날 땐 내 친구와 같이 여행을 가는 느낌이 있었다.
인형	언니, 동생	"잠잘 때 같이 자 주는 언니나 동생 같은 느낌이 든다." "무생물이지만 이름을 붙여주고 대화도 한 번씩 하는 나를 보면 내가 우습기도 하다."
모형헬기	또 다른 나의 자아	"나의 분신이 창공을 나는 것 같다."
맥주	친구	"이 브랜드의 맥주는 나의 고독과 외로움을 달래주는 친구 같다." "잠이 안올 때 이 맥주를 혼자서 마시면 친구 같은 느낌이다."

04. AIO 문항을 바탕으로 소비자 설문조사를 해보고 군집분석을 통해 각각의 세분집단의 명칭을 정하고 각 세분집단의 인구통계적 특성을 요약하여 전반적인 특징을 정의하세요. [그림 9-4] 및 [Comsumer Insight 9-6]과 같이 한국인을 위한 새로운 라이프스타일 분류를 해보세요.

05. 한스-게오르크 호이젤의 〈뇌, 욕망의 비밀을 풀다〉(참고문헌에 자세한 정보제공)를 읽고 고객을 분류하기 위한 항목을 개발해보고 시장세분화 전략의 활용가능성에 대해서 논의해보세요.

06. 다음과 같은 브랜드의 표적시장으로 적합한 시장을 선택하여 가상의 제품에 대한 신제품 마케팅전략 아이디어를 제시해보세요.

패션시장의 세분시장[89]

구분	Fashion Follower	Planning Shopper	Brand & Style	Fashion Indifference
타깃 적합성	20~30대 여성	30대 이상의 여성	20대 남성	30~40대 남성
기능성 중시	비교적 기능성에 대한 고려가 낮음	기능성에 대한 고려가 가장 낮게 나타남	액티브한 스포츠를 즐기기 때문에 기능성에 대한 고려도가 높은 편	등산 등을 즐기므로 상대적으로 기능성 중시
디자인 중시	패션에 가장 관심이 많은 집단으로 디자인에 대한 고려가 높음	가격 대비 디자인이 뛰어난 의류를 구입	고가의 major 브랜드일수록 디자인이 뛰어나다고 생각	패션 자체에 관심이 없음
브랜드 중시	주로 백화점 입점 브랜드를 구매하며 major 브랜드에 대한 충성도가 높음	브랜드에 좌지우지되기 보다는 의류 자체의 가격과 디자인을 통해 판단함	유명상표 브랜드에 대한 충성도가 매우 높음	쇼핑 관여도와 브랜드 관여도가 모두 가장 낮음
가격 중시	가격이 비싸도 자신의 이미지와 가치에 맞는 의류를 구매	저렴한 가격의 의류를 빈번히 구매하는 경향	가격이 비싼 브랜드 의류 구매를 통해 특별한 느낌을 가짐	가격에 매우 민감
구매 고려요인 정리	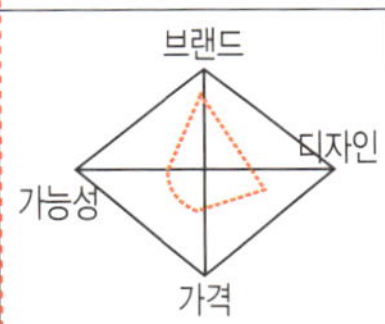	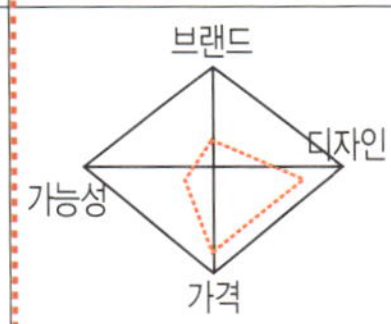	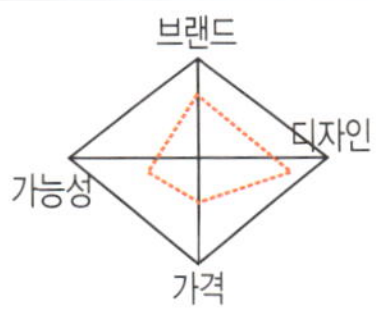	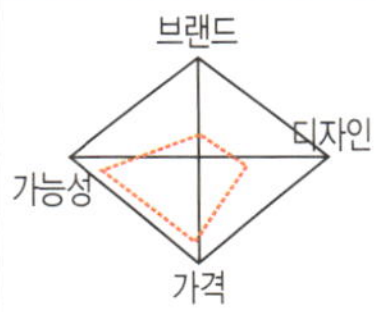
기존 아웃도어 브랜드 충성도	노스페이스를 제외한 아웃도어 브랜드에 충성도가 높지 않음	기존 아웃도어 브랜드들의 가격과 디자인에 부담스러워 함	역시 노스페이스를 제외한 아웃도어 브랜드에 대해서는 충성도가 낮음	아웃도어 구매율이 비교적 높은 편이나, 브랜드 충성도가 아닌 가격, 판촉 등의 이유로 구매
한 달 의류 지출비용	17.8만 원	14만 원	13.4만 원	10.7만 원

a. 새로 시작하는 중소기업의 아웃도어 브랜드

b. 새로 시작하는 중소기업의 청바지 브랜드

참 • 고 • 문 • 헌

1) 가와시마 고헤이 지음, 미디어 브레인 옮김(2009), 고객의 마음을 사로잡는 웹 심리학, Lion Books, 18에서 참고하여 작성
2) King, L. A.(2008), *The Science of Psychology*, McGraw-Hill, 408.
3) 더 자세한 내용은 Aronoff, J. and J. P. Wilson(1985), *Personality in the Social Process*, Hilsdale, NJ: Erlbaum/Mischel, W.(1968), *Personality and Assessment*, New York: Wiley 등을 통해 참고할 수 있음.
4) 말콤 글래드웰 지음, 임옥희 옮김(2004), 티핑포인트, 21세기북스, 159에서 참고하여 작성
5) http://www.mbti.co.kr/에서 보다 자세한 내용을 확인할 수 있음.
6) 샘 고슬링 지음, 김선아 옮김(2010), 스눕, 한국경제신문, 74.
7) 샘 고슬링 지음, 김선아 옮김(2010), 상게서, 74-77에서 참고하여 작성
8) 샘 고슬링 지음, 김선아 옮김(2010), 상게서, 75.
9) 샘 고슬링 지음, 김선아 옮김(2010), 상게서, 76.
10) 대니얼 네틀 지음, 김상우 옮김(2009), 성격의 탄생, 와이즈북, 48.
11) 이 논지는 프로이드의 저서: Freud, S.(1917), A General Introduction to Psychoanalysis, New York: Washington Square Press를 참고할 수 있음/King, L. A.(2008), *The Science of Psychology*, McGraw Hill, 409-410에서 재인용
12) Solomon, M. R.(2010), *Consumer Behavior: Buying, Having, and Being*, Pearson, 244에서 참고하여 작성
13) 사진출처: http://blog.donga.com/aykim/files/2013/10/5215023051381048949.png
14) Kang, J., Martinez, C. M. J., & Johnson, C.(2021), Minimalism as a sustainable lifestyle: Its behavioral representations and contributions to emotional well-being, *Sustainable Production and Consumption*, 27, 802-813.
15) Lloyd, K., & Pennington, W.(2020), Towards a theory of minimalism and wellbeing, *International Journal of Applied Positive Psychology*, 1-16.
16) http://m.joongdo.co.kr/view.php?key=20190404010002151#cb
17) 김경자, [김경자 교수의 探스러운 소비], 럭셔리한 자아, '한심한 착각', 2016.9.9. https://www.thescoop.co.kr/news/articleView.html?idxno=21192
18) 또 다른 내 모습 '멀티 페르소나', 내 안에는 몇 개의 자아가 있을까 [지식용어] http://www.sisunnews.co.kr/news/articleView.html?idxno=123818
19) 위의 글
20) Sirgy, M. J.(1985), Using self-congruity and ideal congruity to predict purchase motivation, *Journal of Business Research*, 13(3), 195-206.

21) Aaker, J. L.(1999), The malleable self: The role of self-expression in persuasion, *Journal of Marketing Research*, 36(1), 45-57/Dolich, I. J.(1969), Congruence relationships between self images and product brands, *Journal of Marketing Research*, 6(1), 80-84/Graeff, T. R.(1996), Using promotional messages to manage the effects of brand and self image on brand evaluations, *Journal of Consumer Marketing*. 4-18/Aguirre-Rodriguez, A., Bosnjak, M., & Sirgy, M. J.(2012), Moderators of the self-congruity effect on consumer decision-making: A meta-analysis, *Journal of Business Research*, 65(8), 1179-1188 등에서 참고하여 작성
22) Dolich, I. J.(1969), Congruence relationships between self images and product brands, *Journal of Marketing Research*, 6(1), 80-84.
23) Birdwell, A. E.(1964), Influence of image congruence on consumer choice, Reflections on Progress in Marketing, *American Marketing Association*, Chicago, IL, 290-303.
24) http://onesuck.egloos.com/875349
25) Burnkrant, R. E.(1982), On the Management of Self Images in Social Situations: the Role of Public Self Consciousness, *ACR North American Advances*, Vol. 9(Ann Arbor, MI: Association for Consumer Research, 1982), 452-455.
26) Boyatzis, R. E., & Akrivou, K.(2006), The ideal self as the driver of intentional change, *Journal of Management Development*.
27) 정재승 · 진중권(2011), 정재승+진중권, 크로스, 웅진지식하우스, 127에서 참고하여 작성
28) Landon Jr, E. L.(1974), Self concept, ideal self concept, and consumer purchase intentions, *Journal of Consumer Research*, 1(2), 44-51.
29) Richins, M. L.(1991), Social comparison and the idealized images of advertising, *Journal of Consumer Research*, 18(1), 71-83.
30) Hanley, A., & Wilhelm, M. S.(1992), Compulsive buying: An exploration into self-esteem and money attitudes, *Journal of Economic Psychology*, 13(1), 5-18.
31) [포춘US] 바비 인형의 다양성 노력, http://www.fortunekorea.co.kr/news/articleView.html?idxno=10380
32) 진짜 문제는 바비의 몸매가 아니야, 여성신문(http://www.womennews.co.kr)
33) 포춘코리아(FORTUNE KOREA)(http://www.fortunekorea.co.kr)
34) Solomon, M. R.(1983), The role of products as social stimuli: A symbolic interactionism perspective, *Journal of Consumer Research*, 10(3), 319-329.
35) Belk, R. W.(1988), Possessions and the extended self, *Journal of Consumer Research*, 15(2), 139-168.
36) Carroll, E., & Romano, J.(2010), Your digital afterlife: When Facebook, Flickr and Twitter are your estate, what's your legacy?, New Riders/Belk, R. W.(2013),

Extended self in a digital world, *Journal of Consumer Research*, 40(3), 477–500.
37) Solomon, M. R., & Assael, H.(1987), The forest or the trees? A gestalt approach to symbolic consumption. *Marketing and semiotics: New directions in the study of signs for sale*, 189–218의 내용을 수정하여 작성
38) 사카이 나오키 지음, 정보공학연구소 편역(2003), 감성마케팅 잠든시장을 깨운다, 정보공학, 52.
39) 사진출처: https://brunch.co.kr/@sonoeunz/6
40) Green, P. E., D. S. Tull, and G. Albaum(1988), *Research for Marketing Decisions*, 5th ed., Prentice–Hall, 168–170.
41) Cohen, J. B.(1967), An interpersonal orientation to the study of consumer behavior, *Journal of Marketing Research*, 4(3), 270–278.
42) Green, P. E. et al.(1988), *Research for Marketing Decisions*, 5th ed., Prentice–Hall, 168–170.
43) Kassin, S.(2003), *Psychology*, Prentice–Hall, Inc.
44) Edwards, A. L.(1957), Edwards Personal Preference Schedule Manual(New York: Psychological Corp). 더 자세한 항목을 보고 싶으면 http://en.wikipedia.org/wiki/Edwards_Personal_Preference_Schedule를 참고하세요.
45) 더 자세한 항목은 www.talentlens.com/.../GPPI_Administration_Guidelines.pdf을 참고하세요.
46) Edwards Personal Preference Schedule을 사용
47) Koponen, A.(1960), k Personality characteristics of purchasers, *Journal of Advertising Research*, 1(September), 6–12.
48) Thurstone Temperament Schedule을 사용
49) Westfall, R.(1962), Psychological factors in predicting product choice, *Journal of Marketing*, 26(2), 34–40.
50) Asseal, H.(1996), *op. cit.*, 383.
51) Aaker, J. L.(1997), Dimensions of brand personality, *Journal of Marketing Research*, 34(3), 347–356.
52) http://www.viget.com/inspire/brand–personality/에서 사진과 같이 참고함.
53) Aaker, J. L.(1997), Dimensions of brand personality, *Journal of Consumer Research*, 34(3), 347–356/Keller, K. L.(1998), *Strategic Brand Management*, Prentice–Hall, 322의 내용 등을 참고하여 작성
54) Abrams, B.(1981), Admen say brand personality is as crucial as the product, *Wall Street Journal*, 13(3).
55) www.lgad.co.kr의 webzine 2002, 3/4월호에서 참고
56) Keller, K. L.(1998), *op. cit.*, 323.

57) Fournier, S.(1998), Consumers and their brands: Developing relationship theory in consumer research, *Journal of Consumer Research*, 24(4), 343–373/Parvatiyar, A., & Sheth, J. N.(2001), Customer relationship management: Emerging practice, process, and discipline, *Journal of Economic & Social Research*, 3(2)/McAlexander, J. H., Schouten, J. W., & Koenig, H. F.(2002), Building brand community, *Journal of Marketing*, 66(1), 38–54.

58) Blackston, M.(2000), Observations: Building brand equity by managing the brand's relationships, *Journal of Advertising Research*, 40(6), 101–105.

59) Fournier, S.(1998), Consumers and their brands: Developing relationship theory in consumer research, *Journal of Consumer Research*, 24(4), 343–373.

60) Bengtsson, A.(2003), Toward a critique of brand relationship, *Advances in Consumer Research*, 30. 154–158.

61) Wells, W. D., & Tigert, D. J.(1971), Activities, interests and opinions, *Journal of Advertising Research*, 11(4), 27–35.

62) 트렌드모니터(www.trendmonitor.co.kr)의 보고서에서 참고

63) 이종호 · 김문태(2006), 마케팅 액츄얼리, 경문사, 132.

64) 틴트 파운데이션 쇼핑하는 남자들, 올해 7배 늘었다(https://news.mt.co.kr/mtview.php?no=2019082010000429512)

65) https://laka.co.kr/

66) 틴트 파운데이션 쇼핑하는 남자들, 올해 7배 늘었다(https://news.mt.co.kr/mtview.php?no=2019082010000429512)

67) 25~34세 韓남자, 평균 5.5개 화장품 쓴다 … 선호 1위 제품은(https://news.joins.com/article/23778245)

68) https://news.einfomax.co.kr/news/articleView.html?idxno=87938

69) 사진출처: 동부리서치, 아시아경제(https://cm.asiae.co.kr/img_view.htm?img=2016080115120167000_2.jpg)

70) 마이클 J. 실버스타인 외 지음, 보스턴컨설팅그룹 옮김(2005), 소비의 새물결 트레이딩 업, 세종서적, 22–23.

71) 마이클 J. 실버스타인 외 지음, 보스턴컨설팅그룹 옮김(2005), 상게서, 78.

72) 마이클 J. 실버스타인 외 지음, 보스턴컨설팅그룹 옮김(2005), 상게서, 79.

73) 이일범 해석, THE DEVIL wears PRADA, 스크린영어사, 93–95에서 참고하여 작성

74) Mitchell, A.(1981), *Changing Values and Lifestyles*(Menlo Park, CA: SRI International).

75) Riche, M. F.(1989), "Psychographics for the 1990s," *America Demographics*(July), 24–32, 53–54.

76) http://www.strategicbusinessinsights.com

77) 보다 자세한 내용은 http://www.strategicbusinessinsights.com에서 공부할 수 있음/ Solomon, M. R.(2010), *op. cit.*, 268-269도 같이 참고하여 작성함.

78) 유진형 · 조미현(2006), 세대별로 본 소비자 특성-MOSAIC, Cheil Communication, November, 16-19.

79) 소비자 腦를 열어라, 뇌 속 욕망을 읽어라, chosun.com 2009.5.2.

80) 한스-게오로크 호이젤 지음, 배진아 옮김(2009), 뇌, 욕망의 비밀을 풀다, 흐름출판, 135.

81) 주디스 호스트먼 지음, 이문영 옮김(20011), 나의 두뇌가 보내는 하루, 쌤앤파커스, 145-146에서 참고하여 작성

82) http://honam.sisafocus.co.kr

83) 한스-게오로크 호이젤 지음, 배진아 옮김(2009), 전게서, 134-135.

84) Vyncke, P.(2002), Lifestyle segmentation: From attitudes, interests and opinions, to values, aesthetic styles, life visions and media preferences, *European journal of communication*, 17(4), 445-463.

85) Migu is, V. L., Camanho, A. S., & e Cunha, J. F.(2012), Customer data mining for lifestyle segmentation, *Expert Systems with Applications*, 39(10), 9359-9366.

86) 트렌드모니터(www.trendmonitor.co.kr)

87) 트렌드모니터(www.trendmonitor.co.kr)

88) 저자의 브랜드 소비자 관계 관련 연구 중 정성적 연구결과에서 인용

89) 트렌드모니터(www.trendmonitor.co.kr)

10
CHAPTER

Understanding of Consumer Behavior

문화의 영향

1. 문화의 본질
2. 하위문화

10장 / 문화의 영향

"20세기의 장애물 중 하나는 우리가 아직 각 나라의 특성을 지나치게 막연하고 편협한 시각으로 인식하고 있다는 점이다.
우리는 일본을 일본인의 나라답게 만드는 것은 물론, 미국을 미국인의 나라답게, 프랑스를 프랑스인의 나라답게, 러시아를 러시아인의 나라답게 만드는 것이 무엇인지 알지 못한다. 이처럼 무지한 탓에 모든 나라들은 서로를 오해하고 있다."

–루스 베네딕트(Ruth Benedict)의 〈국화와 칼〉 중에서–

1. 문화의 본질

문화는 소비자행동에 영향을 미치는 거시적 영향요인의 하나로써 글로벌 마케팅 및 인종마케팅을 위해서 이해해야 할 중요한 요소이다. 이 절에서는 문화의 기본적 개념 및 특징에 대해 자세히 공부한다.

1.1 문화의 본질

문화(culture)는 사회가 전체적으로 용인하고 또한 언어와 상징물을 통해서 그 사회의 구성원들에게 전달되어 많은 사람들이 같이 느끼고 행동하는 일체의 가치관이다. 다시 말하면 개인이 사회구성원으로서 획득하는 지식, 신념, 기술, 도덕, 법, 관심 및 그 밖의 능력과 습관 등이 포함된 복합적인 것이다.[1] 몇 가지 문화의 특성을 논의하자면 다음과 같다.[2]

첫째, 문화는 복합적인 개념이다. 이는 소비자 사고과정과 행동에 영향을 미치는 거의 모든 것을 포함한다. [그림 10–1]에서 볼 수 있듯이 문화는 하위문화에 영향을 미치며 하

우리는 지역, 인종, 종교, 성별, 연령 등의 차이에 의해 다양한 문화가 생성되는 시대에 살고 있다. (사진출처: https://www.gettyimagesbank.com)

위문화는 사회계층 그리고 나아가 조직, 준거집단, 가족, 매체 등을 통하여 개별 소비자의 구매행동에까지 영향을 미칠 수 있는 것이다. 문화가 배고픔, 성욕과 같은 생물학적 욕구를 발생시키는 원인은 아니지만 이러한 동인들이 언제, 어떻게 만족되어야 할 것인가에는 영향을 미친다. 이는 우리의 선호뿐만 아니라 의사결정방법[3] 그리고 우리가 세계를 보는

그림 10-1 | 문화의 영향[4]

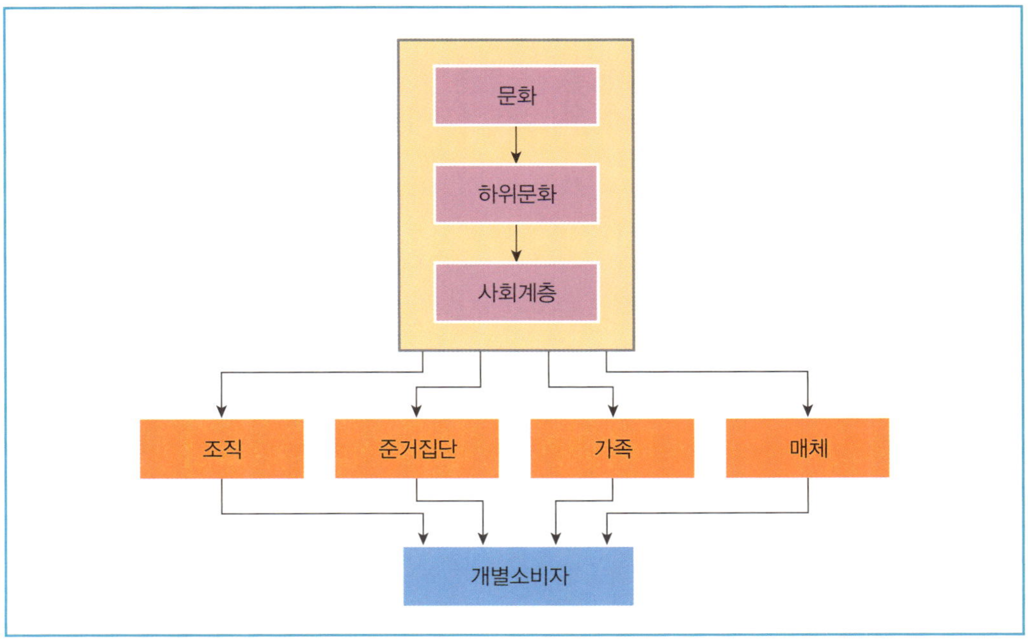

시각에도 영향을 미친다.

둘째, 문화는 태어난 후 획득되는 것이다. 이는 타고난 유전적 반응과 기질들을 포함하는 것이 아니다. 많은 사람들의 행동은 타고난다기보다는 문화가 사람들의 다양한 행동에 영향을 미치는 형식으로 학습된다고 볼 수 있다.

셋째, 현대사회의 복잡성은 문화가 적절한 소비자의 행동에 세밀한 서술을 하는 것은 힘들게 하지만 기본적으로 소비자들의 사고와 행동의 토대를 제공하는 것만은 사실이다.

1.2 문화적 가치의 다양성

문화적 가치는 어떤 것이 바람직한가에 대해 보편적으로 통용되는 믿음을 가지고 있다. 다른 문화의 다양성을 이해하는 유용한 접근법은 다양한 문화들이 가지고 있는 가치들을 이해하는 것이다. 수많은 가치들은 문화마다 다양하며 소비에 영향을 미친다. 일반적으로 소비자행동에 영향을 주는 가치는 다음과 같은 것이 있다.[5]

1) 개인주의적 문화/집단주의적 문화

우리는 흔히 사회 내에서 개인주의적 가치(individualistic value)와 집단주의적 가치(collective value)의 차이를 자주 경험하고 있다. 이러한 가치들은 마케팅 실행에 영향을 미치게 되는데 예를 들어 집단적인 활동을 중요하게 생각하는 문화에서 소비자들은 구매결정시 다른 사람과 같은 제품을 선택하거나 '개인주의적'이라고 생각되는 제품을 별로 좋아하지 않을 수 있다.

미국은 대표적인 개인주의적 특성을 가진 나라이며, 호주, 영국, 캐나다, 뉴질랜드, 그리고 스웨덴 등도 상대적으로 개인주의적이다. 반면 대한민국, 대만, 멕시코, 일본, 인도, 그리고 러시아 등은 집단주의적 성향의 국가로 분류된다.[6]

이러한 가치는 문화를 차별화하는 중요한 영향요인으로 활용될 수 있는데 특히 9장에서 논의된 개인의 자아 이미지에 큰 영향을 미치게 된다. 이러한 가치가 다른 나라들 간에는 외국제품,[7] 광고,[8] 선호되는 정보의 원천[9] 등이 다를 수 있다는 것을 다음의 사례들이 보여주고 있다.

- 혼자 식사하는 것은 러시아나 루마니아 같은 집단주의적 문화에서보다는 미국이나 헝가리 같은 개인주의적 문화에서 매우 보편적인 현상이다.[10]
- 병원서비스 및 미용서비스 등과 같은 산업에 있어서 미국 소비자들보다 대만 소비자들은 서비스 제공자와의 개인적인 관계를 더욱 중요하게 생각한다.[11] 결국 이러한 개인적인 친분은 더욱더 높은 충성도를 가능하게 한다.
- 집단주의 문화에서 온 소비자들은 구매에 있어 개인주의 문화의 소비자들보다 좀 더 모방을 잘하고 덜 창의적인 경향이 있다.[12] 그러므로 개인주의적 광고카피는 미국에서는 통할 수 있으나 대한민국, 중국, 일본과 같은 나라에서는 적합하지 않을 수 있다.
- 대한민국과 같은 집단주의 문화의 광고는 미국과 같은 개인주의적 문화에서보다 좀 더 유명인을 통해 어필한다.[13]

동양은 집단주의, 서양은 개인주의로 인식되어 왔지만 지금은 동양도 과거에 비해 개인주의 문화로 바뀌고 있다. (사진출처: https://www.gettyimagesbank.com)

이러한 이유들도 집단주의적 문화에서는 명품이 덜 중요하게 생각될 것이라고 생각해 볼 수 있지만 다른 원인으로 인해 매우 중요할 수도 있다. 개인주의적 문화에서 명품들은 자아표현적(self-expressive) 수단으로서의 의미를 가지지만[14] 집단주의적 문화에서는 상징(symbol), 즉 같은 스포츠 클럽의 멤버십을 구매하고 같은 명품시계를 가짐으로써 그런 부류에 속하는 사람이라는 의미로 해석되기도 한다.[15]

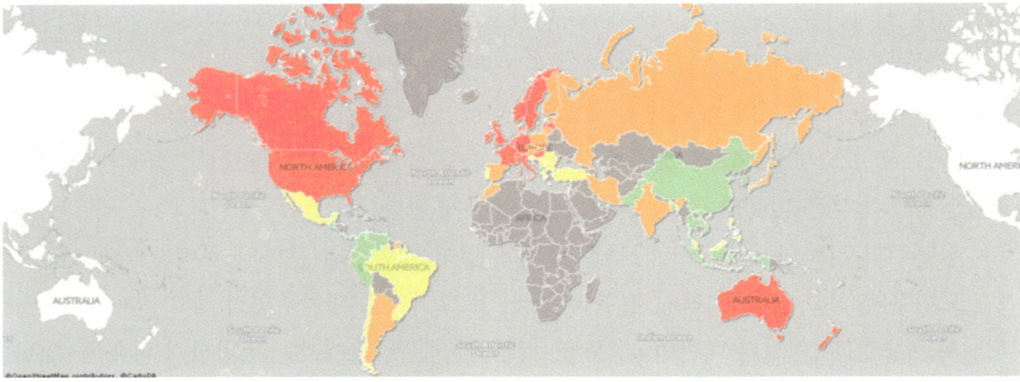

초록색에 가까울수록 집단주의 성향이 강한 국가이며 빨간색에 가까울수록 개인주의 성향이 강한 국가이다. 한국, 중국, 파키스탄을 비롯하여 동남아시아 국가들은 집단주의 성향이 강하다. 남미의 페루, 콜롬비아, 베네수엘라와 같은 국가들도 집단주의가 강한 것을 볼 수 있다. 반면에 북미의 캐나다, 미국, 유럽의 대부분의 국가, 호주, 뉴질랜드는 개인주의가 강한 것을 볼 수 있다. 일본의 경우 과거와는 달리 개인주의 문화가 발달하여 동유럽 수준의 개인주의 성향을 보인다.[16]

CONSUMER INSIGHT 10-1 나혼자 산다

최근에는 한국인의 정체성은 과거 강했던 집단주의가 급속도로 약해진 대신 강한 개인주의적 성향을 가지게 되었다고 보는 견해가 강하다. 김정오 서울대 심리학과 교수는 강연회에서 한국은 1970~80년대는 대표적인 집합주의적인 국가였는데 2000대 이후에는 미국 못지않은 개인주의적인 국가가 됐다고 설명하였다. 홉스테드 교수가 1970년대 세계 40개국의 IBM 직원을 대상으로 조사한 결과 한국은 개인주의 성향이 100점 만점에 18점에 불과해 가장 개인주의적인 국가인 미국(91점)과 큰 차이를 보였다. 그러나 2002년 오이스만 교수가 정체성에 관한 연구논문 83편을 종합해 분석한 결과 한국은 미국과 비교해 개인주의와 집합주의에서 큰 차이가 없는 것으로 나타났다. 이 같은 정체성 변화의 원인으로 자기 본위적이며 상호 의존적인 '자기개념'(self concept)과 함께 압축적인 경제성장, 탈권위주의적인 정체성, 미국문화에 대한 지속적 노출, 집합주의의 구속력 상실 등을 꼽을 수 있다.

현재 한국인은 강한 개인주의와 약한 집단주의의 영향으로 단순히 모여 있다는 뜻의 '집성주의' 상태이자 강한 자존심과 얕은 자각력, 중간 정도의 개인 능력이 있는 것으로 정의할 수 있다고 한다.[17]

이러한 변화에 따라 최근 창업시장에 '나홀로족'이 신 소비층으로 급부상하고 있다. 최근 대학생들을 대상으로 한 설문조사에서 10명 중 7~8명은 혼자 공부하고 혼자 끼니를 때우는 나홀로족이라 답했다. 이처럼 젊은층을 중심으로 나홀로족이 늘어나면서 외식시장의 흐름도 바뀌고 있다. 혼자서도 편안하게 식사를 할 수 있는 외식공간들이 많아지고 있는 것. 고객이 혼자 방문해도 부담

없이 식사를 할 수 있도록 카페 컨셉을 내세웠는가 하면, 1인 고객만을 대상으로 맞춤 공간을 제공하는 매장도 있다. 취업 · 인사포털 인크루트가 언론에 배포한 보도자료에 따르면, 대학생 443명을 대상으로 설문조사를 실시한 결과 전체의 74.9%(332명)가 자신이 나홀로족이라고 밝혔다.

이 식당은 요즘 점점 늘고 있는 '1인 식당'이다. 식당의 인테리어는 대부분 1인 좌석을 마련해놔 혼자서 남의 눈치를 보지 않고 밥을 먹을 수 있도록 했다. 심지어 혼자서 고기를 구워 먹을 수 있는 식당도 있다. 이 같은 1인 식당은 최근 급성장하는 1인 가구 산업의 일부에 지나지 않는다.[18]

평소에 주로 혼자서 하는 것으로는 ① 도서관에서 공부하기(81.9%)가 가장 많았다(복수응답) ② 수강신청 및 수업듣기(71.4%)란 응답도 많았는데, 친구들과 함께 수업을 선택하기보다 자신이 듣고 싶은 수업이 있다면 혼자라도 수강하는 것. 또한 ③ 식사하기(70.8%) ④ 쇼핑하기(69.9%) ⑤ 극장에서 영화보기(30.4%) 등이 뒤를 이었고, 소수였지만 ⑥ 술집 · 노래방 가기(2.4%) 등의 응답도 있었다. 이들이 혼자 다니는 주된 이유는 ⑦ 시간을 효율적으로 활용할 수 있어서(46.7%)였다. 친구들과 함께 활동하다 보면 불필요하게 시간을 낭비하는 경우가 생긴다는 것, ⑧ 혼자 다니는 것이 익숙하고 편해서(36.1%)처럼, 이미 혼자 시간을 보내는 것에 익숙해진 경우도 많았다.[19]

MBC 프로그램 〈나혼다 산다〉 대한민국 1인 가구 453만 시대! 이제는 1인 가구가 대세! 연예계 역시 1/3은 1인 가구! 기러기아빠, 주말부부, 상경 후 고군분투 중인 청년, 독신남 등 각기 다른 이유로 싱글족이 된 스타들! 당당한 1인 가구의 싱글라이프는 과연 어떤 것일까? 1인 가구가 트렌드가 된 현 시점에서 프로그램을 통해 사회적 공감대를 형성해 본다.[20]

2) 어린이지향적 문화/노인지향적 문화

이는 가족의 주된 활동이 집안의 어린이나 젊은층의 필요(needs)에 초점을 맞추는가, 아니면 성인이나 노인들의 필요에 초점을 맞추는 가에 관한 것이다. 미국의 사회는 확실히 어린이나 젊은층 지향적인 반면 아시아의 문화는 전통적으로 노인이나 나이든 층의 삶의 지혜에 가치를 부여해 왔다. 그러므로 나이든 연륜 있는 광고모델이 동양 문화에서 더욱 효과적일 수 있다는 시사점을 가진다. 그러나 아시아도 이제는 점점 더 젊은이나 어린이지향적으로 변화하고 있다.[21]

3) 핵가족적 문화/대가족적 문화

가족단위는 거의 모든 사회의 기반이 된다. 미국과 같은 나라는 핵가족지향적이고 대한민국, 중국, 일본 등의 아시아 국가들과 비교하여 개인이 생각하는 가족의 중요성을 덜 인식할 것이다. 그에 따라 가족구성원들 간의 강한 결속력과 다른 구성원에 대한 책무가 강하지 않다. 결국, 마케팅관리자들은 다양한 문화에서 가족의 역할을 이해하고 그에 적응하는 마케팅 계획을 수립할 필요가 있다.

- 미국과 비교하여 멕시코에서는 청소년들이 어른들의 충고를 잘 수용하기에 사탕과 같은 저관여 제품에서 영화나 패션제품에 이르기까지 광고에서 부모의 모습을 잘 활용하고 있다.[22]
- 미국에 비해서 대만에서 혼자 거주하는 젊은 성인들은 그들의 부모의 영향을 더욱 많이 지속적으로 받으며 이는 구매에 있어서도 마찬가지인 것으로 나타났다.[23]
- 인도소비자들은 집단으로 또는 가족과 함께 쇼핑하는 경향이 있기에 Biyani(월마트와 비슷한 대규모 할인점)은 U와 C형의 통로를 만들어 가족구성원들이 그들의 구매결정을 의논할 수 있는 개인적 공간을 제공하고 있다.[24]

4) 남성지향적 문화/여성지향적 문화

사회에서 얼마나 사회적 지위, 명예, 사회적 역할 등이 해당 성에게 집중되는가 하는 부분이 문화마다 다를 수 있다. 결국 이러한 차이는 미국과 같은 나라들과 무슬림 국가들의 광고 등에서 여성의 역할이나 모습이 다르게 그려질 수 있다는 것을 의미한다.[25] 여러분이 한 가구회사의 마케팅관리자로써 대만과 일본시장에서 프로모션을 해야 한다고 가정해보자. 남편과 아내, 또는 둘 다 중 누구에 초점을 맞추어야 할 것인가? 이러한 초점이 나라마다 다를 것인가? 연구자들은 이 두 국가에서 아내에 적당히 초점을 두는 것이 바람직하다고 이야기한다.[26]

그리고 일본 10대 여성을 표적시장으로 하는 제품이 일본 10대 소녀를 광고에서 어떻게 그려내는 것이 바람직할까? 미국 광고(좀 더 관능적이고 성적인 모습)보다 더욱 소녀같이(귀여운) 그려내는 것이 적합하다고 한다.[27]

2장에서도 논의되었듯이 전 세계적으로 여성의 역할은 변화하고 확대되고 있다.[28] 여성의 역할이 제한적이었던 동양국가들에서도 이제 여성이 구매결정에서 주도적인 역할을 하는 시대가 온 것이다. 이와 같이 종전까지는 전혀 생각지도 못했던 소비자가 세계 곳곳에서 새로운 시장을 만들어내고 있다. 이슬람 여성, 베트남의 신세대, 아르헨티나의 여가족 등 그간 주류 마켓에서 소외되어 있었던 이 소비자들이 점차 시장의 틈새를 비집고 세계 무대의 중심으로 떠오르고 있는 것이다.[29]

1.3 비교문화적 영향

1990년대 국제무역의 중요성이 점증함에 따라, 마케팅 기업들은 자신의 문화뿐만 아니라 다른 나라의 문화의 가치를 나타내는 상징을 이해하는 것이 필수적이 되었다. 그러한 비교문화적 영향요인(cross-cultural influences)을 이해하는 것은 국제마케팅에 있어 매우 중요하다고 볼 수 있다. 본절에서는 비교문화분석의 필요성, 소비자 태도와 관습의 국가 간 차이, 타 문화권에서 마케팅활동을 할 때 효율적인 접근방법 및 국제마케팅전략 등을 살펴보고자 한다.[30]

1) 비교문화이해의 중요성

문화의 다양성은 마케팅과 소비자행동에 있어 중요한 시사점을 가진다. 국내기업이 외국에 투자할 때 문화충격(culture shock), 즉 새로운 관습, 가치체계, 태도, 노동습관을 직면할 때 일어나는 일련의 심리적 동요를 경험하는데, 이런 충격은 외국의 사업환경에 있어서 효율성을 감소시키는 결과를 초래한다.[31] 현지문화에 대한 올바른 이해의 부족은 자국문화 내에 있듯이 행동하고 생각하게 되는 점에서 발생할 가능성이 많다. 이러한 자기준거기준(self-reference criterion), 즉 자기자신의 문화가치를 무의식적으로 고려하는 것은 외국에서 사업하는 대부분의 기업이 지니는 문제의 기본적인 원인이 된다.[32]

실용성을 중시하는 미국인들은 음식을 싸고 편리하기 먹기를 원한다. 이러한 문화가 결국, 걸으면서 식사를 해결하는 '스트리트 푸드', 차로 이동하면서 해결할 수 있는 '드라이브 스루'를 탄생시켰다. 그에 비해 수백 년 동안 대를 이으며 비슷한 음식을 먹고 자란 유럽사람들의 식성이나 취향은 크게 달랐다. 미국이 만들어낸 커피 체인점 스타벅스와 햄버거 체인점 버거킹이 매우 큰 적자를 내면서 알려준 부분이다.[33]

이러한 문화적 차이는 다른 나라의 문화를 접하면서 쉽게 인식될 수 있다. 왜 한국사람은 아파트 구매에 그토록 열광하는 것이며 한국부모들은 아이들의 교육에 목숨을 거는 것일까? 왜 미국사람들은 월드컵에 대한 흥미가 없는 반면 미식축구가 최고의 인기스포츠로 자리매김하고 있으며 스타워즈 왜 시리즈는 그렇게 인기가 많은가?[34] 이렇게 국가별로 국민들의 구매행동이 달라지는 이유는 무엇인지 마케팅관리자들은 분명 이러한 차이가 발생하는 원인을 밝혀 국가별로 다른 마케팅전략을 고려해야 할 필요가 있다.

초등학교 4학년인 바트는 지난 한 달간 학교에서 내준 숙제를 제대로 제출하지 않았고, 교장은 바트의 부모 호머 심슨과 마지 심슨을 교장실로 불렀다. 교장은 호머와 마지에게 "독후감, 수학문제, 입체모형, 설명문, 결과문, 자서전, 유의어, 동의어, 비슷한 단어, 쌍둥이 단어, 추수감사절, 칠면조 등의 숙제를 하지 않았다"고 설명했다.
책상에 가득 쌓인 숙제 더미에 마지는 "4학년에게 숙제가 너무 과하다"며 황당함을 금치 못했다. 그러나 호머는 "숙제를 더 많이 해야 한다고 생각한다"며 "숙제를 더 내라. 숙제가 끝날 때쯤 바트가 한국인이 됐으면 좋겠다"고 말했다.[35]

미국에는 스타워즈를 본 사람과 보지 않은 사람 딱 두 종류의 사람들만 존재한다. 이 말이 과장됐다고 생각할 수도 있지만 인터넷으로 스타워즈 관련 자료를 검색하면 영어로 된 스타워즈 팬 사이트와 스타워즈 관련 영화정보, 캐릭터 상품, 팬시용품, 스타워즈 소설, 만화, 잡지 등 아주 다양한 형식으로 소개되어 있다.[36]

대치동 학원가: 모든 층이 각종 학원으로 들어차 있다. 미국에는 학원의 정확한 영어표현이 없다.

미국 전역에서 약 9,700만 명이 뉴욕 자이언츠와 뉴잉글랜드 패트리어츠의 제42회 슈퍼볼을 시청, 역대 최고의 시청률을 기록했다고 하니 미국인구가 3억 명이 넘는다고 가정할 때 3명 중 1명은 이 슈퍼볼 경기를 시청했다고 할 수 있다. 대단한 미식축구 사랑이 아닐 수 없다.[37]

오늘날 제조되는 제품 중 대부분은 직 · 간접적으로 해외에 제품을 판매하고 있다.[38] 폭넓은 범위로 보면 신제품의 과반수 이상이 외국시장을 위해 개발된다. 예를 들어, Coca-Cola, Apple, McDonald, IBM, Gillette 등과 같은 많은 기업들은 그들 수입의 반 이상을 외국에서의 활동으로 벌어들이고 있다.[39] 이제 국가가 의미를 잃어 가고 있기에 소비자들은 특정 국가의 제품만을 고집할 필요가 없게 되었다.

원래 원산지효과는 제품을 제조한 국가에 대한 평가가 제품 선택에 중요한 영향을 미칠 수 있다는 것으로,[40] 국가 이미지와 같은 원산지에 대한 이미지가 제품에 대한 불충분한 정보를 가진 소비자에게 후광효과 역할을 함으로써 제품평가의 근거가 된다는 것이다.[41] 이는 원산지효과의 연구는 소비자들이 원산지효과에 관련된 정보를 접할 때 이를 중요한 정보로 간주하고 제품평가에 적극적으로 사용한다는 것을 가정한다.[42] 그러나 과거 연구로부터 지속적으로 주장되어 왔던 부분은 원산지효과가 이러한 단서를 적극적으로 찾거나 수용하는 집단에만 제품판단의 정보로 활용될 수 있다는 것이다.[43]

오늘날 그들에게는 BMW가 만들었고, 삼성이 만들었고, 나이키가 만들었다는 사실이 더욱 중요한다. 실제 많은 독일차들은 미국에서 제조되고 삼성전자의 많은 전자제품 또한 베트남과 인도 같은 지역에서 제조되고 있다. 제품에 따라 어느 정도 차이는 있겠지만 이제 중요한 것은 어디서 만들어졌는가가 아닌, 누가 만들었는가이다. 이제 메이드 인(made-in)이 아닌 메이드 바이(made-by)가 더욱 중요하다고 볼 수 있다.[44]

2) 비교문화 영향력

국제마케팅관리자들이 해외마케팅을 할 때 다음 두 가지에 의해 영향을 받는데, 첫째는 국가 간 문화적 가치에 대한 마케팅전략을 차별 적용하기 위한 필요성이고, 둘째는 TV 등의 대중매체를 통한 커뮤니케이션의 결과로서 문화적 가치에 있어 나라 사이의 더 큰 일반성이 존재한다는 것이다. 비교문화차이는 나라마다 현지화(localization)전략의 개발이 필요한 반면에 전반적 영향력은 표준화(standardization)전략에 대한 기회를 제공한다. 해외마케팅에 영향을 미치는 비교문화요소는 세 가지, 즉 소비자의 문화적 가치, 언어 그리고 경제적 환경에서의 차이를 들 수 있다.[45]

(1) 소비자의 문화적 가치

해외시장을 공략해야 하는 마케팅관리자들은 자기 나라 소비자의 가치가 일반적이라고 가정할 수 없는데, 이런 문화적 가치에 있어 차이는 소비자의 구매행동에 영향을 미친다. 앞에서 논의되었던 문화적 가치들을 포함하여 다양한 문화적 가치들, 경쟁지향적/협력지향적, 다양성지향/균일성지향, 전통지향/변화지향, 위험감수/안전지향, 적극적/수동적, 과도한 업무/레저지향 등 상당히 많은 문화적 가치부분에서 차이성을 보일 수 있다.[46]

앞에서도 논의되었듯이 미국인들은 개인주의와 위험을 감수하는 태도를 보이는 반면, 스위스 사람들은 전통과 고향 같은 균형시스템과 관련된 가치를 중요시한다. 또한 대한민국, 일본, 중국인들은 상대적으로 인간관계, 가족, 공동체와 같은 가치를 매우 중요하게 여긴다.[47] 또한 한 가지 예로 지프(Jeep)에 대한 미국인의 경험이 프랑스인이나 독일인의 경험과 다른 까닭은 여러 문화들이 서로 다르게 진화했기 때문이다. 미국인은 드넓은 개척지에 대한 강렬한 문화적 경험이 있고, 프랑스인과 독일인은 점령과 전쟁에 대한 강력한 문화적 경험이 있다.[48]

(2) 언어

사회에서 언어란 두 가지 역할을 한다. 언어란 우선 사람들이 그들이 생각이나 느낌 또는 필요를 나타내는 도구이다. 개인이 그들의 문화를 당연한 것으로 여기듯이 언어도 당연한 것으로 여긴다. 두 번째 역할은 바로 한 세대에서 다음 세대로 문화를 전달해주는 메커니즘이 바로 언어이다.

그러므로, 언어는 문화의 신념과 관습을 의사소통하는 수단이라고 볼 수 있다. 마케팅관리자들이 외국시장에 물건을 팔 때 언어와 방언의 의미를 알아야 한다. 1960년대 미국의 치약회사인 콜게이트는 자사의 유명 치약 브랜드인 '큐'를 프랑스 시장에 출시하려고 했다. 하지만 콜게이트가 몰랐던 부분이 있었는데 큐는 프랑스에서 유명한 포르노 잡지의 이름이었던 것이었다. 또한 불어로 큐(Cue)는 엉덩이를 의미하는 비속어이기도 하다. 결국 콜게이트는 프랑스에서 해당 브랜드를 철수시킬 수밖에 없었다.[49]

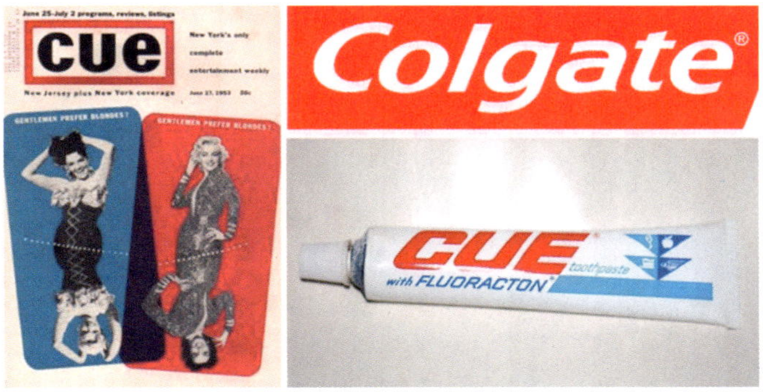

콜게이트의 치약 브랜드 '큐'는 프랑스에서 유명한 포르노 잡지의 이름이었다.[50]

(3) 경제수준

어떤 나라의 경제적 환경은 소비자행동에 영향을 미치는데 세 가지 요소, 즉 생활수준, 경제적 하부구조 및 경제적 정책 등이 중요하다. 코카콜라는 한국에서 1,500원 정도에 팔리지만 동남아 등지에서는 한국 돈으로 500원 정도에 팔린다. 해당국가의 경제수준을 고려하여 가격을 조정하는 것이 일반적인 현상이다.

CONSUMER INSIGHT 10-2 한류 콘텐츠의 인기와 문화적 영향력

세계 음악시장에서 변방에 머물던 케이(K)팝이 주류 문화로 발돋움하고 있다. 방탄소년단(BTS)과 블랙핑크가 세계 최대 음악시장인 미국에서 연일 새로운 역사를 쓰고 있고, 슈퍼엠 · 몬스타엑스 · 엔시티(NCT)127 등 뒤를 따르는 그룹들도 좋은 성과를 내면서 케이팝은 한국과 아시아를 넘어 세계인이 즐기는 대중문화로 성장하는 모습이다.

케이팝의 인기를 앞장서 이끄는 방탄소년단과 블랙핑크는 미국 빌보드 차트에서 대기록 행진을 이어가고 있다. 방탄소년단은 지난달 21일 공개한 '다이너마이트'로 발매 첫 주(2020년 9월 5일치) 빌보드 싱글차트인 '핫 100' 1위에 올랐다. 지금까지 한국 가수가 이 차트 정상에 오른 것은 방탄소년단이 유일하다.[51]

방탄소년단이 한국인이고 대부분 노래를 한국어로 부른다는 사실은 이들의 성공을 직 · 간접적 경제적 효과로 계산한 '몇조 원 효과'를 훨씬 벗어나는 중요한 문화적 의미를 지닌다. 유튜브와 브이라이브, 트위터 등 방탄소년단과 케이팝 팬들이 소통하는 플랫폼을 관찰하며 확인하게 되는 문화적 영향은 당장에 가시적이지 않으나 위에서 설명한 우리의 1980년대, 1990년대에 상상할 수 없었던 변화를 내포하고 있다. 무엇보다 방탄소년단이 동아시아의 남성들이고 전 세계에 퍼져 있는 열렬한 팬덤의 욕망의 대상이라는 점은 동서 간 인종적 상상력에 큰 지각변동이 일어났음을 시사한다.[52]

방탄소년단(BTS)의 신곡 '다이너마이트(Dynamite)'가 2020년 9월 1일과 9일, 2주 연속 미국 빌보드 싱글 핫 100 차트 1위에 오른 것이다.[53]

영화 및 드라마 부분에서의 한류도 만만치 않다. 〈기생충〉에 이어 〈미나리〉까지 큰 성공을 거두자 미국 내 K콘텐츠 제작은 급물살을 타고 있다. 영화 〈부산행〉, 넷플릭스 드라마 〈킹덤〉 같은 장르물의 인기는 이 같은 변화를 부채질하고 있다. 한국계 창작자들에게 자신감을 심어준 결정적 계기는 영화 기생충의 성공이다. 정이삭 감독은 기생충이 흥행에 성공한 덕에 한국어 대사는 더 이상 영화 제작에 있어서 장벽이 되지 않는다"면서 "한국어를 쓰는 한국인의 현실을 이야기하고자 하는 한국계 미국인 창작자들이 이전보다 더 큰 자유를 얻게 됐다"고 말했다.[54]

문화체육관광부와 한국국제문화교류진흥원이 발표한 '2021 해외 한류 실태조사(2020년 기준)'에 따르면 드라마, 예능, 게임 등 한류 콘텐츠 소비 비중은 증가한 것으로 나타났다. 또한 해외 한류 소비자들은 주로 온라인 · 모바일을 통해 한류 콘텐츠를 접촉하는 것으로 집계됐다.

그림 10-2 | 한류문화콘텐츠 소비비중[55]

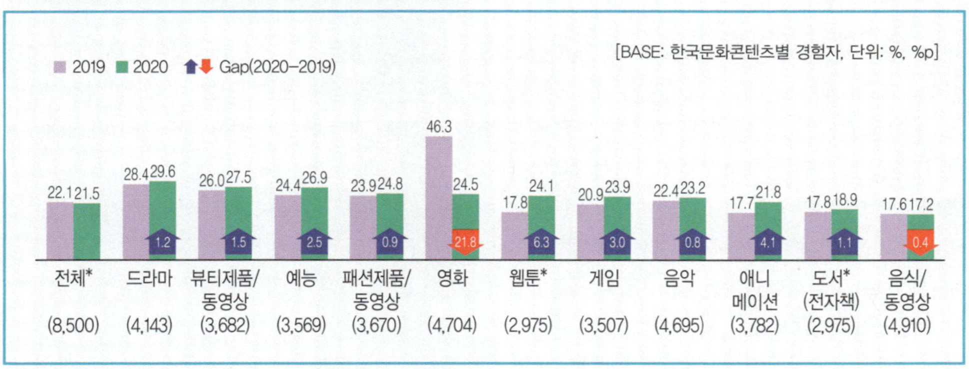

이번 조사에서는 기존 호감도 분석에 더해 미래 소비 확대 가능성을 종합 고려하는 지표로 '브랜드 파워 지수(Brand Power Index)'를 도입했다. 현재 인기도와 미래 잠재력 지수를 각각 50% 가중치를 적용해 100점으로 환산한 지수다. 산출 결과 주로 언어의 불편이 적은 음식(65.3점), 미용(뷰티, 62.4점), 음악(62.0점) 등이 현재 한류를 이끌고 있는 분야로 나타났다. 이 분야들은 세계적인 경쟁력을 갖춘 대표 콘텐츠로 향후에도 체계적인 브랜드 관리와 홍보가 중점적으로 이루어져야 할 것으로 분석된다. 한류 콘텐츠 경험 정도가 높을수록 한국산 제품 · 서비스에 대한 '구매 경험률'과 '구매 횟수', 긍정적 입소문으로 신규 고객을 유치할 수 있는 정도를 나타내는 '순추천 고객지수(Net Promoter Score)', '구매이용 의향' 정도가 모두 높아지는 경향을 보였다.[56]

1.4 문화적 가치의 마케팅적 활용

로키치(Rokeach)는 문화적 가치(cultural values)를 일반적인 상태로 존재하여 개인적으로 또한 사회적으로 추구할 만한 가치가 있는 신념으로 정의하였다.[57] 로키치는 이러한 문화적 가치관을 종결적 가치(terminal values) 또는 달성해야 할 목표라고 생각하였으며 또한 이러한 종결적인 가치관에 대해 18개의 목록을 개발하였다([표 10-1 참조]). 역시 로키치는 다른 가치의 범주인 도구적 가치(instrumental values)를 정의하였는데, 도구적 가치란 바람직한 목표를 달성하는 수단이다. 열정, 우정, 논리적 및 자립과 같은 가치관은 바람직한 목표의 상태를 달성하기 위한 행동의 지침대인 것이며 그 자체가 목표는 아니다. 예를 들어 오리온 초코파이는 한국인의 정서인 정을 강조하고 있는데 이는 더 나은 관계를 통한 행복을 줄 수 있는 도구적 가치라고도 할 수 있다.

오리온 초코파이는 오랫동안 한국적 정서인 정을 마케팅 컨셉으로 강조해 왔다.

표 10-1 | 문화적 가치, 소비 · 특이적 가치 및 제품속성[58]

문화적(종결적) 가치	소비 · 특이적(도구적) 가치	제품속성
안락한 생활	신속한 서비스	서비스품질
흥분된 생활	신뢰감을 주는 광고 메시지	신뢰성
평화스러운 세계	소비자욕구에 대한 반응	성과
동등함	정확한 정보	안전
자유	공해 제거	사용상 용이
행복	결함이 있는 제품을 무료로 수선	내구성
국가적 안전	편리한 점포위치	경제성
기쁨	전혀 사기적이지 않은 광고	편의성
구원	예의바르고 도움을 주는 판매원	스타일
자존심	저가격	
사회적 인식	도시의 황폐와 실업에 대한 해결	
아름다움의 세계	소비자를 보호하기 위한 법규	
지혜	제품을 잘못 설명하지 않음	
가족 안전		
성숙된 사랑		
성취		
내부적 조화		

4장 관여도와 상황에 따른 의사결정에서 수단-목적 사슬은 여기서 설명되는 로키치의 분류와 같은 맥락으로 볼 수 있다. 이를 소비자 구매행동에 응용하는 경우, 종결적 가치는 구매목표이며, 한편 도구적 가치는 이러한 목표(구매목표)를 달성하기 위한 소비에 대한 특별한 지침이다. 우리는 소비에 대한 특별한 가치의 차원을 한 단계 넘을 수 있으며 또한 이러한 가치를 달성할 수 있는 제품의 속성과 이점을 제시할 수 있다. 따라서 소비자행동에서 '제품속성은 종결적(문화적) 가치를 달성하는데 필요한 수단인 도구적 가치를 달성하기 위한 수단'이라고 볼 수 있다.

문화는 소비자행동에 대해 중요한 영향요인이기 때문에, 마케팅 기업들은 로키치처럼 광범위한 조사목록의 사용을 고려해야 한다. 그러나, 소비자행동의 설명지표로서 문화적 가치를 지적하는 마케팅관리자는 거의 없다. 그들이 제한적으로 이용하는 몇 가지 이유는 대부분의 마케팅 연구가 브랜드 대 브랜드 기준에 따라 시행되고 있다는 것이다. 문화적 가치를 폭넓은 구매유형에 영향을 미칠 가능성이 크지만, 브랜드 구매 이전의 단계인 동기에 대해 더 잘 이해하기 위해서는 문화적으로 유래되는 구매가치를 이해함으로써 획득될 수 있다고 주장할 수 있다.

브랜드의 잠재가치를 연결구조로 명확히 이해하기 위해서는 인터뷰를 실시할 수 있다.

조사는 일 대 일 면접으로 하며, 대상자에게 '왜?'라는 질문을 반복함으로써 대상자가 브랜드나 제품에 대해 느끼는 가치를 도구적 가치에서부터 종결적 가치에 이르기까지 연결시키는 구조를 파악할 수 있다.[59)]

그림 10-3 | 특정 자동차 브랜드에 대한 가치연결 맵[60)]

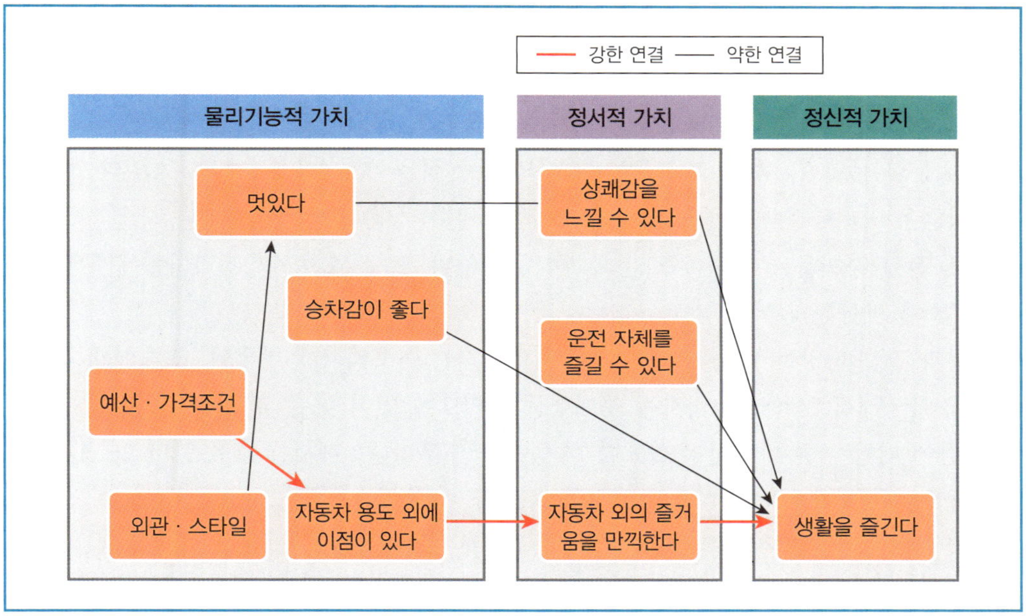

[그림 10-3]은 비슷한 맥락에서 제품의 가치를 물리기능적 가치와 정서적 가치 그리고 정신적 가치로 구분 해당 가치들 간의 연결관계를 보여주고 있다. 4장에서 논의되었던 수단-목적 가치사슬과도 연관성이 있어 보이는데 소비자에 대한 인터뷰를 통해 해당 제품의 속성이 왜 중요한지 질문하면 다음과 같은 응답들을 이끌어낼 수 있고 그 중 많은 사람들이 그렇게 대답한 것을 중요한 연결 관계로 정의할 수 있을 것이다.

2. 하위문화

하위문화에 대한 논의는 문화보다 더 좁은 초점을 가지므로 본절에서는 국내 시장에서 하위문화의 개념, 하위문화의 유형을 성별 · 연령별로 살펴보고, 또한 마케팅관리자들이 마케팅전략을 구사하기 위해서는 어떠한 분석차원이 있는가를 살펴보고자 한다.

2.1 하위문화의 의의

전략들은 특별한 하위문화(subcultures)[61]를 표적으로 하고 있는데, 하위문화란 일반적으로 '소비자 집단들을 구분케 하는 유사한 가치를 가진 폭넓은 소비자 집단'으로 정의된다. 즉 하위문화는 연령, 종교, 지역 또는 인종적 동질성을 기준으로 분류될 수 있다. 마케팅관리자들은 마케팅전략의 일환으로써 동질적인 문화와 형태를 가지는 보다 작은 하위문화 등으로 전체 사회를 분류해야 하는데, 이러한 하위문화들은 마케팅전략가들에게 중요한 시장기회를 제공한다.[62]

미국과 같은 다양한 인종이 모여 사는 나라에서는 아프리카계 미국인, 스페인계 미국인 그리고 아시안계 미국인 소비자는 구매행동과 기호에 있어 어떤 유사성을 나타내기 때문에 이들에 대한 다른 마케팅이 필요할 수 있으나[63] 우리나라에서는 주요 남녀 및 연령대를 중심으로 그 하위문화적 차이를 고려하면 충분할 듯하다.

특정 하위문화의 구성원들은 같은 사회 내에서 다른 구성원들과 구별되는 신념, 가치, 관습 등을 공유하는 경향이 있으므로 어떤 사회나 국가의 문화적 측면은 특정 하위문화의 구성원들에 의해 인정된 독특한 신념, 가치 및 관습과 특정하위문화의 구성원에 상관없이 대다수에 의해 공유되고 있는 중심적 혹은 핵심문화가치 등 두 가지의 혼합으로 고찰될 수 있다.

어떤 기준에 의해서 하위문화를 인식하느냐 하는 것은 마케팅전략을 수립하는 데 중요한 의미를 갖는다. 대체로 하위문화는 성별, 연령, 지역, 종족, 종교 등에 의해 분류된다. 본서에서는 앞에서 논의되었듯이 대한민국을 기준으로 성별 및 연령대를 중심으로 하위문화적 특징을 논의하고자 한다.

2.2 성별 하위문화

사회적 · 경제적 신분과 같은 무형적 요인과 마찬가지로 생리학과 같은 유형의 속성에 따라서도 남성과 여성은 차이가 있다. 〈소비본능: The Consuming Instinct〉의 저자인 개드 샤드(Gad Saad) 교수는 진화심리학으로 남녀 간의 소비욕구 차이를 풀어내고 있는데 이때까지 마케팅의 많은 부분이 생물학과 진화론의 영역 밖에서 이루어져 왔기 때문에 마케팅 관리자들이 소비행동에 대해서 완전하게 이해하지 못하고 있다고 주장하고 있다.

포르쉐를 몰 때 남성의 테스테스테론 수치가 증가하는 이유는 무엇일까? 남성이 자동차 수집가의 대다수를 차지하는 이유는 무엇일까? 여성의 생리주기는 옷과 음식, 그리고 여가활동을 비롯한 소비에 어떤 영향을 미칠까? 하이힐을 신은 여성이 남성들에게 매혹적으로 보이는 이유는 무엇일까? 경제위기 때마다 여성들의 패션이 과감해지는 이유는 무엇일까? 그는 다음과 같은 질문에 진화론적 근거를 제시함으로써 남녀 간의 다른 소비에 대한 보다 근원적인 원인을 설명하고 있다.[64]

남녀 간의 차이에 대한 재미있는 이야기로 인기가 높았던 〈화성에서 온 남자 vs 금성에서 온 여자〉에서 이야기하는 금성인과 화성인의 큰 차이[65]

1) 여성시장

직업여성, 주부, 미혼모(모자가정의 모친) 그리고 노인여성을 포함하는 여성시장은 과거보다 훨씬 다양해지고 있다. 오늘날 18세 이상의 모든 여성의 60%는 가정 밖에서 일을 한다. 이런 여성역할의 확대는 다양한 소비자행동과 새로운 욕구의 다양성에 대한 결과이다.[66] 예를 들면, 직장여성들은 시간을 줄여주는 서비스와 편의품, 어린이 보호 그리고 살림살이 등에 대해 거대한 수요를 창조한다.

과연 무엇이 여자들로 하여금 쇼핑에서 이토록 탁월한 솜씨를 발휘하려들었을까? 진화심리학 학자들은 선사시대의 여성의 역할이 맘모스를 찾아 헤매는 사냥꾼이 아니라 가정에 남아 식물뿌리와 견과류, 과실류를 수집하는 채집자였기 때문에 생물학적으로 쇼핑에 능숙할 수밖에 없다는 주장을 하고 있다.[67]

생활용품점에서 조사한 바에 의하면 쇼핑시간은 다음과 같다.

- 여자친구를 동반한 경우: 8분 15초
- 아이를 동반한 경우: 7분 19초
- 여자고객 혼자일 경우: 5분 2초
- 남자를 동반한 경우: 4분 41초

결국, 사진과 같이 여성이 여성을 동반하는 경우 점포에서 체류시간이 가장 길어질 수 있다는 시사점을 가진다.[68]
(사진출처: https://www.gettyimagesbank.com)

2장에서 논의되었듯이 마케팅 측면에서 여성소비자들의 영향력을 감안할 때 이들에 대한 관심은 점차 증대될 것으로 보인다. 그렇다면 여성소비자, 그들은 과연 어떻게 다른가? 이들에 대한 이해를 높이기 위해서 심리적, 신체적 그리고 사회적 측면에서 여성소비자의 특징을 심도 있게 살펴보도록 한다.

먼저, 여성소비자들은 감성소비를 이끄는 주역이다. 21세기 주요 키워드 가운데 하나인 '감성'이 이들의 소비 트렌드에 중심적인 부분을 차지하고 있다. 실제, 여성은 제품을 선택할 때 80%는 감성이 차지하고 20%는 이성이 차지한다고 한다. 대다수의 여성들은 컨디셔너, 새로 나온 메이크업 제품, 또는 세탁세제 광고들까지도 감성적인 차원에서 인식한다고 한다.[69] 실제 과거 스타벅스 커피 전문점이 전 세계적인 성공을 이룰 수 있었던 원인은 단순히 커피를 판매한다는 컨셉에서 벗어나, 스타벅스만의 편안한 분위기와 독특한 문화로 소비자들의 감성에 어필한 점이었다. 국내의 경우도 브랜드 개발, 광고, 판촉, 매장관리 등에서 감성마케팅이 한창이다. 매장을 단순히 상품들의 진열 공간이 아니라, 소비자들이 제품에 대한 이해를 높이고 자연스럽게 제품과 친근해질 수 있는 공간(일명 컨셉 스토어)으로 꾸미는 점도 소비자들의 숨겨진 감성을 자극하고자 함이다. 특히, 여성소비자들의 경우 주변적 시각으로 사물을 보기 때문에 제품 자체 외에도 매장의 분위기나 고객서비스에 큰 영향을 받는다는 점을 감안한 것이다.

둘째, 여성들은 신체구조상 감각이 예민하다. 흔히 여성이 남성에 비해 오감이 더 발달한 것으로 알려져 있다. 여성소비자들은 작은 물건 하나를 구입하더라도 보고 듣고 만지는 등 오감을 통해 확인하고 경험하려는 욕구가 강하다. 이미 여성을 주요 고객으로 한 의류, 향수, 화장품 매장에서는 직접 제품을 체험할 수 있는 테스터 상품들을 구비하는 것이 보편화되어 있다. 또한, 5장에서 논의되었던 컬러마케팅이나 향기마케팅 등도 여성소비자들의 오감을 자극하여 구매욕구를 불러일으키는 방식이다.

셋째, 여성소비자들은 남성에 비해 보다 사회화(socialization) 능력이 뛰어나며, 친근한 커뮤니케이션 능력을 가지고 있다. 여성들은 모여서 이야기를 나누기 좋아하는 특성이 있으며, 이러한 가운데 형성된 '입소문'이 구매의사결정에 큰 영향을 미친다. 요약하면, 여성소비자들에게 접근하기 위해서는 그들의 감성 및 감각적인 측면과 사회적 성향에 대한 이해가 전제되어야 한다.[70]

2) 남성시장

남성시장은 최근에 중요한 변화를 경험하고 있다. 동시에 그들을 겨냥하고 있는 오랜 세월을 걸쳐 검증된 마케팅전략 또한 변하고 있다. 남성들이 과거보다 안전한 작업환경에 직면하고, 여성들의 직장수요 증가에 따라 그들은 과거보다 아이들을 돌보고 가사 일을 돕는데 더 적극적이다. 여성들이 노동력에 투입됨으로써 남성들은 슈퍼마켓에서 시장을 보고, 전통적으로 여성이 담당하던 책임도 떠맡게 되었다. 실제로, 슈퍼마켓 구매자의 40%, 편의점 구매자의 65%를 차지하는 많은 남성들은 식료품 쇼핑을 꺼리지 않는다고 말하고 있다.[71]

또한, 물건을 사기 전에 여성의 의견을 먼저 구했던 남성들의 모습은 옛말이 되어가고 있다. 이제 남성들은 더 늦게 결혼하고, 더 오랜 시간을 혼자서 살아간다, 비록 남성들은 가사일에 더 많은 몫을 책임지더라도 그들은 맥주, 스포츠용품 그리고 하드웨어 제품의 가장 큰 소비자이다. 일반적으로 남성들은 상업적인 텔레비전을 시청하는 경향이 있고, 여성들보다 일간신문을 더 읽는 경향이 있다. 20~54세 직장남성들의 80% 이상이 주말 스포츠 프로그램에 반영되는 많은 광고의 표적이 되고 있다.

이러한 변화에도 불구하도 확실히 남자들은 여성들보다 많은 제품범주의 쇼핑에 있어 관심이 없으며 서투른 편이다. [그림 10-4]는 해당 점포 등에 방문시 남성과 여성이 실제로 물건을 구매한 비율을 비교한 것이다. 흥미롭게도 남자는 어떤 종류의 매장에 들어가더라도 60% 이상이 물건을 구매하는 반면 여성은 매장의 종류에 따라 심한 편차를 보이고 있다.

그림 10-4 | 해당 점포에 방문시 구매하는 비율(성별)[72]

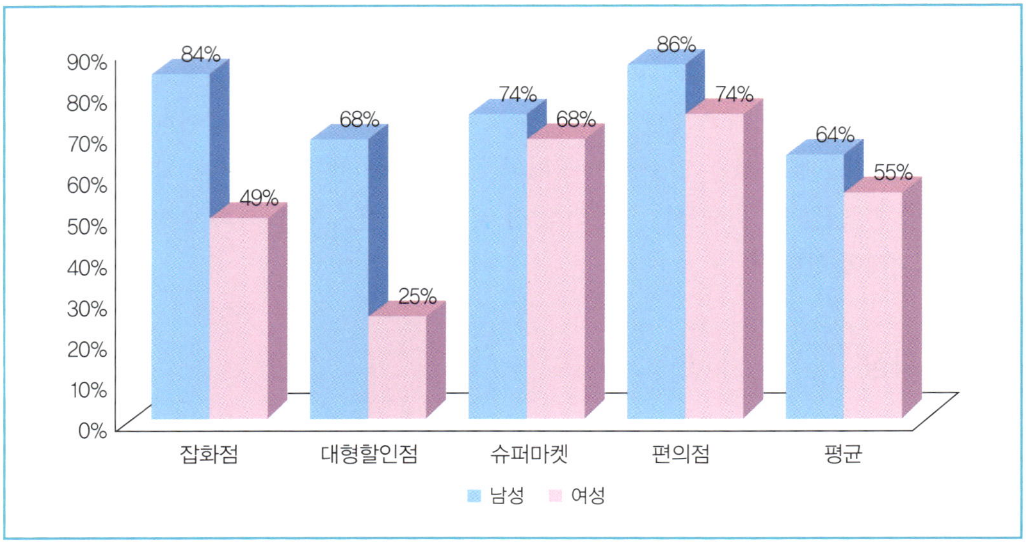

남녀 간의 쇼핑은 많은 부분에서 차이를 보인다. 남자들은 쇼핑과정이 번거롭고 즉각적이지 못할 때 이를 회피하려는 현상이 강하다. 이것은 곧 탈의실의 위치가 여성복 매장보다 남성복 매장에 더 가까워야 한다는 것을 입증해준다. 설령 이와 같은 방식으로 위치를 정할 수 없다 하더라도 적어도 남자용 탈의실은 한눈에 알아볼 수 있도록 명확히 표시되어 있어야 한다. 남자 고객이 탈의실을 차지 못한다면 번거로운 게 싫어서 아예 쇼핑을 포기할 수도 있기 때문이다.

또한 쇼핑하는 동안 여자 고객의 86%가 가격표를 살펴보는 반면 남자 고객은 72%가 살핀다. 그들은 가격표를 무시하는 것이 곧 남자다움을 과시하는 것으로 생각하기 때문에 여자 고객들에 비해 훨씬 쉽게 물건을 선택했다. 게다가 남자들은 여자 고객들에 비해 훨씬 쉽게 다른 사람들의 말을 받아들인다. 그들은 한시바삐 매장을 빠져나가고 싶은 생각뿐이어서 권유받은 물건을 거절하는 경우도 드물다.

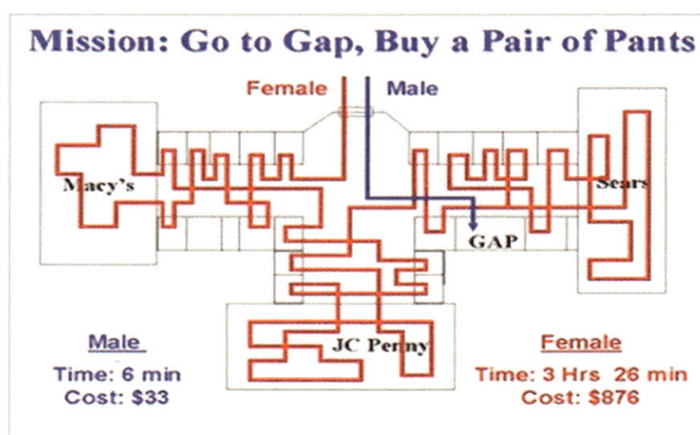

쇼핑몰에서 Gap매장에 가서 바지 한 벌을 구입하라고 했을 때 남녀별 구매액 및 구매금액을 우화적으로 보여주는 그림

남성미용 제품들을 따로 진열하는 것이 매출을 끌어올릴 수 있는 이유는 성의 역할이 변화하고 있기는 하지만 아직까지는 대다수의 남성들이 자신이 미용 코너를 돌아다니는 모습을 남들에게 들키고 싶어 하지 않기 때문이다. 주변의 시선으로부터 자유롭게 제품을 구성하고 선택할 수 있다면 그들은 기꺼이 더 비싼 제품을 선택하고 더 많은 제품을 구매하려 한다는 시사점을 가진다.[73]

2.3 연령별 하위문화

소비자들은 나이를 먹어감에 따라 변화하며 그들의 행동과정과 구매결정도 변화한다. 이러한 연령집단들이 하위문화를 구성하기에 충분히 동질적이며, 독특한 가치가 있는지의 여부는 토론되고 있다. 마케팅관리자들은 청소년 하위문화, 장년 하위문화, 노년 하위문화 등으로 구분한다.[74]

1) 청소년 하위문화

청소년시장은 마케팅관리자들에게 중요한 하위문화인데 청소년의 14~24세 사이를 말한다. 청소년시장은 이익이 될 뿐만이 아니라 많은 소비패턴이 이 시기에 형성되고 또한 그들의 형성기 동안 젊은 사람에 지침이 되는 마케팅관리자들의 활동에 대한 공공정책의 시사점 때문에 마케팅관리자들에게 매우 중요하다.

청소년들의 강한 소비지향성은 다음과 같은 이유에 기인한다고 한다. 첫째는 끊임없는 번영의 기간에 성장한 경험은 폭넓게 공유된 경제적 낙관의 느낌을 만들어내고, 둘째는 응석을 받아주는 시대에 양육된 성격 때문인데 독립에 대한 능력을 줄이는 것과 관련되고, 셋째는 신세대는 높은 교육적 수준과 대중매체에 대해 많이 노출되어 있다는 것이다. 청소년시장은 청소년 자신들이 소유한 상당한 많은 돈을 소비할 뿐만 아니라 부모의 소비에 상당한 영향을 미친다. 오늘날 부모들은 그들의 아이들이 자신들이 어린이였을 때보다 가족 의사결정에 훨씬 더 많은 영향을 미친다고 인정하고 있다.

최근의 하위시장으로 명명되고 있는 Y세대(Generation Y)[75]라는 새로운 사회구성원들은 2009년에 이미 전체 노동인구의 30%에 이르렀고, 4, 5년 후에는 기업구성원의 절반 가까이를 차지하게 될 것이라고 전망된다.[76] Y세대는 기존 구성원들인 전후세대, X세대와 확연히 구분되는 사고방식 및 행동방식을 가지고 있다. 기술의 진보와 인터넷의 보급, 글로벌화 등 기존 세대와 완전히 다른 환경에서 자라났기 때문이다. 이러한 성장환경의 차이로 인해 실제로 Y세대의 두뇌구조가 기존 세대의 그것과 차이가 있다는 분석도 있다. 미국 캘리포니아대학의 신경과학자 게리 스몰(Gary Small)은 그의 저서인 〈디지털 시대의 뇌〉에서 의사결정과 복잡한 정보 통합에 관여하는 DLPF(Dorso Lateral PreFrontal Cortex)라는 뇌의 부위가 활성화된 정도가 기존 세대들과 Y세대 간에 큰 차이를 보인다는 연구 결과를 제시하고 있다.[77]

| 표 10-2 | 대한민국 세대구분[78]

세대	출생연도	경험한 역사적 사건
산업화 세대	1940~1954	한국전쟁, 베트남전쟁
베이비부머 세대	1955~1963	5·16군사정변, 새마을운동
386세대	1960~1969	6·10항쟁, 민주화운동
X세대	1970~1980	성수대교, 삼풍백화점 붕괴
Y세대	1981~1996	월드컵, 외환위기, 금융위기
Z세대	1997~	금융위기, IT 붐

Y세대는 밀레니얼 세대(Millennial Generation)로 불리기도 하는데 1980년부터 1996년 사이에 태어난 세대로 가장 어리지만 지금의 '포노 사피엔스 경제 체제'에서는 가장 능력있는 세대가 되기도 한다. 최근의 급격한 시장변화를 '변화'라고 정의하지 않고 '혁명'이라는 다소 과격한 표현을 쓰는 것은 시장을 움직이는 주력세대가 이처럼 매우 급격히 변화했기 때문이다.[79]

1997년 이후 태어난 Z세대(Z Generation)는 X세대의 자녀들이다. 이들은 태어날 때부터 인터넷을 경험한 디지털 네이티브이다. 2000년 초반 정보기술(IT) 붐과 함께 유년 시절을 보냈다. 2005년 출범한 유튜브와 함께 자라 유튜브 세대로도 불린다. TV · 컴퓨터보다는 스마트폰, 텍스트보다 이미지 · 동영상 콘텐츠를 선호한다. 풍족한 환경에서 태어났지만 부모 세대인 X세대가 2000년대 말 금융위기로 경제적 어려움을 겪는 모습을 보고 자랐기 때문에 안정성과 실용성을 추구하는 특징을 보인다.[80]

상당수의 가요프로그램은 10대지향적이며 아이돌그룹이 이끄는 마케팅파워는 엄청나다.

시장에 직접적으로 영향을 미치는 것 이외에 청소년들은 그들 부모의 제품이나 브랜드 선택에 이차적인 경향을 미친다. 예컨대, 10대 4명 중 3명은 그들 부모들의 구매의사결정에 영향을 미치는 것으로 나타났다.[81]

10대들이 시장에 중요한 영향을 미치는 또 다른 요소는 어른까지 지속될 수 있는 브랜드 충성도가 형성되는 시기이기 때문이다.[82] 예를 들면 많은 사람들은 10대 때 좋아했던 나이키를 아직도 좋아하고 구매하고 있으며 20대 때 입었던 양복 브랜드를 아직도 구입하고 있다.

[Consumer Insight 10-3]에서는 최근 급변하고 있는 세대별 미디어 이용현황 및 온라인 쇼핑현황에 대해 살펴보기로 한다.

CONSUMER INSIGHT 10-3 세대별 미디어 이용 차이[83]

■ 세대별 미디어 이용

밀레니얼 세대의 경우 모바일 기기의 이용시간이 전체 미디어 기기의 이용시간에서 차지하는 비율이 전 세대를 아울러 가장 높게 나타났으며, TV의 이용시간이 차지하는 비율은 약 33% 정도로 모바일 기기가 차지하는 비율인 약 43%보다도 낮은 것으로 조사되었다.

그림 10-5 | 세대별 미디어 이용 비중

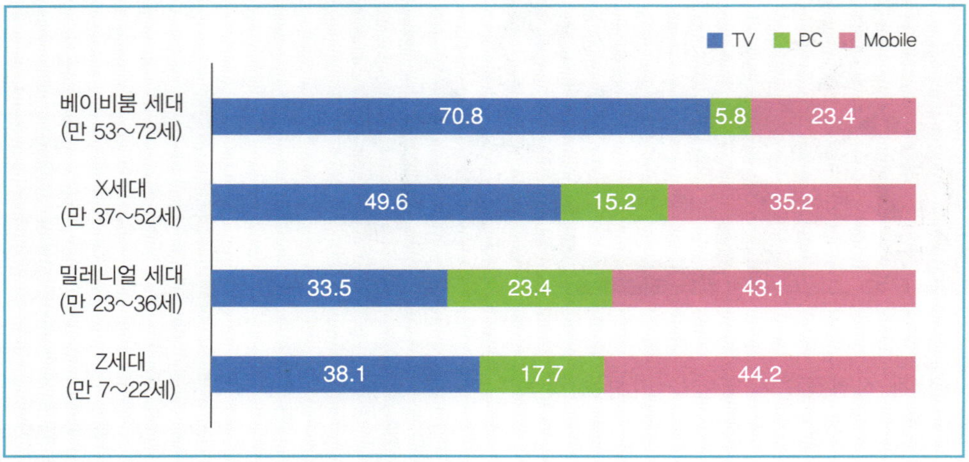

■ 세대별 SNS 이용

SNS의 이용자의 비율이 가장 높은 세대는 밀레니얼 세대인 것으로 조사되었으며, 10명 중 8명 꼴로 SNS를 이용하는 것으로 나타났다. 하루 평균 SNS를 이용하는 시간은 연령대가 낮아질수록 점차 증가하는 추이를 보였으며, 특히 Z세대의 경우 약 43분으로 베이비붐 세대보다 약 1.7배 더 긴 시간을 소모하는 것으로 나타났다. 주로 사용하는 SNS 계정(1순위 기준)은 세대 간 차이를 보였으며 밀레니얼 세대와 Z세대는 페이스북을, 베이비붐 세대와 Z세대는 카카오스토리를 주로 이용하는 것으로 조사되었다.

그림 10-6 | 세대별 SNS 이용 비중

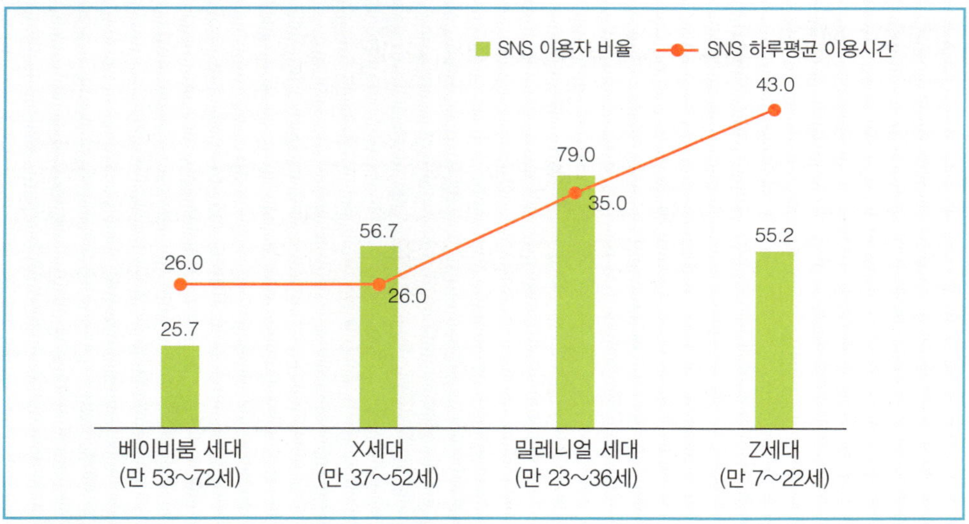

■ 세대별 전자상거래 이용

밀레니얼 세대에 속하는 응답자의 경우 약 86%가 전자상거래를 해본 적 있다고 응답하며 높은 비율을 보였다. 미성년자를 포함하고 있는 Z세대의 경우에도 전자상거래를 해본 적 있다고 응답한 응답자의 비율은 약 54%로 10명 중 4명이 채 안 되는 꼴로 전자상거래를 해본 적 있다고 응답한 베이비붐 세대보다 높게 나타났다. 물건을 구입하기 전, 구매정보 습득을 위하여 우선적으로 이용하는 경로로는 포털 사이트를 검색한다고 응답한 응답자의 비율이 베이비붐세대를 제외하고 가장 높게 조사되었다. 반면, 베이비붐 세대의 경우 가족, 친구 등 주변인을 통한 정보 습득 등 기타의 방법으로 물건에 대한 정보를 습득한다고 대답한 응답자의 비율이 가장 높게 나타났다.

그림 10-7 | 세대별 전자상거래 이용 비중

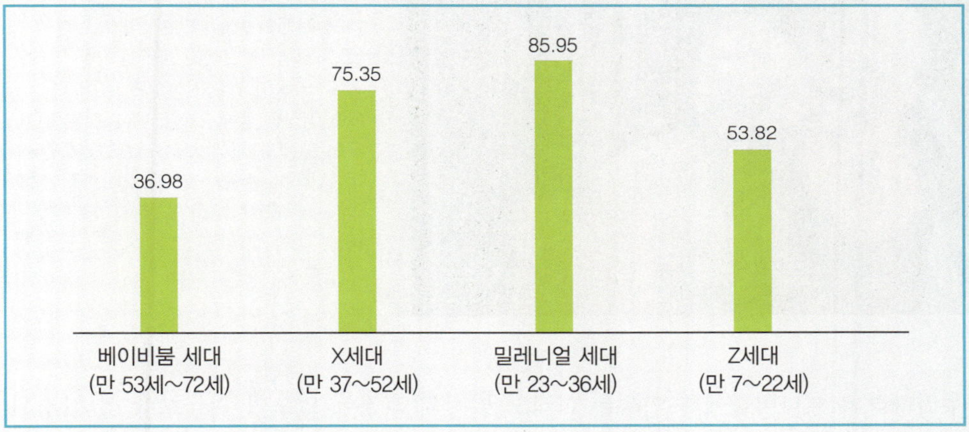

2) 장년 하위문화

장년층 소비자는 음식, 음료수와 같은 일상용품에서부터 자동차, 세탁기, 컴퓨터처럼 구매빈도가 낮은(그리고 더 고가의) 상품에 이르기까지 상당히 많은 종류의 재화를 구입해본 경험이 30년 이상 있는 사람들이다. 그들은 광고나 마케팅으로부터, 다른 사람들로부터, 그리고 다른 소비자 기구로부터 재화에 관한 엄청난 양의 정보에 노출되어 왔다. 그들은 이런 정보를 분별력 있게 처리할 수 있는 능력을 키워 왔으며, 최대로 잘 활용할 수 있는 구매전략을 나름대로 발달시켜 왔다.

3) 노년 하위문화

최근에 와서는 실버인구의 증가와 이들의 경제적 안정에 따라 중요성이 날로 증가되고 있는 추세이다. 전체인구에서 차지하는 비율이 점차로 증가추세에 있고 이들은 대도시지역의 중심도시에 거주하며, 경제적 능력이 없어 전적으로 사회보장제도에 의존하였다. 그러나, 오늘날의 노년층은 자신들의 생활의 질을 향상시키지 위한 신제품을 구입할 충분한 자금력이 있다. 또한 앞으로는 연금제도의 확산 등으로 인하여 노년시장의 확대가 예상된다.

한국 사회가 2017년 고령화 사회를 지나 '고령 사회'로 진입했다. 유엔(UN)은 65세 이상 인구 비율이 7% 이상이면 '고령화 사회'로, 14% 이상일 경우 '고령 사회'로 분류한다. 한국이 고령 사회에 처음으로 진입하면서 이른바 '시니어(senior, 50대 이상 중장년층)·'실버(silver, 65세 이상 노년층)' 세대인 신 'SS족'이 경제의 주축으로 부상하고 있다.[84]
(사진출처: https://www.gettyimagesbank.com)

우리나라의 시니어들에게 인생은 아직도 발전의 과정에 있으며 지금보다 더 안정된 내일에 대한 기대가 있다. 그들에게 있어 성공과 부는 무관하지 않으며 유명 브랜드의 소비를 통해 품위를 유지하고자 하는 물질중시형 소비자도 많은 편이다. 한편 시니어 세대를 위한 상품과 서비스는 간절히 원하면서도 '노인용' 꼬리표가 붙는 것은 싫어한다. 이처럼 상충되는 듯한 특징이 공존하고 미묘한 차이로 좋고 싫음이 나누어질 수 있기에 매우 세심한 접근이 요구되는 시장이다. 시니어들의 가치관과 욕구, 소비습관의 특징들을 이해하는 것은 이 거대 잠재시장의 기회를 현실화시키기 위해 매우 중요하다.[85]

노년시장의 소비특징은 다음과 같이 정리된다. 먼저 노년시장은 휴가, 여행, 오락, 의료, 약품 등의 구입에 대한 소비가 크고 제조업자들의 브랜드명에 큰 중요성을 부여하고, 유통업자 브랜드를 덜 구매하는 경향이 있고 다른 소비자들보다 더 많은 보증과 보장을 요구하는 경향이 있다. 또한 [그림 10-8]에서 볼 수 있듯이 브랜드 충성도보다 매장에 대한 충성도가 더욱 높은 편이다. 브랜드에 대한 충 또한 이들은 신제품을 덜 추구하는 경향이 있고 자기주도적인 경험에 의해 신제품과 서비스를 수용하는 것이 적고 타인의 추천에 의해 종종 수용한다.[86] 이것은 마케팅관리자에게 중요한 촉진적 시사점을 제공하는데 이들에게는 구전커뮤니케이션의 이용이 적합함을 의미한다.

그림 10-8 | 브랜드 충성도 vs 매장 충성도[87]

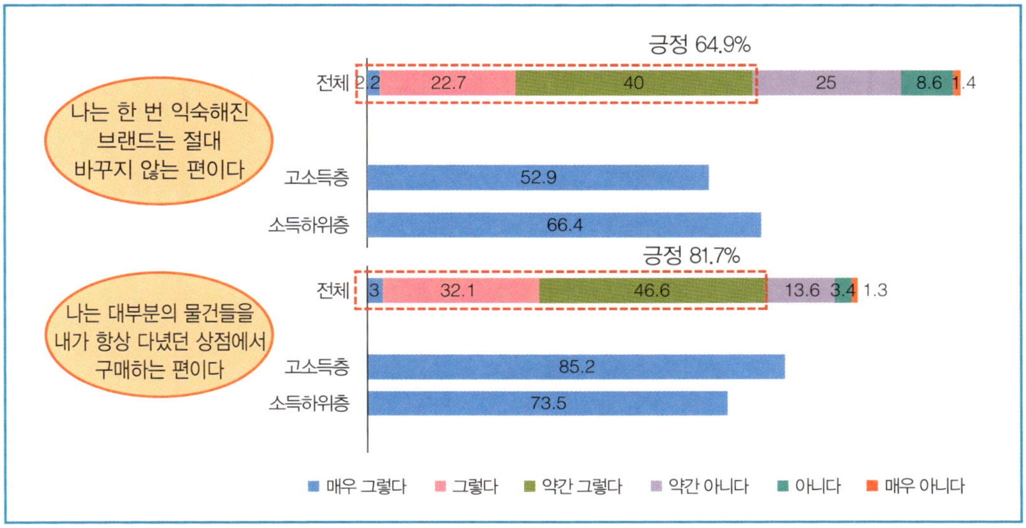

노년소비자들을 목표로 하는 촉진메시지에 있어서의 효과적인 주제의 개발을 위해서는 문제가 아닌 해답에 초점을 두고, 나이를 묘사하지 말 것이며, 적절한 어의(semantics), 세대 상호 간의 의사결정 상호활동을 묘사하고, 사물보다 경험을 묘사하고, 자아지각과 인지적 나이를 사용하고, 활동적이고 열정적으로 노년소비자를 표현하고, 품질, 신뢰성 및 가치를 강조하고, 편안함, 안전성 및 의존성을 강조하고, 독립적이고 통제할 수 있음을 강조하라 등을 제시하고 있다.[88]

CONSUMER INSIGHT 10-4 노인시장의 성장과 마케팅[89]

젊은층 중심이었던 예능에서 40~50대 '아재'들이 등장한 지 꽤 됐다. 여기에 노년의 배우들이 주요 역할을 맡은 예능 프로그램, 〈꽃보다 할배〉의 경우 4%대의 시청률을 내며 케이블에서 최고의 시청률을 선보이기까지 했다.

그림 10-9 | 우리나라 인구고령화 추이 및 전망

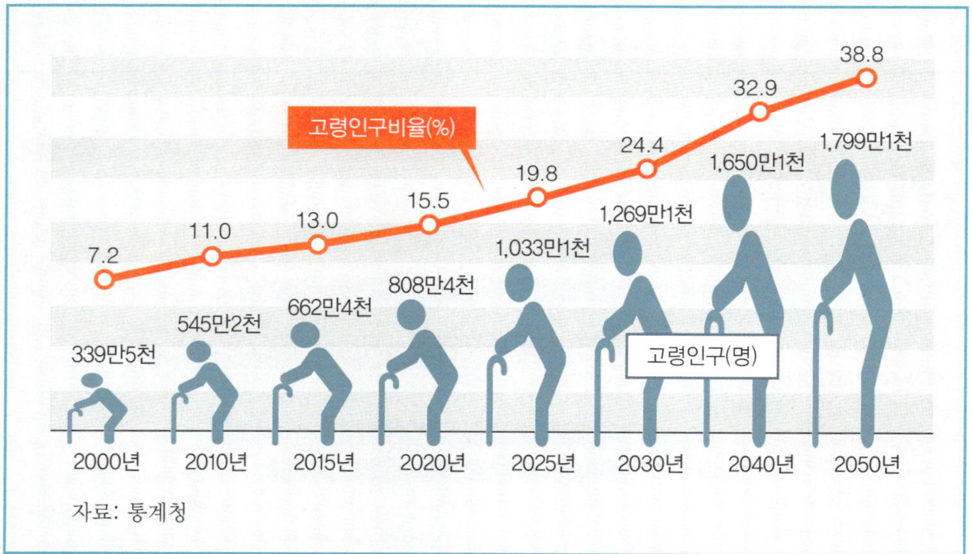

미디어 전문가들은 이런 현상을 인구구조에서 찾는다. 740만 명에 이르는 제1차 베이비부머(1955~1963년생)의 선두 세대인 1955년생이 2020년이 되면 딱 65세에 진입하고 이후 2028년까지 8년 안에 제1차 베이비부머가 모두 65세에 진입한다. 제2차 베이비부머까지 포함한 광역의 베이비붐 세대(1955~1975년생) 1,700만 명이 생애주기 이동을 시작하는 셈이다. 말 그대로 대한민국에는 중년, 장년층이 넘쳐나게 된다.

100세 시대에 돌입한 지금 40대는 과거의 중년이 아니다. 아울러 노인 기준이 상향 조정되며 고령층이 뒷방 늙은이가 아닌 경제를 이끌어가는 주체로까지 받아들여진다. 넘치는 중년, 고령층을 위한 비즈니스가 절실한 상황인 것이다.

이러한 상황과 맞물려 멋지게 나이든' 노인 모델은 해외시장 및 국내에서도 노년층의 지갑을 열 수 있는 하나의 마케팅 수단으로 등장했다.

꽃노년의 가치를 알아보고 길거리 캐스팅으로 발굴해 일약 제품 모델로 기용하는 회사나 스타트업이 늘어나고 있다. 이플루비는 눈 침침한 중장년층을 대상으로 기능은 훌륭하고 보기에도 멋 있는 패션 돋보기를 만들어 판매했는데 높은 호응을 얻으면서 월매출 2억 원을 돌파했을 정도로 의미 있는 성장세를 보이고 있다.[90]

비누로 잘 알려진 도브는 프랑스에서 96세의 아이린 싱클레어를 모델로 기용했다. 도브는 '젊음만이 아름답다'는 보편적인 명제에 반기를 든 마케팅으로 프랑스 소비자들에게 공감대를 얻었다. 비엥 비에이르(Bien–Vieillir, 멋있게 나이 들기)를 가치로 한 이 추세는 더욱 확산되고 있다.

식품업계는 급성장하고 있는 '실버푸드' 시장 진입에 여념이 없다. 농림축산식품부에 따르면 국내 실버푸드 시장 규모는 2015년 기준 7,903억 원, 지난해에는 1조 1,000억 원대에 이른 것으로 집계된다. 오는 2020년 16조 원대까지 가파르게 성장할 것으로 전망된다.

도브의 시니어모델 광고

매일유업은 국내 식품업계 최초로 근감소증을 연구하는 '사코페니아 연구소'를 출범시켰다. 혈류를 개선해주는 오메가3와 항산화제 역할을 하는 베타카로틴이 첨가된 치즈를 선보이는 등 실버푸드 개발에 박차를 가하고 있다.

CJ프레시웨이는 시니어 전문 식자재 브랜드 '헬씨누리'를 통해 국공립시설, 중소 요양원, 개인 요양원 등 고객특성에 맞는 맞춤형 상품전략을 선보일 계획이다. 음식을 삼키는 데 어려움을 겪는 노인이나 환자를 위해 식재료를 잘게 갈거나 다져 만든 '무스식'을 우선 제공할 방침이다. 씹기 쉽고 부드러운 음식인 '연화식' 시장에 뛰어든 기업은 이 밖에도 많다. 아워홈은 씹기 좋은 고기 · 떡 · 견과류 개발에 성공, 특허를 출원하고 최근 판매에 돌입했다. 국내 최초로 연화식 전문 제조시설을 갖춘 현대그린푸드도 '부드러운 생선' 등 기술 2종에 대한 특허를 냈다.

이외에도 IBK기업은행의 최근 시니어 최대 관심사인 건강과 여행 등을 연계한 '나이야가라 통장'이나, 온라인 커머스 업체 쿠팡의 간병 · 보조용품, 병원 · 의료용품 등을 판매하는 시니어 전용관 '실버 스토어'를 운영하는 등 많은 업계들에서 노인 특화 상품이 쏟아지고 있다.

한편으로는 노인들의 젊음에 대한 욕구도 간과해서는 안 된다. 실제 청장년층을 겨냥해 내놓은 제품이 예상을 깨고 시니어층에서 인기를 끄는 경우가 적지 않다. 홈쇼핑에서 30~40대를 대상으로 기획된 방한부츠의 실제 구매자를 분석한 결과 50~60대가 72%를 차지하기도 했다.

이 때문에 업체들은 50대보다 더 고령인 소비자를 겨냥한 제품을 출시하면서도 이들보다 나이가 어린 '중년층 제품'이라고 강조하는 마케팅을 펼치고 있다. 가령 시니어를 주요 고객으로 둔 아웃도어 업체들은 제품광고 모델로 20~30대 연예인을 내세운다. 화장품 업체들도 마찬가지다. 고령층 구매에 힘입어 고가(高價)의 노화방지 · 안티에이징 화장품 판매가 호조를 보이고 있지만 업체들이 고령층에 한정된 마케팅을 피한다는 설명이다.[91]

연 · 습 · 문 · 제

01. 다음의 사례를 참고하여 아래와 같은 제품들이 제시된 종결적 가치(내용을 바꾸어서 해도 무방함)로 연결시킬 수 있는 마케팅 아이디어를 제시하고 커뮤니케이션 전략을 수립하세요.
보기) 저분자콜라겐 → 흡수율 높임 → 아름다워 보일 수 있는

a. 새로운 라면 개발(종결적 가치 → 즐거운 인생)
b. 웰빙 셀러드 판매 카페(종결적 가치 → 사랑받는 삶)
c. 저렴한 안티에이징 화장품(종결적 가치 → 알뜰한 삶)

02. 한국문화를 고려한 표적시장의 기회탐색을 읽고 다음과 같은 제품 아이디어를 제시하세요.

한국문화를 고려한 표적시장 기회탐색[92]

표적시장	주요 내용 및 특징	대상 브랜드
유아시장	• 핵가족화로 프리미엄 성공확률 높음 • 우리 아기는 특별하다 • 출산율 세계 최저수준	프리미엄 분유 프리미엄 유아용품
수험생	• 세계 최고수준의 학구열을 지닌 만족 • 학업에 도움이 될 수만 있다면 뭐든지 한다	엠씨스퀘어
대학생	• 대학생 300만 명 시대 • 미래 잠재고객 시장	KTF Na 현대카드 U
효도문화	• 실버마켓과 함께 급부상 예상 • 가족중시 동양문화에서 기인	KTF 효(孝)브랜드 보청기

군인가족	• 군인가족 200만 명 추정 • 보험 외 상품특화 기회 고객군	미국 USAA보험사 미군보험상품
한/멋/정	• 한국문화의 키워드 • 커뮤니케이션 컨셉으로 활용	오리온 초코파이 정(情)

a. 다문화가정이 늘어나고 있는 현실에서 해당 표적시장이 필요로 할 수 있는 상품 및 서비스 아이디어

사진은 다문화가정상담사 시험정보

b. 수험생 표적시장을 위한 새로운 제품 아이디어

03. [Consumer Insight 10-1]에서 제시되었듯이 개인주의적 문화의 확산에 따라 과거 집단적 소비가 이루어진 제품들에 대한 개인소비 가능성에 대해 사업가치가 있다면 그 구체적인 방법론에 대해 논의해보세요.

a. 1인 전문 식당
b. 1인 전문 영화관
c. 패키지 여행

04. 다음의 엘리트/대중문화 추구성향과 소득을 기준으로 시장을 세분화하여 보고 각 시장 중 한 시장을 선택, 신제품 아이디어를 제시해보세요.

엘리트 vs 대중문화[93]

엘리트지향적 문화	대중문화
• 예술의전당이나 세종문화회관이 친숙하다. • 국내외 오페라, 발레, 오케스트라 공연을 1년에 두세 차례는 관람한다. • 순수미술품 몇 점 정도는 소장하고 있다. • 지인 중에 예술가가 있고, 그들과 대화하는 것이 즐겁다. • 상업영화는 보지 않는 편이다. • TV드라마나 쇼는 보지 않는다. 기본적으로 TV는 바보상자라고 생각한다. • 책은 서양고전이나 전문서적을 주로 보고 대중적인 베스트셀러는 안 읽는다. • 골프, 사교파티, 승마, 유럽여행 등이 취미다. • 사람들이 많이 몰리는 지역축제 등에는 관심이 없다. • 전통, 노블레스 오블리주, 리더의 고독 등은 멋진 가치라고 생각한다.	• 사람들이 많이 보는 영화를 보지 않으면 시대에 뒤떨어진다고 생각한다. • 오페라나 오케스트라 연주를 본 적이 없고 티켓을 우연히 구해도 가기를 꺼린다. • 드라마, 쇼, 개그 프로그램 등에 나오는 유행어들을 따라한다. • 축구, 배드민턴, 등산 등은 돈이 안 들고 몸에 좋은 스포츠라고 생각한다. • 고전보다는 베스트셀러를 더 선호한다. • 어려운 건 질색이고 굳이 인생을 어렵게 살 필요가 없다고 생각한다. • 주로 캐주얼 차림으로 다니고 양복의 기본정신에 대해서는 관심 없다. • 인기스타를 만나면 사인을 받고 싶고 팬클럽에도 몇 곳 가입해 있다. • 젊음, 섹시함, 대중축제, 인기 등은 좋은 가치라고 생각한다.

05. 다음의 시니어 집단 세분화를 통해 각각의 세분시장에 소구할 수 있는 제품 아이디어를 제시하세요.

시니어 집단의 세분화[94]

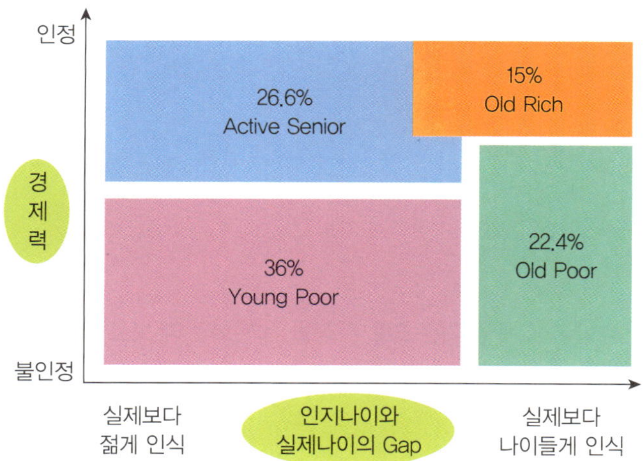

참·고·문·헌

1) Taylor, E. B.(1891), *Primitive Culture, Murray*, London, 1./Asseal, H.(1996), *Consumer Behavior and Marketing Action*, South-Western, 451에서 재인용

2) Hawkins, D. I. and D. L. Mothersbauch(2010), *Consumer Behavior, Building Marketing Strategy*, Eleventh Edition, 42-43의 내용을 수정하여 작성

3) Aaker, J. L., & Sengupta, J.(2000), Additivity versus attenuation: The role of culture in the resolution of information incongruity, *Journal of Consumer Psychology*, 9(2), 67-82/Briley, D. A., Morris, M. W., & Simonson, I.(2000), Reasons as carriers of culture: Dynamic versus dispositional models of cultural influence on decision making, *Journal of Consumer Research*, 27(2), 157-178.

4) Peter, J. P. and J. C. Olson(2008), *Consumer Behavior and Marketing Strategy*, McGraw-Hill, 260.

5) Hawkins, D. I. and D. L.(2010), Mothersbauch, *op. cit.*, 42-43.

6) Hawkins, D. I. and D. L.(2010), Mothersbauch, *ibid*, 43.

7) Grhan-Canli, Z., & Maheswaran, D.(2000), Cultural variations in country of origin effects, *Journal of Marketing Research*, 37(3), 309-317.

8) Pornpitakpan, C., & Francis, J. N.(2000), The effect of cultural differences, source expertise, and argument strength on persuasion: An experiment with Canadians and Thais, *Journal of International Consumer Marketing*, 13(1), 77-101.

9) Money, R. B., Gilly, M. C., & Graham, J. L.(1998), Explorations of national culture and word-of-mouth referral behavior in the purchase of industrial services in the United States and Japan, *Journal of Marketing*, 62(4), 76-87.

10) Hawkins, D. I. and D. L. Mothersbauch(2010), *op. cit.*, 43.

11) Patterson, P. G., & Smith, T.(2001), Relationship benefits in service industries: a replication in a Southeast Asian context, *Journal of services marketing*, 425-43/ Mattila, A. S., & Patterson, P. G. (2004), Service recovery and fairness perceptions in collectivist and individualist contexts, *Journal of Service Research*, 6(4), 336-346.

12) Steenkamp, J. E. M. F. Ter Hofstede, and M. Wedel(1999), "A Cross National Investigation into the Individual and National Cultural Antecedents of Consumer Innovativeness," *Journal of Marketing*, April, 55-69 and I. S. Yaveroglu and N. Donthu(2002), "Cultural Differences on the Diffusion of New Products," *Journal of International Consumer Marketing*, 14, No.4.

13) Choi, S. M., Lee, W. N., & Kim, H. J.(2005), Lessons from the rich and famous: A

cross-cultural comparison of celebrity endorsement in advertising, *Journal of Advertising*, 34(2), 85-98.

14) Keillor, B. D., Parker, R. S., & Schaefer, A.(1996), Influences on adolescent brand preferences in the United States and Mexico, *Journal of Advertising Research*, 36(3), 47-57.

15) Wong, N. Y., & Ahuvia, A. C.(1998), Personal taste and family face: Luxury consumption in Confucian and Western societies, *Psychology & Marketing*, 15(5), 423-441/Robinson, C. (1996), Asian culture-the marketing consequences, *Market Research Society Journal*, 38(1), 1-8.

16) https://m.blog.naver.com/kinmasters

17) "한국인 집단주의 ↓ 개인주의 ↑", 한겨레, http://www.hani.co.kr/arti/society/society_general/76909.html

18) 세태보고 - "결혼 빼놓고는 다 쉬워요" 나홀로족이 사는 법(http://jmagazine.joins.com/monthly/view/300393)

19) 전자신문(http://www.etnews.com/201106210019)

20) https://mirror.enha.kr/wiki/

21) Barak, B., Mathur, A., Lee, K., & Zhang, Y.(2001), Perceptions of ageidentity: A cross cultural inner age exploration, *Psychology & Marketing*, 18(10), 1003-1029/Lin, C. A.(2001), Cultural values reflected in Chinese and American television advertising, *Journal of Advertising*, 30(4), 83-94/Khairullah, D. H., & Khairullah, Z. Y.(2003), Dominant cultural values: content analysis of the US and Indian print advertisements, *Journal of Global Marketing*, 16(1-2), 47-70.

22) Keillor, B. D., Parker, R. S., & Schaefer, A.(1996), Influences on adolescent brand preferences in the United States and Mexico, *Journal of Advertising Research*, 36(3), 47-57.

23) Viswanathan, M., Childers, T. L., & Moore, E. S.(2000), The measurement of intergenerational communication and influence on consumption: Development, validation, and cross-cultural comparison of the IGEN scale, *Journal of the Academy of Marketing Science*, 28(3), 406-424.

24) Kripalani, M.(2005), Here Come the Wal-Mart Wannabes, *BusinessWeek*, April, 4, 56.

25) Al-Olayan, F. S., & Karande, K.(2000), A content analysis of magazine advertisements from the United States and the Arab world, *Journal of Advertising*, 29(3), 69-82.

26) Chen, C. N., Lai, M., & Tarn, D. D.(1999), Feminism orientation, product attributes and husband-wife decision dominance: A Taiwan-Japan cross-cultural study,

Journal of Global Marketing, 12(3), 23-39.

27) Maynard, M. L., & Taylor, C. R.(1999), Girlish images across cultures: Analyzing Japanese versus US Seventeen magazine ads, *Journal of Advertising*, 28(1), 39-48.

28) Zawawi, D., Yee, W., Busu, R., & Hamzah, Z. L.(2004), The effects of sex role orientation on family purchase decision making in Malaysia, *Journal of Consumer Marketing*; and "Rate of Chinese Businesswomen Higher than World Average," China Daily March 20, 2005, www.chinadaily.com.

29) KOTRA(2010), 2010 블루슈머, 청림출판, 163-165 내용을 간추려 수정하여 구성

30) https://jessicaradic.wordpress.com/2017/04/27/you-are-what-you-buy-cultural-influences-on-cb-cross-cultural-cb/

31) Stessin, L.(1973), Culture Shock and the American, *International Educational and Cultural Exchange*, 23.

32) Lee, J. A.(1966), Cultural analysis in overseas operations, *The International Executive*(pre-1986), 8(3), 5.

33) 조승연, 천하의 스타벅스, 프랑스에선 쓴 잔!(https://dbr.donga.com/article/view/1206/article_no/6521/ac/magazine)

34) 클로테르 라파이유(2007), 컬처코드, 리더스북, 12에서 아이디어를 얻어 수정하여 작성

35) 디시뉴스 기사링크(http://www.dcnews.in/news_list.php?code=ahh&id=522178)

36) 다음(www.daum.net) 지식사전

37) 미국 음악산업 시스템 '아미'가 전복했다(http://www.donga.com/fbin/output?n=200703120086)

38) Domzal, T., & Unger, L.(1987), Emerging positioning strategies in global marketing, *Journal of Consumer Marketing*, 4 (Fall), 24.

39) Loudon, D. L. and A. J. Della Bitta(1993), *Consumer Behavior*, 4th, MaGraw-Hill, 113.

40) Lantz, G., and S. Loeb(1996), Country of Origin and Ethnocentrism: an Analysis of Canadian and American Preferences Using Social Identity Theory, NA-Advances in Consumer Research, 23.

41) Chen, C. Y.,P. Mathur,, and D. Maheswaran(2014), The Effects of Country-Related Affect on Product Evaluations, *Journal of Consumer Research*, 41(4), 1033-1046.

42) Liu, S. S. and K. F. Johnson(2005), The Automatic Country-of-Origin Effects on Brand Judgments, *Journal of Advertising*, 34(1), 8797.

43) Samiee, S., Leonidou, L. C., Aykol, B., St ttinger, B., and Christodoulides, P.(2016), Fifty Years of Empirical Research on Country-of-Origin Effects on Consumer Behavior: A Meta-Analysis, In Rediscovering the Essentiality of Marketing, Springer International Publishing, 505-510.

44) 요나스 리더스트릴러 · 첼 노오스트롬 공저, 이진원 옮김(2000), 펑키 비즈니스, 미래의 창, 116–117.
45) Assael(1992), *Henry Consumer Behavior and Marketing Action*, 4th ed., PWS–Kent, 379–386.
46) Hawkins, D. I. and D. L. Mothersbauch(2010), *op. cit.*, 45.
47) 한스–게오르크 호이젤 지음, 배진아 옮김(2009), 뇌, 욕망의 비밀을 풀다, 흐름출판, 61.
48) 클로테르 라파이유(2007), 컬처코드, 리더스북, 18.
49) https://1boon.kakao.com/interbiz
50) 위의 글
51) 대기록 행진 아이돌 시스템 수출 … 'K팝, 세계대중음악 주류'(https://www.hani.co.kr/arti/culture/culture_general/962322.html)
52) 누구도 가지 못한 길을 여는 'BTS라는 세계'(http://www.hani.co.kr/arti/society/society_general/975981.html)
53) https://www.sisain.co.kr/news/articleView.html?idxno=42892
54) https://www.hankookilbo.com/News/Read/A2021031609460004222
55) 세계 18개국이 꼽은 한류 일등공신 … BTS 기생충 그리고 … (https://www.mk.co.kr/news/culture/view/2021/01/91825/)
56) 위의 글
57) Rokeach, M.(1968), The role of values in public opinion research, *Public Opinion Quarterly*, 32(4), 547–559.
58) Rokeach, M. J.(1968), *op. cit.*, 554/Asseal, H.(1996), *Consumer Behavior and Marketing Action*, South–Western, 454.
59) 이러한 가치 측정방법은 앞에서도 논의되었던 수단–목적 사슬(means–end chain)을 토대로 한다. 더 자세한 내용은 아오키 유키히로 외 지음, KMAC CS 경영본부 역(1999), 전략적 브랜드 관리의 이론과 사례, 21세기북스, 383–293에서 공부할 수 있음.
60) 아오키 유키히로 외 지음, KMAC CS 경영본부 옮김(1999), 상게서, 387.
61) 지배적인 문화나 체제를 부정하고 적대시하는 하위문화는 카운터컬처(대항문화)라고 불리기도 한다. 하위문화(下位文化) 또는 부차적 문화(副次的文化)라는 역어로 불리기도 한다/위키백과에서 참고
62) https://jessicaradic.wordpress.com/2017/04/27/you–are–what–you–buy–cultural–influences–on–cb–cross–cultural–cb/
63) Hawkins, D. I. and D. L. Mothersbauch(2010), *op. cit.*, 117.
64) 자세한 내용은 개드 사드 지음, 김태훈 옮김(2013), 소비본능, 더난출판을 참고하세요.
65) 더 자세한 내용은 존 그레시 지음, 김경숙 옮김(2006), 화성에서 온 남자 금성에서 온 여자, 동녘라이프를 참고하세요.
66) "Special Report: Marketing to Women," *Advertising Age*, October 4, 1993.

67) 파코 언더힐 지음, 신현승 옮김(2000), 쇼핑의 과학 Why We Buy: The Science of Shopping, 세종서적, 209.
68) 파코 언더힐 지음, 신현승 옮김(2000), 전게서 참고.
69) 마틴 린드스트롬(2013), 누가 내 지갑을 조종하는가, 오우아, 151.
70) 이연수(2014), 소비불황의 돌파구, 여성마케팅, LG경제연구원
71) Kelly, K. J.(1994), "Guys Show Their Muscke as buyers of groceries," *Advertising Age*, July 11.
72) 파코 언더힐 지음, 신현승 옮김(2000), 전게서, 123.
73) 마틴 린드스르롬(2013), 전게서, 135.
74) David L. L. and A. J. Della Bitta(1993), *Consumer Babavior*, 4th ed., Mcgraw-Hill, 149-165.
75) 1978부터 1995년까지를 전후하여 출생한 이 세대의 또 다른 이름으로는 밀레니엄 세대, W(Wired)세대, P(Passion, Power, Participation)세대 등이 있다. 본고에서는 보다 많은 전문가들이 사용하는 세대 분류에 따라 Y세대라고 지칭하고자 한다.
76) Waljee, J. F., Chopra, V., & Saint, S.(2020). Mentoring millennials. Jama, 323(17), 1716-1717/박진성(2010), "Y세대, 그 잠재력을 딱 놀게 하려면," LG Business Insight, 6월호, 18에서 재인용
77) 박진성(2010), 상게서, 18.
78) 산업화 세대 → 베이비부머 → X세대 → 밀레니얼 세대 → Z세대…세대별로 성장 배경과 소비 패턴 가치관이 모두 다르죠(https://www.hankyung.com/economy/article/2018101267181)
79) 최재붕 (2019), 포노 사피엔스, 쌤앤파커스, 40에서 참고하여 작성
80) 산업화세대 → 베이비부머 → X세대 → 밀레니얼세대 → Z세대…세대별로 성장 배경과 소비 패턴 가치관이 모두 다르죠(https://www.hankyung.com/economy/article/2018101267181)
81) "Teenagers are spending more than ever," *Chain Store Age General Merchandise Trends*, May 1986, 7.
82) GMoschis, G. P., & Moore, R. L.(1981), A study of the acquisition of desires for products and brands, The changing marketing environment: New theories and applications, 201-204.
83) 밀레니얼세대와 Z세대의 미디어 이용, 정보통신정책연구원(www.kisdi.re.kr)
84) https://www.news1.kr/articles/?3168090
85) 정지혜(2010), "대한민국의 시니어 그들은 어떤 소비자일까?", LG Business Insight, 8월 18일자, 2에서 참고
86) John A. Howard(1967), *Consumer interests of the elderly*, Washington, D.C.: U.S. Government Printing Office, 128.

87) 정지혜(2010), 전게서. 16.
88) Wisenblit, J.(1989), The older consumer: Educatiing the deucators, in Michael H. Morris(ed.), *Atlantic Marketing Association Proceedings*, Vol.5, Orlando, FL 382.
89) 대부분의 글은 다음을 참고함, 소비자평가(http://www.iconsumer.or.kr/news/articleView.html?idxno=7732)
90) 길거리 캐스팅한 노인 모델로 매출 급등한 스타트업(https://www.mk.co.kr/premium/behind-story/view/2019/05/25521)
91) ②시니어 겨냥한 업체들…소리없는 마케팅 전쟁, 파이낸셜뉴스(https://www.fnnews.com/news/201712040701433546)
92) 조서환 · 추성엽(2005), 대한민국 일등상품 마케팅전략, 위즈덤하우스, 110.
93) 황인선(2010), 컬처파워, 팜파스, 61-62 내용을 정리하여 표로 작성
94) 정지혜(2010), 전게서, 12.

11
CHAPTER

Understanding of Consumer Behavior

준거집단 및 가족의 영향

11장 / 준거집단 및 가족의 영향

"무리지어 살아가는 사람들의 유전자가 혼자 살아가는 외톨이의 유전자보다 살아남을 가능성이 훨씬 더 높다."

–한스–게오로크 호이젤–

"바비인형은 모든 여자아이들이 갖고 있는 가장 기본적인 욕구를 채워준다."

–진 맥켄지(마텔사의 부사장)–

1. 준거집단의 영향

준거집단은 소비자들의 욕구와 구매행동에 직접적으로 영향을 미치는 행위의 규칙과 표준에 대한 시사점을 제공한다. 본절에서는 준거집단의 유형별 마케팅 영향과 사례에 대해 학습한다.

1.1 준거집단의 본질

집단과 준거집단은 구별되는 개념이다. 먼저 집단(group)은 단순히 규범, 가치, 신념 등을 공유하지만 그들의 행동에 서로 영향을 미치지 못하는 두 명 이상의 집합으로 볼 수 있지만 준거집단(reference group)의 구성원들은 집단구성원의 가치관이나 견해에 영향을 받아 그들의 행동에 반영하게 되는 집단이라고 할 수 있다. 우리는 대부분 상당수의 집단에 소속되어 있으며 또 소속되고 싶어 하고 있다. 이러한 집단에 속해 있으면서도 [그림 11–1]에서 볼 수 있듯이 상황에 따라 다른 집단의 영향을 받아 행동을 할 수 있다.[1]

인간의 결합에 대한 욕구와 안정감의 체험은 진화가 진행되는 과정에서 광범위하게 보편화되었다. 파트너와 가족, 소속집단 등이 중요한 것도 바로 이런 이유 때문이다. 진화의 관점에서도 결합 모듈은 중요한 의미를 가지고 있다. 결국 이러한 점 때문에 특정 그룹에 소속되어 있음을 상징하는 상품, 단체 유니폼, 특정한 패션 스타일, 클럽이나 그룹의 멤버십, 단체여행, 단골고객전용 서비스 센터, 사업의 범위를 넘어서는 개인적인 보살핌, 사적인 일에 대한 관심, 고객이 무언가를 필요로 할 때 신속하고 자발적으로 도움을 제공하는 행위, 주문(지시)사항의 순조로운 이행 여부에 대한 문의 등에 대한 행동이 달라질 수 있다.[2)]

이렇듯, 준거집단은 소비자들의 욕구와 구매행동에 직접적으로 영향을 미치는 행위의 규칙과 표준에 대한 시사점을 제공한다. 어머니는 어린이가 아침에 먹는 시리얼 및 식품에 영향을 미치며, 초등학생 동료집단은 친구들끼리 카트라이더나 메이플 스토리 같은 게임을 같이 함으로써 해당 게임을 선택하게 만들며, 직장 내의 축구동호회는 나이키 유니폼의 구입에 그리고 회사는 회사에서 입을 작업복에 대해 영향을 미치며 [Consumer Insight 11-1]에서 볼 수 있듯이 인맥을 통한 정보는 투자 및 자녀교육 등에도 큰 영향요소가 되고 있음을 알 수 있다. 각각의 경우, 그 집단은 그 사람에게 행동하는 방법에 대한 정보를 제공하며 또한 그 사람이 그 집단의 규범에 일치하도록 압력을 가한다.

그림 11-1 | 다양한 준거집단에 의한 식당선택의 차이[3)]

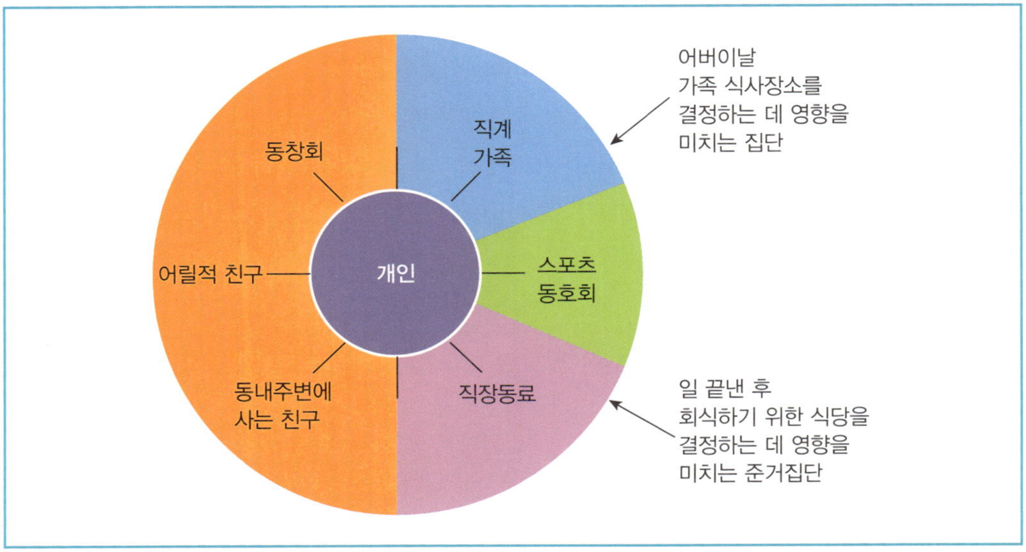

어떤 집단이 특정 소비자의 구매행동에 대해 발휘하는 영향은 3가지 요인, 즉 ① 그 집단에 대한 그 사람의 태도, ② 그 집단의 본질, ③ 그 제품의 특성에 좌우된다.[4]

첫째 요인에 관하여, 한 연구는 집단영향에 대한 그 삶의 감수성(민감성)이 매우 다양하다는 사실을 발견하였다.[5] 즉 그 사람의 구매행동은 아래와 같은 경우 그 집단에 의해서 영향을 받을 가능성이 매우 크다.

- 소비자가 그 집단을 특정 상품 및 서비스에 대해 믿을 만한 정보원천으로 인식하는 경우[6]
- 소비자가 구매의사결정에 관하여 집단구성원의 의견과 반응을 가치가 있다고 여기는 경우[7]
- 소비자가 적절한 또는 부적절한 행동에 대해 집단에 의해서 제시되는 보상과 제재를 받아들이는 경우

두 번째 요인, 즉 집단의 본질에 관하여, 준거집단은 아래와 같은 경우에 구성원의 행동에 영향을 줄 가능성이 매우 크다.[8]

- 해당 준거집단의 구성원들이 동일한 규범과 가치관을 가지고 있을 경우
- 준거집단이 자주 상호 작용함으로써 구성원에 영향을 미칠 기회를 자주 조성하는 경우
- 그 집단의 멤버십을 가진다는 것을 매우 가치 있는 것으로 지각하는 경우

집단이 개인에 대해 행하는 영향의 정도를 결정하는 세 번째 요인은 그 제품의 특성이다. 집단은 ① 의류, 화장품 및 가구와 같은 가시적 제품, ② 지위를 의미하는 상징적인 제품에 등에 있어서 더욱 영향을 미칠 가능성이 매우 크다. 이에 더하여 술과 같은 제품은 특히 준거집단의 영향을 많이 받을 수 있다. 주류제품의 구매에 관한 소비자행동 연구에 따르면 주류 소비자의 구매동기는 교제상 스트레스, 피로회복을 위해 술을 마시며, 정보의 탐색에 있어 정보의 원천은 직장동료 등 준거집단의 영향을 많이 받는 것으로 나타났다.[9]

CONSUMER INSIGHT 11-1 살롱문화, 취향을 나누며 소통하는 장[10]

최근 국내 곳곳에서 취향이 맞는 사람들이 오프라인에서 모여 소통하는 '살롱문화'가 트렌드로 떠오르고 있다. '살롱(Salon)'은 프랑스어로 '방'을 뜻하는 단어로, 18~19세기 프랑스의 귀족과 문인들이 자유롭게 술집, 카페 등의 공간을 드나들며 이야기를 나누던 정기적인 사교모임이 바로 살롱문화의 모태이다.

IT 기술의 발달로 비대면이 일상이 된 요즈음 오프라인에서 직접 만나 토론을 하는 살롱문화가 확산되고 있다. 살롱문화의 필수요소는 이 공간이라고 볼 수 있는데 국내 커뮤니티 중에는 공간에 초점을 맞추는 곳이 대다수이다.

살롱문화, 현대인이 취향을 나누며 소통하는 장
(사진출처: https://www.gettyimagesbank.com)

당시 살롱을 출입하던 이들은 남녀노소, 신분지위에 상관없이 평등하게 대화를 나눴는데, 심지어 출신이나 소속, 이름이나 나이보다 각자의 생각과 취향을 더 존중했다고 한다. 현재의 살롱문화 역시 이러한 성격을 그대로 가져왔다고 할 수 있다.

■ 살롱으로 모이는 이유는?

① 관계의 '익명성'을 존중한다.

살롱문화를 기반으로 한 모임에서는 서로의 나이와 성별, 학벌, 직업은 잠시 내려둔 채, 오로지 수평적 관계에서만 소통하며 서로의 대화와 교감에만 집중한다. 때문에 관계에 대한 억압이나 스트레스를 받지 않는다.

② '주제'를 기반으로 한다.

단순히 대화를 나누는 것보다는 관심사를 나누고 정보를 공유하는 것이 살롱문화의 가장 큰 틀이라고 할 수 있는데 다양한 분야의 사람들과 폭넓게 소통하고 교류할 수 있으며, 그로 인한 친목도모도 자유롭게 이루어진다.

③ '오프라인'을 중심으로 소통한다.

각 살롱에 따라 차이가 있겠지만, 일반적으로 함께 준비한 자료 및 주제를 바탕으로 오프라인에서 만나 얼굴을 보며 서로 소통하고, 존중하는 것이 살롱의 규칙이자 매력이라고 할 수 있다.

■ 살롱문화와 마케팅

인류의 역사는 관계의 역사라고 해도 과언이 아니다. 사람들은 언제나 자신도 모르는 사이에 관계에 목말라하며 이러한 심리를 이용한 마케팅이 SNS 마케팅이라고 볼 수 있다. 그런데 사람들은 SNS 속 포장된 관계 속에서 피로를 느끼기 시작했다.

강의를 개설하고 수강생을 모집하는 학원의 경우, 트렌드를 반영해 강사의 일방적인 강의가 아닌 수강생의 참여도를 높인 살롱 모임을 연다. 피아노를 배우고자 하는 성인 수강생들이 살롱을 열고 서로의 연주를 감상하는 피아노 학원도 있다. 출판사들은 강연을 비롯해 다양한 독자들의 모임 등을 진행한다. 다산북스는 서울 마포구에 있는 다산북카페를 '다산북살롱'으로 이름을 바꾸고 살롱문화를 카페에 도입했다. 작가와 독자의 만남, 글쓰기 강연, 여행이나 어학 관련 취미 모임 등이 출판사 카페에서 이루어진다.

사업에 살롱문화를 접목한다면, 살롱 운영 방식이나 공간 등 고려해야 할 부분들이 많다. 그중에서도 살롱을 지속하려면 회비가 중요하다. 회비는 콘텐츠의 양질과 모임에 대한 회원들의 만족도를 고려해 측정한다. 수급이 안정적으로 이루어지면 콘텐츠와 회원관리에 더 집중할 수 있으니 살롱을 유지하고 발전시키는 데도 더욱더 유리하다.[11]

1.2 준거집단의 유형

보다 세부적으로 이런 집단영향의 본질에 대해 고려하기 전에, 우리는 소비자들이 속해 있는 준거집단의 유형에 대해 살펴보도록 한다. 준거집단은 크게 회원인가 비회원인가 그리고 긍정적 집단인가 부정적 집단인가에 따라 [그림 11-2]의 상단에서 볼 수 있듯이 4가지 유형으로 먼저 구분할 수 있다. 예를 들어 어떤 소비자가 조기축구회에 가입해서 축구를 한다면 그 조기축구회는 그 소비자의 긍정적 회원집단(positive membership group, 이하 회원집단이라고 지칭)이라고 볼 수 있으며 그 소비자가 손흥민이 속해 있는 토트넘을 좋아하지만 그 축구단의 선수는 아니기에 이는 그의 열망집단(aspiration group)의 한 부분이다.

준거집단은 부정적으로도 인식될 수도 있다. 예를 들어, 어떤 소비자는 특정 사이비 종교단체에 가입했다가 이후에 그 집단의 가치관을 거부할 수도 있는데 이런 유형의 집단은 그 사람에 대해서 거부집단(disclaimant group)이라고 할 수 있다. 한편으로 어떤 사람은 앞으로 속하게 될 특정 집단의 회원자격을 피하고자 할 수도 있는데, 그런 집단은 회피집단(dissociative group)이라고 할 수 있다.

1) 회원집단

긍정적인 준거집단이 중요하기 때문에, [그림 11-2]에서는 회원집단과 열망집단을 따로 세분화하여 분류하고 있다. 긍정적인 회원집단은 1차적, 2차적 그리고 공식적, 비공식적의 두 차원에 따라 4가지 유형으로 분류된다. 만약 어떤 사람이 가족, 친구들, 회사동료들과 정규적으로 접촉한다면 이 사람들은 1차적 집단이다. 같이 쇼핑하는 집단, 축구나 야구 등의 스포츠를 같이 하는 사람들은 1차적 집단보다 자주 접촉하지 않기 때문에 2차적 집단이라고 할 수 있다. 1차적 집단은 소비자들이 제품의 신념, 취향, 선호 등을 형성하는데 영향을 미치는 중요한 준거집단으로 볼 수 있는데 이를 뒷받침하듯 한 연구에서는 다양한 상황

그림 11-2 | 준거집단의 유형[12]

에서 가장 자주, 오래 접촉하는 집단의 구성원들은 동일한 브랜드를 구입할 가능성이 매우 크다는 사실을 발견하였다.[13]

집단들은 역시 그들이 특별한 역할(기금모금, 교육, 정보전달)을 하는 공식적인 지위 및 역할(회장, 비서, 자금담당)을 가지고 있는가 아니면 이런 것들이 없는 비공식적 구조를 가지고 있느냐에 의해 나누어질 수 있다.

이러한 분류는 [그림 11-2]에서와 같이 4가지 유형의 회원집단을 조성한다. 가족과 동료집단은 1차적 비공식적 집단(primary informal group)으로서 그 사람과 집단구성원들 간에 접촉과 친근함이 빈번하기 때문에 아직까지 가장 중요한 집단화이다. 결과적으로, 광고주들은 광고에서 친구와 가족들 간의 소비를 자주 묘사한다.

아이가 있는 경우에는 많은 사람들이 아이를 위주로 생각하고 구매하기도 한다.
볼보는 부스터 시트로 어린이 안전을 또 한번 높였다. 'XC60'과 'V60' 등의 2열 가운데에 적용된 이 좌석은 어린이용 카시트를 별도로 설치할 필요가 없어 편리하다. 키 140㎝ 이하 어린이가 앉을 수 있고, 키에 따라 높이가 2단계로 조절된다.[14]

가족과 친구보다 공식적인 구조를 갖는 1차적 공식적 집단은 소비자들이 자주 접촉하게 되는 집단이다. 즉, 가족보다 더 오랜 시간 접촉하는 사람들로 직장인의 경우 회사동료들이나 학생의 경우 학교급우들이 대표적인 예가 될 수 있다. 광고주들은 제품승인을 획득하는 수단으로서 그런 집단에 있는 구성원들의 승인을 묘사한다.[15]

"여보, 아버님 댁에 보일러 놔드려야겠어요." 십수 년이 지나도 회자되고 있는 '효심 캠페인'의 주인공 경동나비엔

2차적 비공식적 집단(secondary informal group)은 자주 만나지는 않는다. 그 예가 되는 것은 한동안 잠시 모이는 쇼핑집단이나, 때때로 운동경기를 같이 즐기는 스포츠집단 등이 있다. 그러한 집단은 구매에 간접적으로 영향을 미친다. 2차적 비공식적 집단인 쇼핑집단에 대한 연구[16]에서는 어떤 소비자가 3명 이상으로 된 집단에서 쇼핑하는 경우, 그가 원래 계획했던 것 이상으로 구입하는 기회가 2배 이상이라는 사실을 발견하였다. 대체로 많은 여성들의 구매에서 이 부분은 현실로 나타난다. 10장에서 논의되었던 바와 같이 혼자 쇼핑하는 경우보다 여성들이 같이 쇼핑하는 경우 쇼핑에 걸린 시간이 훨씬 늘어나는 것도 하나의 예가 된다.

2차적 공식적 집단(secondary formal group)은 자주 만나지 않지만 구조화되어 있는 집단으로 이에 해당하는 집단으로는 동창회집단, 기업 내 여러 클럽이 있다. 대기업이라면 사내에 여러 종류의 모임이 있을 것이다. 술자리를 좋아하는 모임, 축구를 좋아하는 모임, 산악자건거를 좋아하는 모임 등등 복수의 모임에 소속되어 있는 사람도 있지만 그래도 주로 활동하는 모임이 있을 것이다. 최근의 기업들은 이러한 2차적 집단을 적극적인 구전(word of mouth)마케팅의 전파창구로 활용하고자 한다.

2) 열망집단

열망집단의 두 가지 유형, 즉 예상적 집단과 상징적 집단은 서로 접촉하는 집단인가 아닌가에 의해 분류된다. 예상적 열망집단(anticipatory aspiration group)은 그 사람이 장래에 소속하기를 예상하는 집단으로서, 대개의 경우 그는 직접접촉을 한다. 가장 좋은 예는 그 사람이 가입하고자 하는 조직에서 상위계층의 집단이다. 마케팅관리자들은 보다 높은 열망집단으로 올라감으로써 자신의 위치를 높이려는 욕망에 소구한다. 의류와 화장품은 사업의 성공과 사회적 위신의 맥락에서 자주 광고된다.

상징적 열망집단(symbolic aspiration group)은 그 집단의 신념과 태도를 받아들임에도 불구하고, 그 사람이 속할 가능성이 없는 집단이다. 한 연구는 열망집단과 관련되는 제품을 구입하는 것은 이런 집단과의 대리적 관계를 수립하려는 수단임을 발견하였는데[17] 예를 들어 뉴욕양키즈의 팬이 그 팀의 좋아하는 선수 이름이 새겨진 야구셔츠와 모자를 구입하는 것이다. 그러한 영향이 중요시되는 조건은 그 제품이 그 팀이 주관하고 있는 의상과 같이 가시적으로 두드러지는 경우이다.

최근 크게 인기를 얻은 슈퍼스타K 광고는 지원자들의 전 후 모습을 보여줌으로써 지원율을 높이고자 한다.

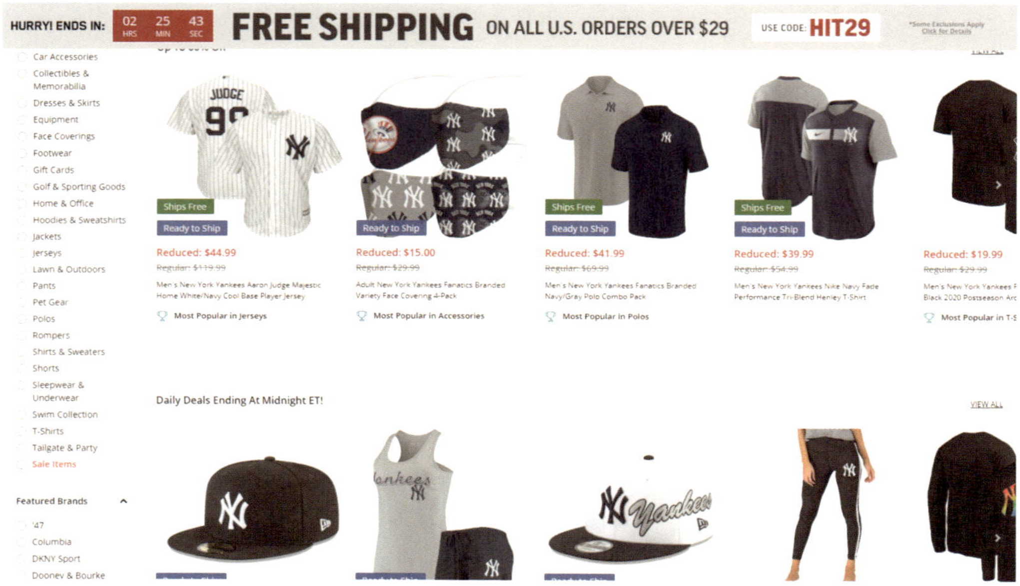

뉴욕양키즈를 좋아하는 사람은 해당 구단의 유니폼이나 로고가 새겨진 옷 등을 구매함으로써 어느 정도 소속감과 대리만족을 가질 수 있다.[18]

비슷한 맥락에서 사례를 들어보면 최근 이러한 열망집단인 팬들의 제품에 대한 영향력은 매우 커지고 있는데 [Consumer Insight 11-2]에서 볼 수 있듯이 방탄소년단의 팬들인 아미와 브레이브걸스를 역주행시킨 군인, 예비역들의 힘은 시장을 바꿀 정도로 매우 큰 힘을 가지고 있다고 볼 수 있다.

CONSUMER INSIGHT 11-2 팬들의 영향력

한국기업평판연구소는 2021년 2월 27일부터 2021년 3월 27일까지의 가수 브랜드 빅데이터 121,949,584개를 분석하여 소비자들의 브랜드 참여, 미디어, 소통, 커뮤니티 분석을 하였는데 브랜드평판 2021년 3월 빅데이터 분석결과, 1위 방탄소년단, 2위 브레이브걸스, 3위 임영웅 순으로 분석되었다. 이러한 가수들의 평판에는 가수들의 팬들이 강한 영향을 미치고 있음을 알 수 있다.

1위 방탄소년단 브랜드는 참여지수 3,371,295, 미디어지수 3,071,263, 소통지수 3,409,162, 커뮤니티지수 2,728,685가 되면서 브랜드평판지수 12,580,406으로 분석되었다. 2위 브레이브걸스 브랜드는 참여지수 6,616,964, 미디어지수 826,604, 소통지수 1,895,693, 커뮤니티지수 1,681,509가 되면서 브랜드평판지수 11,020,770으로 분석되었다. 3위 임영웅 브랜드는 참여지수 4,600,365, 미디어지수 1,304,040, 소통지수 2,789,688, 커뮤니티지수 1,544,761이 되면서 브랜드평판지수

10,238,854로 분석되었다. 4위 아이유 브랜드는 참여지수 2,890,834, 미디어지수 735,155, 소통지수 2,731,077, 커뮤니티지수 2,103,866이 되면서 브랜드평판지수 8,460,932로 분석되었다.
연구소에서는 글로벌 플랫폼에 관심이 높은 방탄소년단 브랜드가 1위, 소셜미디어 플랫폼에서 열풍을 일으킨 브레이브걸스 브랜드가 2위, 매스미디어 플랫폼에서 강력한 팬덤을 끌고 있는 임영웅 브랜드가 3위가 되었다. 팬덤이 브랜드를 키우면서 적극적인 소비활동을 하고 있는 모습을 볼 수 있었다고 설명했다.[19]

■ 그래미 불발에 화난 팬들

외신들은 방탄소년단의 2021년 그래미상 수상이 불발되자 아쉬워하는 팬들의 반응을 전했다. 로스앤젤레스타임스는 BTS가 그래미상 수상에 실패했고, 팬클럽 '아미'는 달갑지 않은 표정이라며 만약 BTS가 수상했다면 K팝에 큰 성취로 기록됐을 것이라고 보도했다. 방탄소년단의 아미들은 트위터에 우린 말 그래로 화났다, BTS가 그래미를 잃은 게 아니라 BTS를 잃은 건 그래미라고 밝혔고, 일부 팬들은 우리는 인종차별을 용납할 수 없다면서 방탄소년단이 아시아 그룹이라 차별을 받은 것 아니냐고 비판했다.

■ 브레이브걸스 역주행을 도운 군인팬들

브레이브걸스는 본래 2011년 5인조로 만들어졌다가 2016년 7인조를 거쳐 2017년 현재의 4인조로 재편됐다. 이 과정에서 원년 멤버들은 모두 나갔고, 현재 멤버(민영, 유정, 은지, 유나)만 남았다. 심혈을 기울여 내놓은 '롤린'이 대중적 인기를 얻지 못하자 올해 초 팀 해체 쪽으로 논의를 마쳤다고 한다. 그런데 이들이 해체를 논의한 다음 날인 2월 24일 상황이 반전됐다. 유튜버 '비디터'가 올린 브레이브걸스 영상이 큰 호응을 끌어낸 것.[20]
해체 직전 초고속 역주행, 브레이브걸스 10년 만에 정상군 위문공연에서 브레이브걸스의 노래 '롤린(Rollin)'을 함께 부르는 군인들의 모습, 그리고 군 시절을 추억하는 군인들의 댓글 등이 합쳐진 유튜브 영상이 인기를 누리면서 일반 네티즌 사이에서도 입소문이 났다. 덕분에 은퇴 기로에 서있던 브레이브걸스는 가수 생활을 이어갈 수 있게 됐다. 브레이브걸스의 역주행을 이끈 것은 국방TV 방송 '위문열차'다. 브레이브걸스가 위문열차에서 한 공연, 그리고 끼 많은 군 장병들이 위문열차 무대에서 브레이브걸스의 안무를 따라한 것 등이 유튜브에서 인기를 끌었다.[21]

롤린의 브레이브걸스와 이 춤을 커버하고 있는 해병대 군인들[22]

1.3 브랜드 커뮤니티

1) 브랜드 커뮤니티

브랜드 커뮤니티(brand community)는 특정한 브랜드에 대한 공통의 관심을 가지고 공유된 의식, 양식, 전통 그리고 도덕적 책임감을 가지고 있는 소비자 간의 유대모임이며[23] 준거집단의 유형으로 볼 수 있다. 브랜드 커뮤니티는 소비자들 간의 정보교류 및 유대뿐만 아니라 브랜드 성과를 향상시키기 위한 마케팅 수단으로써 중요한 역할을 담당할 수 있다. 예를 들어 사진에서 볼 수 있듯이 할리데이비슨(Harley–Davidson)은 1983년 중대한 위기를 맞이하였으나 현재 7.8억 달러의 브랜드 가치를 가진 세계 50대 기업으로 발전한다. 할리데이비슨의 대전환 및 발전의 중심축에 이 바로 브랜드 커뮤니티가 있었다.[24]

우리나라에는 현재 브랜드 커뮤니티가 매우 활성화되어 있으며 물리적 공간이나 사이버 공간 구분 없이 존재할 수 있다.[25] 특히 국내에서 브랜드 커뮤니티는 다음, 네이버, 네이트 등과 같은 주요 포털사이트 내에서 쉽게 생성되어 많은 가입자들은 순식간에 모으기도 한다. 최근에는 페이스북과 같은 SNS 상에서도 존재하는 브랜드 커뮤니티는 의류, 자동차, 전자제품, 식료품 등으로 다양한 제품분야에 걸쳐 존재하기에 판매되는 상품은 거의 모두 커뮤니티를 가지고 있다고 해도 과언이 아니다.[26]

일반적으로 소비자들이 자발적으로 조성한 브랜드 커뮤니티와 달리 일부 커뮤니티들은 마케팅 실무자들에 의해 만들어지고 운영되기도 하는데 소비자의 브랜드에 대한 인식에 영향을 주기 위해, 소비자의 브랜드 평가를 관찰하기 위해, 그리고 강력한 브랜드 충성도

할리데이비슨 동호회(HOG: Harley Owner's Group): 할리데이비슨이 재도약을 이룬 1989년 이전 한창 어려운 고비를 넘기던 1983년에 결성된 동호회는 자신들이 아끼던 할리데이비슨이 재정적인 위기를 겪자 자발적으로 HOG랠리를 개최하는 등 위기에 빠진 할리데이비슨의 든든한 후원자 역할을 했다. 할리데이비슨 HOG 멤버들에게 제품 이용 경험을 풍부하게 해주고 그들이 스스로의 이야기를 만들어가는 것을 지원해주는 독특한 핵심전략으로 유명하다.[27]

를 구축하기 위해 브랜드 커뮤니티를 이용한다.[28] [그림 11-3]에서 볼 수 있듯이 온라인 커뮤니티는 기업이 만든 커뮤니티와 특정 소비자가 만든 커뮤니티 그리고 커뮤니티 사이트 내의 커뮤니티와 기업 온라인 홈페이지[29]의 커뮤니티로 분류할 수 있다.

그림 11-3 | 온라인 브랜드 커뮤니티의 분류

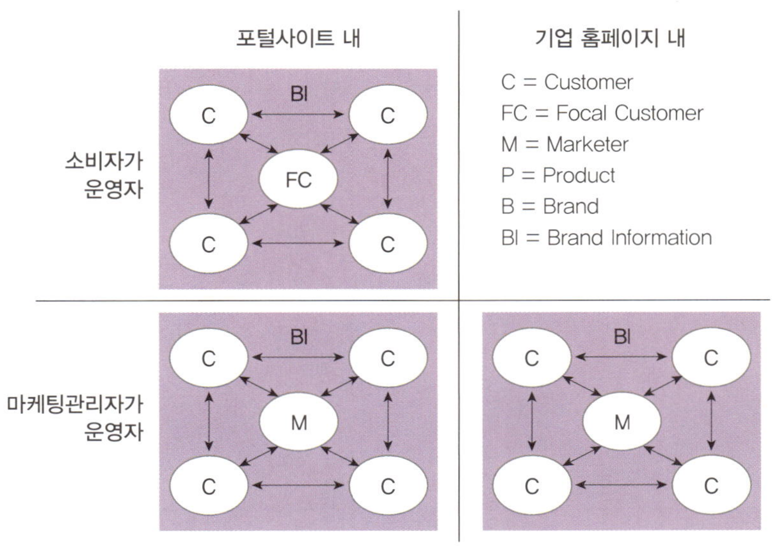

기업이 만든 브랜드 커뮤니티(롯데칠성)

소비자가 만든 커뮤니티(쏘나타)
(사진출처: https://cafe.daum.net/NFSONATAcafe)

2) 브랜드 커뮤니티 활동이유

한 연구에서는 우리나라에 형성되어 있는 자동차 브랜드 커뮤니티를 중심으로 브랜드 커뮤니티의 본질, 즉 브랜드 커뮤니티 안에서 어떠한 활동을 하고, 왜 이러한 활동을 하게 되는지에 대해 심리적 측면을 알아보았다. 그 결과, 크게 여섯 가지의 브랜드 커뮤니티 활동이유를 밝혀내었다.

첫째, 신뢰성 있는 정보를 효율적으로 교환할 수 있기 때문이다. 커뮤니티를 통해 기존 제품 사용자나 제품 전문가로부터 신뢰성 있는 정보를 쉽게 얻을 수 있으며, 효율적인 정보 교환과 검색이 가능하다. 둘째, 적은 비용으로 많은 정보를 교환, 검색이 가능함으로써 경제적인 이익을 추구할 수 있게 된다. 셋째, 브랜드를 매개로 자신의 브랜드에 대한 애정을 표현함과 동시에 간접적으로는 자신의 브랜드를 표현할 수 있게 된다. 넷째, [그림 11-4]과 같이 브랜드 커뮤니티의 활성화와 함께 브랜드를 매개로 인간관계 중심적인 활동들이 가능하게 되며, 이러한 활동들을 통해 자기 이미지를 표현하고, 타인과의 공유된 가치를 발견하며, 자신의 아이덴티티 발전을 가능하게 하기 때문에 브랜드 커뮤니티 활동을 한다. 다섯째, 기업의 횡포나 제품의 문제에 대해 여러 소비자가 모임으로써 소비자들의 권익을 추구하기가 용의하다. 마지막으로 다양한 정보의 공유로 소수의 이익이 아닌 다수의 이익을 추구할 수 있다는 것 등이다.[30]

그림 11-4 | 커뮤니티의 허브와 연결자[31]

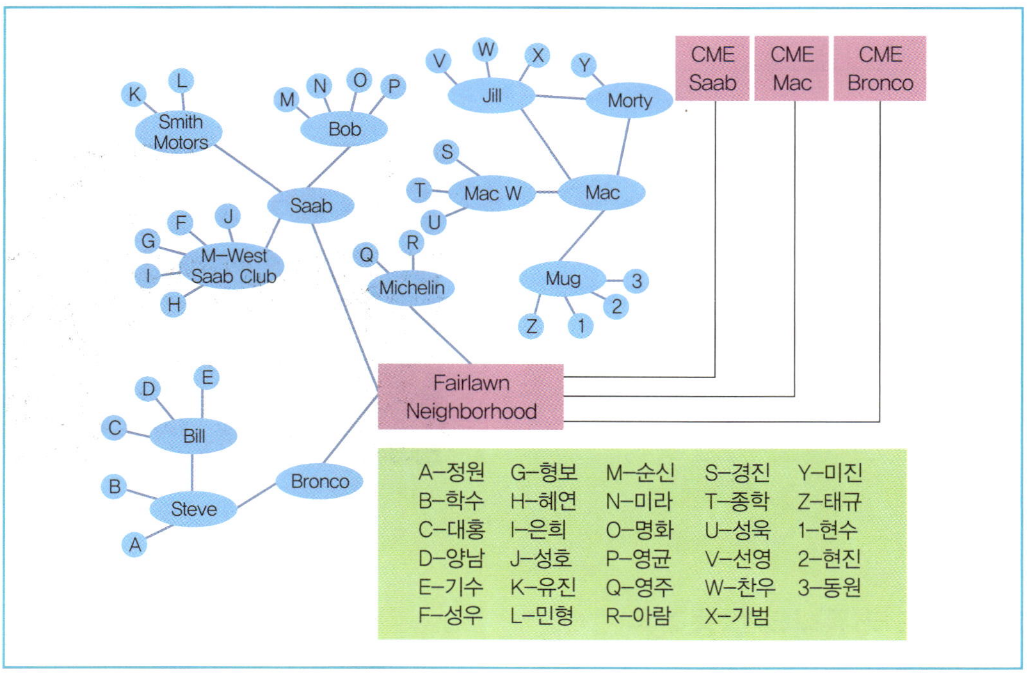

3) 브랜드 커뮤니티의 마케팅 시사점

한 브랜드 커뮤니티의 효과적인 마케팅 프로그램을 수행하기 위해서는 단순한 커뮤니티의 구축이 전부가 아니라는 것을 명심해야 한다. 자생적으로 혹은 타생적으로 탄생한 커뮤니티 안에는 회원들의 구조가 있다. 커뮤니티 활동을 하는 사람들은 크게 단순 참여자와 적극 참여자 그리고 헌신적인 참여자의 크게 세 가지 구조를 띤다.

대부분의 커뮤니티에서 보이는 공통적인 특징은 바로 핵심회원이 커뮤니티에서 차지하는 비중에 매우 크다는 것이다. 그들이 전하는 의견이 대부분 커뮤니티 전체를 지배하는 경향이 있고 그들이 얼마나 열심히 활동하는가에 따라 커뮤니티의 생명력이 결정된다는 것이다.

이러한 관점에서 기업은 단순 참여자가 비적극적인 회원에서 그리고 핵심회원으로 어떻게 발전하는지를 잘 관찰하여야 하며 이 순환과정을 촉진시킬 수 있는 마케팅 프로그램을 개발할 수 있어야 한다. 또한 핵심회원을 보다 활발하게 활동하기 위한 방법을 모색할 수 있어야 할 것이다.

이러한 요소들은 온라인 브랜드 커뮤니티 내에서 마케팅관리자 및 다양한 회원들이 생성한 콘텐츠의 한 부분 부분이 될 수 있으며 이러한 요소들은 상당히 건전한 커뮤니티의 한 기능이라고 볼 수 있을 뿐 아니라 올바르게 제공된다면 창의적이고 신뢰할만하며 최신의 정보를 제공할 수 있다.

1.4 준거집단 영향의 전략적 시사점

마케팅 기업들은 3가지 유형의 집단영향, 즉 정보제공적, 비교기준적 및 규범적 영향을 사용하여 광고와 인적판매전략을 수립하여 왔다. 다음에서는 광고 및 인적판매전략 수립에 있어 준거집단 영향의 시사점을 주로 살펴본다.

1) 광고전략의 시사점

광고전략은 전문가적인 광고모델을 통해 정보제공적 영향을, 전형적인 소비자 모델을 통해 비교기준적 영향을, 그리고 제품사용에 대한 보상, 그리고 제품을 사용하지 않을 경우의 위험을 보여줌으로써 규범적인 영향을 제시하고 있다.

(1) 전문가적 판매원의 이용

마케팅 기업들은 친구와 친척들의 지배적인 영향에 버금가는 것으로서, 광고를 통해 정보제공적 영향을 전달하려고 시도하여 왔다. 마케팅 기업들은 제품의 특성과 성능을 커뮤니케이션하기 위해 전문가적 연사를 이용함으로써 정보제공적 영향을 발휘하려고 시도하고 있다.

미 코넬대 수면전문가를 활용하고 있는 숙면관리약[32)]

마케팅 기업들이 전문가적 연사를 묘사하는 데는 2가지 접근방법이 있다. 한 가지는 전문가들의 역할을 묘사하는 것으로서, 의료제품에 대해서는 의사, 기술적인 제품에 대해서는 엔지니어를 묘사한다. 두 번째 접근방법은 그 제품영역에서 전문지식을 가지고 있는 유명인사(celebrity)를 보여주는 것으로서, 예를 들어 홈쇼핑에서 식품 판매에서 요리연구가, 피부미용제품에는 관련분야 박사 등의 전문가를 이용하는 것이다. 그러한 증명(증언)은 소비자들이 해당 모델을 그 제품에 대한 전문가로서 인식하는 정도에 따라서 수용하는 정도가 달라질수 있다.

(2) 지지받은 광고모델을 이용함

광고주가 비교기준적 영향을 전달할 수 있는 또 다른 방법은 하나의 지지받는 대상으로서 유명인사를 이용하는 것이다. 특정 세분시장의 소비자들이 그들이 좋아하는 유명인을 닮고 싶어 한다면 상당히 좋은 방법이 될 수 있다. 사진에서와 같이 하이트맥주는 직장인 시청자들이 열광했던 오과장 이성민을 활용하여 광고를 함으로써 직접적으로 매출에 영향을 미치기 위해 노력하였다.

또한 광고주들은 그들 자신과 같은 사람들이 광고된 제품을 선택하고 있다는 것을 소비자에게 설득하기 위해서 '일반적 소비자' 접근방법을 이용함으로써 비교기준적 영향을 묘사하려고 한다. 일반적인 소비자는 지지를 받는 대상인데, 그 이유는 공통적인 욕구와 문제를 언급함으로써 전형적인 소비자가 잠재구매자와 유사한 것처럼 묘사되기 때문이다. 예를 들어 어떤 브랜드 광고는 일반인을 광고모델로 활용하는데 그들의 증언을 소비자는 때에 따라서 유명인 모델보다 더 신뢰할 수도 있다.

고단한 하루를 보낸 오과장(이성민 분)이 석양이 지는 옥상 바닥에 쓸쓸히 앉아있을 때, 위로와 용기를 주었던 것은 바로 맥주 한잔이었다.

하이트가 〈미생〉 **풋티지(footage) 광고**(드라마나 예능 프로그램의 영상을 광고로 활용하는 기법) 시리즈를 선보였다.[33]

(4) 규범적 영향 전달

마케팅 기업들은 광고에서 집단의 승인(용인)을 보여줌으로써 규범적 영향을 전달하고자 한다. 맛있는 커피, 우아한 머리카락, 쉽게 청소되는 마루바닥, 좋은 향기의 포도주, 조용하고 안락한 승차감에 대한 칭찬 등은 모두 사회적 용인(인정)에 대해 광고주들이 시뮬레이션한 것이다. 각각의 경우 소비자에게 중요한 사람(배우자, 이웃, 친구, 회사동료)은 소비자의 선택에 대해 용인을 표시한다. 마케팅 기업들은 역시 그 제품을 사용하지 않음으로써 일어날 수 있는 결과를 보여주어 규범적 영향을 사용하여 왔다. 하이모 가발의 광고는 몸매는 매력적인데 머리카락이 없음으로써 사회적인 부끄러움을 당할 두려움을 연출하고 페브리즈 광고는 몸에 밴 고기냄새 때문에 다른 사람에게 불쾌감을 줄 수 있다는 컨셉 등의 광고를 통해 집단의 규범에 대한 순응을 획득하기 위해서 집단의 강제력에 대한 두려움을 사용한다.

2) 인적판매전략

마케팅 기업들은 역시 고객에게 영향을 주기 위한 판매원 전략을 수립하기 위해 3가지 유형의 준거집단을 이용한다. 정보제공적 영향은 판매원이 그 제품범주에 대해서 매우 잘 알고 있으며 또한 합법적인 정보원천이라고 생각될 때 이용된다. 특히 복잡함과 다양함 때문에, PC와 오디오시스템 등과 같이 복잡한 제품의 구매에 있어 매우 중요하게 보인다. 상당수 서비스제품들은 이 범주에 속할 수 있는데 소비자가 이용할 수 있는 다양한 금융제품

은 보험대리인, 증권회사 및 금융 조언자의 측에서 볼 때 보다 많은 전문지식이 요구된다.[34]

비교기준적 영향은 소비자가 판매원을 유사한 욕구와 특징을 가진 사람으로 지각하는 경우에 적용된다. 그러한 상황하에서 판매원은 준거력을 통해 영향을 발휘할 가능성이 있다.

소비자와 같은 유형의 사람인 판매원을 활용하는 오토바이운전자 전문 보험상품
"올스테이트 에이전트들은 그저 책상머리에 앉아서 모터사이클 보험계약서나 작성하는 사람들이 아닙니다. 그들은 자신이 라이더입니다. 올스테이트 에이전트 600명이 모터사이클을 탑니다. 그들은 모터사이클보험은 물론이고 당신의 열정까지 이해합니다. 당신과 같은 언어를 쓰는 보험사원을 만나십시오. 믿음직한 올스테이트가 당신과 함께합니다."[35]

규범적 영향은 판매에서의 유리한 조건을 성취하기 위해서 구매자와 판매자가 갖는 상대적인 협상력에 의해 좌우될 수 있다. 이러한 영향은 보상이나 강제력을 반영한다. 규범적인 판매원 영향은 협상적 힘(bargaining power)에 좌우된다. 협상적이란 구매자와 판매자가 판매에 대해 유리한 조건을 성취하기 위해서 서로에 대해 가지는 영향의 정도이다. 협상은 가격조정 및 제품조건을 협의할 필요성이 있는 경우에 일어날 가능성이 매우 크다. 이러한 조건에 해당하는 제품은 자동차, 가전제품, 가구, 부동산 및 중고제품 등이다. 그러한 경우에 협상하려는 소비자의 의도와 능력은 직접적으로 판매의 결과에 영향을 미친다. 한 연구는 특별한 소비자들이 상대적 저가격으로 품목을 획득하려는 중요한 이유는 협상할 수 있는 능력과 지식이 있기 때문이라는 사실을 밝혔다.[36]

2. 가족의 영향

2.1 가정과 가족의 정의

가족(家族, family)은 대체로 혈연이나 입양, 결혼 등으로 관계되어 같이 생활하는 사람들의 집단(공동체) 또는 그 구성원을 말한다. 집단을 말할 때는 가정(家庭, household)이라고도 하며, 그 구성원을 말할 때는 가솔(家率)이라고도 한다.

광고 키워드로 가족은 매우 보편적인 컨셉이다.

가족은 부모 · 자식 · 부부 등의 관계로 맺어져 한집에서 함께 생활하는 공동체이다. 인류의 발생과 거의 때를 같이하여 발생된 가장 오랜 집단이며, 어떤 사회 · 시대에나 존재하는 가장 기본적인 단위이다. 이 같은 보편성과 영구성에도 불구하고 가족은 그 형태나 기능면에서 다양성을 보여준다. 현재 지구상에는 많은 야생동물이 생식하고, 자손을 번식하며, 양육보호하고 있지만 아무도 이를 인간의 가족과 동일시하지는 않는다. 동물들의 거주는 생물학적인 데 반하여, 인간의 가족은 생물학적인 차원을 넘어서 문화적인 복잡한 기능을 갖고 있다. 형태상으로 가족은 모든 인간사회에 공통된 현상 · 지역 · 시대에 따라 각양각색의 구조적 형태를 띠고 있다.[37]

어떻게 가족구성원들이 구매의사결정에서 상호작용하는가 하는 부분은 상당부분 그들이 속한 문화와 하위문화에 의해 영향을 받으며 각각 구성원의 역할은 특정 사안에 대해 각각이 가지고 있는 관여도 그리고 각각의 개인적 특성에 의해 좌우된다고 볼 수 있다.[38]

특정한 제품분야의 관여도 및 전문성은 의사결정이 이루어지는 과정에서 다른 중요한 영향요소이다. 당연히, 더욱 관여도가 높은 배우자 또는 다른 가족구성원이 특정 제품영역에 더 많은 영향력을 가질 수 있는데, 예를 들어 어린이들은 주로 사용하는 제품(장난감, 스낵, 시리얼) 등에 영향력을 가지며 10대 청소년은 그들과 가족이 이용할 컴퓨터 등의 구매에 큰 영향력을 가진다.[39]

한 가족의 욕구 및 지출은 가족 내의 사람의 수, 가족구성원의 연령 구성, 몇 사람이 일을 하고 있는지, 그리고 아이를 가지고 있는지 없는지 등의 다양한 구조적 요인에 의해 영향을 받게 된다. 일반적으로 자녀가 있는 가정은 음식비 및 교육비 등으로 더 많은 지출을 할 것이며 맞벌이를 하는 부부는 외벌이와는 다른 소비구조를 보이게 될 가능성이 매우 크다.[40]

2.2 가족생애주기

가족의 욕구와 소비가 시기별로 변화하는 것을 이해하기 위해 많은 마케팅관리자들은 가족생애주기(household life cycle: HLC)의 개념을 널리 사용해 왔다. 오늘날 가정은 좀 더 복잡하고 다양한 생애주기를 보여주고 있다. 몇몇 연구자들이 개발한 가족생애주기모델은 성인 가족구성원의 나이와 결혼 여부 그리고 아이의 유무 및 아이의 나이를 기준으로 [표 11-1]과 같이 구분되고 있다.[41] 이 모델은 미국에서 적용되어 쓰이고 있지만 저자의 판단으로 서구화되고 있는 현재 국내 상황에 적용해도 별 무리가 없을 정도로 상당히 정교한 가족의 단계를 설명하고 있다.

| 표 11-1 | 가정생애주기의 단계[42]

단계	결혼 여부		아이 유 · 무		
	독신	결혼	없음	6세 이전	6세 이상
35세 미만					
독신 Ⅰ	○		○		
결혼한 젊은층		○	○		
꽉찬가족 Ⅱ		○		○	
독신부모	○			○	
중년층(35~64)					
독신 Ⅱ	○		○		
지연된 가족완성 Ⅰ		○		○	
꽉찬가족 Ⅱ		○			○
독신부모 Ⅱ	○				○
빈둥지 Ⅰ		○			

64세 이상					
빈둥지 Ⅱ		○	○		
독신 Ⅲ	○		○		

이러한 생애주기 모델에 있어 장기적인 변화에 중점을 두는 것은 특별한 제품범주의 수요를 예측하는데 매우 효과적이다. 예를 들어 자녀가 없는 부부가 외식이나 여행 등에 쓰는 비용은 아마도 자녀가 태어나면 다른 제품의 구매(예를 들면, 아기용품)로 전환될 수 있다. 그러나 가족생애주기 모델의 전략에도 한계가 있을 수 있는데 여성들의 역할 변화와 대안적인 생활양식의 가속화, 무자녀 및 만혼 그리고 편부모 가정 등과 같은 중요한 사회적 경향을 설명하지 못하였기 때문이다.

그러나 가족생애주기 모델은 [표 11-2]에서 볼 수 있는 바와 같이 직업이라는 새로운 변수와 더해져서 시장세분화 전략에 유용한 틀로 활용될 수 있다. 가족생애주기/직업범주 매트릭스(HLC/Occupational Category Matrix) 수직 축은 HLC상의 특별한 단계를 보여주고 있으며 수평축은 직업의 범주를 보여주고 있다.[43] 이 매트릭스는 다양한 시장으로 세분화하고 표적시장에 대한 적절한 마케팅전략을 수립하는데 매우 유용하게 이용될 수 있다. 이를 효과적으로 이용하는 법은 소비자들이 관심을 가지고 있는 활동이나 문제, 예를 들어 저녁식사를 준비하는 것, 주말 여가를 계획하고 여름 휴가계획을 짜는 것 등과 같은 제품과 관련된 활동이나 상황을 구분하여 보는 것이다. 여기서 구분된 세분시장 중 매력적인 세분시장은 규모가 충분히 커서 기업의 목표를 달성할 수 있는 규모이어야 한다. 이 접근법은 영화, 베이커리, 그리고 금융서비스와 같은 제품군에 적용되어 그 실효성이 입증되었다.[44]

| 표 11-2 | HLC/Occupational Category Matrix[45]

단계	직업범주				
	경영자/전문자영업	관리자	기술/판매/사무	수공업	비숙련노동직
독신 Ⅰ					
결혼한 젊은층					
꽉찬둥지 Ⅱ					
독신부모					

독신 Ⅱ					
지연된 가족완성 Ⅰ					
꽉찬둥지 Ⅱ					
독신부모 Ⅱ					
빈둥지 Ⅰ					
빈둥지 Ⅱ					
독신 Ⅲ					

2.3 가족의사결정모델

두 명의 자녀가 있는 중산층 가족이 유럽여행을 고려하는 상황을 예를 들어 설명해보자. 과거 5년 동안, 그 가족은 주로 도시근교와 다른 지역과 같은 100km 떨어진 몇몇 동일한 휴가지에서 휴가를 보냈다. 아내와 아이들이 남편에게 제안하여 애들도 초등학교 6학년, 4학년으로 성장했으니 교육적 차원에서 좀 더 멀리 유럽여행을 다녀오고 싶다고 한다(욕구의 환기). 부부는 내년에 가기로 일단 결정하고, 예산과 대안적인 비용을 상의하고, 몇 개

그림 11-5 | 가족의사결정모델[46)]

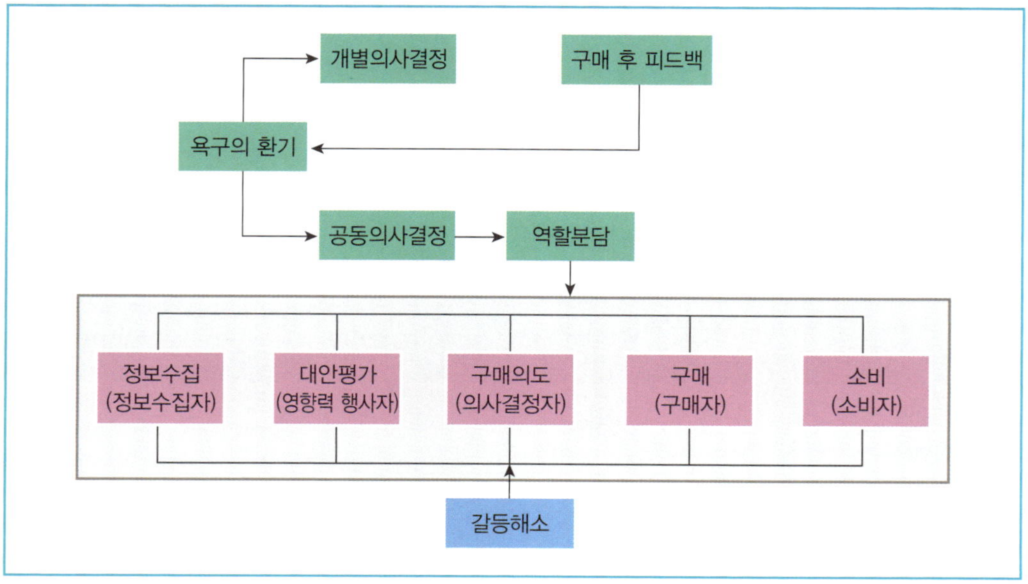

국을 여행할 것인지, 어느 국가를 여행할 것인지, 패키지여행으로 할 것인지, 자유여행으로 할 것인지 등의 다양한 선택수단을 결정하기로 하였다.

유럽여행을 결정하는 것은 고관여 의사결정으로 여행분야에 대한 많은 지식이 요구되기 때문에, 부부 중 한쪽이 책임지고 정보수집에서 의사결정까지 모든 것을 위양하기로 결정할 수 있다(개별의사결정). 그러나, 이러한 경우 이 여행이 가족에서 중요하기에, 또 잘못될 경우 비용을 낭비할 수도 있기에, 그리고 다음해 아이들의 여름방학 동안에 가기로 했기에 아직 1년이 넘는 시간이 있기에 충분히 정보수집할 시간적 여유가 있다는 점에서 공동의사결정이 이루어질 가능성이 크다.

공동의사결정의 필요성이 조성되면, 의사결정상에서 역할분담을 할 수 있다. 아이들은 휴가계획을 변경하자는 제의를 하기 전 및 가기로 결정한 후에, 그들은 인터넷에서 여러 유럽국가에 대한 정보를 수집하였다. 아이들이 정보탐색과정을 시작하였지만, 남편과 부인이 지금 여행정보를 알기 시작함으로써 전체 가족이 정보 탐색을 시작하여 가족구성원 모두가 정보수집자가 될 수 있다.

이 의사결정에서 중요한 영향자는 강력하게 유럽여행을 주장하고 파리와 이탈리아 등의 국가를 중심국가로 결정한 아내이다. 의사결정자는 남편과 부인으로 이는 그들이 예산을 결정하기 때문이다. 구매자는 남편이 될 수 있는데 인맥이 넓은 관계로 여행사에 친구가 있어 조언을 얻어 구매를 실제로 하는 역할을 할 수 있다. 소비자들은 물론 가족 전체가 될 것이다. 물론 이 상황은 한 사례를 보여준 것으로 언제든지 가족구성원의 특성에 따라 이 역할은 바뀔 수 있다.

이러한 가족 구매의사결정과정은 조직의 구매과정과 비슷할 수 있다. 그러나 이러한 조직의 의사결정과정을 그대로 가져와 설명하는데 문제가 있을 수도 있다. 엄연히 그 조직의 특성이 다를 수 있다. 실제, 많은 가족구매는 기본적으로 감정적일 수 있으며 가족 간의 관계에 의해 영향을 받을 수 있다.[47]

가족의사결정은 남편주도적(husband-dominant), 아내주도적(wife-dominant), 양자의 적절한 균형, 그리고 개별적 등의 네 가지로 나눌 수 있다. 남편주도적인 의사결정은 일반적으로 자동차, 술, 그리고 생명보험 등의 제품군에서 일어날 가능성이 높다. 아내주도적 의사결정은 음식, 주방용품 등의 집안용품에서 특히 보편적이다. 양자의 적절한 균형적 의사결정은 집, 가구, 방학휴가 등의 제품군에서 일반적이다. 이러한 추세는 점점 바뀌어가고 있다. 2장에서 논의되었듯이 여성의 사회진출이 확대됨에 따라 여성주도적인 의사결정이 다양한 제품군에서 나타나고 있다.[48] 실제, '2008 통계로 보는 여성의 삶' 조사결과에 따르면, '일상생활비 지출'에 대해 기혼가구의 65.3%가 '아내가 결정한다'고 응답했고 그중

25.1%는 '전적으로 아내가 결정한다'고 답했다. '자녀양육 및 교육'에 대해서도 '남편이 결정한다'는 답변은 3.1%에 그쳤지만 '아내가 결정한다'는 응답은 39.2%에 이르렀다.

2.4 공동의사결정이 이루어지는 상황

어떤 조건하에서 가족에 의해서 공동적으로 구매의사결정이 이루어질 가능성이 있으며, 또한 어떤 조건하에서 개별 가족구성원에 의해서 구매의사결정이 이루어질 가능성이 있는가? 공동의사결정은 아래의 상황에서 이루어질 가능성이 있다.[49]

1) 구매에 있어 지각적 위험이 높은 경우

잘못된 결정이 가족에게 영향을 미치기 때문에, 공동결정은 위험과 불확실성을 줄이기 위해 이루어질 가능성이 있다. 즉 새로운 주택을 구입하는데 관한 의사결정은 재무적 위험, 이웃과의 상호작용에 관련된 사회적 위험, 그리고 심리적 위험 때문에 공동결정이 이루어질 가능성이 높다.[50]

2) 구매결정이 가족에게 중요한 때

중요성이 높다는 것은 그만큼 위험과 높은 관련성을 가진다. 주로 4장에서 논의되었던 고관여제품, 즉 가전제품, 자동차 등을 구입하기 위한 결정은 대체로 가족들의 공동결정으로 이루어질 가능성이 높다. 저관여제품에 대한 결정은 개인별로 결정할 가능성이 큰데, 그 이유는 그런 제품에 대해 공동결정을 하는데 소요되는 시간과 노력을 기울일 가치가 없기 때문이다.

3) 시간적 압박이 거의 없는 경우

시간적 압박은 그 가족 중 한 사람에게 구매의사결정을 하도록 고무한다. 근로주부의 수가 증가함에 따라 가족 내에서 시간적 압박이 더 커지고 있는 데, 공동적인 기준에 따라 원래 구입하였던 상당수 제품에 대해 개인적인 의사결정을 하도록 고무하는 상황이 되고 있다.

4) 어떤 인구통계적 집단의 경우

몇몇 인구통계적 집단은 공동의사결정을 고무할 가능성이 있다. 과거 연구에 의하면 상대적으로 소득규모가 높은 상층집단과 낮은 하층 사회경제적 집단 내에는 공동의사결정이 이루어질 가능성이 적다는 결과를 제시하였다. 즉, 저소득 가정은 보다 아내주도적이며, 고소득 가정은 보다 남편주도적이다. 중산층은 공동의사결정에 관여할 가능성이 상대적으로 크며 젊은 가족 또한 공동의사결정의 가능성이 높다.[51] 한 연구는 결혼 후 1년 동안에 공동결정의 횟수가 가장 많음을 발견하였다.[52] 그러나 그 가족이 나이가 많아짐에 따라 공동결정이 감소하는 경향이 있는데 이는 가족구성원은 서로가 수용할 수 있는 결정을 하도록 배우게 되고 또한 공동결정에 대한 필요성이 거의 없게 되기 때문이다.[53]

2.5 구매과정에서 어린이의 영향

1) 어린이시장의 성장배경

얼마 전까지 어린이들은 직접 상품을 구매하기보다는 부모와 함께 구매하는 소극적 구매층으로 인식되어 기업의 관심을 받지 못했다. 또한 과거의 많은 마케팅 관련 연구에서는 어린이의 역할을 무시해 왔다.[54] 그러나 최근 들어 어린이나 10대 청소년들은 가족의사결정에 있어 중요한 영향자로 보고 있다.[55] 아동 마케팅전문가 제임스 맥닐(James McNeal)에 따르면 열네 살 미만의 아이들이 가구 소비자의 절반에 영향을 미친다고 하고 있으며 미국의 시장조사 전문기업인 시몬스(Simmons)의 최고경영자 또한 "아이들은 쇼핑과 외식에서부터 최신 패션 및 영화에 이르기까지 모든 분야에서 막강한 영향력을 행사한다"고 언급했다.[56] 실제로 한 연구에서 부모의 3분의 2는 구매할 차를 결정할 대 아이들의 의사를 적극적으로 반영한다고 말했다. 유튜브에서도 어린이시장의 영향력은 막강하다. 아기상어 콘텐츠는 유튜브에서 2021년 3월 현재 9.8억뷰를 기록하고 있고 아이들이 좋아하는 장난감 리뷰나 애니메이션 등 어린이를 대상으로 한 콘텐츠를 만드는 유튜버들의 수입이 매우 높은 것으로 나타난다.

어린이들은 여러 가지 이유로 인해 갈수록 가족의사결정에서 보다 중요한 부분을 담당하고 있는데 그것들은 다음과 같이 정리될 수 있다. 먼저 우리나라나 미국이나 할 것 없이 맞벌이 부부의 비중이 급격히 높아지고 있는데 맞벌이 부부는 어린이들의 자립성을 키움으로써 특정한 제품분야에서 그들이 직접 구매하는 경우가 많아지고 있다. 둘째, 1인 부모

'상어가족' 노래 역시 미국 빌보드 메인 싱글 차트인 '핫 100'에서 32위, 영국 오피셜 싱글 차트에서 6위에 오르는 등 세계적으로 흥행했다.[57]

아기상어 콘텐츠 광고활용: 영상에서 핑크퐁 아기상어 캐릭터들은 친숙한 노래에 맞춰 오브제컬렉션 스타일러 · 워시타워 · 식기세척기 · 정수기, 퓨리케어 360° 공기청정기 알파, 디오스 전기레인지 등 LG 건강관리가전 6종을 소개한다.[58]

가족의 급격한 증가로 인해 역시 쇼핑하고 식사준비에 관여하는 어린이들이 증가하고 있다. 셋째, 가족규모가 점차 작아짐으로써 각각의 가정에서 어린이의 영향이 증가하고 있다. 넷째, 여성들이 결혼을 늦게 함으로써 어린이를 늦게 가지며, 소득이 커진 이후 아이를 가지기에 어린이들에 대한 소비가 커지고 있다.[59] [Consumer Insight 11-3]에서는 구체적으로 키즈마케팅이 매력적인 이유와 사례에 대해 살펴본다.

2) 어린이와 브랜드

한 놀라운 실험에서 23개월 된 아기는 '코카콜라 바로 그것뿐(Coke is it)'이라고 하는 로고송을 반복해서 불렀고, 또 다른 23개월 아이는 아버지가 쥐고 있는 맥주병을 보고 율동을 하며 "칼로리 낮은 다이어트 펩시 Diet Pesi, one less calorie"를 중얼거렸다. 시간이 지나 학교에 입학하게 되면 아이들은 평균적으로 200개 가량의 브랜드 이름을 댈 수 있다. 대부분의 아이들은 매년 70개의 새로운 장난감이나 제품의 이름을 습득하며 10세가 되면 평균적으로 300~400개의 브랜드를 기억한다고 한다.

질레트의 연구부서는 소년시절 질레트 면도기를 두 번 사용할 경우 성인이 되어서 그 브랜드 제품을 계속해서 쓸 가능성이 높다는 것을 제시했다.

CONSUMER INSIGHT 11-3 키즈마케팅 사례[60]

유통업계에 키즈마케팅 열기가 뜨겁다. 대형마트와 백화점은 앞다투어 유아용품 매장과 시설을 늘리며 꼬마 손님맞이에 여념이 없다. 불황을 이겨내고 키즈산업이 이렇게 잘되는 배경에는 현대에 들어 바뀐 가족구조의 변화에서 기인한다. 저출산 현상과 핵가족화, 맞벌이 부부의 증가 등과 같은 사회 현상이 이제는 일상이 되었기 때문이다.

통계청 자료에 따르면 2015년 출생아수는 43만8천4백명, 합계출산율은 1.24명으로 집계됐다. 이렇게 계속해서 아이 울음소리가 줄어드는 사회적 구조와 배경 때문인지 몇 없는 아이들에 대한 부모의 사랑은 충분하다 못해 흘러넘칠 정도다. 게다가 여러 명의 손자 · 손녀를 보던 과거 조부모 세대와 달리 현대의 할아버지, 할머니가 된 세대는 손주 구경도 힘든 현실이다. 이런 연유로 아이 한 명에게 쏟아지는 관심과 사랑은 부모와 외 · 조부모를 합쳐 6명에 이른다.

이에 아이에게 관심과 사랑을 쏟아붓는 가족구성원이 6명이라는 의미로 식스포켓(Six Pocket)이라는 신조어가 만들어졌다. 그러나 이제는 식스포켓이라는 단어도 구식이 됐다. 결혼을 늦게 하거나 혹은 혼자 살기를 자처하는 싱글족이 늘어나면서 삼촌과 이모들까지도 조카들에게 애정을 쏟고 있기 때문이다. 이제는 식스포켓이 아니라 이모와 삼촌을 합친 에잇포켓(Eight Pocket)으로 진화했다.

에잇포켓의 위력은 대단하다. 특히 아이들 하면 가장 먼저 생각나는 산업인 완구산업의 발전은 눈부실 정도다. 지난해 기준 국내 완구시장 규모는 약 1조 2천억 원으로 장기간 지속된 경기불황에도 가파른 성장세를 보이며 호황을 누리고 있다. 애어른, 즉 키덜트(Kidult)의 구매력도 무시할 수 없지만 예나 지금이나 완구시장의 VIP는 아이들이다. 국내 완구시장의 성공은 '변신형 로봇이 나오는 TV 프로그램'에서 두드러진다. 경기불황 속에서도 완구시장은 급성장을 이루어내며 1조 원 시장을 돌파했다. 아이들에게 쓰는 지출이 늘면 늘었지 줄지 않았다는 반증이다. 특히 완구시장과 함께 키즈마케팅의 덕을 톡톡히 본 산업은 의류와 패션시장이 있다. 의류 · 패션시장에서 아이들은 꺼져가는 불씨도 키우는 효자 역할을 하고 있다. 또 다른 통계자료에서 이를 확인할 수 있다.

또한 의복 등 준 내구재의 소비는 다른 소비에 비해 현저히 낮은 감소폭을 나타냈다. 이 또한 키즈 신화의 한 부분으로 해석 가능하다. 아이들 방학이 끝나면서 신학기를 준비하기 위해 부모들이 지갑을 열었다는 증거다. 최근 아웃도어 시장은 키즈 제품군 생산에 박차를 가했고, '키즈신화'는 여지없이 먹혔다. 아웃도어 전체 시장은 줄어든 반면 어린이를 대상으로 한 키즈 제품군은 안정적인 실적을 올리면서 효자 역할을 하였다. 각종 산업에서 새로이 성공 신화를 있는 키즈산업은 프리미엄 시장에서도 두각을 나타냈다. 에잇포켓의 넉넉한 재정지원 덕에 아이들의 귀족화가 가속화되고 있기 때문이다. 이런 소비 경향에 국내에도 프리미엄 키즈 셀렉샵이 잇따라 문을 열고 있는 현실이다.

한국패션협회의 자료에 따르면 2015년 8월 국내 한 백화점에 입점한 몽클레르(Moncler)의 아동판 '몽클레르 앙팡'은 입점하자마자 월매출 3억 5천만 원을 기록하기도 했다. 이를 증명하듯 2016년 전체 아동의류 평균 구매금액은 21% 성장했고, 백화점 수입 아동복 매출은 2015년 대비 18% 증가했다. 게다가 한국 아동 시장의 프리미엄화가 가속되면서 엄마들 사이에서 해외 직구로 인기를 끌던 프랑스 아동 프리미엄 의류 브랜드인 '봉통(BONTON)'이 일본에 이어 압구정에 국내 최초로 입점하기도 했다.
각종 신화를 새로이 쓰고 있는 키즈마케팅의 힘의 원천은 에잇포켓이라는 절대적인 재정지원을 빼놓고 말할 수 없다. 그러나 그중에서도 대부분의 소비는 아이 부모의 지갑에서 발생한다. 그래서인지 키즈마케팅은 부모의 감성을 자극하는 각종 심리적 마케팅전략을 펼친다. 대부분의 부모들은 아이들과 자신을 동일시하는 경향이 있다. 즉 아이에게 지출하는 소비로 부모가 대리만족을 느낀다는 의미다. 이 때문에 키즈마케팅의 상당수가 아이를 부모의 분신으로 인식하게 하는 일명 '미니미 드레싱'에 기초를 두고 있다. 아이와 자신을 동일시 하기 때문에 부모들은 아이들이 자신과 똑같은 스타일로 옷을 입기를 바라고, 아이와 자신이 커플룩을 입었다는 사실에 상당한 만족감을 느낀다.

3) 어린이시장의 특성

모든 어린이들은 현재시장이면서 영향력시장으로 생각할 수 있으며, 모두 미래 소비자로 볼 수 있다. 따라서 어린이 소비자들은 하나의 시장으로서 세 가지 시장의 역할을 동시에 수행한다고 할 수 있는데, 그 특성은 다음과 같다.[61]

(1) 1차시장

어린이시장은 1차시장(primary market)이라고 볼 수 있는데 어린이 소비자들은 자신의 필요와 욕구, 돈 그리고 자신의 욕구를 충족시키는 데 돈을 지출할 수 있는 권한과 의도를 가지고 있다는 점에서 그 자체로서 하나의 본원적인 시장을 형성한다. 미국의 경우 이들 어린이들의 용돈은 연간 80억 달러가 넘는데, 그중에서 60억 달러 정도를 장난감, 과자류, 의류 그리고 기타 상품을 구입하는 데 지출하고, 나머지 약 20억 달러는 저축한다. 이러한 20억 달러 정도의 저축은 곧 어린이들이 금융산업의 1차시장이 된다는 점을 시사한다고 할 수 있다. 월드 디즈니사는 1923년부터 〈백설공주〉, 〈라이온 킹〉, 〈곰돌이 푸〉, 〈미녀와 야수〉, 〈타잔〉, 〈알라딘〉, 〈토이스토리〉 등의 만화를 통하여 일찍이 어린이시장을 주도해 온 기업이다. 특히 1980년대 이후에 본격적으로 캐릭터 상품을 개발하였고 어린이 캐릭터를 중심으로 '원 소스 멀티 유즈' 마케팅전략을 구사하면서 세계 문화산업 발전에 크게 기여하고 있다.[62]

디즈니의 유명한 애니메이션(토이스토리, 라이온 킹, 곰돌이 푸, 미녀와 야수)

마케팅관리자는 언제나 변하지 않는 아이들의 욕구를 파악하는 한편, 신제품이나 광고, 홍보물품 등을 통해 항상 새롭게 변신하고 유행을 놓치지 않도록 유통성도 발휘해야 한다.

(2) 영향력시장

두 번째는 영향력시장(influence market)으로 어린이들이 가족의 구매에 직 · 간접적으로 영향을 미치는 것은 갈수록 커지고 있다. 쉽게 말해서 아이들은 엄마와 아빠에게 어떤 것은 사고 어떤 것은 사지 말라고 말한다. 조르기도 하고 떼를 쓰기도 하며 흥정하기도 한다.

지난 2019년 미국에서 선보인 '켈로그 핑크퐁 아기상어 시리얼'은 출시 후 미국 최대 유통기업 월마트에서 시리얼 전체 판매 1위를 기록하며 폭발적인 반응을 얻은 바 있다.[64]

아이들은 이런 일에 아주 능숙하다. 그들이 손가락으로 무엇인가를 가리킬 수 있는 순간부터 아이는 쇼핑카트에 앉아 유통업체를 돌아다니며 자기의 욕구를 표현하려고 애쓴다.[63]

여기에서 가족구매에 대한 직접적인 영향이란 외식장소를 추천하거나 특정 브랜드나 아이스크림을 지정해서 사달라고 부모에게 말하는 것, 가족이 쇼핑할 때 자신이 물건을 고르는 것과 같이 어린이들이 상품과 서비스의 구매를 요청하는 경우를 의미한다. 그리고 간접적인 영향은 부모들이 물건을 구매할 때 자녀들의 특수한 취향을 고려해서 구입하게 되는 경우를 의미한다. 예를 들어 사진의 햄버거나 콘프레이크처럼 아이들이 먹을 식품을 선택할 때도 아이들이 좋아하는 아기상어 캐릭터가 있는 제품을 선택할 수 있을 것이다.

그림 11-6 | 어린의 제품의 의사결정과정[65]

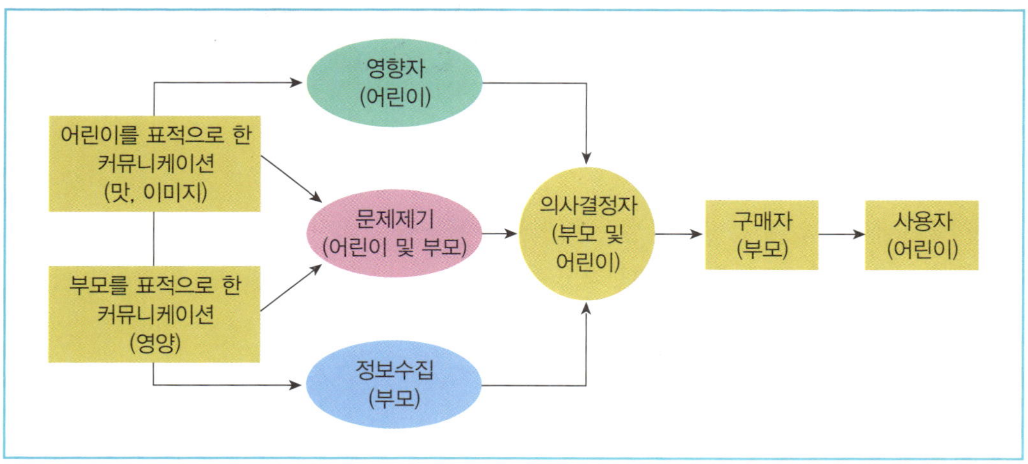

나이가 들게 됨에 따라 어린이들은 기본적으로 그들의 부모로부터 구매와 소비에 대해 배운다. 부모들은 어린이들에게 보다 효과적인 소비자가 되도록 가르치게 되는데 이렇듯 소비자 사회화(consumer socialization)는 "어린 사람들이 시장에서 그들의 기능화와 관련된 기술 지식 및 태도를 습득하는 과정"이라고 볼 수 있다.[66] 부모들의 역할은 아래에 제시된 연구결과에 의해서 설명된다.

- 부모는 질적인 제품에 대해 쇼핑하는 방법과 돈을 사용하는 경험을 포함하여, 어린이들에게 가격-품질의 비교평가를 가르친다.
- 부모들은 효과적인 비교 쇼핑자가 되는 방법과 가격할인시 제품을 구입하는 방법을 어린이들에게 가르친다.
- 부모들은 어린이들의 브랜드 선호성에 영향을 준다.
- 부모들은 사실과 광고에서의 과장을 구별할 수 있는 어린이들의 능력에 영향을 주었다.[67]

(3) 미래시장

마지막으로 미래시장(future market)으로서 어린이들은 성장함에 따라 모든 상품과 서비스의 소비자가 될 것이라는 점은 자명하다. 러시코프는 "제품과 이미지를 일찌감치 심어둠으로써 마케터들은 브랜드 인지도를 높이는 것은 물론 그 이상의 성과를 올릴 수 있다"고 했다.[68] 그들은 앞으로 가장 잠재력이 큰 시장이 될 수 있다. 외국의 많은 기업들은 이들 어린이들이 커서 본격적인 소비자가 되면 어린 시절의 구매습관이나 태도가 자사고객으로 전환되는 데 중요한 계기가 될 수 있을 것이라고 생각해서 10~20년 후를 내다보고 어린이 시장에 상당한 투자를 하고 있다. 맥도날드의 해피밀세트에 딸린 장난감은 아이들이 해당 모델을 사도록 부모를 설득하는 효과만을 발휘하는 것이 아니다. 미래의 구매고객인 아이들과 미리 연대감을 형성하는 효과도 무시할 수 없다.[69]

또한 어린이를 타깃으로 활용된 캐릭터들은 영화와 방송, 메신저 등을 통해 연예인 못지않은 인기를 누리고 있고 성인들의 제품에 대한 소유욕을 자극하는 데도 효과적이라는 판단이 지배적이다. 전문가들은 제품의 혜택이 큰 차이를 보이지 않는 상황에서 잘 선택한 캐릭터 하나가 효과적인 차별화 수단이 될 수 있다는 데 동의하고 있다.[70]

골프웨어 미니언즈

맥도날드 미니언즈

카드 미니언즈

사은품 미니언즈

CONSUMER INSIGHT 11-4 미래 성장의 필요성: 어린이의 영양에 관심을 가진 디즈니

월트 디즈니는 이제까지 주로 엔터테인먼트 산업에 주력해온 기업이다. 전 세계적으로 유명한 테마파크 외에도, 디즈니는 세계 최강의 캐릭터(미키마우스, 도날드덕, 곰돌이 푸 등) 생산업체이며, 워너브라더스(Warner Bros)나 니켈로디언(Nickelodeon) 같은 다른 유명한 캐릭터 업체들에 비해서도 단연 앞서 있는 업계 리더이다. 최근 디즈니는 경쟁사였던 마블 코믹스(Marvel comics)를 40억 달러에 인수해서 캐릭터 시장에서의 포지션을 한층 강화했다.

엔터테인먼트 산업에 주력하는 것 이외에, 디즈니는 아이들이 느끼는 친근감을 적극 활용해 소비재 제품도 판매하고 있다. 이 영역에서 디즈니는 소비자의 '건강'문제, 특히 비만과 관련된 문제에 접근함으로써 그것을 자사의 비즈니스 모델과 통합했다. 디즈니 컨슈머 프로덕츠(Didney Consumer Products: DCP)는 여러 파트너와 협력해 어린이들의 식습관을 변화시키기 위해 노력하고 있다.

그림 11-7 | 디즈니의 사업구조[71]

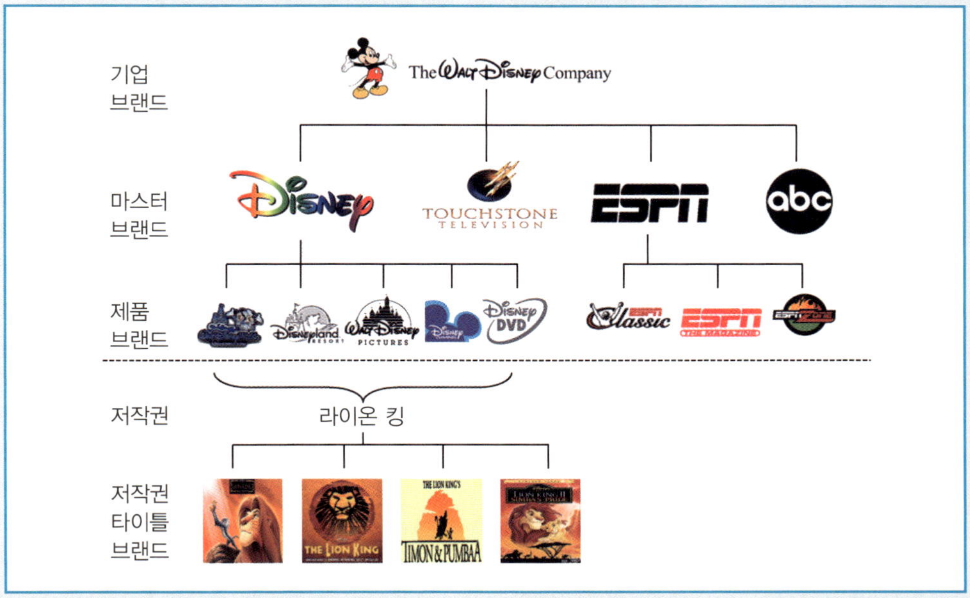

2004년 DCP는 5~9세 미국 아동 가운데 30% 이상이 과체중이며, 14%가 비만이라는 사실을 유니세프(UNICEF) 보고서를 통해 알게 되었다. DCP는 원래 이런 건강 관련 문제에 적극적으로 기여하는 기업은 아니었지만 디즈니 캐릭터 라이센스를 사용하는 유명업체 가운데 하나가 맥도날드라는 사실이 DCP로 하여금 아동 비만문제에 관심을 가지게 만들었다. 맥도날드는 아동 비만을 유발하는 주범으로 인식되고 있었기 때문이다.

아이들의 건강을 염려하는 부모가 늘어나는 분위기에 맞추어 DCP는 '건강에 좋은' 일련의 '영양성분'기준을 만들었다. 이것은 미국식품의약국(FDA)이 정한 기준을 참고해 만든 것이다. 디즈니의 내부 지침에는 디즈니 상표나 캐릭터를 사용하는 계약업체들이 '건강한 식품을 판매하도록 유도하기 위한' 기준들이 담겨 있다. DCP는 디즈니 브랜드를 사용하는 청과물 판매업체 이매지네이션팜스(Imagination Farms)에도 이와 같은 기준을 적용했다. 또한 미국의 주요 슈퍼마켓 체인인 크로거(Kroger)와 협력해 그러한 기준에 부합하는 자체 개발 상품을 출시하기도 했다. 현재 디즈니 기업 전체 매출의 6%가 DCP를 통해 나오고 있으며, DCP는 비만이라는 전 지구적 문제의 해결을 위해 한몫하고 있다.

디즈니의 전략은 '건강을 중요시하는 소비자'라는 새로운 트렌드를 예측한 결과물이라 할 수 있다. 그중에서도 가장 효과적인 전략 중 하나인 미래의 소비자, 즉 어린이들을 끌어들이는 것이기도 하다. 어린이들과 연결고리를 만듦으로써 디즈니는 성숙한 시장에서 보다 쉽게 미래의 성장 동력을 확보할 수 있을 것이다.[72]

연·습·문·제

01. [그림 11-1]을 참고하여 직장인, 대학생 등을 각각 2명씩 인터뷰하여 준거집단에 따라 달라지는 음식점 선택의 차이에 대해 정리해보세요.

02. 담배를 피는 집단의 거부집단 및 회피집단을 정의하고 다음과 같은 집단들을 타깃으로 하는 제품의 마케팅 아이디어를 제시해보세요(기타 다양한 대체품의 가능성을 확인).

a. 목캔디
b. 껌
c. 전자담배

03. 열망집단에 대한 영향으로 최근 한국프로야구는 인기가 높아져 과거보다 많은 사람들이 해당 구단의 유니폼, 모자 등을 구매하고 있다. 하지만 단적인 예로 미국의 MLB(메이저리그) 모자는 일상생활에서도 많이 쓰고 다니지만 한국야구단의 모자를 평소에 쓰고 다니는 사람들은 보기 힘들다. 이러한 점에서 한국야구단의 제품들이 일상 캐주얼로 마케팅될 수 있는 마케팅 아이디어를 제시하세요.

MLB 모자 vs 한국프로야구 모자

04. 백화점의 VVIP 마케팅 사례를 바탕으로 다음의 다양한 제품 군에서 VVIP 마케팅을 적용하기 위한 마케팅 아이디어를 제시하세요.

a. 맞춤 가구점
b. 도자기 전문 브랜드
c. 프로야구

05. 다음과 같은 제품분야에서 온라인 브랜드 커뮤니티를 통한 마케팅 아이디어를 제시하세요.

a. 패션 브랜드

b. 면세점

06. 다음 광고에서 표현하고 있는 준거집단의 영향전략이 효과 있는 마케팅인지 논의해보세요(키워드로 유튜브 검색).

a. 신영 헤리티지(자산신탁서비스) 광고

b. 볼보 광고(볼보가 안전을 말하는 방법)

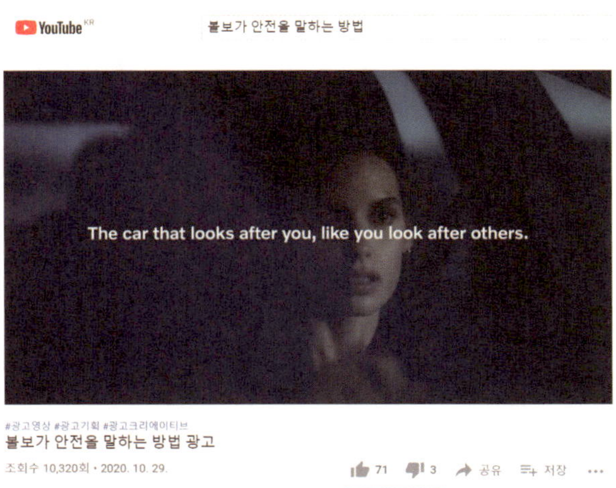

07. 가족생애주기 모델을 참고하여 다음과 같은 제품의 표적시장을 선정하고, 이유를 설명하세요.

단계	결혼 여부		아이 유 · 무		
	독신	결혼	없음	6세 이전	6세 이상
35세 미만					
독신 Ⅰ	○		○		
결혼한 젊은층		○	○		
꽉찬가족 Ⅱ		○		○	
독신부모	○			○	
중년층(35~64)					
독신 Ⅱ	○		○		
지연된 가족완성 Ⅰ		○		○	
꽉찬가족 Ⅱ		○			○
독신부모 Ⅱ	○				○
빈둥지 Ⅰ		○			
64세 이상					
빈둥지 Ⅱ		○	○		
독신 Ⅲ	○		○		

a. 유럽배낭여행상품

b. 토마스기차(www.thomastrains.co.kr)

c. 휴롬원액기(http://www.hurom.co.kr/)

08. 자기분석적 방법으로 본인의 집에서 다음과 같은 제품을 구매하려고 할 때 가족구성원들의 역할이 각각 무엇인지 설명하세요.

a. 가족여행
b. 자동차
c. 식료품

09. 다음의 브랜드들이 어린이와 장기적으로 정서적 유대감을 형성하기 위한 전략을 제시하세요.

a. GM 쉐보레
b. Soil(에스오일)
c. 나이키

참 · 고 · 문 · 헌

1) Hawkins, D. I. and Mothersbaugh, D. L.(2010), *Consumer Behavior: Building Marketing Strategy*, McGraw-Hill, Eleventh Edition, 226-227의 내용을 참고하여 작성
2) 한스-게오르크 호이젤 지음, 배진아 옮김(2009), 뇌, 욕망의 비밀을 풀다, 흐름출판, 37에서 참고하여 작성
3) Hawkins, D. I. and Mothersbaugh, D. L.(2010), *op. cit.*, 227의 내용을 바탕으로 저자의 사례를 접목하여 완전히 수정하여 작성
4) Asseal, H.(1996), *Consumer Behavior and Marketing Action*, 527-528의 내용을 수정하여 작성
5) Bearden, W. O., & Rose, R. L.(1990), Attention to social comparison information: An individual difference factor affecting consumer conformity, *Journal of Consumer Research*, 16(4), 461-471.
6) Miniard, P. W., & Cohen, J. B.(1983), Modeling personal and normative influences on behavior, *Journal of Consumer Research*, 10(2), 169-180.
7) Calder, B. J., & Burnkrant, R. E.(1977), Interpersonal influence on consumer behavior: An attribution theory approach, *Journal of Consumer Research*, 4(1), 29-38.
8) Leigh, J. H., & Gabel, T. G.(1992), Symbolic interactionism: Its effects on consumer behavior and implications for marketing strategy, *Journal of Consumer Marketing*, 9(Winter), 30.
9) 이병우(1993), "매실주 음용자의 라이프스타일과 광고전략," 중앙대 대학원 석사학위논문/신강균(2002), 성공하는 광고의 숨은 심리, Common Press, 68-69에서 재인용
10) 취향을 나누며 소통하는 사람들, '살롱문화', http://insight.kbinsure.co.kr/20148 대한민국 살롱문화에 빠지다, 매경이코노미, https://news.mk.co.kr/v2/economy/view.php?year=2018&no=542547
11) [비즈 트렌드] 살롱이 북적인다! 청년들이 살롱문화에 집중하는 이유는?(2019.2.15), https://www.hyosungfms.com/fms/promote/fms_news
12) Asseal, H.(1996), *op. cit.*, 402.
13) Reingen, P. H., Foster, B. L., Brown, J. J., & Seidman, S. B.(1984), Brand congruence in interpersonal relations: A social network analysis, *Journal of Consumer Research*, 11(3), 771-783.
14) https://www.hankookilbo.com/News/Read/201609182226146154
15) http://magazine.jungle.co.kr/

16) Granbois, D. H.(1968), Improving the study of customer in-store behavior, *Journal of Marketing*, 32(4_part_1), 28-33.
17) Fisher, R. J., & Price, L. L.(1992), An investigation into the social context of early adoption behavior, *Journal of Consumer Research*, 19(3), 477-486.
18) http://shop.mlb.com/shop/index.jsp?categoryId=1452355
19) 뉴스웍스(http://www.newsworks.co.kr)
20) https://news.joins.com/article/24017944
21) https://newsis.com/view/?id=NISX20210323_0001380398
22) https://www.wikitree.co.kr/articles/623918
23) Muniz Jr, A. M., & Schau, H. J.(2005), Religiosity in the abandoned Apple Newton brand community, *Journal of Consumer Research*, 31(4), 737-747.
24) Fournier, S., & Lee, L.(2009), Getting brand communities right, *Harvard Business Review*, 87(4), 105-111.
25) Muniz, A. M., & O'guinn, T. C.(2001), Brand community, *Journal of Consumer Research*, 27(4), 412-432.
26) 김용호 · 최성철 & 김문태(2011), 브랜드 충성도 구축에 있어 온 · 오프라인 브랜드 커뮤니티의 상호작용적 역할, 마케팅관리연구, 16(4), 99-124.
27) 황인선(2010), 컬처파워, 팜파스.
28) Algesheimer, R., Dholakia, U. M., & Herrmann, A.(2005), The social influence of brand community: Evidence from European car clubs, *Journal of Marketing*, 69(3), 19-34.
29) 뉴스웨이(2014.12.10)를 참고로 하여 작성
30) 김재범(2005), 브랜드 커뮤니티, Brand Management, 산업정책연구원, 443에서 재인용
31) Muniz, A. M., Jr., and T. C. O'Guinn(2001), *op. cit.*, 422. 기본적 그림을 바탕으로 수정하여 작성
32) http://m.polinews.co.kr/m/article.html?no=274072
33) 매일경제(2014.12.10)
34) Weitz, B. A.(1981), Effectiveness in sales interactions: a contingency framework, *Journal of Marketing*, 45(1), 85-103.
35) http://deulpul.egloos.com/1817108
36) Hughes, G. D., Juhasz, J. B., & Contini, B.(1973), The influence of personality on the bargaining process, *The journal of Business*, 46(4), 593-604.
37) http://ko.wikipedia.org/
38) Webster, C., & Reiss, M. C.(2001), Do established antecedents of purchase decision making power apply to contemporary couples?, *Psychology & Marketing*, 18(9), 951-972.

39) Lee, C. K., & Beatty, S. E.(2002), Family structure and influence in family decision making, *Journal of Consumer Marketing*, 19(1), 24–41.
40) Solomon(1996), *Consumer Behavior*, Third Edition, Prentice–Hall, 398–399.
41) Schaninger, C. M., & Danko, W. D.(1993), A conceptual and empirical comparison of alternative household life cycle models, *Journal of Consumer Research*, 19(4), 580–594/Wilkes, R. E.(1995), Household life–cycle stages, transitions, and product expenditures, *Journal of Consumer Research*, 22(1), 27–42/Schaninger, C. M., & Lee, D. H.(2002), A new full nest classification approach, *Psychology & Marketing*, 19(1), 25–58.
42) Hawkins, D. I. and Mothersbaugh, D. L.(2010), *op. cit.*, 197을 참고하여 정리
43) Hawkins, D. I. and Mothersbaugh, D. L.(2010), *ibid*, 206–207.
44) Pol, L. G., & Pak, S.(1995), Consumer unit types and expenditures on food away from home, *Journal of Consumer Affairs*, 29(2), 403–428.
45) Hawkins, D. I and Mothersbaugh, D. L.(2010), *op. cit.*, 207.
46) Asseal, H.(1996), *op. cit.*, 560의 내용을 참고하여 작성
47) Park, J., Tansuhaj, P., Spangenberg, E. R., & McCullough, J.(1995), An emotion–based perspective of family purchase decisions, *ACR North American Advances*, 723–728.
48) Belch, M. A., & Willis, L. A.(2002), Family decision at the turn of the century: Has the changing structure of households impacted the family decision making process?, *Journal of Consumer Behaviour: An International Research Review*, 2(2), 111–124; Razzouk, N., Seitz, V., & Capo, K. P.(2007), A comparison of consumer decision making behavior of married and cohabiting couples, *Journal of Consumer Marketing*, 5, 264–274.
49) Sheth, J. N.(1974), A theory of family buying decisions, *Models of buyer behavior*, 1733.
50) Woodside, A. G.(1972), Informal group influence on risk taking, *Journal of Marketing Research*, 9(2), 223–225.
51) Komarovsky, M.(1961), Class differences in family decision–making on expenditures, *Household decision-making*, 4.
52) Ferber, R., & Lee, L. C.(1974), Husband–wife influence in family purchasing behavior, *Journal of Consumer Research*, 1(1), 43–50.
53) Granbois, D. H.(1963), The role of communication in the family decision–making process, *Toward Scientific Marketing*, 41–57/Asseal, H.(1996), *op. cit.*, 562.
54) Beatty, S. E., & Talpade, S.(1994), Adolescent influence in family decision making: A replication with extension, *Journal of Consumer Research*, 21(2), 332–341.

55) Cotte, J., & Wood, S. L.(2004), Families and innovative consumer behavior: A triadic analysis of sibling and parental influence, *Journal of Consumer Research*, 31(1), 78–86/Shoham, A., & Dalakas, V.(2005), He said, she said… they said: parents' and children's assessment of children's influence on family consumption decisions, *Journal of Consumer Marketing*/*Bridges*, E., & Briesch, R. A.(2006), The 'nag factor'and children's product categories, *International Journal of Advertising*, 25(2), 157–187.

56) 진델 베키오 지음, 김세중 옮김(2003), 키즈마케팅, 프리미엄북스, 119.

57) https://biz.chosun.com/site/data/html_dir/2020/11/02/2020110202010.html

58) LG전자, '핑크퐁 아기상어'와 공동 마케팅(https://www.todayenergy.kr/news/articleView.html?idxno=234591)

59) Rushkoff, D.(2000), *Coercion: Why We Listen to What They Say*, New York: Riverhead Press, 197.

60) 불황을 이겨내는 마법의 단어 '키즈(Kids)'(https://www.m-economynews.com/)

61) 이동철, 제일기획사보 1999년 5월호에서 기본적인 골격을 참고하여 작성

62) 김승태(2005), 미래의 고객, 어린이를 잡아라, 기획회의 33호(http://www.kpm21.co.kr)에서 인용

63) 진델 베키오 지음, 김세중 옮김(2003), 전게서, 20.

64) 식품 외식업계도 '아기상어' 돌풍(https://www.mk.co.kr/news/business/view/2021/03/270384/)

65) Hawkins, D. I. and Mothersbaugh, D. L.(2010), *Consumer Behavior: Building Marketing Strategy*, McGraw-Hill, Eleventh Edition, 208.

66) Gregan-Paxton, J., & John, D. R.(1997), The emergence of adaptive decision making in children, *Journal of Consumer Research*, 24(1), 43–56/Davis, T.(2000), What children understand about consumption constellations: differences across three age groups, *ACR North American Advances*.

67) Asseal, H.(1996), *op. cit.*, 574.

68) Hawkins, D. I. and Mothersbaugh, D. L.(2010), *op. cit.*, 208.

69) 피터 우벨 지음, 김태훈 옮김(2009), 욕망의 경제학, 김영사, 228.

70) http://www.shinailbo.co.kr/news/articleView.html?idxno=1302378

71) 데이비드 아커 지음, 이상민 옮김(2004), 브랜드 포트폴리오 전략, 비즈니스북스, 357.

72) 필립 코틀러 지음, 안진환 옮김(2010), 마켓 3.0, 타임비즈, 193–194.

12
CHAPTER

소비자 구전 및 혁신의 확산

1. 구전 커뮤니케이션 및 의견선도력
2. 소비자 혁신수용

12장 소비자 구전 및 혁신의 확산

"최고, 최첨단, 최초라는 기술력에만 매료된 혁신은 살아남기 힘들다."

—LG Business Insight(2010.10.13)에서—

"나는 절대로 예술과 과학이 별개라고 생각하지 않습니다. 레오나르도 다빈치는 위대한 예술가이자 위대한 과학자였습니다. 미켈란젤로는 채석장에서 돌을 자르는 방법에 대해 엄청난 지식을 보유하고 있었습니다. 최고의 인재들은 스스로를 갈라진 나무의 한쪽 가지로만 보지 않습니다. 나는 그렇게 볼 수가 없습니다."

—스티브 잡스(Steve Jobs), 〈Time〉지와의 인터뷰 중에서—

"리마커블(Remarkable)한 제품을 창출하고 이를 위대한 마케팅과 결합하라."

—세스 고딘(Seth Godin), 〈보라빛 소가 온다(Purple Cow)〉 중에서—

1. 구전 커뮤니케이션 및 의견선도력

공식적인 정보 교환수단(TV, 잡지, 신문과 같은)이 많이 있음에도 불구하고 세상에 대한 대부분의 정보는 사실상 비공식적인 수단에 의해 개인에게 전달된다. 누구나 자신의 일상적인 대화 내용에 대하여 신중하게 생각해본다면, 아마 가족, 친구 또는 직장동료와 나누고 있는 대화의 대부분이 제품과 관련되어 있다는 데 동의할 것이다. 내가 어디서, 얼마에 옷을 구매했고 입어보니 착용감이 어떻더라 하고 친구들과 대화하고 있다면 이미 구전 커뮤니케이션 과정에 참여하고 있는 것이다.

구전(word of mouth)이란 '준거집단의 구성원 또는 고객 및 판매원 등과 같은 2명 이상의 사람들 간의 인적인 커뮤니케이션'이다. 모든 사람들이 그러한 커뮤니케이션을 통해 영향을 미친다. "만족한 고객은 당신기업의 최상의 판매원이다"라는 금언은 마케팅관리자에게 구전의 중요성을 제시한다. 즉, 만족한 고객은 친구들과 친척들에게 구입하도록 영향을 주며, 불만족한 고객은 판매를 방해한다. 구전 커뮤니케이션은 대중매체나 마케팅관리자에 의한 정보보다 훨씬 신뢰할 만하다는 점에서 상당히 중요한 마케팅 수단으로 활용될 수 있다.[1) 실제, 개인적 원천으로부터의 정보는 더욱 맞춤화된 것이며 조직의 판매목적과 부합하지 않는 것, 즉 제품에 대한 부정적인 메시지일 수도 있다.[2)

본절에서 우리는 집단 내의 사람들 사이에서 이루어지는 구전 커뮤니케이션에 대해 연구한다. 그러한 커뮤니케이션은 소비자행동에 대한 주요한 영향요인이라는 사실을 여러 연구에서 보여주고 있다. 집단 내 사람들 간에 이루어지는 직접 커뮤니케이션의 중심적인 개념은 의견선도력(opinion leadership)인데, 즉 그것은 어떤 제품에 관여하고 또한 관심을 갖고 있는 사람들이 다른 사람들의 태도와 행동에 대해 행사하는 영향요인이다.

해마다 TIME지는 독자들의 투표에 의하여 세계에서 영향력 있는 100명의 인물을 선정한다. 2020년은 앤서니 파우치 박사 등 COVID-19 관련 인물이 많이 포함되어 있다.[3)

1.1 구전 커뮤니케이션의 중요성

친구와 친척들은 어떤 다른 정보원천보다도 소비자의 선택에 영향을 미칠 가능성이 매우 크다. 개인적 영향은 가장 강력한데, 그 이유는 소비자들은 일반적으로 친구와 친척들을 상업적인 정보원천보다도 보다 신뢰적이며 믿을 만한 것으로 간주하기 때문이다.[4) 더욱이, 준거집단과 가족집단으로부터의 정보는 구매결정에 있어 위험을 줄이는 수단이다, 즉 자동차와 같은 비싼 품목 또는 의복 또는 가구와 같이 사회적으로 가시적인 품목을 구입할 것을 고려하는 소비자들은 '관련되는 다른 사람'의 의견을 획득할 가능성이 있다. 그러한 의견은 재무적 위험 및 성능 위험을 줄이기 위해 정보를 제공할 뿐만 아니라 사회적

이렇게 많은 사람이 기다린다는 것은 먹어보지 않아도 맛이 좋다는 확신을 줄 수 있다.[5)]

위험을 줄이기 위한 집단 인정의 수단으로 작용한다.

또한, 우리는 종종 음식점에 사람이 많아야 들어가고 싶고, 인터넷 쇼핑몰의 특정 제품에 대한 평가가 많고 좋아야 구매에 대한 확신을 가지게 된다. 많은 사람에게 인기있는 것, 다수가 지지하는 것에 마음이 움직이는 현상을 2장에서 자세히 설명했듯이 '벤드왜건(Bandwagon)효과'라고 한다. 결국 새로 개업한 음식점이나 인터넷 쇼핑몰의 제품은 아르바이트생을 고용할 수 있다.

입소문(구전)이 전통적인 광고보다 효과적인 이유는 크게 두 가지로 설명될 수 있다. 첫째, 입소문의 설득력이 훨씬 강하다. 광고는 제품의 좋은 점만 부각하거나 자기네 제품이 최고라고 말하기 때문에 신뢰하기 어렵다. 그러나 입소문은 사실을 있는 그대로 알려주는 경향이 있다. 친구들은 영화가 재미있으면 재미있다고 말할 것이고 재미없으면 가감 없이 재미없다고 이야기할 것이다.

둘째, 입소문은 표적시장을 정확히 겨냥할 수 있다. 기업은 다양한 광고를 동원해 최대 다수의 관심고객을 공략하려고 한다. 골프클럽을 판매하는 기업이 클럽을 판매하려면 골프 채널에 TV광고를 내면 정확한 표적시장을 공략하는 것이라고 볼 수 있다. 그러나 골프 채널을 시청하는 모든 사람이 골프채의 표적시장은 아니다. 친구가 골프라운딩 때 써보고 만족한 성능의 골프채는 골프채를 구입하려는 친구에게 구전됨으로써 어떠한 매체보다도 정확한 공략이 가능한 것이다.[6)]

실제, 입소문의 효과를 극대화하려면 기업의 브랜드에 열광하는 고객을 필요로 한다. 모든 고객을 다 중요하게 생각할 필요는 없다. 고객 입장에서는 반갑게 들리지 않겠지만 기업에 중요한 것은 고객이 아니다. 기업의 입장에서는 브랜드에 어떤 형식으로든 반응을 보이는 고객이 중요하다.[7)]

구전의 효과에 대해 증명한 구체적인 연구들을 살펴보면 다음과 같다. 한 연구는 구전 커뮤니케이션이 식품과 가정용의 구매에 있어 가장 중요한 영향 형태라는 것을 발견하였다. 즉 소비자들로 하여금 브랜드를 변경하도록 영향을 미치는데 있어, 구전은 라디오 광고보다 2배 이상 효과적이었으며, 판매원보다는 4배 효과적이고 또한 신문과 잡지보다는

7배 효과적이었다.[8] 이와 유사하게, 필라델피아 교외에서 에어콘의 구매에 있어 영향의 이전에 대한 연구도 역시 구전 커뮤니케이션은 결정적인 요인이었다는 것으로 나타났다.[9]

두 연구들이 텔레비전이 중요한 매체가 되기 전에 수행된 것이기는 하지만, 보다 최근의 연구들도 선택결정에 있어 인적 영향의 중요성을 확인하였다. 유명한 행동연구가인 어메스트 디쳐(Emest Dichter)는 6,000개의 사례연구를 정리한 후, 모든 구매의 거의 80%는 구전 영향으로 간주될 수 있다고 결론을 내렸다. 이와 유사하게, 한 연구자는 신제품에 대한 긍정적인 구전 커뮤니케이션을 받은 응답자들은 부정적인 구전 커뮤니케이션을 받은 사람들보다 그것을 구입할 가능성이 3배라는 사실을 발견하였다.[10] 또 다른 연구에서 소비자 중 60%는 구전을 새로운 자동차의 검사소를 사용하는데 있어 가장 영향적인 요인으로 제시하였음을 발견하였다.[11] 그리고 PC에 대한 연구에서 일반 소비자의 구전 커뮤니케이션은 중립적인 원천인 Consumer Report사에 제시된 세부적인 브랜드 정보보다도 브랜드 평가에 대해 보다 강력하게 영향을 미쳤다는 사실을 발견하였다.[12]

이러한 영향력에도 불구하고 모든 제품들이 하나같이 구전마케팅의 좋은 대상이 되는 것은 아니다. 다음의 두 가지 평가기준이 있다. 첫째, 모양이나 기능성, 사용상의 편리함, 효율성 또는 가격 등에서 특이성을 가지고 있고, 둘째 일반적으로 사람들의 눈에 잘 띈다는 것이다. 구치(Gucci)의 바게트백과 같은 패션 액세서리의 인기는 그 눈에 띄기 용이함으로서 확산속도가 빠르다.

명품백들은 소비자들의 눈에 쉽게 보이기에 그 구전의 확산속도도 빠르다.[13]

| 표 12-1 | 구전(버즈)현상의 영향[14]

- 미국경제의 3분의 2를 약간 넘는 부분이 버즈현상의 영향을 받아왔다.
- 13%는 버즈현상의 큰 영향을 받음: 장난감, 스포츠용품, 영화, 방송, 오락 및 여가 서비스, 패션
- 54%는 부분적으로 버즈현상의 영향을 받고 있음: 금융(투자상품), 호텔 및 숙박업소, 전자제품, 인쇄 및 출판업, 담배, 자동차, 약품 및 건강관리, 수송, 농업, 식품 및 음료
- 33%는 대체로 버즈현상으로부터 영향을 받지 않음: 석유, 가스, 화학제품, 철도, 보험, 공익사업

CONSUMER INSIGHT 12-1 버즈마케팅[15)]

버즈마케팅은 인적 네트워크를 통하여 소비자에게 상품정보를 전달하는 마케팅 기법이다. 꿀벌이 윙윙거리는(buzz) 것처럼 소비자들이 상품에 대해 말하는 것을 마케팅으로 삼는 것으로, 입소문 마케팅 또는 구전마케팅(word of mouth)이라고도 한다. 소비자들이 상품을 직접 이용해보고 SNS나 블로그를 통해 추천해주어 주위 사람들이 제품을 믿고 구매로 이어지는 것이다. 버즈마케팅은 상품 이용자가 주위 사람들에게 직접 전파하도록 유도하기 때문에 광고비가 거의 들지 않으면서도 엄청난 효과를 내기도 한다.

SNS가 발달함에 따라 버즈마케팅 현상도 많이 일어나면서 기업은 우연이나 행운의 결과가 아닌 사전에 치밀하게 계획된 마케팅으로 전략을 짜는 추세이다. 버즈마케팅의 전략 속에는 희소성을 높이는 공급의 제한, 유명인이나 우상적인 존재의 힘, 대중적인 기반 구축, 소비자의 궁금증을 유발하는 등의 다양한 방법들이 있다.

허니버터칩

PX달팽이 크림

버즈마케팅이 활용된 대표적인 예시로는 '허니버터칩'이 있다. 허니버터칩은 일반인들의 SNS 등을 통해 많은 입소문이 나기 시작하면서 장기간 품절 사태와 대량 구매 현상이 일어난 대표적 제품이다. 감자칩은 짜다는 고정관념을 깨고 달콤하고 고소한 맛을 넣고 입소문마케팅을 통해 인기를 높여, 출시 이후 3개월 만에 50억 원의 매출을 기록했다. 허니버터칩의 인기가 올라감에 따라 다른 상품과 묶어서 판매하는 상황이 발생하기도 하였다.

또한 월 30만개 이상 팔려나가는 'PX달팽이크림' 사례가 있다. 달팽이크림은 주름 개선 및 피부 재생에 도움을 주는 제품으로 시중에서 고가에 판매하고 있어 꽤 부담이 된다. 하지만 군대의 PX에서 판매하고 있는 달팽이크림은 저렴한 가격으로 판매되어 PX에서도 구하기 힘든 히트상품이 되었다. 달팽이크림의 인기는 온라인에서보다 직접 사용해보고 품질이 좋다고 입소문이 난 경우이다.

조금 오래되었지만 김치냉장고 딤채도 시용을 활용한 구전마케팅을 통해 성공한 대표적인 사례이다. 만도 위니아는 김치냉장고를 개발한 뒤, 판로 개척을 위해 주부 50명을 선발하여 딤채와 김치를 무료로 나눠주고 시용하도록 하였다. 물론 되도록 소문을 많이 낼 수 있도록 고객단체, 여성단체에서 활발하게 활동하는 사람을 선정하였다.

딤채 체험단 모집광고

그후 또다시 200명의 고객 평가단을 모집, 딤채를 무료로 나눠주었고 3개월간 사용한 후 절반 값에 사든지 아니면 반환하도록 했다. 그러자 3개월 뒤, 단 한 명도 빠짐없이 딤채를 구입하였다. 대형 백화점의 주부문화센터를 돌며 시행한 판촉 등은 통상 이루어지는 대대적인 광고와 판이하게 달랐지만, 결과는 대성공이었다.[16]

1.2 인터넷 구전

온라인 구전(online word-of-mouth)은 최근 컴퓨터 중재 커뮤니케이션 분야에서 매우 자주 등장하는 주제가 되었으며 또한 소비자 간 상호작용성 분야에서 중요한 이슈가 되고 있다. 이메일, 게시판, 브랜드 커뮤니티, SNS, 그리고 인스턴트 메신저 등을 통해 온라인 구전 커뮤니케이션은 다양한 온라인 커뮤니티를 창출하고 있는 것이다. 최근의 발전된 디지털 기술은 마케팅 실무자들이 텍스트 분석, 감성, 해시태그 분석 및 기타 머신 러닝 도구를 통해 소비자 통찰력을 위해 온라인 입소문을 사용하기 시작했다.[17]

입소문마케팅이 주목을 받는 이유는 인터넷이 입소문이 전달될 수 있는 네트워크를 크게 확장시켰기 때문이다. 인터넷은 기존의 입소문 네트워크의 한계인 시간과 공간의 제약을 극복할 수 있는 강력한 네트워크다. 더구나 멧칼프의 법칙(Metcalfe's Law)에서 주장하고 있는 것처럼 인터넷 사용자가 급속하게 늘어나면서 네트워크의 효용성은 친구 · 동료에게 전하는 데 그쳤을 것이지만, 이제는 인터넷을 통해 자신의 생각을 많으면 수백만 명에게 동시에 전할 수 있게 되었다.

네티즌들은 자기를 표현하려는 욕구, 자부심을 고취하려는 욕구, 인간관계를 맺으려는 욕구, 불신의 세계 속에서 안전을 추구하려는 욕구, 스트레스를 해소하려는 욕구 등을 디지털 공간을 통해 충족하고 있다. 그런데 이러한 전자 입소문은 영향력이 매우 크지만, 마케터의 통제하에 있지 않기 때문에 쉽게 부정적인 입소문에 휘말릴 수 있다. 따라서 마케터는 입소문의 긍정적인 면과 부정적인 면 모두에 대비해야 할 것이다.[18]

연구자들은 개인적인 온라인 포럼을 통한 구전이 기업의 웹사이트에서 구전보다 훨씬 신뢰가 가는 것일 수 있다고 주장했으며 이러한 점에서 구전 커뮤니케이션에 대한 신뢰는 사이트에 대한 신뢰 및 충성도로 이어질 수 있으며 해당 브랜드에 대한 신뢰로 이어질 수도 있다고 볼 수 있다.[19]

또한 최근의 20대는 요약된 것이 아니라면 이왕이면 내용이 짧은 콘텐츠를 선호하는 경향도 나타난다. 강렬하고 위트 있는 메시지를 함축적으로 담는 작가나 시인들이 인기를 얻는 이유가 여기 있다. 또한 SNS 내 지인들 사이에서 활발히 공유되거나 그들이 추천해주는 콘텐츠가 소비의 기준이 된다. 모바일 기기 사용에 장소와 시간에 구애받지 않고 짧은 시간에 핵심만 소비하려면 그것을 미리 검증할 수 있는 잣대가 필요하다.[20]

인터넷에서 좀 더 효과적으로 이 버즈를 퍼뜨리기 위한 전술이 바로 바이러스마케팅이다. 생물학뿐만 아니라 컴퓨터 과학에서도 바이러스는 놀라운 속도로 번식하며 감염자도 기하급수적으로 늘어난다. 이렇듯 바이러스마케팅(viral marketing)은 한 사람이 다른 두 사람에게 말을 하고, 이 두 사람은 또 다른 두 사람에게 말을 하는 식으로 계속 이어지는 상황의 인터넷 버전이라고 할 수 있다. 그러나 인터넷은 의사전달을 보다 효율화하고 또 커뮤니티 구성원들을 더욱 친밀하게 하는 등 구전 체계를 더욱 효율적으로 개선함으로써 이러한 유기적인 마케팅을 새로운 차원으로 끌어올렸다.

인터넷과 모바일의 등장으로 인해 구전의 파급력은 더욱 커지고 있다.
(사진출처: https://www.gettyimagesbank.com)

1.3 구전 커뮤니케이션의 과정

구전 커뮤니케이션의 과정은 의견선도자와 추종자 간의 커뮤니케이션 흐름으로 설명된다. 이 커뮤니케이션 흐름 중 핵심적으로 중요한 것은 전달되고 있는 정보가 긍정적이냐 또는 부정적이냐이다.

1) 2단계 모델

2단계 모델은 대중매체로부터 의견선도자 그리고 의견선도자에서 추종자로의 정보흐름을 말한다. 이 이론은 의견선도자가 다른 사람들보다 더 대중매체에 많이 노출되어 대중매체와 추종자 사이에서 중간정보 전달자의 역할을 수행한다는 것이다. 대다수 소비자로 분류되는 추종자는 정보의 수동적인 수신자이다.[21]

2) 다단계 모델

2단계 흐름이 개인적 영향의 과정을 이해하는데 중요하기는 하지만 3가지 이유 때문에 2단계 흐름은 정보와 영향의 흐름에 대한 정확한 제시를 하지 못한다.

첫째, 수용자는 항상 수동적이 아니다. 즉, 수용자는 다른 사람의 자발적인 의견을 청취할 뿐 아니라 정보를 요구할 수도 있다. 둘째, 정보를 전달하는 사람도 역시 정보를 받을 가능성이 있다. 즉, 의견선도자도 역시 추종자에 의해서 영향을 받는다. 이와는 반대로,

그림 12-1 | 구전 커뮤니케이션의 모델[22]

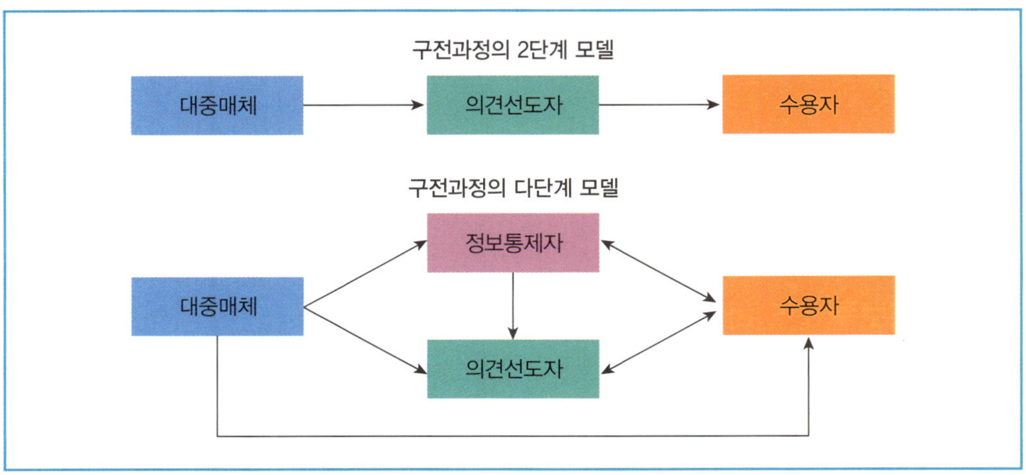

정보를 추구하는 사람들은 정보를 줄 가능성이 있다. 구전영향은 전달자와 수신자 간의 양방향 흐름으로 보는 것이 더 합당하다.

셋째, 의견선도자는 대중매체로부터 경로를 받아들이는 유일한 사람은 아니다. 수용자도 역시 광고에 의해 영향을 받는다. 더욱이, 의견선도자는 대중매체로부터 수용자 집단에게 흘러가는 정보의 흐름을 통제할 수 없다. 이러한 기능을 수행하는 정보통제자(gate-keepers)가 있을 수 있다. 이들은 의견선도자와는 다른데, 정보통제자는 집단에게 아이디어와 정보를 소개하지만, 직접적으로 수용자에게는 영향을 미치지 않는다. 예를 들어, 어떤 소비자는 패션잡지를 열심히 구독하는 독자일 수도 있으며, 최신의 스타일에 대한 특이한 정보를 소개할 수 있지만, 이 소비자는 그 집단 내에서 이런 스타일을 채택하도록 영향을 주지 않을 수 있다.

1.4 부정적인 내용의 구전 커뮤니케이션

구전 커뮤니케이션은 긍정적일 뿐 아니라 부정적일 수 있다. 소비자들은 불량한 제품성능, 서비스 부족, 고가격 또는 무례한 판매원에 대한 정보를 전달한다. 부정적인 구전 커뮤니케이션은 긍정적인 정보보다도 더 영향력이 크다. 즉 소비자가 불만족한 경우, 그들은 만족할 때보다도 친구들과 친척들에게 거의 3배 이상 불평을 토론한다. 의류와 가전제품의 불만족한 구매자에 대한 한 연구는 반수 이상이 그들의 경험에 대해 부정적인 커뮤니케이션에 관여하였음을 발견하였다.[23]

1.5 구전 커뮤니케이션에 관여하는 동기

그렇다면 왜 소비자들은 구전 커뮤니케이션에 관여하는가? 그 문제는 정보와 영향을 전달하고 또한 추구하고자 하는 소비자들의 동기에 관련되는 것이다.[24]

1) 구전정보를 전달하고자 하는 동기

다른 사람들에게 자기가 알고 있는 정보를 전달하고자 하는 경우는 다음과 같다.

- 특정 제품에 관심이 많을 때 그 제품을 주제로 대화하기를 좋아한다. 예를 들어 자기

가 자동차광의 경우 스포츠카의 디자인이라든지 최대속도 등에 대해서 이야기하는 것을 즐길 것이다.

- 자기 자신인 내부정보를 많이 가지고 있으며 전문가인 듯한 우월성을 과시하고 싶어 하는 경우이다.
- 자기가 구매한 제품을 남에게 알려서 구매 후 느끼는 불안감이나 불만족을 해소시키려는 경우도 있다.
- 자기가 소속한 집단을 위해서 또는 다른 사람에게 도움을 주고 싶어서 정보를 제공하는 경우도 있다.

2) 구전정보를 추구하고자 하는 동기

여러분들에게 별로 익숙하지 않고 당신에게 매우 중요한 제품을 구매한다고 가정해보자. 예를 들면 새로 산악자전거를 시도해보려 하는 소비자의 산악용 자건거, 초보 골퍼의 새로운 골프채, 처음으로 구매하는 홈시어터 등의 제품들이 그 예가 될 수 있다. 이런 제품들에 있어 당신은 어떤 모델과 브랜드를 선정할 것인가? 아마도 가장 흔한 행동 중의 하나는 해당 제품분야를 잘 알고 있거나 미리 구매해본 경험을 가진 다른 사람에게 물어보는 것일 것이다. 특히 [그림 12-2]에서 볼 수 있듯이 제품에 대한 지식이 부족하면서 제품에 대한 관여도가 높은 경우에 구전을 추구하려는 경향이 높을 것이다.[25]

그림 12-2 | 구전정보추구 가능성[26]

		제품지식	
		고	저
제품/구매 관여도	고	중간 정도 가능성	높은 가능성
	저	낮은 가능성	중간 정도 가능성

이러한 기본적인 동기 이외에도 소비자들은 역시 구전정보를 추구하고자 하는 여러 동기를 갖고 있다.

- 그 한 가지는 친구와 친척들이 제품정보에 대해 신뢰할 수 있는 원천이라는 것이다. 즉, 소비자는 광고나 또는 판매하는 데 관심을 갖고 있는 판매원과 같은 상업적인 원천보다는 친구와 친척들로부터의 정보를 신뢰할 가능성이 매우 크다.
- 구전 커뮤니케이션을 추구하고자 하는 두 번째 동기는 개인적 원천으로부터의 정보가 구매 과업을 더 용이하게 한다는 것이다. 즉 소비자는 어떤 점포가 바람직한 품목을 취급하지 않는다, 가격이 너무 비싸다, 또는 그것은 바람직한 재료로 만들어지지 않았다는 사실을 친척으로부터 발견할 수 있다. 결국, 이를 통해 소비자는 구매의사결정과정을 단축할 수 있다.
- 세 번째 동기는 구매의 위험을 줄이는 것이다.
- 또 다른 동기는 구매 후 부조화를 감소시키는 것이다. 앞에서 우리는 소비자들은 그들이 올바른 결정을 했다고 자신을 확신시키기 위해 그 제품에 대해 이야기함으로써 간혹 부조화를 감소시킨다는 것을 보았다. 이와는 반대로, 소비자들은 역시 그들이 올바른 결정을 했다고 자신을 재확인하기 위해서 친구와 친척들의 의견을 추구한다.

1.7 의견선도력

소비자행동에서 구전 커뮤니케이션 영향은 의견선도력의 개념과 밀접하게 연관된다. 앞에서 연구한 바와 같이, 구전을 통해 다른 사람에게 영향을 줄 가능성이 가장 큰 사람은 의견선도자(opinion leader)이다. 그리고 영향을 받을 가능성이 있는 사람은 추종자이다.

1) 의견선도자의 특징

어떠한 점들이 의견선도자를 특징지우는가? 가장 큰 특징은 집단 내의 다른 소비자보다 장기간의 제품범주에 대한 높은 관여도를 가진다는 것이다. 이는 4장의 초반부에서 논의되었듯이 지속적 관여(enduring involvement)라고 볼 수 있으며 특정 제품범주에 대한 높은 지식과 풍부한 경험을 가능케 한다.[27] 이러한 지식과 경험이 의견선도력을 가능하게 만든다.[28]

의견선도력은 대인 간 커뮤니케이션과 관찰을 통해 주로 기능하며 이러한 활동은 유사한 인구통계적 특성을 가진 집단 간에 자주 발생한다. 의견선도자들은 대체로 집단에 속하는 것을 좋아하고 다른 사람들보다 대중매체에 더 많이 노출되는 것이 그들의 다른 사람에 대한 구전의지의 이유가 되는 것이다.[29]

최근의 마케팅 동향은 입소문 캠페인의 연장선상에서 인플루언서의 활용증가 현상을 보여주고 있다. 소비자들이 소셜미디어 플랫폼으로 눈을 돌리면서, 기업은 구매결정에 큰 영향을 미치는 인플루언서의 힘을 깨닫고 있으며 인플루언서가 공유하는 게시물에 의해 소비자는 브랜드 인지도, 제품의 전문성, 브랜드 선호도 등이 향상될 수 있다.[30] [Consumer Insight 12-2]에서는 구체적인 내용을 설명하고 있다.

CONSUMER INSIGHT 12-2 인플루언서 마케팅[31]

인플루언서(Influencer)는 타인에게 영향력을 끼치는 사람이라는 뜻의 신조어이다. 주로 SNS상에서 영향력이 큰 사람들을 일컫는다. 이러한 신조어가 등장하게 된 이유는 인터넷이 발전하면서 소셜미디어의 영향력이 크게 확대되었기 때문이다. 이러한 인플루언서들은 마케팅 시대의 신흥권력으로 부상했다. 인플루언서로 분류되는 이들의 추천이 늘어날수록 판매량은 증가한다. 기업들의 인플루언서 의존도도 높아지는 추세다. IT 기술 발전을 바탕으로 소셜네트워크서비스(SNS)가 시대적 흐름의 중심에 자리잡은 이상 인플루언서의 역할은 더욱 커질 것으로 예상된다.[32]

인플루언서들이 SNS를 통해 공유하는 특정 제품 또는 특정 브랜드에 대한 의견이나 평가는 콘텐츠를 소비하는 이용자들의 인식과 구매결정에 커다란 영향을 끼친다. 이들은 연예인처럼 외모나 퍼포먼스로 인기를 얻지도 않음에도 불구하고, 자신들이 자체적으로 생산해내는 콘텐츠를 통해 큰 파급력을 가진다는 특징이 있다.

인플루언서 마케팅의 가장 큰 특징은 고객을 또 다른 마케터로 이용할 수 있다는 점이다. 예를 들어 인스타그램의 경우, 인플루언서가 방문한 장소의 해시태그를 보고 그 장소를 이용한 고객이 다시 자신의 인스타그램에 동일한 해시태그를 달아 해당 장소에 방문했다는 인증글을 남기는 형식이다. SNS의 경우 TV광고와 달리 생산자와 이용자의 구분이 명확하지 않다는 특징을 지니며 이러한 특징은 마케팅의 대상이 되었던 소비자가, 자신도 모르게 제품의 마케터로 활동하게끔 만든다.

두 번째로 인플루언서 마케팅은 TV광고와 비교했을 때, 소비자들의 공감을 이끌어내기 쉽다는 강점을 지닌다. 인플루언서들이 생산하는 콘텐츠들은 소비자들의 일상과 크게 다르지 않기 때문에 제품을 광고하는데 유리하다. 소비자들의 경우 TV광고 속에 등장하는 연예인들은 거리감이 있는 대상으로 인지하지만 인플루언서의 경우 같은 '일반인'이라는 의식을 가지고 있다.

마지막으로 인플루언서 마케팅은 광고의 타깃을 명확히 할 수 있다는 특징이 있다. 인플루언서들의 경우, 운영하는 채널의 아이덴티티가 뚜렷하다. 뷰티 채널을 운영하는 유튜버나, 게임 채널을 운영하는 유튜버들을 예시로 들 수 있다. 인플루언서들의 팬들 역시 연령대나 성별이 대체로 비슷하다. 뷰티 채널을 구독하는 이용자들은 10대에서 20대 여성이 주를 이룬다. 게임 채널을 구독하는 이용자들은 주로 10대에서 30대까지의 남성이다. 따라서 기업은 광고하고자 하는 제품이 어떠한 연령층, 성별을 타깃으로 하느냐에 따라 인플루언서 마케팅을 적절히 활용할 수 있다.

'2019/2020 성과형 인플루언서 마케팅 보고서'에 따르면 2018년까지 연예인이 주로 등장하던 브랜드 동영상의 주인공이 2019년 들어 다양해졌다. 2018년엔 절반 가까운 브랜드 영상에 연예인이 등장했다면, 지난해엔 연예인을 활용한 동영상 광고 비중이 28%까지 낮아졌다. 반면 유명 인플루언서가 브랜드 영상에 등장한 경우는 16%로 전년 대비 4배 이상 크게 늘었다. MZ세대의 경우 연예인 등 셀럽, 키워드 검색을 통한 정보 탐색보다 일반인에 가까운 크리에이터를 더욱 신뢰하고 선호하는 경향이 반영된 결과라는 설명이다.[33]

왕홍은 왕뤄훙런의 줄임말로 '1인 크리에이터' 또는 '유투버,' '인터넷 스타'라고 할 수 있다. 2017년 중국의 왕홍이 올린 매출은 950억 위안(약 15조 원)에 이르렀고 4억 6천만 명이 이들이 만든 방송을 보았다고 한다. 이들은 팬덤을 통해 물건을 파는 팬덤 소비자의 상징이다. 그들은 개인방송을 통해 이 물건 저 물건을 사용해보며 직접 판매하기도 한다.[34]

또한 브이로그는 단순히 일상을 공유하는 데 그치지 않고, 자신과 비슷한 상황을 겪고 있는 사람들을 타깃으로 공감과 관심을 불러일으키곤 한다. 이에 브이로거들은 자연스럽게 인플루언서 기능을 하게 된다. 이들이 영상에 노출하는 각종 제품은 구독자들에게 구매욕구를 상승시키고, 해당 제품이나 브랜드에 대한 인지도를 높이게 되는 것이다. 나아가 채널 자체가 브랜드 가치를 얻으며 수익까지 창출할 수 있는 구조로 일석이조 효과를 누릴 수 있다.

결국, 기업이 직접 소비자를 세분화하지 않아도 영상 구독과 시청을 통해 자연스레 타기팅 대상으로 진입하게 되었다. 브이로그를 통한 홍보는 광고보다 실제 소비자의 리뷰를 신뢰하는 요즘 세대에게는 더할 나위 없이 좋은 마케팅이라고 볼 수 있다. 이에, 각종 기업은 브이로거 인플루언서에게 제품 노출을 조건으로 협찬하기도 한다.[35]

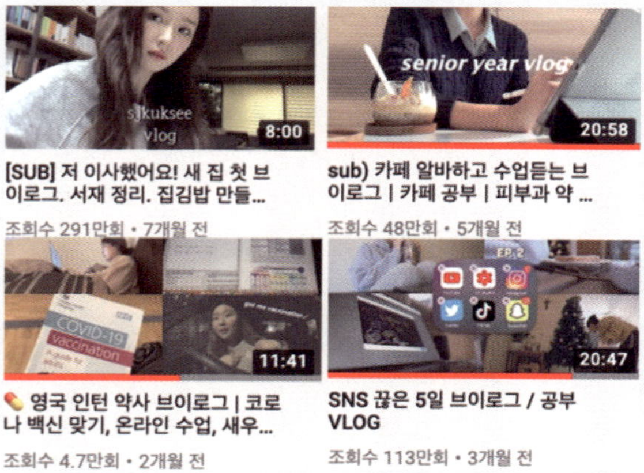

결국, 기업이 직접 소비자를 세분화하지 않아도 영상 구독과 시청을 통해 자연스레 타깃팅 대상으로 진입하게 되었다. 브이로그를 통한 홍보는 광고보다 실제 소비자의 리뷰를 신뢰하는 요즘 세대에게는 더할 나위 없이 좋은 마케팅이라고 볼 수 있다. 이에, 각종 기업은 브이로거 인플루언서에게 제품 노출을 조건으로 협찬하기도 한다.[36]

프랑스 브랜드 '샤넬(CHANEL)'은 2021 가을 겨울 기성복 쇼에 앞서 15인의 셀럽들이 쇼를 기다리는 모습을 담은 홍보용 티저 영상을 공개했다. 이때 영상에 나타난 15명 중 3명이 한국 셀럽이라는 점이 화제가 됐다. 빅뱅의 지드래곤, 블랙핑크의 제니, 그리고 모델 수주가 영상에 출연했으며 이에 대한 사람들의 반응은 매우 뜨거웠다.[37)]

샤넬(CHANEL) 2021 F/W 컬렉션 발표를 앞두고 공개된 사진[38)]

일반적으로 기업들은 시용을 위해 제품을 제공함으로써 구전 커뮤니케이션을 조장할 수 있다. 그러한 전략은 일반적으로 의견선도자를 표적으로 한다. 예를 들어 과거 국내의 한 자동차회사는 신제품 출시시 전국에서 신청을 받아 뽑힌 사람들에게 한 달가량 무료로 시승하는 행사를 실시하였는데 이렇게 함으로서 잠재고객들의 구전을 유도할 수 있었다.

제품 시용을 통해 의견선도자에게 영향을 주는 또 다른 예로 미국에서 한 레코드사는 잘 알지 못하는 팝 레코드를 여러 도시에 히트하도록 하려는 시도를 하였다. 반의 대표, 스포츠클럽의 회장 및 치어리더 등을 고등학교의 의견선도자로서 확인,[39)] 이런 사람들을 록 레코드를 평가하는 패널에 참여하도록 초청하였다. 그들이 참여한 대가로 무료로 레코드판을 받게 된다고 패널 구성원들에게 말하고, 또한 친구들과 함께 그들이 선택한 것에 대해 이야기하도록 하였다. 그 결과 자연적 구전에 의해 해당 도시에서는 판매율 상위 10위 내에 들어가는 결과를 가져오기도 했다.

2) 의견선도자의 유형

(1) 혁신적 의사소통자

의견선도자들은 그들이 추천한 제품을 구매할 수도 있고 하지 않을 수도 있다. 초기 구매자들은 혁신자로 알려져 있다. 초기에 구매하는 의견선도자들은 혁신적 의사소통자(innovative communicators)로 정의된다. 한 연구는 미국에서 패션제품에 대한 혁신적 의사소통자들이었던 남자 대학생의 많은 특징을 확인하였다.[40] 이 사람들 중에는 새로운 패션을 최초로 구매했고, 그들의 패션의견이 다른 학생들의 의사결정에서 받아들여지도록 한 부류가 있다. 그 남자들의 다른 특징은 다음과 같다.

- 그들은 사회적으로 활동적이다.
- 그들은 자신을 사랑하고 자기중심적이었다.
- 그들은 록(rock) 문화에 연루된다.
- 그들은 Playboy와 Sports Illustrated 같은 잡지의 주요 독자들이다.
- 그들은 다른 학생보다 더 많은 옷과 더 광범위한 유행을 소유하기 쉽다.
- 그들의 지적 관심은 비교적 제한적이었다.

(2) 의견추구자

의견선도자들은 또한 의견추구자(opinion seekers)가 될 수 있다. 그들은 일반적으로 제품범주에 관여되어 있고 능동적으로 정보를 탐색한다. 결국 그들은 다른 사람과 제품에 대해서 더 많이 말하고 또한 타인의 의견을 이끌어낸다. 의견선도에 관한 정적 관점과는 달리, 대부분의 제품관련 대화는 한 사람이 모든 것을 말하는 강의 형태로 이루어지지 않는다. 제품관련 대화의 많은 부분이 상황에 의해 촉진되고 일방적인 교습 상황보다는 일상의 상호작용 맥락에서 발생한다. 의견추구가 식품에서 특히 높다는 것을 밝힌 한 연구에서는 의견추구자들의 2/3가 또한 스스로를 의견선도자로 생각한다는 것을 보여주었다.[41]

(3) 시장전문가

한 범주에서 전문가인 소비자는 타인들과 적극적으로 커뮤니케이션하지 않을 수 있으며, 반면에 다른 소비자들은 제품 토론에의 참여에 더욱 적극적인 관심을 가질 수 있다. 시장전문가(market maven)라 불리는 소비자 범주는 모든 유형의 시장정보를 전달하는데 능동적으로 관여되어 있는 사람들을 기술하기 위하여 제안되었다. 시장전문가들은 특정 제품에 반드시 관심을 가지거나 항상 제품의 초기 구매자가 되지는 않을 수 있다.[42] 혁신적 의사소통가는 사물에 관해 말하고 논의하는 데 반해, 시장전문가는 사람을 좋아하기 때문에 그들의 결정을 도와주려는 것뿐이다. 이들은 사회적인 동기를 가지고 시장에서 활동한다.[43]

(4) 대리소비자

타인의 구매결정에 영향을 주는 평범한 소비자들 이외에도 대리소비자(surrogate consumer)라 불리우는 마케팅 중개층이 많은 범주에서 적극적인 역할을 하고 있다. 대리소비자는 구매결정에 대한 투입정보를 제공하기 위해 고용된 사람이다. 의견선도자나 시장전문가와는 달리, 이 중개인은 대부분 이러한 관여의 보상을 받게 된다.

실내장식업자, 증권중개인, 전문쇼핑객 또는 대학 자문위원들이 대리소비자라고 생각해 볼 수 있다. 이들 소비자를 위한 실제 구매 여부와는 관계없이 대리인의 추천은 커다란 영향력으로 작용할 수 있다. 본질적으로는 소비자가 정보탐색이나 대안의 평가 또는 실제 구매와 같은 의사결정의 일부 또는 전체 통제권을 양도하는 것이다.[44]

| 표 12-2 | 의견선도자 측정문항[45]

스마트폰에 관해 친구나 이웃과 당신이 상호작용하는 것에 대해 다음의 척도를 스스로 평가해 주십시오.

1. 일반적으로 당신은 스마트폰에 대해 친구들과 이야기를 나눕니까?
   매우 자주 이야기 5 4 3 2 1 전혀 이야기하지 않음

2. 스마트폰에 관해 친구들이나 이웃들과 이야기할 때 당신은
   정보를 많이 제공 5 4 3 2 1 정보를 아주 조금 제공

3. 지난 6개월 동안 새로운 스마트폰에 관해 당신에게 말해준 사람이 몇이나 됩니까?
   많은 사람이 말해줌 5 4 3 2 1 한 사람도 말하지 않았음

4. 다른 친구들과 비교하여 당신은 새로운 스마트폰에 대해 얼마나 많은 질문을 받은 것 같습니까?
   많은 질문을 받은 것 같음 5 4 3 2 1 전혀 질문을 받지 않은 것 같음

5. 새로운 스마트폰에 대해 토론을 할 때
   내가 그것에 대해 친구들에게 말함 5 4 3 2 1 친구들이 그것에 대해 말함

6. 전체적으로 친구들이나 이웃과의 토론에서 당신은
   자주 조언의 원천으로 이용됨 5 4 3 2 1 결코 조언의 원천으로 이용되지 않음

2. 소비자 혁신수용

마케팅 측면에서 혁신(innovation)이란 일반적으로 '개인에게 새롭게 인지되는 아이디어 관행, 대상들을 말하며 마케팅 관점에서 보통 어떤 사회체제에서 10% 이상 수용되지 않은 아이디어, 제품 및 서비스'를 일컫는 말이고, 혁신성(innovativeness)이란 '한 개인이 다른 사회구성원들보다 혁신을 채택할 때의 상대적 조기성의 정도'를 의미한다고 정의하고 있다.[46] 본절에서는 신제품으로서 혁신의 중요성 및 소비자 관점에서 어떻게 성공할 수 있는지를 집중적으로 조명하고 있다.

2.1 기술 및 감성혁신의 중요성

앞에서 논의된 혁신의 개념이 마케팅 차원에서 정의될 때 '새로운 시장을 창조하거나 또는 기존의 경쟁 패턴 또는 고객 행위를 변화시키는 잠재력을 가진 신제품, 프로세스 그리고 시스템'이라고 하며 마케팅 혁신이 반드시 기술 신제품일 필요는 없지만 소비자들이 그것을 신제품으로 인식해야 한다는 점이 중요하다.[47]

기본적으로 제품혁신은 소비자의 구매결정에 상당한 영향을 미칠 수 있는데[48] 여기서 중요한 것은 소비자들의 혁신에 대한 인식이다. 미네랄 워터제품은 Perrier가 영국시장에 도입되었을 때 그렇게 새로운 것이 아니었고 이미 수십 년간 Malvern이 판매되고 있었다. 그런데 영국고객들은 Perrier를 아주 새로운 것으로 인식했고 그 결과 빠른 판매성장과 높은 시장점유율을 획득함으로써 초기에 주도력을 점할 수 있었다. 이는 혁신의 결정적인 중요성을 내포하고 있다.

특히 첨단기술 신제품은 기존의 제품영역과 시장구조를 완전히 바꿀 수 있기 때문에 당연히 깊은 주의를 요하고 이러한 혁신은 소비자들에게 해당 제품에 대한 학습을 요구하며 그들의 행동에 변화를 이끌어낸다. 고객은 자신의 욕구를 충족시킨다고 지각되는 상품들만 구매하려 하기 때문에 고객의 의견이 신제품 설계단계에서 초기부터 고려될 수 있도록 하는 것은 매우 중요하다고 볼 수 있다.[49]

미국 노스웨스턴대학의 도널드 노먼(Donald Norman) 교수는 "기술은 충분히 발전했다. 이제는 디자인과 브랜드 등 감성적 요소를 고려해야만 한다"고 지적[50]하였는데 기술진보는 경쟁우위를 보장하지 않으며, 소비자의 욕구가 충족된 지점부터 기술은 경쟁에서 무의미해진다는 점을 강조하였다. 특히, 제품 출시 초기부터 관심을 보이는 조기수용자와 달리 일반소비자들은 고사양의 기능에 대한 니즈가 약하다는 점이 그 논리적 근거이다.[51)]

그림 12-3 | 소비자 니즈와 기술적 만족도의 관계[52)]

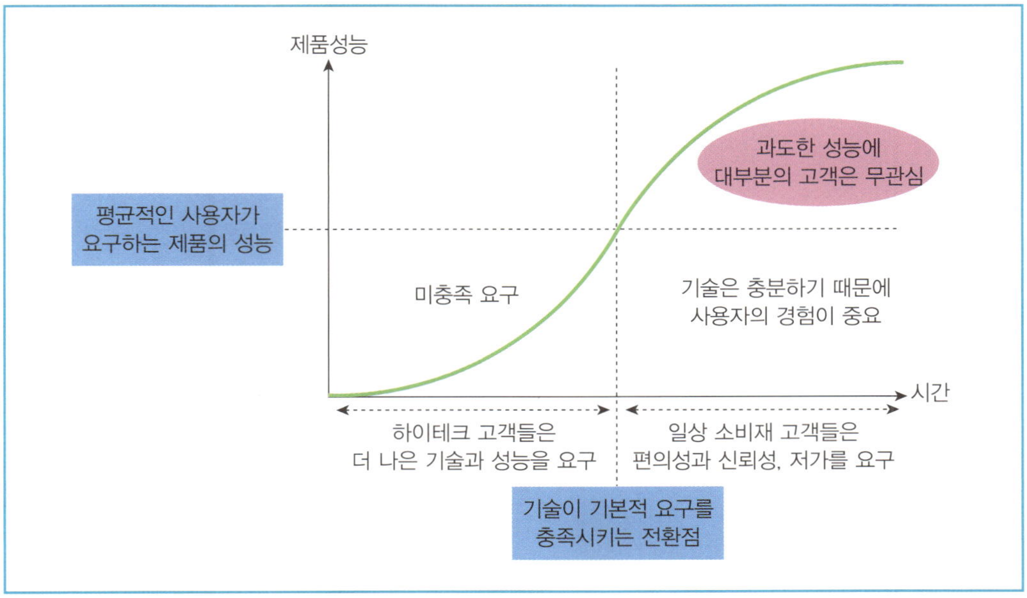

과거에 마이크로소프트의 성공은 결코 월등한 기술력 때문이 아니었다. 마이크로소프트의 기술은 특별히 혁신적이지 않았으며 사용자 편의성 측면에서 애플을 따라잡기까지 수년이 걸렸다. 하지만 애플컴퓨터는 초기의 성공에도 불구하고 틈새시장을 공략하는 것 밖에 하지 못했다. 결정적인 원인은 애플의 소프트웨어가 기존 컴퓨터회사의 하드웨어와 호환되지 않는 데 있었다. 즉 애플의 운영시스템을 사용하려면 애플의 컴퓨터를 사야 했다. 이러한 정책으로 IBM처럼 치열한 경쟁을 하지 않아도 좋았지만 동시에 애플의 시장점유율은 하락했다.[53)]

이에 따라 월드 프리미엄 제품들은 기능과 기술은 물론 감성의 벽도 넘기 위해 디자인과 브랜드 등 소프트 경쟁력을 강화하고 있는 것이 사실이다. 소비자도 제품 구매시 기술이나 기능보다 디자인을 중요시하고 있는데 예를 들어 휴대폰의 구매 결정요인 중 디자인은 1997년 13.7%에서 2007년 35.2%로 증대된 반면, 성능은 54.8%에서 31.5%로 감소[54]하였다.

그림 12-4 | 디자인 역량과 기업성과 및 브랜드 자산 간의 관계[55]

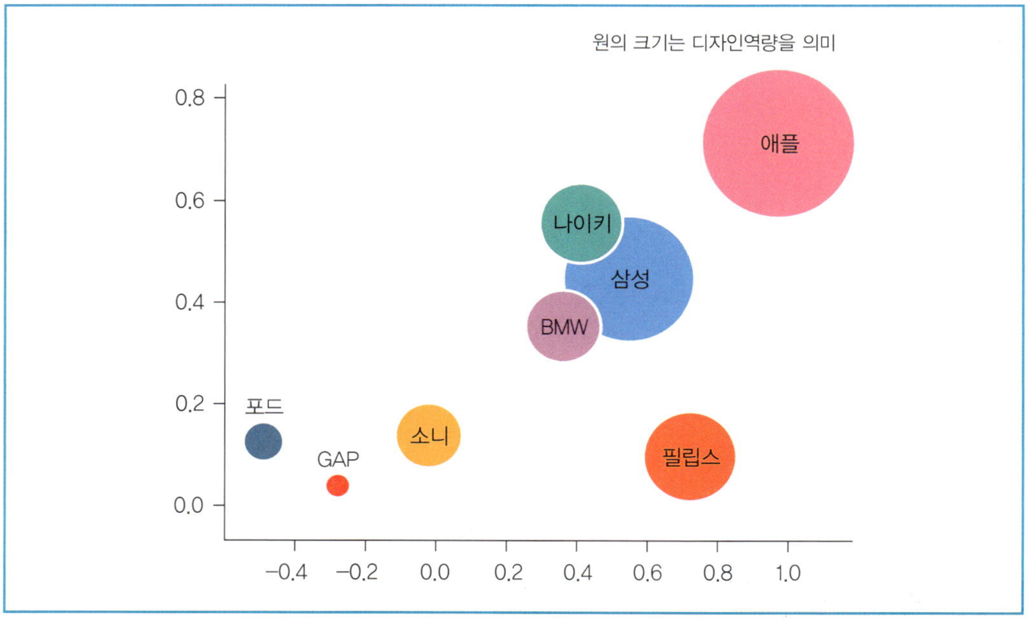

주: 1. 브랜드 자산 증가율은 2003년 대비 2007년 증가율(인터브랜드)
2. 브랜드 역량은 2003~2007년간 세계 3大 디자인상(IDEA, IF, Red-Dot)의 수상 실적으로 평가
3. 매출액 증가율은 2003년 대비 2007년 증가율

또한, 최근에는 소비목적이 기능적 필요성에서 라이프스타일의 표현으로 변화[56]함에 따라 소비자는 의류, 자동차, 식품, 가구, 가전제품 등을 통해 자신이 사용하는 제품에 문화적 의미를 부여하고, 사회적 정체성을 표현하고 차별화 및 개성화를 추구하기 시작하면서 디자인이 우수한 제품의 프리미엄 가격 지불에 호의적이다.

일부 제품군의 라이프사이클이 성숙기에 접어든 것도 디자인이 부상하게 된 요인 중 하나인데 가전, IT, 자동차 등의 제품군은 시장 초기 기술력으로 경쟁을 했으나 점차 기술격차가 감소하고, 2000년대 들어 기술은 소비자가 차이를 인식할 수 없게 되었다.

2.2 혁신의 유형

1) 상품분야의 혁신유형

컨설팅회사인 부즈앨런해밀턴(Booz Allen and Hamilton)은 기업과 시장에 있어서의 신규성을 기준으로 하여 신상품을 6가지 범주로 나누었다.[57] 기업에게 새로운 제품인가 소비자에게 새로운 제품인가 또는 기업과 소비자 모두에게 새로운 제품인가에 따라 분류하였는데 [그림 12-5]와 아래 분류에서 자세히 설명되고 있다.

그림 12-5 | 혁신의 유형[58]

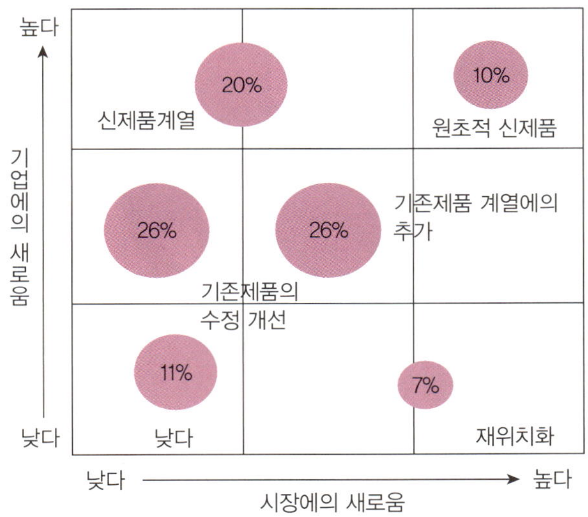

- **원초적 신제품(new-to-the world products)**: 전적으로 새로운 시장을 창출하는 신제품으로 날아다니는 자동차, 완전 무연료 자동차들이 개발된다면 이에 해당할 수 있다. 사진에서 볼 수 있듯이 과거에 공상과학 만화에서나 가능하던 것이 이제 현실화되듯이 이러한 제품에 대한 기업의 상상력과 도전의지는 매우 중요하다고 볼 수 있다.
- **신계열제품(new-product line)**: 기업이 처음으로 진출하는 기존시장에 대한 신제품으로 예를 들면 과거 삼성이 자동차 산업에 진출한 예라든지, 최근 식품회사가 건강보조식품으로 진출할 때 제품들이 이에 해당할 수 있다.
- **추가제품(additions to existing product line)**: 기존의 제품계열을 보완하는 신제품으

만화가 현실이 된 기술[59]
어렸을 때 보았던 만화 독수리오형제, 마징가제트, 미래소년코난, 캐산 등에서 보았던 것들이 어느 새 현실이 되어 가고 있다. 어떤 것들은 아직은 멀었지만 추억 속의 만화와 현실 속의 IT 기기를 한번 매치해보는 것도 재미있을 것 같다. 로봇찌빠의 프로젝터와 햅틱빔

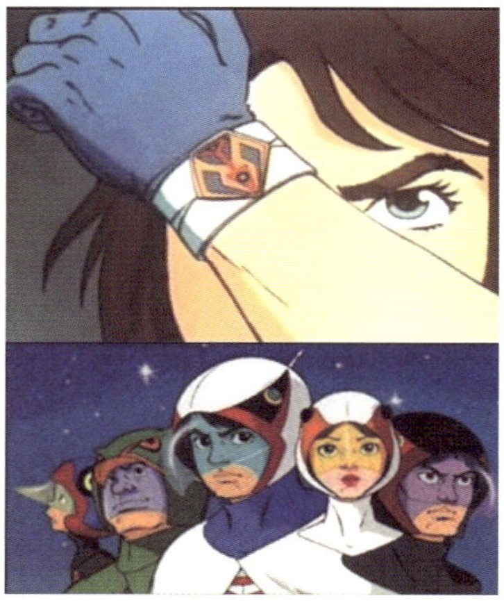

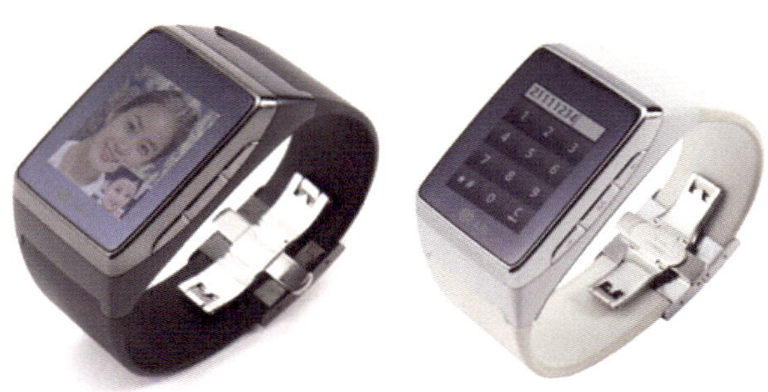

독수리오형제 시계와 영상전화 워치

로 비트가 액체형태의 바르는 비트를 만든다든지 작은 크기의 비트를 개발한 것이 그 예가 될 수 있다.

- 개량제품(improvements in/revisions to existing products): 성능이 개선되었거나 지각된 가치가 높아져서 기존제품에 대체되는 신제품으로 쏘나타는 과거 쏘나타로부터 개선되어 오늘날의 제품이 되었다. 앞에서 논의되었듯이 제품의 디자인 개선도 이 범주에 속할 수 있으며 중요한 차별화 요인으로 작용할 수 있다.
- 재포지셔닝제품(repositioning): 새로운 시장을 표적시장으로 하는 기본제품으로 과거에 남성적 포지셔닝이었던 푸마가 현재 여성적 포지셔닝으로 변화한 것이 그 예가 된다.

- 비용인하제품(cost reductions): 보다 저렴한 비용으로 동일한 성능을 발휘하거나 약간의 떨어지는 성능의 제품으로 대부분의 모방제품(me-too product)이 이에 해당한다고 볼 수 있다.

박카스 모방제품과 비타500 모방제품

[그림 12-5]에서 볼 수 있듯이 신제품 중 10% 정도만이 완전히 혁신적이거나 새로운 제품이다. 이러한 제품은 매우 높은 비용과 위험을 수반할 수 있는데 그 이유는 이것들이 기업에 있어서나 시장에 있어서나 완전히 새로운 것이기 때문이다.

| 표 12-3 | 선도제품의 모방에 의한 신제품 개발사례

	**오리온 초코파이와 롯데 초코파이** '오리온 초코파이' 출시에 이어 롯데에서도 '롯데 초코파이'라는 브랜드를 시장에 내놓았다. 초코파이라는 명칭에 관하여 분쟁이 있었는데, 법원은 '초코파이는 브랜드로서 인식되기보다 초콜릿을 바른 과자류를 지칭하는 명칭'이라며 롯데의 손을 들어주었다.
	**비타500과 비타천** 광동제약의 대박상품 '비타500'도 법정공방으로 비방되지는 않았지만 미투제품을 양산한 대표적 사례다. 2001년 출시된 비타500이 선풍적 인기를 끌면서 비타1000 · 비타C1000, 비타800, 비타900 등이 대거 쏟아져 나왔다.
	**맛있는 우유속 딸기과즙과 우유속 진짜 딸기 과즙 듬뿍** 1998년 매일은 '맛있는 우유속 딸기과즙'으로 과즙우유 시장에 뛰어들었다. 그 후 4년 뒤 남양은 '우유속 진짜 과즙 듬뿍' 시리즈를 출시했다.

바나나맛 우유와 생생과즙 바나나우유

빙그레와 해태유업도 최근 바나나우유를 놓고 법정공방을 벌였다. 지난 30여년 간 항아리 모양의 '바나나맛 우유'를 생산해 온 빙그레는 최근 '생생과즙 바나나우유'를 출시한 해태유업을 상대로 서울중앙지법에 '브랜드권 침해금지 가처분 소송'을 제기한 것이다. 빙그레는 해태유업의 제품이 6각형에 빙그레 제품과 비슷하게 생긴 반투명 용기를 사용하는 등 자사제품을 사실상 도용했다고 주장하였다.

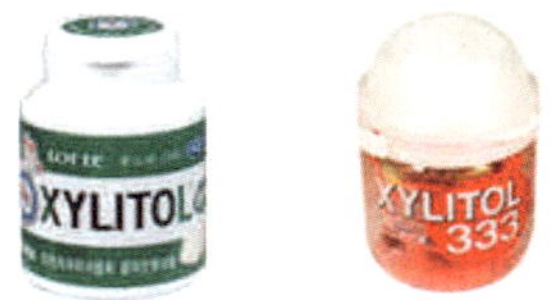

롯데 자일리톨과 해태 자일리톨

롯데제과의 '자일리톨'껌이 롱런 히트상품 반열에 오르자 '해태 자일리톨', '오리온 자일리톨' 껌 등이 잇따라 출시되기에 이르렀다. 그러나 '자일리톨'이라는 이름은 같지만 이는 일반명사를 차용한 것이어서 큰 법적 문제는 발생하지 않았다.

카스(Cass)와 카쉬(Cash), 카즈(Cazz), 카드스(Cadss)

1999년 OB맥주에 인수된 카스(Cass)맥주는 높은 브랜드 인지도 때문에 숱한 송사를 치른 대표적 사례다. 카쉬(Cash), 카즈(Cazz), 카드스(Cadss) 등 카스맥주를 모방한 유사 브랜드들이 봇물 터진 듯 나왔기 때문이다.

불가리스와 불가리아

유산균 발효유 이름을 놓고 남양유업의 '불가리스'와 매일유업의 '불가리아'의 브랜드권 분쟁이 있었다. 법원은 결정문에서 '불가리스와 불가리아는 음절수가 동일하고, 그 중 3개 음절의 철자가 같아 소비자들이 혼동할 수 있다'며 남양유업의 가처분신청을 받아들였다.

카페라떼와 프렌치카페

지난 1997년 매일이 컵커피 음료 '카페라떼'를 출시하자 남양이 비슷한 용기 디자인의 '프렌치카페'를 출시하였다.

뿌셔뿌셔와 부셔부셔

오뚜기 라면스낵 '뿌셔뿌셔'가 인기를 끌자 '부셔부셔'라는 유사명칭의 유사품이 나오기도 했다.

물먹는 하마와 물먹는 해마

국내 제습제시장을 리드하고 있는 옥시의 '물먹는 하마'는 1등 브랜드답게 물먹는 헤마, 물먹는 코뿔소, 물먹는 메기 등 많은 유사품들이 나오고 있다.

2.3 기술적 혁신과 상징적 혁신

또한 혁신은 기술적 혁신과 상징적 혁신의 두 가지 유형으로 혁신을 크게 나누고 있다.

1) 기술적 혁신

기술적 혁신은 혁신이 기술적 진보를 나타내고 또한 소비자의 행동에의 변화를 나타내는 행동에 근거하여 3가지 유형의 혁신으로 나누어 볼 수 있다.[60]

- **불연속적 혁신**(discontinuous innovation)은 신제품 및 새로운 행동 패턴의 수립과 연관되는 주요한 기술적 진보이다. 예를 들어 과거 워크맨은 불연속적 혁신인데 이유는 집에서 뿐만 아니라 이동하면서 이용할 수 있는 정도로 소형의 음향기기이기 때문이다. 그와 같이 그것은 걸어다니면서 음악을 들을 수 있는 소비자의 능력에 근거하여 행동의 패턴을 바꿀 수 있는 주요한 기술적 진보이다.

  앞에서 논의되었듯이 경영 및 소비환경의 변화로 디자인이 우수한 혁신상품의 영향력이 확대되고 있음을 알 수 있다. [그림 12-6]에서 볼 수 있듯이 1980년대 '워크맨', 1990년대 '겜보이', 2000년대 '아이팟'과 '레이저'의 1억 대 돌파 기간이 점차 감소하고 있다는 점을 들 수 있다.

그림 12-6 | 히트상품별 1억 대 판매소요기간[61]

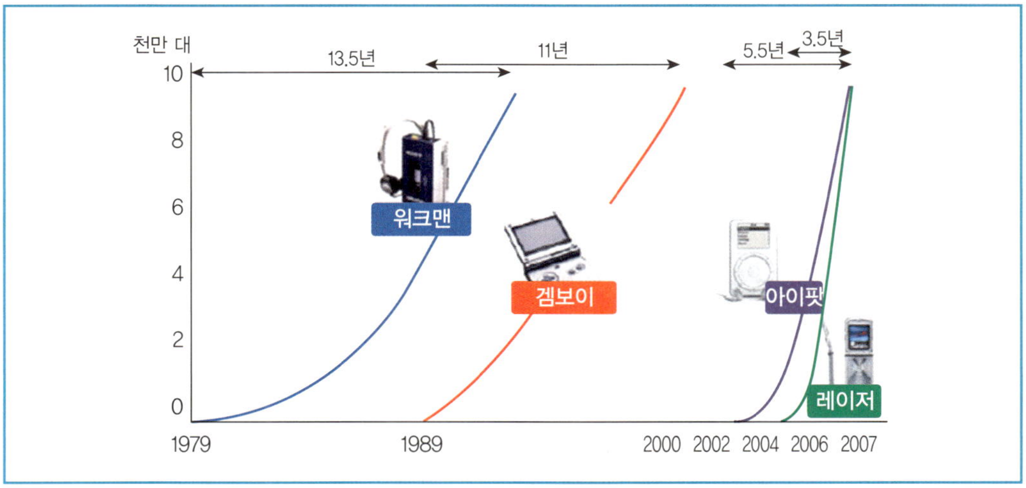

4차 산업혁명으로 탄생하는 신제품들은 불연속적 혁신에 해당한다고 할 수 있는데 4차 산업혁명은 3차 산업혁명을 기반으로 한 디지털, 생물학, 물리학 등의 경계가 없어지고 융합되는 기술혁명을 의미한다.[62]

그림 12-7 | 4차 산업혁명 파생 신기술[63]

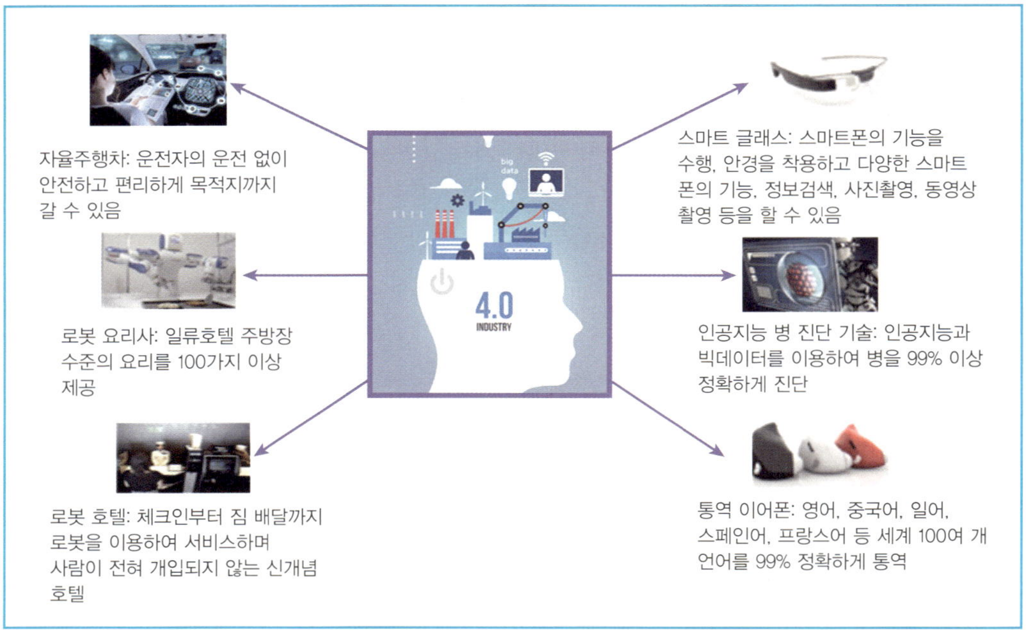

2016년 1월 다보스포럼에서 "기술혁명이 우리의 삶을 근본적으로 바꿔놓고 있다"며 의제로 제시한 이후 4차 산업혁명과 관련된 이슈들은 세계적으로 주목받기 시작하였다. 결국, 4차 산업혁명에 따른 경제 · 사회구조의 변화가 이전 산업혁명에 버금가는 수준이 될 것으로 전문가들은 예상하고 있는데[64] 기업들의 경영환경뿐만 아니라 소비자들의 생활환경 변화에 많은 영향을 미칠 것이 자명하다.

- 동적으로 연속적인 혁신(dynamically continuous innovation)은 기존의 소비자행동 패턴을 기술적으로 변화시키지 않는 주요 기술을 나타내는 신제품이다. 예를 들어 컬러 휴대폰 및 터치형 휴대폰은 동적으로 연속적인 혁신인데, 그 이유는 그것이 전화기의 기존 기술을 확대하는 것이기 때문이다. 그러나 그것이 기존의 사용패턴을 변화시킬 가능성은 없다.
- 연속적 혁신(continuous innovation)은 기존제품의 확대나 수정을 초래하게 하는 미

비한 기술적 진보이다. 예를 들어 줌렌즈를 가진 카메라, 액체형태의 비누, 알코올도수가 매우 낮은 맥주 등이 있으며 사진과 같이 가루세제인 비트가 액체유형의 비트를 새로 출시했다면 이것 또한 혁신이 될 수 있다.

때가 많이 묻는 곳에 집중적으로 발라서
세탁하는 바르는 세제

2) 상징적 혁신

상징적 혁신은 새로운 사회적 의미를 전달하는 것으로 정의될 수 있다. 디자이너 청바지는 구매자들로 하여금 새로운 패션지향적 맥락에서 청바지를 인식하도록 하기 때문에 디자이너 청바지는 상징적인 혁신이다. 이와 유사하게 남성용 주름방지크림 그리고 여성용으로 특별하게 디자인된 생명보험 등은 각 제품범주에 새로운 사회적 이미지를 부여하기 때문에 이 제품은 상징적 혁신으로 생각될 수 있다.[65]

2.4 혁신의 수용 및 확산

1) 혁신의 수용과정

혁신의 수용과정 또는 혁신의사결정과정은 개인(또는 다른 의사결정 단위체)이 처음으로 혁신에 대해서 알고, 혁신에 대해서 태도를 형성하며, 수용결정을 하게 되는 일련의 정신적인 과정이다. 혁신의 수용과정과 혁신의 확산과정은 구별되어야 하는데, 수용과정은 한 개인의 마음속에서 일어나는 과정, 즉 소비자가 신제품을 수용할 것인지 혹은 거부할 것인가를 결정할 때 거치는 단계(미시적 과정)인데 반하여, 확산과정은 사회시스템 내에서 구성원들 사이에 이루어지는 과정(거시적 과정)이다.

혁신의 수용과정은 소비자가 혁신을 채택할 것인지 아닌지를 결정하기 위해 사용되는 결정과정으로 이 기술 혁신적 결정과정은 혁신이론의 핵심이 된다. 그런데 기존연구는 주로 효과의 계층(hierarchy of effect) 모델에만 집중되었고 정보처리이론과 행위결정이론은 무시해 온 경향이 있었다.[66]

신제품의 수용은 다음의 5단계로 관찰된다.

- 인지(Awareness): 혁신, 즉 신제품을 인지하지만 이에 대한 정보는 적다.
- 관심(Interest): 신제품에 대한 정보탐색을 하게끔 자극을 받는다.
- 평가(Evaluation): 신제품을 시용해보는 것이 어떨까 고려한다.
- 시용(trial): 신제품 가치에 대한 자신의 추정을 개선하고자 소규모적으로 시용해본다.
- 수용(adoption): 신제품을 완전히 그리고 정규적으로 사용하기로 결정한다.

이 과정은 신제품 마케터가 이러한 단계들을 통해 소비자의 수용흐름을 촉진시켜야 한다는 것을 의미한다. 포터블 전자 자동세척기의 제조업자는 많은 소비자들이 그것의 불확실성과 구입비용 때문에 관심단계에 머물러 있다는 것을 발견할지도 모른다. 그러나 이러한 소비자들은 매월 약간의 사용료로 시험 사용해보고자 하는 의도를 가지고 있을지도 모르며 이때 제조업자는 그 소비자들의 구매를 유도하기 위해 시용의 기회를 주는 것이 바람직할 것이다.[67]

2) 혁신의 확산

혁신의 확산은 한 사회시스템 내에서 추상적인 아이디어와 컨셉, 제품에 대한 정보 그리고 실제 제품의 확산(spread)을 의미하며 여기서 확산은 전형적으로 커뮤니케이션과 어떠한 영향력을 통하여 한 원천으로부터 다른 수용자에게로의 이동을 의미한다고 볼 수 있다.[68] 이러한 커뮤니케이션과 영향력은 개인, 집단, 조직 그리고 정부 등을 포함하는 한 사회에서의 존재가 해당 제품을 수용하게 변화시킬 수 있다. 유명한 경영분야의 저술가인 말콤 글래드웰(Malcolm Gladwell)은 그의 책 〈Tipping Point〉에서 특정한 제품이나 메시지가 전파되는데 필요한 특수한 요소는 '고착성'이라고 했다. 그는 제품이나 메시지가 사람들에게 제대로 기억될 수 있고, 그 자체로 변화를 창출할 수 있으며, 누군가를 행동하도록 자

극할 수 있는 무엇인가가 중요하다는 점을 강조하였다.[69]

3) 혁신의 수용 및 확산을 고무하는 요인

신제품의 수용률과 확산율을 증가시키는 아래와 같은 다섯 가지의 특징은 다음과 같다.[70]

- 상대적 이점(relative advantage): 기존 제품에 비해 신제품이 갖는 상대적 이점은 신제품의 확산에 중대한 영향을 미친다. 노트북 컴퓨터의 경우 가볍고 작아 휴대할 수 있다는 장점이 있기 때문에 컴퓨터를 사용하는 현대인들에게 상당히 좋은 반응을 얻는다. 그리고 최근 스마트폰은 더욱 더 휴대성 있는 인터넷 및 컴퓨터의 역할로 강한 상대적 이점을 가진다.
- 적합성(compatibility): 적합성은 신제품이 소비자들의 욕구, 신념, 가치관이나 체험과 일치되는 정도를 나타낸다. 예를 들어 최근에는 사회적으로 절약, 환경보호, 공익에 기여 등과 같은 가치가 강조되고 있다면 이러한 가치와 부합되는 신제품을 사회가 받아들일 것이다.[71] 연구조사 기관인 콘(Cone)의 조사는 미국 소비자의 85%가 사회적 문제에 관심을 갖는 기업에 대해 긍정적인 이미지를 갖는다는 것을 보여주었다.[72]
- 단순성(simplicity): 단순성은 신제품을 이해하거나 사용하기가 쉽다고 인식되는가를 나타낸다. 컴퓨터가 아무리 좋아도 쉽게 사용할 수 있는 소프트웨어가 없다면 시장보급에도 한계를 갖게 된다. DOS에 대해 어렵다고 인식하던 소비자들에게 윈도우 프로그램이 급속도로 채택되었고 자동차의 자동변속기는 가격이 비싸지만 최근의 자동차들은 거의 자동변속기를 장착하여 출시되고 있다.
- 관찰가능성(observability): 새로운 모델의 자동차가 판매되기 시작하면 그 자동차가 움직이면서 많은 사람의 눈에 띄게 된다. 사람들의 눈에 잘 띄는 신제품일수록 신제품의 확산속도가 빠를 것이다. 한 연구에서는 초기수용자가 주시할 수 있는 신제품을 구매하는 경우, 그로 인해 그들이나 그 자신들을 바람직한 집단과 연결시킨다는 사실을 발견했다.[73]
- 시용가능성(triability): 소비자가 제한된 범위 안에서 신제품을 시험적으로 사용할 수 있는 경우 그 신제품이 시장에서 성공할 확률이 높다. 예를 들어 신제품의 무료샘플을 나누어주는 경우 많은 소비자가 재정적 위험 없이 신제품을 시험 사용할 것이며 확산 속도가 빨라질 것이다. 5개의 포장소비재에 대해 연구한 결과는 소비자들 중 2/3가 그들이 통상 구매하는 것보다 적은 양으로 이용해 본 브랜드를 구매한다는 것

을 발견하였다.[74]

상기 5가지 요인에 대한 연구들은 일반적으로 상대적 이점과 적합성이 혁신의 채택에 영향을 미치는데 가장 중요하다는 것에 일치하고 있는데 그중에서도 연구자들은 제품의 상대적 이점이 가장 중요한 제품혁신 수용고무 요인이라고 하였다.[75]

CONSUMER INSIGHT 12-3 2000~2010년 10大 히트상품 베스트[76]

뉴밀레니엄의 두 번째 10년인 2011년을 맞아 지난 10년간 삼성경제연구소가 선정한 히트상품을 종합적으로 분석하고 향후 히트상품 창출에 주는 시사점을 살펴보자. 과거 사례지만 충분히 참고할 부분이 있을 것으로 생각된다.

히트상품을 통해 본 과거 10년간의 트렌드를 살펴보면 ① 디지털 컨버전스 시대에 걸맞게 다양한 **디지털 상품이 진화**했다. 휴대폰은 딱딱한 통신기기에서 감성화 상품으로, IT 상품은 소비자의 편의성과 실용성을 높이는 방향으로 발전했다. ② 소득 1~2만 달러 시대를 반영하여 웰빙형 상품이 확산되었다. 맛과 건강을 중시하는 식음료와 멋과 여유를 누리기 위한 여가상품의 선호가 증가했다. ③ 지난 10년간 대한민국 브랜드 글로벌화에 기여하며 국민적 자긍심을 고취시킨 스포츠 및 한류스타 등 **희망제시형 상품**이 각광을 받았다. ④ 호황과 침체, 정치적 혼란, 양극화와 불안 등 급변하는 환경에서 소비자들은 **정서적 안정상품**에 호응하였다. 2000~2010년 총 110개 히트상품 중 네티즌 전문가 설문조사 결과 선정된 2000년대 베스트 10 히트상품은 다음과 같다.

표 12-4 2000~2010 히트상품 베스트 10[77]

순위	베스트 히트상품	시사점
1	스마트폰: 무한한 잠재력을 지닌 모바일 플랫폼	개방성, 확장성이 가능한 생태계를 구축
2	월드컵: 한국형 스포츠 관람문화 촉발	자발적 참여를 유발할 수 있는 구심점을 제공
3	싸이월드: 국내에서 탄생한 소셜네트워크서비스	또래집단 생활을 철저히 분석해 사업모델화
4	소셜미디어: 사회적 영향력을 지닌 새로운 소통채널	유명인, 열정적 참여자를 활용해 시장개척
5	신용카드: 각종 혜택이 복합된 초간편 결제수단	공동서비스를 통해 맞춤서비스를 지속창출
6	김연아: 대한민국을 대표하는 글로벌 퀸	독보적 매력을 지속적으로 유지관리
7	웰빙상품: 친건강, 친환경 문화 아이콘	건강, 안전 등 기본적인 소비 니즈를 재조명

8	내비게이션: 모바일 소비자를 위한 최적의 정보원	킬러서비스의 끊임없는 진화를 추구
9	교통요금 결제서비스: 편의성, 경제성 동시 만족	정책, 기술, 소비측면의 기회를 입체적으로 활용
10	막걸리: 웰빙식품으로 거듭난 전통주	전통상품의 현대적 재조명

삼성경제연구소 보고서(2011)는 계속하여 히트상품의 창출을 위해서는 개방성과 확장성을 갖춘 생태계 개발에 주력하고, 고객을 수동적 타깃이 아닌 열정적 참여자로 인식해야 하며, 고객의 참여기회를 확대하는 한편 장기적인 사회발전에 기여할 수 있는 상품가치를 모색해야 한다고 했다. 향후 주목해야 할 히트상품의 키워드로는 현명, 격조, 조율, 교감을 제시하였는데, 소비자 대신 주변상황을 점검하고 실시간 제어하며 소비자의 정신적 성숙과 자기표현을 지원하는 상품이 앞으로 인기를 끌 수 있다. 아울러 건전한 일상탈출과 작은 사치에 대응하거나 새로운 교류방식 및 영역을 개척하는 상품에도 주목해야 할 것이다.

그림 12-8 | 연도별 히트제품[78]

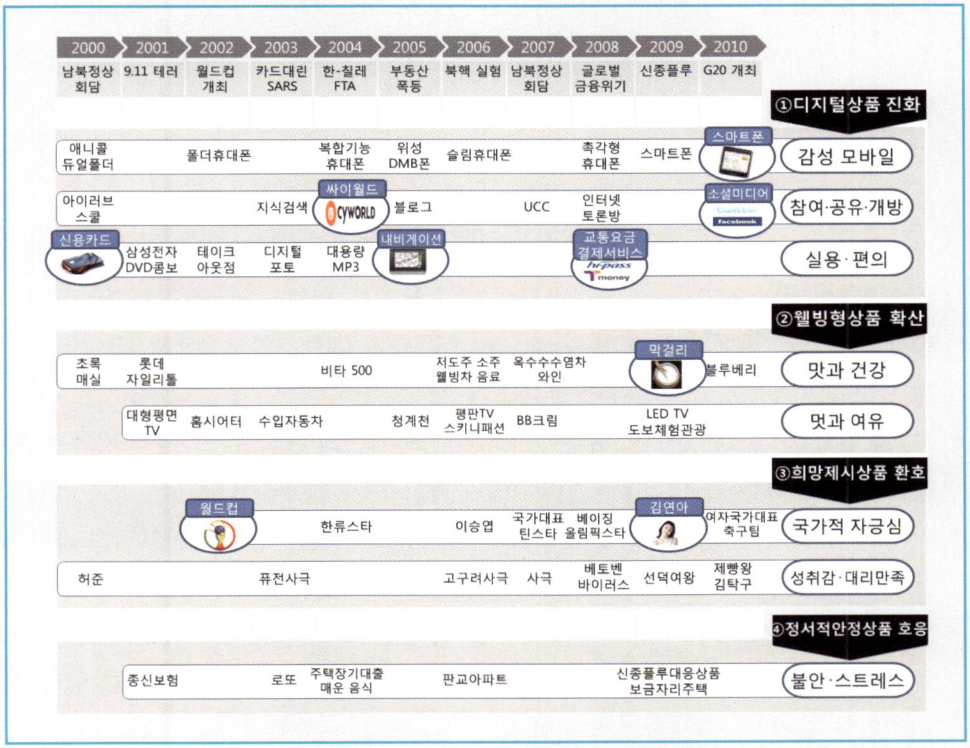

4) 수용 저항을 조장하는 특징

마케팅관리자들은 자신들이 만든 신제품이 시장에서 순풍에 돛단 배처럼 잘 판매되어 많은 사람에게 받아들여지지 못할 수도 있다는 점을 항상 생각해야 한다. 실제 하이테크 마케팅 분야의 저명한 저술가인 제프리 무어(Geoffrey Moore)는 기술수용주기상 각각의 시장은 부드럽게 이어진다는 통념을 깨고 각각의 시장 간에는 균열이 존재함을 제시하였다. 특히 초기시장과 주류시장 사이에는 다른 어떤 균열보다 폭이 넓고 깊은 대단절, 즉 캐즘(Chasm)이 놓여 있음을 증명했으며 이 캐즘을 영원히 넘어서지 못하거나 극복하는데 많은 시간이 소요될 수 있음을 강조했다.[79] 결국, 이 캐즘을 극복하는데 있어 좀 더 차별적인 마케팅이 그 역할을 할 수 있어야 한다는 것이다.

과거 연구자들은 혁신을 채택하는데 주요한 장벽으로 다음과 같은 3가지 요인을 제시하였다.[80]

- 가치장벽(value barrier): 소비자들은 제품에 비하여 가격이 너무 비싸다고 인지할 때 신제품은 거부될 가능성이 높다. 따라서 꾸준한 기술개발로 가격을 떨어뜨리거나 광고 등을 통해서 신제품의 가치에 대해 소비자들에게 확신을 심어줄 수 있어야 한다. 이동전화기는 이동할 수 있는 커뮤니케이션 이점이 비용에 대해 가치가 있었기에 산업용 시장에서 수용되었다. 그러나 대부분의 소비자들이 일반용 전화기로부터 얻을 수 있는 가치에 비해 그 비용이 너무나 높았다. 제조업자들은 2가지 방법으로서 가치 장애물을 극복할 수 있다. 첫째, 기술적인 발전을 통해 가격을 인하하는 것이다. 과거의 컴퓨터, 벽걸이 TV 등은 기술발전에 의해 물가상승에도 불구하고 현재 훨씬 더 저렴한 가격으로 판매되고 있다. 둘째, 그 제품의 가치를 소비자들에게 확신시키기 위해 광고를 이용해서 소비자에게 정보를 제공하는 것이다.[81]
- 사용장벽(usage barrier): 신제품이 소비자들의 기존의 생활습관이나 관행과 잘 맞지 않는다면 채택되기가 어려울 것이다. 예를 들어 과거 세그웨이 제품은 그 편리성으로 인해 도심 출퇴근 광경을 바꿀 것으로 예상되었으나 멋진 정장을 차려입고 세그웨이를 타고 출근하는 모습은 어울리지 않는다는 장벽이 있었다.

  일반적으로 기업은 신제품에 대한 사용장벽을 제거하기 위해서는 변화촉매자(change agents)를 활용할 필요가 있다. 변화촉매자로 가장 적절한 사람들은 바로 앞에서 논의되었던 의견선도자로서 상업적인 수단보다 소비자에게 더 많은 신뢰감과 영향을 줄 수 있다.[82]

과거 세그웨이의 실패에는 여러 요인이 있지만 주요한 이유 중 하나는 사용자의 입장을 한 번 더 깊게 고려하지 못했다는 것이다. 가까운 거리를 이동할 때 주로 이용될 것으로 예상되었으나 인도에서는 너무 빠르고 차도에서는 너무 느린 속도로 인해 이용하기가 편리하지 않았다는 것이다. 그 이외에도 1,000만 원이 넘는 가격대와 1회 충전으로 최대 39km까지만 주행할 수 있는 활용성의 제한 등은 고객들이 제품 구입을 주저하게 만드는 요인이었다.[83]

- 위험장벽(risk barrier): 소비자들은 혁신을 수용함에 따라 겪게 될지도 모르는 신체적 · 경제적 · 사회적 위험 때문에 신제품 채택을 주저하게 되는데 이러한 위험장벽을 제거하는 좋은 방안은 무료시용을 통한 소비자 시용의 기회와 소비자교육이다. 한 연구는 상당수 소비자들이 프로그램을 할 수 있는 컴퓨터나 계산기와 같은 컴퓨터 관련 제품을 통하여 체험하게 됨으로써 그 위험이 감소되었음을 발견하였다.[84]

2.5 혁신수용자의 특성

1) 혁신수용자 이해의 중요성

첨단기술산업에서는 기술발전의 속도가 매우 빠르므로 최초사용자의 실제 체험에 대한 파악이 매우 중요하다고 볼 수 있기에 기업은 이들을 연구대상으로 좀 더 미래제품 개발에 그들의 니즈를 반영하는 것이 필요하다. 결국 첨단기술제품처럼 신제품의 니즈가 급격히 변화할 때 미래시장의 니즈를 정확히 이해하기 위해서는 '유행의 최첨단'을 걷고 있는 사용자들을 분석하여 그들을 의견선도자로 활용, 혁신의 확산을 유도할 수 있을 것이다.[85]

2) 수용자의 분류

로저스(Rogers)의 수용자의 범주 분포표는 기존의 제품수명주기 모델에서 소비자집단의 유형을 결합한 것으로 소비자집단은 다음과 같이 5가지 유형으로 나뉘는데 그 행동과 태도가 각각 다르게 나타난다고 하였다.[86]

- 혁신수용자(innovators) 혹은 기술애호자는 수용자들 중 평균적으로 2.5%에 해당하는 사람들로 거의 강박관념으로 새로운 아이디어와 제품을 시용하려고 한다. 또한 그들은 소득이 높고 고등교육을 받았으며, 더욱 범세계적이고 자기 과신이 강하며 과학적인 원천과 전문가들로부터 정보를 획득할 가능성이 크다.
- 조기수용자(early adopters) 혹은 선각자(visionary)는 제품을 수용하는 두 번째 집단으로 평균 13.5% 정도가 되며 혁신수용자보다는 집단규범과 가치관에 의존적이므로 그들의 밀접한 결연관계 때문에 의견선도자가 될 가능성이 매우 크다고 볼 수 있다.
- 조기다수수용자(early majority) 혹은 실용주의자(pragmatists)는 30~40%의 범위 내에서 다음의 34%를 점하는 집단으로서, 신제품을 채택하기 전에 신중하게 숙고한다. 그들은 조기수용자보다 많은 정보를 수집하고 또한 많은 브랜드를 평가할 가능성이 있다. 그러므로 수용의 과정이 오래 걸린다.

펭귄이 다른 펭귄을 밀어서 포식자의 유무를 확인하는 행동은 소비자들의 확실치 못한 신제품에 대한 혁신수용자의 반응을 기다리는 것에 비유되기도 한다.

- 후기다수수용자(late majority) 혹은 보수주의자(conservatives)는 30~40%의 범위 내에서 그 다음의 34%로서, 로저스는 회의적인 사람들로 설명한다. 그들은 대부분의 친구들이 이미 그렇게 행했기 때문에 수용하며 집단규범에 의존 정도가 강하기 때문에 수용은 어느 정도 압력의 결과라고 이해할 수 있다.
- 지각수용자(laggards) 혹은 회의론자(skeptics)는 마지막으로 수용하는 16%로서, 제품

에 따라 5~20%의 범위에 있다. 그들은 집단의 규범에 의존하지 않는다는 면에서 혁신층과 유사하다. 그들이 전통에 고수하는 독립성 때문에, 지각수용자는 과거에 기준하여 의사결정을 한다.

그림 12-9 | 수용자의 유형

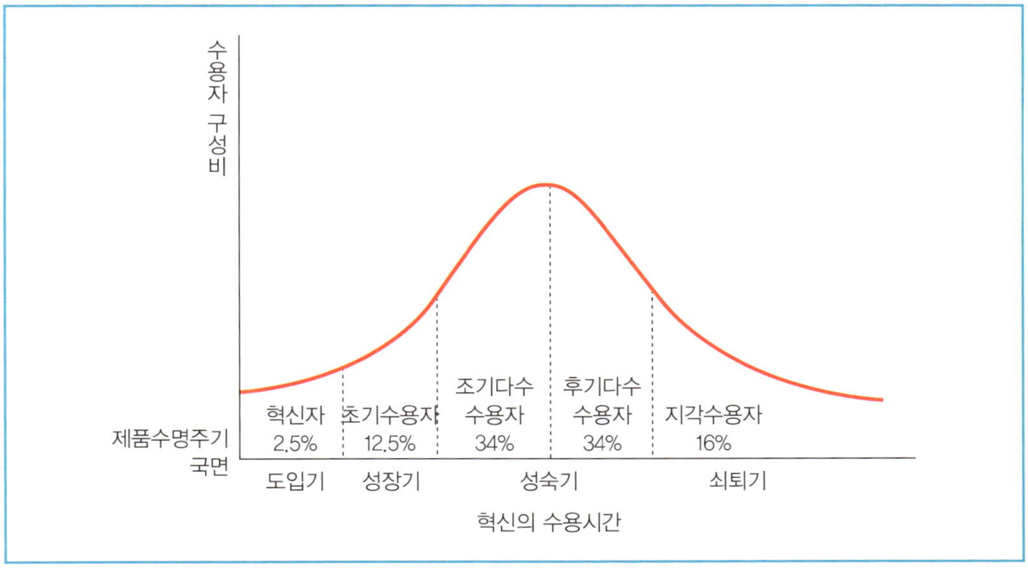

3) 혁신자의 특성

일반적으로 혁신수용자에 대한 대부분의 연구에서 혁신의 조기수용자는 비수용자보다 교육을 많이 받았고 수입 높은 지위를 가지고 있다는 것을 발견했다. 높은 수입은 구매에 관련된 재무적 위험이 비교적 적고 높은 교육수준은 가정용 컴퓨터와 같은 복잡한 기술제품의 기능에 대해 잘 숙지하며, 높은 직위는 컴퓨터, IT 등과 연관된 직종과 관련될 수 있다는 것을 말한다.[87]

첨단기술 소비재의 혁신구매자와 기타 구매자들은 인구통계 라이프스타일 등에서 차이가 나는데 이전 연구는 혁신수용자가 수용저항자보다 대부분 젊다는 것을 발견했다. 태양열 에너지의 수용에 관한 논문에서 수용자는 수용저항자에 비해 젊고, 교육수준이 높으며, 높은 소득, 높은 직위 등을 가지고 있다는 결과를 제시했다.[88]

표 12-5 혁신자와 비혁신자의 비교[89]

특징	혁신자	비혁신자
개성		
독단성	개방적	폐쇄적
사회적 특성	내적 지향적	외적 지향적
자기과신	큼	적음
인구통계적		
연령	젊음	연령이 높음
소득	큼	낮음
교육수준	높음	낮음
이동성	많음	적음
직업상 지위	높음	낮음
매체		
잡지 독서력	많음	적음
신문 독서력	많음	적음
TV 시청	적음	많음
기타 특징		
의견선도력	높음	낮음
지각된 위험	낮음	높음
관여수준	지속적	상황적

CONSUMER INSIGHT 12-4 지름신 때문에 얼리어답터?[90]

누리꾼(네티즌)들이 첨단 디지털 기기의 유혹을 떨치지 못하게 하는 '지름신' 때문에 아우성이다. '지름신'이란 '지르다'는 우리말과 '신(神)'이 결합된 신조어. '내기를 걸다' '힘껏 건드리다'라는 '지르다'의 사전적 의미를 '일단 물건을 사고 보다'로 변용한 뒤 신을 결합시킨 조어다. 누리꾼들 사이에선 신제품을 보면 일단 사도록 부추기는 가상의 신으로 통한다.

이번엔 니콘의 디지털 SLR 카메라를 지르라는 '계시'를 받았다는 이 씨는 "지름신이 강림할 때는 사랑에 빠진 것처럼 한순간에 눈이 뒤집힌다"며 "집에서 알면 난리나니 이름을 밝히지 말아 달라"고 말했다.

블로그 제공 사이트인 이글루스닷컴(www.egloos.com)에 있는 블로그 '뽐뿌 인사이드(bikblog.egloos.com)' 운영자 고진우(32) 씨는 디지털 기기의 사용후기를 쓰며 하루하루 '뽐뿌와 지름의 나날들'을 보내고 있다는 IT 칼럼니스트다. 뽐뿌란 '펌프(pump)'의 속어로 펌프질을 하듯 '지르도록 부추기는' 것이다.

■ 디지털세대 新소비문화

최근 인터넷에는 지름신을 경험했다는 누리꾼(네티즌)들이 가득하다. 유행어를 해설해주는 네이버 오픈 사전에 따르면 지름신이란 '예쁘거나 기능이 우수한 제품을 볼 때 멀쩡하던 사람에게 강림해 일시적이고 강력한 뽐뿌 현상을 일으키며 구매를 부추기는 신'이다. 지름신은 생활필수품을 살 때는 나타나지 않는다. 이동통신 기기나 PSP 같은 게임기 등 최첨단 유행제품을 봤을 때만 나타난다는 것. 지름신이 와서 물건을 지른 사람은 강력한 쾌감인 '지르가즘'을 느낀다고 한다. 누리꾼들은 "지름신은 통장의 잔액이 높을수록 힘이 커져 더 비싼 것을 지르도록 하며 지름신 뒤에는 그 형님인 파산신이 온다"며 "가장 무서운 것은 파산신 다음에 오는 망각신으로 지름신과 파산신 때문에 겪은 고난을 잊게 하고 다시 그들에게로 이끈다"고 말한다.

인터넷에는 지름족의 패러디가 넘쳐난다. '우리를 저금에 들게 하지 마옵시고 다만 신용불량에서 구하옵소서'라는 '지름도문'은 기독교의 주기도문을 변형한 것이다. 경구나 속담도 패러디의 대상이다.

이순신 장군은 "부모님께 나의 지름을 알리지 말라"고, 마르크스는 "만국의 노동자여, 질러라"고 말했다고 누리꾼들은 주장한다. "세 살 지름 여든까지" 가며 "하늘은 지르는 자를 돕는다"는 속담도 있다.

왼쪽부터 MSN 메신저 7.0의 아이템인 지름보살, 지름신, MBC 드라마 '왕꽃선녀님'을 패러디한 포스터

■ 지름족은 얼리어답터 워너비

지름족은 신제품을 먼저 써보려는 고소득 전문직의 '얼리어답터'와 다르다. 얼리어답터는 구매력 있는 오피니언 리더 계층으로 '남과 다른 물건을 소유하는 것' 자체를 즐긴다. 그러나 지름족은 얼리어답터가 되고 싶은 '얼리어답터 워너비(early adopter wannabe)'로, 돈이 뒷받침되지 않아도 이런저런 궁리를 통해 첨단 기기를 일단 사고 보는 소비문화를 가진 디지털 세대를 말한다. 즉 디지털 세대의 소비문화 현상을 주도하는 이들로 인터넷을 통해 각종 할인정보를 수집하는 합리적인 측면도 지니고 있다.

제일기획은 최근 디지털 환경과 문화 속에서 성장한 13~24세 소비자를 '포스트 디지털 세대(PDG)'로 규정했다. 이에 따르면 PDG는 최신 제품에 대한 강한 욕구를 갖고 있으며 갖고 싶은 것은 나중에 갚더라도 일단 구매하고, 그러면서도 조금이라도 싸게 사기 위해 노력하는 성향을 지니고 있다. 'PDG'는 지름족의 특징을 지니고 있다. 실제로 제일기획의 조사결과 PDG의 46.4%는 '최신 제품을 갖지 않으면 남에게 뒤떨어진다'고 생각하며 44.3%는 '정말 갖고 싶은 것은 일단 사고 본다'고 답했다. 이는 아날로그 세대에 비해 두 배가 넘는 수치다. 지름족은 유행 제품을 지르고, 그것을 화제로 삼는 데서 '존재이유'를 찾는다. 즉 지름족은 PDG를 포함해 디지털 문화에 익숙한 20, 30대 직장인 등 유행제품을 지르고 그것을 화제로 삼는 것을 즐기는 사람들이다. 구매를 '지름신 탓'으로 돌리기도 하지만, 사실은 즉석 구매행위를 통해 앞서 나가는 '첨단 심리'에 대한 자랑이기도 하다.

■ '작은 사치'를 위해 선택과 집중

지름족은 얼리어답터만큼 경제력이 뒷받침되지 않기 때문에 소비의 선택과 집중을 전략적으로 구사한다. 이 같은 경향은 미국의 트렌드 분석가 페이스 팝콘이 '작은 사치(small indulgences)'로 분석한 것과 동일하다. '작은 사치'란 심리적 만족을 위해 구매가능한 수준의 고급 물건을 소유하려는 행위로 21세기 트렌드다.

물론 모든 물건이 지름의 대상이 되지만 인터넷 중심으로 생활하는 젊은 세대의 특성상 디지털 기기에 지름족이 몰린다. 지름족은 제품정보와 가격을 꼼꼼히 비교한 뒤 제품을 구입하고 정보 교환을 위해 사용후기를 블로그에 올리는 이들이 많다. 이 같은 성향은 합리적인 지름을 위한 것으로 충동구매와 다른 셈이다.

특정 브랜드의 제품에만 열광해 국내에 출시되지 않으면 해외 사이트를 통해서 사는 '소빠(소니 빠돌이)' '아빠(아이리버 빠돌이)' 등도 지름족의 일원들이다.

연 • 습 • 문 • 제

01. 서비스는 이용하기 전에 품질평가가 힘들며 어떤 것은 이용 후에도 품질평가가 힘들 수 있는데 결국 이러한 맥락에서 다음과 같은 서비스의 입소문마케팅 전략 아이디어를 제시하세요.

a. 신규개업하는 에스테틱(피부관리전문점)
b. 성형외과
c. 여행사

02. 페이스북이나 트위터를 활용한 입소문 전략을 다음과 같은 제품범주에서 기획해보세요.

a. 음식점
b. 화장품

03. 몇몇의 친구들을 인터뷰하여 의견선도력에 대해서 다음과 같은 기준을 이용해 측정하고 평소에 느끼는 것과 같은지 그리고 항목에 대한 문제점은 없는지 논의해보세요.

스마트폰에 관해 친구나 이웃과 당신이 상호작용하는 것에 대해 다음의 척도를 스스로 평가해 주십시오.

1. 일반적으로 당신은 스마트폰에 대해 친구들과 이야기를 나눕니까?
   매우 자주 이야기 5 4 3 2 1 전혀 이야기하지 않음

2. 스마트폰에 관해 친구들이나 이웃들과 이야기 할 때 당신은
   정보를 많이 제공 5 4 3 2 1 정보를 아주 조금 제공

3. 지난 6개월 동안 새로운 스마트폰에 관해 당신에게 말해준 사람이 몇이나 됩니까?
   많은 사람이 말해줌 5 4 3 2 1 한 사람도 말하지 않았음

4. 다른 친구들과 비교하여 당신은 새로운 스마트폰에 대해 얼마나 많은 질문을 받은것 같습니까?
   많은 질문을 받은 것 같음 5 4 3 2 1 전혀 질문을 받지 않은 것 같음

5. 새로운 스마트폰에 대해 토론을 할 때
   내가 그것에 대해 친구들에게 말함 5 4 3 2 1 친구들이 그것에 대해 말함

6. 전체적으로 친구들이나 이웃과의 토론에서 당신은
   자주 조언의 원천으로 이용됨 5 4 3 2 1 결코 조언의 원천으로 이용되지 않음

---

04. 다음과 같은 제품의 시장 확산 마케팅 아이디어를 제시하세요(브랜드를 검색하면 홈페이지 및 기타 사이트에서 제품설명을 확인할 수 있음).

a. LG 프라엘 메디헤어

b. 기아전기차 이매진

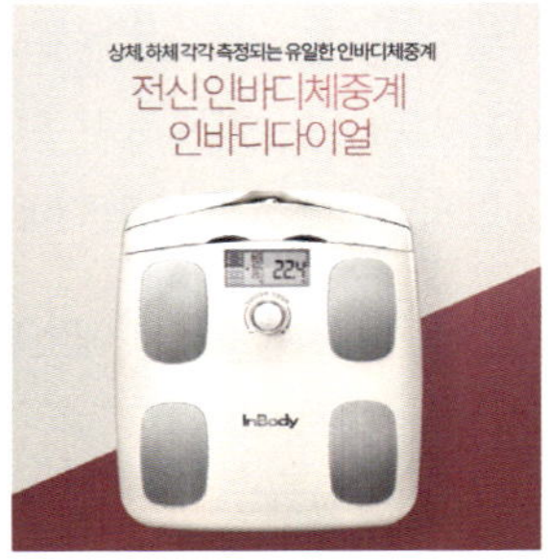

c. 가정용 인바디

참 · 고 · 문 · 헌

1) Bickart, B., & Schindler, R. M.(2001), Internet forums as influential sources of consumer information, *Journal of Interactive Marketing*, 15(3), 31–40.
2) Silverman, G.(2001), *The Secrets of Word-of-Mouth Marketing*, New York: American Management Association.
3) https://www.9news.com/article/news/nation-world/time-100-most-influential-2020/507
4) Iyer, R., & Griffin, M.(2021), Modeling word-of-mouth usage: A replication, *Journal of Business Research*, 126, 512–523.
5) http://blog.naver.com/sue21/90101729795
6) 조나 버거 지음, 정윤미 옮김(2013), 컨테이저스 전략적 입소문, 문학동네, 23–24에서 참고하여 수정하여 작성
7) 김선진(2019), 왜 당신만 못 파는가, RAONBOOK, 109에서 참고하여 작성
8) Katz, E. and P. F. Lazarfield(1955), Personal Influence(Glencoe, IL: The Free Press)
9) Whyte, W. H. Jr.(1954), The Web of Word of Mouth, Fortune(November), 140–143.
10) Arndt, J.(1967), Role of product-related conversations in the diffusion of a new product, *Journal of Marketing Research*, 4(3), 291–295.
11) Engel, J. F.(1969), How information is used to adopt and innovation, *Journal of Advertising Research*, 9(4), 3–8.
12) Herr, P. M., Kardes, F. R., & Kim, J.(1991), Effects of word-of-mouth and product-attribute information on persuasion: An accessibility-diagnosticity perspective, *Journal of Consumer Research*, 17(4), 454–462.
13) 사진출처: https://m.blog.naver.com/dlrmafp7/221341624346
14) Dye, R.(2000), "The Buzz on Buzz," *Harvard Business Review*(November–December), 139–146.
15) 입소문을 통해 소비자의 마음을 흔드는 저비용 고효율의 '버즈마케팅,' http://www.iconsumer.or.kr/news/articleView.html?idxno=9064
16) 홍성준(2005), 차별화의 법칙, 새로운 제안, 224에서 참고하여 작성
17) Verma, S., & Yadav, N.(2021), Past, Present, and Future of Electronic Word of Mouth (EWOM), *Journal of Interactive Marketing*, 53, 111–128.
18) 최환진(2007), 입소문마케팅, www.lgad.co.kr
19) Sun, T., Youn, S., Wu, G., & Kuntaraporn, M.(2006), Online word-of-mouth(or mouse): An exploration of its antecedents and consequences, *Journal of Computer-*

Mediated Communication, 11(4), 1104–1127.

20) 대학내일20대연수소(2013), 20대가 당신의 브랜드를 외면하는 이유, HadA, 80에서 참고하여 작성
21) Asseal, H.(1996), *ibid*., 636.
22) Solomon, M. R.(1996), *Consumer Behavior*, Prentice–Hall, 361.
23) Richins, M. L.(1983), Negative word–of–mouth by dissatisfied consumers: A pilot study, *Journal of Marketing*, 47(1), 68–78.
24) Mangold, W. G., Miller, F., & Brockway, G. R.(1999), Word of mouth communication in the service marketplace, *Journal of services Marketing*, 13(19), 73–89.
25) Duhan, D. F., Johnson, S. D., Wilcox, J. B., & Harrell, G. D.(1997), Influences on consumer use of word–of–mouth recommendation sources, *Journal of the Academy of Marketing Science*, 25(4), 283–295/Pornpitakpan, C.(2004), Factors associated with opinion seeking: A cross–national study, *Journal of Global Marketing*, 17(2–3), 91–113.
26) Hawkins, D. I., and Mothersbaugh, D. L.(2010), *Consumer Behavior: Building Marketing Strategy*, McGraw–Hill, Eleventh Edition, 242.
27) Rose, G. M., Kahle, L. R., & Shoham, A.(1995), The influence of employment–status and personal values on time related food consumption behavior and opinion leadership, ACR North American Advances, in Kardes, F. R. and M. Sujan (Provo, UT: Association for Consumer Research, 1995), 367–372/Dholakia, U. M.(1998), Involvement–response models of joint effects: an empirical test and extension, *ACR North American Advances*, Alba and Hutchinson. 499–506.
28) Gilly, M. C., Graham, J. L., Wolfinbarger, M. F., & Yale, L. J.(1998), A dyadic study of interpersonal information search, *Journal of the Academy of Marketing Science*, 26(2), 83–100.
29) Marshall, R., & Gitosudarmo, I.(1995), Variation in the characteristics of opinion leaders across cultural borders, *Journal of International Consumer Marketing*, 8(1), 5–22.
30) Chopra, A., Avhad, V., & Jaju, A. S.(2020), Influencer Marketing: An Exploratory Study to Identify Antecedents of Consumer Behavior of Millennial, *Business Perspectives and Research*, 2278533720923486.
31) https://ko.wikipedia.org/wiki/인플루언서마케팅
32) [Special Report] '인플루언서 시대', 마케팅 파워세력 부상…'사람과 콘텐츠, 소통 방식' 관심 'UP,' 비즈니스리포트(http://www.businessreport.kr)
33) 입김 쎄진 인플루언서들…이커머스 업계 '인플루언서마케팅' 주목(2020.3.6) http://www.

digitaltoday.co.kr
34) 최재봉(2019). 포노사피엔스. 쌤앤파커스. 222에서 참고하여 작성
35) 브이로그, 일상에서 마케팅효과를 창출하다(http://www.iconsumer.or.kr/)
36) 위의 글
37) 명품 브랜드도 피할 수 없는 인플루언서마케팅. 소비자평가(http://www.iconsumer.or.kr/)
38) http://pickcon.co.kr/m/view.html?catid=2&contid=2021030980176/ 소비자평가(http://www.iconsumer.or.kr)
39) Mancuso, J. R.(1969). Why not create opinion leaders for new product introductions?. *Journal of Marketing*, 33(3), 20-25.
40) Baumgarten, S. A.(1975). The innovative communicator in the diffusion process. *Journal of Marketing Research*, 12(1), 12-18.
41) Feick, L. F., Price, L. L., & Higie, R. A.(1986). People who use people: The other side of opinion leadership. *ACR North American Advances*, 13. 301-305.
42) Feick, L. F., & Price, L. L.(1987). The market maven: A diffuser of marketplace information. *Journal of Marketing*, 51(1), 83-97/Higie, R. A., Feick, L. F., & Price, L. L.(1987). Types and amount of word-of-mouth communications about retailers. *Journal of Retailing*, Fall, 260-278/Schneider, K. C., & Rogers, W.(1993). Generalized Market Influencers' Attitudes toward Direct Mail as a Source of Information. *Journal of Direct Marketing*, 7(4), 20-28/Urbany, J. E., Dickson, P. R., & Kalapurakal, R.(1996). Price search in the retail grocery market. *Journal of Marketing*, 60(2), 91-104.
43) 말콤 글래드웰 지음, 임옥희 옮김(2004). 티핑포인트. 21세기북스, 72.
44) Solomon, M. R.(1986). The missing link: Surrogate consumers in the marketing chain. *Journal of Marketing*, 50(4), 208-218.
45) Solomon, M. R.(1996). *op. cit.*, 364에서 참고하여 작성
46) Rogers, E. M.(1983). Diffusion of Innovation, 11.
47) Brown, R.(1991). Managing the "S" curves of innovation. *Journal of Marketing Management*, 7(2), 189-202.
48) RAYI, G., & ARAS, M.(2021). How Product Innovation and Motivation Drive Purchase Decision as Consumer Buying Behavior. *Journal of Distribution Science*, 19(1), 49-60.
49) Urban, G. and J. Hauser(1993). *Design and Marketing of New Product*, Prentice-Hall, 6.
50) Norman, D.(1998). *The Invisible Computer*. Massachusetts: The MIT Press.
51) 하송(2008). 디자인의 진화와 기업의 활용 전략. 삼성경제연구소 Issue Paper, 21-26.

52) 하송(2008), 상게서
53) 클라우드 슈메 지음, 박규호 옮김(2005), 1등기업을 무너뜨린 마케팅 전략 33, 21세기북스, 124-125에서 참고하여 작성/사진은 전자신문(2009.2.18), 애플의 과거와 미래, 그들의 성공전략에서 따옴
54) 제일기획 전국소비자조사보고서(ACR) 각 연도
55) 하송(2008), 전게서, 21-26.
56) Ravasi, D., L. G.(2005), *Managing Design and Designers for Strategic Renewal*, Long Range Planning, 38, 51-77.
57) Booz, Allen and Hamilton, *op. cit*.
58) Kotler, P.(1988), *Marketing Management, Analysis, Planning, Implementation, and Control*, 6th ed., Prentice-Hall, 406.
59) http://okgosu.tistory.com
60) Robertson, T. S.(1967), The process of innovation and the diffusion of innovation, *Journal of Marketing*, 31(1), 14-19.
61) Rosmarin, R.(2007.4.9), Apple's Speed Record. Forbes/하송(2008), 디자인의 진화와 기업의 활용 전략, 삼성경제연구소 Issue Paper, 22.
62) Schwab, K.(2017), The Fourth Industrial Revolution, Crown Business.
63) 가운데 사진출처: https://news.samsung.com/kr/4차-산업혁명-시대-인공지능의-역할은
64) Davis, N.(2016.1), What is the Fourth Industrial Revolution?, *World Economic Forum*.
65) Assael, H.(1996), *op. cit*., 675-676에서 참고하여 내용을 수정하여 작성
66) Gatignon, H. and T. S. Robertson(1991), *op. cit*., 319.
67) Kotler, P.(1997), *Marketing Management*(Ninth Edition, Prentice-Hall, International, Inc.), 335-336.
68) Rogers, E. M.(1995), *op. cit*., 222.
69) 말콤 글래드웰 지음, 임옥희 옮김(2005), 전게서, 101.
70) Rogers, E. M. and F. F. Shoemaker(1971) *op. cit*., 345-385.
71) Rogers, E. M.(1995), *op. cit*., 224.
72) 필립 코틀러 지음, 안진환 옮김(2010), 마켓 3.0, 타임비즈, 192에서 참고하여 작성
73) Fisher, R. J., & Price, L. L.(1992), An investigation into the social context of early adoption behavior, *Journal of Consumer Research*, 19(3), 477-486.
74) Shoemaker, R. W., & Shoaf, F. R.(1975), Behavioral changes in the trial of new products, *Journal of Consumer Research*, 2(2), 104-109.
75) Robinson, W. T.(1990), Product innovation and start-up business market share performance, *Management Science*, 36(10), 1279-1289.

76) 이동훈 외(2011), "2000–2010년 히트상품 베스트," 삼성경제연구소 CEO Information, 1–4.
77) 이동훈 외(2011), 상게서
78) 이동훈 외(2011), 상게서
79) 제프리 무어 지음, 유승삼 · 김기원 옮김(2002), 캐즘마케팅, 세종서적, 44–46/서정현(2000), "e–Business는 Fusion이다," Cheil Communications, 5월호, 53–54 등에서 참고하여 작성
80) Ram, S., & Sheth, J. N.(1989), Consumer resistance to innovations: the marketing problem and its solutions, *Journal of Consumer Marketing*, 6(2), 5–14/Sheth, J. N., & Stellner, W. H.(1979), Psychology of innovation resistance: the less developed concept (LDC) in diffusion research/BEBR No.622. Faculty working papers/University of Illinois at Urbana–Champaign, College of Commerce and Business Administration, No.622.
81) Asseal, H.(1996), *op. cit.*, 689–690.
82) Gatignon, H., & Robertson, T. S.(1985), A propositional inventory for new diffusion research, *Journal of Consumer Research*, 11(4), 849–867.
83) 황혜정(2010), "시장이 알아주지 않는 혁신", LG Business Insight 10.13, 38에서 참고하여 작성
84) Dee Dickerson, M., & Gentry, J. W.(1983), Characteristics of adopters and non–adopters of home computers, *Journal of Consumer Research*, 10(2), 225–235.
85) Von Hippel, E.(1986), Lead users: a source of novel product concepts, *Management Science*, 32(7), 791–805.
86) Rogers, E. M.(1995), *op. cit.*, 340–345.
87) Gatignon, H. and T. S. Robertson(1991), *op. cit.*, 316–348에서 재인용
88) Laybay, Duncan G. and Thomas C. Kinner(1981), "Exploring the Consumer Decision Process in the adoption of Solar Energy System," *Journal of Consumer Research*, 8, 271–278.
89) Gatignon, Hubert and Thomas S. Robertson(1991), *op. cit.*, 316–348을 표로 요약하여서 재인용
90) 이규현(2005), 신상품마케팅, 경문사/이장우(2007), 디자인+마케팅, 21세기북스/ISO 뱅크 "당신도 얼리어답터족?" http://isobank.com/board01_view.htm?action=view&bd_no=3322&code=0100/네이버 지식IN http://kin.naver.com/qna/detail.nhn?d1id=4&dirId=40401&docId=34423898/한국경제 _ 나는야 '얼리 어답터' 族.. "신제품은 뭐든지 사야 돼, 안사면 몸이 근질"/http://news.naver.com/main/read.nhn?mode/네이버 블로그 퀸스향의 블로그 "얼리어답터가 기업정책 바꾼다" http://blog.naver.com/yj651215/140038653047 등에서 참고하여 작성

찾 | 아 | 보 | 기
Index

저자소개

■ 김문태

저자는 다양한 인문학을 공부하는 등 다양한 분야의 공부를 통해 다른 학문분야와 융합한 마케팅 수업을 하려고 노력하고 있다. Psychology & Marketing, Journal of Product and Brand Management, 경영학연구, 마케팅관리연구, 마케팅과학연구 등 다양한 국내외 학술지에 마케팅, 소비자 관련 논문을 게재했으며 본 저서 이외에도 마케팅 액츄얼리(2013, 도서출판 청람), 4차산업혁명시대 인터넷마케팅(2017, 도서출판 청람) 등의 서적을 출판하였다. 또한 실무분야에서 백화점, 면세점, 슈퍼마켓, 의류 등 다양한 제품의 마케팅전략 수립경험을 가지고 있다. 전공 관련 봉사경력으로 부산일보「기업 속 경영이야기」칼럼니스트, 부산경제진흥원 인사위원, 한국여성경제인협회 등 다양한 기관에서 특강강사, 발명진흥협회 심사위원, 한국소비자연맹 부산 · 경남지부 이사 등의 역할을 수행하였다. 부산대학교에서 경영학 박사학위를 받고 현재 부산가톨릭대학교 유통마케팅학과에서 학생들을 가르치고 있다.

마케팅 아이디어 창출을 위한

소비자행동의 이해 (제2판)

2015년 7월 30일 1판 1쇄 발행
2024년 3월 5일 2판 2쇄 발행

저 자 | 김문태
발 행 인 | 이수영
발 행 처 | 도서출판 청람
서울시 마포구 독막로 288(대흥동, 세양상가 109호)
전 화 | 02)3272-2601~2
팩 스 | 02)3272-2603
이 메 일 | crbooks@daum.net
홈페이지 | www.crbooks.co.kr
등 록 | 2000년 8월 26일 제6-0509호

ISBN 978-89-5972-826-8 93320 [정가 35,000원]